“区域轨道交通协同运输与服务”丛书

区域轨道交通运输组织决策理论及关键技术

吕红霞　倪少权　刘　澜　马　驷　李宗平　著

科学出版社
北　京

内 容 简 介

本书对区域轨道交通运输组织决策理论及关键技术进行深入的研究，全书共 8 章。第 1 章介绍本书研究背景与意义，分析区域轨道交通协同运输研究现状、研究内容及关键技术。第 2 章建立基于出行链和大数据的区域轨道交通多场景、多维度的客流预测方法。第 3 章研究乘客出行选择行为，对区域轨道交通的客流合理分配。第 4 章研究区域轨道交通多方式“点-线-网”的有效承载力耦合机理，构建区域轨道交通有效承载能力评估体系。第 5 章研究区域轨道交通不同方式及枢纽间的运能匹配理论与优化技术。第 6 章研究多制式区域轨道交通运输方案编制协同优化理论与技术。第 7 章建立区域轨道交通协同运输组织成套理论与优化技术。第 8 章研究区域轨道交通多制式列车运行图编制系统设计。

本书适合对城市轨道交通、市域(郊)铁路、城际铁路等区域轨道交通协同运输组织理论和方法感兴趣的读者阅读。如果想了解客流预测、客流分配、承载力计算、运能匹配、计划编制等方面的内容，本书也能提供一些参考。

图书在版编目（CIP）数据

区域轨道交通运输组织决策理论及关键技术/吕红霞等著. —北京：科学出版社，2021.12

（“区域轨道交通协同运输与服务”丛书）

ISBN 978-7-03-069239-9

Ⅰ. ①区… Ⅱ. ①吕… Ⅲ. ①城市铁路－轨道交通－运输组织－研究－中国 Ⅳ. ①U239.5

中国版本图书馆 CIP 数据核字(2021)第 117085 号

责任编辑：朱小刚 华宗琪 / 责任校对：彭珍珍

责任印制：罗 科 / 封面设计：义和文创

科学出版社 出版

北京东黄城根北街 16 号

邮政编码：100717

http://www.sciencep.com

四川煤田地质制图印刷厂 印刷

科学出版社发行 各地新华书店经销

*

2021 年 12 月第 一 版 开本：787 × 1092 1/16

2021 年 12 月第一次印刷 印张：34 1/2

字数：810 000

定价：298.00 元

（如有印装质量问题，我社负责调换）

序

我国轨道交通发展取得了举世瞩目的成就，高速铁路与城市轨道交通运营里程均居世界首位，大批技术装备达到世界先进水平，交通运输规模总量进入世界前列。轨道交通作为国民经济大动脉、关键基础设施、大众化交通工具和现代综合交通运输体系骨干，无论是在居民出行方面还是社会经济活动方面均将扮演越来越重要的角色。

早在20世纪80年代初，中国就已开始编制城市群的发展规划。2006年，中华人民共和国国民经济和社会发展第十一个五年规划纲要(简称国家“十一五”规划)首次提出“把城市群作为推进城镇化的主体形态”，到2016年中华人民共和国国民经济和社会发展第十三个五年规划纲要(简称国家“十三五”规划)要求优化城镇化布局和形态，加快城市群建设发展，明确提出建设19个城市群，轨道上的京津冀、轨道上的长三角等逐渐进入人们的视野。中华人民共和国国民经济和社会发展第十四个五年规划纲要(简称国家“十四五”规划)中更是明确要求加快城市群和都市圈轨道交通网络化。这里的城市群、都市圈等都是典型的区域。区域通常定义为由一个及以上的中心城市与周边城市(镇)组成的地理范围，其内部存在频繁的、密切的经济社会联系，通常形成一小时交通圈。区域轨道交通的不同线路因运营主体、信号技术等不同带来运输组织和管控方式方面的差异，称为多制式轨道交通线路，因此需要通过协同运营来提高总体运输能力和服务水平。

当前，区域轨道交通呈制式多样化和网络化发展趋势，逐步形成多层次、多主体共同存在的轨道交通网络，而不同主体的运营相对独立，跨主体、跨线路的网络化水平还不高，各制式间缺乏实际意义上的协同运营，不同轨道交通制式的组合效益难以充分显现，对城市群空间布局优化和功能拓展的引导作用发挥得还不够充分。2019年《交通强国建设纲要》提出了“建设城市群一体化交通网，推进干线铁路、城际铁路、市域(郊)铁路、城市轨道交通融合发展”要求。2021年《国家综合立体交通网规划纲要》进一步强调加快建设交通强国，构建现代化高质量国家综合立体交通网，支撑现代化经济体系和社会主义现代化强国建设。面对区域轨道交通协同发展的需要和国家建设交通强国的要求，构建区域内覆盖多种轨道交通制式的综合立体交通网络、充分发挥轨道交通总体运输能力并提高服务质量、满足区域经济发展和人民出行需要成为迫切需要解决的问题。

2017年，北京全路通信信号研究设计院集团有限公司联合西南交通大学、北京大学、清华大学、重庆市轨道交通(集团)有限公司、成渝铁路客运专线有限责任公司、成都市交通发展研究院、北京航天测控技术有限公司、通号城市轨道交通技术有限公司等产学研用单位共同承接了国家重点研发计划先进轨道交通专项“区域轨道交通协同运输与服务系统”项目。同时，在中国城市轨道交通协会的大力支持下，与重庆市铁路(集团)有限公司、重庆交通开投科技发展有限公司等单位开展协同运输与服务应用体系研究；在中国交通运输协会、中国铁道学会等的支持下开展了轨道交通大数据、协同运输相关标准规范研究；依托雄安新区轨道交通系统创新项目开展了综合智能轨道运输动态运行控制系统及服务生态模式研究。项目团队以多制式轨道交通出行需求为出发点，运用系统论、协同论及先进信息技术，研究协同机理并首次建立了“多网-四域-多功能”区域轨道交通协同运输与服务理论体系。项目团队不仅研究了区域运输总体效能提升路径并攻克协同运输组织、综合安全保障、智能信息服务关键技术，还研制了区域轨道交通协同运输与服务系统装备，已经在重庆都市圈进行了应用示范。通过研究工作，形成需求引领、理论指导、技术支持、装备承载、示范验证的完整研究与实践链条。项目研究成果使多层次、多制式的轨道交通系统复合形成一个有机整体，既提高了旅客完整出行链的出行效率，又提升了区域总体运输能力，同时增强了区域路网安全保障水平，也拓宽了区域轨道交通复合网络的服务时空范围。

项目在研制过程中得到了国家重点研发计划“先进轨道交通”重点专项科技部总体专家组和本项目咨询指导专家组的悉心指导，并得到了中国城市轨道交通协会、中国交通运输协会、中国铁道学会、相关轨道交通业主单位、设计研发单位以及项目参研单位的大力支持。这些指导和支持极大地帮助了项目研究成果产出和项目团队成长，在此一并表示衷心的感谢。

为了更好地推动区域多制式轨道交通协同运输，满足综合立体交通发展要求，并支撑交通强国建设落地，项目团队将研究成果进行归纳总结，形成“区域轨道交通协同运输与服务”丛书。丛书围绕多制式轨道交通运输，从理论、技术、系统及装备等多个角度进行深入浅出的阐述，形成《区域轨道交通协同运输组织理论创新与发展》《区域轨道交通运输组织决策理论及关键技术》《区域轨道交通协同运输关键技术及系统装备》等系列专著。后续，项目团队还将结合项目在规划设计、仿真测试和工程示范等方面的成果，进一步丰富丛书内容，以飨读者。

国家重点研发计划

“区域轨道交通协同运输与服务系统”项目组

2021 年 5 月

前言

随着城市化建设的快速推进，轨道交通运营模式也由单制式相对独立运营管理逐步向多方式综合运营管理的方向转变，形成了轨道交通一体化运营的新局面。我国区域轨道交通通常包含三个层次：城市轨道交通、市域/城际铁路、高速/普速铁路。各种轨道交通方式一般独立运营，通过物理枢纽相互联系，应急情况下进行协同指挥。

多制式轨道交通一体化协同运营组织已成为发挥区域轨道交通整体能力和综合效益的关键。因此，为实现区域轨道交通资源和效益的最优化配置，从真正意义上提高区域轨道交通整体运能和效率，提升路网总体运输能力，减少旅客跨制式旅行时间，本书开展多方式轨道交通运输组织业务分析与数据采集处理，研究基于出行链和大数据的运输需求精细化预测，构建“点-线-网”多尺度的有效承载能力评估指标与评估模型，实现运输需求引导下的运力资源优化配置，提出多制式区域轨道交通网络功能和效应最大化的精细化运输方案协同编制理论与优化技术，形成支持联程联运、枢纽换乘、运力调配、应急协同、出行扰动等关键环节的区域轨道交通智能协同组织成套理论，研制区域轨道交通多制式列车运行图编制系统，希望有助于提高区域轨道交通协同运营组织水平。

本书借鉴和参考了国内外关于区域轨道交通协同运输相关的书籍、报道、专题研究报告等书面或网络资料，并且结合西南交通大学全国铁路列车运行图编制研发培训中心和北京全路通信信号研究设计院集团有限公司的最新研究成果，对区域轨道交通运输组织决策理论及关键技术进行深入的研究。

本书由西南交通大学吕红霞统稿，西南交通大学倪少权、刘澜、马驷、李宗平参与了本书的撰写工作。本书在写作过程中得到西南交通大学陈钉均、潘金山、张杰、陈韬、李雪婷、吕苗苗、郭秀云、廖常宇、谢春、薛峰、王琳、黄强等老师的支持，还得到文迪、姚清晨、高乙元、岳梦圆、邓诗弋、余伟、李宇迪、阚晨妍、方旭峰、陈伟、鞠艳妮、曹力文、陈宇帆、刘苏、凌敏、王睿、沈如意、陈卓、张国奥、何传磊、余潇、徐杭、杨鑫、蒋秋路、闫科维、谢佳、冯榆涵、王翔、周颖、黄建辛、董佳宁、李靖、杨皓男、王策、熊传波、黄豪、汪意涵、劳亚龙、余一凡、罗玥、刘俊杰、张斯嘉等研究生的大力支持，在此向他们表示衷心感谢。书中参阅了大量国内外著作、学位论文及相关文献，并在书中采用了相关内容，在此谨向这些文献的作者致谢。感谢国家重点研发计划课题(2017YFB1200702)的资助。

特别感谢城市轨道交通协会仲健华、中国中车集团有限公司孙帮成、国家铁路局王启铭、中国交通运输协会宋朝义、中铁第一勘察设计院集团有限公司王争鸣、中国铁路通信信号股份有限公司张苑、京津冀城际铁路投资有限公司王宝杰、中国铁路设计集团有限公司聂英杰、重庆市铁路(集团)有限公司官波、中南大学史峰、东南大学李文权、北京交通大学毛保华等在课题研究和书稿撰写过程中给予的大力支持和帮助。

感谢课题参与单位北京全路通信信号研究设计院集团有限公司、北京大学、清华大学、重庆市轨道(集团)有限公司、成渝铁路客运专线有限责任公司、成都市交通发展研究院、北京航天测控技术有限公司、通号城市轨道交通技术有限公司及团队成员，感谢重庆市铁路(集团)有限公司、中铁二院重庆勘察设计研究院有限责任公司、成都轨道交通集团有限公司、京津冀城际铁路投资有限公司、北京轨道交通指挥中心、上海申通地铁股份有限公司、上海金山铁路有限责任公司、广州地铁集团有限公司、陕西城际铁路有限公司、温州铁路与轨道交通投资集团有限公司等单位有关领导和专家的大力支持和热忱帮助。在此，谨向他们表示诚挚的谢意。

由于作者水平有限，书中难免有疏漏和不妥之处，恳请有关专家、同行和读者批评指正。

目　录

第1章 绪　论

城市群，是指在一定的地域范围内，以一个或多个中心城市为核心，由若干城市所组成的群体。通常，城市群的建设要依托发达的通信、网络、交通等基础设施的协调发展。我国正处于城市群建设的快速时期，要全面实施城市群发展规划，必定要将城市发展规划与交通相融合。总体来讲，区域轨道交通系统在城市群发展中的主要作用有两个方面：一方面，充分发挥区域核心城市全方位的功能辐射作用，带动群内城市的经济社会发展；另一方面，为城市群中各城镇提供轨道交通以便快速联系，促进城市群的发育成长。

1.1 研究背景及意义

目前，我国区域轨道交通通常包含三个层次：城市轨道交通、市域/城际铁路、高速/普速铁路。各种轨道交通方式一般独立运营，通过物理枢纽相互联系，应急情况下进行协同指挥。即便是北京、上海、广州和深圳这些一线城市，轨道交通的建设重点也还只局限于中心城市范围内的地铁网络，区域轨道交通网络的建设明显滞后于城市群的发展需求。

随着城市化的快速推进，轨道交通运营模式由单制式相对独立运营逐步向多方式综合运营的方向转变，现有的单制式运营模式已经越来越无法适应当前的运输形势，区域轨道交通的协同发展也面临着工程建设、综合管理、协同运营等方面的诸多问题。多方式交通一体化协同运营组织已成为城市群发育和发展的客观形势，也是发挥区域轨道交通整体能力和综合效益的关键，是可以满足不同区域范围、不同功能定位、不同服务标准出行需求的必然选择。

本书以多方式轨道交通运输组织业务分析与数据采集处理为基础，运用数理统计及数学建模等研究方法，基于行为学、系统动力学、可靠性、最优决策及协同优化理论，以大数据、云计算、移动互联、可视化仿真等相关信息技术为手段，研究基于出行链和大数据的运输需求精细化预测，构建“点-线-网”多尺度的有效承载能力评估指标与评估模型，实现运输需求引导下的运力资源优化配置，提出多制式区域轨道交通网络功能和效应最大化的精细化运输方案协同编制理论与优化技术，最终形成支持联程联运、枢纽换乘、运力调配、应急协同、出行扰动等关键环节的区域轨道交通智能协同组织成套理论，研制区域轨道交通协同运输系统，有助于提高区域轨道交通协同运营组织水平，能最大限度提升区域总体运能、提高服务质量，使区域轨道交通水平达到新的高度。

1. 提升区域路网总体运输能力

本书通过研究区域轨道交通不同方式及枢纽间客流与运能匹配方法，充分运用线网能力，提升客流与运能的匹配度；通过研究基于网络运能协调和效能最大化的不同制式区域轨道交通精细化运输方案与协调编制理论和优化技术，提升各方式运输计划的精准性、鲁棒性和协调性，提升多制式区域轨道交通复杂网络整体运能；通过研究区域轨道交通动态协同运输组织理论，实现多制式运输组织协同联程联运，提高各方式运营组织效率。

2. 减少旅客跨制式旅行时间

本书通过研究区域轨道交通运输动态规划及调配协同优化方法，形成保障旅客畅通出行的基于时空一体化的区域轨道交通运能匹配协调技术，提升客流与运能的匹配性，缩短旅客等待时间；通过研究以区域轨道交通高效、快捷及无缝换乘为出发点，从最大限度节省旅客跨制式旅行时间的目标出发，结合各种轨道交通制式特征的区域轨道交通协同联动成套理论与优化技术，有效缩短旅客换乘时间；通过研究互联网环境下的服务需求感知、资源动态优化配置、智能人性出行辅助等信息服务技术，研发综合旅客智能终端，以解决多制式区域轨道交通系统的智慧出行规划及协同运输组织衔接问题，有效缩短旅客出行时间。

3. 提升区域轨道交通正点率

本书通过建立安全策略、威胁感知与应急响应、信息服务协同联动的信息安全保障技术体系，以及大数据驱动的多制式系统数据互通、需求互联、协同智能的一体化融合机制，研究基于动态客流、系统状态感知的多制式区域轨道交通精细化运输方案编制理论优化技术，提升多制式区域轨道交通复杂路网运输组织的鲁棒性和协调性，实现区域轨道交通跨制式智能联动，实现轨道交通多制式列车运行计划的动态智能调整，保障区域轨道交通的良好运行秩序，确保区域轨道交通按图行车，提升区域轨道交通正点率。

1.2 区域轨道交通协同运输研究及发展现状

1.2.1 国内外研究现状

我国轨道交通受管理模式及技术发展限制，区域内各制式间没有形成联动，各自为政、信息割裂的现状制约着运输效率和服务质量的提升。以提升多制式轨道交通协同运输水平为立足点，打通制式和专业间信息壁垒，实现区域轨道交通多制式跨专业实时智能联动，从真正意义上提高区域轨道交通整体运能和效率具有十分重要的现实意义。

客流量的预测问题一直是轨道交通领域研究的重要课题，它不仅对交通流的实时监测预警具有积极作用，也为相关部门制定错峰出行、交通管制等一系列政策提供有力的技术支持。陈艳艳等(2009)以公交出行链各环节为边，通过构建包含不同公交模式的多层次网络邻接关系，并对各边进行平均出行时间及时间可靠度的双重赋权，建立考虑出行各环节时间随机波动的多模式公交线网；陈俊励等(2011)结合居民个体出行的选择过程，将出行时间选择作为模型的上层，交通制式选择作为模型的下层，构造居民出行时间和交通方式选择相互影响的巢式 Logit 模型；童晓进(2014)对铁路客流时空分布特征进行了详细研究，他以客票数据为客流载体，深入挖掘武广铁路运输通道客票数据中所蕴含的客流时空分布特征；张蛰(2017)从集散设施和设备、客运组织和导向服务等三部分描述了城市轨道交通车站客流集散网络；Ho 等(2006)采用 Logit 函数建立多类用户概率选择行为模型，并建立了用户的出行方式划分和交通流分配的组合模型，最后采用算法进行求解；佟璐等(2014)在分析多层次旅客具有不同的服务时间窗期望、换乘次数、换乘时间等出行选择行为基础上，建立体现旅客时空差异服务需求约束的客流分配模型，提出由时间窗搜索和改进的 Dijkstra 算法构成的组合算法。实现了在网络条件下根据分配权重函数不同，完成客流时空分配；Sun 等(2015)将旅行时间分为列车区间运行时间、换乘时间和额外时间，在假设旅行时间各时间成分均服从正态分布的前提下，运用贝叶斯统计方法，以大量的城市轨道交通自动售检票(automatic fare collection，AFC)系统数据样本修正各时间成分分布的特征参数和 Logit 模型参数的先验分布，得到特征参数的后验分布和贝叶斯置信区间，并应用于新加坡地铁的客流分配；李存军等(2003)基于交通流的统计特点构建了基于小波分析的离散卡尔曼(Kalman)滤波模型，对实时变化的交通流量进行预测。试验结果表明该方法有效减小了预测误差。

经过多年的发展，有效承载力已经成为当前研究的重要任务，它在探究自然资源承载能力的同时，还进一步关注了人类社会生存发展的方方面面，将其从自然属性延伸到社会属性。Helbing 等(2000)深入研究了人群的群集效应等宏观现象，客流的宏观现象反映了其在交通区域的集聚状态，是客流关系与区域承载能力的宏观表现；Setti 等(1994)和 Takakuwa 等(2003)通过模拟客流在交通车站内的流动，找到车站内客流瓶颈，通过优化瓶颈拥堵来提高客流流动的效率。李得伟(2007)建立了车站乘客集散理论体系框架，对轨道交通车站内部设施的使用效率进行计算，并对客流分布理论的基本内容和方法进行详细论述；胡明伟等(2009)基于社会力模型建立城市轨道交通车站的客流微观仿真模型，并对客流组织方案进行评价；胡清梅等(2008)对轨道交通枢纽客流承载能力进行计算与评估，实现了对地铁客流的动态分析；Morlok 等(2004)讨论了综合运输系统的能力，并把需求作为矢量集，进而提出和的概念，并提议开发一个综合运输系统的数学模型，模型的目标函数是综合交通运输系统的最大能力，约束条件是各种交通模式、子系统设备能力、可耗资源限制、机车车辆有效性和运输成本等；何世伟等(2003)在提出铁路运输路网系统系列定义总体运输能力、有效运输能力和潜在运输能力这三个新概念的基础上，以基于短路的铁路运输路网系统总体有效运输能力模型构建和遗传算法设计为核心，给出了路网运输能力的计算方法和编程实现方法。

国内外区域轨道交通枢纽运能协调研究基础资料还较缺乏，不够系统，各交通方式间的协调模型与方法研究得较少，多是关于铁路和各种交通方式之间建立起匹配度评价指标，并对指标进行简单的匹配度运算。Bell(1984)使用一种衔接各种运输方式的方法，在提升旅客换乘便捷性的同时，也促进了各种运输方式之间的优势互补；Lee 等(1991)利用优化各交通方式间松弛时间，来对交通方式换乘进行研究，以期达到提高衔接效率的目的；张星臣(1995)在原有运输能力的基础上考虑了运距因素，并将运量、路径和运能在路网系统的意义下以同一计量单位处理，为路网系统运能问题的深入研究提供了条件。

秦国斌(2012)基于模型“零换乘”理念对我国综合换乘枢纽各种布局模式进行了分析，比较得出不同类型的综合枢纽最佳布局模式。其次，依据整体性、相关性、动态性和调控性等原则，对区域城际综合枢纽各交通运输方式进行运能协调匹配分析；程明君(2009)研究了带时变多重交通网络的联盟运输调度问题。通过建立时间和运输方式选择之间的分段函数来描述时变条件下的多重交通网络，同时对时变多重交通网络及其特性进行分析和概括，然后对带时变多重交通网络的联盟运输调度问题建立模型，并设计改进的蚁群优化算法对模型进行求解。

列车开行方案设计和列车运行图编制是列车行车组织的关键问题，主要是安排列车在轨道上运行的问题，由于列车行车组织是整个区域轨道交通系统运营的核心问题，该研究吸引了大量学者的研究。陶思宇(2012)等依据自动控制理论中的反馈控制原理，提出基于客流动态反馈控制的开行方案调整方法，将现行客运专线旅客列车开行方案客流情况的统计作为调整旅客列车开行方案的依据；Serafini 等(1989)提出周期事件规划问题(periodic event scheduling problem，PESP)模型是相关研究的基础理论，大量的周期性运行图研究基于该方法进行；Lee 等(2009)提出基于四阶段的列车时空路径分配和调度求解方法。在开行方案协调方面，杨柳燕(2016)研究了高速铁路运营前期和后期两个阶段兰新高铁和既有线的客流合理分工方案，建立 Logit 模型，将兰新运输通道内的客流合理地分配到兰新高铁和既有线上，结合旅客列车的开行区段、种类、数量，建立了适合兰新通道的旅客列车开行的多目标 0-1 规划停站方案模型，确定不同时期兰新高铁和既有线的列车开行方案；姚金娈(2010)针对不同区域客流性质特点，在经济区和交通圈划分方法的基础上，将京沪沿线区域划分为五个区，结合客运站等级、机车设备、线路条件、区域客流性质等因素，确定拟运行列车区段，最终对开行列车种类和开行数量等相关问题进行探讨。在列车运行图的编制方面，郭富娥等(2000)论述了在我国高速铁路运营初期，高、中速列车混行的条件下，合理衔接高速线与既有线列车运行图的高速铁路列车运行图的编制方法和编制步骤；陈慧(2008)分析了我国客运专线跨线运输列车运行图衔接类型和衔接方式，从旅客服务质量、运行图技术指标、天窗衔接合理性及运行图能力适应性四方面对跨线运输列车运行图衔接方案进行评价。在轨道交通开行时刻表方面，Shrivastava 等(2006)利用遗传算法优化接运公交线网，根据市郊铁路的运营时刻表优化接运公交线路的发车频率，生成各条线路的时刻表；孙杨等(2001)研究弹性需求下的接运公交网络设计问题，基于城市轨道交通时刻表方案协同优化接运公交线网和时刻表。

对于系统间协同演化的研究，国内外很多学者都做了大量的工作。但研究对象一般集中于交通运输系统与经济系统适应性的演化(王占中等，2011)、交通运输系统间协同发展理论(张生瑞等，2007)、铁路或城市轨道交通拓扑网络演化特征(Wang et al.，2009；李子木，2016)。张艺凡等(2015)构建基于随机 Petri 网的同构马尔可夫链模型，通过模型分析突发事件应急响应模式中线路之间的相互影响，以及各线路启动突发事件应急响应模式对整个系统稳态的影响；刘铁民(2011)针对突发事件应急响应中涌现出的系统脆弱性和我国公共安全管理体系结构性缺陷，提出应尽快制修订有关应急准备、应急指挥和事故调查等方面的规程和标准，从制度上规范应急响应行为，提高重大突发事件应对能力；姜革锋(2010)指出区域综合交通运输节点的连接性和线路可达性是影响运输网络一体化的重要因素，并从战略、规划、硬连接、软连接四个方面提出了提高区域综合交通运输一体化效率的途径及政策建议。在动态服务网络设计方面，Crainic(2000)等在总结既有研究的基础上，创造性地提出了服务网络设计问题可分为频度服务网络设计问题和动态服务网络设计问题这一全新的分类方式，并对频度服务网络设计问题建立了两类分别以频度作为决策变量和导出变量的模型，对动态服务网络设计问题建立了基于时空网络的模型；Andersen 等(2009)为综合研究快捷货运服务网络设计问题和车辆协调利用问题，构建了时空网络模型，模型的优化目标为总运输时间最短，并采用改进的分支定界法求解模型。

对于区域轨道交通动态服务网络的客流分配，国内部分学者尝试将城市道路交通网络和城市公交网络中的一些理论方法应用在城市轨道交通网络中。为了反映与时间有关的出行选择，动态的公交网络配流研究中需要建立一个与时间相关的公交网络，Poon 等(2004a)将与时间相关的公交网络分成四类：历时图(Nuzzolo et al.，2001)、对偶图(Moller-Pedersen，1999)、前向的星型网络图(Tong et al.，2001)、时空扩展图等。Schmöcker 等(2008)则提出了“由于拥挤候车乘客无法乘车”的思想，考虑在某些情形下，车上过度拥挤造成候车乘客无法上车的概率，并据此提出了基于公交发车频率的动态流量分配模型。国内外在轨道交通枢纽换乘体系方面展开了较多研究，取得了一定的成果。归纳起来主要包含枢纽选址及布局优化、换乘系统研究两个方面。在枢纽选址及布局优化方面，Marianov 等(1999)在充分考虑时间和费用与枢纽选址关系的基础上，建立了 0-1 线性规划模型，并采用 Tab 启发式算法进行求解。在换乘系统研究方面，沈景炎(2001)、林涛(2002)都在分析地铁客流量与特征的基础上，给出了换乘站台长度、宽度、自动扶梯、楼梯宽度和数量的计算公式。在铁路运力资源调配方面，赵长江等(2007)以城市节点为中心，在城市分层的基础上提出铁路快速客运网规划调整思路和原则，并在路网规模、路网覆盖度、适应客运需求，客流节点时空可达性等方面进行评价。邓延伟(2010)选取具有代表性的评价指标，将客运需求、路网属性、客运能力和社会属性作为聚类分析要素，建立客流节点评价指标体系。

虽然到目前为止，国内外并没有研发出基于区域轨道交通协同/一体化运输组织的信息交互、决策及辅助平台，但针对单制式的轨道交通运输组织系统，国内外许多专家学者进行了长期的探索和开发。

美国主要采用计算机模拟方法和逻辑判断方法，美国 GRS 公司开发了多个版本的列车运行模拟程序；德国铁路基于车站进路描述和列车牵引计算进行列车运行图的编制，并采用地理信息系统(geographic information system，GIS)技术，操作方便，可视化程度高；英国从 20 世纪 60 年代以来进行运行图编制自动化方面的研究工作，从 1971 年开始，英国广泛采用列车运行图编制与绘制系统。

近年来，国内列车运行图系统编制技术突飞猛进。2003 年，在铁道部运输局的组织和参与下，西南交通大学研究开发了计算编制全路直通客车运行方案图系统，实现了基于计算机局域网编制全路直通客车方案二分格图；2005 年研究开发了全路旅客列车运行图系统，实现了基于计算机局域网编制的全路旅客列车运行图；2009 年，研究开发了支持异地联网编图的全路列车运行图编制系统 3.0 版；2014 年，研究开发了全路列车运行图编制系统 4.0 版，实现了基于 64 位的技术升级，突破了 3.0 版内存容量限制的瓶颈，可以实现两个列车运行图文档间的数据交换，有利于实现列车运行图的多方案必选。

总之，现有的网络通信、大数据及人工智能等技术发展为一体化系统提供了可能。将各制式视为区域交通的一部分进行统一规划，实现区域内各制式交通的实时智能联动管理，构建集需求预测与灵敏度分析、承载力评估、运力配置、运能匹配、运输方案精细化编制、运输组织决策于一体的区域轨道交通协同运输组织系统，能最大限度地提升区域总体运能和服务质量，使区域轨道交通水平达到新的高度。

1.2.2 我国区域轨道交通协同运输发展现状

虽然各区域各城市在单一制式的发展上都做出了很大的努力去提升旅客的出行质量，但在包括跨制式的轨道交通旅客服务、运输组织、安全保障、应急处置、信息服务和管理体制等方面仍然存在很多不足，未实现完全协同联动。当前，多制式轨道交通存在“资源配置不共享，决策过程不协同，计划编制不精细，安全保障不联动，旅客服务不智能”导致的运输效能和服务质量不高的问题，较为显著。

1. 资源配置不共享

1) 综合服务信息发布分散

不同轨道交通制式对应的运营单位均有各自的信息发布平台，多类信息分散发布，旅客需要从不同平台获取，再规划自己的行程。各类信息的发布并未实现共享和协同。

2) 设施设备配置不共享

目前的综合客运枢纽有的实现了旅客可在同站台换乘多种轨道交通方式。多种交通方式在枢纽内可以共用换乘大厅、换乘通道等设施，但是不同轨道交通制式的线路标准、设施设备配置、车辆标准等各方面都有所区别，因此各交通方式均独自建设和运营管理，暂未实现线路、车站等各设施设备的完全协同和互联互通。旅客需要通过节点换乘，多次购票、安检、进出站等实现多制式的衔接。

3) 各运营主体间运输组织信息不共享

目前，由于多制式轨道交通的管理隶属不同部门，则其各类运输组织信息均属于各轨道交通公司内部资料，如列车运行计划信息、列车实时定位信息、客流实时信息和应急事件的处理信息等，由于无法共享多方面的运行信息，从而无法实现多制式的协同运输和联动，也影响了多制式轨道交通在应急处置方面的协同配合。

4) 跨制式出行购票分离，票制不协同

跨城市、跨制式出行的旅客需要通过多个独立的票务系统进行购票乘车。在旅客换乘组织方面，各城市都较为注重多种制式轨道交通之间的换乘衔接，但由于运营管理相对独立，乘客换乘需要出站后重复上一阶段乘坐轨道交通的各个环节，尤其是安检、售取票等环节的重复增加了旅客换乘时间，使得旅客出行环节复杂、服务品质不高。还有部分节点换乘步行距离较长，给标志辨识能力较差、携带大件行李的旅客，尤其是独自出行的老人和儿童的旅程造成不便。

2. 决策过程不协同

1) 跨制式轨道交通线网规划和建设分离

目前，各城市群各制式轨道交通的线网规划和建设规划间均是独立的，仅考虑到节点衔接换乘。在线路规划时并未充分考虑旅客完整出行链的出行需求特征，导致不同制式轨道线路衔接规划不协同。大家普遍认为城市轨道交通服务于城市内部，铁路线路服务于跨城市或跨区域出行，因此部分铁路车站远离城市中心，旅客需要通过多次城市内部换乘出行以到达铁路车站。但是，这样不考虑旅客出行需求，仅从轨道交通的服务职能去规划站点和线路并不完全合理，应当系统地协调多制式轨道交通站点，优化线网方案，以使旅客出行便捷，提高旅客出行效率。

2) 各制式轨道交通运营管理独立

在调度指挥方面，由于各种制式从调度指挥系统构成、组织构架、作业内容、行车指挥、列车运行调整等方面均具有较大差异。一般来讲，城市群城市轨道交通是由当地地铁公司管理运营的，而城际铁路/国铁干线一般是由铁路局管理的，不同轨道交通制式的管理运营均独立，跨制式调度指挥协同具有较大发展空间，未来可考虑在调度指挥结构功能设置、软硬件设备配置及调度信息传递与交互上实现跨制式调度指挥的协同，创建可以促进区域轨道交通各制式一体化协同运输、协调各层次轨道交通、提升区域交通系统的服务质量和总体运能的部门或机构。

3. 计划编制不精细

由于不同制式的轨道交通独立运营管理，各自均有编制运输计划的部门，在跨制式运输计划编制方面暂时还未实现协同。已经有部分城市群实现城际铁路与国铁干线互联互通和运输计划协同编制、部分高速线路与普速线路的计划协同编制等，但还未形成集城市轨道交通、市域铁路、普速铁路、城际铁路、高速铁路等多制式于一体的运输方案编制系统，也无法实现不同运营阶段、不同运营场景以及突发大客流等非正常情况下的运输计划协同编制。此外，目前各制式轨道交通在编制列车运行计划时，未充分考虑运输系统可靠性、可用性、可维护性、安全性和互操作性等与总体运能的关系，以合理编制列车开行方案、列车运行图等。

4. 安全保障不联动

在风险预警、应急响应方面，各轨道交通制式均有自己的风险预警机制和应急管理措施及方案，并未实现不同运营主体、不同运营场景以及产生风险或发生事故等干扰条件下的协同调度指挥和实时协同调整。目前在安全保障方面有三项不足。

1) 铁路与城市轨道交通应急响应协同实现效率低

铁路与城市轨道交通具有便捷的换乘条件，当铁路事故应急启动时，城市轨道交通与之配合目前需要市应急联动中心指挥启动应急预案。但这种实施方法的时效性和协同性较低，未完全形成适应多制式协同的安全保障机制。

2) 跨制式轨道交通安全保障和应急管理机制缺乏

各城市、各轨道交通制式和综合交通枢纽站点基本有独自且完善的安全保障机制和应急响应预案，但缺乏一个跨制式协同和联动的处理方案和机制，尤其是突发事件、大型活动等，缺少统一调度指挥多层级轨道交通的应急处理机制，多制式协同联动较差。跨制式的安全保障机制，可在涉及多种轨道交通的突发事件时，引导多制式、跨部门的相关人员明确各自职责，正确合理地处理相关问题。

5. 旅客服务不智能

1) 路径规划处于初级阶段

目前，跨制式出行路径规划还处于初级发展阶段，智能化程度较低，缺少专业的出行路径规划平台。对于需要换乘或跨制式出行的旅客，在出行路径选择时，需通过自行查询不同交通方式的列车信息和换乘站的信息进行合理的规划。对于城市轨道交通内部出行，百度地图、高德地图等软件可帮助旅客选择换乘次数最少或者换乘时间最短的出行路径，但其换乘时间无法根据实时换乘情况更新。此外，对于城市第一次出行的旅客，由于对城市交通不熟悉，对跨制式换乘衔接的时间、步行距离、换乘流程等信息需求大，导致在旅客购票时，仅输入终点站购票，不能智能获取精确且可选择的换乘方案。

2) 缺乏一体化的信息共享平台

虽然各城市群的地铁公司和铁路 12306 网站都推出了自己的应用软件(APP)，可实现线路查询、购票或规划出行行程等功能，但旅客如需同时获取不同制式轨道交通列车的运行信息、服务信息等，需要通过不同的网络平台去获取，并自行整合分析。缺乏一体化的信息共享平台，综合发布多制式出行信息。

3) 缺乏智能换乘引导系统

旅客在跨制式换乘时，需要下车后通过标识牌等指示步行换乘，对于复杂的换乘系统，会增加旅客换乘出行时间，目前还缺乏智能的换乘导引系统，一方面可以根据旅客所在区位，提前预告换乘步行流线，另一方面根据旅客需求，为旅客提供多选择路径和清晰的换乘流线指示。

当前，突破信息壁垒，构建区域轨道交通一体化协同运输体系，建立安全综合保障机制，创新跨制式的综合信息服务，是我国轨道交通发展的迫切需要。大数据分析、互联网+、人工智能、网络通信等技术的飞速发展和成熟应用，为突破区域轨道交通协同运输与综合服务关键技术研究提供了可行性。开展基于出行链的多层级运输资源协同运输组织与优化方面的系统性研究，实现区域轨道交通各业务一体化、以轨道交通为骨干的多模式运输综合化是区域交通的技术发展趋势。

1.3 区域轨道交通协同运输研究内容及关键技术

为构建区域轨道交通协同运输体系与决策系统，本书针对多制式轨道交通运输效能和服务质量不高的问题，以“区域总体运能和服务质量提升”为目标，从资源协同、信息协同、决策协同、服务协同四个方面提升多制式协同水平，按照需求及总体设计、理论及技术研究、系统研发三个维度全面推进研究工作，构建满足高效运输需求的区域轨道交通协同运输与服务理论体系，提出区域轨道交通协同机理，形成区域轨道交通协同运输与综合服务总体设计，如图 1-1 所示。

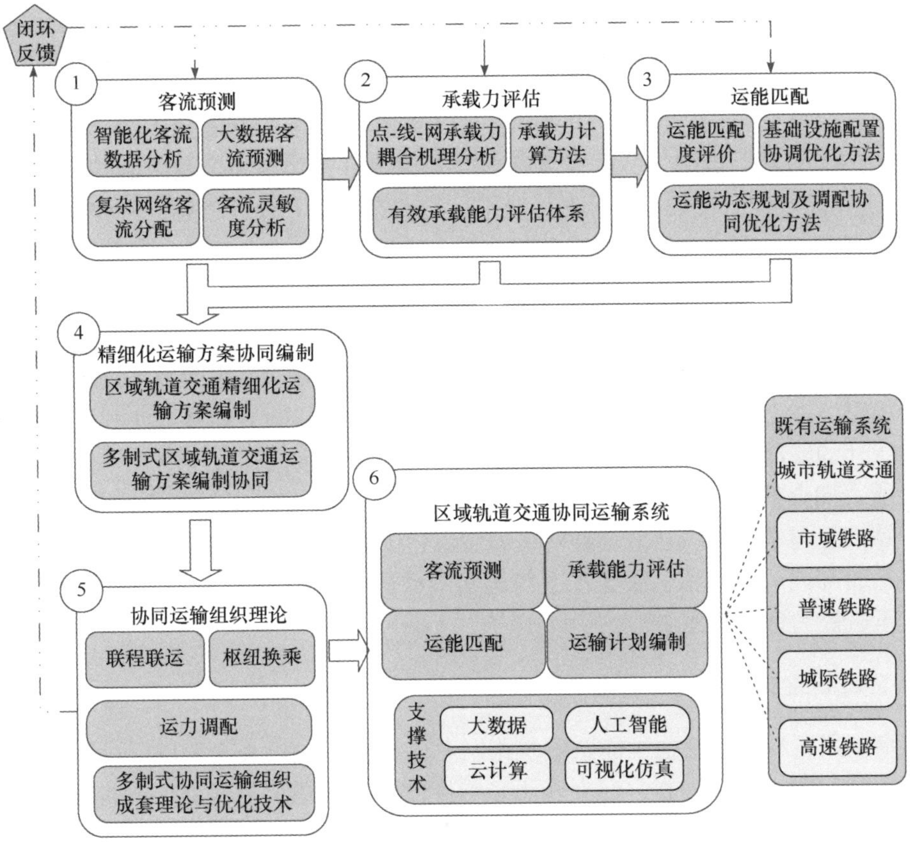

图 1-1　区域轨道交通协同运输与综合服务总体设计图

本书以区域轨道交通运输供给与需求的耦合关系为核心，突破既有研究下单制式运能提升瓶颈和单制式分立运营的局限性，分别从客流分布预测、有效承载力评估计算、运能匹配及协同运输方案编制等方面展开研究，形成基于多源数据融合的复合网络客流预测及分配、多制式区域轨道交通网络运能匹配及运输方案精细化编制等关键技术，实现运输方案从静态独立编制向动态协同方式演进，支撑复合网络运能潜力的充分挖掘。

1. 区域轨道交通客流预测方法

根据轨道交通制式多样性导致数据的大量、多源、异构等特征，提出基于多源数据融合的 Kalman 滤波的短时客流预测方法和经验模态分解(empirical mode decomposition，EMD)加长短期记忆神经网络(long short term memory network，LSTM)组合方法的短期客流预测模型，并建立基于出行链的区域轨道交通客流分担率模型，实现多制式轨道交通网络下融合多源数据的客流精准预测，形成区域轨道交通出行全过程客流预测体系架构，最终实现多精度、多粒度、多场景的复合网络客流预测。在此基础上研究区域轨道交通综合客运枢纽换乘量预测方法，为城市群综合客运枢纽的客流疏散组织、运营管理等提供指导意见。

2. 区域轨道交通客流分配方法

为解决复合网络客流出行特征复杂、客流出行选择多样的问题，以城市轨道交通网络运营不断深化为研究背景，构建基于时空服务网络的轨道交通客流动态分配模型，并设计基于微观层面与宏观层面的开行方案能力与客流需求匹配评价方法，有效提高区域轨道交通的能力利用效率，缓解客流高峰时期拥堵；构建基于容量限制的增量加载分配Logit轨道交通客流分配模型，对出行费用进行动态修正并设计求解算法实现动态客流分配，以实现对区域轨道交通的客流合理分配，为精细化运输方案编制提供支撑。

3. 区域轨道交通车站与枢纽有效承载能力计算方法

从网络特征、客流特征、服务水平、运营安全等方面入手，构建区域轨道交通耦合协调评价模型，提出基于系统动力学的车站与枢纽有效承载能力计算方法和基于时间-空间综合耐受性的线路有效承载能力计算方法，并根据区域轨道交通多制式“点-线-网”的有效承载能力耦合机理，形成区域轨道交通网络，建立区域轨道交通网络有效承载能力的静态计算模型与基于区域轨道交通网络分层着色 Petri 网模型的动态仿真模型，构建面向旅客与运营部门等多主体、服务水平与运营效益等多尺度、点线网一体化的区域轨道交通有效承载能力评估体系。

4. 区域轨道交通运能匹配及评价方法

以多制式区域轨道交通运能匹配及路网总体运输能力最大化为目标，考虑线网结构、基础设施、服务水平等因素，建立基于多维度的区域轨道交通运能匹配指标体系与评价方法，在此基础上分析并提出多场景条件下区域轨道交通不同方式及枢纽间运能匹配保障措施；研究综合交通枢纽以及区域轨道交通多制式耦合网络基础设施衔接模式，提出逼近理想解排序法(technique for order preference by similarity to ideal solution，TOPSIS)的多制式区域轨道交通网络关键车站及区间识别方法，提高关键节点评价的准确性；考虑列车运行速度及断面客流量等因素，建立区域轨道交通动态服务瓶颈识别模型，并提出“网络-线路-车站”三级瓶颈疏解方案，建立基础设施配置优化模型，提升动态服务网络瓶颈识别及疏解的有效性。

5. 区域轨道交通列车运输计划优化方法

深入研究区域轨道交通运输方案编制理论及关键技术，针对目前运输方案分立编制的问题，提出融合开行方案、列车运行图及车底交路计划的轨道交通运输方案一体化编制模型和方法，提升运输方案的整体性和协调性；同时，进一步突破不同制式运输方案分离编制现状，提出基于跨制式时空可达的首末班车时刻表优化及改进 TOPSIS 的列车运行图调整辅助决策模型，首次实现多制式轨道交通运输方案协同编制，促进多制式复合网络的运输能力及服务水平提升。

6. 区域轨道交通协同运输组织优化方法

从最大限度节省旅客跨制式出行时间的目标出发，结合城市轨道交通、市域铁路、普速铁路、城际铁路、高速铁路等各种轨道交通方式特征，揭示区域轨道交通跨制式运输组织演化机理，建立区域轨道交通联动响应机制，构建区域轨道交通动态服务网络评估理论及评估方法，形成应急条件下区域轨道交通网配流理论与技术，并构建基于时刻表的多市轨道交通网络流量分配模型，对实际轨道交通应急组织管理具有重要的实际意义；形成基于最优决策和协同优化理论研究区域轨道交通联程联运、枢纽换乘、运力调配等协同运输组织理论，充分发挥多制式间信息相通、管理联动的优势，有效提升枢纽的运转能力与服务质量。

7. 区域轨道交通多制式列车运行图编制系统研制

根据综合编制运输方案数据之间的紧耦合性特征，系统采用大规模数据处理、协同度高、灵活性强的解决方案，基于群体协同技术，建立多制式运行图协同编制机制，实现区域大规模、多制式区域轨道交通网络运输方案的一体化编制与自动调整功能。该系统满足铁路不同线路、设备条件及运输组织模式等多方面的要求，是国内首次实现高速铁路、城际铁路、市郊铁路、城市轨道交通等多制式的区域轨道交通列车运行图一体化协同编制系统，为区域轨道交通实现全网一张图提供技术支持。

第 2 章　区域轨道交通客流预测方法

客流是指单位时间内某路段上单一方向的旅客流动，包括流量、流向和流时等要素。轨道交通客流预测是指基于历史客流统计数据，采用一定的技术方法对未来一定时间内轨道交通网络、线路或车站客流状态进行评估。客流预测在区域轨道交通系统运营管理过程中处于举足轻重的地位，是对运输资源合理部署、优化列车开行方案、指导日常运输组织及经济效益评价的重要前提。

2.1　基于计算图的多源数据融合技术

2.1.1　多源交通大数据类型

大数据是一类海量、高增长率和多样化的信息资产，在新型处理模式下具有较高的洞察发现力、决策力和流程优化能力，具有体积浩大、模态繁多、生成快速、价值巨大但密度很低的特点(李国杰等，2012)。区域轨道交通客流数据主要包括城市轨道交通自动检票(automatic fare collection，AFC)系统数据、城际铁路售票数据、高速铁路售票数据、市域铁路售票数据、路网信息数据、天气数据、大型活动数据、运行图数据、轨道交通枢纽内部空间布局图，形成海量、动态、实时的多源交通大数据。

1. AFC 系统数据

AFC 系统数据已成为研究城市居民出行行为规律及预测相关交通参数的一种有力工具。在城市轨道交通高度发达的城市，轨道线路错综复杂成网运营，同一出行起止点(origin destination，OD)下往往有众多路径可供选择，确定各出行路径的选择比例对于研究城市轨道交通线网中的客流分配问题极为重要，AFC 系统数据是分析乘客出行路径选择比例的重要手段(Xu et al.，2018；Xie et al.，2018；石俊刚等，2015)。除此之外，AFC 系统数据还可用于挖掘城市轨道交通客流时空变化规律、客流在线网及站点间的分布状态，进而对未来某一时段内全网、某一站点或线路的客流量进行有效管理、诱导客流，同时合理配置有限的交通资源(王兴川等，2018；Kieu et al.，2015；蔡昌俊等，2015)。

2. 铁路客票数据

铁路客票历史销售数据存储于铁路客票发售与预定系统中，详细记录了每日全国铁路实时交易信息。原始铁路客票历史数据主要包含列车始发日期、列车车次、运行区间、上车站、下车站、售票时间、售票方式、席别名、上车人数等。通过对铁路客票历史数据进行科学分析，可以对旅客出行行为、时空分布特性、客票收入与运能关系、客流预测等进行研究，为铁路客运部门获取高质量的辅助决策信息提供数据基础。

3. 社会经济数据

城市的社会经济发展水平是影响轨道交通客流规模的直接原因，包括城市经济水平、人口规模、土地利用、居民出行特征、交通衔接、轨道交通票价等因素，将这些统称为具有社会经济属性的影响因素，通过某种方式获取的与这些影响因素有关的数据称为社会经济数据。社会经济数据多与交通生成、发生或吸引量的计算有关，无论是在传统的四阶段法中还是基于神经网络的客流预测模型中，往往是影响交通生成及分布的主要因素(伍拾煤，2014；吴倩，2007；罗小强，2005)。

4. 手机信令数据

手机信令数据广泛应用于研究居民出行模式和城市交通规划等问题。通过手机信令数据可以获取活动发生的位置及时间信息，但是这种信息并不能从手机数据中直接获取，需要设计一系列用于位置提取的模型及算法，计算出手机信号在某一位置的停留时间以及确定活动发生的地点，并根据手机用户对该地点的访问频率、访问时间等信息确定出行起止点(Alexander et al.，2015；Chen et al.，2014)。获取出行过程中各停留点的访问时空信息后，即可描绘活动过程中的时空出行轨迹，并结合其他交通大数据资源，挖掘用户出行起止点、出行方式、出发时间等出行行为规律(胡永恺，2017；Rojas et al.，2016)。

5. 天气数据

在区域轨道交通出行中，出行者会受降雨、降雪、雾、高温等天气因素的影响，其客流量会比正常天气有所降低。在休息日，天气会影响居民是否选择出行，而在工作日，天气则会影响居民出行交通方式的选择。

天气参数(李星，2018)属于非数值，由于非数值的参数不能用于计算天气数据与交通流数据之间的相关性，可通过传感器参数记录为数值的天气数据进行量化。例如，采集温度、能见度、风速、$PM_{2.5}$等经预处理与处理后的交通流数据构建相关系数矩阵。

6. 大型活动数据

针对大型活动数据，可先建立场馆数据库，录入活动场馆及波及车站的信息。包括但不限于：场馆位置，场馆规模，历史售票情况，距场馆最近的城市轨道交通车站的实际距离，历史中受到波及的路网范围、影响程度以及影响时长、客流消散情况等。对于大型活动数据，其基础数据来源于城市轨道交通的票务数据，客流统计主要是对运营线路客流数据进行统计，用以分析线路客流量、客流构成等情况，其数据统计的重点为特殊时段的客流量和客流统计特征。对大型活动客流进行推算(李晓峰，2017)，根据活动事件安排、场馆类型及分布特点、游客的参观兴趣及游客参观路径特征等，确定各项活动举办时间以及参与人员的类别和数量，预测各类人员的交通方式和出行时间，进而分时间推算活动举办地周边区域以及整个城市范围内的客流量。

2.1.2　多源数据融合方法研究

大数据环境下，将各种大数据资源融合在一起相互校正，是提高客流预测精度的重要突破。多源数据分析，即通过技术手段对来源不同的数据提取为统一信息的手段。而相比单一数据，多源数据具有冗余性、互补性、合作性和互斥性(赵宝新，2020)。

随着多源数据融合理论的发展，大量学者对多源数据融合的方法开展了研究。Liu 等(2014)构建模糊 XML 数据模型，将不同数据来源的模糊 XML 数据进行整合；Li 等(2012)为实现不同来源的数据间共享，构建了基于 XML 的异构数据交换模型；Xia 等(2018)为融合各类交通信息，构建了基于贝叶斯网络的信息融合模型；蒋肖(2016)分别应用支持向量机(support vector regression，SVR)和径向基函数(radial basis function，RBF)神经网络实现基于多源数据融合的短时交通流预测研究，研究表明基于多参数融合的预测模型的预测性能优于基于单参数的预测方法；惠国保(2017)基于深度学习，构建面向多源异构数据的通用深度学习框架，将深度学习运用到数据融合中；Dasarathy(1997)根据数据融合前后信息形态分为输入数据-输出数据、输入数据-输出特征、输入特征-输出特征、输入特征-输出决策、输入决策-输出决策五个层次。综上表明，多源数据融合可弥补单源数据的诸多不足，提高预测精度。

神经网络的内部结构本质上是并行的，与数据融合的结构一致，且具有较强的学习能力，因此利用神经网络进行数据融合具有较大优势。计算图是神经网络中进行反向传播的基础工具，也是 Tensorflow 的计算模型。基于计算图具有能够在自动微分的基础上将误差进行反向传播、通过调整中间状态变量及参数缩小误差的功能，运用计算图融合多种类型的数据资源提供的信息，对社会经济数据、AFC 数据和客票数据等提供的信息进行相互校正，以提高轨道交通客流预测的精度。因此，本节提出基于计算图的多源数据融合技术。

2.1.3　基于计算图的多源数据融合

1. 计算图的分布式表达

计算图是神经网络中描述反向传播算法的有效工具，在计算图上进行反向传播之前，计算图的首要任务是用图形的方式将复杂的函数内容层层展现出来，即计算图的分布式表达。

计算图中任意一个节点表示一个变量，变量可以是标量、向量、矩阵、张量或者其他类型的变量。同时，引入操作的概念表示一个或多个变量的简单函数，通过将多个操作组合在一起描述较为复杂的函数，任意一个操作仅返回单个输出变量。若变量 z 是通过变量 x 和变量 y 相乘得到的，则方程 $z = xy$ 的计算图可表示为图 2-1。

表达式 $e=(a+b)(b+1)$ 由两个加法操作和一个乘法操作组成。为便于理解，现引入两个中间变量 c 和 d 分别表示中间计算结果，即 $c=a+b$，$d=b+1$，则 $e=cd$。该表达式的计算图如图 2-2 所示，节点表示变量，箭头由下至上从输入变量指向输出变量，令 a=2，b=1，正向传播计算图中显示的结果为 e=6。

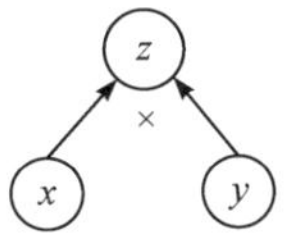

图 2-1　方程 $z = xy$ 的计算图表示

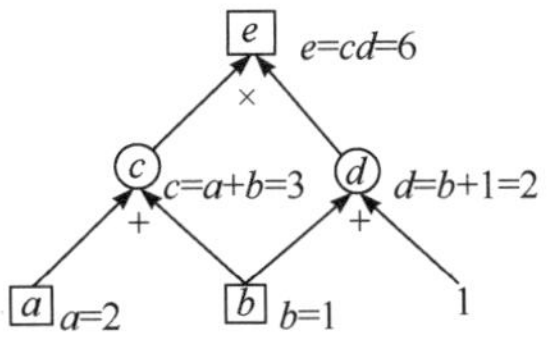

图 2-2　表达式 $e = (a + b)(b + 1)$ 的正向传播计算图

为了更清楚地展现计算图能够分步表达复杂函数的功能，现引入较为复杂函数的计算图。假设只有两种交通方式可供出行者选择，分别是小汽车和地铁，其效用函数只与出行者的收入和选用某种交通方式花费的时间有关，为便于说明，此处不考虑效用函数中的概率项。则两种交通方式的效用函数分别为

$$U_1 = \beta_{1,1} r - \beta_2 t_1 \tag{2-1}$$

$$U_2 = \beta_{2,1} r - \beta_2 t_2 \tag{2-2}$$

式中，U_i 为选择第 i 种交通方式的效用函数，i=1,2 分别表示小汽车和地铁；$\beta_{i,1}$ 为效用函数中，出行者的收入系数；r 为出行者自身的收入水平(千美元)；β_2 为效用函数中，出行时间的系数；t_i 为第 i 种交通方式花费的时间。

则该出行者选择小汽车出行的概率为

$$P_1 = \frac{\exp(U_1)}{\exp(U_1) + \exp(U_2)} = \frac{1}{1 + \exp(U_2 - U_1)} \tag{2-3}$$

式中，

$$U_2 - U_1 = (\beta_{2,1} - \beta_{1,1}) r - \beta_2 (t_2 - t_1) \tag{2-4}$$

令 $\beta_1 = \beta_{2,1} - \beta_{1,1}$，则

$$U_2 - U_1 = \beta_1 r - \beta_2 t_2 + \beta_2 t_1 \tag{2-5}$$

式(2-3)可表示为

$$P_1 = \frac{1}{1 + \exp(\beta_1 r - \beta_2 t_2 + \beta_2 t_1)} \tag{2-6}$$

计算图的中间节点可表示为

$$a = \beta_1 r \tag{2-7}$$

$$b = -\beta_2 t_2 \tag{2-8}$$

$$c = \beta_2 t_1 \tag{2-9}$$

$$d = a + b + c = \beta_1 r - \beta_2 t_2 + \beta_2 t_1 \tag{2-10}$$

$$e = \exp(d) = \exp(\beta_1 r - \beta_2 t_2 + \beta_2 t_1) \tag{2-11}$$

$$f = e + 1 = \exp(\beta_1 r - \beta_2 t_2 + \beta_2 t_1) + 1 \tag{2-12}$$

$$P_1 = \frac{1}{f} = \frac{1}{\exp(\beta_1 r - \beta_2 t_2 + \beta_2 t_1) + 1} \tag{2-13}$$

由此可以看出，该计算图共有七个操作，分别是三个乘操作、两个加操作、一个指数操作、一个倒数操作。

当出行者的年收入达到 r=50000 美元时，相应的系数分别为 $\beta_{1,1}=0.004$，$\beta_{2,1}=0$，$\beta_2=0.02$，两种交通方式花费的出行时间分别为 $t_1=30$，$t_2=50$。

方程(2-3)的计算图表示如图 2-3 所示。

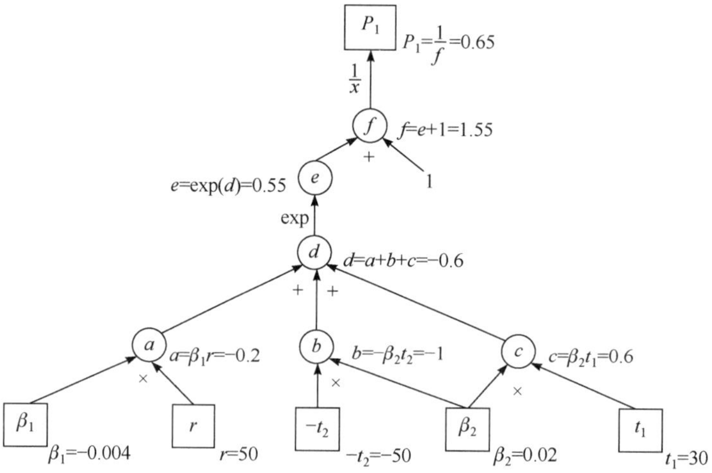

图 2-3　选择小汽车概率的计算图表示

由图 2-3 可知，该出行者在当前条件下选择小汽车出行的概率为 0.65，则选择轨道交通方式出行的概率为 0.35。

2. 基于计算图的反向传播机制

在深度学习的训练过程中，信息通过神经网络向前流动，从输入层经隐含层至输出层，直至产生损失函数的标量值，称为前向传播。与前向传播相反，基于计算图的反向传播(back propagation, BP)是指损失函数计算的误差信息可通过计算图网络向后流动，以计算损失函数关于参数或变量的梯度，并基于某种算法更新参数取值，以达到减小误差的目的。因此，计算图是反向传播的核心结构。需要指明的是，反向传播仅指用于计算梯度的方法，与随机梯度下降算法不同，后者利用反向传播算法计算的梯度来进行学习。

在计算图上进行反向传播时，通过使用链式法则可以直接计算出某个标量关于计算图中任何产生该标量的节点的梯度并写出相应的代数表达式，反向传播与前向传播采用不同的计算图结构。梯度在计算图上的计算规则为：首先找出从输出节点至某一节点的所有路径，在任意一条路径上，通过链式法则对所有边表示的梯度相乘得到该路径上的梯度，然后将所有不同路径的梯度相加，最终得到该输出节点关于某一节点的梯度。

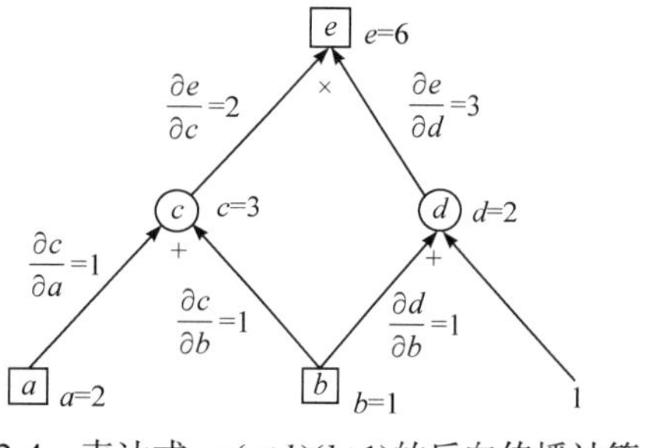

图 2-4　表达式 $e=(a+b)(b+1)$的反向传播计算

表达式 $e=(a+b)(b+1)$ 的反向传播计算如图 2-4 所示，每条边表示输出变量关于输入变量的导数。

由节点 e 至节点 a 只有一条路径，则由链式法可得到变量 e 关于变量 a 的导数为

$$\frac{\partial e}{\partial a}=\frac{\partial e}{\partial c}\frac{\partial c}{\partial a}=2 \tag{2-14}$$

相应地，从节点 e 出发可通过两条路径到达节点 b，则变量 e 关于 b 的导数为

$$\frac{\partial e}{\partial b}=\frac{\partial e}{\partial c}\frac{\partial c}{\partial b}+\frac{\partial e}{\partial d}\frac{\partial d}{\partial b}=2+3=5 \tag{2-15}$$

式(2-15)表明，如果变量 b 变化 1 个单位，则变量 e 将变化 5 个单位。

在交通方式选择问题的 Logit 模型中，选择小汽车出行的概率表达式(2-3)的反向传播计算图如图 2-5 所示。

P_1 关于参数 β_1 的导数为

$$\frac{\partial P_1}{\partial \beta_1}=\frac{\partial P_1}{\partial f}\frac{\partial f}{\partial e}\frac{\partial e}{\partial d}\frac{\partial d}{\partial a}\frac{\partial a}{\partial \beta_1} \tag{2-16}$$

P_1 关于参数 β_2 的导数为

$$\frac{\partial P_1}{\partial \beta_2}=\frac{\partial P_1}{\partial f}\frac{\partial f}{\partial e}\frac{\partial e}{\partial d}\frac{\partial d}{\partial b}\frac{\partial b}{\partial \beta_2}+\frac{\partial P_1}{\partial f}\frac{\partial f}{\partial e}\frac{\partial e}{\partial d}\frac{\partial d}{\partial c}\frac{\partial c}{\partial \beta_2} \tag{2-17}$$

式中，

$$\frac{\partial P_1}{\partial f}\frac{\partial f}{\partial e}\frac{\partial e}{\partial d}=-0.4162\times 1\times 0.55=-0.229 \tag{2-18}$$

因此，

$$\frac{\partial P_1}{\partial \beta_1}=-0.229\times(-50\times 1)=11.45 \tag{2-19}$$

$$\frac{\partial P_1}{\partial \beta_2}=-0.229\times(-50+30)=4.58 \tag{2-20}$$

为说明该结果的正确性，运用数学中偏微分的计算法则，求解 P_1 关于参数 β_1 的导数，计算公式为

$$\frac{\partial P_1}{\partial \beta_1}=\frac{r\exp(\beta_1 r-\beta_2 t_2+\beta_2 t_1)}{\left[\exp(\beta_1 r-\beta_2 t_2+\beta_2 t_1)+1\right]^2}=11.4217 \tag{2-21}$$

$$\frac{\partial P_1}{\partial \beta_2}=\frac{(t_2-t_1)\exp(\beta_1 r-\beta_2 t_2+\beta_2 t_1)}{\left[\exp(\beta_1 r-\beta_2 t_2+\beta_2 t_1)+1\right]^2}=4.5687 \tag{2-22}$$

由此可以看出，通过在计算图中的反向传播算法求解的偏微分与利用偏微分的数学计算公式得到的结果一致。

需要注意的是，当损失函数过于复杂，梯度的计算公式很难写出时，可通过计算图的反向传播自动计算梯度，因此自动生成复杂函数的梯度是计算图对的优点之一。

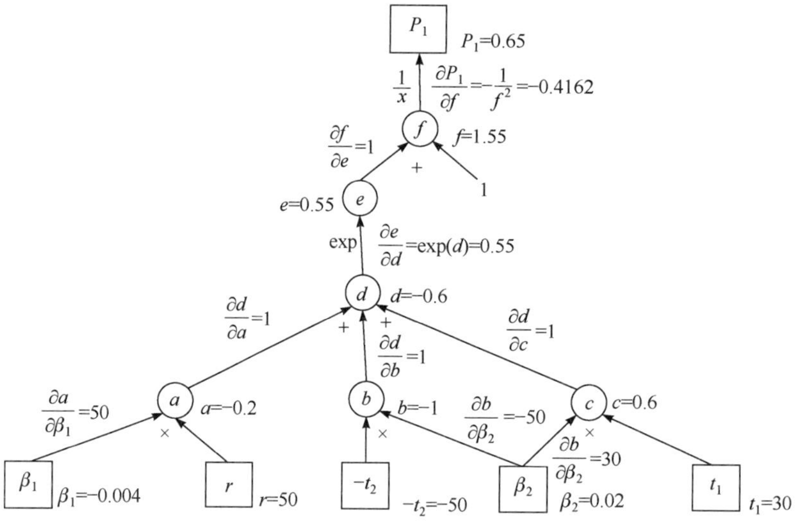

图 2-5　选择小汽车出行的反向传播计算图

3. 基于计算图的多源数据融合

多源数据融合技术指将大量不同来源的异构海量数据源包含的信息全部融合到一起，对不同数据源提供的信息进行相互校正，从而提取比单一数据源更精确、更丰富的信息。

如图 2-6 所示，假设研究对象具有四种类型的特征，图中所有点能够体现该研究对象的全貌特征，采集到的数据往往仅是圆圈的部分，即只得到了样本数据。不仅如此，在采集到的多源数据中，每种数据类型仅能反映其中的一种或几种特征。如何从这些多源采样数据中推断出全局知识为大数据分析与挖掘的关键所在，因此采取一种有效的数据融合技术对各种数据资源提供的信息进行相互校正，进而提高对研究对象全貌特征的把握程度，是利用大数据技术提高轨道交通客流预测精度的核心价值。

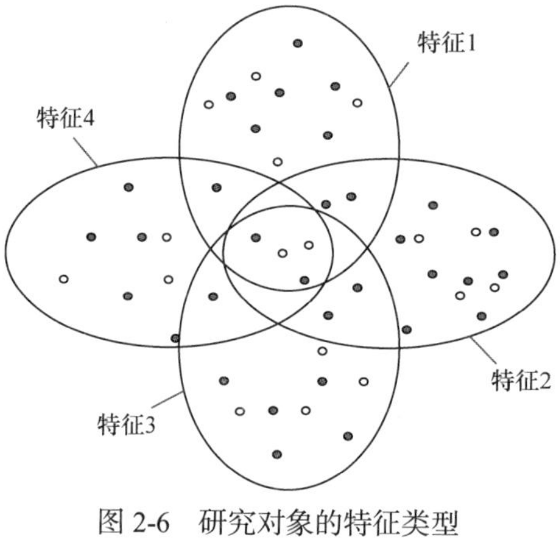

图 2-6　研究对象的特征类型

计算图的前向传播能够分步式表达复杂函数，反向传播能够自动计算复杂函数关于任意变量或参数的梯度，这两点优势使计算图成为多源数据融合的有效工具。基于计算图的多源数据融合机理如图 2-7 所示。其中，虚线箭头表示前向传播过程，实线箭头表示反向传播过程。将目标函数的计算过程层层映射到计算图中，利用观测数据提供的信息，并对参数赋初值，通过计算图的前向传播过程逐步计算研究对象目标值。此时，由于观测数据不精确或参数取值不合适，得到的目标值与实际值会有一定的偏差。通过计算图的反向传播，可自动计算出损失误差关于相关参数的导数，利用设计的参数更新算法(如最速下降法)对参数取值进行更新(导数计算是各种深度学习算法的基础)。参数更新后，再次在计算图上进行前向传播计算损失误差，如此反复循环，直至误差能够控制在合理范围内。大数据资源提供的多源信息在计算图上相互校正，为提高轨道交通客流预测精度提供了理论基础和技术支持。

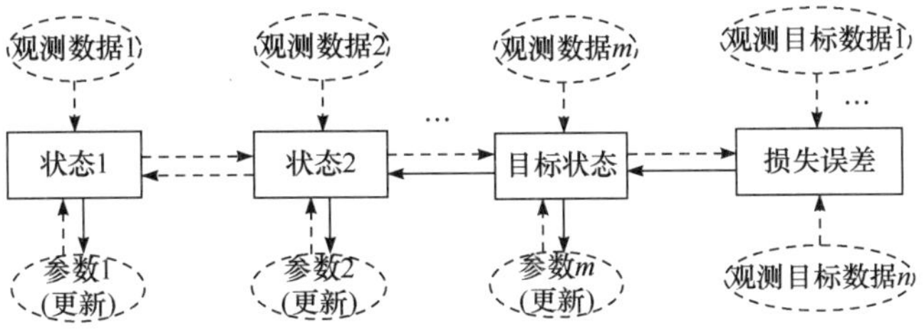

图 2-7　基于计算图的多源数据融合机理

2.2　基于多源数据融合的 Kalman 滤波的短时客流预测方法

2.2.1　短时客流预测方法研究现状分析

动态、实时、精准的客流预测可以掌握动态的客流变化情况。其一，车站及运输部门根据客流变化状况及时制定或调整客流组织方案、运输组织方案，提供更精细化的运输组织方案，更好地促进路网有序运营；其二，可以为乘客提供客流实时信息参考，乘客根据实时发布的客流信息，选择合理的出行时间和出行路径。

目前，国内外学者就短时客流预测的研究主要可分为三类，即基于统计学理论、基于神经网络以及基于多模型组合预测方法。

1. 基于统计学理论的客流预测方法

基于统计学理论的客流预测方法主要有时间序列、非参数回归、Kalman 滤波和贝叶斯等。主要原理是建立相应的数学模型或使用一定的方法对历史数据发展规律来外推未来的变化趋势，并假设未来客流量的变化也遵循此规律，以达到预测未来客流量的目的。例如，Ahmed 等(2017)首次提出应用自回归移动平均模型(autoregressive integrated moving average model，ARIMA)预测短时交通流，取得了较为满意的结果。自回归移动平均模型开始广泛应用于分析带有时间序列的交通现象的变化规律，尤其在交通预测领域受到国内外诸多学者的青睐。张晓利等(2009)通过改进的非参数回归方法进行预测，引入反馈机制动态调节系统变量和输入变量集，结果表明该方法明显优于神经网络方法。Okutani 等(1984)基于 Kalman 滤波理论建立交通流动态预测算法，对路段上以 15min 为时间间隔的交通量进行实时预测，以对路段流量进行控制，达到缓解交通拥堵的目的。熊杰等(2013)提出基于 Kalman 滤波构建地铁短时客流的预测模型，在对实时客流数据进行滤波处理的同时标定相关参数，对工作日和节假日的换乘通道内早高峰客流分别进行预测。Roos 等(2017)综合考虑了刷卡数据、车内计数数据等多源异构数据，建立动态贝叶斯网络实现了巴黎城市轨道交通客流量的短期预测，能够解决数据不完整性带来的困扰。

2. 基于神经网络的客流预测方法

目前，国内外研究学者已提出了 40 多种神经网络模型，常用的神经网络模型包括 BP 神经网络、动态神经网络、多层感知器神经网络和径向基函数神经网络等。例如，Vlahogianni(2005)针对传统神经网络模型多根据经验试凑，确定神经网络结构的缺陷，提出了基于遗传算法的结构优化策略优化神经网络结构，分别运用单变量和多变量交通流数据进行实例验证，取得了较为满意的结果。董升伟(2013)指出 BP 神经网络在处理时变性、不均衡性及高度非线性问题时具有明显的优势，通过改进神经网络的传递函数和训练算法，并建立相应的轨道交通短时客流预测模型。

3. 基于多模型组合的客流预测方法

近年来，诸多学者针对客流的周期性和差异性特征，尝试将不同的预测方法组合在一起，建立组合预测模型从而综合利用各种模型的优点，弥补单一模型的不足，以提高预测精度。例如，Zheng 等(2006)基于条件概率和贝叶斯规则建立自适应启发式分配算法，根据该算法计算的权重对构建的 BP 神经网络和径向反向传播(radial basis propagation，RBP)神经网络进行组合。Zhang 等(2014)运用谱分析技术分析客流变化的趋势性特征，建立 ARIMA 模型和自回归条件异方差(generalized autoregressive conditional heteroscedasticity，GARCH)模型分别对具有确定性和波动性的客流成分进行预测。白丽(2017)根据客流特征表现出来的周期性和差异性，将城市轨道交通客流预测分为常态日客流预测和非常态日客流预测两种类型，针对常态日客流预测建立通用的 ARIMA 时间序列模型，针对非常态日客流预测建立时间序列与回归分析组合预测模型。

综上可知，神经网络作为机器学习的一个分支，近年来在交通预测领域已得到广泛应用，并逐渐取代传统的基于统计学理论的客流预测方法。实质上，机器学习与统计学并不是完全独立的两个分支，统计学是机器学习的理论基础，尤其是近年来模型之间的相互渗透和相互学习使得两种模型的界限更加模糊，在实际应用中机器学习注重的是应用价值和算法研究，统计学更注重概率统计模型的理论推导。

近年来，大数据技术的兴起为客流预测模型的发展带来了新的机遇，本节构建基于多源大数据的区域轨道交通客流预测模型，对客流量进行短时预测。首先，对多源大数据进行融合，由于 Kalman 滤波可以对系统状态进行最优估计(Welch et al.，1995)，预测精度不易受到预测周期影响，且具有较好的鲁棒性，因此利用 AFC 数据和部分客票数据组成的实时客流数据通过 Kalman 滤波对预测结果进行校正，并设计了相应的求解算法。

2.2.2　基于多源数据融合的 Kalman 滤波的客流预测体系架构

轨道交通客流的统计特性既表现为规律的周期性、季节性及高峰性，也会因恶劣天气、突发事件、体育赛事等特殊事件表现出一定的特殊性和差异性。根据是否有特殊事件的发生，将轨道交通客流分为常态客流和非常态客流两大类。本节假设正常情况下的常态客流仅由在时间序列上具有规律性的常规客流和随机扰动客流两部分组成。特殊事件发生时能够使客流产生较大弹性波动并增大预测误差，据此将非常态客流分为常规客流、特殊事件产生的扰动客流及随机扰动客流三部分。

Kalman 滤波是运用状态转移方程和观测方程对离散控制系统真实状态进行估计的一种线性滤波技术，通过不断得到的测量信息对预测值进行校正以缩小期望输出与真实输出的误差，具有较强的自适应性及较高的预测精度，在气象预报预测、通信工程等领域得到广泛应用。本节采用 Kalman 滤波预测方法，建立图 2-8 所示的客流预测体系架构，基于 2.1 节基于计算图的多源数据融合技术，将历史客流数据、环境变化等特殊事件数据及 AFC 统计数据进行多源数据融合，并作为输入，在预测过程中综合考虑客流在时间序列上的规律性、特殊事件以及随机性对客流造成的扰动，分别针对常态客流和非常态客流建立相应的空间状态转移方程，对正常情况下和有特殊事件发生时的轨道交通客流进行短时预测。

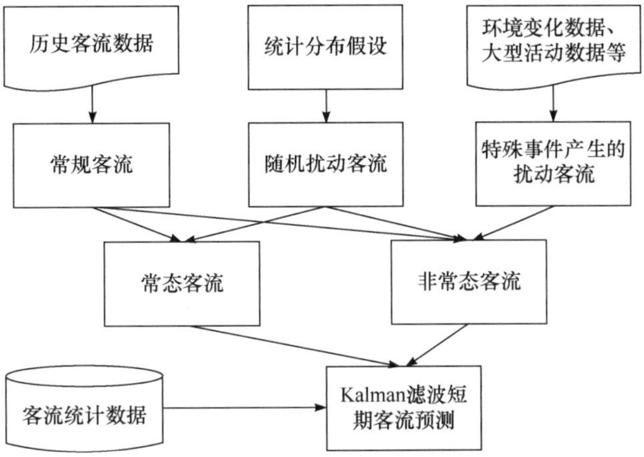

图 2-8　基于 Kalman 滤波的客流预测体系架构

2.2.3　基于多源数据融合的 Kalman 滤波的客流预测模型构建

1. 常态客流预测模型

1) 模型参数符号说明

正常情况下常态客流预测模型中涉及的相关集合、索引与参数等符号及意义分别如表 2-1 所示。

表 2-1　模型集合、索引与参数说明

		定义
集合	M	轨道交通网络中站点集合
	T	研究时段内出发区间集合
索引	i,j	轨道交通中站点索引，$i,j=1,2,\cdots,M$
	t	出发时间区间索引，$t=1,2,\cdots,T$
	δ	预测区间长度
参数	$d_{(i,j,t)}$	OD 对(i,j)之间出发区间为 t 时的客流量
	$\tilde{d}_{(i,j,t)}$	OD 对(i,j)之间出发区间为 t 时的常规客流量
	$\mu_{(i,j,t)}$	OD 对(i,j)之间出发区间为 t 时的扰动客流量
	$\varepsilon_{(i,j,t)}$	OD 对(i,j)之间出发区间为 t 时的白噪声
	D_t	t 时刻全网所有 OD 需求量，$D_t=\left\{d_{(i,j,t)},i,j=1,2,\cdots,M\right\}$
	$\tilde{D}_t$	出发区间为 t 时根据历史数据得到的常规状态向量，$\tilde{D}_t=\left\{\tilde{d}_{(i,j,t)},i,j=1,2,\cdots,M\right\}$
	μ_t	出发区间为 t 时扰动客流量向量，$\mu_t=\left\{\mu_{(i,j,t)},i,j=1,2,\cdots,M\right\}$
	ε_t	出发区间为 t 时出发区间为 t 时系统过程激励噪声，$\varepsilon_t=\left\{\varepsilon_{(i,j,t)},i,j=1,2,\cdots,M\right\}$
	ξ_t	出发区间为 t 时系统随机观测噪声
	$A_{t-1,t}$	由时间区间 t–1 至 t 的扰动状态转移矩阵
	H	观测矩阵
	Y_t	出发区间为 t 时的观测向量
	D_t^-	出发区间为 t 时客流量的先验估计
	P_t^-	出发区间为 t 时先验估计误差协方差矩阵
	Q_t	出发区间为 t 时的输入噪声方差
	R_t	出发区间为 t 时的观测噪声方差
	D_t^+	出发区间为 t 时客流量的后验估计
	K_t	出发区间为 t 时 Kalman 增益
	P_t^+	出发区间为 t 时后验估计误差协方差矩阵
	var()	方差函数

2) 正常情况下常态客流预测模型构建

轨道交通客流预测的最终目的是对未来某一时段内网络中任意 OD 对之间的客流需

求进行预测，各 OD 对之间客流相互独立、互不影响。将 Kalman 滤波应用于轨道交通客流需求预测，首先应建立客流需求状态方程和量测方程，然后据此建立实时最优估计模型。

假设轨道交通系统中客流的真实状态由常规客流、扰动客流及随机扰动客流三部分组成。在轨道交通网络中，t 时刻 OD 对(i,j)之间的客流量可表示为

$$d_{(i,j,t)}=\tilde{d}_{(i,j,t)}+\mu_{(i,j,t)}+\varepsilon_{(i,j,t)} \tag{2-23}$$

基于客流在时间序列上具有一定的规律性，通过分析历史客流需求数据可得到常规客流量，如将历史客流需求的中位数或均值作为常规客流。当恶劣天气、突发事件、体育赛事等特殊事件发生时，客流在常规客流的基础上发生大幅度变化，该部分客流称为扰动客流。随机扰动客流能够体现客流的随机性，一般假设其为服从正态分布的白噪声。

t 时刻全网中所有 OD 需求量可表示为 $D_t=\left\{d_{(i,j,t)},\quad i,j=1,2,\cdots,M\right\}$，其状态转移方程如式(2-24)所示，表示系统状态由时刻 t–1 至时刻 t 的状态变化：

$$D_t=\tilde{D}_t+A_{t,t-1}\mu_{t-1}+\varepsilon_{t-1} \tag{2-24}$$

式中，ε_{t-1} 为服从均值为 0，方差为 Q_t 的白噪声，即 $\varepsilon_t \sim N(0,Q_t)$。

量测方程表示某一时刻测量信息与系统状态之间的关系。建立 t 时刻量测方程：

$$Y_t=\mathrm{HD}_t+\xi_t \tag{2-25}$$

式中，ξ_t 为服从均值为 0，方差为 R_t 的白噪声，即 $\xi_t \sim N(0,R_t)$。

过程激励噪声 ε_t 与观测噪声 ξ_t 互不相关，且与系统初始状态 D_0 相互独立。

当无特殊事件发生时，常态客流仅由常规客流和随机扰动客流两部分组成。先验状态估计是利用前一时刻的最优估计对当前时刻的状态进行估计，这一过程也称为“预测”。报告中的先验估计由通过分析历史数据得到的常规客流表示。即正常情况下，t 时刻客流需求的先验状态估计方程为

$$D_t^-=\tilde{D}_t \tag{2-26}$$

先验估计的误差协方差为

$$P_t^-=\mathrm{var}(\tilde{D}_t)+Q_{t-1} \tag{2-27}$$

后验状态估计是利用当前状态的先验预测信息结合观测信息对系统状态进行优化，这一过程也称为“更新”。先验估计 D_t^- 和加权的测量向量 Y_t 及其预测 HD_t^- 之差的线性组合构成了后验状态估计：

$$D_t^+=D_t^-+K_t(Y_t-\mathrm{HD}_t^-) \tag{2-28}$$

如前文所述，测量向量 Y_t 及其预测之差 HD_t^- 称为测量过程的革新或残余，反映了预测值与实际值之间的不一致程度，残余为零表明二者完全吻合。

K_t 为 Kalman 增益，能够保证后验估计的误差协方差达到最小，促使递推过程不断优化。Kalman 增益表示为

$$K_t = P_t^- H^{\mathrm{T}} (\mathrm{HP}_t^- H^{\mathrm{T}} + R_t)^{-1} \tag{2-29}$$

由式(2-29)可知，随着观测噪声方差 R_t 逐渐趋于 0，Kalman 增益变大，即测量信息权重越来越大，预测信息的权重越来越小。随着先验估计误差协方差 P_t^- 逐渐趋于 0，测量信息权重越来越小，预测信息权重越来越大。由此可见，Kalman 增益的巧妙之处在于：能够通过观测噪声方差与先验信息协方差的大小“自动判断”信息可靠度，通过“自动调整”权重值，使更新的估计值偏向于信息可靠的一方。

后验估计的误差协方差为

$$P_t^+ = (I - K_t H) P_t^- \tag{2-30}$$

式中，I 为单位矩阵。

2. 非常态客流预测模型

本节提出多项式趋势模型用以描述特殊事件发生时波动客流随时间的动态演变规律，构建基于 Kalman 滤波的客流预测模型对特殊事件下非常态客流进行预测，以得到客流状态的最优无偏估计，在一定程度上对提高轨道交通运营管理水平、提升应急决策能力具有指导意义。

1) 模型参数符号说明

特殊事件下非常态客流预测模型中涉及的相关参数等符号及意义见表 2-2(与表 2-1 相同的符号不再重复定义)：

表 2-2　非常态客流预测模型参数符号说明

		定义
集合	N	轨道交通所有 OD 对集合
参数	ζ	任意小的时间增量
	$\mu_{(i,j,t)}^p$	OD 对(i,j)之间出发区间为 t 时扰动客流量的 p 阶导数
	$w_{(i,j,t)}^p$	OD 对(i,j)之间出发区间为 t 时 $\mu_{(i,j,t+\zeta)}^p$ 的白噪声
	$Q_{(i,j,t)}^p$	OD 对(i,j)之间出发区间为 t 时白噪声 $w_{(i,j,t)}^p$ 的方差
	A_t^j	出发区间为 t 时第 j 个 OD 对的状态转移矩阵
	W_t	出发区间为 t 时扰动客流的过程激励噪声
	V_t	出发区间为 t 时扰动客流的观测噪声
	Q_t^{r}	出发区间为 t 时扰动客流过程激励噪声的方差
	R_t^{r}	出发区间为 t 时扰动客流观测噪声的方差
	μ_t^-	出发区间为 t 时扰动客流的先验估计

续表

		定义
参数	μ_t^+	出发区间为 t 时扰动客流的后验估计
	φ_t^-	出发区间为 t 时扰动客流先验估计的误差协方差
	φ_t^+	出发区间为 t 时扰动客流后验估计的误差协方差
	K_t^r	出发区间为 t 时扰动客流的 Kalman 增益
	w_t	t 时刻噪声向量

2) 扰动客流多项式趋势模型构建

扰动客流是指运用历史数据分析得到的常规客流与实际客流之间的偏差，恶劣天气、大型活动等特殊事件的发生会使出行需求或交通系统能力受到影响，是扰动客流产生的重要原因。

多项式趋势模型假设,从时刻 t 出发沿时间轴移动任意小的时间增量 ζ ,则时刻 $t+\zeta$ 的扰动客流量可由关于增量 ζ 的 m 阶多项式表示：

$$\mu_{(i,j,t+\zeta)} = b_0 + b_1\zeta + b_2\zeta^2 + \cdots + b_m\zeta^m \tag{2-31}$$

式中，b_p 为多项式的系数，$p=1,2,\cdots,m$，与 t 时刻扰动客流量 $\mu_{(i,j,t)}$ 对应的 p 阶导数有关，当 $p>m$ 时，$\mu_{(i,j,t)}^p = 0$。

在已知 t 时刻扰动客流信息的前提下，可将 $t+\zeta$ 时刻的扰动客流量 $\mu_{(i,j,t+\zeta)}$ 做泰勒展开，得到

$$\mu_{(i,j,t+\zeta)} = \mu_{(i,j,t)} + \zeta\mu'_{(i,j,t)} + \frac{\zeta^2}{2}\mu''_{(i,j,t)} + \cdots + \frac{\zeta^p}{p!}\mu_{(i,j,t)}^p + \cdots + \frac{\zeta^m}{m!}\mu_{(i,j,t)}^m \tag{2-32}$$

通过比较以上两式，多项式模型的系数可表示为

$$b_p = \frac{\mu_{(i,j,t)}^p}{p!} \tag{2-33}$$

则 $t+\zeta$ 时刻扰动客流量 $\mu_{(i,j,t+\zeta)}$ 的 p 阶导数为

$$\mu_{(i,j,t+\zeta)}^p = \sum_{s=p}^{m} \frac{\zeta^{(s-p)}}{(s-p)!}\mu_{(i,j,t)}^s \tag{2-34}$$

令 $m=3$，则 $\mu_{(i,j,t+\zeta)}$ 及其一、二、三阶导数分别为

$$\mu_{(i,j,t+\zeta)} = \mu_{(i,j,t)} + \zeta\mu'_{(i,j,t)} + \frac{\zeta^2}{2!}\mu''_{(i,j,t)} + \frac{\zeta^3}{3!}\mu'''_{(i,j,t)} \tag{2-35}$$

$$\mu'_{(i,j,t+\zeta)} = \mu''_{(i,j,t)} + \zeta\mu''_{(i,j,t)} + \frac{\zeta^2}{2!}\mu'''_{(i,j,t)} \tag{2-36}$$

$$\mu''_{(i,j,t+\zeta)} = \mu''_{(i,j,t)} + \zeta\mu'''_{(i,j,t)} \tag{2-37}$$

$$\mu'''_{(i,j,t+\zeta)} = \mu'''_{(i,j,t)} \tag{2-38}$$

同样，以 m=3 为例，$t+\zeta$ 时刻与 t 时刻扰动客流量之间的关系用矩阵形式可表示为

$$\begin{pmatrix} \mu_{(i,j,t+\zeta)} \\ \mu'_{(i,j,t+\zeta)} \\ \mu''_{(i,j,t+\zeta)} \\ \mu'''_{(i,j,t+\zeta)} \end{pmatrix} = \begin{bmatrix} 1 & \zeta & \zeta^2/2! & \zeta^3/3! \\ 0 & 1 & \zeta & \zeta^2/2! \\ 0 & 0 & 1 & \zeta \\ 0 & 0 & 0 & 1 \end{bmatrix} \begin{pmatrix} \mu_{(i,j,t)} \\ \mu'_{(i,j,t)} \\ \mu''_{(i,j,t)} \\ \mu'''_{(i,j,t)} \end{pmatrix} \tag{2-39}$$

以上推导基于 $\mu^p_{(i,j,t)} = 0(p > m)$ 的假设。实际上，运用 t 时刻扰动客流信息只能无限逼近 $t+\zeta$ 时刻扰动客流量而无法精确描述，假设其逼近误差为服从正态分布的白噪声 $w^p_{(i,j,t)}$，则 $t+\zeta$ 时刻扰动客流量的任意阶导数可表示为

$$\mu^p_{(i,j,t+\zeta)} = \sum_{s=p}^{m} \frac{\zeta^{(s-p)}}{(s-p)!}\mu^s_{(i,j,t)} + w^p_{(i,j,t)} \tag{2-40}$$

式中，$w^p_{(i,j,t)} \sim N(0, Q^p_{(i,j,t)})$。

引入噪声后的三阶多项式趋势模型为

$$\begin{pmatrix} \mu_{(i,j,t+\zeta)} \\ \mu'_{(i,j,t+\zeta)} \\ \mu''_{(i,j,t+\zeta)} \\ \mu'''_{(i,j,t+\zeta)} \end{pmatrix} = \begin{bmatrix} 1 & \zeta & \zeta^2/2! & \zeta^3/3! \\ 0 & 1 & \zeta & \zeta^2/2! \\ 0 & 0 & 1 & \zeta \\ 0 & 0 & 0 & 1 \end{bmatrix} \begin{pmatrix} \mu_{(i,j,t)} \\ \mu'_{(i,j,t)} \\ \mu''_{(i,j,t)} \\ \mu'''_{(i,j,t)} \end{pmatrix} + \begin{pmatrix} w_{(i,j,t)} \\ w'_{(i,j,t)} \\ w''_{(i,j,t)} \\ w'''_{(i,j,t)} \end{pmatrix} \tag{2-41}$$

式(2-41)即为 Kalman 滤波方法中的状态转移方程，即系统状态(扰动客流量)从 t 时刻转移至 $t+\zeta$ 时刻的变化情况。

当网络中共有 N 个状态变量(即 N 个 OD 对)时，时刻 t 的扰动客流为

$$\mu_t = (\mu_{(1,t)}, \mu'_{(1,t)}, \mu''_{(1,t)}, \mu'''_{(1,t)}, \cdots, \mu_{(N,t)}, \mu'_{(N,t)}, \mu''_{(N,t)}, \mu'''_{(N,t)})^{\mathrm{T}} \tag{2-42}$$

状态转移矩阵为

$$A_t = \mathrm{Diag}(A_t^1, A_t^2, \cdots, A_t^j, \cdots, A_t^N) \tag{2-43}$$

式中，

$$A_t^j = \begin{bmatrix} 1 & \zeta & \zeta^2/2! & \zeta^3/3! \\ 0 & 1 & \zeta & \zeta^2/2! \\ 0 & 0 & 1 & \zeta \\ 0 & 0 & 0 & 1 \end{bmatrix}, \quad \forall j = 1, 2, \cdots, N \tag{2-44}$$

t 时刻噪声向量为

$$w_t = \left(w_{(1,t)}, w'_{(1,t)}, w''_{(1,t)}, w'''_{(1,t)}, \cdots, w_{(N,t)}, w'_{(N,t)}, w''_{(N,t)}, w'''_{(N,t)}\right)^{\mathrm{T}} \tag{2-45}$$

多项式趋势模型的阶数决定了模型模拟扰动客流变化的精确程度以及预测的精度和效率。当采用高阶多项式模型时，能够更好地描述扰动客流的变化情况，但同时会使算法复杂度增加。由式(2-46)可以看出，在已知 t 时刻扰动客流信息的前提下，$t+\zeta$ 时刻的客流预测精度与多项式趋势模型的阶数 m 及所采用的预测区间长度 δ 有关：

$$\mathrm{var}\left[d_{(i,j,t)}\middle|\mu_{(i,j,t)}\right]=\sum_{s=0}^{m}\sum_{s'=0}^{m}\left[\frac{\delta(s)}{s!}\frac{\delta(s')}{s'!}\mathrm{cov}(\mu_{(i,j,t)}^{(s)},\mu_{(i,j,t)}^{(s')})\right] \tag{2-46}$$

基于式(2-46)，Kalman 滤波算法的复杂度为 $O(D^3)$，$D=N\times m$。为降低算法复杂度、提高预测精度，在实际客流与常规客流状态差别不大的前提下，可以采用低阶多项式趋势模型对扰动客流的变化情况进行模拟。

3) 特殊事件下非常态客流预测模型构建

扰动客流是轨道交通系统中非常态客流的组成部分之一，首先建立扰动客流的 Kalman 滤波递推方程，在此基础上建立特殊事件下非常态客流的 Kalman 滤波预测模型。

扰动客流从 $t-1$ 时刻至 t 时刻的状态转移方程为

$$\mu_t=A_{t,t-1}\mu_{t-1}+W_{t-1} \tag{2-47}$$

式中，W_{t-1} 为服从正态分布的白噪声，即 $W_{t-1}\sim N(0,Q_{t-1}^{\mathrm{r}})$。

量测方程为

$$Y_t-\tilde{D}_t=H\mu_t+V_t \tag{2-48}$$

式中，V_t 为出发区间为 t 时扰动客流的观测噪声，即 $V_t\sim N(0,R_t^{\mathrm{r}})$。

扰动客流的先验估计为

$$\mu_t^-=A_{t,t-1}\mu_{t-1}^+ \tag{2-49}$$

先验估计误差协方差为

$$\varphi_t^-=A_{t-1,t}\varphi_{t-1}^+A_{t-1,t}^{\mathrm{T}}+Q_{t-1}^{\mathrm{r}} \tag{2-50}$$

在得到测量信息后，建立后验估计方程对当前时刻的扰动客流预测值进行校正。扰动客流的后验估计为

$$\mu_t^+=\mu_t^-+K_t^{\mathrm{r}}(Y_t-\mathrm{H}\tilde{\mathrm{D}}_t-H\mu_t^-) \tag{2-51}$$

后验估计误差协方差为

$$\varphi_t^+=(I-K_t^{\mathrm{r}}H)\varphi_t^- \tag{2-52}$$

式中，Kalman 增益可表示为

$$K_t^{\mathrm{r}}=\varphi_t^-H^{\mathrm{T}}(H\varphi_t^-H^{\mathrm{T}}+R_t^{\mathrm{r}})^{-1} \tag{2-53}$$

特殊事件的发生对常态客流产生一定的冲击，致使客流与常规状态产生较大的差异。特殊事件下非常态客流包括常规客流、扰动客流及随机误差三部分，任意 OD 对在 t 时刻的客流量均值为

$$E\left[d_{(i,j,t)}\middle|\mu_{(i,j,t-1)}\right]=\tilde{d}_{(i,j,t)}+E\left[\mu_{(i,j,t)}\middle|\mu_{(i,j,t-1)}\right]=\tilde{d}_{(i,j,t)}+\sum_{s=0}^{m}\frac{\delta^s}{s!}E\left[\mu_{(i,j,t)}^{(s)}\right] \tag{2-54}$$

特殊事件下非常态客流量的先验估计为

$$D_t^- = \tilde{D}_t + \mu_t^- = \tilde{D}_t + A_{t-1,t}\mu_{t-1}^+ \tag{2-55}$$

先验估计误差协方差为

$$P_t^- = \mathrm{var}(\tilde{D}_t) + \varphi_t^- + Q_{t-1} = \mathrm{var}(\tilde{D}_t) + A_{t-1,t}\varphi_{t-1}^+ A_{t-1,t}^{\mathrm{T}} + Q_{t-1}^{\mathrm{r}} + Q_{t-1} \tag{2-56}$$

后验估计为

$$D_t^+ = D_t^- + K_t(Y_t - \mathrm{HD}_t^-) \tag{2-57}$$

后验估计误差协方差为

$$P_t^+ = (I - K_t H)P_t^- \tag{2-58}$$

式中，Kalman 增益为

$$K_t = P_t^- H^{\mathrm{T}}(\mathrm{HP}_t^- H^{\mathrm{T}} + R_t)^{-1} \tag{2-59}$$

以上即为特殊事件下非常态客流的 Kalman 滤波预测模型。

2.2.4 基于多源数据融合的 Kalman 滤波的客流预测模型求解算法设计

1. 算法参数符号说明

基于Kalman滤波的客流预测模型求解算法中涉及的相关参数符号及意义见表2-3(与上文中相同的符号不再重复定义)。

表 2-3　基于多源数据融合的 Kalman 滤波的客流预测模型求解算法参数符号说明

参数	定义
$y_{(i,j,t)}$	出发区间为 t 时 OD 对(i,j)的客流观测量
$d_{(i,j,t)}^{\mathrm{ub}}$	出发区间为 t 时 OD 对(i,j)的客流观测量与常规客流量的偏离阈值
$d_{(i,j,t)}^{+}$	出发区间为 t 时 OD 对(i,j)客流量的后验估计
$P_{(i,j,t)}^{+}$	出发区间为 t 时 OD 对(i,j)客流量的后验估计误差协方差
$d_{(i,j,t)}^{-}$	出发区间为 t 时 OD 对(i,j)客流量的先验估计
$P_{(i,j,t)}^{-}$	出发区间为 t 时 OD 对(i,j)客流量的先验估计误差协方差
$\mu_{(i,j,t)}^{+}$	出发区间为 t 时 OD 对(i,j)扰动客流量的后验估计
$\varphi_{(i,j,t)}^{+}$	出发区间为 t 时 OD 对(i,j)扰动客流量后验估计误差协方差
$\mu_{(i,j,t)}^{-}$	出发区间为 t 时 OD 对(i,j)扰动客流量的先验估计
$\varphi_{(i,j,t)}^{-}$	出发区间为 t 时 OD 对(i,j)扰动客流量先验估计误差协方差

续表

参数	定义
$K_{(i,j,t)}$	出发区间为 t 时 OD 对(i,j)客流量的 Kalman 增益
$K^{\mathrm{r}}_{(i,j,t)}$	出发区间为 t 时 OD 对(i,j)扰动客流量的 Kalman 增益
$A^{(i,j)}_{t-1,t}$	客流量从出发区间 t–1 至 t 的状态转移矩阵
$Q_{(i,j,t)}$	出发区间为 t 时 OD 对(i,j)客流量的过程激励噪声方差
$Q^{\mathrm{r}}_{(i,j,t)}$	出发区间为 t 时 OD 对(i,j)扰动客流量的过程激励噪声方差
$R_{(i,j,t)}$	出发区间为 t 时 OD 对(i,j)客流量的观测噪声方差
$R^{\mathrm{r}}_{(i,j,t)}$	出发区间为 t 时 OD 对(i,j)扰动客流量的观测噪声方差
I	单位矩阵

2. 求解算法设计

轨道交通客流状态可能处于常态也可能处于非常态，在对客流预测之前需要对客流所处状态进行判断。若客流处于常态，则说明无特殊事件发生，应运用常态客流预测模型对当前客流进行预测；否则，运用非常态客流预测模型。

对 OD 对(i,j)来说，定义出发区间为 t 时的客流观测量 $y_{(i,j,t)}$ 与常规客流量 $\tilde{d}_{(i,j,t)}$ 偏离程度阈值 $d^{\mathrm{ub}}_{(i,j,t)}$，如果偏离量 $\left|y_{(i,j,t)}-\tilde{d}_{(i,j,t)}\right| \leqslant d^{\mathrm{ub}}_{(i,j,t)}$，说明客流状态处于常态，无特殊事件发生；否则，说明此时客流状态属于非常态。其中，阈值 $d^{\mathrm{ub}}_{(i,j,t)}$ 可由专家学者或运营管理人员依据经验确定，也可通过分析历史客流数据定量分析得到。

基于 Kalman 滤波的客流预测模型求解算法具体实施步骤如下。

步骤 0：初始化，对于所有的 OD 对 $(i,j)\in N$，通过分析历史客流数据得到 $\tilde{d}_{(i,j,t)}$，设置客流观测量与常规客流量偏离阈值 $d^{\mathrm{ub}}_{(i,j,t)}$，其中 $t=1,2,\cdots,T$。令

$$d^{+}_{(i,j,0)}=\tilde{d}_{(i,j,0)} \tag{2-60}$$

$$P^{+}_{(i,j,0)}=\operatorname{var}(\tilde{d}_{(i,j,0)}) \tag{2-61}$$

$$\mu^{+}_{(i,j,0)}=0 \tag{2-62}$$

$$\varphi^{+}_{(i,j,0)}=0 \tag{2-63}$$

令 t=1。

步骤 1：预测(先验估计)，将客流状态从时刻 t–1 转移至时刻 t，并更新误差协方差。

$$d^{-}_{(i,j,t)}=\tilde{d}_{(i,j,t)}+A^{(i,j)}_{t-1,t}\mu^{+}_{(i,j,t-1)} \tag{2-64}$$

$$P^{-}_{(i,j,t)}=\operatorname{var}(\tilde{d}_{(i,j,t)})+Q_{(i,j,t-1)}+A^{(i,j)}_{t-1,t}\varphi^{+}_{(i,j,t-1)}A^{(i,j)\mathrm{T}}_{t-1,t}+Q^{\mathrm{r}}_{(i,j,t-1)} \tag{2-65}$$

步骤 2：更新(后验估计)，根据 t 时刻测量客流量 $y_{(i,j,t)}$ 计算 Kalman 增益 $K_{(i,j,t)}$，并更新后验状态估计值及其误差协方差。

如果 $\left|y_{(i,j,t)}-\tilde{d}_{(i,j,t)}\right| \leqslant d_{(i,j,t)}^{\mathrm{ub}}$，说明客流处于常态，则

$$K_{(i,j,t)}=P_{(i,j,t)}^{-}H^{\mathrm{T}}(\mathrm{HP}_{(i,j,t)}^{-}H^{\mathrm{T}}+R_{(i,j,t)})^{-1} \tag{2-66}$$

$$d_{(i,j,t)}^{+}=d_{(i,j,t)}^{-}+K_{(i,j,t)}(y_{(i,j,t)}-Hd_{(i,j,t)}^{-}) \tag{2-67}$$

$$P_{(i,j,t)}^{+}=(I-K_{(i,j,t)}H)P_{(i,j,t)}^{-} \tag{2-68}$$

$$\mu_{(i,j,t)}^{+}=0 \tag{2-69}$$

$$\varphi_{(i,j,t)}^{+}=0 \tag{2-70}$$

若 $\left|y_{(i,j,t)}-\tilde{d}_{(i,j,t)}\right|>d_{(i,j,t)}^{\mathrm{ub}}$，说明客流处于非常态，则

$$\mu_{(i,j,t)}^{-}=A_{t-1,t}^{(i,j)}\mu_{(i,j,t-1)}^{+} \tag{2-71}$$

$$\varphi_{(i,j,t)}^{-}=A_{t-1,t}^{(i,j)}\varphi_{(i,j,t-1)}^{+}A_{t-1,t}^{(i,j)\mathrm{T}}+Q_{(i,j,t-1)}^{\mathrm{r}} \tag{2-72}$$

$$K_{(i,j,t)}^{\mathrm{r}}=\varphi_{(i,j,t)}^{-}H^{\mathrm{T}}(H\varphi_{(i,j,t)}^{-}H^{\mathrm{T}}+R_{(i,j,t)}^{\mathrm{r}})^{-1} \tag{2-73}$$

$$\mu_{(i,j,t)}^{+}=\mu_{(i,j,t)}^{-}+K_{(i,j,t)}^{\mathrm{r}}(y_{(i,j,t)}-H\tilde{d}_{(i,j,t)}-H\mu_{(i,j,t)}^{-}) \tag{2-74}$$

$$\varphi_{(i,j,t)}^{+}=(I-K_{(i,j,t)}^{\mathrm{r}}H)\varphi_{(i,j,t)}^{-} \tag{2-75}$$

$$\varphi_{(i,j,t)}^{+}=\tilde{d}_{(i,j,t)}+\mu_{(i,j,t)}^{+} \tag{2-76}$$

$$P_{(i,j,t)}^{+}=\mathrm{var}(\tilde{d}_{(i,j,t)})+\varphi_{(i,j,t)}^{+}+Q_{(i,j,t)} \tag{2-77}$$

步骤 3：如果 $t<T$，令 $t=t+1$，返回步骤 1；否则，算法终止。

2.2.5 案例分析

本节以成都市轨道交通网络为例，采用 2018 年 1 月 AFC 数据，在全面分析客流基本特征的基础上，按照报告提出的基于大数据的客流需求估计与短时客流预测方法进行短时客流需求估计与短时客流预测，以验证模型及算法的适用性。

1. 成都市轨道交通客流特征分析

截至 2017 年底，成都市地铁累计运送旅客 78212.34 万乘次，全网日均客运量达 274.3 万乘次。根据 2017 年底刷卡记录分析，2017 年底成都市轨道交通网络工作日和节假日 15min 平均客运量分布情况分别如图 2-9 和图 2-10 所示。可以看出，工作日和节假日客运量时段分布有显著区别：节假日呈现单高峰，工作日有明显的早、晚高峰现象；早高峰峰值高于晚高峰，早高峰出行更为集中。

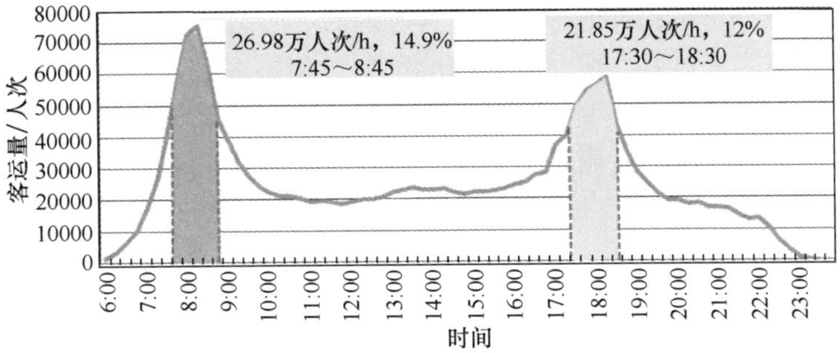

图 2-9　2017 年底成都市轨道交通网络工作日 15min 平均客运量分布情况

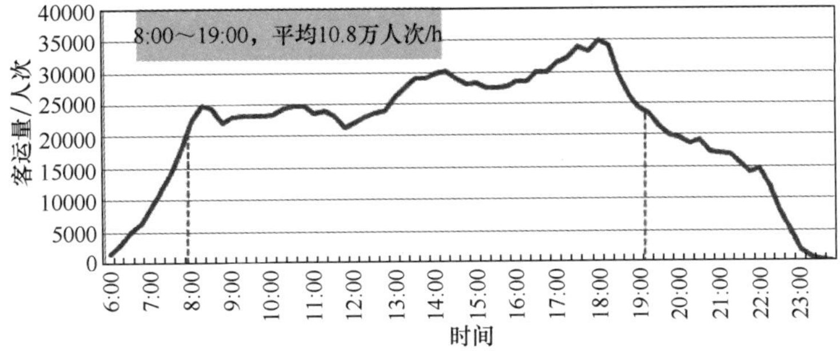

图 2-10　2017 年底成都市轨道交通网络节假日 15min 平均客运量分布情况

以成都地铁 2 号线犀浦站与春熙路站为例，研究城市用地类型对客流需求变化特征产生的影响。2018 年 1 月 5 日犀浦站与春熙路站之间一天的双向客流需求分布如图 2-11 所示，犀浦站至春熙路站的客流需求量主要集中在上午，尤其在 7:00～9:00 达到高峰，反之，春熙路站至犀浦站之间的客流需求量主要集中在下午，尤其在 17:00～19:00 达到高峰。由此可以推出，犀浦站服务区域属于居住用地，春熙路站服务区域属于商业用地，即可以得出如下结论：工作日从居住用地转移至商业用地的客流量主要集中在上午且具有明显的早高峰现象，从商业用地转移至居住用地的客流量主要集中在下午且具有明显的晚高峰现象。实际上，犀浦站位于成都市郊区，属于典型的居住用地，春熙路站位于成都市中心商务区(central business district, CBD)，属于明显的商业用地，与实际推论相符。

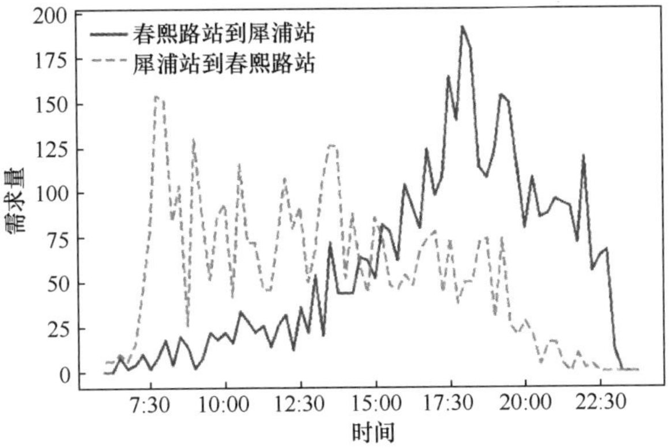

图 2-11　2018 年 1 月 5 日犀浦站与春熙路站之间一天的双向客流需求分布(单位：人次/15min)

2018 年 1 月 5 日犀浦站与春熙路站一天之内的进出站客流量分别如图 2-12 和图 2-13 所示。犀浦站进站客流量具有明显的早高峰现象，出站客流量具有明显的晚高峰现象，春熙路站进出站客流量都具有明显的晚高峰现象，也说明犀浦站属于居住用地，春熙路站属于商业用地，且春熙路站服务区域属于成都市最繁华的娱乐购物场所，晚高峰期间客流活动较为密集，22:00 左右进站客流量再次达到高峰。

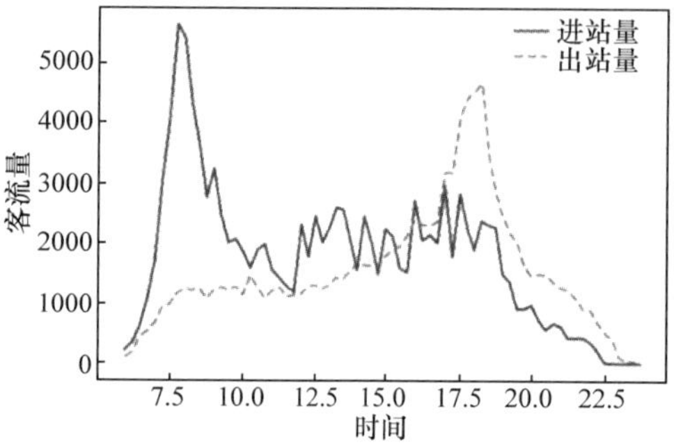

图 2-12　2018 年 1 月 5 日犀浦站进出站客流量分布(单位：人次/15min)

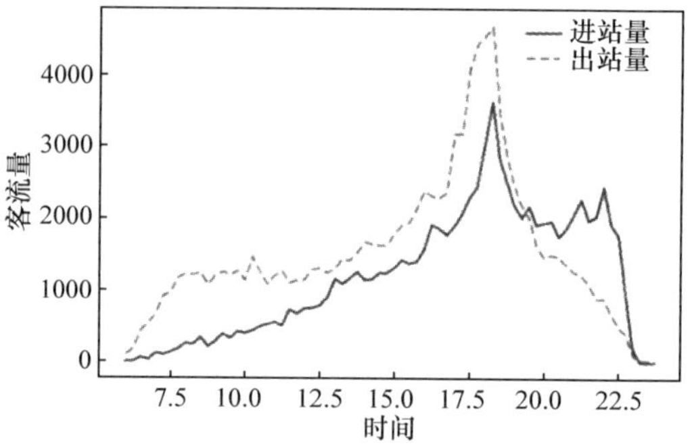

图 2-13　2018 年 1 月 5 日春熙路站进出站客流量分布(单位：人次/15min)

2. 客流预测误差指标

本节选取平均绝对误差(mean absolute error，MAE)、平均相对误差(mean relative error，MRE)、均方误差(mean-square error，MSE)、均方百分比误差(mean square percentage，MSPE)和均等系数(the coefficient of equality，EC)对客流预测结果进行分析。

MAE 表示所有单个预测值与真实值的偏差绝对值的平均，能够较好地反映误差的实际情况，计算公式为

$$\text{MAE}=\frac{1}{N}\sum_{i=1}^{N}\left|y_i-\hat{y}_i\right| \tag{2-78}$$

式中，y_i 为真实客流量；$\hat{y}_i$ 为预测客流量，下同。

MRE 表示预测产生的绝对误差与真实值之间的百分比，能够反映测量的可信程度，计算公式为

$$\text{MRE}=\frac{1}{N}\left(\sum_{i=1}^{N}\frac{\left|y_i-\hat{y}_i\right|}{y_i}\right)\times 100\% \tag{2-79}$$

MSE 能够反映误差分布的集中程度，其值越小表示误差分布越集中，计算公式为

$$\text{MSE}=\frac{1}{N}\left[\sum_{i=1}^{N}\left(y_i-\hat{y}_i\right)^2\right] \tag{2-80}$$

MSPE 在一定程度上表示预测值与实际值的偏离程度，计算公式为

$$\text{MSPE}=\frac{1}{N}\left[\sum_{i=1}^{N}\left(\frac{y_i-\hat{y}_i}{y_i}\right)^2\right]\times 100\% \tag{2-81}$$

EC 表示预测值与真实值之间的拟合程度，预测效果与该值呈正比关系，一般认为 EC 值大于 0.9 时，预测结果较为满意，计算公式为

$$EC = 1 - \frac{\sqrt{\sum_{i=1}^{N}(y_i - \hat{y}_i)^2}}{\sqrt{\sum_{i=1}^{N}y_i^2} + \sqrt{\sum_{i=1}^{N}\hat{y}_i^2}} \tag{2-82}$$

3. 成都市轨道交通短时客流预测结果及分析

由成都市轨道交通网络客流特征分析可知，工作日与节假日客流量分布具有明显的区别。工作日早高峰客流波动性不大，属于无特殊事件下的常态客流，而节假日客流波动较大，属于有特殊事件发生时的非常态客流。为对本节提出的基于 Kalman 滤波的短时客流预测体系在正常情况下和特殊事件发生时的客流预测结果进行检验，选取成都地铁 2 号线犀浦站工作日早高峰进站客流和春熙路站周六的进站客流为研究对象。

犀浦站工作日早高峰 7:00～9:00 的客流预测结果如图 2-14 所示。实线表示由 AFC 数据统计得到的进站客流量，虚线表示 Kalman 滤波方法中用实时测量数据校正之后的客流量，即后验估计，点线表示由历史客流数据得到的预测客流量，即先验估计。可以看出，预测值与真实值变化趋势较为吻合，已达到较为满意的预测结果，校正值一般位于预测值与真实值之间。客流预测误差四项衡量指标 MAE、MRE、MSE 和 MSPE 变化情况如图 2-15 所示，整体来看预测结果较为理想，但也有个别预测值与实际值偏差较大。

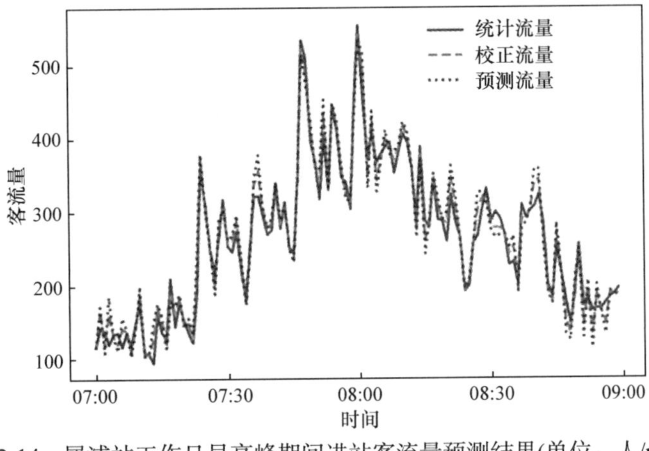

图 2-14 犀浦站工作日早高峰期间进站客流量预测结果(单位：人/min)

春熙路站周六的客流预测结果如图 2-16 所示。整体来看，预测值与真实值变化趋势相符，但也存在个别值误差较大的情况，春熙路站所在地作为大型娱乐购物场所，白天进站客流量持续攀升，且主要集中在下午和晚上。

犀浦站工作日与春熙路站周六进站客流预测的四项误差指标的平均值见表 2-4，平均相对误差和均方百分比误差都保持在较低的水平，表示本节提出的短时客流预测体系预测精度在工作日和节假日的预测精度都保持在 90%以上，且 EC 的结果都大于 0.9，表示预测结果较为理想。

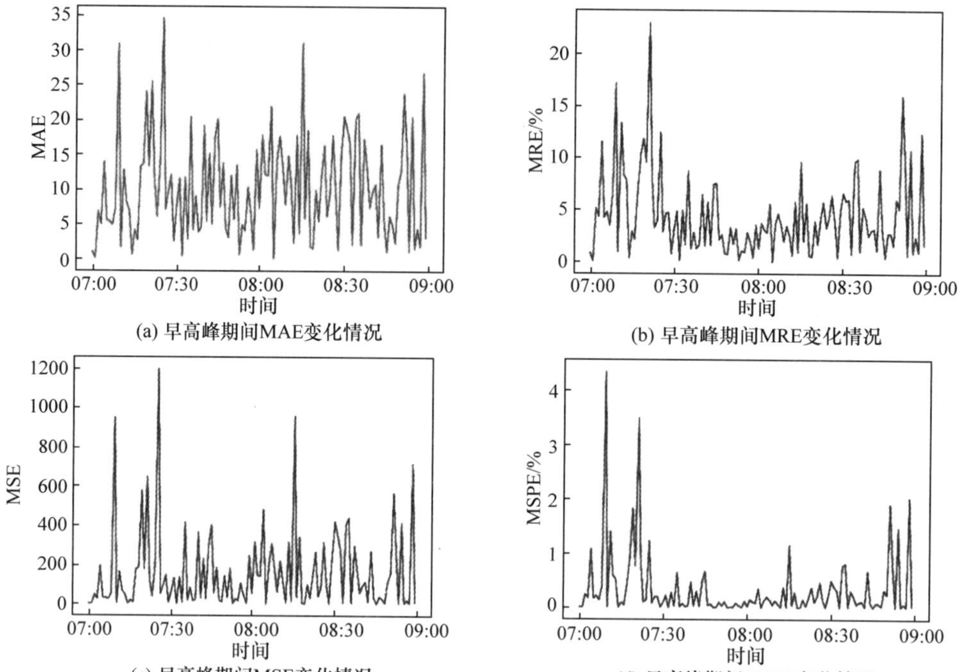

(a) 早高峰期间MAE变化情况

(b) 早高峰期间MRE变化情况

(c) 早高峰期间MSE变化情况

(d) 早高峰期间MSPE变化情况

图 2-15　犀浦站早高峰期间预测进站客流量误差指标分析

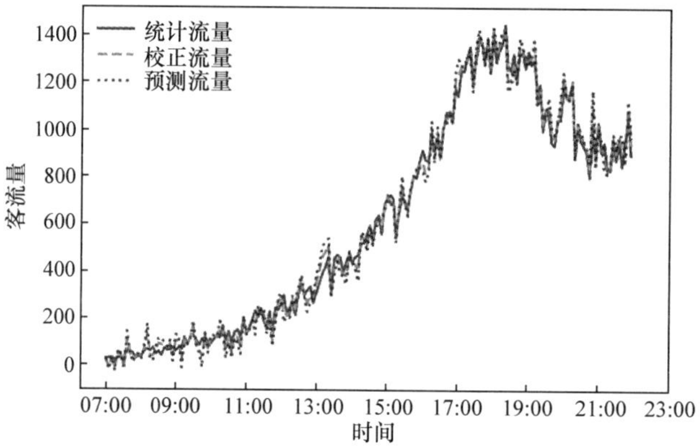

图 2-16　春熙路站周六的客流量预测结果(单位：人/5min)

表 2-4　犀浦站工作日与春熙路站周六进站客流预测误差指标的平均值

	MAE	MRE/%	MSE	MSPE/%	EC
工作日	12.24	5.31	252.67	0.51	0.97
周六	19.61	1.83	769.42	3.07	0.98

2.3　基于 EMD 算法的深度学习短期客流预测方法

2.3.1　短期客流预测方法研究现状分析

目前，短期客流预测方法可分为基于线性理论、非线性理论、人工智能、组合预测模型以及交通仿真的预测方法(毛静，2012)。不同的预测方法在实时性、非线性、可移植性、简洁性等方面都各有优势与劣势，表 2-5 是各种预测方法的优劣势对比。

表 2-5　短期交通流预测方法优劣势对比

预测方法	代表模型	优点	缺点
基于线性理论的预测方法	时间序列、Kalman 滤波、多元回归等	计算复杂性较低、操作简单	不能适应短期客流预测动态性需求
基于非线性理论的预测方法	突变理论、小波分析、混沌理论等	能够体现交通流的非线性特征	计算复杂性高、理论基础有待深入研究
基于人工智能的预测方法	支持向量机、非参数回归、神经网络等	数据拟合精度高、适合复杂、非线性条件	需要大量的基础数据、计算复杂度高
基于组合预测模型的预测方法	两种或两种以上预测方法组合	能够充分发挥不同模型的优势	预测方法组合策略需深入讨论
基于交通仿真的预测方法	模拟仿真	能够考虑大量外部因素、基础理论丰富	计算复杂度高、难以适应大规模交通系统

传统的预测模型，如时间序列、多元回归、支持向量机等无法对历史大数据进行深度挖掘，难以实现客流精确预测。而深度神经网络可以逼近任何非线性模型，具有良好的自适应性、自组织性、很强的学习能力，更适合非线性、更复杂数据的客流预测。目前，BP 神经网络、径向基神经网络、深度信念神经网络、自动编码机、卷积神经网络、图神经网络等深度神经网络都用于短期客流预测，并取得了不错的表现。循环神经网络(recurrent neural network，RNN)引入序列概念，能更好地处理时序数据，已经在手写识别、语音识别等自然语言处理领域取得显著成效，但由于该网络结构存在“梯度消失”或者“梯度爆炸”问题，研究者在 RNN 结构上加入“门”结构，这便是长短期记忆神经网络。例如，李梅等(2018)建立了基于 LSTM 的地铁短时客流量预测模型，利用 Pearson 相关分析法提取外部影响因素，并通过实例对比分析 BP 神经网络、MLR 模型、LSTM 预测模型的预测结果，验证了 LSTM 在地铁客流量预测中的适用性和准确性。Liu 等(2019)将深度学习与交通理论结合起来，基于 LSTM 建立了端到端的深度学习架构，实现了外部因素、时间依赖性、空间特征和线网特征的整合与建模，通过实验证明，该方法具有较高预测精度，还可以拓展到其他运输领域。

区域轨道交通短期客流预测是个时间序列数据预测问题，同时考虑到短期客流的自相似性、非线性以及随机性等特征，单一模型预测都有一定的缺陷。因此，本节提出基于 EMD 算法的深度学习短期客流预测方法。

2.3.2　EMD-LSTM 组合预测模型构建基础

1. 基础理论

1) EMD 算法

经验模态分解是 1998 年 Huang 提出的用来处理非线性、非平稳信号的一种自适应的信号分析方法，是基于局部特征的时间尺度，通过筛选将原始信号分解为内在或固有模式分量。EMD 能够把非线性、非平稳序列基于局部极值分解成多个不同的内模函数(intrinsic mode function，IMF)分量，每个 IMF 分量都是具有不同的振荡特点、反映一定物理意义的信号序列。

轨道交通客流是非线性、非平稳的时序数据，利用 EMD 方法可以将时序数据分解成若干个 IMF 分量，IMF 分量表征了数据的内在振荡模式，有些具有振荡周期的 IMF 分量可以反映时序数据的某些周期性，具有不同程度波动的 IMF 分量表示客流数据的波动性，这些 IMF 分量能简化系统间不同特征信息之间的干涉和耦合。利用 EMD 方法分解得到的每个 IMF 分量必须满足以下两个条件：

(1) 在整个数据序列中，极值点跟过零点的数目相等或至多相差一个。

(2) 在任意数据点，局部极大值的包络线和局部极小值的包络线的平均值均是零。

EMD 方法的基本过程：对给定的数据求其极大值、极小值，得到极大值和极小值包络线的平均值，再与原始数据做差得到一个分解信号，重复上述步骤至分解完成。EMD 具体的步骤如下所示。

(1) 从原始数据 $x(t)$中找到所有的局部极大值点 $\max(t)$、极小值点 $\min(t)$。

(2) 利用三次样条插值求得极大值点的上包络线 $e_{\max}(t)$ 、极小值点的下包络线 $e_{\min}(t)$ 。

(3) 计算 $e_{\max}(t)$ 、 $e_{\min}(t)$ 的平均值 $m_1(t)$ ，生成平均包络线，其中：

$$m_1(t)=\frac{e_{\max}(t)+e_{\min}(t)}{2} \tag{2-83}$$

(4) 计算原始数据 $x(t)$ 与平均值 $m_1(t)$ 的差值：

$$h_1(t)=x(t)-m_1(t) \tag{2-84}$$

(5) 判断 $h_1(t)$ 是否满足 IMF 分量的两个条件。若满足两个条件，$h_1(t)$ 被定义为第 i 个 IMF 分量，即 $c_i(t)$ ，并将 $r_i(t)$ 替代原始数据 $x(t)$ ， $r_i(t)$ 为

$$r_i(t)=x(t)-h_1(t) \tag{2-85}$$

若不满足 IMF 分量的条件，则 $h_1(t)$ 不能作为 IMF，并将 $h_1(t)$ 替代原始数据 $x(t)$ 。

(6) 重复上述步骤直至终止，终止条件为：若残差 $r(t)$的幅值过小或残差 $r(t)$的极值点少于一个，分解过程完成。得到 $c_1(t), c_2(t),\cdots, c_n(t)$ 以及残差 $r(t)$，满足

$$x(t)=\sum_{i=1}^{n}c_i(t)+r(t) \tag{2-86}$$

式中， $c_1(t), c_2(t),\cdots, c_n(t)$ 为第 $1,2,\cdots,n$ 个 IMF 分量，即为残差分量。

2) LSTM 神经网络

LSTM 是 RNN 的一种特殊类型。RNN 是一种用于处理序列数据的神经网络，相对于一般的神经网络，RNN 可以较好地解决序列变化的数据。在时间序列模型中，RNN 在已有神经网络的基础上引入时序的概念，RNN 每一次隐含层的计算结果都与当前输入以及上一次的隐含层结果相关，使得上一时刻的输出能够对当前时刻的输入产生直接影响，适合学习具有长期依赖性的时序数据。

传统的 RNN 容易产生梯度爆炸或梯度消失的情况。LSTM 主要就是为了解决长序列训练过程中梯度爆炸或者梯度消失的问题，简单来说，LSTM 是一种改良后的 RNN，实际过程中 RNN 无法处理长距离依赖的问题，LSTM 在长序列中有更好的表现，因而成为当前较流行的 RNN。

LSTM 神经网络在 RNN 的隐含层神经元节点中增加了一个存储记忆门。门是一种让信息选择性通过的方法，门结构可以丢弃或者增加信息到细胞状态，LSTM 用三个门来控制和保护细胞状态，即遗忘门、输入门以及输出门，LSTM 模型如图 2-17 所示。

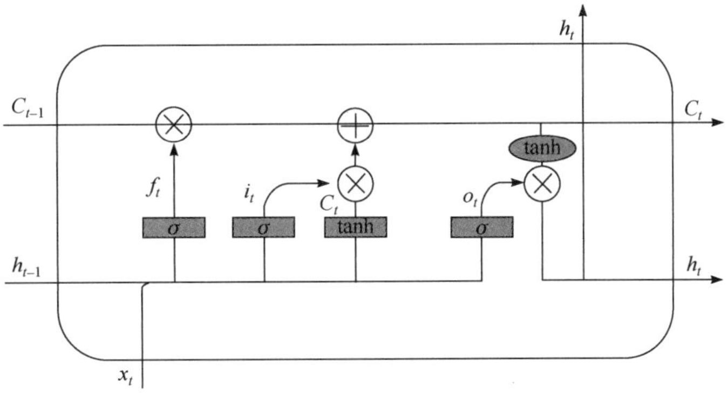

图 2-17　LSTM 模型

其中，σ 为激活函数，LSTM 神经网络输入有三个：当前时刻网络的输入 x_t，上一时刻 LSTM 的输出 h_{t-1}，以及上一时刻的细胞单元状态 C_{t-1}。LSTM 神经网络输出有两个：当前时刻 LSTM 的输出值 h_t、当前时刻的细胞单元状态 C_t。

(1) 遗忘门。

遗忘门会读取当前时刻网络的输入 x_t 和上一时刻 LSTM 的输出 h_{t-1}，通过共享权重 W_{f} 以及阈值 b_{f} 的线性组合，在激活函数 σ 作用下完成遗忘门决定从上一层细胞状态保留多少信息，即

$$f_t = \sigma\left(W_{\mathrm{f}} \times \left[h_{t-1}, x_t\right] + b_{\mathrm{f}}\right) \tag{2-87}$$

(2) 输入门。

输入门控制了有多少信息可以流入细胞，即经过激活函数 σ 作用下得到的 i_t，用下式表示：

$$i_t = \sigma\left(W_{\mathrm{i}} \times \left[h_{t-1}, x_t\right] + b_i\right) \tag{2-88}$$

(3) 输出门。

输出门控制了有多少当前时刻细胞中的信息可以流向当前隐藏状态 h_t，如式(2-89)所示：

$$o_t = \sigma\left(W_{\mathrm{o}} \times \left[h_{t-1}, x_t\right] + b_{\mathrm{o}}\right) \tag{2-89}$$

t 时刻新旧细胞状态更新，从 C_{t-1} 更新为 C_t，过程如下：

$$\tilde{C}_t = \tanh\left(W_C \times \left[h_{t-1}, x_t\right] + b_C\right) \tag{2-90}$$

$$C_t = f_t \times C_{t-1} + i_t \times \tilde{C}_t \tag{2-91}$$

LSTM 加入门结构就是为了调整 h_t，在长时间步的传递过程中降低信息失效的可能，h_{t-1} 更新为 h_t：

$$h_t = o_t \times \tanh C_t \tag{2-92}$$

2. 模型输入确定

针对客流预测，输入变量是否合适直接影响预测结果的好坏，若选取的输入变量较少，则会导致预测结果准确度较低；若输入变量选取过多，虽然预测结果准确性较高，但会使得算法效率低下。因此，选择合适的输入变量尤为重要。

通过客流分析可知，历史客流量数据、客流自身波动特征以及其他外部影响因素对短期客流预测均有重要影响，因此本节从历史客流数据与其他影响因素中选择模型输入变量。

1) 历史客流数据

历史客流数据是指在特定时间和环境下，受综合交通发生、交通吸引与线网服务水平等长期因素以及天气状况、出行目的等短期因素影响的实际进站客流量统计值，包含客流波动规律、不同影响因素对客流的影响程度等客流波动规律特征。历史某一时段客流量，代表了其在所有影响因素综合作用条件下，某一站点或线路在该时段的实际客流量。因此，历史客流数据在客流预测中具有至关重要的作用，本节利用 Pearson 相关系数法对不同时段之间的相关性进行分析。通过计算得到不同时段的客流量之间的相关系数见表 2-6。

表 2-6　不同时段客流量之间的 Pearson 相关系数

序号	其他时段变量	Pearson 相关系数
1	前一周同一时段客流量	0.98
2	前一时段客流量(15min)	0.83
3	前两时段客流量(15～30min)	0.79
4	前三时段客流量(30～45min)	0.76
5	前四时段客流量(45～60min)	0.72
6	前五时段客流量(60～75min)	0.66
7	昨天同一时段客流量	0.95

由表 2-6 可知，当前时段客流量与前一周同一时段客流量相关性最大，其次是昨天同一时段客流量，而与当前时段前几个时段客流量相关性较低，同时随着时间的推移，相关性变小。考虑到输入样本数据的维度大小，将前一周同一时段的客流量、前一时段客流量和昨天同一时段客流量作为输入变量。

2) 短期客流影响因素

影响轨道交通短期客流的因素主要为轨道交通外部因素，即季节因素、天气情况、节假日、大型活动以及出行时间与目的，其中是否为节假日与大型活动属于非常态客流影响因素。针对季节因素，利用月份特征对其进行刻画；针对天气情况，将其划分为七类，利用天气类别进行刻画；针对出行特性，其主要与居民出行目的有关，而居民出行目的直接决定了居民的出行时间和交通方式的选择，基于相关研究以及本节对进站客流的日期特征聚类分析和时空特性分析可知，轨道交通短期客流的出行特性可以通过对历史客流量波动规律分析得到，因此以日期特征和时段特征代替居民出行特性这一外部影响因素。

(1) 日期特征。

对常态进站客流的日期特征进行聚类分析，并利用肘方法判断最佳聚簇数量。由图 2-18 可知，依据肘方法原理判断，样本聚类数目为 3 时，聚类效果最佳。同时，对样本日期特征标签与 2018 年 4 月日历进行对比发现，对于平常日客流，将其日期特征划分为三类，分别为工作日、休息日前一天和休息日。

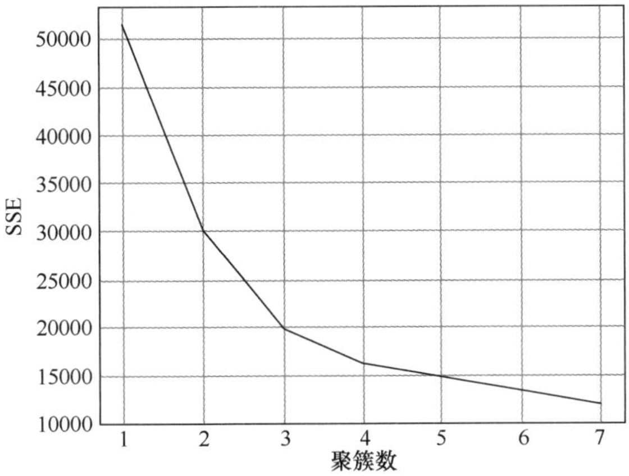

图 2-18　日期特征聚类簇内误差平方和(SSE)曲线

(2) 时段特征。

通过对不同站点全日内小时客流分布分析可知，不同站点客流时间分布差异较大，且在同一站点，不同日期特征之间客流时间分布差异也较大，这种人为主观模糊判断客流高平峰在进行客流特征分析时是可行的，但在进行精确的客流预测时，单纯地按照高峰小时或者高平峰时段等对时段客流划分显然存在一定的人为主观判断导致客观准确性不高的问题，会影响预测结果的精度。因此，基于前面日期特征分析结果，本节分别针对所有时段客流量数据、工作日、休息日前一天与休息日三种日期特征进行时段层次聚类分析可知，对于所有的客流量数据点，其最佳簇数量为 8，工作日时段特征最佳聚类簇数量为 8，休息日前一天时段特征最佳聚类簇数量为 8，休息日时段特征最佳聚类簇数量为 7，但考虑到样本数据集构造的维度一致，在短期客流预测中，将休息日前一天时段分为 8 类。

综上所述，轨道交通短期客流预测模型输入变量有前一周同一时段的客流量、前一时段客流量、昨天同一时段客流量、日期特征变量、时段特征变量、天气变量、月份变量。

3. 定性指标量化处理

日期特征变量、时段特征变量、天气变量、季节变量均属于定性指标，一般来讲，利用虚拟变量对定性指标进行类别特征划分，但由于日期特征、时段特征以及天气特征中不同类别，单纯地采用0、1、2、… 这种量化方式显然不太合适。依据机器学习方法中对标称特征的编码方式，对于这种标称特征(即没有明确大小关系的类别特征)，采用独热编码技术创建一个新的虚拟特征，具体编码结果见表 2-7。

表 2-7　采用独热编码定性指标量化结果

输入特征	量化处理结果
日期特征	工作日：[1,0,0]，休息日：[0,0,1]，休息日前一天：[0,1,0]
时段特征	如 2 代表的某一时段可表示为[0,1,0,0,0,0,0,0]
天气特征	如 3 代表的天气类别可表示为[0,0,1,0,0,0,0]
季节特征	如 1 月可表示为[1,0,0,0,0,0,0,0,0,0,0,0]

2.3.3　EMD-LSTM 组合预测模型构建

EMD-LSTM 组合预测模型主要分为三个阶段，其预测过程主要步骤如图 2-19 所示。

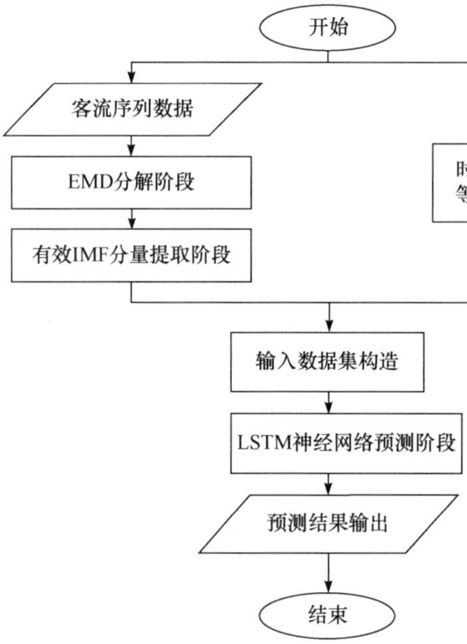

图 2-19　EMD-LSTM 神经网络组合预测模型

1. EMD 分解阶段

通过完全经验模态分解，将原始客流序列分解成不同频率的 IMF 分量(由高频率至低频率排列)，高频率 IMF 分量代表客流突变特征，周期较短，低频率 IMF 分量代表 IMF

分量的长期趋势特征，周期较长，所有 IMF 分量与剩余分量叠加之后的结果就是原始客流序列。

2. 有效 IMF 分量提取阶段

在上一阶段中，通过客流分解得到了代表不同波动特征的 IMF 分量，客流分解的目的是更好地判断客流变化规律，从而提高模型的预测精度，然而，选择哪些 IMF 分量与怎么组合 IMF 分量作为模型预测的输入变量对预测模型精度具有很大的影响。因此，要对分解之后的 IMF 分量进行相关性分析，以识别哪些 IMF 分量与原始客流序列具有较大的相关性，本节采用 Spearman 系数和 Kendall 系数综合选择提取与原始客流序列相关性较大的 IMF 分量，根据相关系数大小对 IMF 分量进行排序。

3. LSTM 神经网络预测阶段

在上一阶段，通过计算所有 IMF 分量与原始客流序列相关系数，可以得到与原始客流序列相关性较大的分量，将相关性较大的分量作为一个输入属性的几个不同输入。

2.3.4 精度评价

在模型预测中，一般采用 MAE、均方根误差(root mean square error，RMSE)、MSE、平均绝对百分比误差(mean absolute percentage error，MAPE)。本节采用 RMSE、MAE 进行模型性能评价：

$$\text{RMSE}=\sqrt{\frac{1}{N}\sum_{i=1}^{N}\left(y_i-\hat{y}_i\right)^2} \tag{2-93}$$

$$\text{MAE}=\frac{1}{N}\sum_{i=1}^{N}\left|y_i-\hat{y}_i\right| \tag{2-94}$$

2.3.5 EMD-LSTM 组合预测模型案例分析

实验数据来源于成都地铁 AFC 刷卡数据，选取 2018 年 4 月 9 日～4 月 29 日连续三周 06:00～22:00 犀浦站进站客流数据。经数据清洗后统计每隔 15min 的进站人数，一天 64 条数据，21 天一共 1344 条数据。基于此历史数据，要预测犀浦站 4 月 27 日(周五)一天每隔 15min 的进站客流。

犀浦站是成都地铁 2 号线的起始站，同时也是国内罕见的国铁、地铁同站台换乘站，地面站厅、高架站台属于大客流集散地，短期客流波动较大，易产生离群值，因而也较难对其进行短期客流的精确预测。

1. 客流序列 EMD 分解

21 天进站客流数据图如图 2-20 所示。

将前两周平日客流数据经 EMD 算法分解后得到 9 个 IMF 分量和一个 RES，如图 2-21 所示。

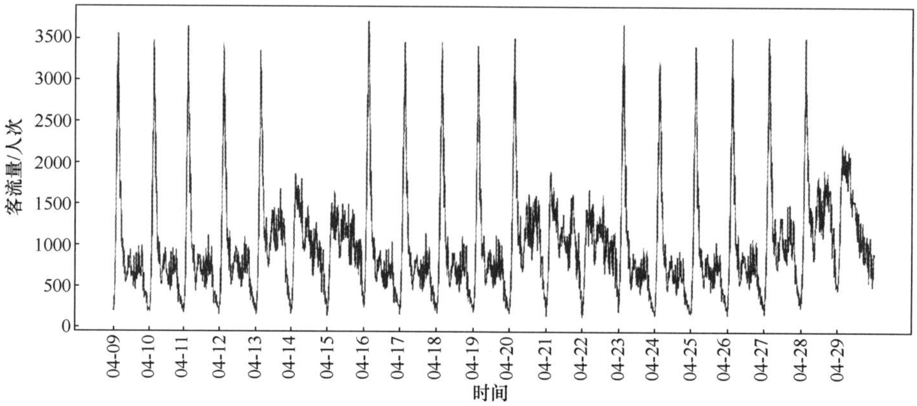

图 2-20　21 天进站客流数据图

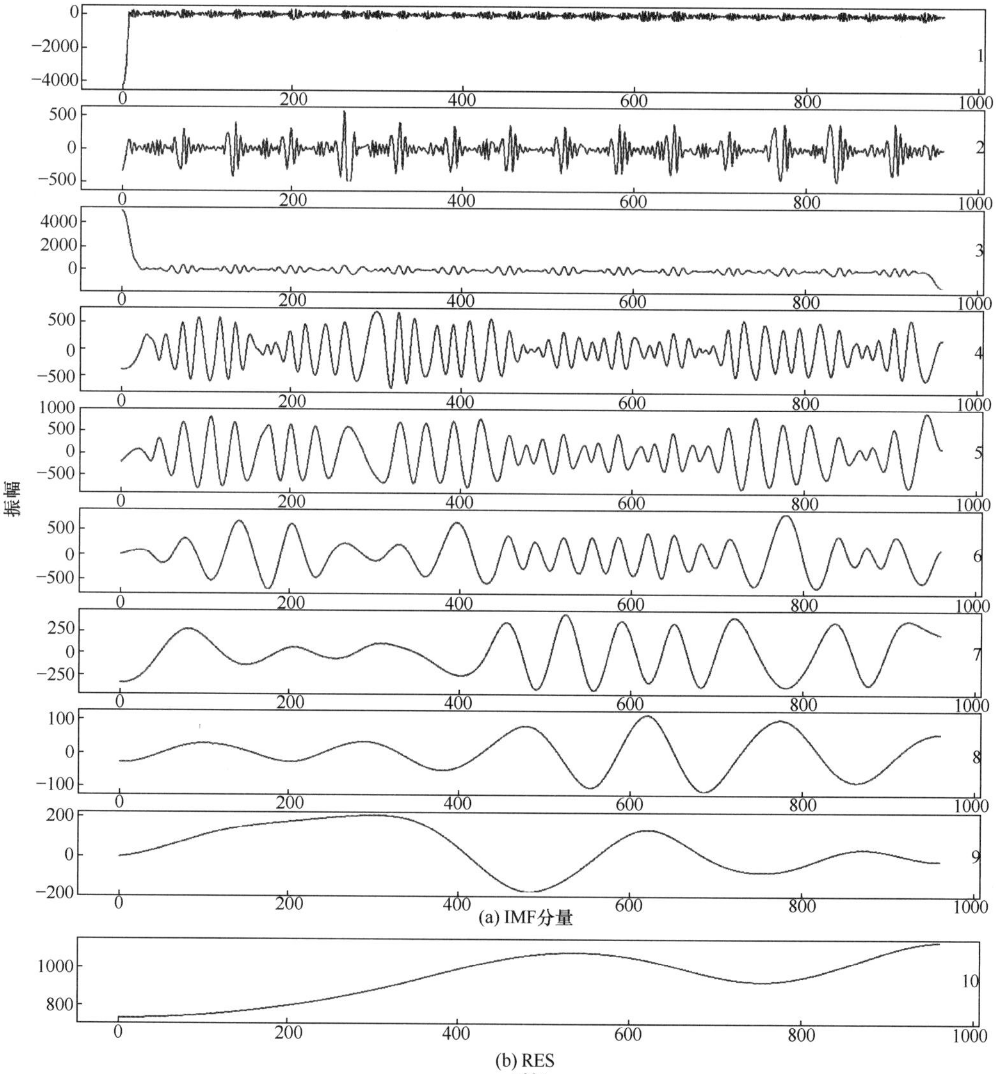

图 2-21　前两周平日客流数据经 EMD 算法分解

2. 筛选有效的 IMF 分量

对原时序数据分离的 10 个波形进行特征选择，采用相关系数法计算 10 个波形特征与原时序数据的相关系数。对于非线性数据报告，采用 Spearman 系数和 Kendall 系数综合选择，计算得到各个波形与原时序的 Spearman 系数和 Kendall 系数，见表 2-8。

表 2-8　原时序的 Spearman 系数和 Kendall 系数

10 个分量	Spearman 系数	Kendall 系数
1	0.206597	0.147281
2	0.079371	0.064673
3	0.278429	0.193597
4	0.286980	0.199021
5	0.459662	0.316910
6	0.352146	0.231368
7	0.166216	0.107055
8	0.092003	0.059661
9	0.109719	0.072157
RES	0.058627	0.036630

由表 2-8 可知，第 1、3、4、5、6、7 个分量与原时序数据的 Spearman 系数相比较大，Kendall 系数也比较大，与原数据相关性较大，对于输入变量中的每一个客流属性，选取 IMF1、IMF3、IMF4、IMF5、IMF6、IMF7 分量作为输入。

3. LSTM 神经网络参数确定与预测结果分析

考虑到样本数据集的大小，本节将前 14 天数据作为训练集，第 15 天作为测试集。由于高峰时段客流量与小客流差距较大，这里采用机器学习的 MinMaxScaler 对数据进行预处理，整个实验基于 Keras 框架实现 LSTM 算法，模型采用 AdamOptimizer 优化器，经反复实验得到最优模型如图 2-22 所示。

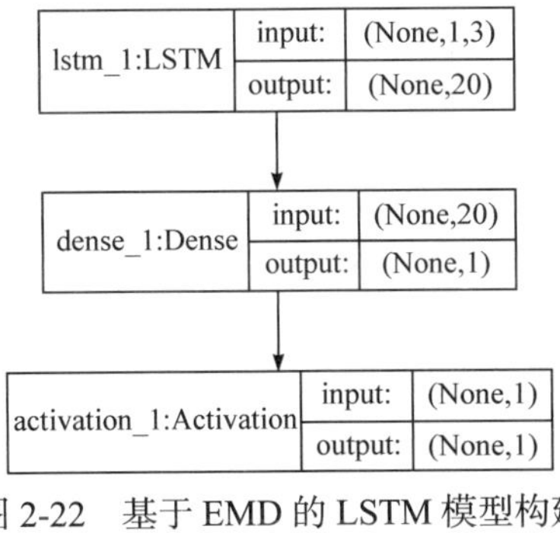

图 2-22　基于 EMD 的 LSTM 模型构建

训练 batchsize=192，epochs=267，训练及预测结果如图 2-23 所示。

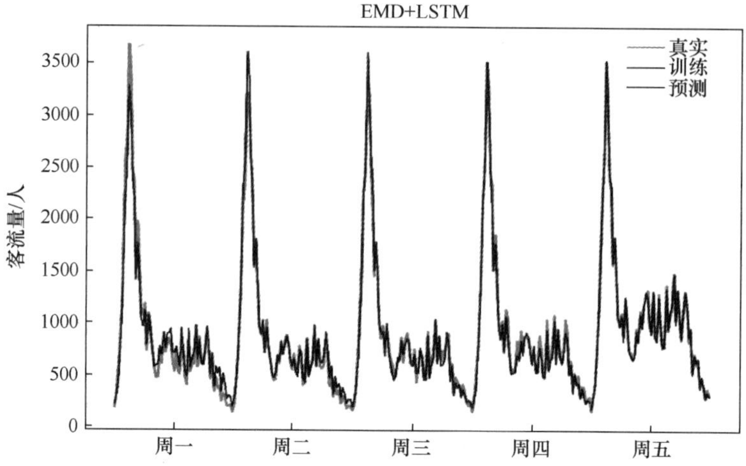

图 2-23　训练及预测结果

另外，对于不加入 EMD 分量的 LSTM 做预测，并与 EMD 结合 LSTM 模型预测效果对比，见表 2-9。

表 2-9　预测效果对比

模型	testRMSE	testMAE
EMD+LSTM	30.466	24.193
LSTM	36.246	28.164

EMD+LSTM 模型与 LSTM 模型在周五的预测效果对比如图 2-24 所示。

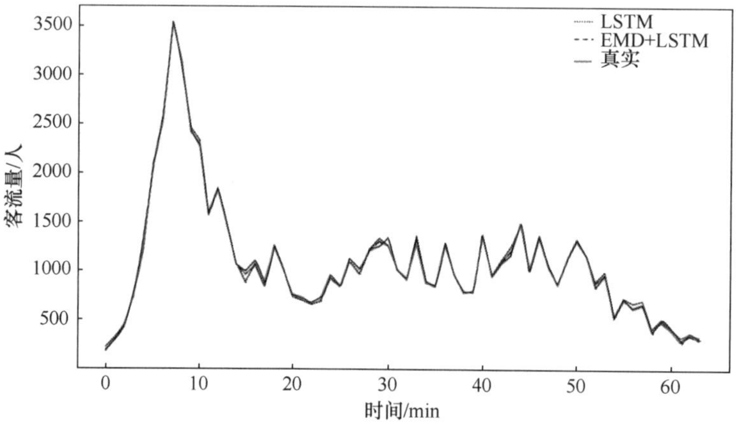

图 2-24　预测效果对比

从预测图上来看，EMD+LSTM 效果优于 LSTM。从误差 MAE 来看，加入了经 EMD 算法筛选后的特征能有效提高LSTM预测精度。某些体现在历史数据上的因素使得LSTM 算法能学习到并且在预测阶段更贴合实际值。

2.4　基于出行链理论的区域轨道交通客流分析

在短时客流预测方法和短期客流预测方法研究的基础上，为了完善区域轨道交通客流预测体系，本节以客流分析要素出行链为主导，分析了出行全过程的区域轨道交通出行链特征，并建立了基于出行链的区域轨道交通客流分担率三层巢式 Logit 模型(nested Logit model，NL 模型)，此模型求得市内出行分担率、城际出行分担率和各出行链分担率计算结果。由此可以使轨道交通客运管理人员更好地了解和掌握区域客流的基本特征，为轨道交通部门合理安排运力与运能、科学组织管理提供参考依据，有利于区域轨道交通一体化发展。

2.4.1　基于出行链理论的区域轨道交通客流分析背景

1. 相关概念界定

1) 城市群

(1) 城市群概念。

对于城市群的概念，国内外各学者及研究人员从不同的角度和侧重点出发，都有自己的见解和观点：最初 Gottman(1957)用 Megalopolis 来命名城市群这个概念，他认为城市群是某些区域城市化进程达到一定水平后，在区域分布的各类型中心城市汇聚与发散形成联合体的一种现象。

基于国内外学者对城市群的分析研究，定义城市群的概念为：在一个特定的区域范围内，以一个或几个较发达的超大或特大城市作为经济核心，周边星形分布三个以上不同规模的都市圈或大城市，以现代化城际综合交通网、区域经济产业网以及发达的通信网络体系等为依托，共同形成的经济社会密切联系、区域空间组织紧密的高度一体化城市群体。

(2) 城市群的类型及特征。

城市群是区域经济高速发展一体化下的联合体，是一个在多重影响因素下共同形成的大型空间形态，而不是地理空间上区域的简单叠加。根据城市群的发展现状和不同的划分标准，可将城市群进行以下类别的划分。

① 根据城市群区域空间分布形态划分见表 2-10。

表 2-10　根据城市群区域空间分布形态划分

类型	特征	典型城市群	图示
组团式	城市分布呈若干团块，体现了区域一体为特征的城市群发展形态	长三角城市群	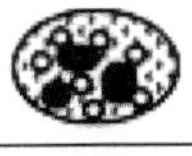
带状式	核心城市呈带状延伸式分布，城市路网系统和基础设施延轴向分布	波士顿城市群、东海道城市群	
分散式	各城市分布均衡，发展态势良好	柏林城市群	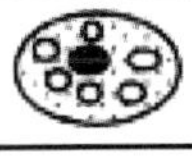

② 根据城市群核心城市功能特性划分，见表 2-11。

表 2-11　根据城市群核心城市功能特性划分

类型	特征	典型城市群	图示
单核心	城市群内部以单个核心城市发展为主导，辐射周边城市	关中城市群、晋中城市群	
双核心	城市群内部有两个核心城市，体系更完善，产业结构更加合理	成渝城市群、兰西城市群	
多核心	城市群内部有多个核心城市，辐射范围较前两种更广，结构完善	长江三角洲城市群、长江中游城市群	

③ 根据城市群整体影响范围划分，见表 2-12。

表 2-12　根据城市群整体影响范围划分

类型	特征	典型城市群
世界级	城市群发展水平高，具有较大的国际影响力	长江三角洲城市群
国家级	城市群发展的成熟阶段，服务于整个国家	京津冀城市群
区域性	一定区域范围内高度同城化的城市群	山东半岛城市群
地区性	城市群整体发展水平不高，影响范围较小	滇中城市群

2) 区域轨道交通概念

轨道交通现一般专指需在特定铁路轨道上运行，来完成旅客和货物运输的一类交通工具。随着我国铁路和火车技术的不断革新和逐步发展，轨道交通也呈现出制式多元化的发展趋势，常见的轨道交通制式有国家铁路干线、地铁、轻轨、有轨电车和磁悬浮等。

在我国城市群一体化的背景下，城市与城市之间的经济、政治、文化和交通的往来也越来越密切，各类轨道交通的运输也衔接得更加紧密。基于对城市群的定义，为构建区域轨道交通一体化运输体系，现将全部的轨道交通制式放在同一层面进行分析研究。根据城市群的特点和轨道交通服务范围的差异性，本章认为区域轨道交通可以分为三类：国家铁路系统(其中包括高速铁路和普速铁路)、城际轨道交通(城际铁路)和城市轨道交通，如图 2-25 所示。

2. 区域轨道交通出行链理论

1) 区域轨道交通出行链定义

早在 20 世纪 60 年代，出行链这一概念就被国外学者运用到交通运输领域，经过多年的研究，不同学者因为研究方向的不同关于出行链的定义也不尽相同，主要有以下定义。

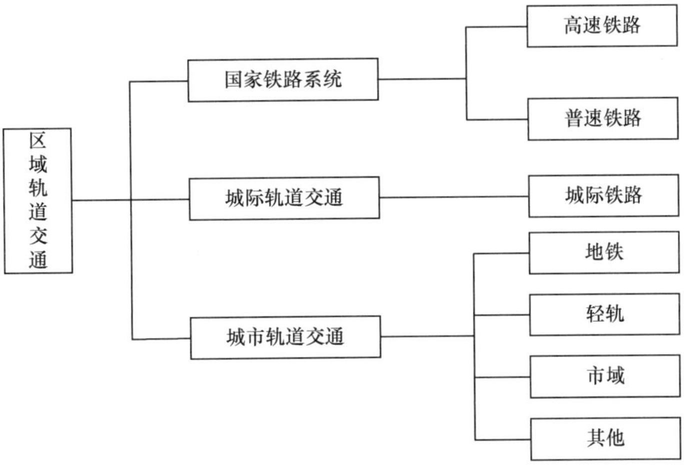

图 2-25 区域轨道交通分类

杨敏等(2008)认为出行链以家为起点和终点，以一天为单位，将出行按顺序连接起来形成若干个闭环；叶玉玲(2018)在基于出行链研究城际旅客出行方式的选择行为时，将城际居民的出行分为三个阶段：出发城市到对外交通枢纽、城际出行和对外交通枢纽到到达城市，将城市旅客的出行链定义为从城市群的一个城市出发，通过城市内和城际间的公共交通工具到达另一个城市的出行全过程。

根据以上各学者对于出行链的研究定义可知，出行链的定义大致可以分为两类，一类定义出行链为一个闭环(home-work-home 模式)，大多以一天为时间单位并以家为起点完成一个或多个活动出行后又返回家的过程。另一类定义出行链为非封闭的链(home-work 模式)，是在时间顺序上将一个或多个活动出行连接成链。

由于本章是在区域轨道交通和出行链的基础之上对客流进行分析，根据城市群和区域轨道交通的定义，本节对区域轨道交通出行链的定义为：在城市群范围内，出行者为完成一项或多项活动，从前端出发城市至后端到达城市的城市间出行采用轨道交通方式，城市内出行可采用轨道交通方式或其他交通方式，在一定时间范围内按照时间顺序连接而成的链。该出行链包含出行时间、空间、活动类型和出行方式等多种信息，并且不必为闭环，也为客流分析和乘客出行特征的挖掘提供了新的思路。

2) 区域轨道交通出行链结构

区域轨道交通出行链的结构可以从空间层面、时空层面和出行方式层面反映出行者的出行情况。

从空间层面：出行者从出发地出发，经过前端城市轨道交通到达对外交通枢纽，换乘城市间轨道交通，到达目的地城市的出行全过程。区域轨道交通出行链空间层面的结构如图 2-26 所示。

从时空层面：在时间维度反映出行者使用轨道交通和换乘轨道交通的时间，在空间维度反映出行者的出行轨迹。区域轨道交通出行链时空层面结构如图 2-27 所示。

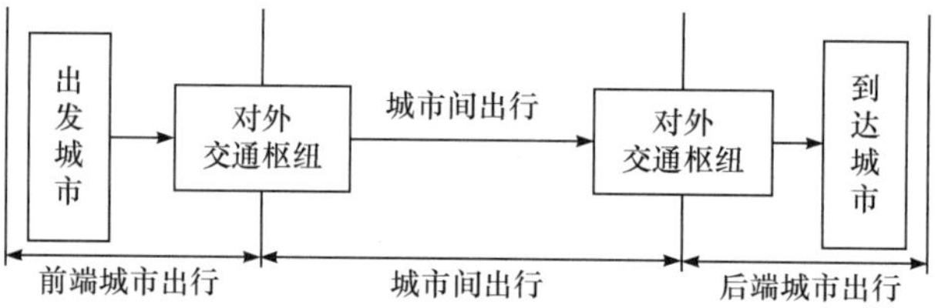

图 2-26　空间层面出行链结构图

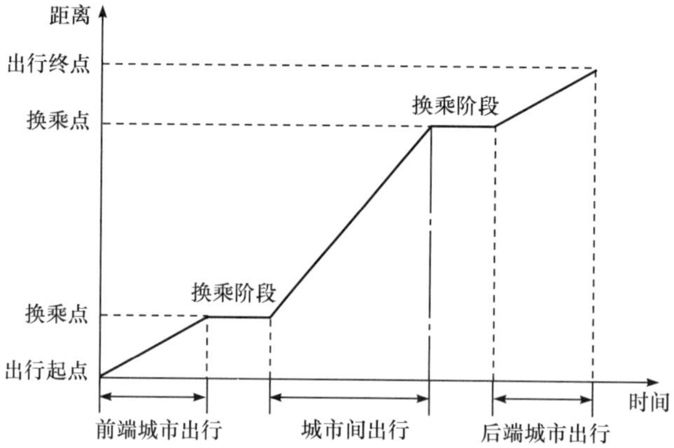

图 2-27　时空层面出行链结构图

从出行方式层面：若整个出行仅考虑使用轨道交通方式，则出行者从前端城市出发到后端城市的一次出行全过程中，换乘使用的若干种轨道交通制式所组合成的链即为出行方式层面出行链。区域轨道交通出行链出行方式层面结构如图 2-28 所示。

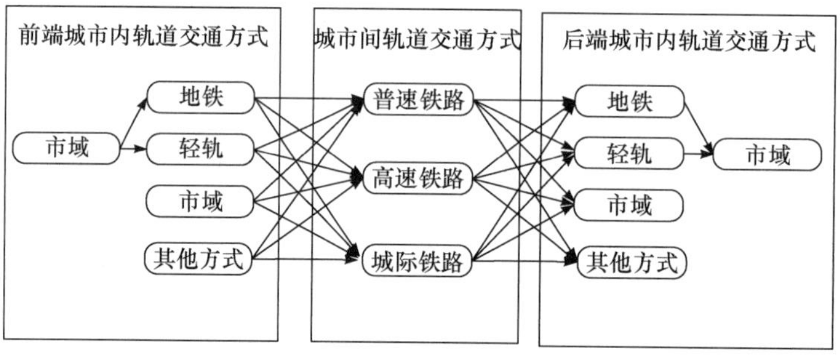

图 2-28　出行方式层面出行链结构图

由于市域铁路的特性，在乘坐市域铁路后既可以直接与第二部分的轨道交通连接也可以换乘到地铁或轻轨后再与第二部分的轨道交通连接，故在研究中，当市域铁路需与地铁或轻轨换乘时，将市域与地铁或有轨电车先看作一种研究。其他方式中包括城市轨道交通、常规公交车、出租车、小汽车、步行、同种交通方式的换乘和不同交通方式的换乘组合等。

本章是基于出行链对区域轨道交通客流进行分析，故研究出行链时更多的是从出行方式层面去分析，即出行者在城市群范围内采用的区域轨道交通制式换乘组合成的链。当然，出行链本身包含的时间空间等相关信息也会加以考虑。

3. 区域轨道交通出行链影响因素分析

因为各种交通方式在服务、费用和便捷度等之间存在不同程度的差异性，所以居民在出行时对于交通方式的选择也会从其本身的舒适性、经济性、便捷性和安全性等多方面考虑。因为每个地区和城市之间的发展程度不相同，所以不同地区的居民在出行时交通方式的选择上也存在差异，例如，收入较低的人群在选择交通工具时，通常会首要考虑交通方式的经济性，而收入较高的人群通常会优先考虑交通方式的舒适度和高效率，所以不同的出行者所形成的区域轨道交通出行链也不相同。因此，在讨论区域轨道交通出行链的影响因素时，也将从外界的宏观影响因素和微观影响因素两个方面去分析。其中，宏观影响因素主要包含城市经济发展水平、区域轨道交通线网规划布局和其他因素。微观影响因素主要包含出行者个人属性，出行者出行特性和区域轨道交通各方式间的协同。

4. 区域轨道交通出行链总体特征分析

1) 区域轨道交通出行链个数

区域轨道交通出行链个数在以出行者个体为单位时，是指每个出行者一天内乘坐轨道交通完成的区域出行次数，一位出行者一天的出行链个数可以大于 1；在以天为单位时，区域轨道交通出行链个数是指区域范围内所有出行者一天内乘坐轨道交通完成的区域出行总次数。

2) 区域轨道交通出行链长度

区域轨道交通出行链长度是指出行者在一次区域出行中从起点城市到终点城市所采用的轨道交通方式数量，非连续使用同一种轨道交通方式分别计数，连续换乘同一种交通方式不分别计数。例如，出行者在同一城市内乘坐地铁一号线换乘地铁二号线，则出行链长度增加 1；出行者在前端城市和后端城市都乘坐地铁，为非连续使用地铁，则应分别计数，出行链长度增加 2。

区域轨道交通出行链分段长度是指在前端城市出行、城市间出行和后端城市出行三个出行阶段各自的轨道交通出行链长度。

3) 区域轨道交通出行链换乘系数

区域轨道交通出行链换乘系数是指出行者在一次区域出行中连续换乘不同轨道交通的次数。例如，区域轨道交通出行链换乘系数为 0，则代表该出行者在本次出行中没有换乘行为，换乘系数越大则换乘次数越多。区域轨道交通出行链的换乘系数可以从侧面反映一个城市群轨道交通的便捷性，也可以反映一个城市群轨道交通结构布局的合理性。

区别于区域轨道交通出行链长度，换乘系数除可以反映出行链长度信息外，更多地会从时间因素分析研究区域轨道交通出行中不同轨道交通制式的换乘行为。

4) 区域轨道交通出行链比例

区域轨道交通出行链比例指各种类型的出行链个数占出行链总个数的比例，因此将区域轨道交通出行链按照不同的分类方式会出现不同类型的出行链比例。例如，将区域轨道交通出行链分为简单链和复杂链时，有简单出行链比例、复杂出行链比例；从轨道交通出行方式层面分析时，可以求出前面讨论的地铁—普速铁路—地铁、地铁—高速铁路—地铁等 27 种区域轨道交通出行链各自的比例。

2.4.2 区域轨道交通客流理论基础

在区域轨道交通出行链理论基础分析后，为了更好地进行客流分析并为下文建模提供理论基础，需要对区域轨道交通客流的形成有一定的认识，本小节针对区域轨道交通客流理论基础进行分析并对旅客出行行为调查进行研究。

1. 区域轨道交通客流的形成

区域轨道交通客流主要分为区域轨道交通转移客流和区域轨道交通诱增客流两部分。区域轨道交通转移客流是指本来使用其他交通方式出行，后转移到区域轨道交通方式的客流。因为区域轨道交通相比于其他交通方式具有准时、安全、便捷和经济等优点，所以在城市交通中，城市轨道交通转移客流大部分可能来源于公交车和自行车客流，而随着出行距离的增加，小汽车和出租车客流转移到城市轨道交通的客流也会相应增加。在城市间通道交通中，由于轨道交通方式的优点，飞机和大巴的旅客也会有所转移。区域轨道交通诱增客流是指轨道交通线路的建设使线路沿线的经济发展、人口聚集而新增的周边用地客流，在城市周边居住，在市中心工作便是诱增客流最直接的一种状态。

2. 旅客出行行为调查

1) 行为(revealed preference，RP)调查和意向(stated preference，SP)调查

(1) RP 调查方法。

RP 调查是对出行者已经发生出行行为选择的调查。因为 RP 调查是对实际已完成出行的调查，所以能够反映被调查者真实的出行情况，所以调查实施起来相对简单，数据的准确性也较高。但是 RP 调查也有一定的局限性：如调查的影响因素都是固定的，无法完全反映出行者的选择意向；被调查者对被调查的一次出行选择记忆模糊，导致调查结果出现误差；RP 调查只能对现实存在的交通方式的选择展开调查，不能对未来规划或在建的交通设施的选择和服务属性进行调查等。

(2) SP 调查方法。

SP 调查是对出行者在模拟假定条件下的出行选择意向和偏好的调查。因为 SP 调查是对未来还未发生的出行行为的调查，可以根据未来预定的状况条件进行假设，所以 SP 调查可以分析过去没有的选择方案，也可以研究由于出行者个人的社会经济属性差异而产生的选择结果的差异，可以很好地弥补 RP 调查的不足。

同样，SP 调查本身也存在一定的局限性：如果只使用 SP 调查数据对基于出行链的区域轨道交通客流分担率模型进行参数估计，误差会较大；由于 SP 只是意向和偏好的调查，可能现在在假定情况下做出的选择和未来实际做出的选择偏差较大；如果在调查时考虑的因素太多，调查问卷模拟的出行情景和选项也会增多，虽然问卷考虑因素更全面，但增大了问卷调查的难度等。

2) RP 调查与 SP 调查对比分析

根据以前各专家学者对 RP 调查与 SP 调查的研究分析，归纳总结 RP 调查与 SP 调

查对比分析如下，见表 2-13。

对两种调查方法的对比分析可见，如果只利用 RP 调查所得的数据进行分析，不仅前期需要大量的调查来获得足够规模的调查数据，后期对数据的处理也存在一定的难度；而如果只利用 SP 调查所得的数据进行分析，被调查者在问卷调查假定条件下的选择可能与未来实际的选择不一致，会导致模型预测结果的精度降低。因此，利用 RP 调查和 SP 调查得到的数据来分析出行者的个人属性和区域轨道交通方式的选择行为，可以弥补单独使用一种调查方法的不足。

调查目的是研究分析旅客在使用区域轨道交通出行时对不同交通方式的选择行为，所以选择利用 RP 调查和 SP 调查相结合的方式进行旅客区域出行行为的调查。利用 RP 调查，通过样本数据预估成渝区域出行的实际客流组成情况，分析出行者个人的社会经济属性对交通方式选择的影响状况；利用 SP 调查，通过旅客对假设条件下满意程度的选择，分析旅客对各种交通方式服务属性的偏好程度。

表 2-13　RP 调查与 SP 调查对比分析

对比内容	RP 调查	SP 调查
调查内容	已完成的出行行为	未发生的出行行为
一致性	问卷调查项的选择与实际情况下的选择一致	问卷调查假定条件下的选择可能与未来实际的选择不一致
精确度	仅用 RP 数据建模，较高	仅用 SP 数据建模，较低
样本容量	一个回答项只能得到一个数据，需要大量的样本调查	一个回答可以得到多个数据，可以通过小样本扩充进行分析
属性关联性	各属性之间存在多重线性关系	属性之间的作用效果可分离开
转换关系	属性间的转换关系已经确定	可自由设定属性间的转换关系

3) 调查问卷设计原则及实施过程

(1) 调查问卷设计原则。

RP 调查在旅客出行行为调查中的目的就是获取客流的基本属性和组成情况，调查数据用于模型的分析和求解，还可以和模型的预测结果进行比较。因为 RP 调查是基于旅客实际出行行为的调查，所以在设计问卷 RP 调查部分内容时应遵循以下两个原则：

① RP 调查内容应包括出行者个人属性和出行行为特征等真实的出行数据。

② 调查问卷中 RP 调查部分的选项设计，应为后期调查问卷的分析和模型的研究提供参考依据。

SP 调查问卷的设计方法有全因子设计、正交设计和均匀设计三种，对于不同调查目的的问卷，可以采取不同的 SP 调查问卷设计方法来设计问卷。

(2) 调查问卷内容。

城市群区域轨道交通出行的客流组成比较复杂，在各阶段对不同交通方式的选择受个人属性、个人社会经济属性和交通方式的属性影响。因此，本次调查问卷包括两个部分：在问卷的 RP 部分，根据出行者个人的社会经济属性设置了性别、年龄、职业、学历、个人月收入和拥有私家车情况等选项；在调查问卷的 SP 部分，考虑出行者主观上对各交通方式的安全性、舒适性、方便性和可靠性的偏好，采用 Likert5 点量表法做出衡量，即每个问题由非常满意(1)到非常不满意(5)，中间设置三个选项，即满意(2)、一般(3)和不满意(4)。

2.4.3　基于出行链的区域轨道交通客流分担率模型建立

为更详细地阐述基于出行链理论的区域轨道交通客流分析方法，现构建基于出行链的区域轨道交通客流分担率三层 NL 模型，来描述从旅客出行行为调查的数据采集到模型的参数标定和检验，最后达到预测的整个过程，如图 2-29 所示。

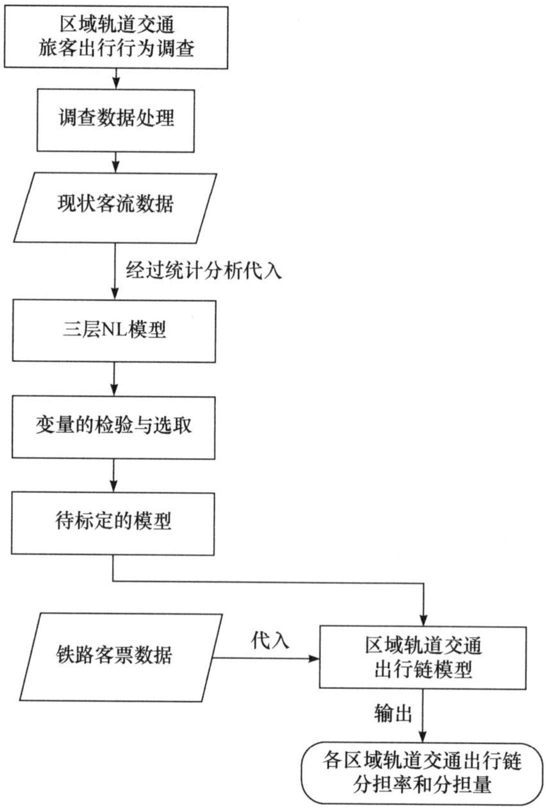

图 2-29　模型应用流程图

先进行旅客出行行为的调查，以获取旅客年龄、收入等个人属性和交通方式的服务属性，再对数据进行整理分析。确定效用函数形式和选取特征变量后，将整理分析后的数据代入三层 NL 模型中，进行参数的估计和检验，最后导出基于出行链的区域轨道交通客流分担率模型，利用数据代入模型可以求得各类出行链的分担率和分担量。

1. 模型理论研究

1) 非集计模型

非集计模型的相关概念和理论是相对于集计模型提出的，它通常也称为个人选择模型、非集计行为模型或离散选择模型(陆化普，1998)。

传统交通需求预测中的集计模型，一般是将每个居民的出行活动按照交通小区或特定群体分类，然后以此为基本单位进行分析和研究。在此基础上进行原始数据的样本扩大或模型的建立过程中，需要将原始数据以交通小区或特定群体为基本单位进行集计处理，从而将原始数据转换为集计数据，以集计数据建立的模型称为集计模型。而交通需求预测中的非集计模型，则是以居民个人基本单位进行调查统计和分析研究。调查得到的原始数据直接以出行者个人为单位，用原始调查得到的非集计数据进行建模，由此得到的模型称为非集计模型(马鸣谷，2015)。

2) 随机效用和效用最大化理论

在经济学领域，各学者对于效用的定义多种多样。简而言之，效用就是决策者主观上对于未来可能产生的利益或损失的感觉、看法、反应和满意程度等，是在进行方案选择时偏好的量化值(高鸿业，2004)。在交通运输领域，出行者的出行选择行为就和经济学中的利益决策行为有相似之处，因此效用也可以引申到交通运输领域中。出行者在完成一次出行选择时产生的效用可以理解为：出行者在完成该次出行时，对所选择的交通方式和该交通方式服务的安全性、舒适性、方便性和可靠性等方面的满意程度。影响交通方式效用值的因素多且复杂，还存在随机成分，所以效用值是一个随机变量。

对于出行者，一次出行组合交通方式的选择也是一次消费，出行者总是希望能够结合自身的购买能力，选择最安全、最便捷、最舒适和效率最高的交通组合方式，也就是效用最大的交通出行方案(聂冲等，2005)。

2. 模型构建

1) 多元 Logit 模型

二元 Logit 模型的选择项只有两个(图 2-30)，即出行者的出行选择只有方案 1 和方案 2 两个方案，出行者选择方案 1 是因为方案 1 的效用大于方案 2 的效用。

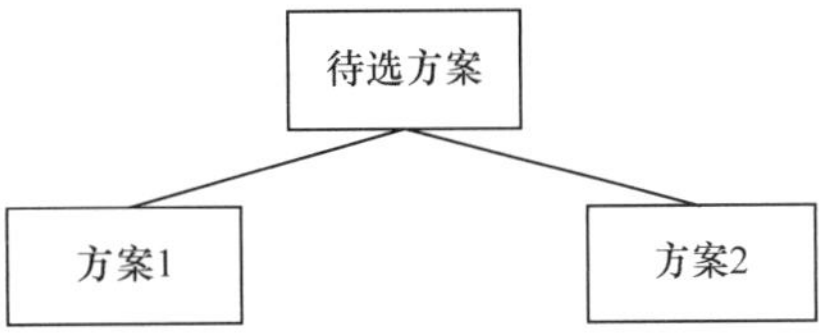

图 2-30　二元 Logit 模型结构图

$$U_1 = V_1 + \varepsilon_1,\quad U_2 = V_2 + \varepsilon_2,\quad P_1 = \Pr(U_1 > U_2) \tag{2-95}$$

假设随机概率项 ε_1 和 ε_2 相互独立且都服从 Gumbel 分布，可以得到其概率分布函数和概率密度函数，并根据效用最大化理论进行推导，可以得到选择出行方案 1 的选择概率公式为

$$P_1 = \frac{1}{1+\mathrm{e}^{V_2-V_1}} = \frac{\mathrm{e}^{V_1}}{\mathrm{e}^{V_1}+\mathrm{e}^{V_2}},\ \text{且满足}\ P_1 = 1-P_2$$

多元 Logit 模型(multinomial Logit model，MNL 模型)是将选择项的个数由二元推广为多元，随机概率项 ε 依然服从 Gumbel 分布，根据效用最大化理论及二元 Logit 模型的推导过程，可以推导出多元 Logit 模型，其概率选择公式为

$$P_{in}=\frac{\exp V_{in}}{\sum\limits_{j\in M}\exp V_{jn}}=\frac{1}{1+\sum\limits_{i\neq j}\exp(V_{jn}-V_{in})} \tag{2-96}$$

式中，P_{in}为出行者 n 选择方案 i 的概率。

MNL 模型相比于其他非集计模型来说更为简单实用，特别是计算和处理过程较为简单，但其存在无关备选方案的独立性(independent of irrelevant alternative，IIA)特性，也是该模型的缺点之一。IIA 特性是指任意两种交通方式(或出行方案)的选择概率之比只与这两种交通方式(或出行方案)本身的特性相关，而与其他交通方式(或出行方案)的特性无关。例如，在比较地铁和公交车这两种交通方式时，它们与小汽车的特性无关，但是实际上小汽车的存在会对这两种交通方式都产生影响。在解决该类问题时，就要使用如 NL 模型或 Probit 模型等其他类型的模型进行建模，减弱 MNL 模型的 IIA 特性进行求解。

2) NL 模型

NL 模型的实质是 MNL 模型的改进，就是将所有待选方案依照相关性按照树状巢式结构分层来表示，每一层都称为一个水平，树状结构中的每个选择节点和与之相连的分枝就可以看成一个 MNL 模型。

NL 模型建立求解过程的参数估计和参数检验步骤如图 2-31 所示。

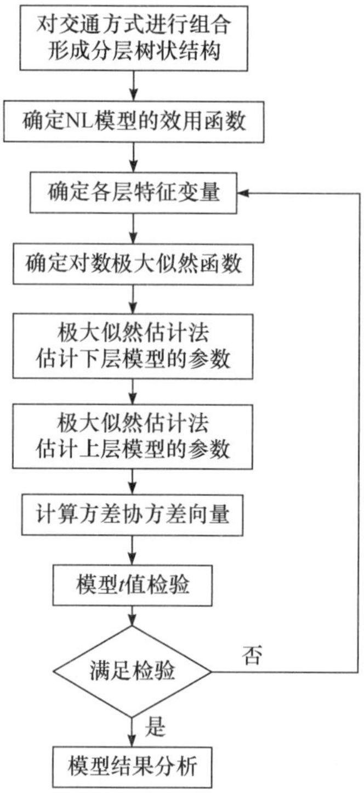

图 2-31　NL 模型建模求解流程图

NL 模型克服了 MNL 模型的 IIA 特性，模型的求解过程也相对简单，但是在对交通方式进行划分，进行分层构建树状结构时，不同的分类标准可能会产生不同的树状结构模型。因此，在使用 NL 模型进行建模时，要充分考虑各交通方式之间的共性和特性，这也是 NL 模型的第一步和关键所在。

3. 基于出行链的区域轨道交通客流分担率三层 NL 模型的建立

出行者在确定发生一次城市群的区域出行时，通常首先会确定城市间的轨道交通出行方式，其次才会确定城市间轨道交通与前端出发城市和后端到达城市的接驳交通方式。根据实际情况，从起始点 O 出发到达铁路对外枢纽的市内出行阶段，可供选择的交通方式和区域轨道交通出行链结构如图 2-32 所示。

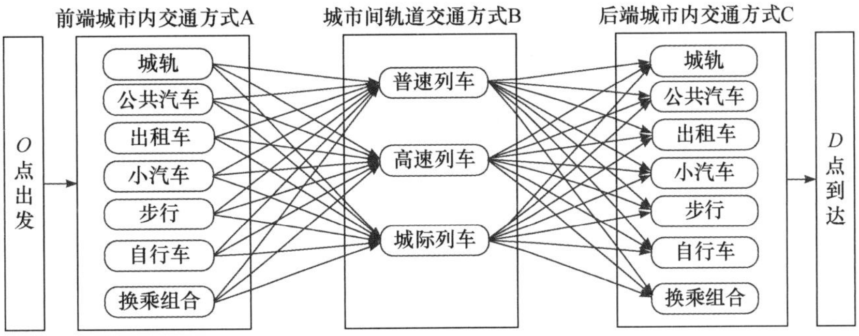

图 2-32　区域轨道交通出行链结构图

出行者在一次区域出行的各个阶段所采用的交通方式都是紧密相关的，NL 模型可以将城市间的轨道交通方式和市内的交通方式分层，这样不仅可以模拟出出行者在城市群区域范围内出行方式的选择行为，还可以消除各交通方式链之间的相互影响。

区域轨道交通出行方式链在结构上包含三类出行方式：前端城市内交通方式 A、城市间轨道交通方式 B 和后端城市内交通方式 C。从出行者在城市群区域出行采用交通方式的时间顺序上看，采用的是 A—B—C 的出行顺序。但是出行者完成一次区域出行时，首先会确定主要的城市间轨道交通出行方式 B，其次才会确定与前端出发城市接驳交通方式 A 和后端到达城市的接驳交通方式 C。

因此，在构建区域轨道交通出行链三层 NL 模型时，应该从逻辑顺序上安排区域轨道交通出行方式链包含的三类出行方式。以下对模型树状结构的构建思路进行说明：出行者在完成一次区域轨道交通出行，即从前端出发城市的 O 点至后端到达城市的 D 点时，首先选择的是城市间出行的轨道交通方式(高速、城际或普速列车)，这是区域轨道交通出行链模型的第一层；其次才会考虑从前端出发城市 O 点到出发城市铁路对外枢纽采用的交通出行方式，这是区域轨道交通出行链模型的第二层；最后才会考虑从后端到达城市铁路对外枢纽至到达城市 D 点采用的交通出行方式，这是区域轨道交通出行链模型的第三层。模型的树状结构如图 2-33 所示。

为便于下面对公式的说明，现将构建的区域轨道交通出行链三层 NL 模型树状结构图 2-33 进行简化表示，如图 2-34 所示。

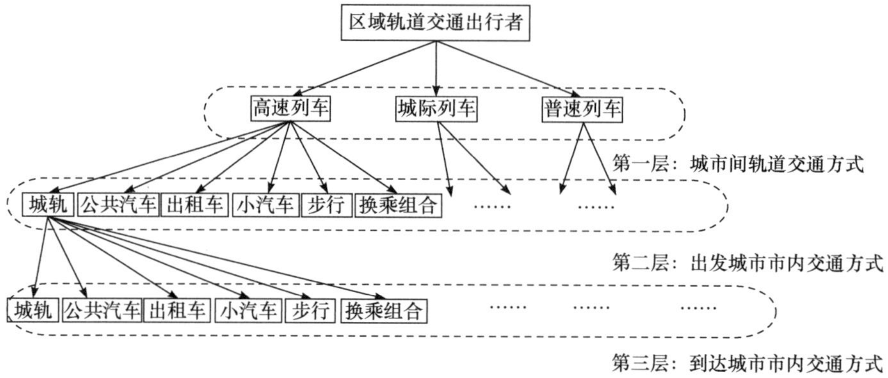

图 2-33　基于出行链的区域轨道交通客流分担率三层 NL 模型结构图

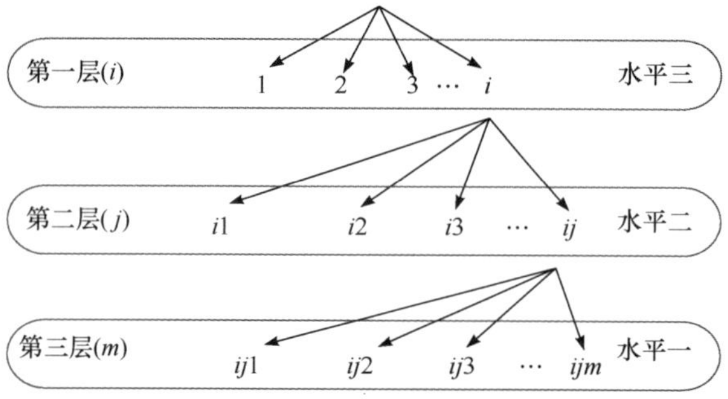

图 2-34　区域轨道交通出行链三层 NL 模型结构简化图

1) 效用函数形式和各阶段的连接

在本章构建的区域轨道交通出行链三层 NL 模型进行建模和参数标定时，首先建立第三层(水平一)到达城市市内交通方式选择模型，并进行参数标定，该层模型总效用的 Logsum 作为第二层出发城市市内交通方式选择模型的一个变量，和第二层模型的其他特征变量共同进行参数标定；同理，第二层出发城市市内交通方式选择模型总效用的 Logsum 作为第一层城市间轨道交通方式选择模型的一个变量，和第一层模型的其他特征变量共同进行参数标定。简而言之，在求解分析区域轨道交通出行链三层 NL 模型时，先进行模型参数的标定，再进行模型概率函数的求解，达到分析的目的。因此，利用构建的区域轨道交通出行链三层 NL 模型，不仅可以单独求解分析出城市间轨道交通方式的分担率，也可以求出各类型出行链的分担比例。整个模型的体系关系如图 2-35 所示。

2) 模型选择概率函数的确定

在构建的区域轨道交通出行链三层 NL 模型中，模型的上层通过条件概率来约束模型的下层，顺序是从上层模型开始依次往下进行预测。

根据对两层巢式 Logit 模型讨论的基础知识，本章构建区域轨道交通出行链三层 NL 模型的选择概率函数公式如下：

$$P_n(ijm) = P_n(i) \times P_n(j|i) \times P_n(m|ij) \tag{2-97}$$

$$P_n(i) = \frac{e^{(V_{(i)n} + V_{(i|j)n})}}{\sum_{i=1}^{I} e^{(V_{(i)n} + V_{(i|j)n})}} \tag{2-98}$$

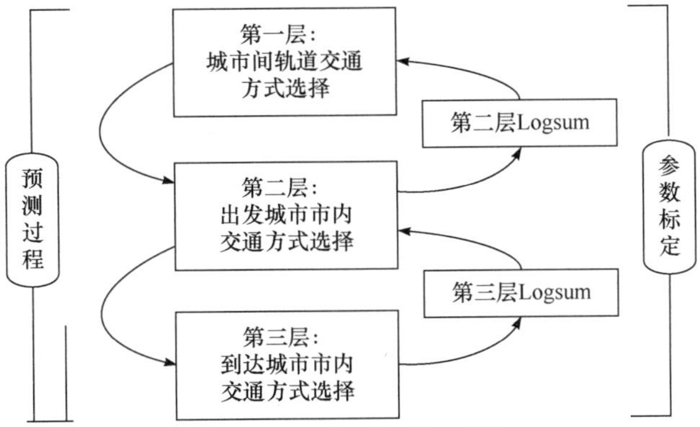

图 2-35　模型体系关系图

$$P_n(j|i)=\frac{e^{(V_{(ij)n}+V_{(ij|m)n})}}{\sum_{j=1}^{J}e^{(V_{(ij)n}+V_{(ij|m)n})}} \tag{2-99}$$

$$P_n(m|ij)=\frac{e^{V_{(ijm)n}}}{\sum_{m=1}^{M}e^{V_{(ijm)n}}} \tag{2-100}$$

$$P_n(ijm)=\frac{e^{(V_{(i)n}+V_{(i|j)n})}}{\sum_{i=1}^{I}e^{(V_{(i)n}+V_{(i|j)n})}}\times\frac{e^{(V_{(ij)n}+V_{(ij|m)n})}}{\sum_{j=1}^{J}e^{(V_{(ij)n}+V_{(ij|m)n})}}\times\frac{e^{V_{(ijm)n}}}{\sum_{m=1}^{M}e^{V_{(ijm)n}}} \tag{2-101}$$

式中，$P_n(ijm)$ 为出行者 n 在出发城市选择交通方式 j 到达铁路对外枢纽，采用轨道交通方式 i 至到达城市，再选择交通方式 m 到达目的地的概率；$P_n(i)$ 为出行者 n 选择轨道交通方式 i 从出发城市至到达城市的概率；$P_n(j|i)$ 为出行者 n 在选择轨道交通方式 i 的条件下，在出发城市选择交通方式 j 的概率；$P_n(m|ij)$ 为出行者 n 在出发城市选择交通方式 j，城市间选择轨道交通方式 i 的条件下，在到达城市选择交通方式 m 的概率。

3) 模型特征变量的选取

在研究城市间轨道交通出行方案时特征变量选取的原理和城际出行相同，根据区域轨道交通旅客出行调查的结果，分析各影响因素中对出行者选择影响较大的因素，确定为模型的特征变量。以城际出行为例，该水平层特征变量的选择和效用函数之间的关系可以用表 2-14 表示。

表 2-14　城际出行层模型特征变量的选择

选择方案	选择方案特征变量				出行者特征变量		其他特征变量	
	固有哑元		固有变量	公共变量				
	X_{in1}	X_{in2}	费用 X_{in3}	时间 X_{in4}	年龄 X_{in5}	收入 X_{in6}	舒适性 X_{in7}	安全性 X_{in8}
高速列车 (V_{1n})	1	0	X_{1n3}	X_{1n4}	X_{1n5}	X_{1n6}	X_{1n7}	X_{1n8}
城际列车 (V_{2n})	0	1	X_{2n3}	X_{2n4}	X_{2n5}	X_{2n6}	X_{2n7}	X_{2n8}
普速列车 (V_{3n})	0	0	X_{3n3}	X_{3n4}	X_{3n5}	X_{3n6}	X_{3n7}	X_{3n8}
未知参数	θ_1	θ_2	θ_3	θ_4	θ_5	θ_6	θ_7	θ_8

4) 模型参数标定与检验

(1) 模型的参数标定。

本章采用极大似然估计法来估计模型的参数值，极大似然估计法的关键在于构建合适的似然函数，并以最优化理论为基础对模型求解。似然函数 L^* 定义为出行者所做出选择的同时概率，即所有出行者做出选择概率的乘积：

$$L^*=\prod_{n=1}^{N}\prod_{i=1}^{I_n}\prod_{j=1}^{J_{in}}\prod_{m=1}^{M_{ijn}}P_n(ijm)^{\delta(ijm)_n}=\prod_{n=1}^{N}\prod_{i=1}^{I_n}\prod_{j=1}^{J_{in}}\prod_{m=1}^{M_{ijn}}\left[P_n(m|ij)\times P_n(j|i)\times P_n(i)\right]^{\delta(ijm)_n} \tag{2-102}$$

式中，

$$\delta(ijm)_n=\begin{cases}1, & 选择结果与ijm相同\\ 0, & 其他\end{cases}$$

在确定了似然函数之后，可以用极大似然法估计同时概率 L^* 最大时的参数 θ ，似然函数 L^* 最大和对数 $L=\ln L^*$ 最大是等价的，因此为了简化计算过程，通常将似然函数取对数后进行参数估计的求解，即

$$L=\ln L^*=\sum_{n=1}^{N}\sum_{i=1}^{I_n}\sum_{j=1}^{J_{in}}\sum_{m=1}^{M_{ijn}}\delta(ijm)_n\left[\ln P_n(m|ij)+\ln P_n(j|i)+\ln P_n(i)\right] \tag{2-103}$$

在这里设

$$D_n(ij)=\sum_{m=1}^{M_{ijn}}\delta(ijm)_n\ ,\quad D_n(i)=\sum_{j=1}^{J_{in}}\sum_{m=1}^{M_{ijn}}\delta(ijm)_n \tag{2-104}$$

$$L_1=\sum_{n=1}^{N}\sum_{i=1}^{I_n}\sum_{j=1}^{J_{in}}\sum_{m=1}^{M_{ijn}}\delta(ijm)_n\ln P_n(m|ij) \tag{2-105}$$

$$L_2=\sum_{n=1}^{N}\sum_{i=1}^{I_n}\sum_{j=1}^{J_{in}}D_n(ij)\ln P_n(j|i) \tag{2-106}$$

$$L_3=\sum_{n=1}^{N}\sum_{i=1}^{I_n}D_n(i)\ln P_n(i) \tag{2-107}$$

则 L 可以表示为以下形式：

$$L=L_1+L_2+L_3 \tag{2-108}$$

对于 NL 模型参数估计方法有两种：同时估计法和分阶段估计法。分阶段估计法的方法步骤与 MNL 模型的参数估计基本相同且较为简便，而且本章构建模型水平为 3，因此，本章采用分阶段估计法对模型各参数进行估计。

分阶段估计法是从水平一即模型的底层开始进行参数标定，可以每层看作一个 MNL 模型，着眼于式 $L=L_1+L_2+L_3$ 进行。

第一阶段：用 α_k 对 L_1 进行微分，并将 α_k 代入向量，计算 $\nabla L_1(\alpha)$ ，利用牛顿-拉弗森(Newton-Raphson，NR)法求解出使 L_1 极大化的参数 α_k 的估计值。

第二阶段：将第一阶段求解得到的参数估计值代入 L_2 ，再用 β_k 和 λ_1 对 L_2 进行微分，

并将 β_k 和 λ_1 代入向量，计算 $\nabla L_2(\alpha,\ \lambda_1,\ \beta)$，利用 NR 法求解出使 L_2 极大化的参数 β_k 和 λ_1 的估计值。

第三阶段：将第二阶段求解得到的参数估计值代入 L_3，再用 θ_k 和 λ_2 对 L_3 进行微分，并将 θ_k 和 λ_2 代入向量，计算 $\nabla L_3(\alpha,\ \lambda_1,\ \beta,\ \lambda_2,\ \theta)$，利用 NR 法求解出使 L_3 极大化的参数 θ_k 和 λ_2 的估计值。

第四阶段：分阶段估计出模型的协方差矩阵，计算协方差矩阵。

(2) 模型的 t 值计算与 t 值检验。

对 Logit 模型而言，精度的检验通常有极大似然比法、命中率法和 t 检验法等，本章采用 t 检验法对模型的精度进行检验。

t 检验法中的 t 值可以通过式(2-109)进行计算：

$$t_k = \frac{\theta_k}{\sqrt{v_k}} \tag{2-109}$$

式中，θ_k 为第 k 个特征变量对应的参数估计值(α_k,β_k 同理)；v_k 为协方差矩阵的第 k 个对角元素。

当 t_k 的绝对值 $|t_k|>1.96(2.576)$ 时，有 95%(99%)的把握认为与该估计参数对应的特征变量是对选择概率产生影响的因素，在效用函数中予以保留；当 t_k 的绝对值 $|t_k|\leqslant 1.96(2.576)$ 时，在 95%(99%)的可靠性水平上认为与该估计参数对应的特征变量不是对选择概率产生影响的因素，在效用函数中予以剔除，再重新估计模型参数。

在完成参数标定和检验之后，还可以对模型的精度进行检验，在 Logit 模型中 ρ^2 称为优度比，t 检验是对参数进行检验，而 ρ^2 对模型整体的拟合度进行评估。其取值范围为 0～1，当其计算值越接近于 1 时，说明模型的精度越高，对模型的解释程度越好。实践表明，当 ρ^2 的取值达到 0.2～0.4 时，模型的精度已经足够高。

$$\rho^2 = 1 - \frac{L(\theta)}{L(0)} \tag{2-110}$$

2.4.4　成渝区域轨道交通客流分析实例

1. 成渝城市群区域概述

成渝城市群以成都和重庆为核心，是典型的双核型城市群，是西部大开发和长江经济带建设的重要战略支撑。成渝城市群的具体范围包括四川省的成都、德阳、眉山、绵阳、乐山等 15 个市；重庆的渝中、万州、沙坪坝、江北、涪陵等 27 个区(县)以及开州、云阳的部分地区，辖区面积 18.5km^2，截至 2018 年常住人口 9500 万人，占全国 6.8%，地区生产总值 5.7 万亿元、占全国 6.4%。

成渝城市群综合交通运输网络随着经济的高速增长也日益发展健全，目前已经形成了公路、铁路、水运、航空和管道五种交通运输方式有机衔接的综合交通运输网络。

在国家发展改革委 2016 年发布的《成渝城市群发展规划》中指出，在综合交通网络建设时优先建设以高速铁路、城际铁路和高速公路为重心的城际交通网络，打造一小时交通圈，加强交通综合枢纽的建设，实现零距离换乘，无缝化衔接。

2. 基于出行链的成渝区域轨道交通客流分担率三层 NL 模型的建立

1) 模型总体结构

假设以成都市春熙路商圈为 O 点，以重庆市解放碑商圈为 D 点，对该 OD 区域范围内的出行方式进行分析。

在前文中说明过，在构建模型的树状结构时，首先选择的是城市间出行的轨道交通方式，这是区域轨道交通出行链模型的第一层，涉及成都东站至重庆北站的轨道交通出行方式主要有三种：第一种是动车组列车(动车)，第二种是高速动车组列车(高铁)，第三种是普速列车(普列)。

再考虑从前端出发城市 O 点(成都市春熙路商圈)到出发城市铁路对外枢纽(成都东站)采用的交通出行方式，这是区域轨道交通出行链模型的第二层，出行方案主要有四种：一是乘坐地铁 2 号线直达，二是乘坐 4 路或 47 路公交车直达，三是乘坐出租车，四是乘坐小汽车。春熙路商圈至成都东站步行距离为 7km 左右，因此不考虑步行出行方式；地铁与公交车也均为直达，因此不考虑公交车与地铁的换乘行为。

最后考虑从后端到达城市铁路对外枢纽(重庆北站)至到达城市 D 点(重庆市解放碑商圈)采用的交通出行方式，这是区域轨道交通出行链模型的第三层，该层出行方案主要有四种：一是乘坐地铁 10 号线转 6 号线，二是乘坐 105 路公交车直达，三是乘坐出租车，四是乘坐小汽车。同样，重庆北站至解放碑商圈步行距离为 8km 左右，因此不考虑步行出行方式；地铁和公交车均为直达，因此不考虑公交车与地铁的换乘行为。构建的三层 NL 模型结构图如图 2-36 所示。

根据 NL 模型的基础理论知识可知，该三层 NL 模型的选择概率公式为

$$P_n(ijm)=P_n(i)\times P_n(j|i)\times P_n(m|ij) \tag{2-111}$$

$$P_n(i)=\frac{e^{(V_{(i)_n}+V_{(i|j)_n})}}{\sum_{i=1}^{3}e^{(V_{(i)_n}+V_{(i|j)_n})}} \tag{2-112}$$

$$P_n(j|i)=\frac{e^{(V_{(ij)_n}+V_{(ij|m)_n})}}{\sum_{j=1}^{4}e^{(V_{(ij)_n}+V_{(ij|m)_n})}} \tag{2-113}$$

$$P_n(m|ij)=\frac{e^{V_{(ijm)_n}}}{\sum_{m=1}^{4}e^{V_{(ijm)_n}}} \tag{2-114}$$

$$P_n(ijm)=\frac{e^{(V_{(i)_n}+V_{(i|j)_n})}}{\sum_{i=1}^{3}e^{(V_{(i)_n}+V_{(i|j)_n})}}\times\frac{e^{(V_{(ij)_n}+V_{(ij|m)_n})}}{\sum_{j=1}^{4}e^{(V_{(ij)_n}+V_{(ij|m)_n})}}\times\frac{e^{V_{(ijm)_n}}}{\sum_{m=1}^{4}e^{V_{(ijm)_n}}} \tag{2-115}$$

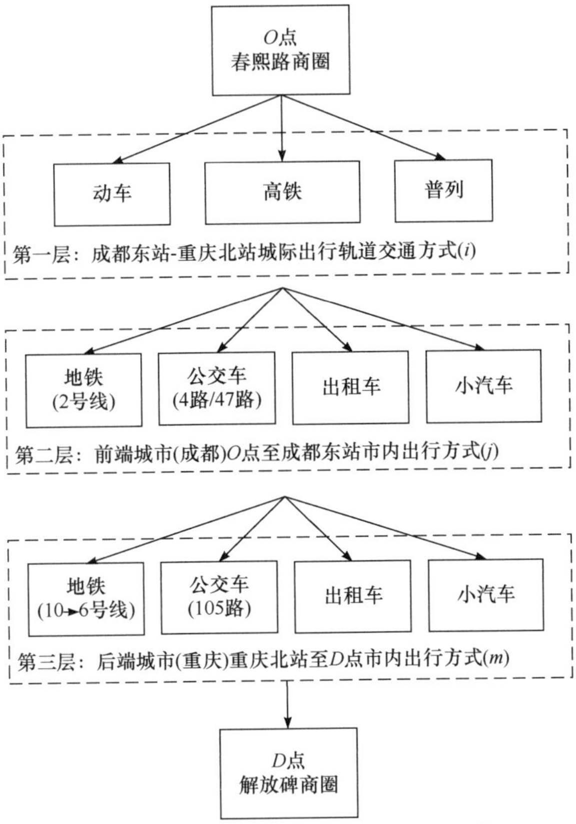

图 2-36　基于成渝城市群的模型树状结构图

式中，$P_n(ijm)$ 为出行者 n 在成都市春熙路商圈选择交通方式 j 到达成都东站，采用轨道交通方式 i 到达重庆北站，再选择交通方式 m 到达解放碑商圈的概率；$P_n(i)$ 为出行者 n 选择轨道交通方式 i 从成都东站至重庆北站的概率；$P_n(j|i)$ 为出行者 n 在选择轨道交通方式 i 的条件下，从成都市春熙路商圈选择交通方式 j 到达成都东站的概率；$P_n(m|ij)$ 为出行者 n 在成都市选择交通方式 j，城市间选择轨道交通方式 i 的条件下，从重庆北站选择交通方式 m 到达解放碑商圈的概率。

根据前文调查问卷设计原则，为使最后的数据分析具有一般性，调查时间不应选择在节假日，因此确定本次的问卷调查时间为 2019 年 11 月，调查周期为一周，为确保调查的顺利进行且保证问卷的质量及数据的准确性，采用现场问询调查。本章的研究是基于成渝区域轨道交通出行链客流情况的研究，涉及对外枢纽的换乘客流，城际出行阶段包括高速列车和普速列车，因此调查地点选择为成都东站，具体地点为成都东站进站口。调查并将调查数据处理后按照 NLOGIT 软件的数据录入格式要求，录入的城际间轨道交通方式的数据如图 2-37 所示。

2) 后端城市市内出行方式选择层模型

后端到达城市重庆北站至重庆市解放碑商圈(D 点)采用的交通出行方式选择层为模型的底层，即该层为模型的水平一，可以先把该层看作一个 MNL 模型进行求解和分析。

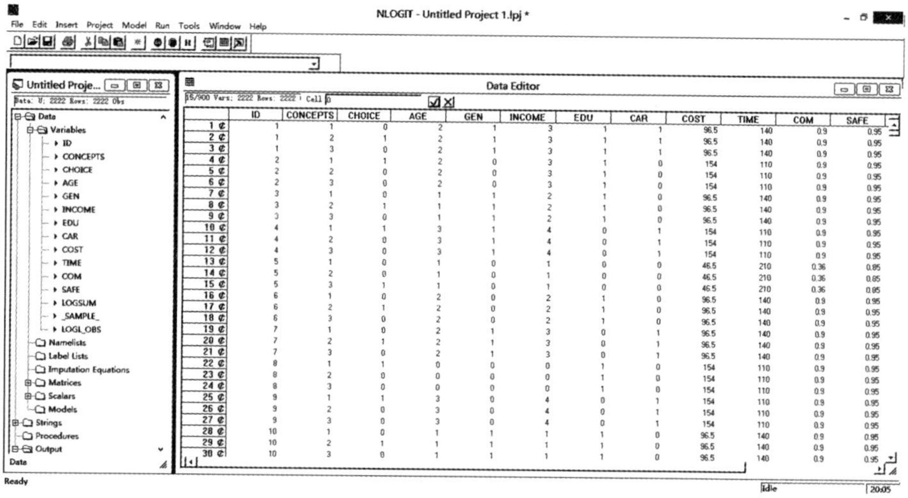

图 2-37　NLOGIT 数据录入界面

(1) 模型的确定。

首先要对模型方案选择枝进行确定，通过第 3 章旅客出行行为调查数据和第 4 章模型建立过程的分析，该层模型考虑四种出行方案：地铁 10 号线转 6 号线、105 路公交车、出租车和小汽车，如图 2-38 所示。

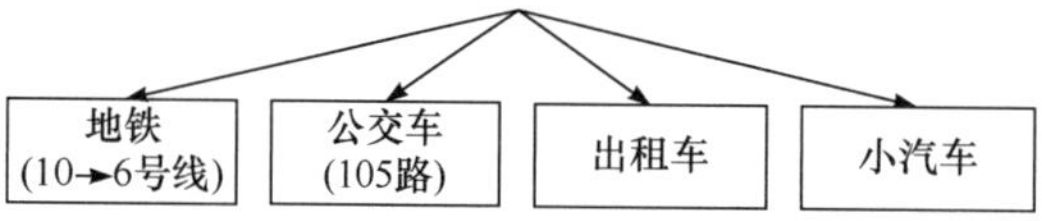

图 2-38　重庆市内出行方案选择枝

由 MNL 模型的基础理论可以得出该层模型中，出行者 n 选择方案 m 出行的选择概率函数为

$$P_{mn} = \frac{\mathrm{e}^{V_m}}{\mathrm{e}^{V_{地铁}} + \mathrm{e}^{V_{公交车}} + \mathrm{e}^{V_{出租车}} + \mathrm{e}^{V_{小汽车}}} \tag{2-116}$$

该层模型的效用函数为

$$V_m = \theta_0 + \theta_1 \times X_1 + \theta_2 \times X_2 + \cdots + \theta_k \times X_k \tag{2-117}$$

式中，θ_0、θ_1、…、θ_k 为待标定的参数值；X_1、X_2、…、X_k 为影响出行方式选择的特征变量。

(2) 影响因素分析与特征变量的选取。

由前文对区域轨道交通出行链影响因素的分析和对旅客出行行为的调查数据统计分析可知，初步考虑出行者出行方式选择的影响因素为出行者的年龄和收入、交通方式的费用和时间、是否拥有小汽车等，见表 2-15。

表 2-15　特征变量表

影响因素	变量定义	变量代码
年龄	年龄为 22 岁及以下、23～30、31～45 岁、46 岁及以上，变量分别取 0、1、2、3	AGE
性别	男取 1，女取 0	GEN

续表

影响因素	变量定义	变量代码
月收入	月收入为 2000 元及以下、2000～4000 元、4000～6000 元、6000～8000 元、8000 元以上，变量分别取 0、1、2、3、4	INC
受教育程度	大专及以上取 1，其余取 0	EDU
有无小汽车	无=0，有=1	CAR
出行费用	实际值/元	COST
出行时间	实际值/min	TIME

根据现在的实际情况考虑，重庆北站至重庆市解放碑商圈采用以下四种交通出行方式，对于地铁、公交车和出租车以实际票价表示出行费用，小汽车以燃油费表示出行费用，实际需要的出行费用和出行时间见表 2-16。

表 2-16　实际需要的出行费用和出行时间

出行方式	出行费用/元	出行时间/min
地铁	3	18
公交车	2	40
出租车	25	20
小汽车	8	20

(3) 模型的求解。

根据前面特征变量的选取，先将这些影响因素全部考虑到效用函数中，得到地铁、公交车、出租车和小汽车四种出行方式的效用函数。

运用 NLOGIT 软件，导入调查数据对该模型中特征变量的参数进行估计，得到各参数估计值和 t 检验结果，通过 t 检验发现性别和受教育程度特征变量的参数估计值的 t 值小于 1.96，说明性别和受教育程度这两个变量对模型的影响不显著，故将其剔除，再重新对模型进行参数估计和检验，得到满足 t 检验的模型。

故得出该层模型各种出行方式的效用函数：

$$V_{地铁}=\theta_1+\theta_4\text{AGE}+\theta_5\text{INC}+\theta_6\text{CAR}+\theta_7\text{COST}+\theta_8\text{TIME} \tag{2-118}$$

$$V_{公交车}=\theta_2+\theta_4\text{AGE}+\theta_5\text{INC}+\theta_6\text{CAR}+\theta_7\text{COST}+\theta_8\text{TIME} \tag{2-119}$$

$$V_{出租车}=\theta_3+\theta_4\text{AGE}+\theta_5\text{INC}+\theta_6\text{CAR}+\theta_7\text{COST}+\theta_8\text{TIME} \tag{2-120}$$

$$V_{小汽车}=\theta_4\text{AGE}+\theta_5\text{INC}+\theta_6\text{CAR}+\theta_7\text{COST}+\theta_8\text{TIME} \tag{2-121}$$

根据调查数据和建立的模型，运用 NLOGIT 软件对模型进行反复实验和变量剔除后得到最终的结果。后端城市市内出行方式选择层模型参数估计结果见表 2-17。

表 2-17　后端城市市内出行方式选择层模型参数估计结果

参数	估值	t 检验值
θ_1 (地铁固有哑元)	−5.436	−3.627
θ_2 (公交车固有哑元)	−3.232	−3.710
θ_3 (出租车固有哑元)	−1.769	−2.043
θ_4 (年龄)	0.268	2.334
θ_5 (月收入)	−0.296	1.989
θ_6 (有无小汽车)	0.823	2.347
θ_7 (出行费用)	−0.473	−3.216
θ_8 (出行时间)	−0.372	−2.423
ρ^2	0.325	

从模型的参数标定与检验结果可以看出，各个参数的 t 检验值的绝对值均大于 1.96，表明有 95%的把握认为以上特征变量对后端城市市内出行方式选择有较显著的影响。优度比 ρ^2 为 0.325，说明模型的精度较高，对后端城市市内出行行为有较强的解释能力。

由此可得到：收入影响因素具有较显著影响。收入特征变量的参数标定值为负值，说明随着出行者收入水平的提高，出行者对市内交通方式的选择效用会下降，导致选择概率降低。产生这种结果的原因可能是随着出行者收入的提升，其在选择交通方式时对出行费用的敏感性降低，而且市内公共交通方式费用较低，出租车和小汽车的选择概率随着收入的增加有所提升；时间和费用因素具有较显著的影响。出行时间和出行费用的参数标定值都为负值，说明出行者在对市内交通方式的选择上对其快速性和经济性有更多考虑，地铁的优势在于其经济快捷，这也与调查数据显示的大多数出行者会考虑选择地铁出行的情况相符；私人小汽车的拥有情况对出行方式具有较显著影响。该影响因素的参数标定结果为正值，表明小汽车的拥有对市内出行方式的选择也产生了影响，这与实际情况相符，拥有小汽车的出行者选择小汽车和出租车作为出行方式的概率较大。

由 2.4.4 节效用函数形式和各阶段的连接可知，Logsum 是该层确定效用的指数函数和的自然对数。将调查数据和标定结果代入效用函数中，即可进一步得到 Logsum，即

$$\text{Logsum}_{第三层} = \ln\left(e^{a}_{地铁} + e^{b}_{公交车} + e^{c}_{出租车} + e^{d}_{小汽车}\right) \tag{2-122}$$

在对后端城市市内交通方式选择模型进行参数标定与检验后，该层模型总效用的 Logsum 将作为第二层前端城市市内交通方式选择模型的一个变量，和第二层模型的其他特征变量共同进行参数标定。

3) 前端城市市内出行方式选择层模型

与后端城市市内出行方式选择层模型构建步骤相同，根据调查数据和建立的模型，

运用 NLOGIT 软件对模型进行反复实验和变量剔除后得到最终的结果。前端城市市内出行方式选择层模型参数标定结果见表 2-18。

表 2-18　前端城市市内出行方式选择层模型参数估计结果

参数	估值	t 检验值
β_1 (地铁固有哑元)	−5.634	−3.757
β_2 (公交车固有哑元)	−2.734	−3.016
β_3 (出租车固有哑元)	−1.856	−2.325
β_4 (年龄)	0.224	2.165
β_5 (月收入)	−0.308	2.136
β_6 (有无小汽车)	0.762	2.463
β_7 (出行费用)	−0.489	−3.576
β_8 (出行时间)	−0.396	−2.597
λ_1Logsum$_{第三层}$	0.734	−4.345
ρ^2	0.317	

从模型的参数标定与检验结果可以看出，各个参数的 t 检验值均大于 1.96，表明有 95%的把握认为以上特征变量对前端城市市内出行方式选择有较显著的影响。优度比 ρ^2 为 0.317，说明模型的精度较高，对前端城市市内出行行为有较强的解释能力。

该层模型的收入、小汽车拥有情况、出行时间和出行费用等影响因素都具有较显著的影响，与后端城市的出行选择模型分析结果类似。对该层模型的 Logsum$_{第三层}$ 影响因素而言，从检验结果来看也具有较显著影响。Logsum$_{第三层}$ 的参数 λ_1 标定结果为正值，这表明前端城市市内出行交通方式的选择会对其对应的后端城市市内出行的交通方式的选择产生正向的效用，例如，在前端城市选择出租车和小汽车到达交通枢纽的出行者，在离开后端城市交通枢纽时选择出租车和小汽车的概率也较大。

由 2.4.4 节效用函数形式和各阶段的连接可知，Logsum 是该层确定效用的指数函数和的自然对数。将调查数据和标定结果代入效用函数中，即可进一步得到 Logsum，即

$$\text{Logsum}_{第二层} = \ln\left(e^{a}_{地铁} + e^{b}_{公交车} + e^{c}_{出租车} + e^{d}_{小汽车}\right) \tag{2-123}$$

在前端城市市内交通方式选择模型进行参数标定与检验后，该层模型的总效用的 Logsum 将作为第一层城际轨道交通方式选择模型的一个变量，和第一层模型的其他特征变量共同进行参数标定。

4) 城际出行轨道交通出行方式选择层模型

(1) 模型的确定。

由于本章讨论的是区域轨道交通，因此城际出行的交通方式只包括轨道交通方式，

从成都东站至重庆北站的轨道交通出行方案有三种：高速动车组列车(高铁)、动车组列车(动车)和普速列车(普列)，如图 2-39 所示。

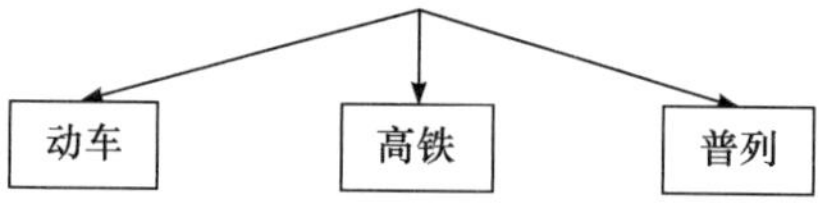

图 2-39　城际间轨道交通出行方案选择枝

由 MNL 模型的基础理论可以得出该层模型中，出行者 n 选择方案 i 出行的选择概率函数为

$$P_{in}=\frac{e^{V_i}}{e^{V_{高铁}}+e^{V_{动车}}+e^{V_{普列}}} \tag{2-124}$$

该层模型的效用函数为

$$V_i=\alpha_0+\alpha_1\times X_1+\alpha_2\times X_2+\cdots+\alpha_k\times X_k+\lambda_2\text{Logsum}_{第二层} \tag{2-125}$$

式中，$\alpha_0,\alpha_1,\cdots,\alpha_k$，$\lambda_2$ 为待标定的参数值；$X_1,X_2,\cdots,X_k$ 为影响出行方式选择的特征变量。

(2) 影响因素分析与特征变量的选取。

初步考虑出行者出行方式选择的影响因素为出行者的年龄、性别、收入和受教育程度等个人属性、交通方式的费用和时间、是否拥有小汽车、交通方式的安全性和舒适性等，以及 Logsum 等，影响因素的变量定义和代码见表 2-19。

表 2-19　特征变量表

影响因素	变量定义	变量代码
年龄	年龄为 22 岁及以下、23～30、31～45 岁、46 岁及以上时，变量分别取 0、1、2、3	AGE
性别	男取 1，女取 0	GEN
月收入	月收入为 2000 元以下、2000～4000 元、4000～6000 元、6000～8000 元、8000 元以上时，变量分别取 0、1、2、3、4	INC
受教育程度	大专及以上取 1，其余取 0	EDU
有无小汽车	无=0，有=1	CAR
出行费用	实际值(元)	COST
出行时间	实际值(min)	TIME
舒适性系数	计算值	COM
安全性系数	计算值	SAFE
Logsum	计算值	LOG

根据现在的实际情况考虑，成都东站至重庆北站采用以下三种轨道交通出行方式，实际需要的出行费用和出行时间见表 2-20。

表 2-20　实际需要的出行费用和出行时间

出行方式	出行费用/元	出行时间/min
高铁	154	110
动车	96.5	140
普列	46.5	210

城际间出行相对城市内出行而言，因为出行时耗较长且运行速度较快，所以旅客在选择交通方式时会对安全性和舒适性更加关注。

舒适性是旅客对列车在运行时的平稳性、车内座椅的舒适性以及车内活动空间的满意程度(孙朝苑，2004)。本章采用列车在运行过程中的平均振动加速度和人均列车空间占有量来描述各轨道交通方式的舒适性，则城际间轨道交通方式 i 的舒适性系数 C_i 的表达式如下：

$$C_i = 1/C_a + C_s \tag{2-126}$$

式中，C_a 表示列车运行时平均振动加速度的标度值；C_s 表示人均列车空间占有量的标度值。经相关资料查找与计算，各轨道交通方式的舒适性系数指标见表 2-21。

表 2-21　各轨道交通方式的舒适性系数指标

交通方式	高铁	动车	普列
舒适性系数	0.90	0.90	0.36

安全性是各交通方式在运行过程中为旅客提供的安全保护程度，根据现有资料(龚勃文，2007)，各轨道交通方式的安全性可以用安全可信度来描述，其取值范围为 0～1，事故率越高安全性系数越小，则城际间轨道交通方式 i 的安全性 S_i 的表达式如下。

$$S_i = \begin{cases} 1, & \mu_i = 0 \\ \dfrac{1}{1+\mu_i \mathrm{e}^{\gamma_i \mu_i}}, & 0 < \mu_i < \mu_\mathrm{m} \\ 0, & \mu_i = \mu_\mathrm{m} \end{cases} \tag{2-127}$$

式中，μ_i 表示轨道交通方式 i 的伤亡事故率；μ_m 表示极限伤亡事故率。

经轨道交通方式的安全性系数指标相关资料查找与计算，各轨道交通方式的安全性系数指标见表 2-22。

表 2-22　各轨道交通方式的安全性系数指标

交通方式	高铁	动车	普列
安全性系数	0.95	0.95	0.85

(3) 模型的求解。

应用 NLOGIT 软件，导入调查数据对该模型中特征变量的参数进行估计，得到各参

数估计值和 t 检验结果，同样剔除对模型影响不显著的性别和受教育程度这两个变量，再重新对模型进行参数估计和检验，得到满足 t 检验的模型。最后得出该层模型各种出行方式的效用函数：

$$V_{高铁}=\alpha_1+\alpha_3\text{AGE}+\alpha_4\text{INC}+\alpha_5\text{CAR}+\alpha_6\text{COST}+\alpha_7\text{TIME}+\alpha_8\text{COM}+\alpha_9\text{SAFE}+\lambda_2\text{Logsum}_{第二层} \tag{2-128}$$

$$V_{动车}=\alpha_2+\alpha_3\text{AGE}+\alpha_4\text{INC}+\alpha_5\text{CAR}+\alpha_6\text{COST}+\alpha_7\text{TIME}+\alpha_8\text{COM}+\alpha_9\text{SAFE}+\lambda_2\text{Logsum}_{第二层} \tag{2-129}$$

$$V_{普列}=\alpha_3\text{AGE}+\alpha_4\text{INC}+\alpha_5\text{CAR}+\alpha_6\text{COST}+\alpha_7\text{TIME}+\alpha_8\text{COM}+\alpha_9\text{SAFE}+\lambda_2\text{Logsum}_{第二层} \tag{2-130}$$

根据调查数据和建立的模型，运用 NLOGIT 软件对模型进行反复实验和变量剔除后得到最终的结果。城际轨道交通出行方式选择层模型参数估计结果见表 2-23。

表 2-23 城际间轨道交通出行方式选择层模型参数估计结果

参数	估值	t 检验值
α_1 (高铁固有哑元)	3.245	−2.354
α_2 (动车固有哑元)	−1.457	−1.965
α_3 (年龄)	0.324	2.431
α_4 (月收入)	−0.215	3.514
α_5 (有无小汽车)	0.133	−2.375
α_6 (出行费用)	−0.644	−7.436
α_7 (出行时间)	−0.535	−9.192
α_8 (舒适性)	0.065	2.047
α_9 (安全性)	0.027	2.684
λ_2 ($\text{Logsum}_{第二层}$)	0.632	−3.743
ρ^2	0.322	

从模型的参数标定与检验结果可以看出，各个参数的 t 检验值的绝对值均大于 1.96，表明有 95%的把握认为以上特征变量对后端城市市内出行方式选择有较显著的影响。优度比 ρ^2 为 0.322，说明模型的精度较高，对后端城市市内出行行为有较强的解释能力。

由参数的标定和 t 检验的结果分析可知，出行者在成渝城市间轨道交通方式的选择行为具有以下特征：

(1) 收入影响因素具有较显著影响。收入特征变量的参数标定值为负值，说明随着出行者收入水平的提高，出行者对城市间轨道交通方式的选择效用会下降，导致选择概率降低。产生这种结果的原因可能是因为随着出行者收入的提升，其在选择交通方式时对出行费用的敏感性降低，会更多地考虑出行方式的舒适性和便捷性等其他因素。

(2) 时间和费用影响因素具有较显著影响。出行时间和出行费用的参数标定值都为负值，说明出行者在对城市间轨道交通方式的选择上会特别考虑时间和费用，出行耗费时间越长、费用越高，出行者选择该轨道交通方式的选择概率会相应降低。

(3) 舒适性和安全性影响因素具有较显著影响。舒适性和安全性特征的参数标定值均为正值，说明轨道交通方式的舒适性和安全性与出行者的选择概率呈正相关关系，即某种轨道交通方式舒适性和安全性系数指标越高，出行者选择该轨道交通方式的选择效用也越高，选择概率也随之提升。

(4) $\text{Logsum}_{第二层}$影响因素具有较显著的影响。$\text{Logsum}_{第二层}$的参数λ_2标定结果为正值，表明在整个区域轨道交通出行阶段，前端和后端城市市内出行交通方式的选择会对其对应的城市间轨道交通方式的选择产生正向的效用。即随着某种城市间轨道交通方式所对应的市内交通方式效用的增加，出行者选择该轨道交通方式的选择效用也会增加，该轨道交通方式的选择概率会提高。因此，从 Logsum 这一影响因素来看，若想提高城市间某种轨道交通方式的分担率，不仅可以从该轨道交通方式的服务属性加以提升，还能通过优化市内各交通方式与城市间轨道交通方式的衔接等方面加以改善。

3. 模型求解结果与分析

1) 市内出行分担率结果分析

经过对模型效用函数的求解，将各层各交通方式的效用函数值分别代入对应的选择概率函数中，即可得到前端城市和后端城市市内出行各交通方式的选择概率，即各交通方式的出行分担率如表 2-24 和图 2-40 所示。

表 2-24　前端城市和后端城市市内出行各交通方式的分担率

出行方式		地铁	公交车	出租车	小汽车
分担率/%	前端城市	48.92	21.31	13.90	15.87
	后端城市	46.95	26.13	15.94	10.98

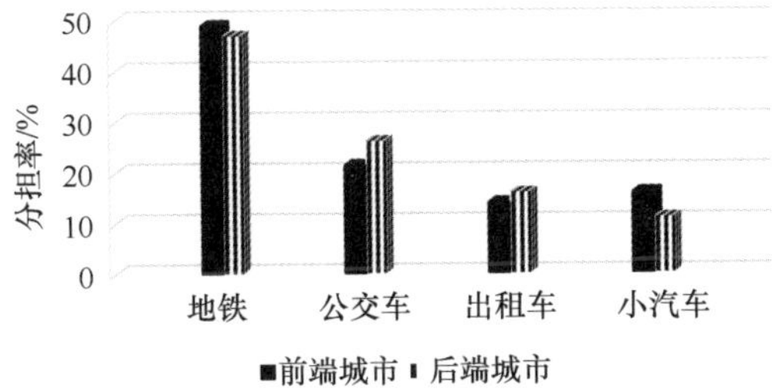

图 2-40　前端城市和后端城市市内出行各交通方式分担率

从图 2-40 中的结果可知，地铁和公交车由于其经济性和便捷性，广受出行者的青睐。出行者对于区域轨道交通出行链两端的市内出行方式的选择差异性较小，因为成都市和重庆市地铁网络密度和发车频次相对较高，所以出行者主要是以地铁作为成都和重庆市内出行的交通方式，所占比例分别为 48.92%和 46.95%，其次是公交车，出租车和小汽车也占据一定比例。

2) 城际出行分担率结果分析

城市间轨道交通方式的出行分担率同样也可以由选择概率函数得到，各交通方式的出行分担率见表 2-25。

表 2-25　城际出行各交通方式的出行分担率

出行方式	高铁	动车	普列
城际出行分担率/%	41.62	49.26	9.12

从表 2-25 可以看出出行者在成渝区域出行时选择轨道交通的情况，动车分担率最高为 49.26%，其次为高铁 41.62%，普列的分担率仅为 9.12%，这与实际客流和开行列车种类和车次相符。虽然普列在经济性上有很大优势，但其运行时间较长，舒适性较差，所以旅客选择高铁和动车的比例远大于普列。随着高铁车次的继续增加和新建高铁站周边基础设施的不断完善，高铁和动车的分担率还会进一步提高。

3) 各出行链分担率结果分析

根据市内出行和城际出行各交通方式分担率的结构，从出行者在成渝城市群区域出行采用交通方式的时间顺序上将其形成出行方式链结构，如图 2-41 所示，各阶段出行方式的分担率如图 2-42 所示。三层 NL 模型上层模型通过条件概率来约束模型的下层模型，根据推导的模型概率选择公式，即可求得每条出行链的分担率。

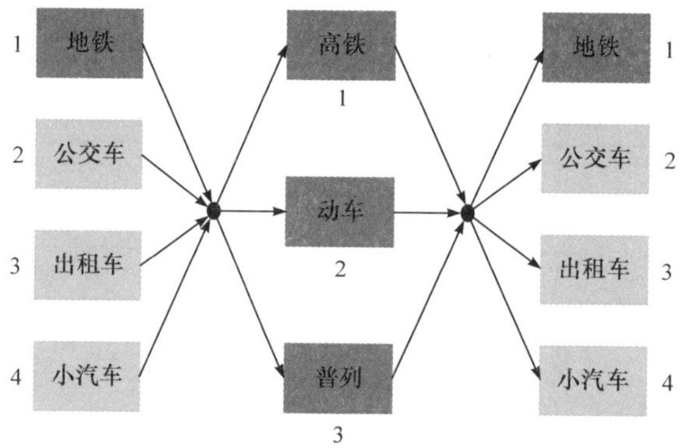

图 2-41　区域轨道交通出行方式链结构图

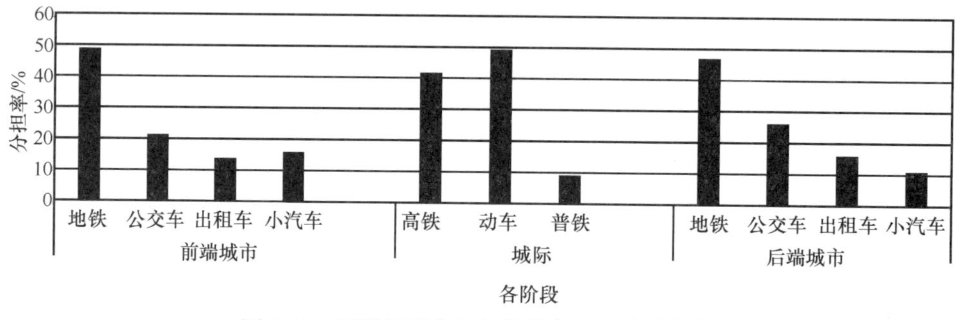

图 2-42　区域轨道交通各阶段交通方式分担率

本节讨论的 OD 范围内形成的出行链共有 48 种，将出行链以数字的形式表示，这 48 种出行链的分担率如图 2-43 所示。

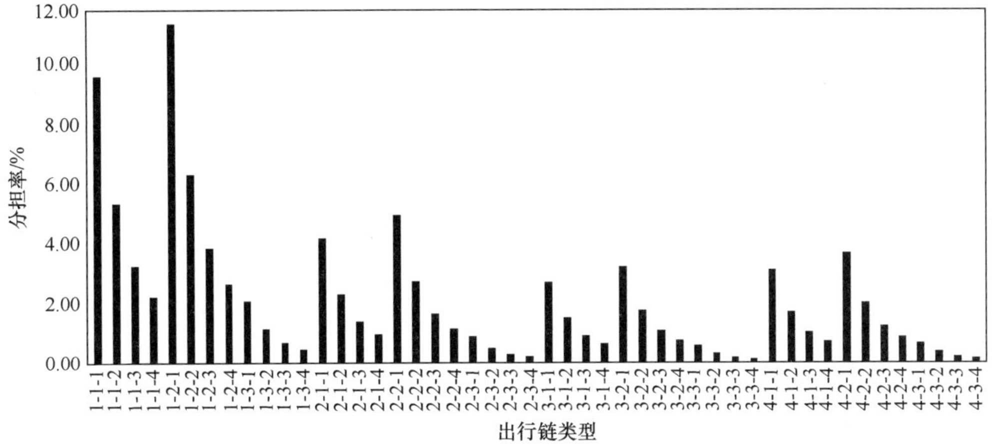

图 2-43　各类型区域轨道交通出行链分担率

结合 2.4.2 节对出行链的分类和出行链长度等总体特征的理论知识，各类型的出行链分担率按特征分类后见表 2-26。其中，E 表示除轨道交通方式以外的其他交通方式，如 1-1-E 表示地铁-高铁-其他交通方式区域轨道交通出行链，即在前端城市选择地铁，在城际间选择高铁，在后端城市选择除轨道交通以外的其他交通方式。

表 2-26　区域轨道交通出行链分担率

区域轨道交通出行链		长度	分担率/%
1-1-1	地铁-高铁-地铁	3	9.56
1-2-1	地铁-动车-地铁	3	11.32
1-3-1	地铁-普列-地铁	3	2.09
1-1/2/3-E	地铁-高铁/动车/普列-其他	2	25.95
E-1/2/3-1	其他-高铁/动车/普列-地铁	2	23.98
E-1/2/3-E	其他-高铁/动车/普列-其他	1	27.10

根据区域轨道交通出行链理论基础可知，区域轨道交通出行链长度是指出行者在一次区域出行中从前端城市 O 点到后端城市 D 点所采用的轨道交通方式数量。若按区域轨道交通出行链长度进行分析：长度为 3 的出行链类型有 3 种，这类出行者在整个区域出行过程的 3 个阶段均采用轨道交通方式，在所有出行链中所占比例为 22.97%，其中链 1-2-1 分担率最高，为 11.32%；长度为 2 的出行链类型有 36 种，分别为链 1-1/2/3-E 和 E-1/2/3-1 的出行链，长度为 2 的出行链所占比例最高为 49.93%；长度为 1 的出行链类型有 9 种，分别为 E-1/2/3-E。若按出行方式复杂程度来看，复杂出行链的比例远大于简单出行链，分别为 72.90%和 27.10%，说明在整个区域轨道交通出行的过程中大多数出行者在市内出行会选择轨道交通作为对外枢纽站的衔接方式。

2.5　区域轨道交通综合客运枢纽换乘量预测方法

为了完善现有预测体系，需对作为区域轨道交通互联互通重要环节的枢纽换乘进行换乘量预测分析，形成完整区域轨道交通客流全过程预测。本节通过研究区域轨道交通综合客运枢纽换乘量预测方法，可在一定程度上为城市群综合客运枢纽的客流疏散组织、运营组织管理等提供指导意见。

2.5.1　区域轨道交通综合客运枢纽换乘量预测背景

近年来，我国城市轨道交通得到飞速发展，根据城市线网整体规模和客流演变规律，诸多城市轨道交通网络已经形成或初具规模。而客流量一方面会随节假日的到来出现明显的波动情况，另一方面又会因列车晚点等技术因素出现动态波动。无论出现何种波动情况，综合枢纽都将面临高峰时刻客流量剧增的现象，需要迅速疏散站内的大量旅客。因此，有必要研究如何提高站内旅客的疏散速度，即如何将旅客快速转移至各换乘交通方式中，缩短旅客的站内滞留时间，提高综合客运枢纽的旅客换乘速度。

从出行选择行为影响因素来看，研究者的选取均存在差异，更多着重于客观因素，研究分析往往不够完善。近年来随着研究不断深入，许多文献在客观因素的基础上，考虑出行者心理层面因素产生的影响以及交通方式的服务水平，以清晰地了解出行者实际选择行为与假定出行者完全理性情况下所做决策间存在的偏差。还有小部分文献分析了时间段对居民出行方式选择的影响，丰富了决策影响因素，但是并没有对换乘分担率进行分时段预测，对综合枢纽换乘影响因素缺乏系统性和全面性的分析，大多忽略了枢纽环境本身对乘客换乘选择行为的影响。故本章在模型中加入枢纽换乘环境特性变量，并讨论其对换乘方式选择的影响程度。

从出行方式选择行为模型来看，学者大多运用 MNL 模型或 NL 模型以求解各交通方式之间的换乘分担率，目前混合 Logit 模型(mixed Logistic model，ML 模型)的运用虽然逐渐广泛，但在出行方式选择行为方面的运用还较少，尤其针对综合交通客运枢纽换乘分担率的研究，相关文献更少。但其随机参数分布形式可反映出决策者的个人偏好，故本节选取 ML 模型来预测铁路客运枢纽内的换乘分担率。

从预测方法来看，如今国外通常使用神经网络法，国内主要采用的是时间序列法和四阶段法。在客流预测方法的选取上，需要结合我国国情，选取合理科学的方法，得到预测精度较高的客流量。本节根据区域轨道交通客流量的特点，比较预测方法，选取门控循环单元(gate recurrent unit，GRU)神经网络法预测客流量。

2.5.2　区域轨道交通综合客运枢纽换乘特性及换乘行为分析

旅客是本节研究换乘行为的对象，区域轨道交通客运枢纽和与之相连的城市换乘方式区域是旅客进行换乘活动的场所。本节将总结区域轨道交通综合客运枢纽特征、换乘衔接方式等旅客活动场所的特性，介绍基于计划行为理论的基本概念和分析方法，并将其应用于旅客离站换乘行为的影响因素分析中，为旅客换乘方式选择行为的研究和离站换乘分担率的预测奠定了坚实的理论基础。

1. 区域轨道交通综合客运枢纽特征分析

1) 区域轨道交通综合客运枢纽的概念

我国针对综合客运枢纽的研究颇多，但都缺乏一个准确统一的定义，直到 2016 年《综合客运枢纽术语》才对综合客运枢纽进行了清晰的定义："在同一空间(或区域)中，将两种及以上对外运输方式(铁路、公路、水路、航空等)和城市交通的客流中转换乘场所聚集布设，实现设施设备、运输组织、公共信息等有效衔接的客运基础设施"（中华人民共和国交通运输部，2016)。由此可知，综合客运枢纽位于两种及以上运输方式的连接处，衔接各类交通方式，是客流集散的重要场所，是交通线网上多个交通干线通过或衔接的交汇点，可以满足不同交通方式、不同方向运输的接续性，实现交通出行的整个过程。

本节的区域轨道交通客运枢纽则是指以枢纽站场的客流集散和中转换乘为基本需求，以铁路客运站为主体，集城际轨道交通和城市轨道交通等交通方式于一体，对外与对内均具备交通功能的综合换乘枢纽。提高区域轨道交通枢纽集结疏散能力、提高衔接换乘的服务水平、最大限度地减少旅客出行时间、减少换乘滞留时间、实现对外轨道交通与城市轨道交通无缝衔接等具有重要而深远的意义。

2) 区域轨道交通综合客运枢纽的功能分析

区域轨道交通综合客运枢纽站往往承载着庞大客流的集散任务，是各种轨道交通方式间互相衔接的空间区域。区域轨道交通综合客运枢纽站不仅是路网的关键交汇点，还是城市交通网络的重要节点，对外主要体现其集散功能，对内主要体现为换乘功能。

(1) 对外集散功能。

区域轨道交通综合客运站服务于整个城市，作为城市关键的对外交通接口，出入城市的大多数客流都会经过铁路客运站。为加快枢纽中大量客流的集散，区域轨道交通综合客运枢纽站对各种交通方式采取有效的组织方案，增加枢纽站交通流畅度和换乘效率，缩短旅客的换乘走行时间，提升对外交通在城市交通中的地位。

(2) 市内换乘功能。

区域轨道交通综合客运枢纽为各种交通方式间接驳换乘提供空间和设施设备，不仅具有对外交通服务的功能，还能够运用合理的规划方案和运输组织来满足城市内乘客的接驳换乘。

2. 基于计划行为理论的换乘行为分析

1) 计划行为理论

从心理学来看，所有行为的促成与发生均受一定意图的影响，所以在分析旅客换乘行为前，需要先对交互行为的意图与影响因素展开研究。诸多研究者通过意图模式建立行为意图和态度、决定、感情等个体心理因素间的联系，因此提出了计划行为理论(theory of planned behavior，TPB)(Conner，1999；Ajzen，1991)。计划行为理论在社会心理学中是一套相对完善的著名研究理论，是行为态度、行为主观规范和知觉行为控制如何联合影响人的行为意向，接着实施于实际行动的历程，如图 2-44 所示。此理论蕴含三个层次，第一层是消费者的消费偏好，作用于消费者的消费行为；第二层是消费者意向的影响因素，涵盖行为态度、行为主观规范、知觉行为控制等；第三层是外界影响因素，决定作用于第二个层次。

行为态度：个人对行为的评价，分为正面和负面，个人对某个行为的态度与意向呈正比关系。

行为主观规范：指个人从事某一行为时所感受到的压力。

知觉行为控制：指个人对采取某一行为的感知能力和感受到的难易程度。

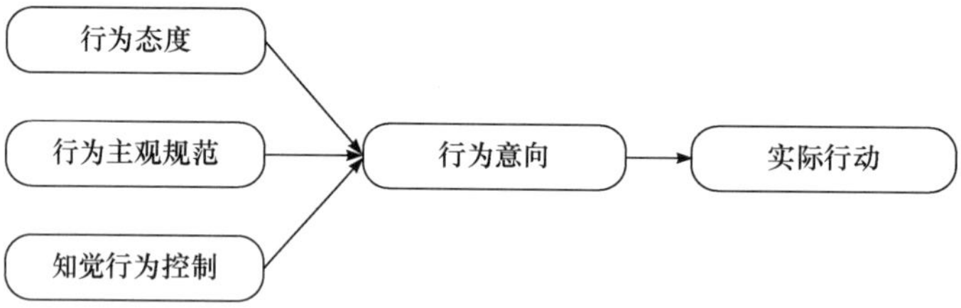

图 2-44　TPB 理论分析图

2) 基于 TPB 的换乘方式决策影响因素分析

采用 TPB 对乘客的换乘行为进行剖析，如图 2-45 所示。第一层次为乘客在各交通方式间换乘交互行为的意向；第二层次为出行者主观层面的换乘影响因素；第三层次是客观层面的影响因素，对本章来说，第三层中包括个人特性、出行特性、换乘方式特性及枢纽换乘环境特性等。这几个层次共同影响乘客换乘行为意向。

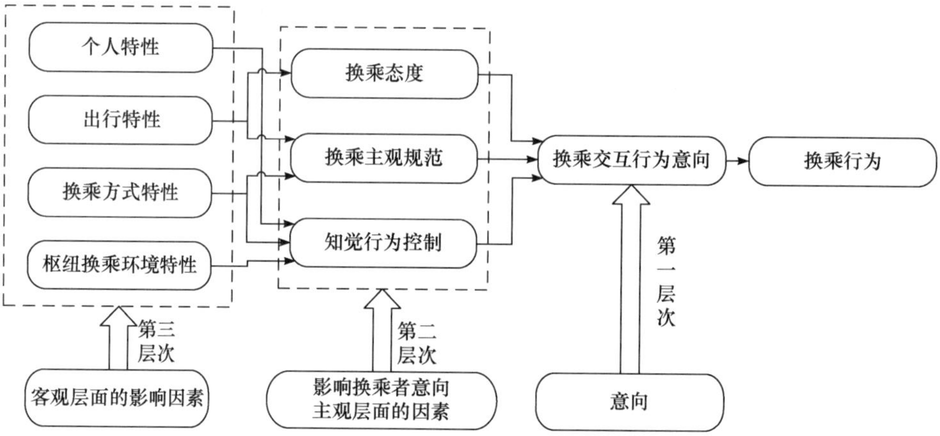

图 2-45　基于 TPB 的换乘行为分析

在 TPB 里三个层次之间的关系为：第三层次影响第二层次，第一层次又受第二层次的影响，最终第一层次直接影响换乘行为。

3. 旅客换乘方式选择决策过程

1) 换乘出行决策准则

换乘出行决策准则是指旅客在换乘过程中对交通方式选择决策所采取的判断标准。

对交通出行来说，决策准则主要有优势准则、满意准则、排序准则和效用准则共 4 种类型。本章选用效用准则，利用 Logit 模型效用函数计算出行方式效用，选择效用最大化的方式作为决策出行方式。

2) 换乘出行决策过程

通过上述旅客换乘行为和换乘方式影响因素分析可知，旅客离站换乘方式选择是基于其个人特性、出行特性、换乘方式特性和枢纽换乘环境特性的博弈过程。旅客到达站台出站后，根据出行目的地需求，通过手机地图、打电话询问或人工信息服务台咨询等交通信息获取方式，进行交通换乘方式信息查询，形成交通方式和交通路线备选方案集合。备选方案确定后，旅客根据个人特性和出行特性等内因，并结合交通方式特性(出行费用、乘车时间和换乘次数等)、枢纽内环境特性满意度(交通方式到站信息服务、换乘导向标识标线、交通设施服务质量等)和道路拥挤程度、天气等枢纽外环境特性，综合判断分析，理性比选交通方式效用，选择效用最大的方式作为出行换乘方式，完成一次出行方式选择。和以往的换乘方式选择研究相比，本章从枢纽换乘环境即枢纽内部换乘服务供给和旅客对其服务质量的感知出发，考虑旅客枢纽环境的感知(即枢纽环境满意度)对其方式选择的影响。

2.5.3　区域轨道交通综合客运枢纽换乘量预测研究

区域轨道交通综合客运枢纽集各种运输方式为一体，是交通线网上多个交通干线通过或衔接的交汇处，为了保证旅客能够在不同方式间顺畅换乘，需要对各交通方式间的换乘量进行预测，以便指导枢纽的换乘客流集散组织和与其他运输方式的协调运营。本小节在 2.3 节研究的短期预测方法的基础上选取适当的方法建立模型并阐释区域轨道交通综合客运枢纽换乘量的预测思路和原理。

1. 区域轨道交通综合客运枢纽换乘量预测方法选择

普通的 RNN 体现了数据在时间范围上的联系，具有联想记忆的优势，但因为其不具备遗忘架构，不能对无效数据进行筛选，导致网络很难收敛。另外，RNN 存在梯度消失的现象，会导致在长期依赖问题上学习功能的欠缺，其预测功能难以提高。

为了解决网络长期依赖的问题，长短期记忆神经网络(LSTM)应运而生，它增加的“门控单元”能很好地规避这一问题，LSTM 的门控单元包含输入门、遗忘门和输出门。为防止网络中输入门和遗忘门同时工作过于烦琐的情况，门控循环单元(GRU)神经网络把它们整合成一个门，称为更新门，故 GRU 神经网络比 LSTM 更为简练。另外，GRU 神经网络也不增添超出既定范围的记忆单元，它的网络构造如图 2-46 所示。其中，h_t 代表目前状态，h_{t-1} 代表之前的状态，x_t 即现阶段的输入，$\tilde{h}_t$ 即现阶段的候选形态，$r_t \in [0,1]$ 是重置门，$z_t \in (0,1)$ 是更新门，GRU 神经网络的算法原理与 LSTM 和普通 RNN 相似，都是运用获得的信息 x_t 与 h_{t-1} 通过精巧的门控构造求解 h_t。

重置门 r_t 体现了候选形态 $\tilde{h}_t$ 对以往形态 h_{t-1} 的依赖度，公式如下：

$$r_t = \sigma(W_{\mathrm{r}} x_t + U_{\mathrm{r}} h_{t-1} + b_{\mathrm{r}}) \tag{2-131}$$

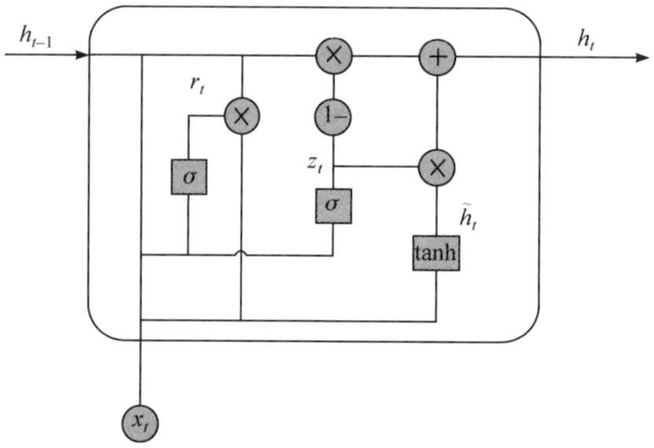

图 2-46　GRU 神经网络结构示意图

式中，$\sigma(\cdot)$ 为 sigmoid 函数；W_{r} 为状态-输入权重矩阵；U_{r} 为状态-状态权重矩阵；b_{r} 为偏差向量。

$$\tilde{h}_t = \tanh(W_{\mathrm{c}} x_t + U_{\mathrm{c}}(r_t \cdot h_{t-1}) + b_{\mathrm{c}}) \tag{2-132}$$

式中，tanh(·) 是双曲正切激活函数，因为双曲正切激活函数导数有较大值域，所以能缓解梯度消失的问题。

把式(2-131)代入式(2-132)即可得到 GRU 神经网络中当前时刻的候选状态 $\tilde{h}_t$ 。

更新门 z_t 决定了目前形态 h_t 能从之前的状态 h_{t-1} 中余留的历史信息数量，并从当前候选状态 $\tilde{h}_t$ 中接收多少新信息，由于 GRU 神经网络没有额外记忆单元，h_t 和 h_{t-1} 之间表现的线性关系如式(2-133)所示：

$$z_t = \sigma(W_z x_t + U_z h_{t-1} + b_z) \tag{2-133}$$

式中，$\sigma(\cdot)$ 是 sigmoid 函数；W_z 是状态-输入权重矩阵；U_z 是状态-状态权重矩阵；b_z 是偏差向量。

$$h_t = z_t \cdot h_{t-1} + (1 - z_t) \cdot \tilde{h}_t \tag{2-134}$$

将式(2-132)与式(2-133)代入式(2-134)即可求得网络内现阶段状态 h_t 。

总之，GRU 神经网络的架构具有其他神经网络所不具备的优势，也更加适宜应用在客流预测方面。一方面它的门架构能够筛选掉无效信息，保留有用的信息，表现出抗噪的效能，它将两个门合并在一起，不仅有效地保留了网络对信息更新和处理的功能，还避免了长期依赖现象的发生；另一方面，虽然 GRU 神经网络门架构精简，算法效率快，但它仍可以确定时间序列间的关系，探究数据间的内部关系。

2. 换乘量预测思路与原理

1) 换乘量预测思路

本节对区域轨道交通客运枢纽与各交通方式之间换乘量的预测，是基于旅客离站换乘总量的预测、轨道交通与各交通方式换乘分担率的预测两部分进行的。旅客离站换乘总量的预测是从历史统计数据出发，先获得轨道交通到站客流量的历史数据，再应用GRU神经网络进行离站换乘量的预测，并结合计算得到的换乘分担率，可获得轨道交通与各交通方式换乘量的预测结果。其中，换乘分担率的预测拟用问卷调查数据以及进行满意度测算来衡量旅客换乘行为选择的影响因素，对其选用哪种非集计模型建模以及求解思路和步骤均是第 3 章研究讨论的重点工作。本节将一日划分为两个时段，对每个时段乘客个人特征及出行特征进行分析，在此基础上对不同时段换乘分担率进行测算。

2) 换乘量预测原理

因为综合客运枢纽中铁路与铁路间的换乘客流量很少，所以本节假定铁路到达客流量即为旅客离站客流量。以此建立枢纽不同时段换乘量预测模型，区域轨道交通综合客运枢纽 t 时段内接驳换乘交通方式 i 的换乘量为

$$N_{ti} = N_t \times P_{ni} \tag{2-135}$$

$$\sum_{n=1}^{N_t} P_{ni} = 1 \tag{2-136}$$

式中，N_{ti} 为 t 时段内旅客由轨道交通换乘到交通方式 i 的换乘量；N_t 为 t 时段内旅客离站客流量；P_{ni} 为旅客 n 在 t 时段中选择交通方式 i 的概率。

2.5.4　区域轨道交通综合客运枢纽换乘分担率预测研究

在前文区域轨道交通综合客运枢纽换乘特性及换乘行为分析以及换乘量预测研究的基础上，本节重点构建换乘分担率组合模型和枢纽换乘环境满意度模型，以形成完整枢纽换乘预测方法体系。

1. 换乘分担率组合模型构建及预测方法选择

1) 换乘分担率组合模型构建总体思路

本章换乘分担率组合模型的构建分为两个阶段，第一阶段是基于层次分析法衡量乘客对枢纽换乘环境的满意度，包括 2.5.2 节中提到的枢纽换乘环境中各项特性的满意度；第二阶段把满意度当作非集计模型中的一类变量，最后形成以旅客个人、出行、运输方式的特性，结合第一阶段满意度模型得到的枢纽换乘环境特性，形成组合模型，并求解各交通方式的效用函数，并解得各交通方式的选择概率。可以看出，该模型是满意度模型和非集计模型的组合，如图 2-47 所示。

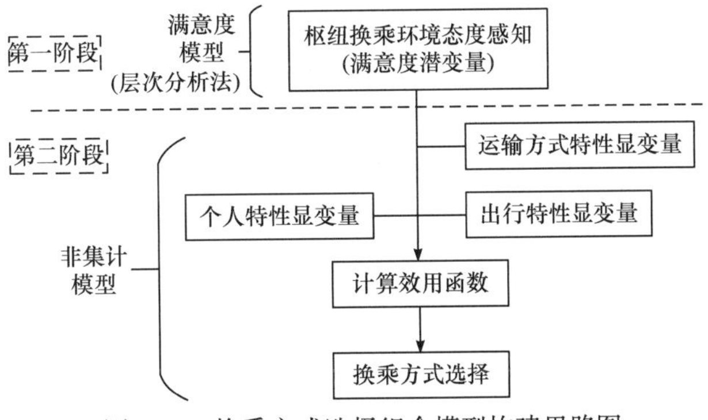

图 2-47　换乘方式选择组合模型构建思路图

2) 效用及效用最大化理论

面对出行时对出行方式做出选择的决策者可以是个体，也可以是集体，从交通出行的角度来看，决策者一般是出行者个体。供决策者选择的选项称为选择枝，多个选择组成的集合为选择集合，选择集合内每个选择枝均要具备互斥性、有限性和完整性，也就是说选择项应涵盖所有可供选择的情况，而且每个选项之间存在互斥性，这些选项的数量也是有限的。

早期效用的定义是针对经济学方面，指的是消费者正在购买或完成购买后获得的满足感。决策者在做出选择时要综合考虑各方面的因素，看似复杂，但从理论上来讲就是以各种选择的效用作为选择标准。简单来说，效用是指消费者在消费选择的过程中收获的愉悦感或满足感。假定出行者 n 选择方案 i 获得的效用为 U_{ni}，可将个体 $n(n=1,2,\cdots,N)$ 选择枝 i 获得的总效用 U_{ni} 分为固定效用和随机效用两部分：

$$U_{ni}=V_{ni}+\varepsilon_{ni} \tag{2-137}$$

式中，V_{ni} 是固定效用项；ε 是随机效用项，决定非集计模型的概率分布。

效用最大化理论指决策者会选择效用最大的选择枝，各选择枝除要遵循上述三个特性外，还需满足以下假设条件：

(1) 决策者完全了解各选择枝，而且可以有效衡量各选择枝的效用。

(2) 决策者会选择效用最大的选择枝。

即在 A_n 个方案中选择第 i 个选择枝的概率可表示为

$$P_{ni}=\Pr(U_{ni}\geqslant\max U_{nj};\ i\neq j,\ j\in A_{nj}) \tag{2-138}$$

式中，$0\leqslant P_{ni}\leqslant 1$，$\sum\limits_{i\in A_n}P_{ni}=1$；$A_n$ 为可被选择的选择枝群；U_{ni} 为决策者 n 选择分枝 i 时的效用；U_{nj} 为决策者 n 选择分枝 j 时的效用。

3) 换乘分担率预测方法的选择

(1) 多元 Logit 模型。

MNL 模型是现今被许多学者认同且运用最多的离散选择模型，关键原因是它的显性概率表达式可以求得解析解，除此之外，还具有求解效率高、应用容易等特点，具体见式(2-137)和式(2-138)，其选择概率的一般式如下：

$$P_{ni}=\frac{\mathrm{e}^{V_{ni}}}{\sum\limits_{j\in A_n}\mathrm{e}^{V_{nj}}} \tag{2-139}$$

式中，P_{ni} 为出行者 n 采用交通方式 i 的概率；j 为选择枝集 A_n 中的分项。

(2) 混合 Logit 模型。

① 基本介绍。

混合 Logit 模型(mixed Logistic model，ML 模型)也称随机参数 Logit、Logit Kernel 模型等，它由 MNL 模型演变而来，但两者有显著的区别。若决策者 n 选择方案 i 的概率为 P_{ni}，则 P_{ni} 是条件选择概率 $L_{ni}(\beta)$ 的积分，$f(\beta|\theta)$ 是权重密度函数，选择概率函数详见

式(2-140)和式(2-141)。

$$L_{ni}(\beta)=\frac{\exp\left(V_{ni}(\beta)\right)}{\sum\limits_{i,j\in A_n}\exp\left(V_{nj}(\beta)\right)} \tag{2-140}$$

$$P_{ni}=\int L_{ni}(\beta)f(\beta|\theta)\mathrm{d}\beta \tag{2-141}$$

式中，式(2-140)表示的$L_{ni}(\beta)$是 MNL 模型的选择概率，由此可知 ML 模型的选择概率实则是 MNL 模型选择概率的加权；式(2-141)中，$f(\beta|\theta)$是服从某种分布的概率密度函数，在具体应用时，多假设是连续函数。此外要明确一点，$f(\beta|\theta)$一般需通过参数θ来描述，如正态分布通常运用均值和标准差进行描述。

② 模型优缺点。

ML 模型假定预估参数服从一定的分布形式，能够体现个人对交通方式选择的喜好随机性。而且 ML 模型也没有因为 IIA 特性而产生比值无关性，其原因在于：ML 模型的各个选项之间的相对概率是变化的，决策者n选择方案i的概率P_{ni}与选择方案j的概率P_{nj}的第m个解释变量的替代率可通过式(2-142)进行计算(曾鹦，2014)。

$$e=\frac{\partial P_{ni}}{P_{ni}}\Bigg/\frac{\partial x_{nj}^m}{x_{nj}^m}=-\int\beta^m\frac{\exp V_{ni}}{\sum\limits_j\exp V_{nj}}\left(\frac{\exp V_{ni}}{\sum\limits_j\exp V_{nj}}\Bigg/P_{ni}\right)f(\beta|\theta)\mathrm{d}\beta \tag{2-142}$$

由式(2-142)可知，若第j个选择方案的第m个解释变量发生变化，其他方案的第m个解释变量也会发生变化，但随之改变的概率比值不一样，这也是 ML 模型不要求数据具有独立性的重要原因之一；此外，其随机参数分布形式可以避免由 IIA 问题带来的误差，具备反映决策者偏好的功能，故能够应对决策者选择不同的情况，所以本章选用此方法求解换乘分担率。但缺点是，ML 模型不容易求解，导致早期研究和使用这种模型的学者很少，从计算机性能、技术、运算速度的不断完善以及仿真算法的诞生以来，ML 模型才又渐渐被学者研究。

③ 蒙特卡罗模拟法。

蒙特卡罗模拟法求解问题的基本思路是：要得到某一事件发生的频率或某个随机变量的期望值，可将随机变量的平均值当作问题的解，即采用一种“试验”方法，估算出某个事件发生的概率，求解步骤如下。

步骤 1：从问题背景、特点出发，建立概率模型或随机过程，尽可能让统计特征与求解的问题相互契合。

步骤 2：选取随机变量，使用计算机产生随机数，确定随机抽样方法，进行大量的统计试验，取得所求问题的大量试验值，以此计算所求参数的统计特征。

步骤 3：获取统计估计值。根据试验结果计算概率统计的估计值，即问题的解。

④ 参数估计。

式(2-141)为隐性函数，没有确定的积分表达式，因此一旦出现维数过大的情况，积分计算将会非常烦琐以致很难运用解析法求解，所以需要使用仿真方法(Train，2003)。在这之中，蒙特卡罗模拟法对于求解 ML 模型较为适合。使用蒙特卡罗模拟法近似求解 ML 模型主要分为以下 4 个步骤。

步骤 1：建立待求解问题的概率模型。

步骤 2：求解仿真概率$\hat{P}_{ni}$，得到P_{ni}的估计值$\hat{P}_{ni}$，其中$\hat{P}_{ni}$及$L_{ni}(\beta_r)$的均值由式(2-143)计算，将该值作为选择概率的仿真值。

$$\hat{P}_{ni}=\frac{1}{R}\sum_{r=1}^{R}L_{ni}\left(\beta_r\right)=\frac{1}{R}\sum_{r=1}^{R}\frac{\exp\left(V_{ni}\left(\beta\right)\right)}{\sum\limits_{i,j\in A_n}\exp\left(V_{nj}\left(\beta\right)\right)} \tag{2-143}$$

步骤 3：构造极大似然算子，确定样本仿真函数和对数似然函数分别如式(2-144)和式(2-145)所示。

$$\mathrm{SL}\left(\beta\right)=\prod_{n=1}^{N}\prod_{i=1}^{I}\hat{P}_{ni}{}^{\delta_{ni}} \tag{2-144}$$

$$\mathrm{LL}\left(\beta\right)=\sum_{n=1}^{N}\sum_{i=1}^{I}\delta_{ni}\ln\hat{P}_{ni}=\sum_{n=1}^{N}\sum_{i=1}^{I}\delta_{ni}\ln\left(\frac{1}{R}\sum_{r=1}^{R}\frac{\exp\left(V_{ni}\beta\right)}{\sum\limits_{i,j\in A_n}\exp V_{nj}\left(\beta\right)}\right) \tag{2-145}$$

步骤 4：求解θ。调整θ的数值，直至得到仿真极大似然算子的最大值，求解方法可采用 NR 法、梯度法等。

此时 ML 模型就转变为多项逻辑模型的求解问题，同时参数估计过程也与之相似，这种方法称为极大模拟似然估计法，通过式(2-141)可得到各交通方式的选择概率。

4) 换乘分担率组合模型的构建

(1) 确定效用函数。

本节将特性变量分为旅客个人特性、出行特性、换乘方式特性和枢纽换乘环境特性，其中枢纽换乘环境满意度潜变量增添至效用函数固定项中，于是新的固定项V_{ni}如下所示：

$$V_{ni}=\sum_{a=1}^{A}\beta_{1a}X_{nia}+\sum_{b=1}^{B}\beta_{1b}X_{nib}+\sum_{c=1}^{C}\beta_{1c}X_{nic}+\sum_{d=1}^{D}\beta_{1d}X_{nid} \tag{2-146}$$

式中，X_{nia}为旅客个人特性变量；X_{nib}为旅客出行特性变量；X_{nic}为换乘方式特性变量；X_{nid}为枢纽换乘环境满意度特性变量；A、B、C、D分别代表各类特性变量的个数；β_{1a}、β_{1b}、β_{1c}、β_{1d}为标定参数。

(2) 参数估计。

采用极大似然估计法，具体步骤见换乘分担率预测方法的选择部分。

(3) 模型统计量检验。

判别 ML 模型的准确度，须选择适当的统计量对模型进行拟合检验。检验是为了判断整体模型的有效性，即全部自变量和因变量之间是否有关，相关性、模型精准度是否满足要求等。以下是两种广泛运用的检验方法。

① McFadden 决定系数(ρ^2优度比)：用对数似然值绝对值的减少幅度判断，体现模型内的自变量能够减少的方差，说明各自变量整体而言对因变量的贡献多少以及关联紧

密程度，评估回归效果的优度。ρ^2 的值在 0 和 1 之间，由 0 到 1 体现了自变量对因变量的预测程度，该值越逼近 1 表示模型的准确性越好。一般认为该值处于[0.2,0.4]就表明模型的拟合效果良好(孙言涵，2016)。

② 命中率检验：目的是评估模型预测的准确度，把调研获取的真实值带到模型概率函数公式中，计算出选择各交通方式的概率值，将最大的概率值作为最终结果，如果与真实结果相同，说明模型命中。选择方式预测值和实际调查结果的比值称为命中率，是用来评估预测值与实际选择行为结果是否相同的指标。实际分析中，命中率如果在 80%以上就说明此模型达到了很好的拟合效果。

模型满足检验条件后，即可说明准确度和拟合效果都符合要求，此模型能够应用于旅客出站换乘方式选择行为的研究。

2. 枢纽换乘环境满意度模型构建

1) 区域轨道交通综合客运枢纽的满意度模型构建背景

基于 2.4 节的研究可知，非集计模型在出行方式选择的领域应用广泛，虽然能阐释换乘方式选择行为和各影响因素间的联系，但没有考虑旅客的偏好、态度和感知等难以观测的主观因素对换乘选择的影响。旅客在做出换乘方式选择时，能够对各交通方式的服务水平做出综合评定，对方式的抉择造成影响。

基于上述理论，本节将换乘者对枢纽环境内难以探测因素的态度感知状况用满意度进行衡量。从 2.5.2 节对枢纽环境影响因素的分析来看，影响因素众多且相互具有一些相关性，同时影响程度相对不同，故为了建立枢纽环境满意度模型，应挑选合适的模型和求解方法，将枢纽环境因素中确定的变量，如信息、空间、场站等服务满意度进行定量化，以获取枢纽满意度的定量值，随后与旅客的个人、出行、运输方式特性共同当作影响因素放在非集计模型内，进而深入研究旅客换乘方式选择行为。

2) 基于层次分析法的满意度测算方法

本节将满意水平分为五个等级：非常满意、满意、一般、不满意和非常不满意，数值集为{5，4，3，2，1}。对枢纽环境满意度的评判要选择详细的衡量指标，之后通过旅客的评价，加权计算枢纽满意度总值。相对于直接让旅客对枢纽环境进行满意度打分来说，这种方法更能详细具体地找出问题，也更方便发现旅客换乘选择的影响因素。

乘客换乘过程中的满意度是受整体环境影响而形成的，不同的旅客对不同环境因素的看重程度不同，即满意度评价中的权重不一定相同。因此，在分析出 2.5.2 节枢纽换乘环境影响因素后，还应选取合适的评价子指标，并运用层次分析法确定其权重。本章运用层次分析法，具体的步骤(张炳江，2014)如下。

(1) 建立递阶层次结构模型。

依照研究对象真实状况与研究要求，按照不同特性把不同因素分类合并，从上至下分为多个层次，其中中间层的指标对上层和下层指标均会产生影响。结合前文对枢纽换乘环境影响因素的研究，本节将枢纽换乘环境满意度评价体系的目标层设置为枢纽换乘环境满意度，另有准则层、指标层 1 和指标层，具体设置如图 2-48 所示。

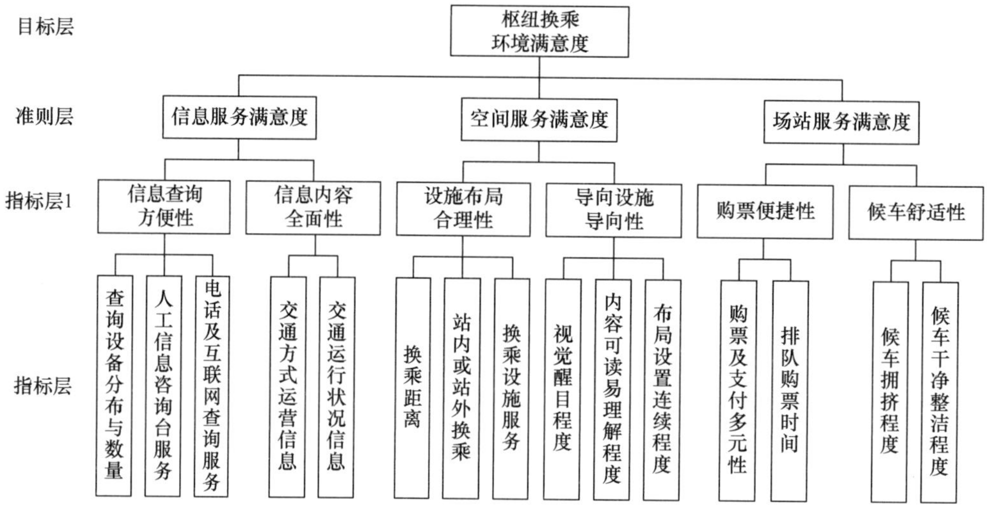

图 2-48　枢纽换乘环境满意度评价体系

(2) 建立各层次判断矩阵。

建立层次分析架构后，需将每层各指标间进行两两重要度对比，展开来说就是选取一个层次，两两对比下一层每个因素对于该层的重要程度，对重要性程度赋值量化形成判断矩阵，表达式如下：

$$A=\left(a_{ij}\right)_{m\times n}=\begin{pmatrix} a_{11} & \cdots & a_{1n} \\ \vdots & \ddots & \vdots \\ a_{m1} & \cdots & a_{mn} \end{pmatrix} \tag{2-147}$$

判断矩阵中，a_{ij} 表示因素 i 相对于因素 j 的重要性程度，a_{ij} 具备如下特性：① $a_{ij}=1$；② $a_{ij}=\dfrac{1}{a_{ji}}$；③ $a_{ij}=a_{ik}\times a_{kj}$。

需要说明的是，因为决策者的预估存在一定的误差，故第三条性质不一定满足。重要性程度赋值一般选取的方式为 1-9 标度法，见表 2-27。

表 2-27　判断矩阵标度及其含义

a_{ij} 赋值	重要性等级
1	第 i 个因素与第 j 个因素同等重要
3	第 i 个因素与第 j 个因素稍微重要
5	第 i 个因素与第 j 个因素明显重要
7	第 i 个因素与第 j 个因素强烈重要
9	第 i 个因素与第 j 个因素极端重要
2，4，6，8	重要性介于以上两个判断状态的标度值
以上各数倒数	将因素 i 与因素 j 反过来比较所得的标度值

(3) 层次单排序。

层次排序即计算指标的权重，明确同一层次各因素间对于上一层某因素的相对重要程度，求出判断矩阵最大特征值相应的特征向量 W，归一化处理后，即为同一层次各因素对上一层次某因素重要度的排序权重，详细思路如下。

① 计算判断矩阵 A 每行元素的乘积 M_i。

$$M_i = \prod_{j=1}^{n} a_{ij} \tag{2-148}$$

② 计算 M_i 的 n 次方根，通过归一化求解获得特征向量 $W = \left(w_1, w_2, \cdots, w_n\right)^{\mathrm{T}}$，得到所求的权重系数。

$$W = \frac{\sqrt[n]{M_i}}{\sum_{j=1}^{n} \sqrt[n]{M_i}} \tag{2-149}$$

(4) 判断矩阵一致性检验。

一致性指标 CI 和检验系数 CR 用来识别判断矩阵是否具有一致性。首先应通过计算判断矩阵的最大特征根，如式(2-150)所示：

$$\lambda_{\max} = \frac{1}{n} \sum_{i=1}^{n} \frac{(AW)_i}{W_i} \tag{2-150}$$

式中，n 为判断矩阵的阶数；A 为判断矩阵；W 为指标的权重系数。

求解出最大特征根之后，需要计算一致性指标，见式(2-151)：

$$\mathrm{CI} = \frac{\lambda_{\max} - n}{n - 1} \tag{2-151}$$

式中，CI 为一致性检验指标；$\lambda_{\max}$ 为最大特征根；n 为判断矩阵的阶数。

完全一致性的判断矩阵需要其中的元素均符合上述三个性质，$\lambda_{\max} = n$，CI=0；而当判断矩阵不满足以上三个性质，即不满足完全一致性时，一致性指数 CI 越大，说明判断矩阵距完全一致性差距越大。

依据公式能够判断，CI 与判断矩阵的阶数相关联，所以需要使用平均一致性指标 RI 来改进 CI，取得检验系数 CR。通常当满足 CR<0.1 时，即说明判断矩阵有满意的一致性；否则要调整判断矩阵，直到满足良好的一致性。检验系数 CR 如式(2-152)所示：

$$\mathrm{CR} = \frac{\mathrm{CI}}{\mathrm{RI}} \tag{2-152}$$

不同阶数下，判断矩阵平均一致性指标 RI 取值见表 2-28。

表 2-28　RI 取值表

阶数	1	2	3	4	5	6	7	8	9
RI	0.00	0.00	0.58	0.90	1.12	1.24	1.32	1.41	1.45

(5) 层次总排序及一致性检验。

层次总排序是通过某一层次单排序的结果来求解该层指标对目标层的权重排序。最后也要对排序后的结果采取一致性检验，方法与上述相同。

3. 旅客换乘方式选择特性调查方法

前面已经对枢纽换乘环境特性变量的衡量方法进行了详细说明，本节结合 2.5.2 节分析得到的换乘影响因素，对效用函数中旅客个人特性变量、出行特性变量和换乘方式特性变量采用的衡量方法加以说明。

由换乘影响因素可知，个人特性因素包含性别、年龄、随行人数、行李状况等；出行特性因素包含出行目的和出行距离；换乘方式特性包含选用换乘方式的原因和出行时间等，这些特性变量均可通过问卷调查方法获得。

调查方法是通过考察受访者的心理因素，直接问询受访者或进行问卷调查来探索特定情况下受访者心理状态的研究方法，主要包括 RP 和 SP(柏喜红，2015)两种。由 2.4.3 节分析可知，本节采用 RP 调查，通过设计问卷获得所需的调查数据。调查过程中选取的数据应注重下面两点：

(1) 选取问询对象特征应尽量全面，如每个年龄段的人员都应被调查，且样本分布要恰当，保证数据有一定的代表性，尽可能真实反馈成都东站旅客换乘方式分担率。

(2) 数据应保证可靠性和有效性。可靠性是指数据的结果不应受到抽样误差的影响；数据的有效性指的是分析结论应与实际情况间存在恰当的差异，相差不能过大(陈林，2013)。

4. 组合模型算法及性能评价

本章首先介绍换乘分担率组合模型的构建思路，在明确换乘选择行为影响因素的基础上，对换乘分担率的预测方法进行了详细介绍，阐述了 ML 模型的优点、结构和算法步骤，之后构建换乘分担率组合模型，并详细阐释组合模型的变量选取、参数估计及模型统计量检验。对枢纽换乘环境特性建立基于层次分析法的满意度模型，通过满意度进行衡量。对于其他特性变量的衡量和满意度的测算数据选取 RP 调查法实现。总结组合模型的算法流程。根据本节方法原理，对旅客离站换乘方式选择的 AHP-ML 组合模型的计算流程总结如图 2-49 所示。

为了对比 GRU 神经网络的预测效果，需要选择合适的评价指标来客观评估全部模型，但是现今无法找到一个绝对优势的指标来评估，故本章选取三种评价方式：绝对误差(MAE)、均方误差(MSE)和平均绝对百分比误差(MAPE)，对模型的预测结果进行综合评估。具体的计算公式见式(2-153)、式(2-154)和式(2-155)。

$$\mathrm{MAE}=\frac{1}{N}\sum_{i=1}^{N}\left|y_i-\hat{y}_i\right| \tag{2-153}$$

$$\mathrm{MSE}=\frac{1}{N}\left(\sum_{i=1}^{N}\left(y_i-\hat{y}_i\right)^2\right) \tag{2-154}$$

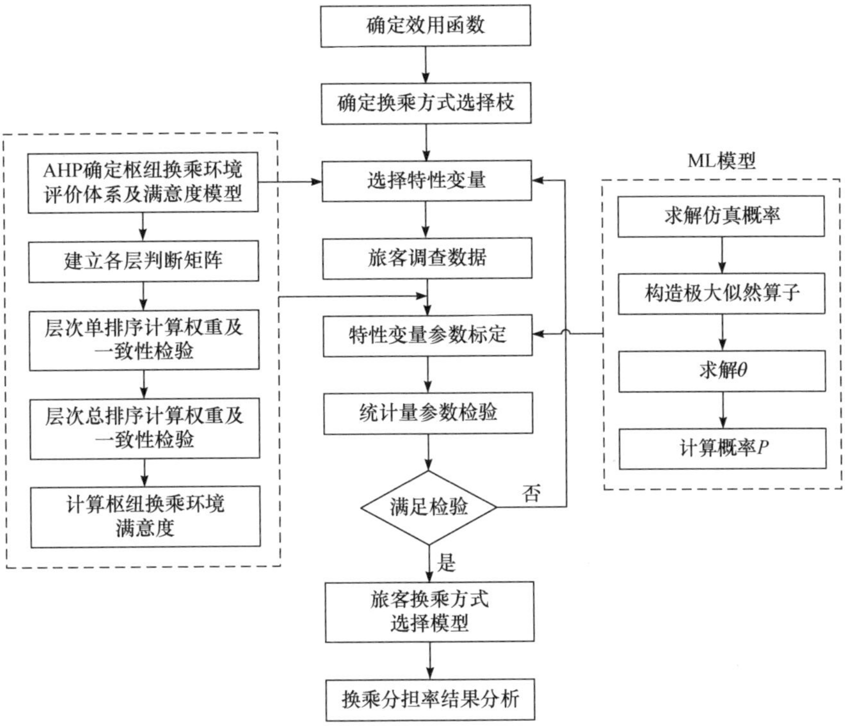

图 2-49　组合模型计算流程图

$$\mathrm{MAPE}=\frac{100\%}{N}\sum_{i=1}^{N}\left|\frac{\hat{y}_i-y_i}{y_i}\right| \tag{2-155}$$

式中，y_i 和 $\hat{y}_i$ 分别表示实际值和预测值；N 代表预测样本数。根据上述评价指标的计算公式，平均绝对误差、均方误差和平均绝对百分比误差指标值均是越高预测效果越差，表示预测结果和实际值偏差越大。

2.5.5　成都东铁路客运枢纽换乘量预测

1. 成都东铁路客运枢纽概况

成都东综合客运枢纽(成都东站)位于成华区东南部，枢纽为城市副中心型，范围为北至成南高速，南至锦江区，西至二环路、万年路、崔家店路，东至龙泉驿区，截至 2018 年底建筑面积 22km^2。成都东客站属于混合式布局模式，铁路车站负一层既是列车到达出站层，也是旅客换乘各种城市交通方式的客流疏散层，乘客在枢纽内能够方便地换乘地铁、公交、出租车和其他社会车辆。车站设有 30 多条公交线路，110 个出租车发车位，约 2000 个社会车辆停车位，各种交通方式以立体方式布置在各层，运用楼梯台阶和公共通道完成紧密衔接；每层都布置了非常多的导向标志，以电子屏、图片、文字、导向箭头等多种形式呈现给旅客，方便旅客查找需要换乘的交通方式。成都东站换乘其他运输方式采用的大部分是组合式换乘模式。与城市内部交通换乘方式大概有四种：与地铁换乘、与公共汽车换乘、与出租车换乘、与私家车换乘。

2. 成都东站到达客流预测

1) 实验数据及来源

本章选用成都铁路局提供的成都东站铁路到达客流数据，为避免节假日对数据造成影响，选择 2019 年 10 月 14 日到 12 月 8 日两个月的历史统计数据。根据到达客流量的时间段，为了较为精细化地观察，以 0.5h 为时间段进行统计，得到的部分统计数据见表 2-29，客流量单位为人。

表 2-29 成都东站分时段到达客流数据

时段	2019-10-14	2019-10-15	2019-10-16	2019-10-17	2019-10-18	2019-10-19	2019-10-20	…	2019-12-6	2019-12-7	2019-12-8
7:00～7:30	1362	1163	1263	1292	1665	1578	1652	…	1682	1638	1578
7:30～8:00	1937	1864	1945	1988	2648	2531	2682	…	2793	2638	2751
8:00～8:30	1263	1163	1181	1219	1496	1426	1482	…	1572	1473	1572
8:30～9:00	2419	2316	2362	2438	3293	2918	3271	…	3291	3072	3271
9:00～9:30	2017	1823	1918	2092	2566	2471	2653	…	2514	2464	2571
9:30～10:00	2461	2473	2556	2656	3288	3012	3352	…	3327	3086	3291
10:00～10:30	2973	2859	2870	2793	3275	3073	3356	…	3481	3163	3263
10:30～11:00	2371	2073	2239	2194	2525	2438	2639	…	2633	2573	2537
11:00～11:30	4472	4384	4526	4229	5229	5028	5381	…	5110	5062	5221
11:30～12:00	3751	3639	3782	3566	4212	4064	4362	…	4111	3956	4236
12:00～12:30	1571	1527	1565	1653	1916	1837	2018	…	1933	1783	1963
12:30～13:00	2273	2148	2191	2395	2782	2684	2731	…	2839	2753	2735
13:00～13:30	5412	5252	5345	5339	6473	6082	6562	…	6437	5983	6426
13:30～14:00	4882	4829	4738	4708	5644	5528	5664	…	5678	5578	5526
14:00～14:30	3235	3335	3199	3254	3647	3511	3701	…	3620	3453	3628
14:30～15:00	3962	3773	3873	3943	4608	4428	4573	…	4901	4563	4627
15:00～15:30	3782	3881	3664	3908	4434	4334	4352	…	4610	4452	4421
15:30～16:00	3363	3574	3397	3638	4111	3971	4041	…	4067	3953	3917
16:00～16:30	3464	3271	3405	3144	4315	4101	4215	…	4394	4209	4321
16:30～17:00	2073	1926	1943	1886	2509	2317	2593	…	2637	2463	2512
17:00～17:30	3073	2819	2969	2637	3704	3683	3572	…	3883	3707	3628
17:30～18:00	4029	3828	3912	3676	4908	4717	4884	…	5091	4763	4881
18:00～18:30	2853	2573	2663	2532	3272	3182	3163	…	3393	3276	3262

续表

时段	2019-10-14	2019-10-15	2019-10-16	2019-10-17	2019-10-18	2019-10-19	2019-10-20	…	2019-12-6	2019-12-7	2019-12-8
18:30～19:00	2936	3019	2870	2994	3619	3481	3571	…	3674	3501	3592
19:00～19:30	4872	4774	4760	4841	5428	5302	5354	…	5477	5225	5472
19:30～20:00	5084	4971	5166	5175	5820	5693	5764	…	6073	5654	5862
20:00～20:30	3663	3574	3760	3785	4278	4137	4184	…	4356	4194	4253
20:30～21:00	6072	5989	6021	6071	7175	6810	6781	…	7078	6878	6862
21:00～21:30	4334	4235	4235	4522	5184	5051	4921	…	5296	5110	5074
21:30～22:00	5662	5561	5313	5696	6578	6282	6316	…	6471	6352	6373
22:00～22:30	2754	2473	2667	2803	3155	3012	2963	…	3170	3062	3083
22:30～23:00	3074	2963	3082	3254	3994	3820	3761	…	3842	3791	3652
23:00～23:30	2861	2618	2794	2848	3245	3027	2963	…	3221	3086	2951
23:30～24:00	1528	1372	1456	1460	1680	1573	1423	…	1708	1614	1526

2) 数据预处理

数据输入神经网络模型前，必须对数据进行归一化预处理来防止数据对度量单位选择的依赖，而且有助于模型的训练成果和效率的提升。本章采用式(2-156)最大-最小归一化将数据压缩到[0,1]区间。待模型训练和性能评估完成后，再采用式(2-157)进行反归一化处理。

$$x_i' = \frac{x_i - \min_{x_i}}{\max_{x_i} - \min_{x_i}} \tag{2-156}$$

式中，x_i 代表第 i 个变量；$\max_{x_i}$ 和 $\min_{x_i}$ 分别代表 x_i 的最大值和最小值。

$$\hat{y}_i^* = y_i^*(\max_{x_i} - \min_{x_i}) + \min_{x_i} \tag{2-157}$$

式中，y_i^* 代表模型训练后获得的预测值。数据归一化预处理结果见表 2-30。

表 2-30　到达客流数据归一化处理结果

时段	2019-10-14	2019-10-15	2019-10-16	2019-10-17	2019-10-18	2019-10-19	2019-10-20	…	2019-12-6	2019-12-7	2019-12-8
7:00～7:30	0.037	0.004	0.021	0.025	0.086	0.071	0.083	…	0.088	0.081	0.071
7:30～8:00	0.130	0.118	0.131	0.138	0.245	0.226	0.250	…	0.268	0.243	0.261
8:00～8:30	0.021	0.004	0.007	0.013	0.058	0.047	0.056	…	0.071	0.054	0.071
8:30～9:00	0.207	0.191	0.198	0.211	0.349	0.288	0.345	…	0.348	0.313	0.345
9:00～9:30	0.142	0.111	0.126	0.155	0.231	0.216	0.245	…	0.223	0.215	0.232

续表

时段	2019-10-14	2019-10-15	2019-10-16	2019-10-17	2019-10-18	2019-10-19	2019-10-20	…	2019-12-6	2019-12-7	2019-12-8
9:30～10:00	0.214	0.216	0.230	0.246	0.348	0.303	0.358	…	0.354	0.315	0.348
10:00～10:30	0.297	0.279	0.280	0.268	0.346	0.313	0.359	…	0.379	0.328	0.344
10:30～11:00	0.200	0.152	0.178	0.171	0.225	0.211	0.243	…	0.242	0.232	0.227
11:00～11:30	0.539	0.525	0.548	0.500	0.662	0.629	0.686	…	0.643	0.635	0.661
11:30～12:00	0.423	0.405	0.428	0.393	0.497	0.473	0.522	…	0.481	0.456	0.501
12:00～12:30	0.070	0.063	0.069	0.084	0.126	0.113	0.143	…	0.129	0.105	0.134
12:30～13:00	0.184	0.164	0.171	0.204	0.266	0.250	0.258	…	0.275	0.261	0.259
13:00～13:30	0.691	0.666	0.681	0.680	0.863	0.800	0.877	…	0.857	0.784	0.855
13:30～14:00	0.606	0.597	0.582	0.578	0.729	0.710	0.732	…	0.734	0.718	0.710
14:00～14:30	0.339	0.356	0.334	0.342	0.406	0.384	0.415	…	0.402	0.375	0.403
14:30～15:00	0.457	0.426	0.443	0.454	0.561	0.532	0.556	…	0.609	0.554	0.565
15:00～15:30	0.428	0.444	0.409	0.448	0.533	0.517	0.520	…	0.562	0.536	0.531
15:30～16:00	0.360	0.394	0.366	0.405	0.481	0.458	0.470	…	0.474	0.456	0.450
16:00～16:30	0.376	0.345	0.367	0.325	0.514	0.479	0.498	…	0.527	0.497	0.515
16:30～17:00	0.152	0.128	0.130	0.121	0.222	0.191	0.236	…	0.243	0.215	0.223
17:00～17:30	0.313	0.272	0.296	0.243	0.415	0.412	0.394	…	0.444	0.416	0.403
17:30～18:00	0.468	0.435	0.449	0.411	0.610	0.579	0.606	…	0.640	0.587	0.606
18:00～18:30	0.278	0.232	0.247	0.226	0.345	0.331	0.328	…	0.365	0.346	0.344
18:30～19:00	0.291	0.304	0.280	0.300	0.402	0.379	0.394	…	0.410	0.382	0.397
19:00～19:30	0.604	0.588	0.586	0.599	0.694	0.674	0.682	…	0.702	0.661	0.701
19:30～20:00	0.638	0.620	0.652	0.653	0.757	0.737	0.748	…	0.798	0.731	0.764
20:00～20:30	0.409	0.394	0.424	0.428	0.508	0.485	0.493	…	0.521	0.495	0.504
20:30～21:00	0.798	0.785	0.790	0.798	0.977	0.918	0.913	…	0.961	0.929	0.926
21:00～21:30	0.517	0.501	0.501	0.548	0.655	0.633	0.612	…	0.673	0.643	0.637
21:30～22:00	0.732	0.716	0.675	0.737	0.880	0.832	0.838	…	0.863	0.843	0.847
22:00～22:30	0.262	0.216	0.248	0.270	0.326	0.303	0.295	…	0.329	0.311	0.315
22:30～23:00	0.313	0.295	0.315	0.342	0.462	0.434	0.424	…	0.438	0.429	0.407
23:00～23:30	0.279	0.240	0.268	0.277	0.341	0.306	0.295	…	0.337	0.315	0.293
23:30～24:00	0.063	0.038	0.052	0.052	0.088	0.071	0.046	…	0.092	0.077	0.63

3) 预测结果对比与分析

本章将 56 天的客流数据，1904 个样本划分为训练集和测试集，为消除模型的泛化性和鲁棒性，将 2019 年 12 月 4 日至 12 月 8 日(三天工作日，两天周末)作为测试集，其余时间作为训练集。本章基于 PyTorch 框架搭建 GRU 神经网络，在模型迭代过程中，为优化网络框架，采用 Dropout 策略和学习率衰减策略，使用 SGD 优化器进行模型训练，有利于模型更有效地训练，模型训练批次大小为 64，设置最大 epoch 为 1000。

模型构建完毕后，对 19 年 10 月 14 日至 12 月 3 日的客流量数据进行训练，训练后进行测试，测试结果如图 2-50 所示。

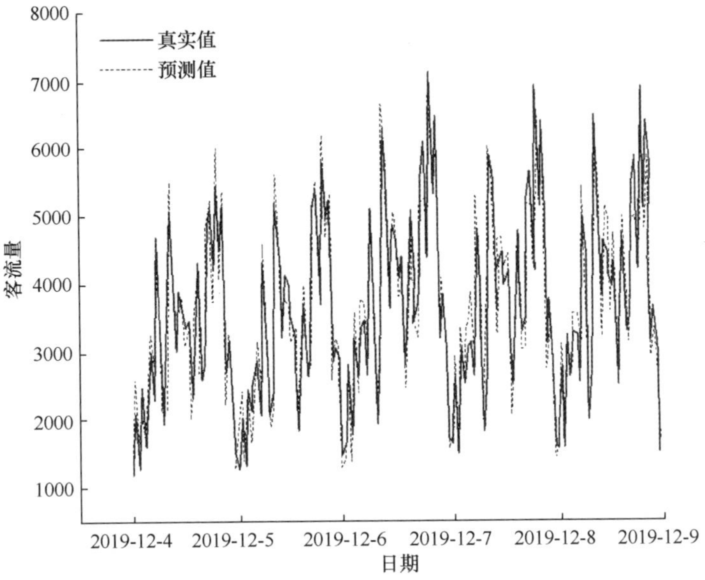

图 2-50　成都东到达客流 GRU 神经网络测试结果

这五天的实际值与预测值分时段的对比见表 2-31。

表 2-31　成都东站到达客流测试真实值与预测值

时段	2019-12-4		2019-12-5		2019-12-6		2019-12-7		2019-12-8	
	真实值	预测值	真实值	预测值	真实值	预测值	真实值	预测值	真实值	预测值
7:00～7:30	1194	1356	1278	1536	1682	1428	1638	1862	1578	1816
7:30～8:00	2097	2573	2084	2397	2793	2581	2638	2936	2751	3072
8:00～8:30	1268	1582	1321	1363	1572	1382	1473	1562	1572	1972
8:30～9:00	2483	2155	2464	2371	3291	3591	3072	3361	3271	3061
9:00～9:30	1613	1682	2084	1662	2514	2383	2464	2613	2571	2738
9:30～10:00	2328	2499	2521	2328	3327	3779	3086	3426	3291	3564
10:00～10:30	2992	3272	2891	3167	3481	3736	3163	3881	3263	3572

续表

时段	2019-12-4		2019-12-5		2019-12-6		2019-12-7		2019-12-8	
	真实值	预测值	真实值	预测值	真实值	预测值	真实值	预测值	真实值	预测值
10:30～11:00	2255	2781	2054	2471	2633	3087	2573	2914	2537	3167
11:00～11:30	4662	4319	4412	4581	5110	4901	5062	5327	5221	5421
11:30～12:00	3437	3581	3524	3751	4111	3927	3956	3626	4236	3652
12:00～12:30	1934	2118	1986	1873	1933	2283	1783	1953	1963	2573
12:30～13:00	2698	2165	2465	2115	2839	3016	2753	2884	2735	2641
13:00～13:30	5191	5489	5367	5618	6437	6643	5983	6066	6426	6062
13:30～14:00	4311	4567	4715	4318	5678	5812	5578	5035	5526	5267
14:00～14:30	2995	3508	3195	3376	3620	3971	3453	3217	3628	3197
14:30～15:00	3884	3582	4114	3817	4901	5072	4563	4621	4627	5172
15:00～15:30	3494	3861	3967	3626	4610	4862	4452	4691	4421	4942
15:30～16:00	3334	3072	3371	3112	4067	3762	3953	4215	3917	3567
16:00～16:30	3464	3371	3127	3373	4394	4051	4209	4482	4321	4742
16:30～17:00	2185	2001	1809	1952	2637	2461	2463	2061	2512	2951
17:00～17:30	2973	3071	2783	2963	3883	3415	3707	3392	3628	4162
17:30～18:00	4282	4182	3687	4015	5091	4762	4763	4541	4881	5021
18:00～18:30	2578	2681	2598	2903	3393	3571	3276	3018	3262	3752
18:30～19:00	2797	2773	2950	2751	3674	3212	3501	3071	3592	3117
19:00～19:30	4784	4882	5029	5184	5477	5211	5225	5182	5472	4962
19:30～20:00	5226	5262	5393	5518	6073	5273	5654	5178	5862	5018
20:00～20:30	4084	3736	3690	4096	4356	4462	4194	4278	4253	4592
20:30～21:00	5527	6018	5891	6214	7078	6825	6878	6482	6862	6371
21:00～21:30	4353	4073	4864	4682	5296	5612	5110	5218	5074	4762
21:30～22:00	5284	5389	5364	5378	6471	6015	6352	6238	6373	5916
22:00～22:30	2673	2237	2789	2553	3170	3328	3062	2751	3083	2853
22:30～23:00	3253	3261	3074	3228	3842	4091	3791	3472	3652	3362
23:00～23:30	2674	2547	2887	3051	3221	3082	3086	2683	2951	2681

从图 2-50 可以看出，GRU 神经网络预测出的客流量与实际值相差不大，具体评价指标见表 2-32。

表 2-32　GRU 神经网络评价指标

评价指标	MAE	MSE	MAPE/%
GRU 神经网络	280.3471	101660.9	8.76

依照 MAPE 的定义，当 MAPE>50%时，模型的预测效果较差；当 20%≤MAPE≤50%时，模型的预测结果比较合理；当 10%<MAPE<20%时，说明预测结果较好；当 MAPE<10%时，表明预测模型的精度比较高。从表里的指标数据可以看出，GUR 神经网络模型预测精度在 10%以内，表明预测结果具有较高的精度。

3. 成都东站旅客换乘方式调查与分析

1) 调查方案设计

为确保数据分析和研究的科学性和准确性，需要对调查时段进行划分。首先，因为不同时段影响乘客换乘因素有所差异，有可能在早晨到达枢纽站的旅客与其他时段的旅客年龄和出行目的构成会有所不同，所以将数据时段分为 9:00 之前和 9:00 之后；其次，由地铁时刻表可知，乘坐火车 23:00 到达成都东站的旅客，因为地铁关闭的原因，只能选择换乘除地铁以外的交通方式离开枢纽，在 23:00～24:00 会出现到达的旅客无法选择地铁这一特殊情况，故本章对这一时段的各换乘方式分担率不做专门研究。因此，最终将调查时间段划分为 7:00～9:00 和 9:00～23:00 两段，分别定为第一时段和第二时段。

对成都东站离站旅客的调查采用 RP 调查法，在成都东站负一层出站口处，随机选择旅客进行问询。依据第 2 章对枢纽离站旅客交通方式选择影响因素的选取，从两方面对旅客进行问卷调查。

2) 调查数据的统计分析

在 2019 年 12 月 16 日至 12 月 20 日，采用无差别跟踪询问或旅客自行填写的方式进行成都东站旅客离站换乘方式选择问卷调查。7:00～9:00 和 9:00～23:00 两个时段分别发放 1000 份调查问卷，剔除无效问卷(如内容填写不完整)后，第一时段的有效问卷 886 份，有效率 88.6%；第二时段的有效问卷 924 份，有效率 92.4%。调查数据统计结果见表 2-33 和表 2-34。

在此选取表中的因素进行分时段分析，如图 2-51～图 2-54 所示。从图 2-51～图 2-54 可以发现，两个时段中的随行人数、乘客中老人小孩人数、出行目的和年龄的构成比例均存在较大的差异，而这些因素也会影响每个时段内不同换乘方式的换乘分担率。

(1) 随行人数：与 9:00 之后相比，9:00 之前随行人数较低，之后逐步增长，这可能和旅客出行偏好相关，通常大多数出行者会避开早晨或凌晨时段，选择白天出行。

(2) 是否有老人小孩：9:00 之前，随行人数中老人小孩数量很少，考虑到他们早晨或凌晨出行存在诸多不便，通常会安排其白天时段出行。

(3) 出行目的：9:00 之前旅客出行目的为通勤、返程回家居多，之后以公务/商务为出行目的的旅客比例较高，这与旅客出行偏好和规律是一致的。

(4) 年龄：9:00 前 26～35 岁的旅客人数最多，这可能与旅客通勤时间有关，这部分时段基本没有 60 岁以上和 18 岁以下的旅客，明显看出老人和小孩几乎不会选择早晨出行，其他年龄段在 9:00 以后的出行比例逐步提高。

表 2-33　7:00～9:00 时间段调查数据统计表

特征变量	分段水平	样本数量	所占比例/%	特征变量	分段水平	样本数量	所占比例/%
性别	男	485	54.74	月收入	≤2000 元	226	25.51
	女	401	45.26		2000～5000 元	214	24.15
年龄	≤18 岁	14	1.58		5000～8000 元	218	24.60
	18～25 岁	197	22.23		8000～10000 元	131	14.79
	26～35 岁	334	37.70		>10000 元	97	10.95
	36～49 岁	260	29.35	随行人数	无	323	36.46
	50～60 岁	58	6.55		1 人	286	32.28
	>60 岁	23	2.60		2 人	249	28.10
行李状况	无	75	8.47		≥3 人	28	3.16
行李状况	轻便	224	25.28	是否有老人小孩	是	158	17.83
	较多	338	38.15		否	728	82.17
	多	249	28.10	换乘方式选择原因	便宜	291	32.84
职业	职员	233	26.30		快捷	315	35.55
	农民(工)	64	7.22		舒适	74	8.35
	公务人员	143	16.14		准时	138	15.58
	技术人员	152	17.16		安全	19	2.14
	军人	36	4.06		其他方式无法到达	49	5.53
	学生	112	12.64	出行目的	公务/商务	241	27.20
	离退休人员	52	5.87		通勤	103	11.63
	其他	94	10.61		上学	81	9.14
出行时间	≤10min	91	10.28		旅游娱乐	108	12.19
	10～20min	214	24.15		探亲访友	135	15.24
	20～30min	252	28.44		回家	146	16.48
	30～40min	223	25.17		其他	72	8.13
	>40min	106	11.96	出行距离	≤5km	156	17.61
枢纽换乘环境满意度值	≤3.5 分	109	12.30		5～10km	188	21.22
	3.5～4.0 分	322	36.34		10～15km	226	25.51
	4.0～4.5 分	368	41.53		15～20km	197	22.23
	>4.5 分	87	9.82		≥20km	119	13.43

表 2-34　9:00～23:00 时间段调查数据统计表

特征变量	分段水平	样本数量	所占比例/%	特征变量	分段水平	样本数量	所占比例/%
性别	男	486	52.60	月收入	≤2000 元	223	24.13
	女	438	47.40		2000～5000 元	205	22.19
年龄	≤18 岁	54	5.84		5000～8000 元	216	23.38
	18～25 岁	235	25.43		8000～10000 元	165	17.86
	26～35 岁	319	34.52		>10000 元	115	12.45
	36～49 岁	224	24.24	随行人数	无	306	33.12
	50～60 岁	58	6.28		1 人	321	34.74
	>60 岁	34	3.68		2 人	215	23.27
行李状况	无	76	8.23	随行人数	≥3 人	82	8.87
	轻便	236	25.54	是否有老人小孩	是	263	28.46
	较多	358	38.74		否	661	71.54
	多	254	27.49	换乘方式选择原因	便宜	321	34.74
职业	职员	257	27.81		快捷	289	31.28
	农民(工)	56	6.06		舒适	118	12.77
	公务人员	131	14.18		准时	103	11.15
	技术人员	118	12.77		安全	21	2.27
	军人	26	2.81		其他方式无法到达	72	7.79
	学生	152	16.45	出行目的	公务/商务	269	29.11
	离退休人员	66	7.14		通勤	44	4.76
	其他	118	12.77		上学	117	12.66
出行时间	≤10min	82	8.87		旅游娱乐	145	15.69
	10～20min	215	23.27		探亲访友	127	13.74
	20～30min	280	30.30		回家	105	11.36
	30～40min	232	25.11		其他	117	12.66
	>40min	115	12.45	出行距离	≤5km	172	18.61
枢纽换乘环境满意度值	≤3.5 分	142	15.37		5～10km	158	17.11
	3.5～4.0 分	343	37.12		10～15km	232	25.11
	4.0～4.5 分	362	39.18		15～20km	192	20.78
	>4.5 分	77	8.33		≥20km	170	18.40

由此可见，在计算换乘分担率时，将一天划分为 7:00～9:00 和 9:00～23:00 两个时段具有一定的科学性，也能全面完整地研究成都东站乘客离站换乘的分担率，为客运枢纽不同时段中的各种交通方式换乘客流组织统筹规划、开行时间的协调配合和换乘设施设备服务效果的增强提供科学依据。

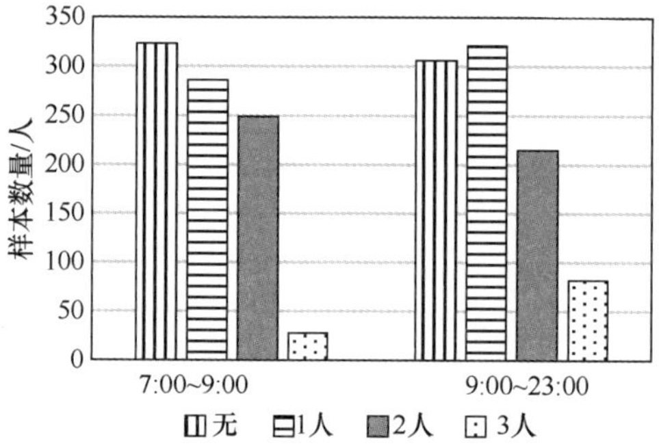

图 2-51　乘客随行人数分布图

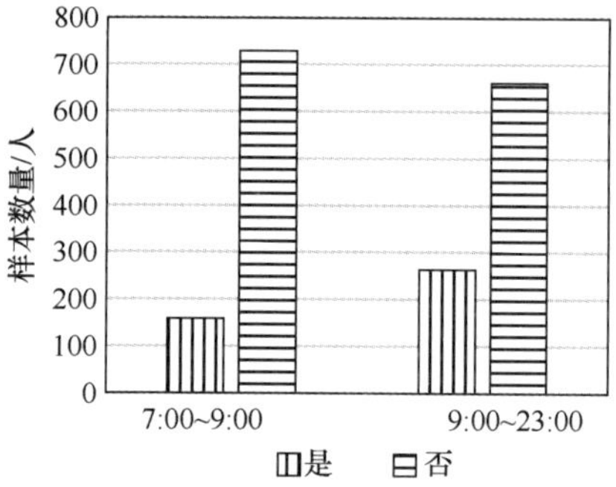

图 2-52　乘客中老人小孩分布图

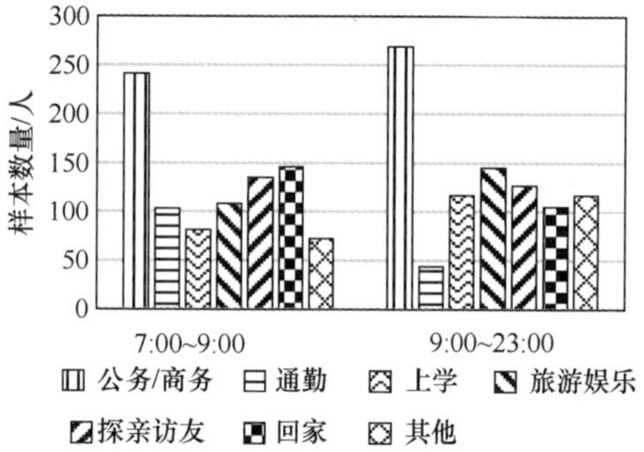

图 2-53　乘客出行目的分布图

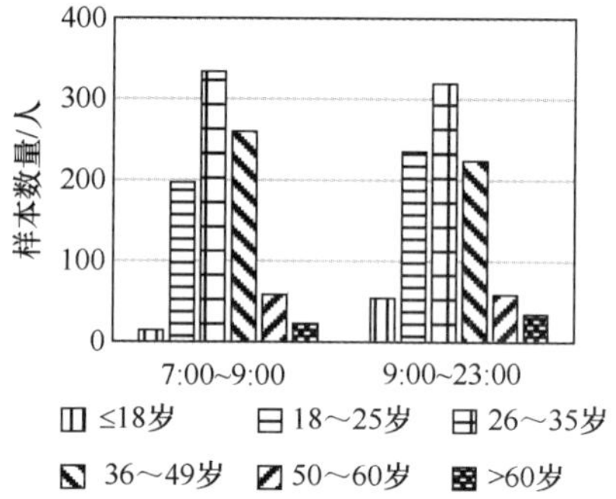

图 2-54　乘客年龄分布图

4. 成都东站换乘环境满意度的测算与分析

1) 满意度层次结构的确定

按照 2.5.4 节阐述的通过层次分析法计算枢纽环境满意度的原理和步骤，本节根据调查得到的成都东站乘客换乘环境评价数据，采用层次分析法明确各影响因素的权重，计算旅客对成都东站各换乘方式的环境满意度。

参照前文构造的四层环境满意度评价指标系统，为了方便计算，分别对每个层次的指标进行标定，目标层标定为 A 、准则层标定为 B_i 、指标层 1 标定为 B_{ij} ，指标层 2 标定为 C_i 。

2) 判断矩阵及指标权重的计算

设计完成满意度调查问卷后，乘客根据自身换乘需求对各影响因素间重要度进行排序和评分，还会约请专家进行评估判断，最后结合专家和乘客的评分数值，生成各级指标的判断矩阵。

(1) B_i 层对 A 层判断矩阵 A 。

$$A=\begin{pmatrix} 1 & 1/2 & 4 \\ 2 & 1 & 6 \\ 1/4 & 1/6 & 1 \end{pmatrix}$$

采用 MATLAB 程序求解判断矩阵，可得出 $\lambda_{\max}=0.3010$ ， $\mathrm{CI}=0.005$ ， $\mathrm{CR}=0.009$

<0.1，故判断矩阵具有满意的一致性，满足一致性检验。B_i 层对 A 层的权重系数 $W=[0.323,0.588,0.089]^{\mathrm{T}}$。

(2) B_{ij} 层对 B_i 层判断矩阵 B_i。

$$B_1=\begin{pmatrix}1 & 1/5\\ 5 & 1\end{pmatrix}$$

采用 MATLAB 程序求解判断矩阵，可得出 $\lambda_{\max}=2$，$\mathrm{CI}=0$，故判断矩阵具有完全一致性。B_{1j} 层对 B_1 层的权重系数 $W=[0.167,0.833]^{\mathrm{T}}$。

同理，$B_2=\begin{pmatrix}1 & 1/2\\ 2 & 1\end{pmatrix}$，$\lambda_{\max}=2$，$\mathrm{CI}=0$，故判断矩阵具有完全一致性。$B_{2j}$ 层对 B_2 层的权重系数 $W=[0.333,0.667]^{\mathrm{T}}$。

同理，$B_3=\begin{pmatrix}1 & 3\\ 1/3 & 1\end{pmatrix}$，$\lambda_{\max}=2$，$\mathrm{CI}=0$，故判断矩阵具有完全一致性。$B_{3j}$ 层对 B_3 层的权重系数 $W=[0.75,0.25]^{\mathrm{T}}$。

(3) C_i 层对 B_{ij} 层判断矩阵 B_{ij}。

$B_{11}=\begin{pmatrix}1 & 1/2 & 1/3\\ 2 & 1 & 1/2\\ 3 & 2 & 1\end{pmatrix}$，$\lambda_{\max}=3.009$，$\mathrm{CI}=0.005$，$\mathrm{CR}=0.008<0.1$，故判断矩阵满足一致性检验。$C_i$ 层对 B_{11} 层的权重系数 $W=[0.163,0.297,0.540]^{\mathrm{T}}$。

$B_{12}=\begin{pmatrix}1 & 1\\ 1 & 1\end{pmatrix}$，$\lambda_{\max}=2$，$\mathrm{CI}=0$，故判断矩阵具有完全一致性。$C_i$ 层对 B_{12} 层的权重系数 $W=[0.5,0.5]^{\mathrm{T}}$。

$B_{21}=\begin{pmatrix}1 & 3 & 2\\ 1/3 & 1 & 1/2\\ 1/2 & 2 & 1\end{pmatrix}$，$\lambda_{\max}=3.009$，$\mathrm{CI}=0.005$，$\mathrm{CR}=0.008<0.1$，故判断矩阵满足一致性检验。$C_i$ 层对 B_{21} 层的权重系数 $W=[0.540,0.163,0.297]^{\mathrm{T}}$。

$B_{22}=\begin{pmatrix}1 & 1/2 & 1/2\\ 2 & 1 & 2\\ 2 & 1/2 & 1\end{pmatrix}$，$\lambda_{\max}=3.054$，$\mathrm{CI}=0.027$，$\mathrm{CR}=0.046<0.1$，故判断矩阵满足一致性检验。$C_i$ 层对 B_{22} 层的权重系数 $W=[0.196,0.493,0.311]^{\mathrm{T}}$。

$B_{31}=\begin{pmatrix}1 & 1/3\\ 3 & 1\end{pmatrix}$，$\lambda_{\max}=2$，$\mathrm{CI}=0$，故判断矩阵具有完全一致性。$C_i$ 层对 B_{31} 层的权重系数 $W=[0.25,0.75]^{\mathrm{T}}$。

$B_{32}=\begin{pmatrix}1 & 3\\ 1/3 & 1\end{pmatrix}$，$\lambda_{\max}=2$，$\mathrm{CI}=0$，故判断矩阵具有完全一致性。$C_i$ 层对 B_{32} 层的权

重系数 $W = [0.75, 0.25]^{T}$。

枢纽换乘环境满意度影响因素和权重系数见表 2-35。

表 2-35　枢纽换乘环境满意度评价指标及权重系数

二级指标	权重 W_1	三级指标	权重系数 W_2	四级指标	权重系数 W_3
信息服务环境 B_1	0.32	信息查询方便性 B_{11}	0.17	查询设备分布及数量 C_1	0.16
				人工信息咨询台服务 C_2	0.30
				电话及互联网查询服务 C_3	0.54
		信息内容全面性 B_{12}	0.83	交通方式运营信息 C_4	0.5
				交通运行状况信息 C_5	0.5
空间服务环境 B_2	0.59	设施布局合理性 B_{21}	0.33	换乘距离 C_6	0.54
				站内/站外换乘 C_7	0.16
				换乘设施服务 C_8	0.30
		导向设施导向性 B_{22}	0.67	视觉醒目性 C_9	0.20
				内容可读易理解性 C_{10}	0.49
				布局设置连续性 C_{11}	0.31
场站服务环境 B_3	0.09	购票便捷性 B_{31}	0.75	购票及支付方式多元性 C_{12}	0.25
				排队购票时间 C_{13}	0.75
		候车舒适性 B_{32}	0.25	候车拥挤度 C_{14}	0.75
				候车干净整洁程度 C_{15}	0.25

3) 满意度值的计算与分析

根据旅客对指标层 2 各因素的评价值和 W_3，求解得到指标层 1 中各因素的满意度值，再根据 W_2 求得准则层各因素的满意度值，最后根据 W_1 的值，计算出乘客对枢纽换乘环境满意度值。

根据对成都东客运枢纽(成都东客站)换乘环境的问卷调查结果统计可知，旅客对各交通方式的满意度值见表 2-36。

表 2-36　旅客对各交通方式的满意度值

满意度值	地铁	公交	出租车	私家车
信息服务环境	3.92	2.94	3.45	4.09
空间服务环境	4.33	3.65	4.08	4.16
场站服务环境	4.44	3.16	3.92	4.02
枢纽换乘环境	4.21	3.38	3.86	4.13

由统计结果可知，旅客对地铁换乘环境满意度最高，其次是私家车，这两种换乘方

式均达到旅客满意标准，公交换乘服务环境最差。下面，针对换乘环境各个方面进行分析与建议。

在信息服务环境方面，公交信息服务环境最差，满意度最高的是私家车。成都东站针对离站旅客的信息查询服务设备明显欠缺，无动态公交信息的提供，出租车也缺少运行状况、等候数量以及预估等待时间等信息，所以需要适当增设信息查询设备以及动态信息的提供，特别是公交信息服务方面。

在空间服务环境方面，旅客对公交空间服务环境满意度最低，地铁满意度最高。成都东站公交换乘距离相对较长，引导标志设置缺乏连续性，标志版面未分级，主次不清楚，例如，将交通引导信息与卫生间标志放在一起。应对引导标志进行改善，保证引导标志的连续性和醒目性，提议将不同换乘交通方式对应不同颜色加以分辨，完善标志版面的设计。

在场站服务环境方面，旅客对地铁场站环境满意度最高，购票方式多样，候车环境干净、排队有序。公交场站环境最差，无座位提供，候车环境较差。目前，成都东客站有对下载天府通 APP 的宣传，该方式可以不用购票，直接扫二维码乘车，减少排队购票时间。在今后应加大宣传，必要时可安排专人发放指导手册。公交站台应增设候车座位，时常打扫，保持候车环境干净整洁。

5. 成都东客站旅客的换乘分担率计算

1) 模型特性变量赋值及筛选

在收集完调查问卷后，需要对这部分数据进行深入分析，找出换乘方式与影响因素之间的关系，分析出主要影响因素，并对模型的准确性进行检验，为之后换乘分担率预测奠定基础。

(1) 特征变量和选择枝的赋值。

本章混合逻辑模型中的选择枝即为成都东出站旅客选择的换乘交通方式，包括地铁、常规公交、出租车、私家车和其他，为了便于数据的输入以及后续标明参数，对这五种方式分别用 1、2、3、4、5 代替表示。同理，为了便于对模型中特性变量即换乘方式选择影响因素的参数进行标定，不同种类的特性变量赋值方式也不同，通常对连续变量(出行时间、出行距离、月收入等)采用真实值赋值或划分不同区段分别赋值；对名义变量(如职业、行李状况、换乘方式选择原因等)采用划分不同区段分别赋值，对各特征变量的赋值结果见表 2-37。

表 2-37　特征变量赋值表

属性	变量	名称	变量赋值
个人特性	X_1	性别	1 代表男；2 代表女
	X_2	年龄	1 代表 18 岁以下；2 代表 18～25 岁；3 代表 26～35 岁；4 代表 36～49 岁；5 代表 50～60 岁；6 代表 60 岁以上
	X_3	行李	1 代表无；2 代表轻便(背包类)；3 代表较多(一个行李箱)；4 代表多(大于一个)
	X_4	随行人数	1 代表无；2 代表 1 人；3 代表 2 人；4 代表 3 人及以上

续表

属性	变量	名称	变量赋值
个人特性	X_5	是否有老人小孩	1 代表是；2 代表否
	X_6	职业	1 代表职员；2 代表农民；3 代表公务员；4 代表技术人员；5 代表军人；6 代表学生；7 代表离退休人员；8 代表其他
	X_7	月收入	1 代表 2000 元以下；2 代表 2000～5000 元；3 代表 5000～8000 元；4 代表 8000～10000 元；5 代表 10000 元以上
出行特性	X_8	出行目的	1 代表公务/商务；2 代表通勤(上下班)；3 代表上学；4 代表旅游娱乐；5 代表探亲访友；6 代表回家；7 代表其他
	X_9	出行距离	1 代表 5km 以下；2 代表 5～10km；3 代表 10～15km；4 代表 15～20km；5 代表 20km 以上
方式特性	X_{10}	换乘原因	1 代表便宜；2 代表快捷；3 代表舒适；4 代表准时；5 代表安全；6 代表其他方式无法到达
	X_{11}	出行时间	旅客离开火车站到目的地的时间
枢纽特性	X_{12}	枢纽换乘环境满意度	基于层次分析法计算出的旅客对枢纽换乘环境满意度值

(2) 影响因素相关性分析——筛选特性变量。

ML 模型选择特性变量之间应满足相互独立原则，通过相关分析可以筛除不相关的因素。相关分析是用来判断变量之间关联紧密程度的一种研究方法，相关系数则是体现变量之间线性关系强弱程度和方向的统计量，Pearson 相关系数适用于衡量定距型变量间的相关性，Spearman 和 Kendall τ 相关系数则适用于定序型变量。本章采用的变量主要是定序型变量，所以采取 Spearman 相关系数对调查数据进行相关性分析。

通过 SPSS 软件对全部特性变量采取双变量相关性分析。95%的置信区间下，Sig<0.05 说明在 0.05 级别存在显著性相关，本章为了尽可能多地选取特性变量，保留 Sig≤0.1 的影响因素。从分析结果对每个特性变量显著性(双尾)概率的 Sig 进行排序，能够获得成都东站离站旅客换乘方式选择与出行距离、月收入、年龄、枢纽换乘环境满意度和是否有老人小孩存在显著相关性，和出行目的和行李状况相关性比较弱。与换乘原因、随行人数、职业、性别和出行时间相关性不大(表 2-38)，表明这些因素对换乘方式的选择影响不大，需要将这 5 个特性变量剔除，剩余 7 个变量进入下面的分析。

表 2-38 特性变量显著性排序

排序	特性变量	相关系数	Sig
1	出行距离	−0.719**	0.000
2	月收入	0.643**	0.000
3	年龄	0.348**	0.000
4	枢纽换乘环境满意度	0.242**	0.000
5	是否有老人小孩	−0.187**	0.001

续表

排序	特性变量	相关系数	Sig
6	出行目的	−0.140*	0.015
7	行李状况	0.124*	0.031
8	换乘原因	−0.069	0.232
9	随行人数	0.059	0.310
10	职业	0.047	0.413
11	性别	0.027	0.643
12	出行时间	0.012	0.835

*代表相关性在 0.1 级别显著。

**代表相关性在 0.01 级别显著。

2) 模型参数估计与检验

首先针对第二时间段旅客的调查数据进行分担率求解。为了提高模型估计的准确性，本章在随机抽取中将 R 设定为 1000。在第四步求解 θ 时，虽然 NR 法收敛速率高，但计算十分烦琐，不仅需要计算梯度，还要计算二阶偏导数矩阵和其逆矩阵。在计算量和存储量非常大的基础上，还会以维数 N 的平方增长，所以在 N 很大的情况下，这个问题尤为严重。所以本章选用梯度法求解 θ 。

本章在预建模过程中，进行了大量参数分布情形的假设，如对数正态分布、正态分布、均匀分布、S_B 分布及其组合等，许多情况下模型的运算结果都出现不能收敛的状况。最终考虑确定分布形式共两类：假定若变量为连续变量(即枢纽换乘环境满意度因素)，则服从对数正态分布，若变量为分类离散变量，则服从正态分布时，可获得相对良好的计算结果，见表 2-39。

表 2-39　应用 ML 模型系数分布类型

随机系数	分布类型	参数估计	
		均值 μ	标准差 σ
出行距离(DISTANCE)	正态分布	−8.699(−1.934)	1.702(3.115)
月收入(INCOME)	正态分布	−2.605(4.721)	1.791(2.858)
年龄(AGE)	正态分布	−0.066(0.617)	1.878(2.975)
枢纽换乘环境满意度(SATISFICE)	对数正态分布	0.785(2.504)	1.000(2.731)
是否有老人小孩(OLD)	正态分布	−2.141(−0.446)	1.193(1.286)
出行目的(PURPOSE)	正态分布	0.379(2.212)	1.646(2.900)
行李状况(LUGGAGE)	正态分布	−1.950(−0.947)	1.901(2.695)
对数似然函数在收敛处的值		−82.8527	

由此可见，因为 ML 模型的参数服从某种形式的分布函数变化，故参数估计结果具备一定的精准度以及优越的稳定性，可以更好地对因个人喜爱偏好不一样而导致的选择行为不同做出合理的阐述。参照 ML 模型求解的详细步骤和仿真估计思路，通过代码编程及运行能够得到具体成都东站离站旅客换乘方式选择行为的多重变量回归计算(行为性质影响变量的显著性分析)结果，见表 2-40。其中，“_M”和“_S”分别表示概率密度分布函数 $f(\beta|\theta)$ 的均值与标准差，由于篇幅的限制，表中省略了特征变量的“_M”部分。

表 2-40　成都东站旅客换乘方式选择行为分析的 ML 模型回归结果

变量		地铁		公交车		出租车		私家车		其他	
		系数	p	系数	p	系数	p	系数	p	系数	p
常量		5.761***	<0.001	8.888***	<0.001	5.493**	0.041	−2.334**	0.002	−38.501**	0.023
个人特性	AGE_S	0.477***	<0.001	0.581**	0.008	0.617***	<0.001	0.389***	<0.001	−0.066**	0.004
	INCOME_S	−1.313**	0.002	−1.690***	<0.001	−2.605*	0.085	−0.745***	<0.001	4.721***	<0.001
	LUGGAGE_S	−1.151**	0.043	−1.361***	<0.001	−1.280***	<0.001	−0.947**	0.007	−1.950**	0.026
	OLD_S	−0.446*	0.062	−1.613**	0.032	−0.952***	<0.001	−0.127***	<0.001	−2.141***	<0.001
出行特性	PURPOSE_S	0.797***	<0.001	1.183**	0.045	2.053**	0.004	2.212***	<0.001	0.379*	0.081
	DISTANCE_S	1.934***	<0.001	−2.998*	0.075	−3.037**	0.048	−6.235**	0.024	−8.699***	<0.001
满意度特性	SATISFICE_S	0.929**	0.038	1.484***	<0.001	1.087**	0.036	0.785**	0.029	2.504*	0.054
优度比		0.316									
命中率		地铁(89.49%)、公交车(87.36%)、出租车(78.40%)、私家车(73.68%)、其他(58.82%)；总体(84.78%)									

*代表 $p \leqslant 0.10$；**代表 $p \leqslant 0.05$；***代表 $p \leqslant 0.01$。

表中揭示了成都东站旅客换乘方式选择行为 ML 模型的定量输出结果，显著性水平基本小于 0.05，均不超过 0.10，说明模型拟合度良好。优度比达到 0.316，可认为该模型具有相当高的精度，总体命中率达 84.78%，因此可认为本章建立的 AHP-ML 模型是有效的。这五种换乘方式的效用函数公式具体如下：

$$\begin{aligned} V_{n\text{地铁}} = {} & 5.741 + 0.477\text{AGE} - 1.313\text{INCOME} - 1.151\text{LUGGAGE} - 0.446\text{OLD} \\ & + 0.797\text{PURPOSE} + 1.934\text{DISTANCE} + 0.929\text{SATISFICE} \end{aligned} \tag{2-158}$$

$$\begin{aligned} V_{n\text{公交}} = {} & 8.888 + 0.581\text{AGE} - 1.690\text{INCOME} - 1.361\text{LUGGAGE} - 1.613\text{OLD} \\ & + 1.183\text{PURPOSE} - 2.998\text{DISTANCE} + 0.785\text{SATISFICE} \end{aligned} \tag{2-159}$$

$$\begin{aligned} V_{n\text{出租车}} = {} & 5.493 + 0.617\text{AGE} - 2.605\text{INCOME} - 1.280\text{LUGGAGE} - 0.952\text{OLD} \\ & + 2.053\text{PURPOSE} - 3.037\text{DISTANCE} + 1.087\text{SATISFICE} \end{aligned} \tag{2-160}$$

$$V_{n私家车} = -2.334 + 0.389\text{AGE} - 0.745\text{INCOME} - 0.947\text{LUGGAGE} - 0.127\text{OLD} + 2.212\text{PURPOSE} - 6.235\text{DISTANCE} + 1.484\text{SATISFICE} \tag{2-161}$$

$$V_{n其他} = -38.501 - 0.066\text{AGE} + 4.721\text{INCOME} - 1.950\text{LUGGAGE} - 2.14\text{OLD} + 0.379\text{PURPOSE} - 8.699\text{DISTANCE} + 2.504\text{SATISFICE} \tag{2-162}$$

综合考量模型统计回归结果可知，就地铁而言，年龄、出行目的和出行距离对地铁的选择影响更显著(系数=0.477***、0.797***、1.934***)，其中年龄和出行距离均值系数为正数，表示年龄越大、出行距离越长的旅客更偏向选择地铁换乘；月收入、行李状况和枢纽换乘环境满意度则对公交车方式选择行为有显著影响(Coeff.=–1.690***、–1.361***、0.785***)，其中月收入和行李状况均值系数为负数，表示月收入越低、携带行李越少的旅客，选择公交车换乘的可能性越大；对出租车和私家车来说，年龄、行李状况和是否有老人小孩(Coeff.= 0.617***、–1.280***、–0.952***)以及年龄、月收入、是否有老人小孩和出行目的(Coeff.= 0.389***、–0.745***、–0.127***、2.212***)这些因素分别对两种换乘方式的选择影响较大。针对枢纽换乘环境满意度这一因素而言，总体均值系数为正数，这与实际相符，表示旅客对环境满意度越高，出行者效用增加，选择该交通方式的可能性越高。

3) 模型预测结果与比较

ML 模型部分预测结果见表 2-41，Prob 栏是各选择枝的预测比例，pid 栏代表旅客个人标志，decision 栏是离站旅客对 5 种换乘方式的真实选择意向，数值为 1 代表实际选择的换乘方式，数值为 0 说明没有选择该换乘方式。如表中所示，旅客 1 对地铁、公交车、出租车、私家车、其他五种出行方式的选择概率分别为 0.751433、0.149176、0.087364、0.009665、0.002362，根据离散选择模型中最大效用理论假设，旅客必然选定效用最大的选择枝，对旅客 1 来说，与其他交通方式相比，地铁换乘的选择概率最大，这也表明地铁选择枝效用也是最大的，故旅客 1 搭乘地铁离开枢纽，和 decision 栏中旅客实际选择方式是一样的。同样，模型预测旅客 2、3 分别选择出租车、公交换乘，和 decision 栏中表明的实际选择方式也是相同的。

表 2-41　ML 模型部分预测结果

pid	PURPOSE	AGE	LUGGAGE	OLD	INCOME	DISTANCE	SATISFICE	Mode	decision	Prob
1	7	4	2	1	1	5	3.52	地铁	1	0.751433
								公交	0	0.149176
								出租车	0	0.087364
								私家车	0	0.009665
								其他	0	0.002362
2	3	3	3	2	3	2	4.04	地铁	0	0.067774
								公交	0	0.045958
								出租车	1	0.819528
								私家车	0	0.066097
								其他	0	0.000643

续表

pid	PURPOSE	AGE	LUGGAGE	OLD	INCOME	DISTANCE	SATISFICE	Mode	decision	Prob
3	1	3	2	2	2	1	3.87	地铁	0	0.014662
								公交车	1	0.749038
								出租车	0	0.014777
								私家车	0	0.009128
								其他	0	0.212395

将得到的有效问卷 924 份数据全部进行分析预测，得到样本选择几种不同交通方式的概率，概率选择最大的换乘方式即为样本预测结果，模型预测的分担率结果见表 2-42。

表 2-42　第二时段分担率预测

观测值	预测值					
	地铁	公交车	出租车	私家车	其他	正确百分比/%
地铁	433	20	20	10	7	88.37
公交车	15	152	3	1	3	87.36
出租车	10	10	98	6	1	78.40
私家车	8	7	10	70	7	68.62
其他	4	7	0	3	23	62.16
总体百分比/%	50.87	21.21	14.18	9.74	4.44	84.06

将成都东站出站旅客换乘方式选择分担率预测结果和实际调查结果进行对比，见表 2-43。

表 2-43　第二时段分担率实际值与预测值比较　(单位：%)

换乘方式	地铁	公交车	出租车	私家车	其他
实际值	53.03	18.83	13.52	11.05	4.00
预测值	50.86	21.21	14.17	9.85	4.44

从预测结果可以看出，组合模型对换乘出租车的分担率有很好的预测效果，与实际值相差非常小；私家车也有较好的预测结果，公交车和地铁的预测误差相对较大，造成这种结果的原因可能是选择地铁与公交车进行换乘的人数非常多，样本数量比其他方式多。综合第二时段模型检验效果以及分担率的预测值与真实值对比来看，本章构建组合模型对成都东站的换乘方式分担率预测具有良好的效果。

按上面的方法计算第一时段乘客离站换乘方式分担率，具体过程和第二时段乘客的计算方法一样，在此不再重复介绍，计算结果见表 2-44、表 2-45。

表 2-44　第一时段分担率预测

观测值	预测值					
	地铁	公交车	出租车	私家车	其他	正确百分比/%
地铁	449	21	17	13	10	88.04
公交车	1	128	5	2	6	90.14
出租车	7	5	82	3	2	82.82
私家车	8	5	4	51	1	73.91
其他	10	7	2	5	19	44.19
总体百分比/%	51.41	17.97	11.90	8.01	4.11	82.28

表 2-45　第一时段分担率预测值与实际比较　(单位：%)

换乘方式	地铁	公交车	出租车	私家车	其他
实际值	57.56	16.03	11.17	7.79	4.85
预测值	53.61	18.74	12.42	8.35	4.28

6. 成都东站分时段换乘分担量预测结果与分析

1) 成都东站各时段换乘分担量的预测

选取预测集内的一天，本章选择周五 2019 年 12 月 6 日，对这一天的离站换乘客流量进行分析。根据到站客流量的预测结果以及前文计算得到两个时间段的旅客换乘分担率，成都东站各时段各换乘方式的客流量见表 2-46。

表 2-46　2019 年 12 月 6 日成都东站铁路与各交通方式的换乘量

时段	地铁	公交车	出租车	私家车	其他
7:00～7:30	902	315	209	140	75
7:30～8:00	1497	523	347	233	124
8:00～8:30	843	295	195	131	70
8:30～9:00	1764	617	409	275	146
9:00～9:30	1279	533	356	248	112
9:30～10:00	1692	706	471	328	148
10:00～10:30	1770	738	493	343	155
10:30～11:00	1339	558	373	259	117
11:00～11:30	2599	1084	724	503	227
11:30～12:00	2091	872	583	405	183
12:00～12:30	983	410	274	190	86

续表

时段	地铁	公交车	出租车	私家车	其他
12:30～13:00	1444	602	402	280	126
13:00～13:30	3274	1365	912	634	286
13:30～14:00	2888	1204	805	559	252
14:00～14:30	1841	768	513	357	161
14:30～15:00	2493	1040	694	483	218
15:00～15:30	2345	978	653	454	205
15:30～16:00	2068	863	576	401	181
16:00～16:30	2235	932	623	433	195
16:30～17:00	1341	559	374	260	117
17:00～17:30	1975	824	550	382	172
17:30～18:00	2589	1080	721	501	226
18:00～18:30	1726	720	481	334	151
18:30～19:00	1869	779	521	362	163
19:00～19:30	2786	1162	776	539	243
19:30～20:00	3089	1288	861	598	270
20:00～20:30	2215	924	617	429	193
20:30～21:00	3600	1501	1003	697	314
21:00～21:30	2694	1123	750	522	235
21:30～22:00	3291	1372	917	637	287
22:00～22:30	1612	672	449	312	141
22:30～23:00	1954	815	544	378	171
总计	66088	27222	18176	12607	5750

2) 换乘量预测对比分析与建议

《沙河堡综合客运枢纽概念性规划》对成都东站 2020 年和 2030 年铁路与其他交通方式的换乘分担率做出了预测，结果见表 2-47。

表 2-47　成都东站铁路换乘其他交通方式概率预测表

年份	地铁	常规公交	长途客运	出租车	小汽车	自行车
2020 年	0.38	0.25	0.07	0.17	0.12	0.01
2030 年	0.44	0.26	0.06	0.13	0.10	0.01

根据《新成都高速客运站旅客运输组织》，成都东客站旅客流量预测数据(于慧东，2012)见表 2-48。

表 2-48 成都东客运站旅客流量

	2020 年	2030 年
车站全日总发量(万人/日)	15.70	25.16
车站全日到站总流量(万人/日)	15.84	25.24
车站高峰小时发送量(人/小时)	15230	24690
车站高峰小时到达流量(人/小时)	15260	24490

因为本章并没有对 23:00～24:00 离站旅客的换乘选择行为进行研究，故在全日到站客流需要根据比例大致减去这一部分客流，根据表 2-47 和表 2-48 的 2020 年和 2030 年预测，可以得到 2020 年和 2030 年各换乘方式的换乘量的对比，见表 2-49。

表 2-49 2020 年和 2030 年各换乘方式的对比

换乘方式	年份	旅客 7:00～23:00 离站换乘量/万人	旅客高峰小时离站换乘量/(人/小时)
地铁	2020 年	5.80	5799
	2030 年	10.70	10776
公交	2020 年	3.81	5799
	2030 年	6.32	6367
出租车	2020 年	2.59	2594
	2030 年	3.16	3183
私家车	2020 年	1.83	1831
	2030 年	2.43	2449

通过对比可得，周五的地铁的日换乘量以及高峰小时换乘量均已超过 2020 年预测的 5.80 万人/日和 5799 人/时，而且地铁的换乘分担率远比预测的 2020 年和 2030 年的分担率高很多，这就意味着地铁将会承担超出其规划以外的客流疏散压力，尤其是在节假日。另外，随着高铁地铁线网的完善，高铁换乘地铁客流量比预计的增长速度要快。这表明成都东客站的客流承载能力应该是不能满足其实际客流量的。如果车站设施设备规模及通过能力小于旅客的服务需求，客流将会在换乘通道内堆积造成拥堵和排队的现象，非常容易发生踩踏事故。因此，在车站规模和换乘设施能力已经确定的情况下，客流在短时间内快速聚集时，必须通过一定的客流控制与组织方式及时疏散换乘旅客，防止安全事故的发生。

目前，成都地铁东客站已经在针对换乘客流采取组织和管制措施，因此通过预测离站旅客的换乘量可以及时掌握客流变化趋势，对客流疏散采取相应的措施。在今后，需要进一步加强地铁大客流的控制与组织工作，以应对铁路不断增长，向地铁疏散的换乘接驳客流。

另外，从 2020 年和 2030 年的换乘量来看，常规公交换乘客流存在一定的增长空间，需要采取一定措施来吸引客流，缓解地铁疏散客流的压力。例如，保持场站干净整洁、提供候车座位、引导标志连续醒目、提高公交乘车舒适度、提高购票种类多样性等。从周五的预测数据来看，出租车和私家车并没有超过 2020 年预测的换乘量，但相对接近，特别要注意节假日期间对换乘客流疏散的控制和组织工作。例如，派专人去出租车上车处和停车场进行指挥疏散工作，在出租车等候处放置回型铁马等。

第 3 章　区域轨道交通客流分配方法

客流分配是客流预测的核心环节。交通流量分配起源于城市道路网络，后经发展被逐步引入城市公交网络和城市轨道交通网络。随着我国区域轨道交通网络化运营的发展趋势，路网结构日趋完善，线网复杂度增加，起止点连通性更好，乘客出行的可选择替代路径越来越多。研究轨道交通客流分配方法可以把握区域轨道交通客流时空分布特征，有效提高区域轨道交通的能力利用效率、缓解客流高峰时期拥堵，对于实现轨道交通运营精细化管理具有重要意义。

本章通过分析乘客路径选择行为的影响因素，研究乘客出行选择行为；在建立轨道交通物理网络的基础上，构建时空服务网络，分析乘客出行费用，并分别建立基于列车时刻表的用户均衡分配模型和基于容量限制的增量分批加载的 Logit 客流分配模型，设计相应的算法对模型进行求解，以实现对区域轨道交通的客流合理分配。

3.1　基于时空网络的轨道交通客流分配模型

本节通过分析影响乘客路径选择的主要因素，对乘客属性与路径选择行为之间的相关性进行统计分析，揭示乘客出行规律。根据城轨网络结构与相关运行信息构建时空网络，在有效路径搜索的基础上，构建基于时空网络的广义费用模型，研究基于时空网络的客流分配理论与方法。并基于配流结果编制色阶列车运行图，对客流特征进行分析，提出列车开行方案能力与客流需求的定量匹配评价方法。最后，以成都地铁培风站—成都东客站区段为例，证明模型及算法的有效性。

3.1.1　轨道交通客流分配研究现状分析

关于交通分配的研究，最早起源于道路交通网络，Wardrop(1952)首次提出城市道路网络平衡的概念，为道路路网的流量分配奠定了理论基础。之后的几十年中，国内外专家学者对城市公交系统的客流分配问题进行了深入的研究与探讨。依据是否基于 Wardrop 均衡原理，形成了以随机效用决策模型为主的非均衡配流模型(Cascetta, 2001; Dial, 1971)与用户均衡条件下的配流模型。依据是否考虑时间因素，讨论传统的静态配流问题(Nuzzolo et al.，2009；Hamdouch et al.，2008；Schmöecker et al.，2008；Nielsen，2006)与动态配流问题。依据优化侧重点的差异性，提出基于发车间隔的配流模型与基于时刻表的配流模型、讨论拥挤条件下公交配流的问题。

城市轨道交通网络客流分配的研究主要借鉴城市道路交通与城市公交配流的基本理论和思想。过秀成等(2000)阐述分层次策略性交通方式的划分方法，基于联合方式划分提出基于合作竞争类 OD 的流量分配模型。四兵锋等(2007)关注城市轨道交通网络的特有属性，基于随机用户均衡理论建立了多路径选择均衡模型。刘剑锋等(2011)充分研究影响乘客路径选择行为的关键因素，提出基于不同属性乘客分类的城轨网络流量分配模型与优化算法。与该研究类似的还有牛学勤等(2002)、徐瑞华等(2009)的研究，共同点在于以 Logit 模型为主要建模依据，通过搜索网络有效路径，建立分配模型。以上思路对城市地铁客流的动态特征关注较低，所得到的配流结果也只是 OD 需求在网络上的空间分布，无法得到客流需求在地铁网络上的时间分布。轨道交通近年来呈现网络化运营趋势，配流模型的构建可以利用现有的轨道交通网络，结合网络化特征与客流的动态特征进行探讨，目前鲜有文献对城市轨道交通的动态配流问题进行深入研究。

3.1.2 乘客路径选择行为分析

1. 乘客路径选择影响因素分析

根据已有的研究成果与实际调查可知，乘客个人属性与系统运输服务特性对其路径选择行为具有决定性影响。

1) 乘客个人属性

乘客作为具有出行需求的个体，对路径选择判断存在差异。基于不同乘客出行研究对路径的选择偏好，主要包括以下因素：①年龄；②职业；③收入；④出行目的。

2) 系统运输服务特性

区别于其他交通方式，城市轨道交通具有大运量、快速、准时、安全、舒适、经济、绿色等特点。影响乘客路径选择行为的因素与城市轨道交通方式特点密切相关，对以下六个影响因素进行重点研究。

(1) 出行时间：进出站、候车、列车运行、换乘过程的时间。

(2) 换乘次数。

(3) 换乘便捷度：换乘时间、换乘距离，由换乘通道及流线组织设定决定。

(4) 拥挤度：车厢内部拥挤度、站内拥挤度。

(5) 导向标志：导向标志简单易懂、清晰准确、全面覆盖关键节点。

(6) 舒适性：主要针对站内及车厢内部温度、清洁程度、光线、座椅舒适度等进行评价。

通过网上调查问卷、AFC 数据统计、采访等多种渠道进行信息采集，依据统计学方法进行汇总整理。基于不同属性的乘客对系统运输服务特性的关注程度表现出明显的差异性。详情如图 3-1 所示。

由图 3-1 可知，不同年龄的乘客对系统运输服务特性关注度存在较大差异，年轻乘客更加重视乘车时间；中老年乘客除对出行时间有很高关注度之外，对换乘、舒适性、引导标志、拥挤度等均有较强烈的需求。几乎所有职业群体均对乘车时间最为重视，换乘与拥挤度其次。就不同收入水平而言，乘车时间仍是几乎所有乘客最关注的因素，高收入人群更重视运输效率、对乘车时间要求最高。不同出行目的间的差异主要表现在对旅行时间的关注度。通勤出行者对旅行时长要求最高，游玩、购物等出行者对时间要求相对较小。

综上可知，影响乘客路径选择的相关因素中，几乎所有群体对乘车时间的关注度最高，这与当代社会生活节奏与方式紧密相关，效率是出行者评价交通方式可靠性的核心因素；其次是对换乘次数与换乘便捷度的考量，中老年乘客、较高收入群体、购物等手提行李较多的乘客更倾向于直达或少换乘路径；低拥挤度也是出行者重点关注的因素之一，舒适的乘车环境始终是出行者的内心诉求。应参考以上结论进行配流模型的参数标定。

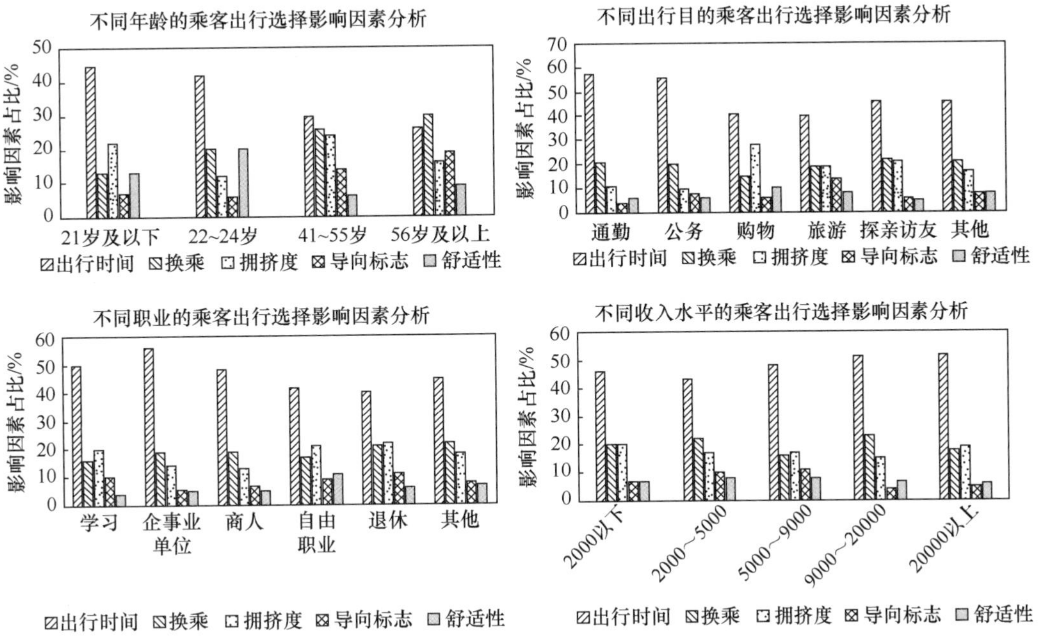

图 3-1　不同乘客属性对系统运输服务特性的敏感程度

2. 乘客实际路径选择行为分析

各类乘客对指定 OD 对之间各备选有效路径的意愿存在差异。基于乘客个人属性与系统运输服务特性分析乘客路径选择偏好，为路径选择模型的构建及相关参数标定提供理论支撑。可以大致将 OD 对之间的备选路径分为以下三类。

类型 1：强调出行时间，耗时最短。

类型 2：强调换乘，换乘次数少、换乘便捷度高。

类型 3：强调舒适性，车站车厢内部拥挤度低、人均站立面积大。

以成都的城市轨道交通网络为例，在实际调查过程中，假设乘客从成都地铁 7 号线神仙树站出发、到达 3 号线熊猫大道站。以现有路网为参考对象，选取了以下三条路径。

路径1：神仙树 —7号线→ 驷马桥 —3号线→ 熊猫大道　42min

路径2：神仙树 —7号线→ 太平园 —3号线→ 熊猫大道　39min

路径3：神仙树 —7号线→ 火车南站 —1号线→ 省体育馆 —3号线→ 熊猫大道 36min

路径基础信息数据来源于成都地铁 APP，统计结果与信息汇总在表 3-1 中。

表 3-1 备选路径信息描述表

序号	耗时/min	站数/个	换乘次数	票价/元	特点描述	选择占比/%
路径 1	42	19	1	5	换乘少，舒适性高	20.8
路径 2	38	17	1	5	换乘少，耗时较短	43.7
路径 3	36	15	2	5	耗时短	35.5

根据统计结果显示，三条备选路径中，路径 2 被选择的概率最高，即现阶段乘客更倾向于选择出行时间与换乘指标综合度较高的线路。轨道交通系统提供的运输服务应考虑对出行时间与换乘指标进行协同优化，保证相关指标均处于较高水平。

3.1.3 城市轨道交通出行网络构建

城市轨道交通出行网络包括物理网络与时空网络。城市轨道交通线网物理结构共同构成城市轨道物理网络，依据列车开行方案提供的多项运营组织方案，将物理网络进行时间维度上的拓展，构建城市轨道时空网络。

1. 城市轨道交通物理网络构建

作为构造服务网络的基础与保障，城市轨道交通基本物理网络的构建应保证结构层次清晰、相关设备设施完善，主要由城市轨道交通宏观网络结构及微观网络结构两部分组成。

城市轨道交通宏观物理网络主要包括线路、车站、区间等信息。线路交织成网，形成线网拓扑结构；交叉站即为换乘站，同时在每条线路上划分节点与弧段分别代表车站和区间功能，完善站线拓扑结构。

城市轨道交通微观物理网络主要包括车站及区间内部结构拓展，参考本章研究对象，侧重讨论车站节点扩展得到的影响乘客车站通过能力的微观设备设施，如站厅、站台等承载类设备设施，楼梯、扶梯、换乘通道等通行设备设施，售票设备、安检设备、闸机等交互服务设备设施等。设备设施形成串并行的网络关系，影响乘客在出行链中的具体费用。

将城市轨道交通物理网络抽象为由点和边构成的网络图，将车站看作一个点，将互相关联的两个节点关系看作弧。弧可以是连接两个车站的区间线路、乘客在车站内部两类设施之间的走行虚拟线等。在定义城市轨道交通出行链时，主要考虑地铁与轻轨两种交通方式，鉴于其调度指挥模式相近，可并作一种制式。

2. 城市轨道交通时空网络构建

1) 轨道交通时空网络构建的核心

基于各项列车开行计划，从客流的动态特征角度分析，构建城市轨道交通服务网络。充分考虑客流需求在交通网络中的时间分布，将把路段阻抗与流量的二维问题拓展为路段阻抗与流量及时间的三维问题。将线路物理网络进行时间维度的拓展，在原始二维空间网络中加入时间轴，形成三维时空网络。三维时空网络中的每个节点都代表列车实际运行的空间点，包含站点、线路、时间信息；时空网络中的弧段主要描述乘客在出行过程中不同时点间的关系。

2) 时空服务网络构建的步骤

步骤 1：构造三维时空网络。对物理站线网络在时间轴上进行扩展，扩展后的时空节点应包含站点、线路、车次、时间等多重属性。

步骤 2：基于出行路径，描述乘客进入服务网络开始至到达站台的过程或自到达站台至离开服务网络的过程。通过站内走行弧，将上网时点与到达站台时点相连或将列车到站时点与下网时点相连。

步骤 3：基于出行路径，描述乘客自到达站台开始至登上列车的过程。通过站台等待弧，将到达站台时点与搭乘列车离站时间相连。

步骤 4：基于出行路径，描述乘客乘坐运行列车的过程。通过列车运行弧，将相同线路相同班次的列车，在相邻站点通过离站时空节点与到站时空节点相连。

步骤 5：基于出行路径，描述乘客换乘步行过程。通过换乘走行弧，将换乘站的不同线路列车到站时点和乘客到达接续列车站台时点相连。

3) 基本元素表示

用图 $G(N,B,L,T)$ 表示扩展后的城市轨道交通时空网络。其中，N 代表站点集合；B 代表区段集合(相邻站点之间的物理连接)；L 代表线路集合；T 代表时间集合。城市轨道交通时空网络包含以下 3 个主要元素。

元素 1：时空节点。时空节点简称时点，包含物理车站、所属线路、时间状态三方面属性。例如，用 i_l^t 表示在 t 时刻研究主体通过 i 车站并属于线路 l。其中，$i \in N$，$l \in L$，$t \in T$。

元素 2：时空弧。将时空扩展网络中的时空弧分为站内走行弧、列车运行弧、换乘走行弧、站台等待弧。

(1) 站内走行弧 a_i^l：表示乘客在 i 站准备搭乘线路 l 上的列车，由 AFC 系统获得的乘客进站时刻起，至乘客到达站台时刻止的过程；或自乘客随列车到达 i 车站起，至通过闸机出站时刻止的过程。

(2) 列车运行弧 $b_{i,j}^{t_1,t_2}$：表示乘客搭乘线路 l 上的列车，在 b 区段从 t_1 时刻自 i 站出发至 t_2 时刻到达 j 站的过程。

(3) 换乘走行弧 $d_i^{l_1,l_2}$：描述乘客在 i 站换乘，从前序列车(l_1 线路)站台步行到接续列车(l_2 线路)站台的过程。

(4) 站台等待弧 e_i^l：描述乘客自到达 i 站站台至搭乘线路 l 的列车驶离车站的过程。因高峰时段等运能限制因素，无法保证所有乘客均能乘坐最先到达的列车离开车站，可能会出现部分乘客滞留站台等待下一列车的情况，结合这一现状分类讨论 e_i^l。

元素 3：时空路径。在拓展网络中，从出行链角度考虑，任意一对 OD 间一串连通的时空弧之间有序排列形成一条时空路径。一对 OD 之间有多条时空路径，通常乘客从 OD 间全部连通路径中选取其中一部分作为备选方案，将被出行者选取的备选路径称为有效时空路径。有效时空路径需满足可行性与费用限制条件。

(1) 可行性约束。

同一站点不允许发生两次换乘，即换乘弧不能连续出现。例如，某连通路径中包含时空弧序列 $d_{l_1,l_2} \to d_{l_2,l_3}$，则该连通路径不可行。

乘客不会在乘坐某条线路后，换乘另一条线路，又再次换回原线路。即属于同一线路的列车运行弧或时空节点不允许间断出现。例如，某连通路径中包含时点序列 $i_{l_1}^{t_1} \to i_{l_2}^{t_2} \to i_{l_2}^{t_3} \to i_{l_1}^{t_4}$，则该连通路径不可行。

通常，乘客出现过程中换乘次数不超过 3 次。即可行路径中包含的换乘弧不超过 3 条。

(2) 费用限制。

有效路径的费用通常在乘客一定的可承受范围之内，即满足以下条件：

$$c_k^{rs} = c_{\min}^{rs}(1+\sigma), \quad \forall r,s; \forall k \in K_{rs} \tag{3-1}$$

式中，c_k^{rs} 为 OD 对 rs 之间第 k 条有效路径的费用；$c_{\min}^{rs}$ 为 OD 对 rs 之间的最短路径费用；σ 为路径延展系数，且 $\sigma \geqslant 0$。

3.1.4　城市轨道交通时空网络的出行费用分析

将乘客出行过程表示为进出站走行、站台等待、随列车运行、换乘走行几个阶段，各阶段费用表示如下。

1. 站内走行弧

1) 费用表示

站内走行弧的费用 c_a 是指乘客在站内走行过程中所承担的费用，与车站内部流线组织设置、乘客步行速度、人流密集程度和乘客步行过程中的行为活动密切相关。由乘客步行时间和站内拥挤造成的额外感知费用两部分组成。通过随机调查的方式对同一站点不同时段、不同走行线路的乘客步行时间数据进行统计与分组整理，经 K-S 检验，选择正态分布函数描述站内走行时间。

$$t_{a,i} \sim N(\mu_a, \sigma_a^2) \tag{3-2}$$

式中，μ_a 为乘客进出站时间均值；σ_a^2 为乘客进出站时间方差。不同车站存在差异性。在早晚高峰时段和大客流节点站等特殊情况下，需对站内客流进行积极引导与组织，例如通过流线设计增加乘客站内走行，以减少站台层的客流压力等，必然提高乘客走行的感知费用。因此引入站内拥挤系数 ∂ 来表示由站内拥挤导致的额外走行费用。

$$c_a = t_{a,i}(1+\partial) \tag{3-3}$$

2) 出行路径中的站内走行弧费用

$$c_a = c_{a1} + c_{a2} + c_{a3} + \cdots \tag{3-4}$$

2. 列车运行弧

1) 费用表示

列车运行弧上的费用 c_b 即乘客随列车运行过程中承担的费用。由乘车时间和车内拥挤造成的感知费用两部分组成。乘车时间包括列车运行时间 $t_{i,j}^l$ 和列车停站时间 z_i^l，通常条件下，某条线路上列车在各区间的运行时间与各站的停站时间相对固定，可视为常数。乘客乘坐线路 l 在区间 (r,s) 的乘车时间 t_b 可表示为

$$t_b=\begin{cases}t_{i,j}^l, i=r\\ t_{i,j}^l+z_i^l, i\neq r\end{cases},\quad \forall l,i,j \tag{3-5}$$

车厢内载客量超过标准容量时，会造成不同程度的拥挤，拥挤度高意味着舒适性降低，对乘客的路径选择通常会产生很大的影响。结合拥挤度的不同，讨论车厢内的拥挤感受对运行过程中乘客感知费用的影响。引入系数 $\rho_{b,l}^{t_1,t_2}$，表示线路 l 上的列车在运行弧 b 的拥挤度：

$$\rho_{b,l}^{t_1,t_2}=\begin{cases}0, & X_b^l\leqslant Z_l\\ \dfrac{a(X_b^l-Z_l)}{Z_l}, & Z_l<X_b^l\leqslant D_l\\ \dfrac{a(X_b^l-Z_l)}{Z_l}+\dfrac{\beta(X_b^l-D_l)}{D_l}, & X_b^l>D_l\end{cases} \tag{3-6}$$

式中，X_b^l 为线路 l 上的列车在运行弧 b 上的载客量；Z_l 为线路上的列车座位数；D_l 为线路 l 上的列车定员数；α、β 为校正系数。

将拥挤系数考虑到路径广义费用中，函数形式可表示为

$$c_b=t_b\left(1+\rho_{b,l}\right) \tag{3-7}$$

2) 出行路径中的列车运行弧费用

$$C_b=c_{b1}+c_{b2}+c_{b3}+\cdots \tag{3-8}$$

3. 换乘走行弧

1) 费用表示

换乘走行弧上的费用 c_d 表示乘客在车站从前序列车的站台到接续列车站台，进行换乘的步行时间。与站内走行弧相似，通常认为乘客换乘时间规律符合正态函数分布(石俊刚等，2015)：

$$t_{d,i}\sim N\left(\mu_d,\sigma_d^2\right) \tag{3-9}$$

式中，μ_d 为乘客在 i 站换乘步行时间的均值；σ_d^2 为换乘步行时间方差。不同车站换乘组织存在差异性。

此外，根据乘客出行心理，相同时间花费在换乘和花费在列车上的效果不同，大部分乘客在换乘过程中会存在麻烦、漫长的心理作用，引入换乘惩罚系数 ε 来表示乘客换乘的心理感知时间。函数形式可表示为

$$c_d = t_{d,i}\varepsilon \tag{3-10}$$

2) 出行路径中的换乘走行弧费用

$$C_d = c_{d1} + c_{d2} + c_{d3} + \cdots \tag{3-11}$$

4. 站台等待弧

1) 费用表示

城轨列车无法保证所有乘客均能登上最先到达的车次，当到达列车内部乘客数已经达到该趟列车的最大能力时，站台乘客将无法上车，出现“留乘”情况。需要继续等待，直到有运输能力富余的列车出现方能上车。引入站台等候弧费用c_e，表示乘客自到达站台至登上列车驶离车站止，在站台候车的广义费用。

乘客到达i站l线路站台候车，在列车容量一定的情况下，乘客能否登上最先到达的列车，与站台候车人数、列车到达i站下客后车内的剩余人数相关。存在乘客乘坐l^x列车的临界时刻E^{l^x}，若在临界时刻或之前到达，则乘客可以上车，否则需要继续等待下一列车。

假设城市轨道线路l上的x次列车l^x，到达i站下客后车内剩余人数为

$$R_i^{l^x} = P_{i-1}^{l^x} - \sum_{n=1}^{i-1} B_{n,i}^{l^x} \tag{3-12}$$

用$X_i(t)$表示t时刻到达i站站台的准备搭乘列车的人数。此时列车从i站出发时能够上车的人数为

$$B_i^{l^x} = \int_{t\in\left(E^{l^{x-1}},E^{l^x}\right]} X_i(t)\mathrm{d}t \tag{3-13}$$

假设列车l^x从i站发车时刻为$T_{l^x}^i$，列车最大载客量为C_l，则乘客上车后列车实际人数为

$$P_i^{l^x} = \min\left\{C_l, R_i^{l^x} + \sum\int_{t\in\left(E^{l^{x-1}},T_{l^x}^i\right]} X_i(t)\mathrm{d}t\right\} \tag{3-14}$$

分析可知，当站台候车人数小于列车下客后剩余能力时，所有乘客均可上车，可取发车频率的 40%作为乘客在站台的等候时间；当站台候车人数大于列车下客后剩余能力时，只有部分乘客能上车，其他人必须加入排队行列等待下一趟车。考虑到现阶段城市轨道车站应对大客流组织工作较为成熟，会通过相关控制措施缓解站台层的客流压力，避免站台客流积压的情况，取发车频率的 1.3 倍作为乘客在站台的候车时间，即站台等待弧费用为

$$c_e = \begin{cases} 0.4f_l, & \sum\int_{t\in\left(E^{l^{x-1}},T_{l^x}^i\right]} X_i(t)\mathrm{d}t \leqslant C_l - R_i^{l^x} \\ 1.3f_l, & \sum\int_{t\in\left(E^{l^{x-1}},T_{l^x}^i\right]} X_i(t)\mathrm{d}t > C_l - R_i^{l^x} \end{cases} \tag{3-15}$$

2) 出行路径中的站台等候弧费用

$$C_e = c_{e1} + c_{e2} + c_{e3} + \cdots \tag{3-16}$$

5. 出行路径广义费用

在城市轨道交通时空网络中，乘客在 OD 对 rs 之间第 k 条时空路径上的总费用，用 C_k^{rs} 表示，等于所有组成该条时空路径的时空弧的费用之和。

$$C_k^{rs}=\sum(C_a+C_d+C_e)\delta_{mn}^{k,rs}+\sum C_b\theta_{ij,l}^{k,rs},\quad \forall k \tag{3-17}$$

式中，$\delta_{mn}^{k,rs}$ 为关联因子，mn 代表连接时空节点 m 和 n 的时空弧(走行弧、等待弧)，若时空弧 $m\to n$ 属于 OD 对 rs 间第 k 条时空路径，则为 1，否则为 0；$\theta_{ij,l}^{k,rs}$ 为关联因子，若线路 l 上的运行弧 $i\to j$ 属于 OD 对 rs 间第 k 条时空路径，则为 1，否则为 0。

3.1.5 基于时空服务网络的城市轨道交通配流模型求解

1. 基于时空服务网络的城市轨道交通配流模型

在轨道交通时空扩展网络中，每个 OD 对之间存在多条时空路径，假设某时段内各 OD 对之间的客流需求固定且已知，所有乘客均能合理估算出各条时空路径的费用且试图选择最小费用路径。在乘客进行路径选择的过程中，系统同样在进行动态调整，例如，被大多数人选择的最小费用路径可能会产生拥挤，费用增加失去选择优势。在时空扩展网络中，当时空路径流量 f_k^{rs} 与其所对应的时空路径费用 c_k^{rs} 满足下面的关系式时，网络达到平衡状态：

$$\mu_{rs}-c_k^{rs}\begin{cases}=0, & f_k^{rs}>0\\ \leqslant 0, & f_k^{rs}=0\end{cases},\quad \forall r,s,k \tag{3-18}$$

式中，μ_{rs} 为平衡状态下 OD 对 rs 之间的最小出行费用。

同一般的交通网络类似，在轨道交通时空扩展网络中，OD 对 rs 之间客流需求量 q_{rs} 与 rs 之间第 k 条时空路径流量满足守恒关系：

$$q_{rs}=\sum_k f_k^{rs},\quad \forall r,s \tag{3-19}$$

路段流量为所有经过该路段的路径流量之和，即

$$x_{mn}=\sum_{rs}\sum_k f_k^{rs}\delta_{mn}^{k,rs},\quad \forall mn\in A,D,E \tag{3-20}$$

$$x_{ij}^l=\sum_{rs}\sum_k f_k^{rs}\theta_{ij,l}^{k,rs},\quad ij\in B \tag{3-21}$$

基于轨道交通时空扩展网络和用户平衡原则，构建如下的数学优化模型：

$$\begin{aligned}
&\min Z(x)=\sum\int_0^{x_b}C_b(w)\mathrm{d}w+\sum(C_a+C_d+C_e)\cdot x_{mn}\\
&\text{s.t.}\quad q_{rs}=\sum_k f_k^{rs},\quad \forall r,s\\
&\qquad f_k^{rs}\geqslant 0,\quad \forall r,s,k\\
&\qquad x_{mn}=\sum_{rs}\sum_k f_k^{rs}\delta_{mn}^{k,rs},\quad \forall mn\in A,D,E\\
&\qquad x_{ij}^l=\sum_{rs}\sum_k f_k^{rs}\theta_{ij,l}^{k,rs},\quad \forall ij\in B
\end{aligned} \tag{3-22}$$

2. 基于时空服务网络的轨道交通配流模型求解算法

参考城市公交系统的用户平衡配流问题求解思路，可采用近似线性化(Frank-Wolfe，F-W)算法或连续平均算法(method of successive averages，MSA)对轨道交通复杂时空网络的配流问题进行求解。两种算法均为方向搜索算法，在每次迭代中，需要确定搜索方向与步长。主要差异在于步长的确定，前者采用一维计算方法，收敛速度较快；后者通过迭代次数 n 来确定步长，计算相对简单，具有显著的使用价值。采用 MSA 对配流模型进行求解，具体步骤如下。

步骤 1：初始化。假设扩展时空网络中所有时空弧的流量均为 0。对于扩展时空网络中的所有 OD 对，基于路径费用式(3-17)，使用最短路径搜索算法求解最小可行费用路径。使用全有全无方法分时段将系统 OD 需求加载到扩展网络上：对各 OD 对的客流需求 q_{rs} 进行分配，得到时空路径流量 $f_k^{rs(1)}$；依据关系式(3-20)和式(3-21)计算时空弧流量 $\left\{x_{mn}^{(1)}, x_{ij}^{l(1)}\right\}$。令迭代次数 i=1。

步骤 2：根据当前时空弧流量 $\left\{x_{mn}^{(i)}, x_{ij}^{l(i)}\right\}$，依据式(3-3)、式(3-7)、式(3-10)、式(3-15)重新计算各时空弧费用。

步骤 3：搜索可行方向。利用更新后的各时空弧流量，更新最小可行费用路径。使用全有全无方法分时段将系统 OD 需求加载到扩展网络上：对各 OD 对的客流需求 q_{rs} 进行分配得到时空路径流量，求解时空弧流量 $\left\{y_{mn}^{(i)}, y_{ij}^{l(i)}\right\}$。

步骤 4：更新流量。计算

$$
\begin{aligned}
x_{mn}^{(i+1)} &= x_{mn}^{(i)} + \frac{1}{i}\left(y_{mn}^{(i)} - x_{mn}^{(i)}\right), \qquad \forall mn \\
x_{ij}^{l(i+1)} &= x_{ij}^{l(i)} + \frac{1}{i}\left(y_{ij}^{l(i)} - x_{ij}^{l(i)}\right), \qquad \forall ij
\end{aligned} \tag{3-23}
$$

步骤 5：收敛性检查。若满足收敛性准则，则停止计算；否则令 $i = i + 1$，返回步骤 2。

MSA 通过求解最短路径问题来确定搜索方向，最短路径搜索算法的选取尤为重要。算法应满足两个条件：①满足扩展网络有效路径的约束；②考虑所有时空弧及时空节点发生的广义费用。在此提出基于城市轨道交通扩展时空网络的最短路径算法。

对扩展时空网络中的节点与弧段进行定义解释。

(1) 对于网络中的每一个时空节点，如节点 m，设置以下记录。

① l_m，表示沿着当前可行最短路径从起点 r 至时点 m 的最小费用。

② 紧前节点 p_m，表示沿着当前最短路径到达 m 且最靠近 m 的时空节点。

③ 换乘次数 q_m，表示沿着当前最短路径到达时空节点 m 的换乘次数。

④ 检查列 J，需要进一步扫描的时空节点集。

⑤ Φ_m，表示沿着当前最短路径从起点 r 至时点 m 的线路集合。

(2) 对于网络中的每一条时空弧，如时空弧 $m \to n$，设置一个记录 s_{mn}：若 $m \to n$ 为换乘弧，则 $s_{mn} = 0$；否则 $s_{mn} = 1$。

步骤 1：初始化。置所有时空节点的标号为一个很大的正数，置所有紧前节点 p_m 为

0，置Φ_m集合为空。将起点 r 放入检查列 J 中，令$l_r=0$且$q_r=0$。

步骤 2：从检查列中任选一个时空节点，如节点 m，扫描所有从 m 节点出发只经过一条弧便可到达的节点，如 n 节点，判断时空弧$m\to n$属性。若从节点 m 出发至经过一条弧便可到达的所有时间节点均被扫描，则从检查列 J 中将 m 删除，转入步骤 3。

(1) 若$s_{mn}=1$，判断$l_m+c_{mn}<I_n$是否成立。若成立，则令$l_n=l_m+c_{mn}$，同时修改$p_n=m$且$e_n=e_m$，将时空节点 n 加入 J 中，将时空弧$m\to n$对应的线路 1 加入Φ_n中；否则不做任何改变。

(2) 若$s_{mn}=0$且$e_m\leqslant 2$，假设$g=p_m$，判断时空弧$g\to m$的属性。若$s_{gm}=0$或时空节点 n 所在线路 l 在Φ_m中，不满足换乘约束条件，则不做任何处理。如果$s_{gm}=1$且时空节点 n 所在线路 l 不在Φ_m中，判断是否满足$l_m+c_{mn}<I_n$，若条件不成立，不做任何处理；若成立，令$l_n=l_m+c_{mn}$，同时修改$p_n=m$且$e_n=e_m+1$。

步骤 3：当检查列中不再有节点时，算法停止。此时从根节点到其他任意节点的最短路径可通过反向搜索最后的紧前节点序列识别出来。

3.1.6 基于配流结果的列车开行方案能力与客流需求匹配评价方法

构建客流与列车交互模型，输入客流、线路及列车基本数据，运行考虑列车容量约束的客流与列车动态匹配交互算法，输出列车区间载客量、区间满载率、车站平均候车时间在内的三类微观指标，并设计可视化色阶运行图体现两者的动态匹配结果。

1. 客流与列车交互模型

通过构建客流与列车交互模型，揭示对动态多维度客流与城市轨道交通列车的作用机理；利用可视化色阶列车运行图，展示列车开行方案能力与客流需求在时空分布结构上的匹配关系。

1) 输入相关数据

(1) 基础客流数据：以 1min 为间隔进行时段的划分，基于客流分配模型提供的结果提取研究范围内各 OD 对间的客流数据。

用$Q_{r,s}^t$表示第 t 个时间间隔内 OD 对 rs 之间的乘客数量。

(2) 列车运行数据：依据列车时刻表确定，描述全天各条线路上的各次列车在各车站的到发时刻。定义 i、j 均为车站，l_x 为线路 l 上的 x 次列车。用$T_{i,x}^{\mathrm{f}}$代表 x 次列车在 i 站的发站时刻。

(3) 线路基础数据：用D_l、C_l分别表示线路 l 上的列车定员数、列车能容纳的最大乘客数。

2) 交互算法

在现有列车开行方案提供的列车能力约束基础上，输入研究时段内相关的客流基础数据，模拟各次列车的运行过程，并计算列车依次经过各车站时的上下车人数，输出以下 3 类指标，实现客流与列车运行的动态匹配，算法如下。

步骤 1：输入相关基础数据。初始化系统，选定研究线路，令 l=1，x=1，i=1。

步骤 2：计算 $W_i^{l_x}$，即在线路上第 i 车站等待 x 次列车的乘客数量。

$$W_i^{l_x}=\begin{cases}\sum\limits_{t\in\left[T_{\text{begin}},T_{i,x}^{\text{f}}\right]}\sum\limits_{n=1}^{M-i}Q_{i,i+n}^t, & x=1\\ \sum\limits_{t\in\left[T_{i-1,x}^{\text{f}},T_{i,x}^{\text{f}}\right]}\sum\limits_{n=1}^{M-i}Q_{i,i+n}^t+L_i^{l_x}, & x=2,3,\cdots\end{cases}\tag{3-24}$$

步骤 3：计算 $O_i^{l^x}$，即 x 列车在线路第 i 个车站的下车人数。i=1 时，$O_i^{l^x}$=0；否则

$$O_i^{l^x}=\begin{cases}\sum\limits_{t\in\left[T_{\text{begin}},T_{i,x}^{\text{f}}\right]}\sum\limits_{n=1}^{i-1}Q_{n,i}^t, & x=1\\ \sum\limits_{t\in\left[T_{i,x-1}^{\text{f}},T_{i,x}^{\text{f}}\right]}\sum\limits_{n=1}^{M-i}Q_{n,i}^t, & x=2,3,\cdots\end{cases}\tag{3-25}$$

步骤 4：结合列车容量判断，计算 i 站能够登上 x 次列车的人数 $B_i^{l^x}$，计算留乘人数 $L_i^{l^x}$，计算平均候车时间 U_i^t。

步骤 5：计算列车区间载客量 $P_{(i,i+1)}^x$ 和满载率 $K_{(i,i+1)}^x$。

步骤 6：判断是否循环所有车站。$i=i+1$，若 $i<M$，转入步骤 2；否则，转入步骤 7。

步骤 7：判断是否循环所有列车。$x=x+1$，若 $x\leqslant N$，转入步骤 2；否则转入步骤 8。

步骤 8：判断是否循环所有线路。$l=l+1$，若 $l\leqslant L$，转入步骤 2；否则，转入步骤 9。

步骤 9：计算完毕，输出相关指标，算法终止。

3) 输出指标

在 3.1.3 节中介绍过，城轨列车无法保证高峰时段所有候车乘客均能登上最先到达车次，当到达的列车上的乘客已经达到该趟列车的最大能力时，会发生“留乘”现象。综合考虑可能发生的运营实际情况，拟输出 4 类指标描述客流与列车交互作用的结果。

用 $W_i^{l_x}$ 表示在 i 站等待 l 线路 x 次列车的总人数；用 $O_i^{l^x}$ 表示线路 l 上第 x 次列车到 i 站的下车人数；考虑到列车能力与客流需求存在差异，候车乘客可能出现全部上车和部分留乘两类情况，用 $B_i^{l^x}$ 表示能够登上 x 次列车的乘客数量，用 $L_i^{l^x}$ 表示由于运能限制未能及时上车的留乘乘客数量。

(1) 列车区间载客量。

描述系统现有开行方案下能够满足的客流需求。

用 $P_{(i,i+1)}^x$ 表示在区间$(i,i+1)x$ 次列车的实际人数，即列车实际载客量，可知：

$$P_{(i,i+1)}^x=P_{(i-1,i)}^x-O_i^{l^x}+B_i^{l^x}\tag{3-26}$$

$B_i^{l^x}$ 由列车到站后的剩余能力确定，若候车人数不大于列车到站下客后的剩余能力，则全部乘客均能登上 x 次列车；反之部分留乘。依据下式确定：

$$B_i^{l^x}=\begin{cases}W_i^{l_x}, & W_i^{l_x}\leqslant C_l-(P_{(i-1.i)}^x-O_i^{l^x})\\ C_l-(P_{(i-1.i)}^x-O_i^{l^x}), & W_i^{l_x}>C_l-(P_{(i-1.i)}^x-O_i^{l^x})\end{cases}\tag{3-27}$$

$L_i^{l^x}$ 表示为 i 站 l 线路上站台候车乘客总数与登上列车乘客数之差，即

$$L_i^{l^x} = W_i^{l_x} - B_i^{l^x} \tag{3-28}$$

(2) 列车区间满载率。

描述现有开行方案下系统服务效率，体现列车能力的利用水平。

用 $K_{(i,i+1)}^x$ 表示区间$(i,i+1)$中 x 次列车的区间满载率，依据区间载客量与列车定员数之比确定，即

$$K_{(i,i+1)}^x = \frac{P_{(i,i+1)}^x}{D_l} \tag{3-29}$$

(3) 站台平均候车时间。

描述现有开行方案下系统服务水平。用 U_i^t 表示在 $\left[T_{i,x-1}^{\mathrm{f}}, T_{i,x}^{\mathrm{f}}\right]$ 时段到达 i 站站台的乘客平均候车时间。总候车时间由理想情况下乘客均能登上优先到达车次的候车时间、部分乘客留乘导致的额外等待时间两部分构成。依据下式确定：

$$U_i^t = \frac{U_1 + \sigma U_2}{\sum\limits_{t \in \left[T_{i,x-1}^{\mathrm{f}}, T_{i,x}^{\mathrm{f}}\right]} \sum\limits_{n=1}^{M-i} Q_{i,i+n}^t} \tag{3-30}$$

式中，U_1 为在 $\left[T_{i,x-1}^{\mathrm{f}}, T_{i,x}^{\mathrm{f}}\right]$ 时段内到达 i 站站台的乘客理想候车时间，其中，$U_1 = \sum\limits_{t \in \left[T_{i,x-1}^{\mathrm{f}}, T_{i,x}^{\mathrm{f}}\right]} \sum\limits_{n=1}^{M-i} Q_{i,i+n}^t \left(T_{i,x}^{\mathrm{f}} - t\right)$；$U_2$ 为在 $\left[T_{i,x-1}^{\mathrm{f}}, T_{i,x}^{\mathrm{f}}\right]$ 时段内到达 i 站站台，留乘乘客的额外等待时间，其中，$U_2 = L_i^{l^x}\left(T_{i,x-1}^{\mathrm{f}} - T_{i,x}^{\mathrm{f}}\right)$；$\sigma$ 为留乘校正系数。

4) 可视化色阶列车运行图

列车运行图的编制以列车开行方案为基础，能够有效展示研究时间与空间范围内系统提供的运能分布情况。结合热力图原理，通过勾画列车运行线宽度和颜色，代表和区分列车所在区间的载客量与满载率；在车站勾画圆圈，通过圆圈颜色大小区分乘客在该站的平均候车时间。以图形方式直观地反映各次列车在各个区间内的能力利用情况，筛选能力紧张与能力富余车站及区段，为列车开行方案的优化提供决策支持。

2. 宏观综合匹配计算

理想的匹配关系是指系统提供的运能既能满足客流需求又能使自身的能力得到高效利用(李思杰等，2017a)。基于交互模型输出的微观指标，合理权衡交通服务供给方企业与需求方乘客的利益，从宏观层面提出综合匹配度的概念，用以量化现有列车开行方案能力与客流需求的匹配程度。

1) 综合匹配度构成要素

综合匹配度兼顾企业与乘客双方利益。其中乘客出行过程的满意程度主要取决于乘车、候车及站内走行过程，站内走行包括进出站及换乘走行，与车站组织密切相关，不做

重点分析，主要考虑乘客乘车舒适度及候车便捷度；企业满意程度取决于列车能力的使用情况。以三方面的合成值作为匹配度的评价结果，如图 3-2 所示。

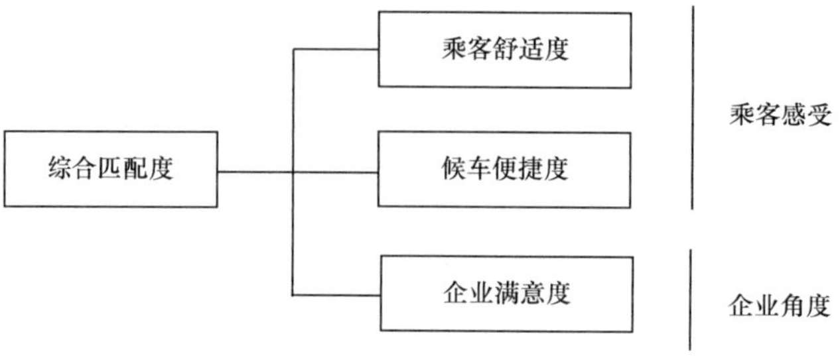

图 3-2　综合匹配度构成要素

2) 评价值确定方法

采用梯度分布函数对列车与客流交互模型输出指标进行无量纲化处理(楼世博等，1983)，与综合匹配度的三个构成要素一一对应。

(1) 乘车舒适度。

X 表示乘客乘车舒适度，主要取决于列车区间载客量 P。X 随 P 的增加而减小，两者负相关，采用“降半梯形分布”函数对 P 进行无量纲化处理。函数形态分布如图 3-3 所示，计算公式如下：

$$f_1(P)=\begin{cases}1, & P\leqslant Z\\ \dfrac{D-P}{D-Z}, & Z<P\leqslant D\\ 0, & P>D\end{cases} \tag{3-31}$$

式中，Z 为列车座位数；D 为列车定员数。

乘车舒适度 X 表示为研究时段内 $f_1(P)$ 的平均值，用 $\varDelta$ 代表所有评价单元：

$$X=\frac{\sum_{x=1}^{N}\sum_{i=1}^{M-1}f_1(P_{(i,i+1)}^{x})}{\varDelta} \tag{3-32}$$

(2) 候车便捷度。

Y 表示乘客候车便捷度，主要取决于乘客的平均候车时间 U。Y 随着 U 的增大而减小，两者负相关，采用“降半梯形分布”函数对 U 进行无量纲化处理。函数形态如图 3-4 所示，计算公式如下：

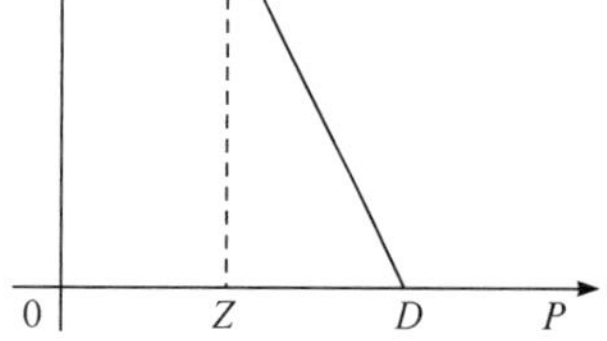

图 3-3　乘车舒适度

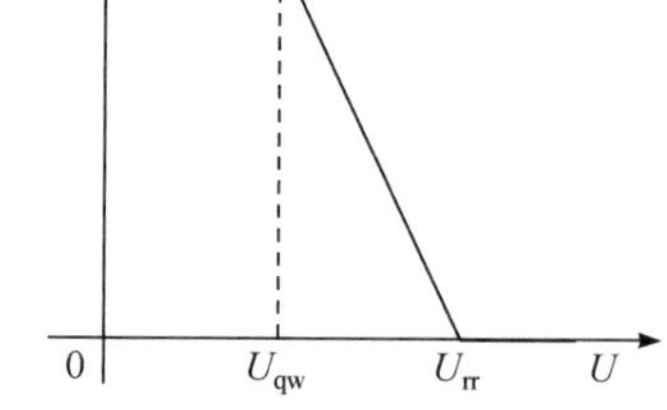

图 3-4　候车便捷度

$$f_2(U)=\begin{cases}1, & U\leqslant U_{\text{qw}}\\ \dfrac{U_{\text{rr}}-U}{U_{\text{rr}}-U_{\text{qw}}}, & U_{\text{qw}}<U<U_{\text{rr}}\\ 0, & U>U_{\text{rr}}\end{cases} \tag{3-33}$$

式中，U_{qw} 为乘客期望的站台候车时间；U_{rr} 为乘客能够容忍的最长站台候车时间。

候车便捷度 Y 表示为研究时段内 $f_2(U)$ 的平均值：

$$X=\frac{\sum_{x=1}^{N}\sum_{i=1}^{M-1}f_2(U_{i,x}^{t})}{\varDelta} \tag{3-34}$$

(3) 企业满意度。

Z 表示企业满意度，主要取决于列车区间满载率 K。Z 随着 K 的增加而增加，两者正相关，采用“升半梯形分布”函数对 K 进行无量纲化处理。函数形态如图 3-5 所示，计算公式如下：

$$f_3(K)=\begin{cases}0, & K<K_{\text{rr}}\\ \dfrac{K_{\text{qw}}-K}{K_{\text{qw}}-K_{\text{rr}}}, & K_{\text{rr}}\leqslant K<K_{\text{qw}}\\ K, & K\geqslant K_{\text{qw}}\end{cases} \tag{3-35}$$

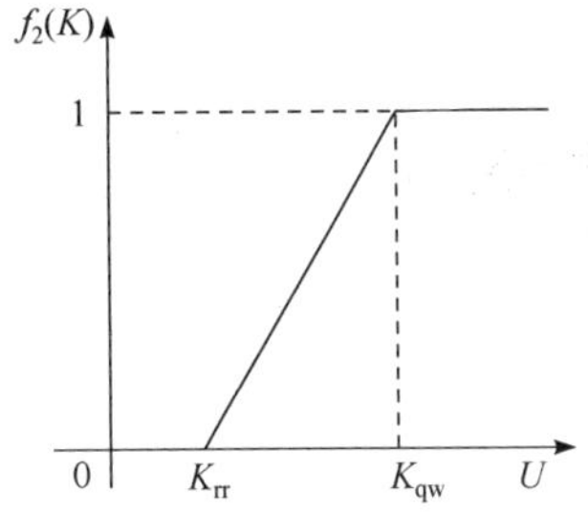

图 3-5　企业满意度

式中，K_{rr} 为企业能够容忍的最低满载率；K_{qw} 为企业期望的列车区间满载率。

企业满意度 Z 表示为研究时段内 $f_3(K)$ 的平均值：

$$X=\frac{\sum_{x=1}^{N}\sum_{i=1}^{M-1}f_3(K_{(i,i+1)}^{x})}{\varDelta} \tag{3-36}$$

(4) 综合匹配度。

θ_{match} 表示综合匹配度。参考决策科学中乘法合成方法进行多目标合成模型的计算，强调 X、Y、Z 三个构成要素的全面发展。γ_1、γ_2、γ_3 为权重系数。函数表达式为

$$\theta_{\text{match}}=X^{\gamma_1}Y^{\gamma_2}Z^{\gamma_3} \tag{3-37}$$

3. 色阶列车运行图及客流特征分析

1) 乘车舒适度与候车便捷度低，企业满意度高

单条线路的客流空间时空分布特征及列车在各区间的载客情况可通过色阶列车运行图进行大致反馈(图 3-6)。该研究区段列车满载率高，车厢内部较为拥挤；站台乘客候车时间长、存在高峰时段留乘问题。运能紧张尚有提升空间，可能出现在主干线路高峰时段及大客流重点区段。

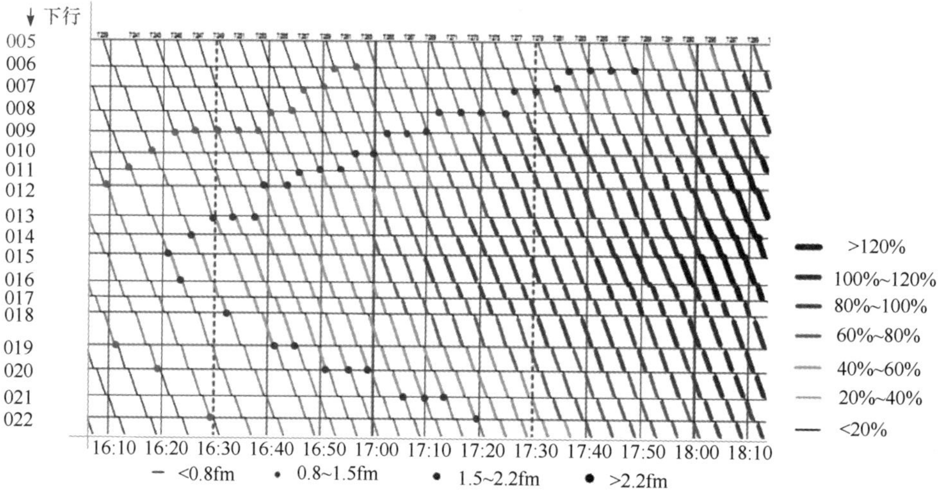

图 3-6　第一类色阶列车运行图

fm 表示 15min

2) 乘车舒适度低，候车便捷度与企业满意度高

单条线路的客流空间时空分布特征及列车在各区间的载客情况可通过色阶列车运行图(图 3-7)进行大致反馈。研究范围内列车满载率高、车厢内部较为拥挤；发车密度大，因此站台乘客候车时间较短，能较为及时地疏散站台客流。运能紧张，可能出现在主干线路高峰时段及大客流重点区段、或由突发大客流引起。

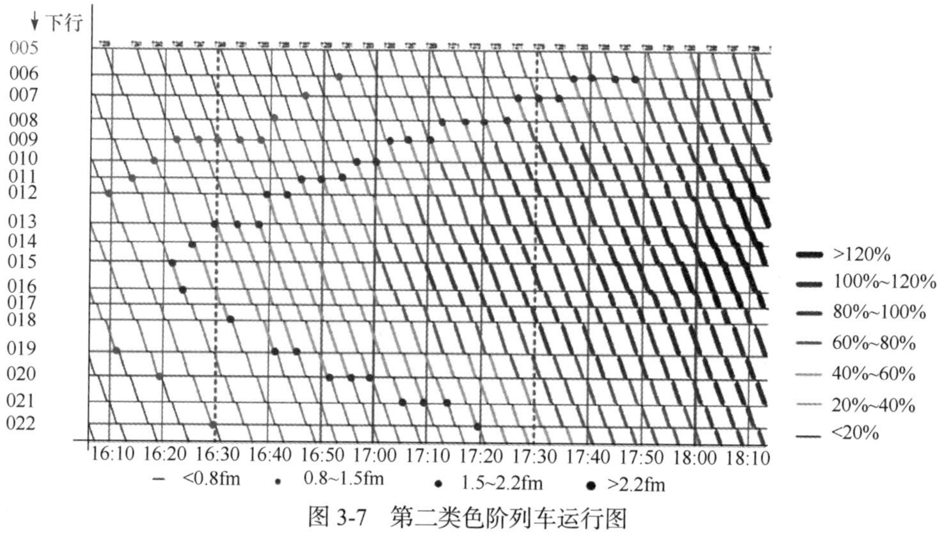

图 3-7　第二类色阶列车运行图

3) 乘车舒适度高，候车便捷度与企业满意度低

单条线路的客流空间时空分布特征及列车在各区间的载客情况可通过色阶列车运行图(图 3-8)进行反馈。研究范围内列车满载率较低，车厢内部舒适；站台乘客候车时间长，运能较为充足，可能出现在线路平峰时段、长大线路外围区段、线路运营初期等。

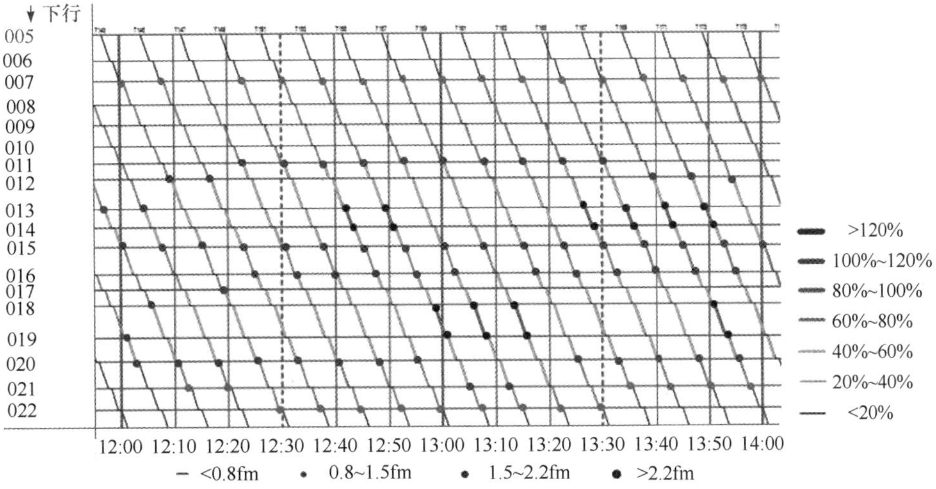

图 3-8　第三类色阶列车运行图

4) 乘车舒适度与候车便捷度高，企业满意度低

单条线路的客流空间时空分布特征及列车在各区间的载客情况可通过色阶列车运行图(图 3-9)进行大致反馈。研究范围内列车满载率较低，车厢内部舒适；发车密度大，因此站台乘客候车时间短，运能充足。可能出现在线路非高峰时段、部分线路初期等。

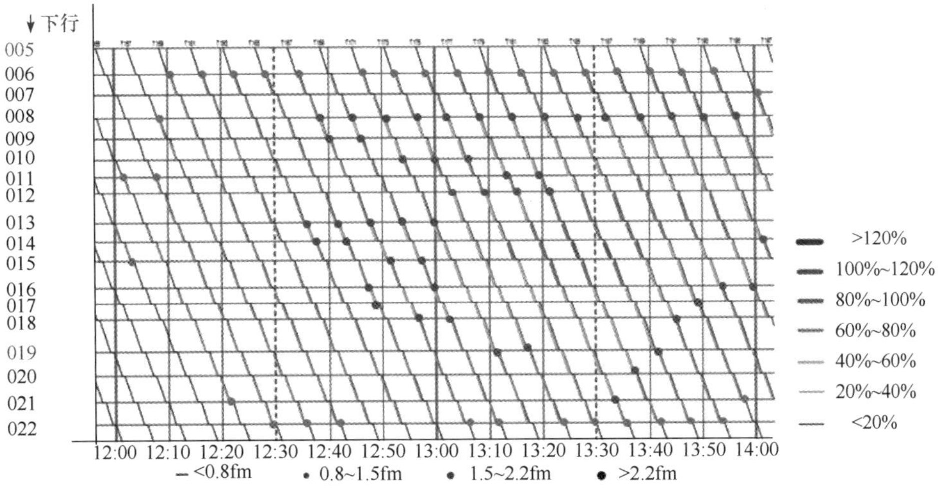

图 3-9　第四类色阶列车运行图

3.1.7　案例分析

1. 线路列车开行方案

本节以成都地铁为例，选取 1 号线、3 号线、7 号线、13 号线(13 号线数据来源于 2018 年成都地铁网络公布数据，相关运营数据参考可行性研究阶段运营组织方案)构成局部线网。基础数据来源于成都地铁网络公布数据、线路阶段性运营组织专题方案及调查数据，

相关参数通过统计学方法得出。

1) 列车运营交路

选取的部分成都地铁线路列车运营交路方案见表 3-2。

表 3-2 线路列车交路方案

线路	时段	交路类型	开行区段	开行比例
1 号线	全日运营时段	Y 型交路	韦家碾—科学城 韦家碾—五根松	1∶1
3 号线	工作日高峰及平峰	大小交路	大：成都医学院—双流西路 小：锦水河—龙桥路	2∶1
	其余峰期及双休日	单一交路	成都医学院—双流西路	—
7 号线	全日运营时段	单一环线	环线	—
13 号线一期	全日运营时段	单一交路	七里沟—龙华寺	—

2) 某运营时段内线路列车时刻表

结合选取的重点站给出列车时刻表，其中 1 号线、3 号线、7 号线根据运营实际确定列车发车间隔、各站点停站时间及区间运行时间；13 号线相关数据参考可行性研究阶段运营组织方案。1 号线平峰时段发车间隔为 3min，3 号线平峰时段发车间隔取 4min，7 号线平峰时段发车间隔取 5min，13 号线平峰时段发车间隔为 4min。所选取的车站节点列车停站时间均为 35s。具体列车时刻表见表 3-3～表 3-6。

表 3-3 某时段内成都地铁 1 号线列车时刻表

车次	华西坝 35s		火车南站 35s	
	进站	发站	进站	发站
M1	14:25:25	14:26	14:32:25	14:33
M2	14:28:25	14:29	14:35:25	14:36
M3	14:31:25	14:32	14:38:25	14:39
M4	14:34:25	14:35	14:41:25	14:42

表 3-4 某时段内成都地铁 3 号线列车时刻表

车次	太平园 35s		驷马桥 35s	
	进站	发站	进站	发站
M1	14:25:25	14:26	14:51:25	14:52
M2	14:29:25	14:30	14:55:25	14:56
M3	14:33:25	14:34	14:59:25	15:00
M4	14:37:25	14:38	15:03:25	15:04

表 3-5　某时段内成都地铁 7 号线列车时刻表

车次		M1	M2	M3
东坡路 35s	进站	14:16:25	14:21:25	14:26:25
	发站	14:17	14:22	14:27
太平园 35s	进站	14:22:25	14:27:25	14:32:25
	发站	14:23	14:28	14:33
火车南站 35s	进站	14:29:25	14:34:25	14:39:25
	发站	14:30	14:35	14:40
四川师大 35s	进站	14:36:25	14:41:25	14:46:25
	发站	14:37	14:42	14:47
成都东客站 35s	进站	14:43:25	14:48:25	14:53:25
	发站	14:44	14:49	14:54
驷马桥 35s	进站	15:01:25	15:06:25	15:11:25
	发站	15:02	15:07	15:12

表 3-6　某时段内成都地铁 13 号线列车时刻表

车次	培风 35s		东坡路 35s		华西坝 35s		四川师大 35s	
	进站	发站	进站	发站	进站	发站	进站	发站
M1	14:11:25	14:12	14:15:25	14:16	14:25:25	14:26	14:35:25	14:36
M2	14:15:25	14:16	14:19:25	14:20	14:29:25	14:30	14:39:25	14:40
M3	14:19:25	14:20	14:23:25	14:24	14:33:25	14:34	14:43:25	14:44
M4	14:23:25	14:24	14:27:25	14:28	14:37:25	14:38	14:47:25	14:48

3) 列车停站方案

常规情况下，1 号线、3 号线、7 号线、13 号线一期均采用站站停的停站方案。

当发生常态及突发大客流情况时，1 号线及 7 号线依据实时客流加开大站空车；13 号线一期采用单一交路和站站停的停车方案，远期规划中全线设置了 3 座越行站，拟在中心城区采用站站停的平图模式运行，在市域段采用越行模式，进一步提高该线的服务质量。

2. 客流分配模型应用

在成都地铁 1 号线、3 号线、7 号线、13 号线组成的局部物理网络中，假设乘客从培风路站出发到达成都东客站。

1) 时空网络构建

乘客从起点到终点存在三类可供选择的路径。

路径一：培风站出发乘坐 13 号线，至东坡路站换乘，乘坐 7 号线至成都东客站。

路径二：培风站出发乘坐 13 号线，至四川师大站换乘，乘坐 7 号线至成都东客站。

路径三：培风站出发乘坐 13 号线，至华西坝站第一次换乘，乘坐 1 号线至火车南站，再进行第二次换乘，换乘 7 号线至成都东客站。

依据前面提出的时空网络构建方法，结合列车时刻表提供的时间信息，对成都地铁局部线网进行扩展。城市轨道交通时空扩展网络包括 4 种类型的时空弧：列车运行弧、站内走行弧、站台等待弧、换乘走行弧。

(1) 列车运行弧。

先将培风站、东坡路站、华西坝站、火车南站、四川师大站、成都东客站共 6 个物理节点依据列车在各站的离站时间进行扩展，得到 36 个时空节点，再将代表同一车次的时空节点相连，依次形成 25 条列车运行弧，如图 3-10 所示。

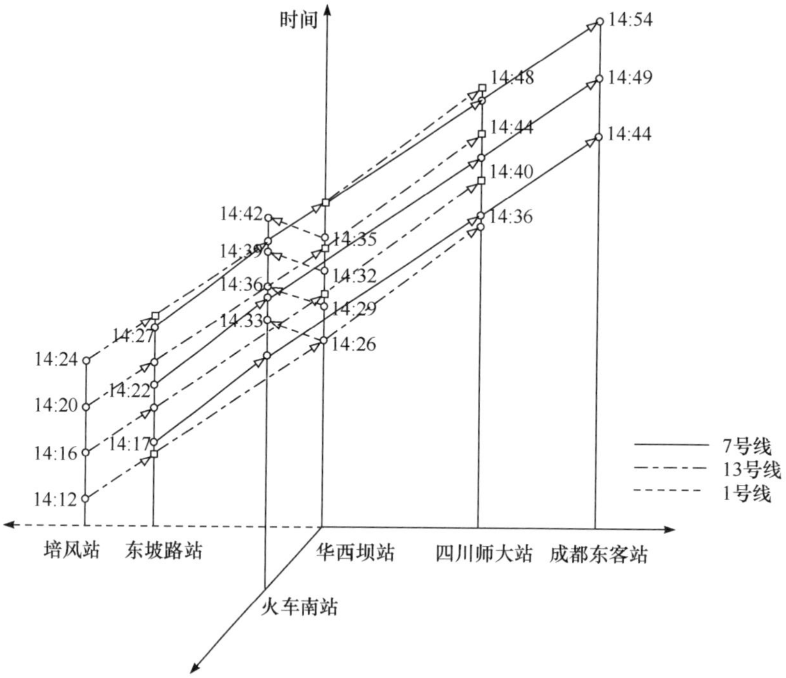

图 3-10　添加列车运行弧的时空网络

(2) 站内走行弧。

由 3.1.3 节可知，乘客进出站时间服从正态分布。本节研究的所有路径从培风站 13 号线站台出发、到达成都东客站 7 号线站台，视为服从同一个正态分布。培风站于 2018 年 7 月 31 日实现主体结构全部封顶，为地下 3 层结构车站，9 号线站台居地下 2 层，13 号线站台居地下三层。成都地铁存在多个已开通运营且结构与之相似的地下三层车站，如骡马市站、一品天下站、市二医院站、成都东客站等。假设以上述车站为起止点(例如，以成都东客站为起点，一品天下站为终点，乘坐 7 号线)的所有路径进出站时间均服从同一个正态分布，可通过成都市城市轨道交通 AFC 原始数据中无换乘的旅行时间进行筛选与拟合计算，得到图 3-11 所示拟合图，验证站内走行时间服从正态分布的假设成立，并根据拟合结果得到站内走行时间分布参数。均值为 239.86s，标准差为 132.3031。为方便计算，进出站时间均视为 2min。

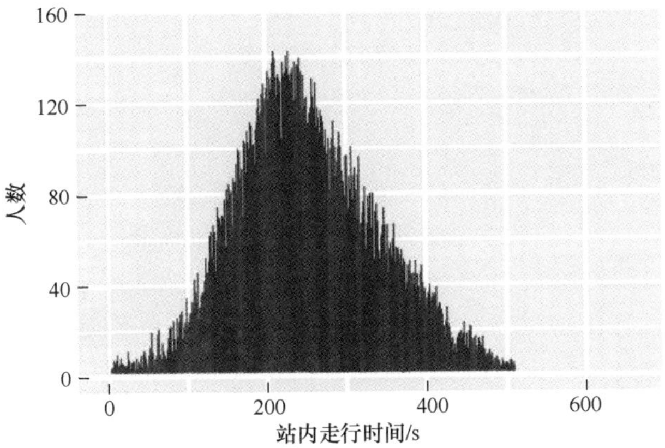

图 3-11　中医大省医院站站内走行时间拟合图

(3) 站台等待弧。

研究时段为平峰时段，暂不考虑留乘情况，取发车频率的 40%作为乘客在站台的等候时间，详情见表 3-7。

表 3-7　站台等待时间参数估算表

车站	培风站	东坡路站	火车南站	华西坝站	四川师大站
乘坐线路	13 号线	7 号线	7 号线	1 号线	7 号线
时间/s	120	150	150	90	150

(4) 换乘走行弧。

本节所研究的 OD 对间任一路径均需经历换乘，乘客换乘弧自离开前序站台开始，至到达后续站台结束，假设同样服从正态分布。换乘站内部结构设计决定了换乘流线组织的差异性，需结合换乘站具体布置分别计算对应走向的换乘时间，涉及东坡路站、华西坝站、四川师大站、火车南站四个换乘站。以火车南站为例：火车南站是 1 号线与 7 号线的换乘站，计算该站换乘时间需要从成都市城市轨道交通网络中选取以火车南站为唯一换乘站的 OD 对作为研究对象，选取桐梓林站和神仙树站为起止点，通过 AFC 得到的对应原始数据进行筛选与计算：

$$T^{\mathrm{TZL,SXS}} = T_a + T_b + T_d^{\mathrm{HCNZ}} + T_e \tag{3-38}$$

式中，$T^{\mathrm{TZL,SXS}}$ 为旅行时间，由 AFC 数据筛选得到；T_d^{HCNZ} 为换乘走行时间；T_a 为列车运行时间，依据列车时刻表可得为 300s；T_b 为站内走行时间，服务正态分布，均值为 239.86s，标准差为 132.3031；T_e 为站台等待时间，取 1.2+2=3.2(min)。

对换乘走行时间 T_d^{HCNZ} 进行拟合，得到结果如图 3-12 所示。

由图 3-12 可知，火车南站换乘走行时间概率密度分布服从正态分布，均值为 62.73s，标准差为 39.8661。采用同样的办法计算东坡路站、华西坝站、四川师大站的换乘走行时间分布参数，考虑到 13 号线尚未完工，同样通过选取站内换乘结构相似的车站进行类比与推算，具体参数取值见表 3-8。

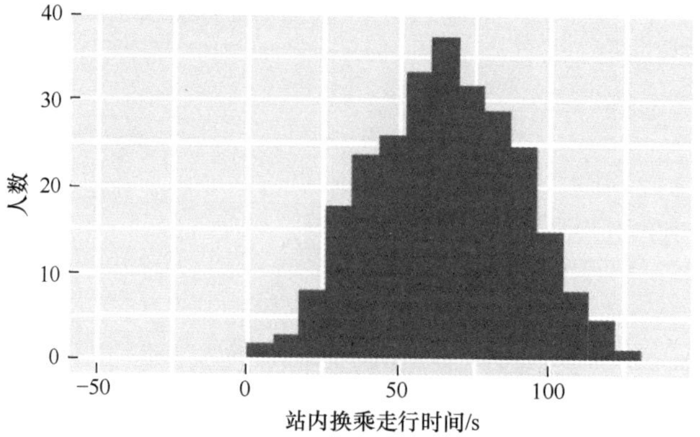

图 3-12　火车南站换乘走行时间拟合图

表 3-8　换乘站换乘走行分布参数估算表

换乘站	火车南站	东坡路站	华西坝站	四川师大站
方向	1 换乘 7	13 换乘 7	13 换乘 1	13 换乘 7
均值/s	62.73	90.43	89.71	149.35
标准差	39.8661	47.5830	43.4544	74.0036

在图 3-13 所示的包含列车运行弧的时空扩展网络中添加站内走行弧与站台等待弧，将同一物理站点上满足换乘条件的不同线路列车的时空节点进行连接，形成完整的地铁时空网络。

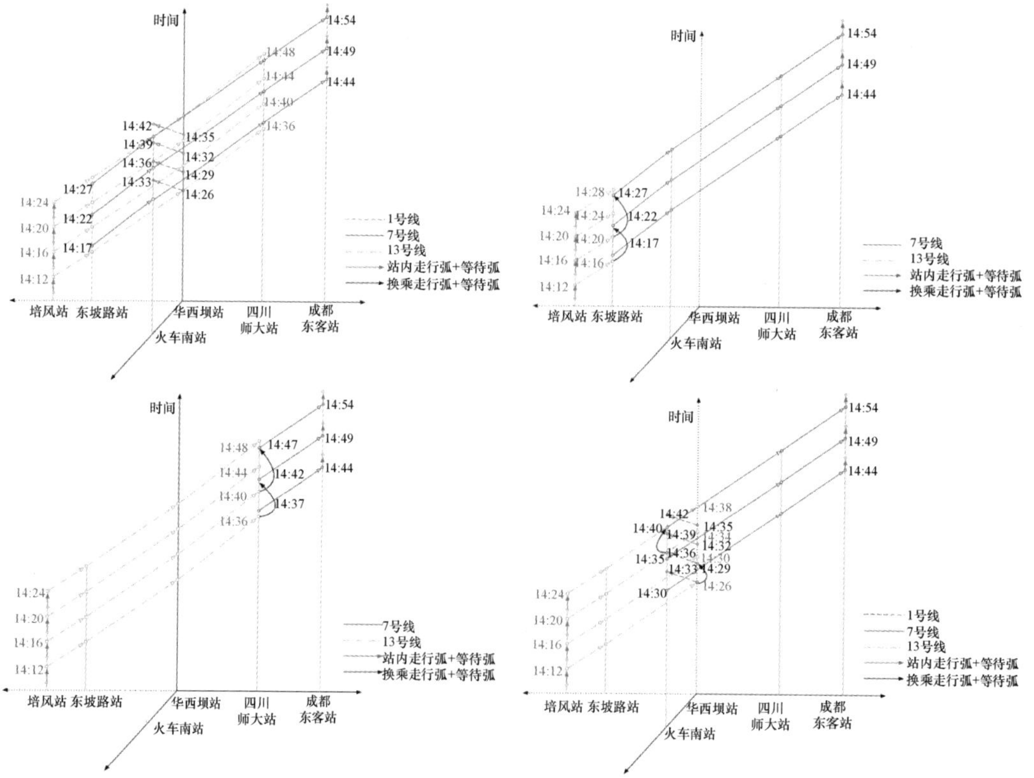

图 3-13　时空网络与有效时空路径

2）有效时空路径

由图 3-13 可知，在 14:08～14:56 这一时段内，乘客从培风站出发至成都东客站，共 7 条时空路径可供选择。

路径①：13 号线 M1→东坡路站换乘→7 号线 M2

路径②：13 号线 M1→东坡路站换乘→7 号线 M3

路径③：13 号线 M2→东坡路站换乘→7 号线 M3

路径④：13 号线 M1→四川师大站换乘→7 号线 M2

路径⑤：13 号线 M1→四川师大站换乘→7 号线 M3

路径⑥：13 号线 M2→四川师大站换乘→7 号线 M3

路径⑦：13 号线 M1→华西坝站换乘→1 号线 M2→火车南站换乘→7 号线 M3

3）时空路径费用参数估计与模型求解

假定在研究时段内，于 5:08 进入网络，5:56 离开网络的 OD 需求为 1200 人，该数据主要参考第四期建设规划初期(2023 年)预测区间断面流量。参考相关文献，利用统计学知识，预先设定模型中的相关参数，取值见表 3-9。

表 3-9　参数预设表

线路	Z_l	α	D_l	β	ε	∂
1 号线	266	0.46	1500	2.0	1.53	2.08
7 号线	336		1860			
13 号线	336		1860			

基于设定的 OD 需求及相关参数，采用 MSA 算法与可行最短路搜索算法进行城市轨道交通客流的平衡分配。

首先对 MSA 算法的收敛性进行分析。图 3-14 显示了采用 MSA 算法的迭代结果，即各条时空路径的流量分布情况。算法收敛速度较快，对于规模不大的网络具有较好的收敛性质。

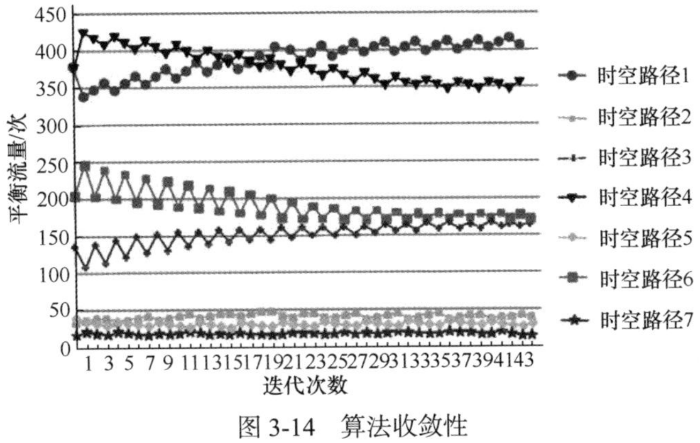

图 3-14　算法收敛性

通过求解可得出以下结果：①平衡条件下时空弧流量，包括代表各线路各车次各区间乘车人数的列车运行弧流量，代表各站点不同线路候车人数的站台等待弧流量，代表换乘站各条线路换乘人数的换乘弧流量，详情见表 3-10。②平衡状态下各条时空路径客流量及费用，详情见表 3-11。

表 3-10　平衡条件下时空弧平衡流量及用时

类别	线路	车站	时段	平衡流量/乘次	用时/min
站内走行弧+等待弧	13 号线	培风站	14:08～14:12	860.00	4.01
站内走行弧+等待弧	13 号线	培风站	14:12～14:16	340.00	4.01
站内走行弧	7 号线	成都东客站	14:49～14:51	773.13	2.01
站内走行弧	7 号线	成都东客站	14:54～14:56	436.87	2.01
换乘走行弧+等待弧	13 号线-7 号线	东坡路站	14:16～14:22	405.90	4.3
换乘走行弧+等待弧	13 号线-7 号线	东坡路站	14:16～14:27	34.10	8.8
换乘走行弧+等待弧	13 号线-7 号线	东坡路站	14:20～14:27	169.93	4.3
换乘走行弧+等待弧	13 号线-7 号线	四川师大站	14:36～14:42	367.23	5.82
换乘走行弧+等待弧	13 号线-7 号线	四川师大站	14:36～14:47	32.79	10.32
换乘走行弧+等待弧	13 号线-7 号线	四川师大站	14:40～14:47	170.07	5.82
换乘走行弧+等待弧	13 号线-1 号线	华西坝站	14:26～14:29	19.98	3.5
换乘走行弧+等待弧	1 号线-7 号线	火车南站	14:36～14:40	19.98	3.53
列车运行弧	13 号线	培风站—东坡路站	14:12～14:16	860.00	6.87
列车运行弧	13 号线	培风站—东坡路站	14:16～14:20	340.00	4.02
列车运行弧	13 号线	东坡站—华西坝站	14:16～14:26	420.00	11.15
列车运行弧	13 号线	东坡路站—华西坝站	14:20～14:30	170.07	10.00
列车运行弧	13 号线	华西坝站—四川师大站	14:26～14:36	400.02	10.88
列车运行弧	13 号线	华西坝站—四川师大站	14:30～14:40	170.07	10.00
列车运行弧	7 号线	东坡路站—火车南站	14:22～14:35	405.90	14.24
列车运行弧	7 号线	东坡路站—火车南站	14:27～14:40	204.43	13.00
列车运行弧	7 号线	火车南站—四川师大站	14:35～14:42	405.90	7.67
列车运行弧	7 号线	火车南站—四川师大站	14:40～14:47	224.01	7.00
列车运行弧	7 号线	四川师大站—成都东客站	14:42～14:49	773.17	11.19
列车运行弧	7 号线	四川师大站—成都东客站	14:47～14:54	426.87	7.87
列车运行弧	1 号线	华西坝站—火车南站	14:29～14:36	19.98	7.00

表 3-11　平衡条件下时空路径客流量及费用

时空路径	花费时间	进站走行+站台等待	换乘+站台等待	列车运行时间	出站走行	平衡流量/乘次	费用/min
①	43	4	6	31	2	405.9	50.29
②	48	4	11	31	2	34.1	49.56
③	44	4	7	31	2	169.93	45.06
④	43	4	6	31	2	367.23	51.94
⑤	48	4	11	31	2	32.79	56.43
⑥	44	4	7	31	2	170.07	43.73
⑦	48	4	7	35	2	19.98	52.94

初始条件下，根据 MSA 得到城市轨道交通扩展时空网络平衡流量。平衡条件下，OD 对间 7 条不同的时空路径出行费用总体保持一致，可证明模型及算法的有效性。

此外，模型与算法中涉及许多变量与参数，这类参数作为已知条件对配流结果有直接的影响，可对这些参数进行灵敏度分析，以便更好地把握配流模型的准确性及效果。

3. 基于配流结果的列车开行方案能力与客流需求匹配评价

基于配流结果对局部线网内客流时空及线路的列车开行方案为例进行实证分析。研究时段为平峰时段：于 5:08 进入网络，5:56 离开局部网络的 OD 需求为 1200 人。参考相关文献结合线路实际情况设定以下参数，取值见表 3-12。

表 3-12　匹配度评价参数预设表

线路	σ	γ_1/%	γ_2/%	γ_3/%	C_l	U_{qw}	U_{rr}	K_{rr}/%	K_{qw}/%
1 号线	1.7	35	35	30	2087	2	5	40	100
7 号线	1.7	35	35	30	2592	3	6	30	100
13 号线	1.7	38	38	24	2592	3.8	7.4	20	95

基于配流模型得到的时空客流分布，对客流需求与现有列车开行方案能力进行精确匹配，所得可视化结果如图 3-15 所示。由于本实例研究范围与研究时段有局限性，且只选取了培风站—成都东客站一组 OD，并不能全面充分地展示客流与系统整体运能的匹配程度，仅提供借鉴思路。

通过列车运行线的宽度，车站圆圈的大小代表不同线路各车次列车在区间内的载客量、满载率及乘客在不同线路各个车站的平均候车时间，能够从图中直观地识别关键区间和关键车站。

实例分析中，起点培风站位于 13 号线，线路上的列车承载客流量占比大。培风站至东坡路站区段列车满载率最高达 47%，与 OD 对起点的选取相关。东坡路站至四川师大站区段列车满载率不超过 25%，平峰时段线路运能供应能覆盖客流需求。由于选取的 OD 客流只需在 13 号线培风站候车，只考虑培风站乘客平均候车时间。由图可知，平峰时段站台客流压力不大。

终点站成都东客站位于 7 号线上，线路上的列车承载客流量占比大，集中在线路东南段。四川师大站至成都东客站区段列车满载率最高达 42%，与 OD 对止点选取相关。实际运营中，7 号环线与多条线路实现换乘、火车南站附近客流压力大，附近区段载客量及满载率高，车站客流组织压力较大，客流需求与运能矛盾突出。考虑在高峰时段加强对车站的客运组织力度，规避大客流风险，同时优化开行方案进一步提高运能。

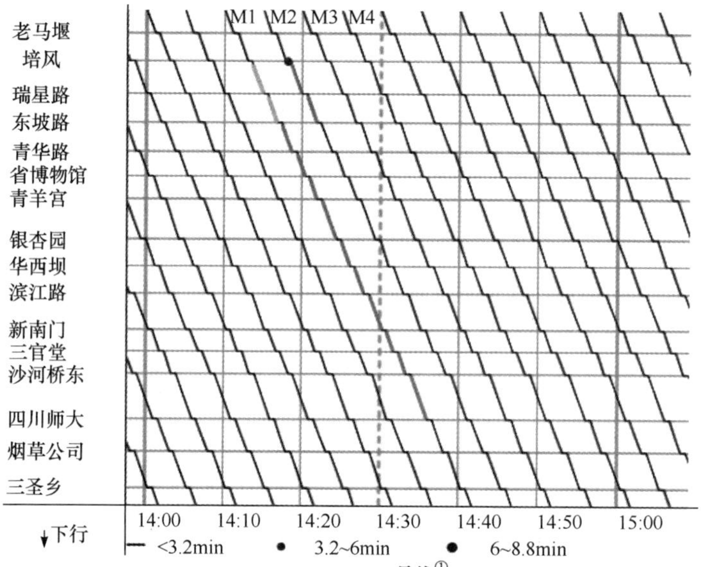

(a) 13号线①

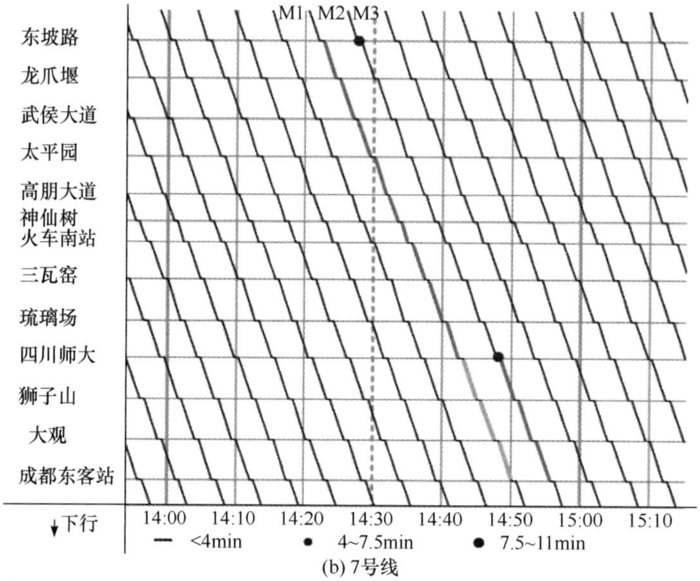

(b) 7号线

① 13 号线的基础线路资料参考成都铁路 2018 年公布的资料，与现在规划的 13 号线停靠站点有些许不同。

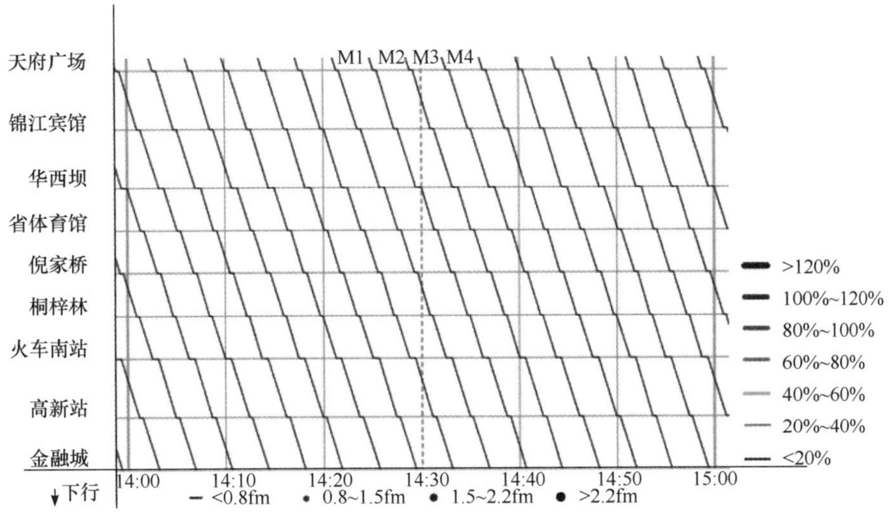

(c) 1号线

图 3-15　各线路色阶运行图

与 1 号线相关的路径需从培风站出发，经过两次换乘到达成都东客站，因为换乘次数多且没有时间优势，选择人数占比低于 2%，对 1 号线的客流压力影响非常小，但华西坝站、火车南站作为重要的换乘节点，带来的换乘客流压力应从车站能力角度进行疏解。

3.2　基于容量限制的增量加载分配-Logit 轨道交通客流分配模型

本节着重研究考虑时间变量时的城市轨道动态客流分配，剖析配流过程中路网输送能力和动态客流密度对乘客出行路径选择决策的影响，结合城市轨道交通线网及列车时刻表信息，建立时空扩展服务网络，区分畅通状态和拥堵状态下乘客广义出行费用计算方法；然后通过路网输送能力约束设置容量限制，以分批加载的方式，构建 Logit 客流分配模型，对出行费用进行动态修正并设计求解算法实现动态客流分配，并以重庆轨道交通网络为例对模型及算法的可行性和有效性进行分析及验证。

3.2.1　轨道交通动态客流分配研究现状分析

城市轨道交通的客流分配多结合轨道交通的物理线网和旅客的出行时间特征进行研究，并在研究过程中考虑旅客的出行费用、出行时间、出行时段和舒适度等影响因素：Hamdouch 等(2008)在研究客流分配模型时，考虑了城市轨道交通列车时刻表以及列车容量对旅客上车的约束；Schmöcker 等(2011；2008)以地铁列车发车频率为基础进行客流分配研究，考虑了旅客出行的舒适度，在计算旅客出行费用时加入旅客是否有座位这一因素，并通过建立随机均衡模型对问题进行求解；陈伯阳等(2015)基于地铁的列车时刻表，构建了地铁时空网络，计算旅客出行广义费用，提出了客流平衡分配模型及算法。在城市轨道交通的客流分配研究过程中考虑旅客的出行时段时，主要针对城市轨道交通早、晚高峰的大客流情况进行研究：马芳(2013)基于 Logit 模型研究城市轨道交通客流分配时，在高峰时段的阻抗函数计算中考虑了乘车的拥挤效应和换乘的延迟时间，进一步增加旅客在高峰时段的出行时间费用。朱炜(2013)从运营管理的角度构建了大客流条件下城市轨道交通网络客流的分布计算体系，并对其中的计算流程进行了详细分析。

总结发现，在研究城市轨道交通客流分配时，旅客的换乘及网络的拥堵情况是影响旅客乘车选择的重要因素，而在不同时刻，城市轨道交通车站的拥挤程度和网络的拥堵情况都是不同的。本节基于不同时间段出行对旅客心理的影响及该时间段轨道交通网络是否拥堵对旅客乘车选择的影响，研究城市轨道交通客流分配。

动态客流分配是基于列车时刻表，在物理拓扑网络的基础上，加入时间维度，构建时间依赖网络，将客流分配到每一趟列车上并实现客流的动态分布状态管理的方法，能够在已知客流 OD 需求分布结构条件下按照特定规则分析路网上客流的时空分布状态。在动态客流分配的研究方面，Nuzzolo 等(2012)在考虑运输能力约束的条件下针对包含运行计划的运输服务网络构建了动态客流分配模型。Nuzzolo 等(2001)基于公交车时刻表，考虑车辆载客量限制，用历时图对交通网络进行表述，提出动态的客流分配模型。Poon 等(2004b)假设出行者能掌握包括乘车时间、换乘时间等在内的所有出行信息，基于列车时刻表构建均衡的客流分配模型，并利用计算机仿真进行算法求解。Hamdouch 等(2014)分析了道路状况、事故或恶劣天气引起的旅行时间不确定性对乘客所采用的出行策略以及出发时间的影响。

3.2.2 城市轨道交通时空服务网络构建

城市轨道交通时空服务网络构建的关键在于将城市轨道交通列车的时间信息和乘客出行路径的空间信息和时间信息加入抽象的物理网络中，使网络中的节点和弧段具有时间属性，同时在网络中能够反映乘客在路网中的空间位置和时间状态。其构建的步骤如下。

步骤 1：添加城市轨道交通的时间信息。根据列车时刻表，将每一车次列车在各站的到达时刻和出发时刻等时间信息添加到抽象物理网络的节点上，构成时空网络。

步骤 2：构建列车的运行弧段。将网络中涉及的每一条城市轨道交通线路下的每一班次列车前序节点的出发时刻和后序节点的到达时刻用弧段连接起来形成每一班次列车的运行弧段。

步骤 3：构建列车的停站弧段。将网络中同一节点上同一线路的同班次列车的到达时刻和出发时刻用弧段连接起来形成该班次列车在该节点的停站弧段。至此构建了城市轨道交通的时空服务网络。

步骤 4：添加乘客在网络中的出行路径信息。根据乘客进入城市轨道交通系统的 AFC 数据显示的车站和时间，在对应车站的时间轴上标注出来。将乘客的进站信息标注点与其所乘坐列车的出发时刻连接，形成乘客在出发车站的活动弧段。再根据乘客实际经过的车站和线路，依次将代表各车站的时空节点连接起来，直到 AFC 数据中显示的乘客出站信息。构成乘客在城市轨道交通路网中完整的出行路径。

用图 $G(N,L,E,D,T)$表示扩展后的城市轨道交通时空服务网络。其中，N 代表城市轨道交通车站时空节点的集合；L 代表城市轨道交通线路的集合；E 代表乘客在城市轨道交通网络中出行弧段的集合；D 代表城市轨道交通线路区段集合(相邻站点之间的物理连接)；T 代表时刻的集合。

图 3-16 是一个城市轨道交通的时空服务网络实例，乘客要从 A 站前往 E 站，他在城市轨道交通网络中的出行路径被描述为：乘客于 8:42 分从 A 站的进站闸机进入 A 站，然后步行至站台乘坐城市轨道交通 X 号线车次号为 1 的列车于 8:57 分到达 C 站换乘城市轨道交通 Y 号线。假设乘客在 C 站从 X 号线换乘到 Y 号线所需时间为 6min，那么他将无法搭乘车次号为 1 的城市轨道交通 Y 号线。因此乘客须在 C 站站台等待至 9:04 分乘坐 Y 号线车次号为 2 的列车才能于 9:14 分到达车站 E。最后通过 E 站的连接设施于 9:18 分在 E 站的出站闸机出站。

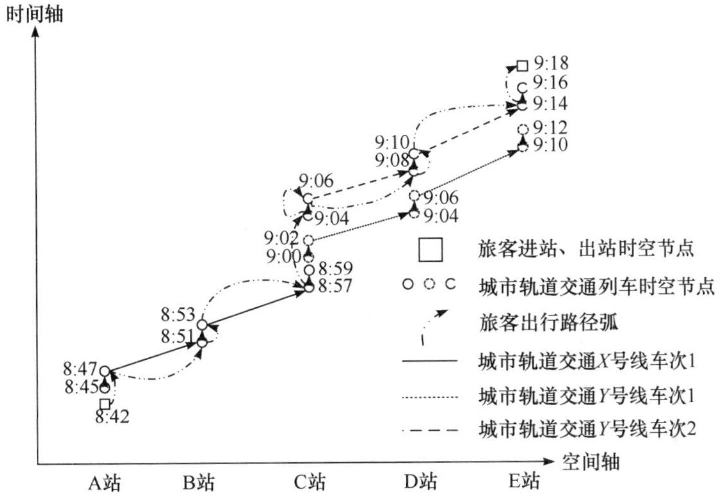

图 3-16 城市轨道交通时空服务网络示意图

3.2.3 城市轨道交通服务网络的状态分析

城市轨道交通网络是一个动态变化的系统，路网和乘客的状态会随网络结构的改变、乘客的出行情况或某些突发事件而产生变化。结合实际情况，可以将城市轨道交通时空服务网络的状态分成畅通、拥堵和中断三种状态。

1) 畅通状态

定义城市轨道交通网络的畅通状态指轨道交通网络能够完全满足进入其中的乘客的需求，意味着乘客从任意车站进站到达站台，都能在到达的第一列车上车。

2) 拥堵状态

定义当城市轨道交通网络处于拥堵状态下时会出现乘客在站台留乘的现象，即乘客需要在站台等候两列及以上的列车才能上车。这种情况往往发生在节假日或早高峰和晚高峰等客流量较大的时间段。

3) 中断状态

城市轨道交通网络的中断状态指的是由线路、车站、区间和设施设备等物理层面的因素导致的区间中断或线路中断，使得乘客无法选择该线路出行。

从轨道交通的运营情况来看，由于不同地铁线路的首末班车时间不同，会出现在每日的发车和收车阶段，城市轨道交通网络上某些线路和区间没有列车运行，使路网的结构发生变化，对乘客的出行选择产生影响。

除此之外，突发事件、大型活动和节假日会使部分车站的乘客明显增加。往往这些车站会采取限制或引导措施，将站内的客流控制在一定范围内，同时加开列车或延长列车运行时间，减少滞留在车站的乘客。

3.2.4 乘客分时段广义出行费用计算

1. 乘客出行路径分析

在城市轨道交通时空服务网络中，乘客的出行路径描述为多个弧段，为便于后续计算乘客各出行过程的广义费用，将乘客的出发站活动弧段拆分成乘客在出发站的进站走行弧和在站台等候上车的站台等候弧，将乘客在换乘站的换乘活动弧段拆分为乘客换乘走行弧和乘客在换乘线路站台的等候弧，将乘客在车运行弧段和在车停站等候弧段合并为乘客在车旅行弧段。

2. 分时段广义出行费用计算

乘客在乘坐城市轨道交通出行时的广义费用主要包括出行时间的费用、金钱费用的支出以及由拥挤度和出行时段等带来的感知费用。城市轨道交通的票价相对较低且差距不大，因此不考虑票价对乘客出行的影响。出行时间的费用主要产生于乘客出行路径上的各个弧段。拥挤度和出行时段主要通过影响乘客的心理状态来额外增加乘客的出行负担，称为感知费用。

1) 公式符号与参数

用于计算乘客分时段广义出行费用的符号与参数的具体含义见表 3-13。

表 3-13　用于计算乘客分时段广义出行费用计算过程所用符号及参数

符号/参数	含义	符号/参数	含义
G	乘客出行时段的集合	$\sigma_{i\text{-in}}^2$	乘客在 i 站进站时间的方差
g	乘客当前的出行时段	$T_{j\text{-out}}$	乘客在 j 站的出站时间
H	轨道交通换乘站的集合	$\mu_{j\text{-out}}$	乘客在 j 站出站时间的均值
h	城市轨道交通某个换乘站	$\sigma_{j\text{-out}}^2$	乘客在 j 站出站时间的方差
∂_i^g	车站 i 在 g 时段的站内拥挤程度	$T_{ij\text{-}lk}$	乘客乘线路 l 第 k 次列车从 i 站到 j 站的时间
$\rho_{i(i+1)\text{-}lk}^t$	t 时刻，线路 l 的第 k 次列车在 i 站与 $(i+1)$ 站间车厢的拥挤度	$T_{i\text{-}lk}^{\text{arrive}}$	轨道交通线路 l 第 k 次列车在 i 站的到达时刻
$X_{i(i+1)\text{-}lk}^t$	t 时刻，线路 l 的第 k 次列车在 i 站与 $(i+1)$ 站间的载客量	$T_{i\text{-}lk}^{\text{left}}$	轨道交通线路 l 第 k 次列车在 i 站的出发时刻

续表

符号/参数	含义	符号/参数	含义
Y_l	城市轨道交通线路 l 的列车座位能服务的乘客量	$T_{j\text{-}lk}^{\text{arrive}}$	轨道交通线路 l 第 k 次列车在 j 站的到达时刻
Z_l	线路 l 的列车的最大载荷	f_l^g	出行时段 g 时，线路 l 的发车频率
α 、β	车厢拥挤度计算公式的校正系数	I_l^g	出行时段 g 时，线路 l 的发车间隔
$C_{i\text{-time(in)}}^g$	出行时段 g 时，乘客在 i 站进站走行弧的广义费用	$\text{Num}_{i\text{-}lk}^t$	t 时刻，i 站站台等待搭乘线路 l 第 k 次列车的乘客数
$C_{j\text{-time(out)}}^g$	出行时段 g 时，乘客在 j 站出站走行弧的广义费用	$\text{Num}_{(i\text{-}1)i\text{-}lk}^t$	t 时刻，线路 l 第 k 次列车在$(i-1)$站与 i 站间的载客量
$C_{i(i+1)\text{-}lk\text{-time(travel)}}^t$	t 时刻，乘客乘坐城市轨道交通线路 l 的第 k 次列车从 i 站到达与其相邻后一车站($(i+1)$站)的在车旅行弧的广义费用	μ, λ	计算站台等候弧广义费用的参数，一般取 μ=0.15, λ=4
$C_{i\text{-wait}}^t$	t 时刻，乘客在 i 站站台等候弧的广义费用	$T_{h\text{-transfer}}$	乘客在换乘站 h 站换乘时的走行时间
$C_{h\text{-transfer}}^g$	出行时段 g 时，乘客在 h 站换乘走行弧的广义费用	$\mu_{h\text{-transfer}}$	乘客在 h 站换乘时走行时间的均值
$T_{i\text{-in}}$	乘客在 i 站的进站时间	$\sigma_{h\text{-transfer}}^2$	换乘走行时间的方差
$\mu_{i\text{-in}}$	乘客在 i 站进站时间均值		

2) 乘客出行弧广义费用计算

(1) 乘客进站走行弧及出站走行弧。

乘客在进站走行弧和出站走行弧上会产生进出站广义出行费用，进站费用和出站费用由乘客走行时间和该车站当前时段的拥挤度造成的感知费用组成。

以进站走行弧为例，分析其时间分布和出行费用。乘客的进站时间和出站时间的分布近似可以用正态分布函数来描述：

$$T_{i\text{-in}} \sim N(\mu_{i\text{-in}}, \sigma_{i\text{-in}}^2) \tag{3-39}$$

综合乘客进站时间和车站拥挤度，将拥挤度纳入进站走行弧广义出行费用的计算中，则出行时段 g 时，乘客在 i 站的进站走行弧的广义费用计算公式为

$$C_{i\text{-time(in)}}^g = T_{i\text{-in}}(1+\partial_i^g) \tag{3-40}$$

同理，计算得到出行时段 g 时，乘客在 j 站的出站走行弧的广义出行费用：

$$C_{j\text{-time(out)}}^g = T_{j\text{-out}}(1+\partial_j^g) \tag{3-41}$$

(2) 乘客在车旅行弧。

乘客在车旅行弧的广义出行费用主要由乘客的起点站和终点站决定，可以直接从时

刻表中获得列车在车站的到达时刻和出发时刻，计算得到乘客在车的旅行时间：

$$T_{ij\text{-}lk}=T_{j\text{-}lk}^{\text{arrive}}-T_{i\text{-}lk}^{\text{arrive}} \tag{3-42}$$

利用车厢拥挤度来计算不同出行时段下乘客由于当前时段线路 l 上列车的拥挤程度引起的在车的额外感知费用。城市轨道交通相邻两站列车车厢在三种情况下的拥挤度计算公式如下。

① 在车人数小于座位数：

$$\rho_{i(i+1)\text{-}lk}^{t}=0 \tag{3-43}$$

② 在车人数大于座位数小于最大载荷：

$$\rho_{i(i+1)\text{-}lk}^{t}=\frac{\alpha(X_{i(i+1)\text{-}lk}^{t}-Y_{lk})}{Y_{lk}} \tag{3-44}$$

③ 在车人数大于最大载荷：

$$\rho_{i(i+1)\text{-}lk}^{t}=\frac{\alpha(X_{i(i+1)\text{-}lk}^{t}-Y_{lk})}{Y_{lk}}+\frac{\beta(X_{i(i+1)\text{-}lk}^{t}-Z_{lk})}{Z_{lk}} \tag{3-45}$$

在旅行的过程中，乘客所在列车的车厢拥挤度会发生改变，因此需要逐个计算各个区间的广义费用。计算在时刻 t 时，乘客乘坐城市轨道交通线路 l 的第 k 次列车从 i 站到达与其相邻后一车站($(i+1)$ 站)的在车旅行弧的广义出行费用。

$$C_{i(i+1)\text{-}lk\text{-time(travel)}}^{t}=T_{i(i+1)\text{-}lk}(1+\rho_{i(i+1)\text{-}lk}^{T_{i\text{-}lk}^{\text{left}}}) \tag{3-46}$$

(3) 乘客站台等候弧。

乘客站台等候弧会产生乘客在站台等待列车的出行费用，由乘客在站台的等待时间和当前站台的拥挤程度决定。由于拥挤状态下无法保证所有在站台的乘客都能登上最先到达的列车，会出现“留乘”情况。

① 畅通状态。

畅通状态为站台人数小于列车下客后的剩余载客量，表达式为

$$\text{Num}_{i\text{-}lk}^{t}\leqslant Z_{lk}-\text{Num}_{(i-1)i\text{-}lk}^{t}/(f_l^t\cdot T_{(i-1)i\text{-}lk}) \tag{3-47}$$

畅通状态站台等候弧的广义费用计算公式为

$$C_{i\text{-wait}}^{t}(\text{clear})=0.5I_l^t \tag{3-48}$$

② 拥挤状态。

拥挤状态为站台人数大于列车下客后的剩余载客量，表达式为

$$\text{Num}_{i\text{-}lk}^{t}>Z_{lk}-\text{Num}_{(i-1)i\text{-}lk}^{t}/(f_l^t\cdot T_{(i-1)i\text{-}lk}) \tag{3-49}$$

拥挤状态站台等候弧的广义费用计算公式为

$$C_{i\text{-wait}}^{t}(\text{jam})=0.5I_l^t+\mu\left(\frac{\text{Num}_{i\text{-}lk}^{t}/T_{(i-1)i\text{-}lk}}{f_l^t\cdot Z_{lk}-\text{Num}_{(i-1)i\text{-}lk}^{t}/T_{(i-1)i\text{-}lk}}\right)^{\lambda} \tag{3-50}$$

(4) 乘客换乘走行弧。

乘客换乘走行弧上会产生乘客在换乘走行的广义出行费用，换乘费用由乘客换乘走行时间和该车站当前时间的拥挤度造成的感知费用组成。与乘客进站时间和出站时间类似，通常认为乘客换乘走行时间的分布符合正态分布：

$$T_{h\text{-transfer}} \sim N(\mu_{h\text{-transfer}}, \sigma^2_{h\text{-transfer}}) \tag{3-51}$$

乘客在换乘站换乘时也会受到车站当前时段拥挤度的影响，因此同样引入车站拥挤度系数用以计算出行费用：

$$C^g_{h\text{-transfer}} = T_{h\text{-transfer}}(1+\partial^g_h) \tag{3-52}$$

3) 不同状态下乘客出行弧广义费用计算

(1) 城市轨道交通网络畅通状态下，用 C_{clear} 表示乘客从 i 站到 j 站总的出行广义费用，则 C^g_{clear} 表示城市轨道交通网络畅通状态下，出行时段 g 时，旅客从 i 站到 j 站总的出行广义费用：

$$\begin{aligned} C^g_{\text{clear}} &= C^g_{i\text{-time(in)}} + C^g_{j\text{-time(out)}} + C^t_{i\text{-wait}}(\text{clear}) + \sum_{i=1}^{j-1} C^t_{i(i+1)\text{-}lk\text{-time(travel)}} \\ &\quad + \sum_h C^g_{h\text{-transfer}} + \sum_h C^t_{h\text{-wait}}(\text{clear}) \end{aligned} \tag{3-53}$$

(2) 城市轨道交通网络拥堵状态下，用 C_{jam} 表示乘客从 i 站到 j 站总的出行广义费用，则 C^g_{jam} 表示城市轨道交通网络拥堵状态下，出行时段 g 时，旅客从 i 站到 j 站总的出行广义费用：

$$\begin{aligned} C^g_{jam} &= C^g_{i\text{-time(in)}} + C^g_{j\text{-time(out)}} + C^t_{i\text{-wait}}(jam) \\ &+ \sum_{i=1}^{j-1} C^t_{i(i+1)\text{-}lk\text{-time(travel)}} + \sum_h C^g_{h\text{-transfer}} + \sum_h C^t_{h\text{-wait}}(jam) \end{aligned} \tag{3-54}$$

3.2.5 基于容量限制和分批加载的 Logit 模型与方法

在利用 Logit 模型进行客流分配时，一般认为乘客在同一区间的旅行时间为一常数，这与实际上的交通情况有所区别。实际上，乘客的旅行时间与该区间当前的交通负荷量有关，考虑到交通负荷量对乘客旅行时间的影响，需要在客流分配的过程中对乘客的出行时间和出行费用进行修改。考虑将容量限制-分批加载的方法与 Logit 模型结合，将城市轨道交通网络恰好能够保证网络中的乘客无留乘现象的乘客数量作为城市轨道交通网络的容量，将乘客广义出行费用作为出行阻抗，当网络中的客流量超过其容量时，将客流量平均分成 3 批分配到轨道交通路网上，每分配一批，重新计算一次乘客的广义出行费用，直到将所有客流分配完毕。式(3-55)为 Logit 模型的基本公式，图 3-17 为该模型的计算流程示意图。

$$p^n_k = \frac{\exp(-\theta c^n_k / \overline{c})}{\sum_l \exp(-\theta c^n_l / \overline{c})}, \quad \forall k, n \tag{3-55}$$

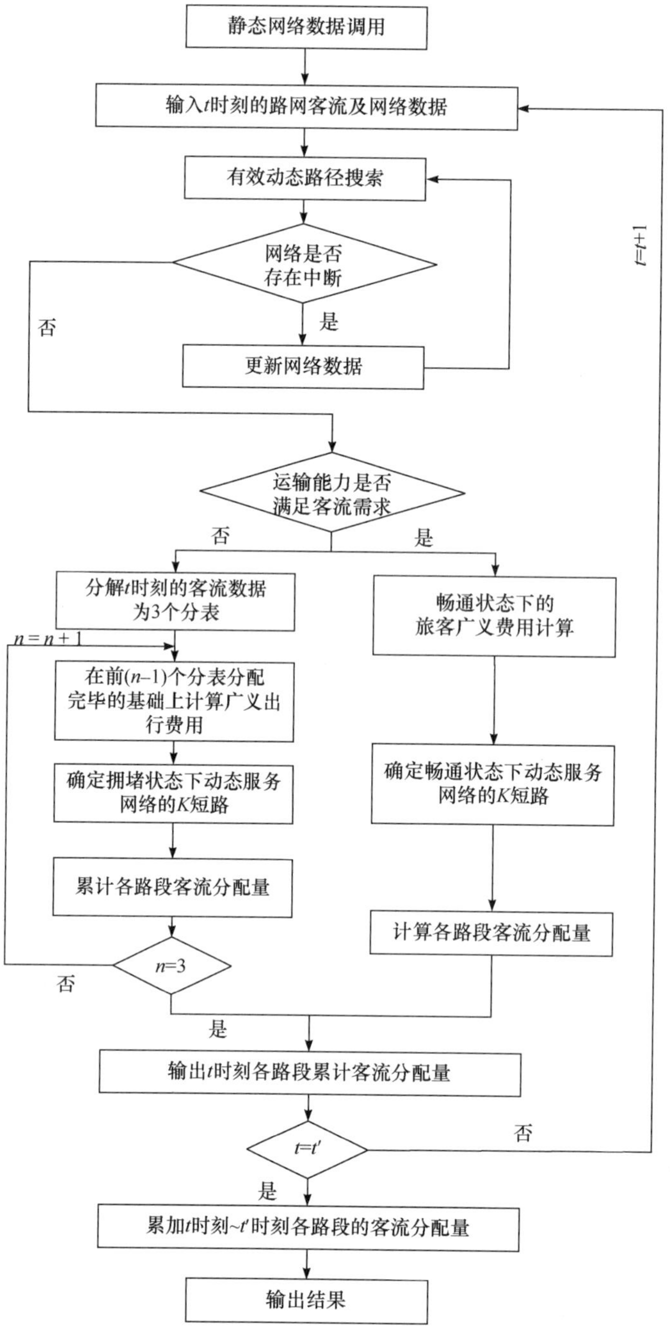

图 3-17　基于容量限制和分批加载的 Logit 模型客流分配求解算法流程图

对 t 时刻～t' 时刻网络中的客流进行客流分配的步骤为：首先输入 t 时刻的网络数据及客流数据，通过有效路径搜索判断 t 时刻物理网络是否中断，若存在中断，则需更新路网数据；在确定路网信息后，首先判断当前时刻的路网状态，若路网处于畅通状态，计算当前时刻乘客在畅通网络中的广义出行费用，利用 Logit 模型进行客流分配；若路网处于拥堵状态，将客流平均分解为 3 个分表，计算该时刻乘客的广义出行费用并对第一个分表的客流进行分配，在第一个分表分配的基础上重新计算出行费用，直至完成所有客流的分配，并累计每一次的客流分配量，得到 t 时刻各路段的客流分配量；然后更新下一个时刻($t+1$ 时刻)的路网信息及客流数据重复上述步骤，完成所有时刻客流分配后将得到的结果累加，得到 $t\sim t'$ 时刻路网的客流分配结果。

3.2.6 案例分析

以重庆市轨道交通 1 号线、3 号线和 10 号线构成的城市轨道交通网络为研究对象。根据重庆市轨道交通运营实际情况及历史研究，对参数进行如下规定：每个出行时段 g 定为 1h(60min)；1 号线列车座位能服务的乘客量 $Y_1=240$，最大载荷 $Z_1=1880$；3 号线 6 辆编组列车座位能服务的乘客量 $Y_3=170$，最大载荷 $Z_3=1340$，8 辆编组列车座位能服务的乘客量 $Y_3=140$，最大载荷 $Z_3=1800$；1 号线列车座位能服务的乘客量 $Y_{10}=280$，最大载荷 $Z_{10}=2322$；当 $Y_{lk}<X_{i(i+1)\text{-}lk}^t\leqslant Z_{lk}$ 时，校正系数 $\alpha=0.11$；当 $X_{i(i+1)\text{-}lk}^t>Z_{lk}$ 时，校正系数 $\alpha=0.12$，$\beta=0.13$；为计算方便，不同线路的发车间隔 I_l^g 在网络畅通状态(平峰时段)下均取 5min，拥堵状态(高峰时段)下均取 3min，发车频率 f_l^g 为其倒数；车站拥挤度系数 ∂_l^g 在网络畅通状态下取 1.2，拥堵状态下取 2.5；Logit 模型中的参数 θ 取 3.3。

本例以重庆轨道交通 2018 年 9 月某日 8:00～9:00 的客流数据进行客流分配，在该出行时段，轨道交通 1 号线和 3 号线部分车站上出现留乘现象，认为此时网络处于拥堵状态，将客流分成 3 批分配，每次分配完毕后，根据网络内各区段现有分配量和各区间开行列车的最大额定人数，重新计算各区间的乘客广义出行费用，并做下一次分配，将 3 次分配结果累加，得到了图 3-18 和图 3-19 该时段客流在 3 条轨道交通线路上行和下行方向各区间的分配情况。根据《地铁设计规范》(GB 50157—2013)中对地铁上下行的规定，南北向线路以由南向北运行为上行方向，由北向南运行为下行方向；东西向线路以由西向东运行为上行方向，由东向西运行为下行方向。则在本研究中的上行方向为尖顶坡—小什字、鱼洞—举人坝和鲤鱼池—王家庄，与其相反的列车开行方向则为下行方向。

在分批客流分配的过程中，在每次分配后都对线路各区间的出行费用进行了重新计算，因此留乘现象严重的车站及其对应的车厢拥堵的区间分配到的乘客数会随着分配次数的增加而减少，例如，轨道交通 1 号线的磁器口—烈士墓、烈士墓—杨公桥、杨公桥—沙坪坝区间和 3 号线的两路口—牛角沱、牛角沱—观音桥和观音桥—红旗河沟区间。其中烈士墓—杨公桥区间 3 个批次分配的客流人数为 4570 人、3884 人和 2971 人，可以看到由于留乘现象以及列车车厢人数的增加，拥堵区间的出行费用增加，分配到的乘客数逐渐减少，同时相对畅通的区间人数随着分配次数的增加分配到的乘客数有所增加，乘客选择从其他车站上车前往目的地，这符合乘客对拥堵状态下轨道交通网络动态变化做出的出行方案的选择。若需要对多个连续时间段的客流进行分配，只需重复图 3-17 的步骤。

图 3-18　上行方向客流分配情况示意图

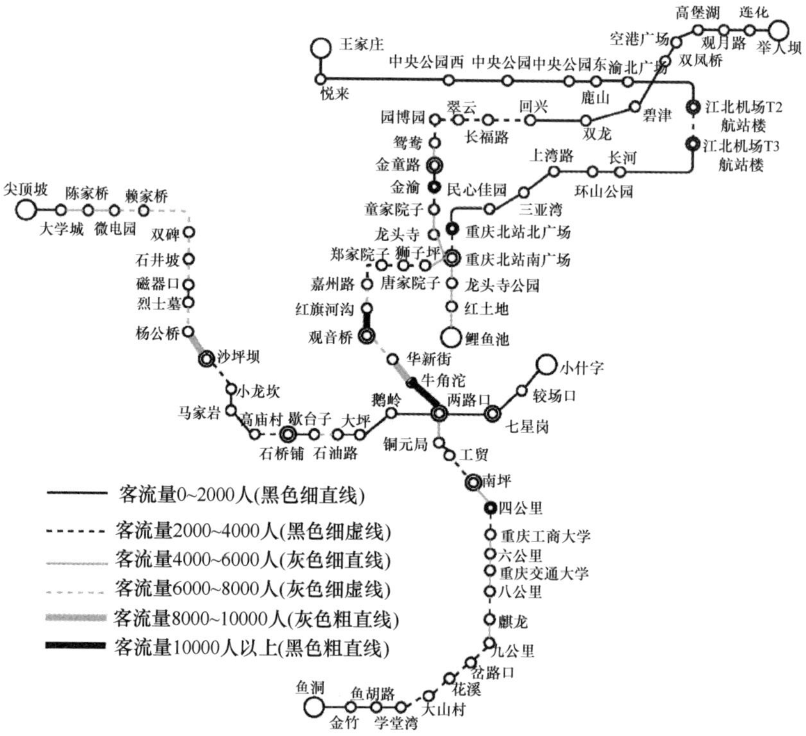

图 3-19　下行方向客流分配情况示意图

第 4 章　区域轨道交通有效承载力计算方法

承载力的概念起源于结构力学，是指结构或构件所能承受变形的极限压力。之后引入生态学领域，指“某个区域在一定时期内，在确保资源合理开发利用和生态环境良性循环的条件下，资源环境能够承载的人口数量”。随着研究的深入，承载力的概念也逐渐引入轨道交通系统，区域轨道交通有效承载力可以定义为：在给定现有设备条件和人员条件下，满足一定的乘客运输需求、服务水平及行车组织水平，充分运用现有技术设备，采用一定的运输组织方法，并考虑到各车站、线路相互协调及日常随机因素的影响，区域轨道交通路网在单位时间内所能提供的实际乘客最大空间转移能力。

4.1　基于系统动力学的车站与枢纽有效承载力计算

区域轨道交通车站与枢纽有效承载力进行如下定义：在一定的基础设施、固定设备、移动设备、人力投入和运输组织水平下，车站区域维持在一定服务水平，车站在单位时间内(小时(h)，天(d))的车站办理旅客数(陈伟等，2021)。

4.1.1　系统动力学概述

系统动力学(system dynamics，SD)出现于 1956 年，创始人为美国麻省理工学院的福瑞斯特教授。系统动力学是福瑞斯特教授于 1958 年为分析生产管理及库存管理等企业问题而提出的系统仿真方法，最初称为工业动态学。系统动力学是一门分析研究信息反馈系统的学科，也是一门认识系统问题和解决系统问题的交叉综合学科。

系统动力学是以大型复杂系统为研究对象，按一定目的进行设计、开发、管理与控制，以期达到总体效果最优的理论和方法。近年来，随着对系统动力学认识的深化及其本身的丰富和发展，系统动力学的应用已经广泛深入到城市交通规划、建设、管理、评价的各个方面，并极大地推动了城市交通理论和实践的发展。系统动力学的理论、技术及方法已经成为人们认识交通问题、解决交通问题的重要理论基础和工具。

4.1.2　车站与枢纽系统结构分析

轨道交通车站系统是一个动态、开放、复杂的反馈系统，主要受乘客、服务设施、管理措施、列车运输和空间布局等因素的影响。乘客因素是影响系统的主要因素，主要包括轨道交通车站区域乘客的构成、数量、身体及心理素质、行人特征、民族风俗等内容，服务设施因素是影响轨道交通车站承载力的决定性因素，主要体现在设施的服务能力和服务时间上；管理措施因素是调整和维护车站系统正常运营的强有力工具，对系统功能起到调节和导向作用，主要包括高峰时段的客流组织和客流管理；列车运输因素是保证车站客流持续流动的重要因素，主要包括列车行车间隔和列车停站时间等内容，空间布局因素是从地理空间上影响乘客流动速率和车站承载力的另一个重要因素，主要包括站台大小、站厅大小、拥堵缓冲区大小等内容(胡清梅，2011)。

因此，构成轨道交通车站系统的实体主要有乘客、列车、站台、楼梯、闸机、站厅、通道，安检设备等。本节主要针对付费区内的轨道交通设施承载力进行建模计算，不考虑非付费区的安检设备、楼梯和通道等设施对客流的影响，因此影响车站付费区域客流承载力的因素包括乘客、列车、站台、楼梯、站厅、闸机、通道。

4.1.3　因果循环图逻辑构架

通过对轨道交通车站承载客流的因果分析，对因果循环图中几个关键变量进行因果连接架构分析，以树形图显示变量与工作变量的因果关系，更直观地获取每个变量之间的关系，便于系统动力学的定性分析。交通枢纽地铁站通常为换乘地铁站，其站厅及站台客流原因树构架分别如图 4-1 和图 4-2 所示。

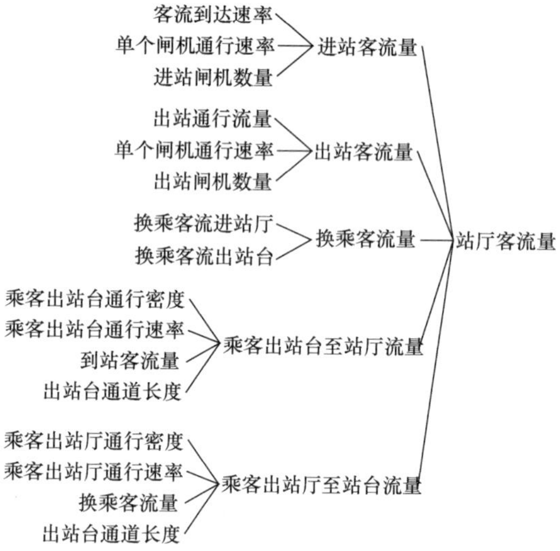

图 4-1　地铁换乘站站厅客流原因树

4.1.4　系统动力学建模

基于上述因果逻辑图建立系统动力学方程，以成都东站客运枢纽(成都东站)作为仿真研究分析对象。成都东站的高铁出站检票口与成都地铁 2 号线和 7 号线站厅位于同一平面，旅客出站后通过换乘通道即可换乘成都地铁 2 号线和 7 号线，不需要重复安检，换乘距离短，换乘效率高。7 号线站台换乘 2 号线站台，可以在 7 号线内环方向车头处通过换乘楼梯上到 2 号线站台，或上至共用站厅后下到 2 号线站台；2 号线换乘 7 号线，需要先到达共用站厅，再从站厅到 7 号线站台。以车站的通行楼梯扶梯、换乘通道、进出闸机、站厅和站台等为模型构件，建立系统动力学方程，其中站厅和两个站台方程如下：

$$P_{\text{hall}} = \int_0^t \begin{bmatrix} \text{Flow}_{\text{in}}(t) + \text{Flow}_{\text{2fin}}(t) + \text{Flow}_{\text{2lin}}(t) + \text{Flow}_{\text{7fin}}(t) + \text{Flow}_{\text{7lin}}(t) \\ -\text{Flow}_{\text{out}}(t) - \text{Flow}_{\text{2fout}}(t) - \text{Flow}_{\text{2lout}}(t) - \text{Flow}_{\text{7fout}}(t) - \text{Flow}_{\text{7lout}}(t) \end{bmatrix} \mathrm{d}t \tag{4-1}$$

$$P_{\text{2platform}} = \int_0^t \begin{bmatrix} \text{Flow}_{\text{2arrive}}(t) + \text{Flow}_{\text{2fin}'}(t) + \text{Flow}_{\text{2lin}'}(t) \\ +\text{Flow}_{\text{transfer}}(t) - \text{Flow}_{\text{2ride}}(t) - \text{Flow}_{\text{2up}}(t) \end{bmatrix} \mathrm{d}t \tag{4-2}$$

$$P_{\text{7platform}} = \int_0^t \begin{bmatrix} \text{Flow}_{\text{7arrive}}(t) + \text{Flow}_{\text{7fin}'}(t) + \text{Flow}_{\text{7lin}'}(t) \\ -\text{Flow}_{\text{7transfer}}(t) - \text{Flow}_{\text{7ride}}(t) - \text{Flow}_{\text{7up}}(t) \end{bmatrix} \mathrm{d}t \tag{4-3}$$

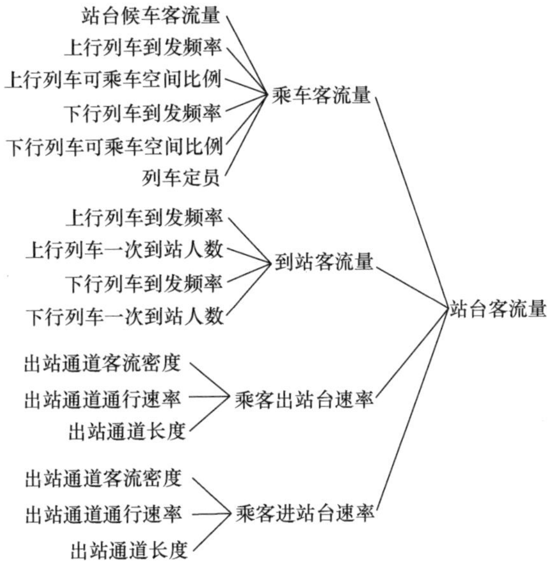

图 4-2　地铁换乘站站台客流原因树

式中，各参数的含义见表 4-1。

表 4-1　站厅和两个站台系统动力学方程参数含义说明

参数	含义	参数	含义
P_{hall}	站厅承载客流量	$Flow_{2arrive}(t)$	2 号线到站客流速率
$P_{2platform}$	2 号线站台承载客流量	$Flow_{2fin'}(t)$	2 号线扶梯进站台速率
$P_{7platform}$	7 号线站台承载客流量	$Flow_{2lin'}(t)$	2 号线楼梯进站台速率
$Flow_{in}(t)$	闸机进入站厅速率	$Flow_{transfer}(t)$	换乘进 2 号线站台速率
$Flow_{2fin}(t)$	2 号线扶梯进入站厅速率	$Flow_{2ride}(t)$	2 号线乘车客流速率
$Flow_{2lin}(t)$	2 号线楼梯进入站厅速率	$Flow_{2up}(t)$	2 号线上行出站台速率
$Flow_{7fin}(t)$	7 号线扶梯进入站厅速率	$Flow_{7arrive}(t)$	7 号线到站客流速率
$Flow_{7lin}(t)$	7 号线楼梯进入站厅速率	$Flow_{7fin'}(t)$	7 号线扶梯进站台速率
$Flow_{out}(t)$	出站速率	$Flow_{7lin'}(t)$	7 号线楼梯进站台速率
$Flow_{2fout}(t)$	2 号线扶梯出站台速率	$Flow_{7ride}(t)$	7 号线乘车客流速率
$Flow_{2lout}(t)$	2 号线楼梯出站台速率	$Flow_{7transfer}(t)$	7 号线站台进换乘速率
$Flow_{7fout}(t)$	7 号线扶梯出站台速率	$Flow_{7up}(t)$	7 号线上行出站台速率
$Flow_{7lout}(t)$	7 号线楼梯出站台速率		

系统动力学流图是系统动力学的基本变量和表示符号的有机组合。根据交通枢纽换乘系统内部各因素之间的关系设计系统流图，其目的主要在于反映系统各因果关系中所没能反映出来的不同变量的特性和特点，使系统内部的作用机制更加清晰明了，然后通过流图中关系的进一步量化，实现交通枢纽换乘系统的客流运动仿真。建立交通枢纽换乘系统通行客流流动模型，如图 4-3 所示。模型展示了交通枢纽换乘系统客流承载区域、进站流线、出站流线、换乘流线、乘车过程等环节和影响要素。

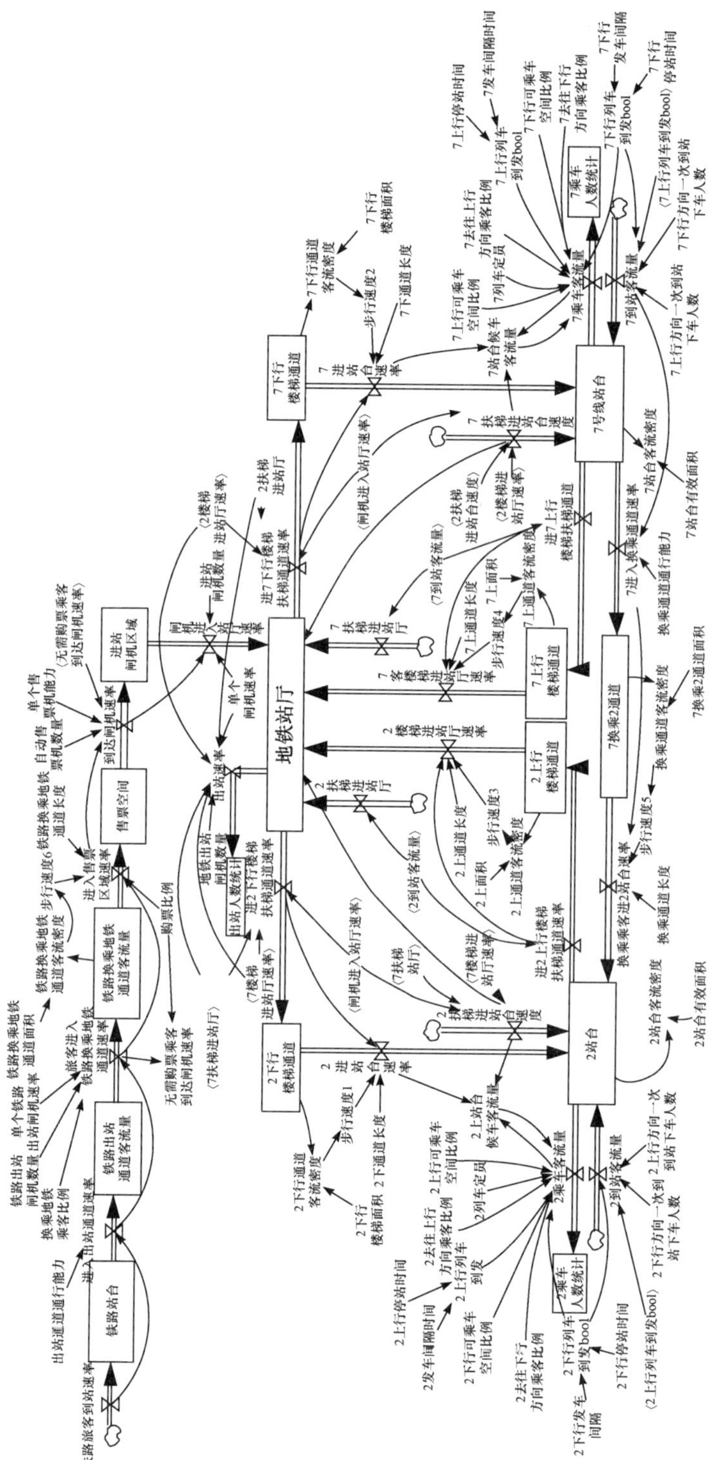

图4-3　交通枢纽换乘系统通行客流流动模型

2表示2号线，7表示7号线

在设定好车站设施设备的参数及客流输入输出条件之后，模型可以输出设定时间步长及范围内的客流变化情况，输出结果以动态曲线及数据表的形式给出。本实例给出 60min 内，该车站内的客流变化情况计算结果，并对模型运算结果进行统计分析。图 4-4 显示车站乘车人数的变化曲线，并给出相关影响因素的变化曲线。图 4-5 显示车站出站人数及影响因素变化曲线。则该站在 60min 内，有效承载乘车、出站人数分别约为 21096 人、5365 人。

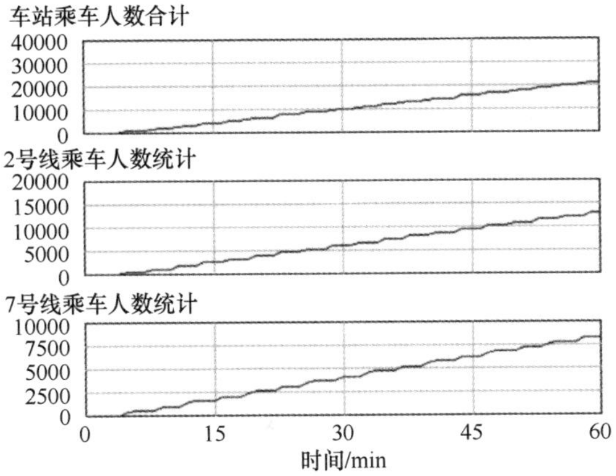

图 4-4　车站乘车人数及影响因素变化曲线

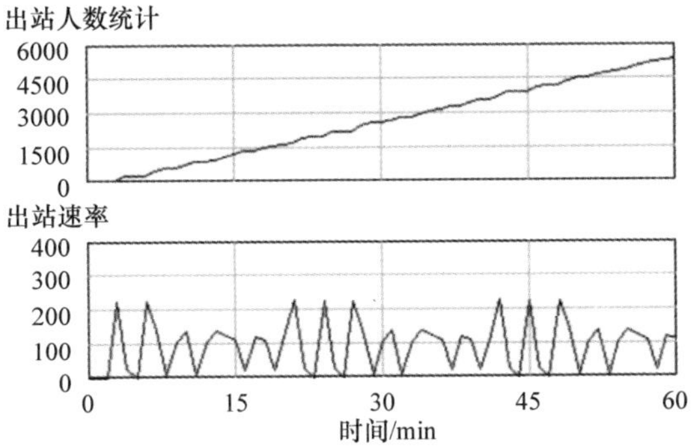

图 4-5　车站出站人数及影响因素变化曲线

根据远期 2030 年预测值，成都东站一天进站人数为 14.55 万人，一天内最高峰小时客流占全天进站客流最高数值的 0.14，即最高小时进站人数为 2.037 万人/h，与模型计算出来的数值比较吻合，说明模型是合理且准确的。

4.2　基于耐受性的线路有效承载力计算

线路有效承载力指线路在一定的基础设施、固定设备、移动设备、人力投入和运输组织水平下，车厢区域服务水平持续维持在乘客耐受阈值以内，在单位时间内能够生产的旅客输送量。

4.2.1　线路有效承载力影响因素分析

与线路的有效承载力紧密相关的是线路的通过能力、输送能力和乘客服务水平。在实际工作中，通常把通过能力分为设计通过能力、现有通过能力和需要通过能力三个不同的概念。轨道交通线路系统输送能力是指在一定的车辆类型、信号设备、固定设备和行车组织方法的条件下，按照现有活动设备和乘务人员的数量，轨道交通系统在单位时间内(通常为高峰小时、一昼夜或一年)所能运送的乘客人数。在通过能力一定的条件下，轨道交通线路的输送能力主要取决于列车编组辆数和车辆定员人数。

结合线路有效承载力概念体系，整理各影响因素与线路有效承载力的相关关系，如图 4-6 所示，线路通过能力、列车载客量、服务水平等，为影响线路有效承载力的主要因素。其中，服务水平的划分和取值与车厢立席密度和乘客的拥挤耐受感知有紧密的联系。

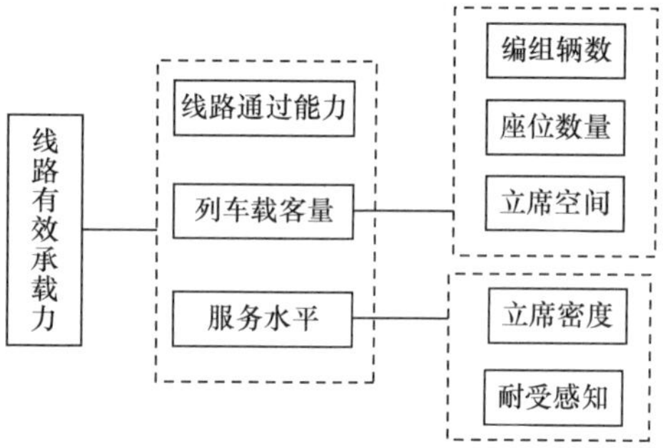

图 4-6　线路有效承载力影响关系

1. 轨道交通线路的通过能力

线路的通过能力取决于车站通过能力、折返能力和其他设备设施的能力。根据客运作业、行车和线路各设备的特点，列车停站时间和信号制式成为影响线路通过能力的主要因素。列车追踪运行的情况下，线路通过能力计算的一般公式为

$$N_i = 3600/h_i \tag{4-4}$$

式中，N_i 为 1h 内线路 i 所能通过的最大列车数，列；h_i 为线路 i 追踪列车间隔时间，s。

2. 列车载客量

列车载客量主要由车辆的定员数、座位比例和超载率确定，过高的超载率会影响列车服务水平，降低座位率可以提高列车载客人数，但是也会增加乘客站立的可能性和立席密度。以城市轨道交通系统中的车辆设备为例，包括车辆选型、车厢布局、座位率和立席密度等，上述因素决定了城市轨道交通车辆的额定载客量，即车辆定员(吴奇兵，2015)。

1) 车辆选型

城市轨道交通车辆分为 A、B、C 三种类型，A 型车和 B 型车常用于地铁系统，C 型车则多用于轻轨系统。不同车型在尺寸、定员、造价等方面有较大差别。A 型车比 B 型车车身更大，A 型车车体宽度约为 3m，单个车辆长度为 22～23.6m，而 B 型车车体宽度为 2.8m，单个车辆长度为 19～19.5m；A 型车车辆载客能力高于 B 型车，按照立席密度 5 人/m^2 计算，A 型车单个车辆定员约为 267 人，而 B 型车约为 210 人，跨坐式单轨 A 型车约为 139 人；A 型车造价也高于 B 型车。目前，重庆多数线路采用 AS 型列车；地铁 1 号线使用 B2 型列车，3 号线采用跨坐式单轨 A 型车。随着城市轨道交通系统逐步成网，客流需求逐步增大，A 型车的应用越来越广泛。

2) 车厢布局

地铁车厢的布局，按照座椅可分为横向座椅布局和纵向座椅布局两类。其中，座椅的横向布置方式，有利于增加高速、长距离、大区间线路乘客出行的舒适性，常用于机场线或市郊线；座椅的纵向布置方式，则有利于增加车厢内立席空间，增大车厢定员，适用于以满足通勤客流需求为主且客流需求较大的线路。目前，在各大城市的轨道交通系统中纵向座椅应用最为广泛，仅有少数城市轨道交通线路列车采用横向座椅，如北京地铁机场线；也有部分地铁线路采用混合布局方式，如在成都地铁 10 号线列车中，两种座椅布局形式各占一半。

3) 座位率

座位率指地铁车厢内提供的座位数量与车厢定员之比，座位率越高车厢定员数量越少，座位率越低车厢定员越多。A 型车和 B 型车车厢的座位率分别为 18.06%和 18.4%。为在满足高峰小时客流出行需求的同时，增加平峰小时的满载率并保证服务水平，部分城市在城市轨道交通车辆采用折叠座椅，如北京地铁 1 号线、上海地铁 16 号线等。根据《地铁设计规范》(GB 50157—2013)，单个座席面积为 0.35m^2(0.7m×0.5m)，当立席密度为 6 人/m^2 时，每安装两个折叠座椅就比使用两个非折叠座椅增加一个定员，折叠椅数量越多，运能增加效果越显著。运送同等数量的乘客，当座位率低时，可以适当减少列车编组数量或列车开行数量，从而降低企业运营成本；同样，当座位率高时，则需要适当增加列车编组数量，或增开列车。

3. 服务水平

乘客乘坐轨道交通的服务水平主要表现在车站设施和车厢设施的服务水平，其中和线路有效承载力服务水平紧密相关是车厢的立席密度，而不同的人群、不同的出行目的对于不同服务水平的耐受性又是不同，例如，乘客在通勤时对于拥挤的耐受性要强于休闲娱乐时，这是因为乘客更加迫切地需要到达目的地。对于线路有效承载力服务水平，主要影响因素有车厢立席密度、站立时间和候车时间。其中，车厢立席密度、站立时间主要体现了车厢内的服务水平，然而，即使车厢内拥挤程度很低，过长的候车时间也会降低整个出行的服务水平，所以候车时间也是必须考虑的因素之一。

当车辆编组、座席数量一定时，车辆定员随立席密度的提高而增大。立席密度是乘客舒适度和拥挤度的评价标准之一。通常认为，当立席密度为 3 人/m^2 时，乘客可以自由流动，非常舒适；当立席密度为 4～5 人/m^2 时，乘客有一定的宽松度，感受较为良好；我国《地铁设计规范》(GB 50157—2013)确定车辆技术规格时，将定员标准设置为 6 人/m^2，为乘客感受的临界状态，超员标准则按照 9 人/m^2 计；当立席密度达到 10 人/m^2 时，极为拥挤，乘客难以忍受。可见，在设置立席密度标准时，需结合客流需求与乘客服务水平综合确定，使列车载客能力处于合理水平。

4.2.2　线路有效承载力的一般计算方法

轨道交通线路有效承载力主要影响为线路通过能力、列车载客量和列车服务水平。线路有效承载力计算公式为

$$C_i = N_i q_i \tag{4-5}$$

$$q_i = \sum_{j=1}^{n}(m_j + s_j \alpha) \tag{4-6}$$

式中，C_i 为区域轨道交通线路 i 的有效承载力，人次/小时；N_i 为线路 i 的通过能力，列；q_i 为线路 i 上单次列车载客量，人；n 为列车编组辆数；m_j 为车厢 j 座位数；s_j 为车厢 j 有效站立面积；α 为车厢立席密度，人/m^2。

其中，立席密度的不同取值，对应不同服务水平下的线路承载力。对于线路有效承载力计算，需要将乘客耐受性与车厢立席密度进行综合考虑，并确定乘客对车厢立席密度的耐受阈值，以此作为线路有效承载力计算的重要参数。

4.2.3　基于耐受性的车厢服务水平研究

针对已有车厢立席密度计算方法的缺点，综合考虑时间空间对乘客舒适度的影响，将区间模糊数引入乘客时间空间综合耐受感知模型，并对立席密度进行修正，确定车厢合理立席密度，避免单一因素对总体目标的过度影响，使计算结果更加科学合理(陈伟等，2020)。

1. 主要影响因素分析

乘客在使用轨道交通出行过程中，受到车站和线路多个环节的服务，根据乘客属性和环境的不同，乘客对各项服务设施的耐受性表现也会不同。这里的耐受性可以理解为乘客对时间、体力和心理的一种综合忍受过程，该过程会受到时间、空间等因素的影响。这种叠加并不是简单的加权，而是心理因素和生理因素的叠加(艾毅和李宗平，2017)。当乘客在出行过程的综合耐受感知逼近自身可以承受的极限时，生理和心理都会处于崩溃的边缘，带来的出行体验也是极差的。

乘客乘坐轨道交通的服务水平主要表现为车站设施和车厢设施的服务水平，和乘客乘坐体验最为紧密相关的是车厢立席密度，而不同人群、不同出行目的对不同服务水平的耐受性不同。乘客乘坐轨道交通线路，耐受性的主要影响因素有车厢立席密度、站立时间和候车时间，如图 4-7 所示。车厢立席密度、站立时间主要体现了乘客在车厢内的服务水平。研究发现，候车时间对乘客的综合耐受性影响程度不高，但不同类型乘客对候车时间关注的程度差别较大，这为后续研究不同类型乘客所能接受的最大立席密度奠定

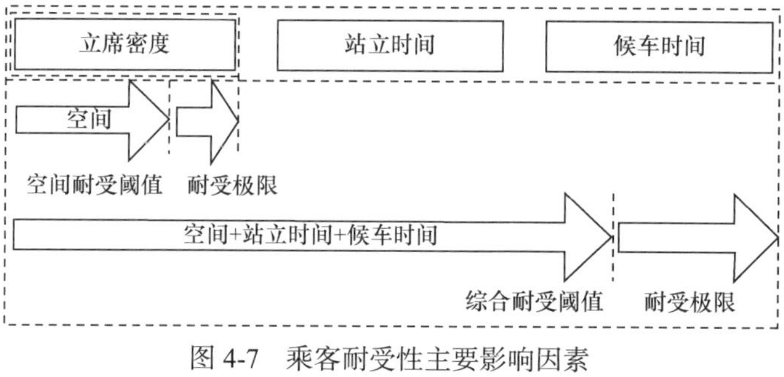

图 4-7　乘客耐受性主要影响因素

了基础。另外，即使车厢内拥挤程度不高，过长的候车时间也会影响乘客综合耐受感知，乘客对立席密度的期望也会改变，这也是现有研究中容易忽略的。在交通行为理论研究中，大多数交通行为阈值都设置在其行为样本总量的 70%～80%(Guo and Wilson，2011)。结合人体功效学定义，取耐受极限的 80%为耐受阈值。

2. 时间-空间综合耐受感知模型

对于乘客出行的感知评价，通常很难给出具体的数值，区间模糊数可以很好地表现乘客出行体验的感受值。根据模糊线性回归的求解思路，将乘客在线路上的耐受感知定义为模糊线性回归模型。将轨道交通乘客耐受性影响因素分为两个部分：第 1 部分为乘客的时间耐受感知，包含乘客候车时间 t_1 和站立时间 t_2；第 2 部分为乘客的空间耐受感知，包含车厢立席密度 k。这是对时间耐受感知和空间耐受感知的综合考虑结果，模型为

$$\tilde{\sigma}=\tilde{\beta}_0+\tilde{\beta}_1\tilde{t}_1+\tilde{\beta}_2\tilde{t}_2+\tilde{\beta}_3\tilde{k} \tag{4-7}$$

式中，$\tilde{\sigma}$ 为时间-空间综合耐受感知值的区间模糊数；$\tilde{\beta}_0 \sim \tilde{\beta}_3$ 为回归系数的区间模糊数；$\tilde{t}_1$、$\tilde{t}_2$、$\tilde{k}$ 为上述自变量的区间模糊数。这是自变量、因变量和回归系数均为区间模糊数的形式，设因变量 $\tilde{y}$ 与 m 个自变量 $\tilde{x}_1$、$\tilde{x}_2$、…、$\tilde{x}_m$ 之间存在线性关系，则多元模糊线性回归模型的一般形式为

$$\tilde{y}=\tilde{\alpha}_0+\tilde{\alpha}_1\tilde{x}_1+\tilde{\alpha}_2\tilde{x}_2+\cdots+\tilde{\alpha}_m\tilde{x}_m \tag{4-8}$$

式中，$\tilde{\alpha}_0$ 为模糊常数项；$\tilde{\alpha}_1$、$\tilde{\alpha}_2$、…、$\tilde{\alpha}_m$ 为模糊回归系数。

将 $\tilde{y}$ 和 $\tilde{x}_1$、$\tilde{x}_2$、…、$\tilde{x}_m$ 均设置为区间模糊数，介绍如何通过搜集的 n 组样本数据 $(\tilde{y}_i,\tilde{x}_{i1},\tilde{x}_{i2},\cdots,\tilde{x}_{im})$ $(i=1,2,\cdots,n)$，求出模糊参数 $\tilde{\alpha}_0$、$\tilde{\alpha}_1$、$\tilde{\alpha}_2$、…、$\tilde{\alpha}_m$ 的估计值。

设 $\tilde{x}_{ij}=[\underline{x}_{ij},\overline{x}_{ij}]$ $(i=1,2,\cdots,n$；$j=1,2,\cdots,m)$，$\tilde{y}_i=[\underline{y}_i,\overline{y}_i]$，$\tilde{\alpha}_k=[\underline{\alpha}_k,\overline{\alpha}_k]$ $(k=1,2,\cdots,m)$，将 n 组样本数据代入式(4-7)得到

$$[\underline{y}_i,\overline{y}_i]=[\underline{\alpha}_0,\overline{\alpha}_0]+[\underline{\alpha}_1,\overline{\alpha}_1][\underline{x}_{i1},\overline{x}_{i1}]+\cdots+[\underline{\alpha}_m,\overline{\alpha}_m][\underline{x}_{im},\overline{x}_{im}] \quad (i=1,2,\cdots,n) \tag{4-9}$$

即 $[\underline{y}_i,\overline{y}_i]=[\underline{\alpha}_0+\underline{\alpha}_1\underline{x}_{i1}+\cdots+\underline{\alpha}_m\underline{x}_{im},\overline{\alpha}_0+\overline{\alpha}_1\overline{x}_{i1}+\cdots+\overline{\alpha}_m\overline{x}_{im}]$ $(i=1,2,\cdots,n)$。

$$\begin{aligned}&Q(\underline{\alpha}_0,\overline{\alpha}_0,\underline{\alpha}_1,\overline{\alpha}_1,\cdots,\underline{\alpha}_m,\overline{\alpha}_m)\\&=\sum_{i=1}^{n}[(\underline{y}_i-\underline{\alpha}_0-\underline{\alpha}_1\underline{x}_{i1}-\cdots-\underline{\alpha}_m\underline{x}_{im})^2+(\overline{y}_i-\overline{\alpha}_0-\overline{\alpha}_1\overline{x}_{i1}-\cdots-\overline{\alpha}_m\overline{x}_{im})^2]\end{aligned} \tag{4-10}$$

求参数 $\tilde{\alpha}_1,\tilde{\alpha}_2,\cdots,\tilde{\alpha}_m$ 的最小二乘估计值，即求式(4-10)达到最小的各个参数的估计值。对 Q 关于 $\underline{\alpha}_0,\overline{\alpha}_0,\underline{\alpha}_1,\overline{\alpha}_1,\cdots,\underline{\alpha}_m,\overline{\alpha}_m$ 求一阶偏导数，得到

$$\underline{X}^{\mathrm{T}}\underline{X\alpha}=\underline{X}^{\mathrm{T}}\underline{Y} \tag{4-11}$$

$$\overline{X}^{\mathrm{T}}\overline{X\alpha}=\overline{X}^{\mathrm{T}}\overline{Y} \tag{4-12}$$

求解式(4-11)和式(4-12)得到 $\underline{\alpha},\overline{\alpha}$ 的最小二乘估计为

$$\hat{\underline{\alpha}}=(\underline{X}^{\mathrm{T}}\underline{X})^{-1}\underline{X}^{\mathrm{T}}\underline{Y} \tag{4-13}$$

$$\hat{\overline{\alpha}}=(\overline{X}^{\mathrm{T}}\overline{X})^{-1}\overline{X}^{\mathrm{T}}\overline{Y} \tag{4-14}$$

式中，$\underline{\hat{\alpha}}=(\underline{\hat{\alpha}}_0,\underline{\hat{\alpha}}_1,\cdots,\underline{\hat{\alpha}}_m)^{\mathrm{T}}$；$\widehat{\overline{\alpha}}=(\widehat{\overline{\alpha}_0},\widehat{\overline{\alpha}_1},\cdots,\widehat{\overline{\alpha}_m})^{\mathrm{T}}$。

$$\underline{X}=\begin{pmatrix}1 & 1 & \cdots & 1\\ \underline{x}_{11} & \underline{x}_{21} & \cdots & \underline{x}_{n1}\\ \vdots & \vdots & & \vdots\\ \underline{x}_{1m} & \underline{x}_{2m} & \cdots & \underline{x}_{nm}\end{pmatrix},\ \underline{Y}=\begin{pmatrix}\underline{y}_1\\ \underline{y}_2\\ \vdots\\ \underline{y}_n\end{pmatrix},\ \overline{X}=\begin{pmatrix}1 & 1 & \cdots & 1\\ \overline{x}_{11} & \overline{x}_{21} & \cdots & \overline{x}_{n1}\\ \vdots & \vdots & & \vdots\\ \overline{x}_{1m} & \overline{x}_{2m} & \cdots & \overline{x}_{nm}\end{pmatrix},\ \overline{Y}=\begin{pmatrix}\overline{y}_1\\ \overline{y}_2\\ \vdots\\ \overline{y}_n\end{pmatrix}。$$

对重庆轨道交通出行乘客进行问卷调查，让乘客对最近一次轨道交通出行进行打分评价，为降低记忆模糊和感知误差对研究结果准确性的影响，出行者只需给出一个范围值即可。本次调查共获有效数据 539 份，其中，普通出行乘客 253 份，通勤乘客 286 份，取耐受值累积概率 80%处为耐受阈值，耐受感知阈值分析如图 4-8 所示，得到普通出行乘客综合耐受阈值为耐受极限的 66%，通勤出行乘客综合耐受阈值为耐受极限的 74%。

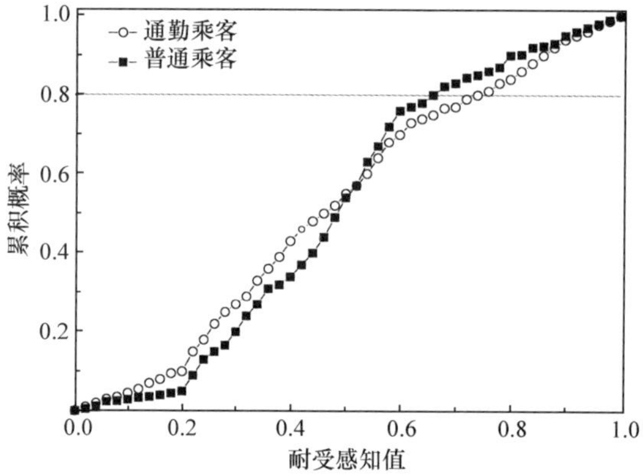

图 4-8　耐受感知阈值分析

3. 模糊回归分析

对所收集的耐受感知数据进行标准化处理，将候车时间、站立时间、拥挤程度(立席密度)通过百分制比例转化为标准变量，取值范围为[0,1]。这样就与相应的耐受感知变量(取值范围为[0,1])位于相同量级。对时间-空间综合耐受感知模型相应参数进行模糊回归，分别得到普通出行乘客和通勤出行乘客的耐受感知和的权重分布和回归分析，见表 4-2。

表 4-2　模糊回归系数取值表

出行类型	边界	模糊回归系数				平均贴近度
		$\tilde{\beta}_0$	$\tilde{\beta}_1$	$\tilde{\beta}_2$	$\tilde{\beta}_3$	
普通出行	下边界	0.1162	0.0408	0.6788	0.3789	0.917
	上边界	0.0636	0.0100	0.6586	0.4476	0.934
通勤出行	下边界	0.0665	0.1290	0.5766	0.2708	0.931
	上边界	0.0044	0.1258	0.5720	0.3203	0.908

从表 4-2 可以看出，对普通出行和通勤出行乘客而言，3 项指标的重要程度从大到小依次为站立时间、拥挤程度、候车时间。通勤乘客比普通乘客更加重视候车时间，对站立时间和拥挤度具有更强的耐受性，这与通勤乘客更加希望准时到达目的地而忽视车厢内部拥挤度是相符的；通过上下界限的分析可以看出，在临近耐受感知阈值上界限时，拥挤度明显增大，说明乘客在临近极限时，主要考虑车厢拥挤度的影响，候车时间和站立时间的影响相对有限，主要是因为车厢内的拥挤情况是不停变化的，车厢处于极度拥挤的状态不会延续很长时间。将耐受感知阈值带入模糊回归方程，得到相应各变量在阈值条件下的取值变化情况，即相应要素在耐受感知等于阈值时的叠加变化情况。如图 4-9 和图 4-10 所示，实测点在空间耐受阈值的等值面上下界分布较均匀，拟合情况较好。

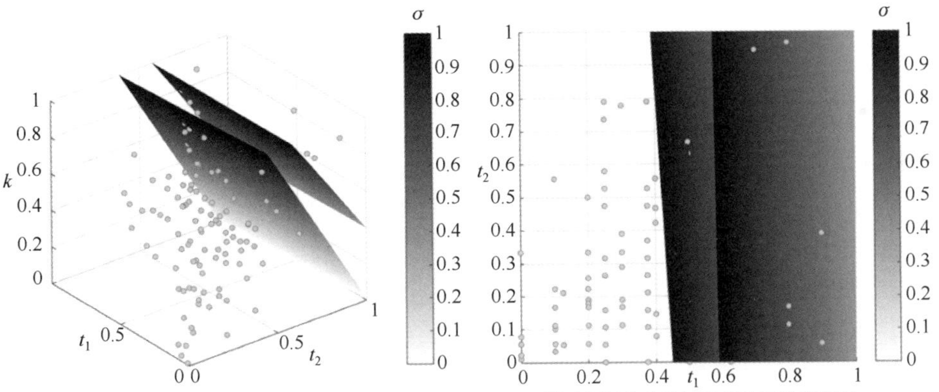

(a) 普通出行乘客综合耐受性阈值等值面　(b) 普通出行乘客时间耐受性阈值等值面

图 4-9　普通出行乘客耐受值拟合情况

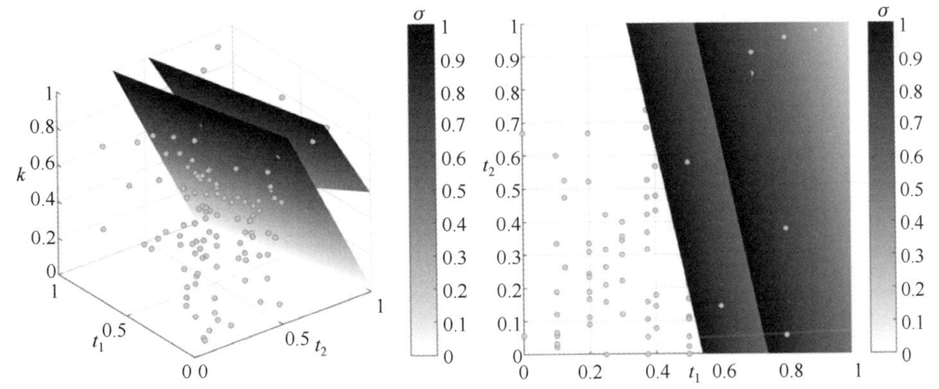

(a) 通勤出行乘客综合耐受性阈值等值面　(b) 通勤出行乘客时间耐受性阈值等值面

图 4-10　通勤出行乘客耐受值拟合情况

最后的数据分析中，将候车时间和站立时间均设置为样本空间的均值，由此得到，综合耐受阈值对应的拥挤度变化情况。在普通出行环境下，人们所能接受的最大拥挤密度为 6.57～6.92 人/m^2；在通勤出行环境下，人们所能接受的最大拥挤密度为 7.21～7.63 人 /m^2，稍高于空间耐受阈值 7.03 人/m^2。达到阈值下界，乘客开始感到难以忍受；一旦超过阈值上界，乘客的综合耐受性将会逼近极限，乘客出行体验急剧下降。

根据国际通用标准，城市轨道交通车辆类型一般可分为 A 型车、B 型车、C 型车、L 型车四种，列车长度可以通过改变列车编组实现。在城市轨道交通车站中，不同类型、不同编组的列车进出站，其上下车的乘客人数亦不同。表 4-3 给出了我国城市轨道交通列车的主要技术参数标准。

表 4-3　我国轨道交通列车级技术参数表

车辆类型	车辆长度/m	车辆宽度/m	车辆高度/m	车辆定员数/人	车辆超载数/人	每侧车门数
A 型车	22.8	3.0	3.8	310	410	5
B 型车	19.0	2.8	3.8	240	320	4
C 型车	19.0	2.6	3.8	220	290	4
L 型车	17.8	2.8	3.8	220	290	4

通过比较可以看出：A 型车列车定员数最高，B 型车次之，C 型车与 L 型车相同。这可为特大城市、大城市以及中型城市轨道交通车型选择提供参考。

称作“山城”的重庆，山脉此起彼伏，地铁建设和运营难度大，距离地面最深的地铁站，位于近 70m 深的地下，是目前全国地铁线中距地面最深的车站。我国原有的地铁车型，其爬坡能力和载客量难以满足重庆新建地铁项目的需求。AS 型地铁列车适用于山地环境，具有爬坡能力强、转弯半径小、载客量大等特点，最高运行速度为 100km/h，6 编组列车最大载客量为 2322 人。新车型的诞生，将为山地、丘陵地形的城市轨道交通基础建设和运营降低成本，提高列车安全性和运行效率。新车型还通过一致化的设计和信号设备互联互通的升级，在全国首次实现了地铁车辆的跨线路运营。以立席密度为 5 人/m^2 计算其载客量，统计重庆市轨道交通列车类型及相关参数见表 4-4。

表 4-4　重庆轨道交通列车类型及相关参数表

名称	车体基本长度/mm	车体基本宽度/mm	每侧车门数/对	额定载客量/人	
				6 辆编组	8 辆编组
B2 型	19000	2800	4	1258	1690
AS 型	19300	3000	4	1320	1768
跨座式单轨 A 型车	13900	2980	2	834	1120

在早晚高峰期间，乘客以通勤客流为主，取乘客所能接受的最大拥挤密度为 7.80 人/m^2 进行计算，轨道交通线路有效承载力计算见表 4-5。

表 4-5　重庆轨道交通线路有效承载力计算取值表

名称	线路号	有效承载力/(万人/h)	
		6 辆编组	8 辆编组
B2 型	1、6	5.72	7.74
AS 型	4、5、10、环线	6.01	8.11
跨座式单轨 A 型车	3	3.08	4.15

4.3　区域轨道交通网络有效承载力静态计算方法

区域轨道交通网络有效承载力静态计算是一种综合考虑网络结构、交通需求和服务水平条件下网络最大容量的研究方法，是基于服务水平的标准对网络容量和网络资源的能力利用状况的计算及评估，不仅在理论上是对区域轨道交通网络能力研究的有益补充，更是在实际运营中有利于区域轨道交通网络资源的合理高效利用，有利于为乘客提供高质量的一体化客运服务。

4.3.1　区域轨道交通网络模型构建

区域轨道交通系统(regional rail transit system，RRTS)是指经济发达、人口稠密的城市群区域内便捷、快速、大运量、衔接合理的客运轨道交通系统，具有交通网络化和投资主体多元化的特点(刘鹏，2010)。RRTS 由高速铁路、城际铁路、城市轨道交通(地铁、单轨等)和市域轨道交通组成，通过各种制式的衔接和协调，为乘客提供多样化、一体化的出行服务。

在 RRTS 中，将车站抽象为点、轨道抽象为边，形成了由点和边组成的典型物理网络，同时受出行需求等影响，构成了 RRTS。因此，可以应用复杂网络思想及相关模型，以区域轨道交通网络(regional rail transit network，RRTN)为研究对象实现对 RRTS 的研究(叶青，2012)。

1. RRTN 宏观形态

RRTN 的形态是 RRTS 在城市群空间布局中点、线、面的组合。线路是最基本的要素，线路越长、数目越多，所构成的网络形态就越复杂；若干条线路交汇、衔接，形成节点，便是换乘枢纽所在；RRTN 的覆盖区域，决定了线网的服务和辐射范围。

日本学者总结了 18 种大型城市轨道交通网络结构的基本型式，并进行抽象化归类，得到四种最常见最基本的网络整体形态(罗小强，2010)，如图 4-11 所示。

图 4-11　RRTN 形态类型

相较于城市轨道交通，RRTS 涉及多种制式的协同运营，系统层次更多，服务范围更广。整体上随着线网的不断完善，网络形态逐渐向“紧密”发展，但在发展初期却有不同的发展策略，因此在宏观上呈现不同的形态，可将 RRTN 形态大致分为三类。

1) 中心覆盖型

中心覆盖型网络也可称为蛛网式，由其线网及其发展布局(图 4-12)可以看出，其先在中心城市成网，且布局一般为首先单中心发展，然后逐渐向外扩张，线网倾向于采用线路的“交叉”来保证中心区的覆盖性与可达性，中小规模换乘站比例较高，但大型换乘站较少。运营过程中以城市轨道交通与市域轨道交通为主，城市群内中、长距离居民无法实现快速出行，换乘次数较多，适用于中心城市及周边卫星城的乘客出行。

2) 区域通达型

区域通达型也可称为通道式，网络各主要集散点之间的主通道十分明确，以各集散点为核心再布设次级网络(图 4-13)。由于这类城市群发展策略为多中心发展，为适应发展策略，轨道交通优先将各中心连接起来，从而致使网络中线路较长、延伸性较高，线网中存在大型换乘枢纽，但总体而言换乘站比例较低。运营过程中以高速铁路和城际铁路为主，换乘次数较少，适用于城市群内中、长距离乘客出行。

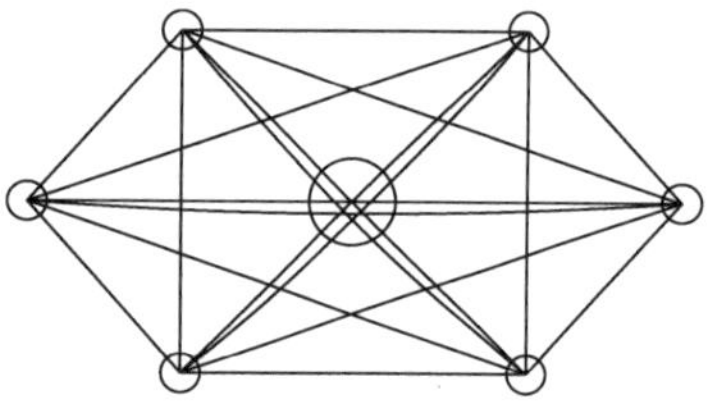

图 4-12　中心覆盖型网络形态示意图

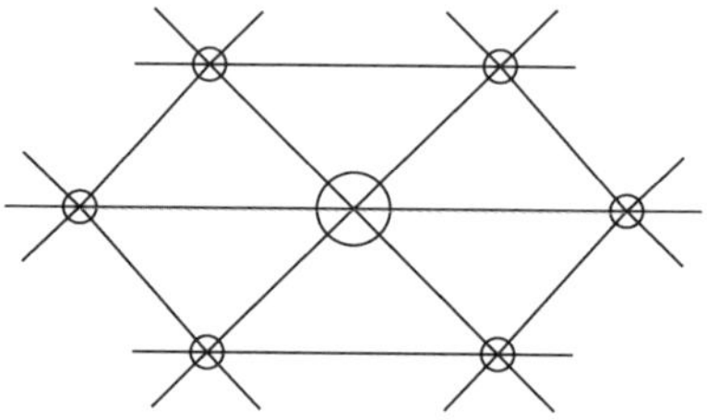

图 4-13　区域通达型网络形态示意图

3) 整合型

随着网络的逐步发展，几乎所有线网都倾向于形成整合型。这种线网模式正是多层次 RRTS 的体现，不同层次网络所承担的功能不同，运营组织模式也存在差异，打破了以往线路主次不清的运营模式，从而满足各个圈层的居民出行。

在整合型 RRTN 发展的过程中形成以下两种发展模式。

(1) 优先中心覆盖模式。

该模式网络优先完成中心部分的加密，在保证网络足够密集的基础上逐步向外扩张。这种模式即使在规模较小的情况下延伸性也较低，在发展过程中延伸性变化较小，新建线路往往都要经过建成区，具有服务引导开发(service-oriented development，SOD)功能，这也导致这类网络发展较慢。

(2) 优先区域通达模式。

该模式优先完成向外的扩展，尽量将城市群内的不同区域连通(图 4-14)。这种模式在构建初期便具有较高的延伸性，发展过程中虽然由于网络规模的扩大延伸性逐渐降低，但是相对而言，依然保持较高的延伸性。这种发展模式往往伴随着快速的城市化进程，新建线路具有以公共交通为导向的开发(transit-oriented development，TOD)功能，这也意味着线网发展阻力相对较小，速度较快。

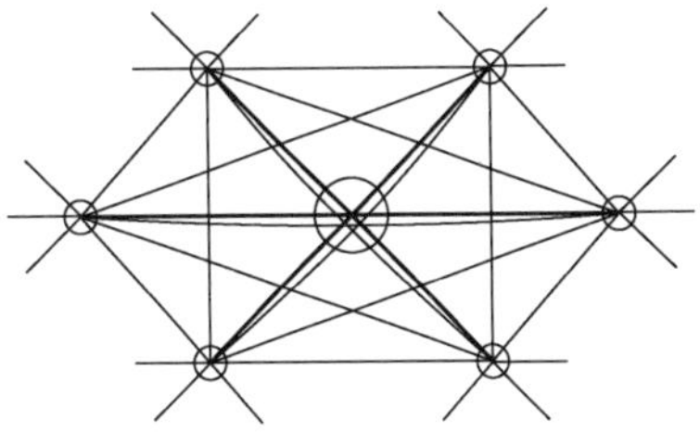

图 4-14　整合型 RRTN 形态示意图

2. RRTN 内在结构

从结构和功能上看，RRTS 可以分为三个层次，如图 4-15(a)所示。城际出行网络由高速铁路和城际铁路组成，提供区域内主要节点之间的出行服务。市内出行网络由城市轨道交通组成，提供短途出行，极大地方便了城市内乘客的日常出行。市域出行网络由市域轨道交通组成，解决通勤需求，提供郊区、卫星城中长途出行服务。不同层次的轨道交通共同构成了完整的 RRTS，它们在功能上相互补充和完善，在服务上相互延伸和提高。不同层次轨道交通之间既综合成网，又相对独立，RRTN 是否能够发挥最大效能，除网络本身的因素以外，还需要注重出行行为的协同性，加强轨道交通体系不同层次间的衔接。

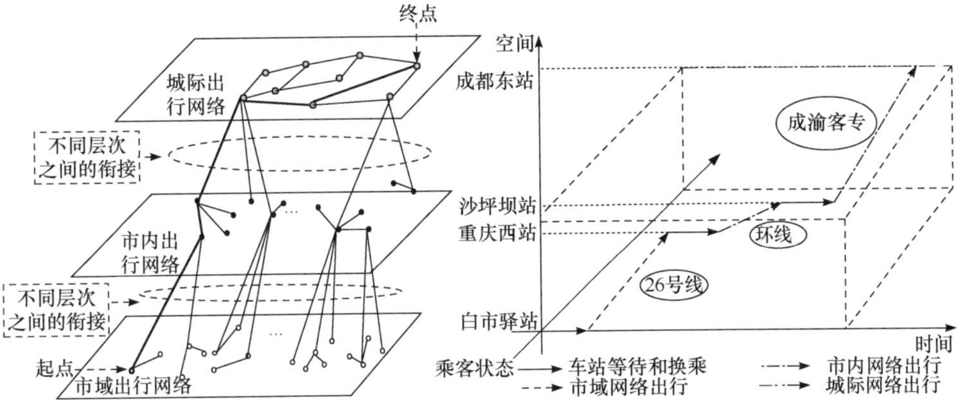

(a) 网络结构　　(b) 乘客出行状态

图 4-15　RRTN 结构与乘客出行状态

换乘模式和贯通运营模式是两种现行的多制式轨道交通衔接模式(陶思宇等，2019)。换乘衔接是指各种制式轨道交通间的线路不接轨贯通，乘客通过轨道交通换乘站、枢纽站等进行不同线路单点或多点的换乘，借助有效、合理的换乘组织方式引导乘客乘降，从而实现 RRTN 不同层次的衔接。包括同站台换乘、站厅换乘、通道换乘、组合换乘和站外换乘。贯通运营是指在相交的两条或多条轨道交通线路上，借助接轨站、联络线等实现线路互联互通，使行车交路能够从一条线路跨越至另一条线路，实现两条或多条线路的列车共用同一区段的运营模式(王艺儒，2018)。目前，重庆地铁 4 号线、5 号线、6 号线及环线已经实现贯通运营。

随着城市群的发展，在轨道交通多网融合的背景下，乘客的出行范围逐渐扩大、出行需求更加细致。因此，合理解决不同层次间的模式衔接，改善客流出行条件才能满足乘客不同空间尺度的出行需求(张梦然，2019)。RRTS 内乘客出行状态如图 4-15(b)所示，以白市驿站到成都东站为例，乘客于白市驿站乘坐市域快轨 26 号线，至重庆西站(市域出行网络层)；并在此换乘地铁环线至沙坪坝站(市内出行网络层)；于沙坪坝站乘坐成渝客专至成都东站(城际出行网络层)，最终完成成渝城市群内部一体化的区域轨道交通出行。

3. RRTN 分析模型

RRTN 中最重要的信息主要包括两类：车站和区间线路，同时还有一个不同于其他网络的换乘特性。因此，建立网络拓扑模型需重点考虑如何通过网络体现车站与线路的关系，以及线路之间的换乘特性。Space L 模型能够以最简单的方式模拟节点和边的关系(Von Ferber et al.，2009)，以站点作为节点、以轨道作为边，基于 Space L 模型生成区域轨道交通物理网络，并分析 RRTN 的运营结构。通过对重庆大都市圈内 RRTS 的分析与建模，其 RRTN 拓扑结构如图 4-16 所示。

图 4-16　重庆都市圈内 RRTN 拓扑结构

4.3.2　区域轨道交通网络有效承载力

RRTS 提供的运输服务，是一个车站、一条线路无法单独进行的，只能由车站与线路组成一个完整的网络才能完成。RRTN 有效承载力研究的基础为车站、线路承载力的研究，但孤立地研究车站、线路承载力局限性比较大，也存在片面性。因此，从宏观和系统的角度，对 RRTN 有效承载力进行计算是运输能力合理利用与加强的前提，也是运输规划与管理工作的基础。

1. 供需结合视角下的 RRTN 承载力

RRTN 是为满足乘客出行需求而产生的，因此在供给角度下，RRTN 的承载体是系统的所有场站设施设备、衔接场站的各类通道以及所有的列车，受载体是网络服务的乘客。

供给角度下，RRTN 的承载力可以定义为网络中所有设施设备在单位时间内实际所能服务(通过或容纳)的最大乘客数量。从需求角度考虑 RRTN 承载力，即从规划层面对区域轨道交通系统进行设计，将预计建成后的系统要满足的能力以及服务水平等级作为基础数据，充分考虑“点-线-网”一体化的布局方式以及与客流之间的耦合，确定区域轨道交通系统所需要提供的支撑能力，因此需求角度下 RRTN 的承载力一般以设施设备所提供的不同服务水平下的客流量来度量。

将供需结合视角下 RRTN 的承载力概念结合的关键因素在于网络服务水平，如图 4-17 所示。对 RRTS 进行规划时，为确保系统能够满足预期甚至超出预期的客流量，各类设施设备的规模都留有一定的余量。额外的弹性空间在规划阶段体现为设置的网络服务水平等级较高，以应对紧急情况下客流激增。因此，规划设施时设定的网络服务水平等级影响需求角度下的承载力，承载力需与该服务水平等级下的设施特性相适应。服务水平的选择需要结合考虑设施承担的客流量，以及客流分布、客流性质和特征等，进一步评判该设施在整体中需要发挥的功能，并在功能需求上进行分析和定位。

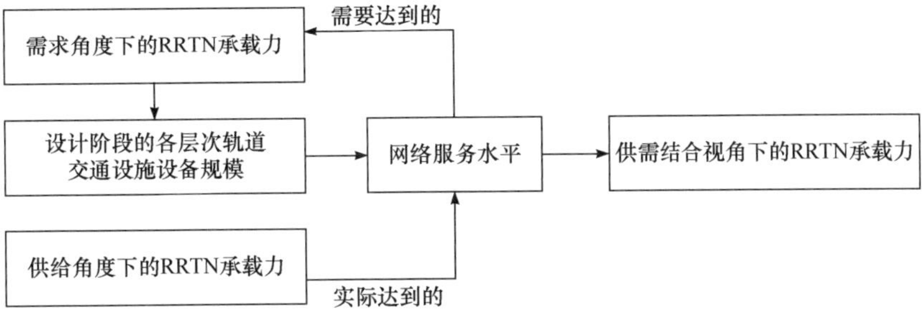

图 4-17　供需结合视角下的 RRTN 承载力

因此，供需结合视角下 RRTN 承载力是指：以需求角度下系统设施设备规模为基础，在一定的服务水平下实际所能服务的最大乘客数量，可以将 RRTN 承载力定义为：在给定现有设备条件和人员条件下，满足一定的乘客运输需求、行车组织水平，充分运用现有技术设备，采用一定的运输组织方法，RRTN 在单位时间内所能提供的最大可能的乘客空间转移能力，记为 C_T。显然，RRTN 有效承载力不仅与线路通过能力有关，还与人员的配备、数量、素质和管理水平有关。线路通过能力描述了列车的行车量(宗俊雅，2010)，而输送能力则表示在保证通过一定数量列车的条件下运输乘客的能力(周妍，2008)。线路的通过能力和输送能力是区域轨道交通网络承载力的基础和前提。

2. RRTN 承载力概念表述

区域轨道交通运输生产在时间、空间上连续不断地进行，承载力表现为能不间断地对运输流进行作业的作业型能力和无阻碍接入运输流的存储型能力容量。存储型能力是轨道交通运输生产正常进行的基础，作业型能力是运输生产进行的保证，而有效型能力则是“点-线-网”一体化运营条件下运输生产能够进行的程度。因此，根据承载力利用程度的不同将 RRTN 承载力分为有效承载力、无效承载力和潜在承载力，其中有效承载力又分为使用承载力和储备承载力。RRTN 承载力概念体系如图 4-18 所示。

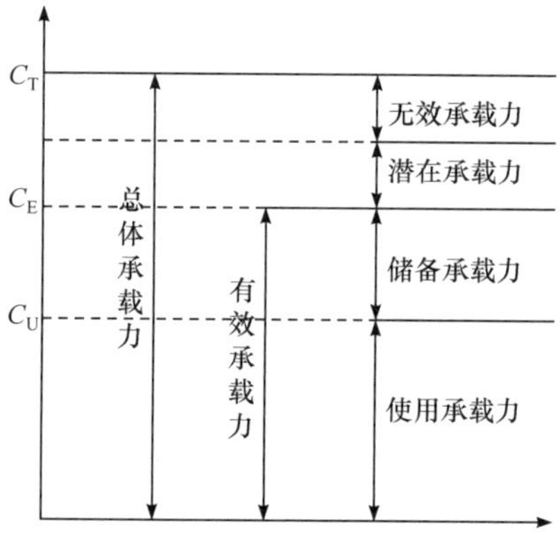

图 4-18　RRTN 承载力概念体系

RRTN 有效承载力可以定义为：在给定现有设备条件和人员条件，满足一定的乘客运输需求、服务水平及行车组织水平下，充分运用现有技术设备，采用一定的运输组织方法，受“点- 线-网”一体化的布局方式以及与客流之间的耦合以及日常随机因素的影响，区域轨道交通网络在单位时间内所能提供的实际乘客最大空间转移能力，记为 C_E。其中，使用承载力记为 C_U。

RRTN 潜在承载力可以定义为网络中已经具备使用条件，但由于客流、车流结构、网络线路中其他关联线路尚未建成、运输组织方法限制或者线路若干区段中限制区间承载力相差较大等原因，在网络中尚未使用的承载力。

RRTN 潜在承载力是针对网络承载力和有效承载力而提出的概念，并与储备承载力、无效承载力相关。储备承载力是指在一定时期内给定运量的基础上，考虑运量波动、施工天窗、技术改造和系统发展等因素，网络完成运输任务所必需的最小日常使用能力以外的附加能力，储备承载力强调的是根据需要进行能力目的性预留。无效承载力是指由于固定设备检修、施工天窗、复杂的外部环境和气候变化、人为的失误等而不能被利用的部分能力。

目前，我国部分区域轨道交通高峰时段的客流需求远大于承载能力，安全隐患较大。运营过程中，管理者不仅要关注有效承载力大小，更需要考虑满足不同服务需求层次的有效承载力大小，以确保乘客的安全和舒适。不同时段、不同类型的乘客对服务水平的需求不尽相同，对应的有效服务人数(有效服务承载力，记作 $C_s(\text{los})$)也因此不同。例如，早高峰通勤的乘客为了节省通勤时间，对所提供的服务水平不敏感，体现出更强的耐受性，此时网络的有效服务承载力比相同服务水平下、平峰时期网络的有效服务承载力大(陈伟等，2020)。因此，本节考虑乘客的耐受性，按服务水平分级划分网络有效承载力，对承载力概念体系进行延伸和拓展，形成动态可变的 RRTN 有效承载力理论，增强承载力概念体系的适用性。

RRTN 有效服务承载力随服务水平等级不同而动态变化。服务水平最差情况下的有效服务承载力应该与有效承载力接近。有效服务承载力不仅要考虑不同客流条件下 RRTN 运输效率的提高，还要分析评估乘客在网络内服务水平的优劣。不同时段、不同类型的乘客对服务水平的需求不尽相同，对应的有效服务人数(有效服务承载力，记作 $C_E(\text{los})$)也因此不同。

$$C_E(\text{los}) \leqslant C_E \tag{4-15}$$

$$C_E(\text{los}) = F(\text{los}, C_E) \tag{4-16}$$

$$\lim_{\text{los}\to \text{E}} C_E(\text{los}) = C_E \tag{4-17}$$

式中，$F(\cdot)$表示函数关系。有效承载力 $C_E(\text{los})$ 和承载力 C_E 的关系见图 4-19。

3. RRTN 服务水平划分

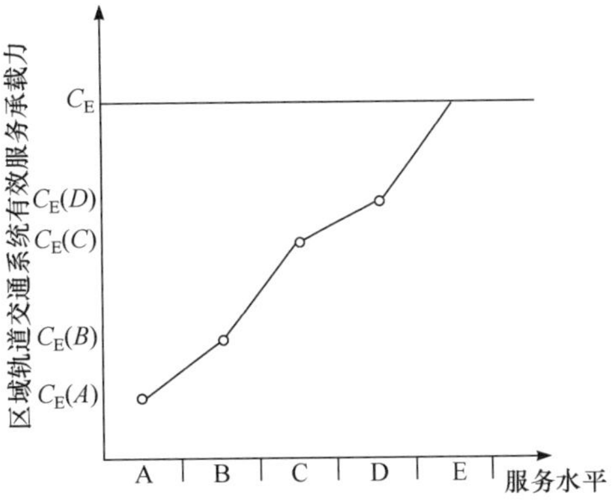

图 4-19　区域轨道交通网络有效承载力

服务水平是服务质量的体现，乘客对 RRTN 服务质量的感知主要是在线路上和车站里，因此网络服务水平主要从线路服务水平和车站服务水平两个角度进行衡量(胡帅，2014)。参考《公共交通通行能力和服务质量手册》，根据区域轨道交通运输的相关特点，可以确定线路服务水平的影响因素主要包括车厢拥挤度、站间运行时间、出行换乘次数。在不考虑换乘的条件下，车站服务水平的影响因素主要包括进出站走行时间、站台候车时间、站台候车拥挤程度、站内环境。这些影响因素既有定性分析，也有定量分析，既包含主要影响因素，也包含非主要影响因素。

1) 网络服务水平评价指标计算方法

服务水平是乘客对服务的一种感知，为了确定影响线路及车站服务水平的主要因素，并定量确定服务水平的评价指标，采用 RP 调查方式(解晓灵，2015)进行问卷调查，进而确定线路及车站服务水平的主要影响因素。胡帅(2014)已得出结论：影响线路服务水平的主要因素为车厢拥挤度，影响车站服务水平的主要因素为进出站走行时间和站台候车时间。

(1) 线路满载率。

列车车厢的拥挤度可以通过列车的满载率来衡量，而列车满载率是一个动态的指标，会随着时间和空间的变化而改变。为了更好地从线路的角度反映路网服务水平，主要选用线路满载率作为指标来评价线路服务水平。线路满载率是指单位时间内，线路上输送的总人数与线路上列车总定员的比值。

一条轨道交通线路各个区间在一天内各个时段运输的乘客数量不同，因此其满载率在线路各个区间的各个时段也不相同，为了计算线路一天内的平均满载率，首先计算线路各个区间在一天内各个时段的满载率平均值，再据此计算该线路在一天内的满载率平均值。

区间线路满载率是指单位时间内，线路不同区间内输送的总人数与线路上列车总定员的比值。

$$f_{k(l)} = \frac{P_{k(l)}}{C_{k(l)}} \times 100\% \tag{4-18}$$

式中，$f_{k(l)}$ 为线路 l 第 k 个区间 $k(l)$ 的满载率；$P_{k(l)}$ 为区间 $k(l)$ 的列车乘客总人数；$C_{k(l)}$ 为区间 $k(l)$ 的列车总定员人数。

确定了区间 $k(l)$ 在单位时间内的满载率后，再确定各个区间的满载率在整条线路中所占的权重，假设区间 $k(l)$ 的 $f_{k(l)}$ 值在线路上所占的权重为 $w_{k(l)}$，则线路 l 在一天内的满

载率加权平均值为

$$f_l=\sum_{k(l)=1}^{N(l)-1} f_{k(l)}\cdot w_{k(l)} \tag{4-19}$$

(2) 车站平均集散时间动态系数。

进出站走行时间为动态指标，各轨道交通车站的进出站走行时间由于车站通道长度的差异及拥挤等原因各不相同，同时由于乘客自身属性的差异性，每个乘客的走行时间也各不相同，选择车站平均集散时间动态系数作为指标之一来衡量车站服务水平。该指标是指区域轨道交通一天内所有乘客的平均集散时间与该车站内乘客在自由走行状态下的集散时间的比值。

$$t_{集}^{e}=t_{进}^{e}+t_{出}^{e} \tag{4-20}$$

式中，$t_{集}^{e}$ 为乘客的集散时间；$t_{进}^{e}$ 为乘客从通过进站闸机进站开始，到乘客进入站台开始候车为止的走行时间；$t_{出}^{e}$ 为乘客从下车进入站台开始，到乘客通过出站闸机出站为止的走行时间。

假设该车站在一天内的集散乘客总人数为 p，则车站的乘客平均集散时间为

$$t_{集}(i)=\frac{\sum_{e=t}^{p} t_{集}^{e}}{p} \tag{4-21}$$

车站的平均集散时间动态系数的计算方法为

$$\beta(i)=\frac{t_{集}^{(i)}}{t_{集}^{\text{free}}(i)} \tag{4-22}$$

式中，$t_{集}^{\text{free}}(i)$ 为乘客在车站 i 中的自由集散时间，即该车站中没有拥挤，只有一名乘客在当前车站中自由集散的时间，通常情况下，自由集散时间是乘客在车站 i 内集散时间的最小值。

(3) 车站站台平均候车时间。

因为同一个车站内不止一个站台，并且乘客到达站台的时间不同，所以站台候车时间是一个动态的指标，选择车站站台平均候车时间作为另一个指标来衡量车站服务水平。该指标是指车站单位时间内所有乘客站台候车时间的平均值。

车站 i 的站台平均候车时间的计算方法为

$$t(i)=\frac{\sum_{e=t}^{p} t_{等}^{e}}{q} \tag{4-23}$$

式中，$t_{等}^{e}$ 为乘客 e 在车站 i 从到达站台候车开始到其上车时的候车时间；q 为单位时间内在车站内站台候车的乘客总人数。

2) 网络服务水平分级标准

虽然对网络中的车站及线路的服务水平进行了量化处理，但是针对某条线路及车站，只知道其量化的指标值，并不能准确地判断线路及车站当前服务水平的好坏情况。因此，将线路及车站服务水平的量化评价结果缩放到几个具体的区间范围，给出其指定标准，能更加直观地感受当前线路及车站的服务水平状况；并在确定了线路和车站服务水平分级标准的基础上，给出路网服务水平的分级标准。

将线路和车站服务水平分为 A～E 五个等级。A 代表服务水平最好，E 代表最差。表示各个服务水平等级指标范围的临界值，由于城市规模、路网结构及客流组成的不同，不同城市对城市轨道交通服务水平的要求不同，故针对不同的城市，服务水平等级临界值的数值可能不同。

参考《公共交通通行能力和服务质量手册》，根据重庆大都市区轨道交通车型及相关物理量，可以确定重庆区域轨道交通线路服务水平分级标准，见表 4-6。

表 4-6　线路和车站服务水平分级标准

服务水平等级	线路满载率	集散时间动态系数	站台候车时间
A	$f_1 \leqslant 0.431$	$1 \leqslant \beta(i) \leqslant 1.5$	$t(i) \leqslant 18$
B	$0.431 < f_1 \leqslant 0.633$	$1.5 \leqslant \beta(i) \leqslant 1.8$	$18 < t(i) \leqslant 42$
C	$0.633 < f_1 \leqslant 0.877$	$1.8 \leqslant \beta(i) \leqslant 2.1$	$42 < t(i) \leqslant 65$
D	$0.877 < f_1 \leqslant 1.054$	$2.1 \leqslant \beta(i) \leqslant 2.4$	$65 < t(i) \leqslant 96$
E	$f_1 > 1.054$	$\beta(i) > 2.4$	$t(i) > 96$

假设给定的路网服务水平等级为 ρ，则有 $\rho \in \{A,B,C,D,E\}$。由于客流的分布及路径选择不同，区域轨道交通网络中各条线路及各个车站的服务水平各不相同，可能有一部分线路及车站达到给定的服务水平等级或比给定等级更差，另一部分线路及车站没有达到给定的服务水平等级，因此引入以下两个指标。

$$\gamma_{\text{line}} = \frac{X}{M} \tag{4-24}$$

$$\gamma_{\text{station}} = \frac{Y}{N} \tag{4-25}$$

式中，X 为网络中线路服务水平达到指定等级ρ或以下的线路条数；M 为网络中的线路总数；γ_{line} 为达到指定服务水平等级的线路数量百分比；Y 为网络中车站服务水平达到指定等级ρ或以下的车站数目；N 为路网中车站的总数；γ_{station} 为达到给定服务水平的车站数量百分比。

因此，RRTN 整体服务水平定义如下。

假设有一个数 $\bar{\theta}(0 < \bar{\theta} \leqslant 1)$ 且路网服务水平的指定等级为ρ，令

$$\gamma = \max\{\gamma_{\text{line}}, \gamma_{\text{station}}\} \tag{4-26}$$

当$\gamma \geqslant \overline{\theta}$时，认为该网络当前的服务水平等级为$\rho$级。

因此，RRTN 服务水平分级标准如表 4-7 所示。

表 4-7　RRTN 服务水平分级标准

服务水平等级	γ
A	$\gamma \geqslant \overline{\theta_A}$
B	$\gamma \geqslant \overline{\theta_B}$
C	$\gamma \geqslant \overline{\theta_C}$
D	$\gamma \geqslant \overline{\theta_D}$
E	$\gamma \geqslant \overline{\theta_E}$

表 4-7 中，$\overline{\theta_A}$、$\overline{\theta_B}$、$\overline{\theta_C}$、$\overline{\theta_D}$、$\overline{\theta_E}$的值可能因不同地区的轨道交通网络而异，可以根据以往的经验确定。重庆大都市区 RRTN 的$\overline{\theta}$值分别取为 0.2、0.30、0.35、0.40、0.45。

4. RRTN 有效承载力影响因素分析

1）车站集散能力

车站是构成 RRTN 最基本的元素之一，其集散能力的大小对整个网络起着至关重要的作用。某些情况下，车站集散能力约束限制了客流抵达站台及列车的效率，从而减少了可用能力。因此，车站集散能力是影响网络有效承载力一个非常重要的因素，对客流集散比较大的车站来说更是如此。例如，对换乘车站来说，其换乘能力使其很有可能成为区域轨道交通网络的瓶颈点。

2）区段通过能力

区段也是构成 RRTN 最基本的元素之一，其通过能力对整个网络起着非常重要的作用。通常情况下网络有效承载力与线路通过能力正相关，即对关键区段进行扩容或添加新的区段，会增大网络有效承载力。但考虑到出行者择路行为，两者关系就变得较为复杂。某些情况下新增一条区段不仅不会提高网络承载力，还会导致整个系统的拥挤程度进一步加剧，更为极端的例子是新增区段会使网络承载力降低。

3）服务水平要求

RRTN 服务水平是线路服务水平和车站服务水平的整体体现。线路服务水平越好，在列车运行图不变的情况下，列车满载率越低，单位时间内所能运输的乘客数量越少，则线路输送能力越小，从而使网络整体的运输能力减小；车站服务水平越好，则乘客进出站的时间和等车时间越短，在车站内固定设施不变的前提下，单位时间内进出站的乘客数量就越少，则车站所能够提供的集散能力也越小，从而使路网整体的运输能力减小。因此，在计算 RRTN 有效承载力时，也应该考虑网络整体服务水平带来的影响。

4）出行需求结构

区域轨道交通运输需求内容主要包括运输客流的流量、流向、流程、流时等运输需要，网络承载力是运输需求的函数，它随运输需求产生而产生、也随运输需求的变化而改变。因此，不同于轨道交通线路、车站运输能力，整个区域轨道交通网络有效承载力不但受线路、车站运输能力和服务水平的制约，还会受到轨道交通客运需求结构的影响。需求结构的确定是区域轨道交通网络有效承载力度量与建模的前提。

5) 出行者择路行为

乘客选择轨道交通的主要原因就是方便快捷，因此乘客除因为特殊原因外，在绝大多数情况下都会选择自己认为出行时间最短的路径。出行时间主要包括乘客在区段的乘坐时间以及在换乘车站的换乘时间。由于区域轨道交通网络中拥挤效应的存在，每个乘客总是试图选择出行时间最短的路径。在均衡状态下，每个乘客都无法通过单方面改变出行路径达到减少出行时间的目的，这就是 Wardrop 提出的用户均衡(user equilibrium, UE)原理。在网络有效承载能力建模时，引入该准则会使结果更符合实际。

6) 网络结构特征

对 RRTN 而言，不同网络结构的有效承载力是不相同的。网络是形成 RRTN 有效承载力的物质基础，RRTN 的规模在一定程度上能够反映网络承载力。一般来说，在区域轨道交通运输效率不变的情况下，网络规模越大，网络有效承载力就越大；反之，网络有效承载力就小。

7) 其他导致 RRTN 有效承载力损失的原因

任意时间段中的设备空闲、故障中断造成的设备有效利用时间减少和作业延误造成的单位作业量占用设备时间延长是形成 RRTN 有效承载力损失最主要的原因，具体如下：作业组织延误造成的网络有效承载力损失；设备故障造成的能力损失；外界因素影响造成的能力损失。一般来说，作业组织中的能力损失时间较短，容易恢复，主要是设备的效率降低，生产任务尚能完成；后两种能力损失往往是破坏性的，后果严重，难以弥补。

4.3.3 区域轨道交通网络有效承载力静态计算

备用能力主要应用在道路网络中，在轨道交通网络中应用较少，主要原因是均衡配流的思想就是以路径阻抗为基础，而路径的阻抗函数就是以构成路径的路段的阻抗构成的，因而道路交通网络所提供的服务网络就是基本的物理网络(四兵锋等，2007)。针对轨道交通的特有属性，要利用备用能力模型进行区域轨道交通网络承载力的研究，要对 RRTS 所提供的服务网络进行简化(张红斌，2013)，使乘客可以以物理网络为基础进行客流分配。

1. 模型构建

设 RRTN 的网络图为 $G=(N,A)$，其中 N 代表所有节点(车站)的集合，包括起点区域、换乘车站、终点区域等，A 代表所有区段的集合。令 R 代表所有起点区域，S 代表所有终点区域。备用能力的一般性定义如下：设初始 OD 需求量为 q_{rs}，若在给定服务水平条件下区域轨道交通网络所能容纳的最大 OD 流量为 μq_{rs}，则此倍数乘子 μ 就称为路网的备用能力，而路网承载能力则可以表示为 $\sum \mu \bar{q}_{rs}$。若 $\mu>1$，说明路网还存在剩余承载能力。若 $\mu<1$，说明网络的承载能力不足。

双层模型为

$$\max \mu \tag{4-27}$$

$$\text{s.t.}\quad x_a \leqslant c_a,\quad a \in A \tag{4-28}$$

式中，c_a 为路段 a 的通过能力；x_a 为下层用户均衡问题的区段流量解：

$$\min Z(x_a) = \sum_{a\in A}\int_0^{x_a} t_a(w)\mathrm{d}w \tag{4-29}$$

$$\sum_{k\in P_{rs}} f_k^{rs} = \mu q_{rs},\quad r\in R,\ s\in S \tag{4-30}$$

$$f_k^{rs} \geqslant 0,\ k\in P_{rs},\quad r\in R,\ s\in S \tag{4-31}$$

$$x_a = \sum_{r,s,k}\delta_{a,k}^{rs}\cdot f_k^{rs}\quad (a\in A) \tag{4-32}$$

式中，$t(\cdot)$ 表示路段阻抗函数，$t=(t_a(\cdot))_{a\in A}$；A 表示所有的弧段，即线路集合；R 表示网络中的起始区域；a 表示任意一个弧段，$a\in A$；r 表示起始区域内的任意一个起始节点，$r\in R$；s 表示网络中的终到区域内的任意一个终到节点，$s\in S$；k 表示任意一条路径；P_{rs} 表示网络中起始节点为 r，终到节点为 s 的所有的路径集合；f_k^{rs} 表示 OD 对 (r,s) 之间乘客选择路径 k 上的路径流量；$\delta_{a,k}^{rs}$ 表示弧段/路径关联矩阵，若弧段 a 在连接 OD 对 (r,s) 之间路径 k 上，且与路径的方向相同，$\delta_{a,k}^{rs}=1$，否则为 0 (由于研究的网络为双向网络，因此任意一个路段都对应两个方向的弧段，只有弧段的方向与路径的方向一致时弧段属于路径，否则不属于)；μ 表示备用能力系数。

在 RRTN 中，影响乘客选择的因素较多，主要有出行的时间、出行费用、舒适度、便捷性、可靠性等，因此可以使用广义费用来表示乘客的出行阻抗。

1) 出行票价支出

乘客出行的票价费用主要和乘客出行选择的网络层次、出行的路径长度等数据有关。假设子网络内所有的列车都具有相同的类别，因此列车出行票价支出只和出行的路径长度相关，令 $\eta(\tau)$ 表示乘客在 τ 层子网络层($\tau\in\{1,2,3,4,5,6\}$，1 表示城际出行子网络，2 表示市内出行子网络，3 表示市域出行子网络，4 表示城际和市内子网络间相连弧构成的网络，5 表示城际和市域子网络间相连弧构成的网络，6 表示市内和市域子网络间相连弧构成的网络)运行的票价率价值，那么每个乘客选择路径 k 的票价费用为

$$U_k^{rs} = \sum_{e\in E}\delta_{e,k}^{rs} l_e \eta(\tau) \tag{4-33}$$

式中，$\delta_{e,k}^{rs}$ 表示弧段/路径关联矩阵；l_e 表示弧段 e 的长度。

那么所有乘客的出行票价总支出为

$$U = \sum_{r\in N, s\in\tilde{N}}\sum_{k\in P_{rs}}\sum_{e\in E}\delta_{e,k}^{rs} l_e \eta(\tau) f_k^{rs} \tag{4-34}$$

2) 出行时间价值

乘车时间包括列车的纯运行时间、启停附加时间和停站时间等。假设所有的列车每

站都有停站，因此这里用$\overline{v}(\tau)$表示列车在τ层子网络的平均速度，那么选择路径k的出行时间价值为

$$V_k^{rs} = \sum_{e\in E} \delta_{e,k}^{rs} \frac{l_e}{\overline{v}(\tau)} \tag{4-35}$$

式中，$\delta_{e,k}^{rs}$表示弧段/路径关联矩阵；l_e表示弧段e的长度。

那么所有乘客的出行票价总支出为

$$V = \sum_{r\in N, s\in \tilde{N}} \sum_{k\in P_{rs}} \sum_{e\in E} \delta_{e,k}^{rs} \frac{l_e}{\overline{v}(\tau)} f_k^{rs} \tag{4-36}$$

式中，f_k^{rs}表示OD对(r,s)之间乘客选择路径k的路径流量。

3) 换乘时间价值

换乘因素对乘客的择路倾向影响较大，包括换乘时间和次数。换乘时间是由换乘步行时间及候车时间两部分组成的。在换乘弧的换乘时间由换乘弧长度除以乘客平均步速来求得，候车时间可取发车间隔的一半。$\overline{w}(\tau)$表示乘客在τ层子网络时的平均步行速度，$s_e(\tau)$表示在τ层子网络时候车时间价值，$\phi(\tau)$表示换乘目标线路在τ层子网络的发车间隔。

$$s_e(\tau) = 0.5\phi(\tau) \tag{4-37}$$

$\widetilde{T_k^{rs}}$表示网络中乘客在OD对(r,s)之间在路径k上换乘弧的换乘时间：

$$\widetilde{T_k^{rs}} = \sum_{e\in E} \left(\frac{l_e}{\overline{w}(\tau)} + s_e \right) \delta_{e,k}^{rs} \tag{4-38}$$

现实中乘客的时间感知程度不相同，由于换乘需要步行并耗费一定的体力，通常情况下乘客对换乘的也理感知较为敏感，每换乘一次都会造成乘客感知时间在一定程度上的放大。本节用α表示在换乘弧换乘时造成的额外费用，该感知费用通过换乘时间放大系数来表示，一般情况下$\alpha > 1$。

那么乘客选择路径k的换乘时间价值为

$$T_k^{rs} = \sum_{e\in E} \alpha \left(\frac{l_e}{\overline{w}(\tau)} + s_e \right) \delta_{e,k}^{rs} \tag{4-39}$$

那么所有乘客的换乘时间价值为

$$T = \sum_{r\in N, s\in \tilde{N}} \sum_{k=P_{rs}} \sum_{e\in E} \alpha \left(\frac{l_e}{\overline{w}(\tau)} + s_e \right) \delta_{e,k}^{rs} \tag{4-40}$$

4) 出行拥挤费用

出行的拥挤费用主要是因为列车的拥挤降低了乘客出行的舒适度而引起的。考虑拥挤费用，首先要考虑列车的额定载客量，不针对具体车次，采用弧段的拥挤来近似表示经过此弧段所有列车的平均拥挤效应。那么弧段e的拥挤费用函数为

$$y_e(x) = \begin{cases} 0, & x \leqslant c_e H \\ A\left(\dfrac{x_e}{c_e}\right)^B \dfrac{l_e}{\overline{v}(\tau)}, & x > c_e H \end{cases} \tag{4-41}$$

式中，y_e 表示出行拥挤费用；A 和 B 表示阻抗函数的参数；x_e 表示路段流量；c_e 表示路段的通行能力；H 表示列车的额定载客。

路段 e 的流量为

$$x_e = \sum_{r\in N,s\in \tilde{N}} \sum_{k\in P_{rs}} \sum_{e\in E} f_k^{rs} \delta_{e,k}^{rs} \tag{4-42}$$

式中，$\delta_{e,k}^{rs}$ 表示弧段路径关联矩阵；f_k^{rs} 表示 OD 对 (r,s) 之间在路径 k 上的路径流量。

那么，所有路段的拥挤费用为

$$Y=\sum_{e\in E} \int_0^{x_e} y_e(\omega)\mathrm{d}\omega \tag{4-43}$$

那么乘客总的出行费用为

$$\begin{aligned} C &= U+V+T+Y \\ &= \sum_{r\in N,s\in \tilde{N}} \sum_{k\in P_{rs}} \sum_{e\in E} \delta_{e,k}^{rs} l_e \eta(\tau) f_k^{rs} + \sum_{r\in N,s\in \tilde{N}} \sum_{k\in P_{rs}} \sum_{e\in E} \delta_{e,k}^{rs} \frac{l_e}{\overline{v}(\tau)} f_k^{rs} \\ &\quad + \sum_{r\in N,s\in \tilde{N}} \sum_{k\in P_{rs}} \sum_{e\in E} \alpha \left(\frac{l_e}{\overline{w}(\tau)} + s_e \right) \delta_{e,k}^{rs} + \sum_{e\in E} \int_0^{x_e} y_e(\omega)\mathrm{d}\omega \end{aligned} \tag{4-44}$$

令 c_k^{rs} 表示乘客在没有拥挤状态下的阻抗，则有

$$c_k^{rs} = \sum_{e\in E} \left\{ \left(\eta(\tau) + \frac{b}{\overline{v}(\tau)} + \frac{1}{\overline{w}(\tau)} \right) l_e + s_e \right\} \delta_{e,k}^{rs} \tag{4-45}$$

2. 区域轨道交通有效承载力计算公式

$$\max \mu \tag{4-46}$$

$$\text{s.t.} \begin{cases} x_e \leqslant c_e H, \quad \forall e \in H & (4\text{-}47) \\ \tilde{c}^{rs} \leqslant \rho c^{rs}, \quad \forall r \in N, s \in \tilde{N} & (4\text{-}48) \\ \sum_{e\in E} l_e \delta_{e,k}^{rs} \Big/ \min_{k\in P_{rs}} \left\{ \sum_{e\in E} l_e \delta_{e,k}^{rs} \right\} \leqslant \xi, \quad \forall r \in N, s \in \tilde{N} & (4\text{-}49) \end{cases}$$

下层模型：

$$\begin{aligned} \min Z(x,q) &= \sum_{r\in N,s\in \tilde{N}} \sum_{k\in P_{rs}} \sum_{e\in E} \delta_{e,k}^{rs} l_e \eta(\tau) f_k^{rs} + \sum_{r\in N,s\in \tilde{N}} \sum_{k\in P_{rs}} \sum_{e\in E} \delta_{e,k}^{rs} \frac{l_e}{\overline{v}(\tau)} f_k^{rs} \\ &\quad + \sum_{r\in N,s\in \tilde{N}} \sum_{k\in P_{rs}} \sum_{e\in E} \alpha \left(\frac{l_e}{\overline{w}(\tau)} + s_e \right) \delta_{e,k}^{rs} + \sum_{e\in E} \int_0^{x_e} y_e(\omega)\mathrm{d}\omega \\ &\quad + \frac{1}{\gamma} \sum_{r\in N,s\in \tilde{N}} q_{rs} (\ln q_{rs} - 1) - \sum_{r\in N,s\in \tilde{N}} M_s q_{rs} \end{aligned} \tag{4-50}$$

$$
\text{s.t.}\begin{cases}\sum\limits_{k\in P_{rs}} f_k^{rs}=q_{rs}, \quad \forall r\in N, s\in \tilde{N} & (4\text{-}51)\\ \sum\limits_{s\in\tilde{N}} q_{rs}=\mu\bar{O}, \quad \forall r\in N & (4\text{-}52)\\ x_e=\sum\limits_{r\in N,s\in\tilde{N}}\sum\limits_{k\in P_{rs}} f_k^{rs}\delta_{e,k}^{rs}, \quad \forall e\in E & (4\text{-}53)\\ f_k^{rs}\geqslant 0, \quad \forall r\in N, s\in\tilde{N}, k\in P_{rs} & (4\text{-}54)\end{cases}
$$

式中，M_s 表示终点区域 s 的交通吸引能力测度；q_{rs} 表示 OD 对 (r,s) 之间的乘客流量。

上层为一个考虑最大化倍数因子的能力约束模型，下层为一个考虑了路径选择行为的客流均衡配流模型。式(4-46)为上层模型的目标函数，目标为最大化乘子，约束目标最大化乘子；约束(4-47)为路段能力约束，最大能力按照通过能力乘以列车的最大承载力而得；约束(4-48)为服务水平约束；约束(4-49)为绕行约束；式(4-50)为下层模型的目标函数，最小化所有客流的阻抗；约束(4-51)表示路径流量与流量守恒；约束(4-52)表示所有出发节点的流量守恒；约束(4-53)表示路段流量与路径流量的关系；约束(4-54)表示路径流量非负。

设约束(4-51)和约束(4-52)对应的拉格朗日乘子分别为 u_{rs}、λ_r，构造模型(4-50)的拉格朗日函数：

$$
L(x_e,q_{rs},u_{rs},\lambda_r)=Z(x,q)+\sum_{r\in N,s\in\tilde{N}}u_{rs}\left[q_{rs}-\sum_{k\in P_{rs}}f_k^{rs}\right]+\sum_{r\in N}\lambda_r\left[\mu\bar{O}_r-\sum_{s\in\tilde{N}}q_{rs}\right] \tag{4-55}
$$

根据库恩-塔克条件，上述拉格朗日函数在极值点必须满足如下述条件：

$$
f_k^{rs}\frac{\partial L}{\partial f_k^{rs}}=0,\quad \frac{\partial L}{\partial f_k^{rs}}\geqslant 0,\quad \frac{\partial L}{\partial u_{rs}}=0 \tag{4-56}
$$

对函数(4-55)关于路径流 f_k^{rs} 求导，有

$$
\frac{\partial L}{\partial f_k^{rs}}=\frac{\partial Z}{\partial f_k^{rs}}+\frac{\partial}{\partial f_k^{rs}}\sum_{r\in N,s\in\tilde{N}}u_{rs}\left[q_{rs}-\sum_{k\in P_{rs}}f_k^{rs}\right]+\frac{\partial}{\partial f_k^{rs}}\sum_{r\in N}\lambda_r\left[\bar{O}_r-\sum_{s\in N}q_{rs}\mu\right] \tag{4-57}
$$

对于 $\dfrac{\partial Z}{\partial f_k^{rs}}$ 中各项的求导结果如下：

$$
\frac{\partial}{\partial f_k^{rs}}\left(\sum_{r\in N,s\in\tilde{N}}\sum_{k\in P_{rs}}\sum_{e\in E}\delta_{e,k}^{rs}l_e\eta(\tau)f_k^{rs}\right)=\sum_{e\in E}\delta_{e,k}^{rs}l_e\eta(\tau) \tag{4-58}
$$

$$
\frac{\partial}{\partial f_k^{rs}}\left(\sum_{r\in N,s\in\tilde{N}}\sum_{k\in P_{rs}}\sum_{e\in E}\delta_{e,k}^{rs}\frac{l_e}{\bar{v}(\tau)}f_k^{rs}\right)=\sum_{e\in E}\delta_{e,k}^{rs}\frac{l_e}{\bar{v}(\tau)} \tag{4-59}
$$

$$
\frac{\partial}{\partial f_k^{rs}}\left(\sum_{r\in N,s\in\tilde{N}}\sum_{k\in P_{rs}}\sum_{e\in E}\alpha\left(\frac{l_e}{\bar{w}(\tau)}+s_e\right)\delta_{e,k}^{rs}\right)=\sum_{e\in E}\alpha\left(\frac{l_e}{\bar{w}(\tau)}+s_e\right)\delta_{e,k}^{rs} \tag{4-60}
$$

$$\frac{\partial}{\partial f_k^{rs}}\left(\sum_{e\in E}\int_0^{x_e} y_e(\omega)\mathrm{d}\omega\right)=\upsilon_k^{rs} \tag{4-61}$$

则有

$$\tilde{c}_k^{rs}=\sum_{e\in E}\delta_{e,k}^{rs}l_e\eta(\tau)+\sum_{e\in E}\delta_{e,k}^{rs}\frac{l_e}{\overline{v}(\tau)}+\sum_{e\in E}\alpha\left(\frac{l_e}{\overline{w}(\tau)}+s_e\right)\delta_{e,k}^{rs}+\upsilon_k^{rs} \tag{4-62}$$

对 $\frac{\partial}{\partial f_k^{rs}}\sum_{r\in N,s\in\tilde{N}}u_{rs}\left[q_{rs}-\sum_{k\in P_r}f_k^{rs}\right]$ 求导结果为

$$\frac{\partial}{\partial f_k^{rs}}\sum_{r\in N,s\in\tilde{N}}u_{rs}\left[q_{rs}-\sum_{k\in P_s}f_k^{rs}\right]=-u_{rs} \tag{4-63}$$

对 $\frac{\partial}{\partial f_k^{rs}}\sum_{r\in N}\lambda_r\left[\bar{O}_r-\sum_{s\in\tilde{N}}q_{rs}\mu\right]$ 求导结果为 0。

根据库恩-塔克条件可以得到

$$f_k^{rs}(\tilde{c}_k^{rs}-u_{rs})=0 \tag{4-64}$$

$$\tilde{c}_k^{rs}-u_{rs}\geqslant 0 \tag{4-65}$$

结果表明，连接 OD 对 (r,s) 的路径上有流量经过 $(f_k^{rs}>0)$，则其阻抗 $\tilde{c}_k^{rs}$ 必等于 u_{rs}，若无流量经过，必大于等于 u_{rs}。这恰好说明该模型的最优解满足用户均衡条件，并且拉格朗日乘子 u_{rs} 代表 OD 对 (r,s) 的最小出行时间。

对函数 4-55 关于 OD 流 q_{rs} 求导得到

$$\frac{1}{\gamma}\ln q_{rs}-M_s+u_{rs}-\lambda_r=0,\quad r\in N,\quad s\in\tilde{N} \tag{4-66}$$

因此 $q_{rs}=\mathrm{e}^{-\gamma(u_{rr}-M_v-\lambda_r)},\forall r,s$。

由条件(4-66)和(4-52)可得到如下的 Logit 选择模型：

$$q_{rs}=(\mu\cdot\bar{O}_r)\cdot\frac{\mathrm{e}^{-\gamma\cdot(u_{rs}-M_s)}}{\sum_l e^{-\gamma\cdot(u_{rs}-M_l)}},\quad r\in N,\quad s\in\tilde{N} \tag{4-67}$$

这说明起始区域 r 的交通量 $\mu\cdot\bar{O}_r$ 的分配是由各个终到节点的交通吸引能力 M_s 和 OD 对之间的最短出行时间 u_{rs} 共同决定的。

由于上层模型中只含有一个决策 μ，故可视其为下层模型的一个参数，通过逐步增大此参数，来求解含参数的组合问题，直到上层问题的约束不满足为止，由此得到的启发式算法如下。

Step0：给定初始值 $\mu^{(0)}$ 及倍数因子 $\sigma>0$，令 $k=0$。

Step1：将 $\mu^{(k)}$ 代入下层模型，求解下层模型，得到路段流量 $x_e^{(k)}$ 和 OD 流量 $q_{rs}^{(k)}$。

Step2：判断是否满足上层模型中的约束；若满足，令 $u^{(k+1)}=\sigma\cdot\mu^{(k)}$，$k=k+1$，转 Step1；否则，停止迭代，此时 $\mu^{(k)}$ 就是问题旳近似解。

其中下层问题可以采用两阶段法进行求解。具体解法如下。

Step1.0：给定初始值 $\mu^{(k)}$ 以及终止误差 $\varepsilon > 0$，令 $x_e^{(0)} = 0,\ q^{(0)} = 0,\ n = 0$。

Step1.1：求乘客出行阻抗 $\tilde{c}_k^{rs}$，$\forall e$。

Step1.2：寻找下降方向：根据乘客出行阻抗 $\tilde{c}_k^{rs}$，寻找起始节点 r 到各个终到节点 s 乘客的最小出行阻抗，记最小阻抗为 $u_{rs}^{(n)}$，求 OD 对流量 $v_{rs}^{(n)}$：

$$v_{rs}^{(n)} = (\mu^{(k)} \cdot \bar{O}_r) \cdot \frac{e^{-\gamma \cdot \left(u_{rs}^{(n)} - M_s\right)}}{\sum_l e^{-\gamma \cdot \left(u_{rs}^{(n)} - M_l\right)}}, \quad r \in N, \quad s \in \tilde{N} \tag{4-68}$$

并将此流量分配到连接各个 OD 对 (r,s) 中具有最小阻抗的路径上，得到弧段流量 $y_e^{(n)}$。

Step1.3：求一维极小问题：

$$\begin{aligned} \min Z(a) = & \sum_{r \in N, s \in \tilde{N}} \sum_{e \in N} \sum_{e \in N} \left[\delta_{e,k}^{rs} l_e \eta(\tau) + \sum_{e \in N} \delta_{e,k}^{rs} \frac{l_e}{\bar{v}(\tau)} + \sum_{e \in N} \alpha \left(\frac{l_e}{\bar{w}(\tau)} + s_e \right) \delta_{e,k}^{rs} \right] \\ & \cdot \left[q_{rs}^{(n)} + a \cdot \left(v_{rs}^{(n)} - q_{rs}^{(n)} \right) \right] + \sum_{e \in E} \int_0^{x_e^{(n)} + a\left(y_e^{(m)} - x_e^{(n)}\right)} y_e(\omega) \mathrm{d}\omega \\ & + \frac{1}{\gamma} \sum_{r \in N, s \in \tilde{N}} \left[q_{rs}^{(n)} + a \cdot \left(v_{rs}^{(n)} - q_{rs}^{(n)} \right) \right] \cdot \left\{ \ln \left[q_{rs}^{(n)} + a \cdot \left(v_{rs}^{(n)} - q_{rs}^{(n)} \right) \right] - 1 - \gamma \cdot M_s \right\} \end{aligned} \tag{4-69}$$

得到步长因子 a_n。

Step1.4：令 $x_e^{(n+1)} = x_e^{(n)} + a_n \cdot \left(y_e^{(n)} - x_e^{(n)} \right)$，$q_{rs}^{(n+1)} = q_{rs}^{(n)} + a_n \cdot \left(v_{rs}^{(n)} - q_{rs}^{(n)} \right)$。

Step1.5：根据实际的流量分配值和理论流量分配值之间的差值判断收敛，若

$$\sum_{rs} \left| \frac{q_{rs}^{(n+1)}}{\mu^{(k)} \bar{O}_r} - \frac{e^{-\gamma \cdot \left(u_{rs}^{(n)} - M_l\right)}}{\sum_l e^{-\gamma \cdot \left(u_{rs}^{(n)} - M_l\right)}} \right| \geqslant \varepsilon \tag{4-70}$$

令 $n = n+1$，转 Step1.4；否则，终止迭代，此时 $x_e^{(n+1)}$ 和 $q_{rs}^{(n+1)}$ 就是弧段流量解和 OD 流量解。

重庆都市圈 RRTN 拓扑结构如图 4-16 所示，包括成渝客专、市域快轨(26 号线、27 号线)、地铁及跨座式单轨(1 号线、2 号线、3 号线、5 号线、6 号线、10 号线、环线)。不同服务水平下 RRTN 有效承载力见表 4-8。

表 4-8　不同服务水平下 RRTN 有效承载力

备用能力系数	1.19	1.23	1.31	1.49	1.76
服务水平	A	B	C	D	E
有效承载力/(万人/0.5h)	29.72	36.78	62.64	72.01	82.96

服务水平为 A、C、E 对应的客流分布如图 4-20 所示。结果表明，C～E 级服务水平，1 号线和 3 号线有效承载力逐渐趋于饱和，受到 3 号线运力不足、5 号线和 10 号线行车间隔较大的影响，环线承载力的有效利用也存在一定损失；同时，网络有效承载力受到

换乘站的能力限制影响较大，主要有红旗河沟站、大龙山站、牛角沱站、观音桥站、沙坪坝站和石桥铺站。

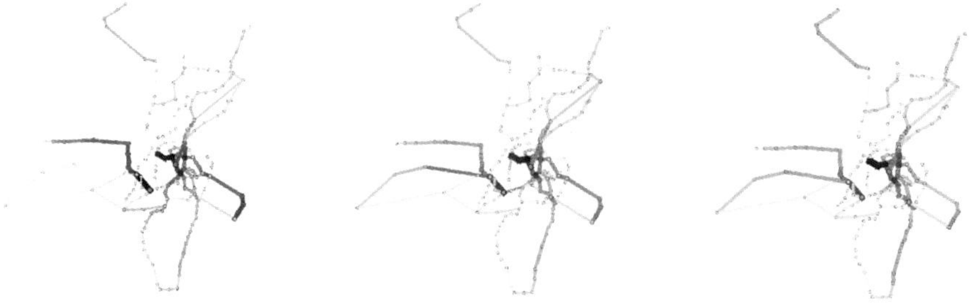

(a) 服务水平A　　(b) 服务水平C　　(c) 服务水平E

图 4-20　不同服务水平下区域轨道交通网络有效承载力的客流分布

4.4　区域轨道交通网络有效承载力动态仿真

区域轨道交通网络有效承载力动态仿真模型按照 Petri 网工作流的建模思路，通过抽象列车运行和车站运作各子系统，建立区域轨道交通网络分层着色 Petri 网模型，对路网中车流与客流运动进行仿真。利用压力测试思想，以 Petri 网仿真为技术手段，得到线路满载率、车站平均集散时间动态系数和站台平均候车时间等网络服务水平指标，实现对区域轨道交通网络有效承载力的评估。

4.4.1　Petri 网理论与 CPN Tools 软件概述

Petri 网是分布式系统的建模和分析工具，作为一种系统模型，Petri 网不仅可以刻画系统结构，也可以描述系统的事件发生和状态变化等动态行为(吴哲辉，2006)。Petri 网既有直观的图形表示，又可以引入数学方法对其进行分析。在基本 Petri 网的基础上，还可以通过着色、赋时、分层等拓展方法建立高级 Petri 网。

定义满足以下条件的三元组 $N=(S,T;F)$ 为一个有向网(袁崇义，2013)。

$$S\cup T=\varnothing \tag{4-71}$$

$$S\cap T=\varnothing \tag{4-72}$$

$$F\subseteq S\times T\cup T\times S \tag{4-73}$$

$$\mathrm{dom}(F)\cup\mathrm{cod}(F)=S\cup T \tag{4-74}$$

式中，S 为库所(place)集合，Petri 用圆圈○表示；T 为变迁(transition)集合，Petri 用矩形 □ 表示，F 为流关系(flow relation)，用有向箭头表示，$\mathrm{dom}(F)\cup\mathrm{cod}(F)=S\cup T$，$\mathrm{cod}(F)=\{y\mid\exists x:(x,y)\in F\}$。

定义 $X=S\cup T$ 为有向网的节点集合元素集，若 $x,y\in X$，则定义 ${}^{\bullet}x=\{y\mid(y,x)\in F\}$ 为 x 的前集，$x^{\bullet}=\{y\mid(x,y)\in F\}$ 为 x 的后集。

定义满足以下条件的六元组 $N=(S,T;F,K,W,M_0)$ 为一个 P/T(库所-变迁)系统。

$$K:S\to\{1,2,3,\cdots\}\cup\{\infty\} \tag{4-75}$$

$$W:F\to\{1,2,3,\cdots\} \tag{4-76}$$

$$M_0:S\to\{0,1,2,\cdots\} \tag{4-77}$$

$$\forall s\in S:M_0(s)\leqslant K(s) \tag{4-78}$$

式中，$N=(S,T;F)$ 为一有向网；K 为 p 元素的容量函数；W 为 F 上的权函数；M_0 为初始标识。

定义映射 $M:P\to\{0,1,2,\cdots\}$，若 $\forall p\in P:M(p)\leqslant K(p)$，则称 M 为 N 上的标识。对 $\forall p\in P$，若 $M(p)=k$，则称 p 中有 k 个托肯(token)，在 Petri 网图形中用•表示。托肯是库所中的动态对象，托肯的分布状态表征系统当前的状态。

设 $t\in T$，M 为 N 的标识，当 p 满足下列条件时，定义 t 在 M 上有发生权，记为 $M[t>$。

$$\forall p\in{}^{\bullet}t:M(p)\geqslant W(p,t) \tag{4-79}$$

$$\forall p\in t^{\bullet}:M(p)+W(p,t)\leqslant K(p) \tag{4-80}$$

着色 Petri 网是对不同类型的托肯分别赋以不同的颜色而形成的，利用颜色属性实现了对托肯的分类。利用着色 Petri 网区分不同种类的资源(如列车目的地、乘客属性等)可使网系统更直观、更清晰。延时 Petri 网是在基本 Petri 网的基础上引入时间约束条件 $\mathrm{DI}(t)=a$，即当 $M[t>$时，变迁 t 可以被触发，但需要 a 个时间步长完成触发过程。延时 Petri 网可使变迁触发不再是一个瞬时性过程，实现了托肯迁移的时间模拟。随机 Petri 网中，引入的变迁延时为一随机变量，适用于不确定系统的建模与分析。分层 Petri 网是一种对复杂系统建模的方法，通过将系统中具有独立功能或者反复出现的子系统独立出来并建立子网的方法，简化总网结构。同时，通过对子网的封装，可以实现总网对子网的反复调用。

CPN Tools 软件是一个 Petri 网离散事件仿真工具，为着色 Petri 网、延时 Petri 网等高级 Petri 网建模提供了仿真平台，具备模型编辑、检查纠错、仿真、状态空间分析等功能。CPN Tools 设计有 CPN ML 语言，方便用户编辑有关库所颜色集的类型、变迁运算函数、变迁延时函数等相关声明，还带有常用随机分布函数以及其他标准 ML 语言的数学函数库。同时，CPN Tools 支持建立分层 Petri 网，通过“代替变迁”(岳昊，2009)实现总网对子网的接入。

4.4.2　分层着色 Petri 网模型功能设计与建模

本节通过 CPN Tools 建立分层着色 Petri 网模型(hierarchical colored Petri net，HCPN)(刘江，2015)仿真模拟区域轨道交通网络运营，合理模拟乘客网络中的进出站、乘降、换乘等行动事件、列车停站事件、列车区间运行过程和本线运行及直通运行两种不同的运输组织模式。通过仿真区域轨道交通网络乘客流动和列车运行过程，得出不同服务水平下的区域轨道交通网络有效承载力。

1. 功能设计

区域轨道交通网络由列车运行子系统和车站运作子系统构成。其中，车站运作子系统根据车站类型划分为不同类型的车站子系统。列车运行子系统的主要功能是模拟列车区间运行、直通线路选择等过程，车站运作子系统的主要功能是模拟乘客进出站、乘降和换乘行为，模拟列车在车站内的通过、停车和办理客运业务等过程。列车运行子系统和车站运作子系统由各表征乘客和列车具体行为的功能模块组成，每个功能模块对应一个 Petri 网模块(HCPN 模型)，通过在各子系统出入口处设置 Petri 网接口实现子系统连接，并实现区域轨道交通网络的建立。

1) 列车运行子系统

列车运行子系统通过设置延时变迁和判断函数，实现对列车区间运行过程和直通方向选择的模拟。该模块首先接收由车站模块发出的，带有车次号、列车种类、车内乘客数和终到站等信息的列车托肯。在直通运行区间内，列车运行路径的区分通过对列车终到站信息的识别而实现。确定运行方向后的列车托肯进入对应区间的延时变迁，模拟区间运行过程(王宏刚，2011)；没有直通运行的区间时，列车托肯直接进入延时变迁，模拟区间运行过程。列车托肯经过延时变迁后被进站接收库所接收，进入下一车站的运作子系统，参与该车站运作过程。

在区域轨道交通网络中存在跨线直通运行的区间，因此列车运行子系统分为本线运行子系统和直通(Y 形线路)运行子系统两种。通过设置判断语句，模拟物理渡线，实现列车跨线运行的仿真。

本线运行子系统结构如图 4-21 所示。图中表示一个双线区间的列车运行过程。

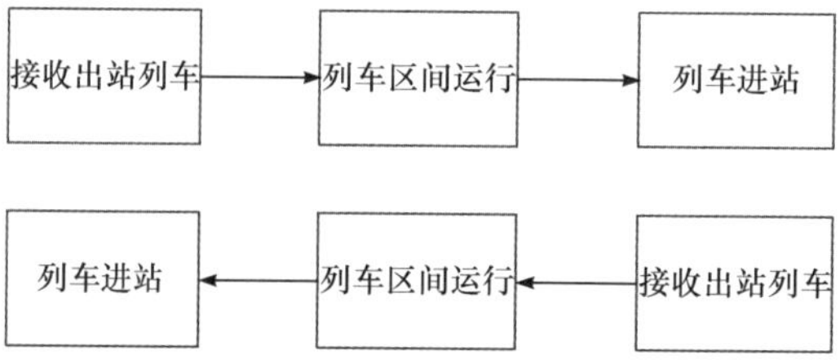

图 4-21　本线运行子系统结构

直通(Y 形线路)运行子系统结构如图 4-22 所示。与本线运行子系统相比，直通运行子系统设置了列车运行方向判断条件，区分不同终到站的列车。

2) 车站运作子系统

车站运作子系统可实现对车站运营中各类事件的仿真。该子系统主要包括客流发生模块、列车进出站模块、客流运动模块三个模块，分别用于模拟乘客进站、列车到发和乘客在站内的乘降、换乘等过程。

典型中间站子系统的仿真模型功能框架如图 4-23 所示。不同类型的车站乘客流动过程存在差异，因此需要分别建立子系统进行刻画。与此同时，各车站子系统的功能模块又具有相似性，如列车到发、乘客乘降等，可以使用相同的功能模块进行描述。各类型车站的框架均以中间站为基础，通过根据实际情况增加换乘模块等手段，实现对各类型车站的功能模拟。

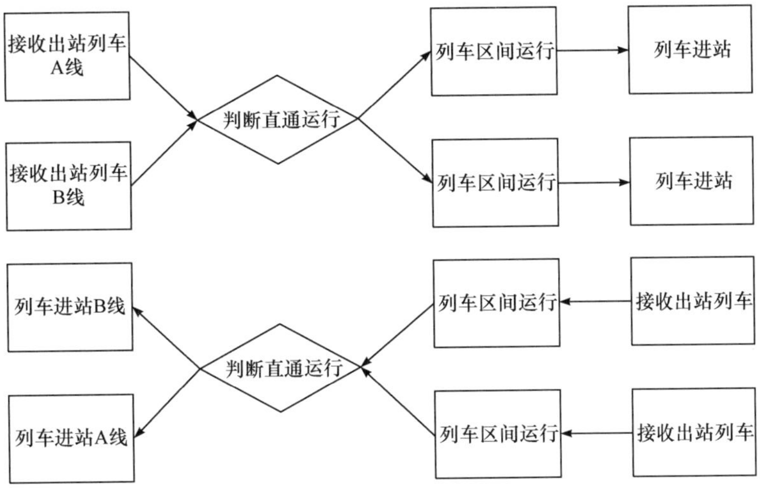

图 4-22　直通运行子系统结构

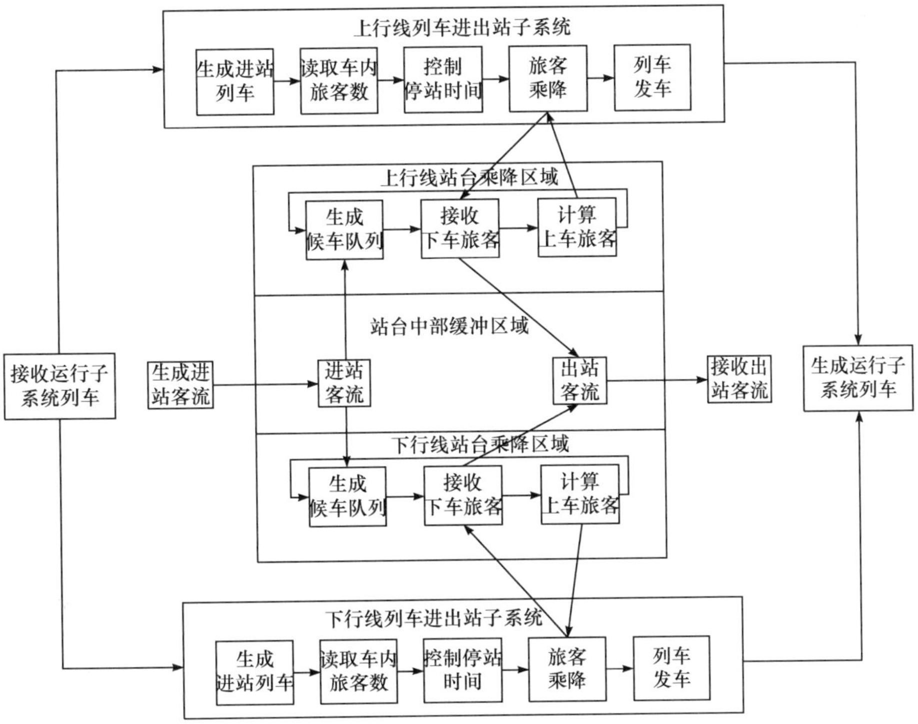

图 4-23　中间站子系统仿真模型功能结构

中间站子系统如图 4-23 所示，进站乘客托肯由进站客流生成模块生成，并进入站台(客流运动模块)候车。列车接收模块接收运行子系统列车，同时读取车内乘客数，使用延时变迁控制列车停站时间。在列车停站期间发出下车乘客托肯进入站台，并由出站模块接收，在乘客下车完毕后开始乘客上车过程，列车库所根据剩余载客量(由列车最大载客量减去下车过程完毕后剩余乘客人数得出)接收乘客托肯上车，未上车的乘客返回站台。列车发车后被运行子系统接收，进入运行过程。上下行列车运行和乘客乘降模块独立，互不干扰。

起止站子系统如图 4-24 所示，系统首先接收运行子系统列车，同时读取车内乘客数，使用延时变迁控制列车停站时间。在列车停站期间发出下车乘客托肯进入站台模块，并由出站模块接收；进站乘客托肯由进站客流生成模块生成，并进入站台模块候车。列车始发子系统生成始发列车并确定停站时间后接收乘客托肯上车，未上车的乘客返回站台。列车发车后被运行子系统接收，进入运行过程。

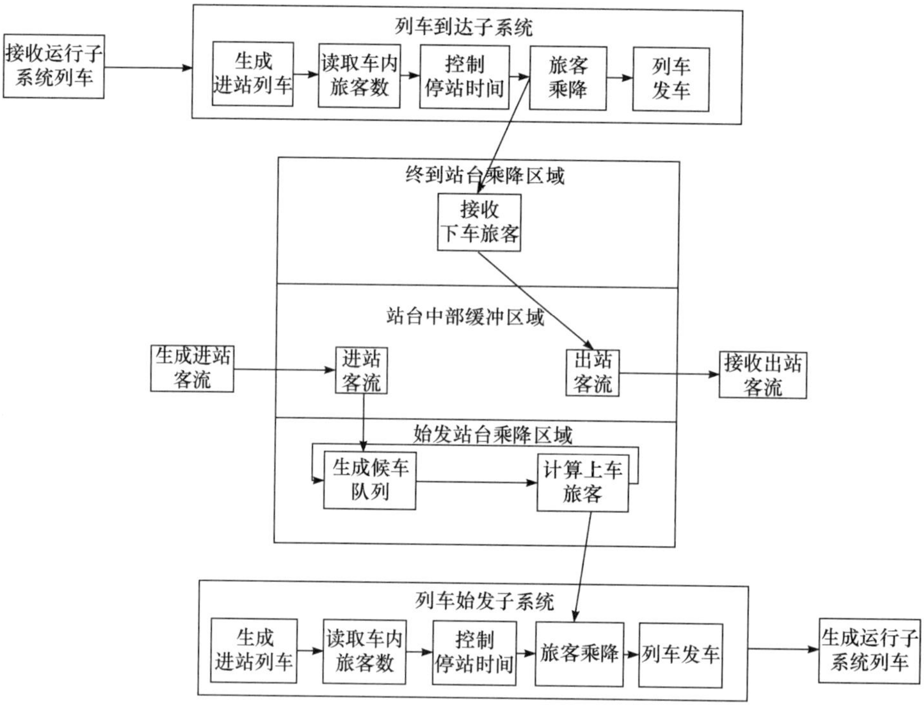

图 4-24　起止站子系统结构

两线换乘车站子系统如图 4-25 所示，由两个独立的一般车站子系统和一个换乘通道子模块组成。换乘客流下车后进入换乘通道换乘，并加入另一站台客流运动模块。乘客下车时，系统根据乘客的终到站属性判定归入换乘客流或到达客流，并分别进入换乘通道或出站。枢纽站(国铁-城轨换乘站)、三线及以上换乘站仿照两线换乘站结构设计。

客流发生模块用于控制进站客流数量和进站时间间隔，每次生成一个包含一位或多位乘客的乘客组作为进站客流托肯，并带有乘客组人数、进站时刻、目的车站等属性。当使用实际客流数据进行网络承载力仿真时，亦可在发生器中手动添加进站客流托肯。

列车进出站模块首先接收由列车运行子系统发出的列车托肯，同时更新该站客流数据，如该站出站客流量、换乘客流量、继续乘车客流量等，然后通过延时变迁实现模拟列车的停站时间，并通过客流运动模块端口更新车内客流数据，模拟乘客上下车过程，最后将更新车内客流信息后的托肯发出进入列车运行子系统，完成列车出站过程。

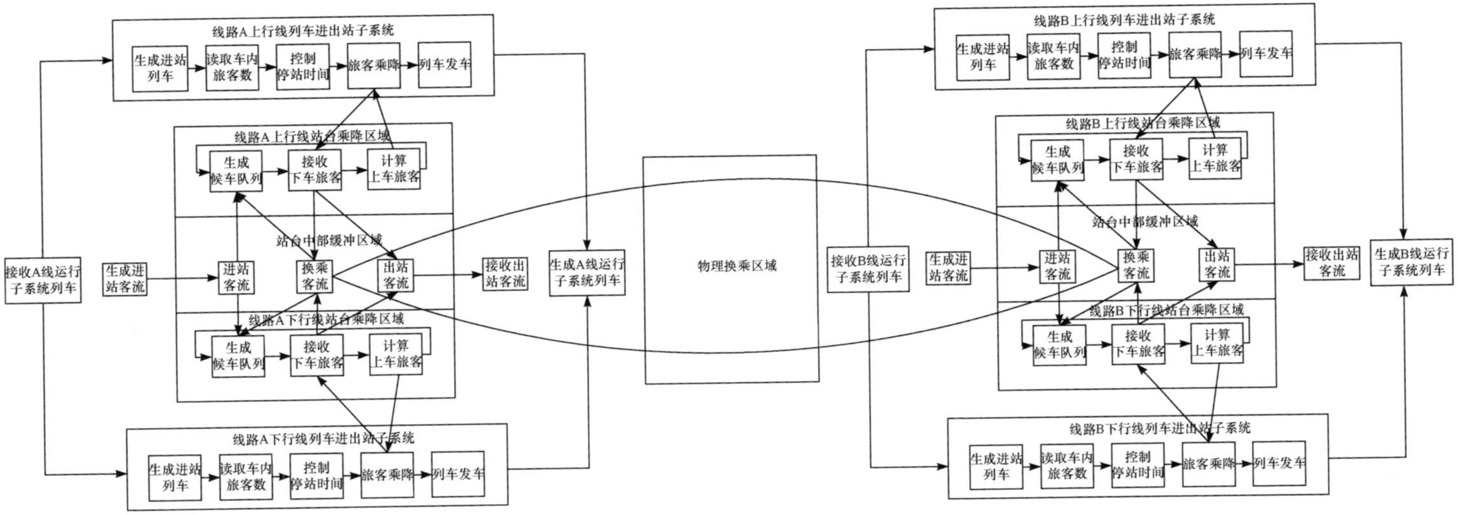

图4-25　两线换乘车站子系统

客流运动模块用于模拟乘客在站内的运动情况，站内每个运行方向设置一个。该模块通过分解、合并不同颜色的托肯并对其赋值进行计算，实现接收进站(包括换乘和进站)和下车(包括换乘和出站)客流，输送上车客流，计算并更新列车剩余载客能力，与其他客流运动模块交换换乘客流等，从而实现对乘客上下车和换乘过程的模拟。

客流运动模块设置端口分别连接客流发生模块、该方向列车进出站模块及出站客流接收库所。以一个两条到发线的车站为例，该站设两套客流运动模块，两个模块总计六个端口在单位时间内进出的客流总量可以表征该车站的承载力。

2. 模型定义

定义区域轨道交通承载能仿真分层着色 Petri 网模型(HCPN 模型)为一个八元组：

$$\Sigma = (P,T;F,M,C,W,K,t) \tag{4-81}$$

$(P,T;F)$ 是一个基本 Petri 网，P 表示库所集合，映射列车运行过程状态和车站各功能区域的客流集散状态。$T = T_i \cup T_t$ 表示变迁集合，$T_i = \{T_{i1}, T_{i2}, \cdots, T_{in}\}$ 表示瞬时变迁集合，映射车流和客流的瞬时逻辑状态变化，$T_t = \{T_{t1}, T_{t2}, \cdots, T_{tm}\}$ 表示延时变迁集合，映射延时状态变化，且 $T_i \cap T_t = \varnothing$。$F$ 表示有序偶集合，由一个 P 元素和一个 T 元素组成，表示有向弧连接元素的前后关系；设有序偶所在的有向弧集合是 $A = A_i \cup A_t$。瞬时有向弧集 A_I 满足式(4-82)，延时有向弧集 A_t 满足式(4-83)(解晓灵，2015)。

$$A_i = (P \times T_i) \cup (T_i \times P) \tag{4-82}$$

$$A_t = (P \times T_t) \cup (T_t \times P) \tag{4-83}$$

C 是 Petri 网的颜色集，$C = \{C_1, C_2, \cdots, C_k\}$；$L(C)$ 为定义在颜色集 C 上的一个非负整数系数线性函数，即

$$L(C) = a_1c_1 + a_2c_2 + \cdots + a_kc_k \tag{4-84}$$

$a_i(i = 1,2,\cdots,k)$ 均为非负整数。

设 M 是 Σ 的一个标识，满足式(4-85)的条件。

$$M : P \to L(C) \tag{4-85}$$

设 Σ 在有向弧集合上有权函数 W，在库所集合上有容量函数 K，权函数 W 与容量函数 K 分别满足式(4-86)与式(4-87)。

$$W : F \to L(C), \sum_{1}^{k} a_i \neq 0 \tag{4-86}$$

$$K : F \to L(C), \sum_{1}^{k} a_i \neq 0 \tag{4-87}$$

式中，$a_i(i = 1,2,\cdots,k)$ 为 $L(C)$ 的系数。

设 t 是延时变迁 T_t 与延时有向弧 A_t 的延时时长。

$$t : T_t \to R_0 \text{ 或 } A_t \to R_0 \tag{4-88}$$

Σ 的变迁发生规则为，若变迁 $t \in T$ 有发生权，即 $M[t >$ 发生的条件是

$$\begin{cases}\forall p\in {}^{\bullet}t: M(p)\geqslant W(p,t)\\ \forall p\in t^{\bullet}-{}^{\bullet}t: M(p)+W(t,p)\leqslant K(p)\\ \forall p\in t^{\bullet}\cap{}^{\bullet}t: M(p)+W(t,p)-W(p,t)\leqslant K(p)\end{cases}\tag{4-89}$$

若变迁 t 发生后得到新标识 M^t，若 $M[t>M^t$，则有

$$\forall p\in P: M'(p)=\begin{cases}M(p)-W(p,t),若p\in {}^{\bullet}t-t\\ M(p)+W(t,p),若p\in t^{\bullet}-{}^{\bullet}t\\ M(p)+W(t,p)-W(p,t),若p\in t^{\bullet}\cap{}^{\bullet}t\\ M(p),其他\end{cases}\tag{4-90}$$

4.4.3　分层着色 Petri 网模型建立与工作流程分析

本节将在 CPN Tools 软件中建立区域轨道交通网络承载力分层着色 Petri 网仿真模型，并对其工作流程进行详细分析。将使用 CPN Tools 软件中的 Petri 网图形表示方法表示 HCPN 模型，即使用圆圈“○”表示库所，用矩形“□”表示变迁，用箭头“→”表示弧，用“@+ interval time”表示变迁和弧上的延时，用“n·(col 1, col 2, ⋯, col k)”表示库所中的托肯数(n)及其 k 个颜色属性(col 1, ⋯, col k)并在库所中画黑色圆点“•”。

CPN Tools 内置有全局时钟函数 time(·)，对每个托肯都附加一个“时间戳”作为其在系统中所处时间的表示。HCPN 仿真模型定义全局时间变量 intTime(·)为整型变量，时间值可以是无界的整数。

根据 HCPN 模型对仿真时间精度要求，可以灵活为延时步长定义时间单位，如 1min、30s 或 1s 等。

CPN Tools 软件自带简单颜色集，并支持建立自定义颜色集和由多个颜色集组成的复合颜色集(多个同类型颜色集组合而成的积颜色集 Product 和多个不同类型颜色集组合而成的记录颜色集 Record)。颜色集声明中可以使用 timed 语句为该颜色集赋时间属性，从而使该颜色集中的托肯带上“时间戳”(time stamp)，具备为托肯设置时间的条件。使用的简单颜色集包括 BOOL 布尔型，INT 整型和 STRING 字符型。

除 CPN Tools 软件自带的简单颜色集之外，定义的颜色集和变量如下：

```
colset TrainID = int timed;
var trainID: TrainID; //声明列车车次号颜色集和变量(整型带时间)
colset TrainType = with A|B;
var trainType: TrainType; //声明列车种类(快慢车)颜色集和变量(字符型)
colset TrainDest= int timed;
var trainDest: TrainDest; //声明列车到达站颜色集和变量(整型带时间)
colset TrainInfo = record TrainID*TrainType*TrainDest timed;//
```
声明列车信息记录颜色集，属于该颜色集的托肯包含车次号、种类、到站三个属性(带时间)

```
colset Trans = real timed;
var trans: Trans; //声明乘降(含本站到达和换乘到发三种)乘客人数颜色集和变量(实数型带时间)
colset Con = real timed;
var con: Con; //声明车内继续乘车乘客人数颜色集和变量(实数型带时间)
colset Free = real timed;
var free: Free; //声明车内剩余载客量颜色集和变量(实数型带时间)
colset Dep = real timed;
var dep: Dep; //声明本站出发乘客颜色集和变量(实数型带时间)
colset On = product Dep*Trans*Free timed; //声明上车乘客积颜色集，属于该颜色集的托肯包含本站出发人数、换乘上车人数、车内剩余载客量三个属性(带时间)
colset Pass = product Trans*Con*Free timed; //声明乘客信息积颜色集，属于该颜色集的托肯包含乘降人数、继续乘车人数、车内剩余载客量三个属性(带时间)
colset Train = record TrainInfo*Pass timed; //声明列车记录颜色集，属于该颜色集的托肯包含列车信息和乘客信息属性，即包含上述所有属性(带时间)
```

CPN Tools 软件设置有“替代变迁”实现对 Petri 网的分层，即通过将一个以多个变迁为网络末端元素的子网简化成一个替代变迁并接入总网。子网的具体结构可以在原网络中或新选项卡中查看，也可以进行复制，实现反复调用。

1. 运行子系统 HCPN 建模与工作流程分析

本线运行子系统的 HCPN 模型如图 4-26 所示。图中 1、2 为车站编号，P_{1Ad} 为车站 1 的 A 方向发车库所，P_{2Aa} 为车站 2 的 A 方向到达库所，Train 为库所允许容纳的托肯颜色。P_{1Ad} 发出的列车托肯经过延时变迁 $T_{t1\ to\ 2}$ 至 P_{2Aa}，接收后传递至车站 2 子系统，附加在变迁上的时长 interval time 为列车在区间的运行时间。弧表达 train 在 CPN Tools 软件中写为((trainID，trainType，trainDest)，(trans，con，free))，表示只有 Train 颜色集中的托肯才能通过该弧。图中做了简化表达处理(下同)。

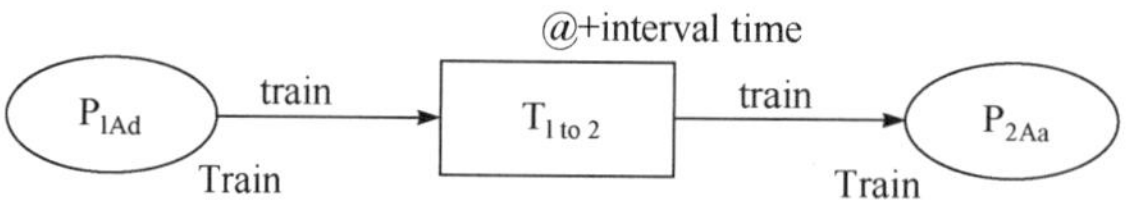

图 4-26　本线运行子系统 HCPN 模型

直通(Y 形线路)运行子系统的 HCPN 模型如图 4-27 所示。其中，库所 P_{1Ad}、P_{2Aa}、P_{3Aa} 为车站发车或到达库所。弧(P_{1Ad}, $T_{i1\ to\ 2\ or\ 3}$)为瞬时弧，变迁 $T_{i1\ to\ 2\ or\ 3}$ 为瞬时变迁。延时弧($T_{i1\ to\ 2\ or\ 3}$, P_{2Aa})、($T_{i1\ to\ 2\ or\ 3}$, P_{3Aa})上设置有选择函数，通过识别列车信息中的终到站信息 trainDest 实现对列车运行方向的筛选和区分。两条弧上的延时 interval time 分别设置，其值分别等于区间(1, 2)和(1, 3)的运行时分。

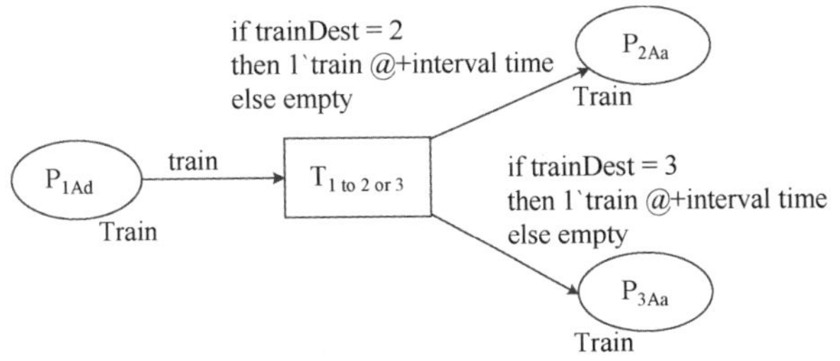

图 4-27　直通(Y 形线路)运行子系统 HCPN 模型

2. 车站运作子系统 HCPN 建模与工作流程分析

根据区域轨道交通网络承载力仿真模型功能设计，一个车站运作子系统至少包括客流发生模块、列车进出站模块和客流运动模块三个模块，对换乘站、起止站还应增加相应的乘客换乘和列车折返模块。不同种类、不同数量的模块相互组合可以构成完整的车站运作子系统。以下分别对这几个模块进行 HCPN 建模，并简要分析其工作流程。

1) 列车进出站模块

列车进出站模块的 HCPN 模型如图 4-28 所示。

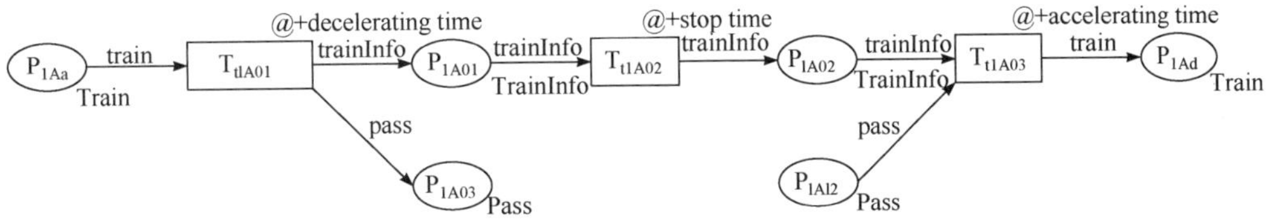

图 4-28　列车进出站模块 HCPN 模型

列车进站过程从与运行子系统连接的端口库所 P_{1Aa} 处开始，来自运行子系统的高级复合托肯 train 到达 P_{1Aa} 后延时变迁 T_{t1A01} 具有发生权，train 托肯通过时长等于停车附加时分的延时后被分解为列车信息(trainID，trainType，trainDest)(以下简称 trainInfo)和乘客信息(trans，con，free)(以下简称 pass)两个托肯，并分别发出到库所 P_{1Aa01} 与端口库所 P_{1Aa03}。trainInfo 托肯到达 P_{1Aa01} 后进入虚拟站线 T_{t1A01} 模拟停车过程，停车时间通过变迁上设置的@+ stop time 的延时命令控制；pass 托肯到达 P_{1Aa03} 后进入客流运动模块。

当列车进出站模块的库所 P_{1Aa02} 与客流运动模块的端口库所 P_{1Aa12} 中均含有托肯时，延时变迁 T_{t1A03} 有发生权。该变迁有两个功能，一是将列车信息 trainInfo 与客流信息 pass 合并为复合着色托肯 train，模拟乘客乘降过程和列车客运作业的完成，形成完整的离站列车信息；二是通过变迁的延时命令@+accelerating time，控制 train 托肯延时一个起车附加时间再发出。train 托肯被发出后进入端口库所 P_{1Ad}，并进入运行子系统，车站子系统则进入新一轮列车到发仿真过程。

对设有配线或办理快车通过的车站，可对图…所示的到发模块进行调整，以符合实际运行情况。对设有配线的车站，在变迁 T_{t1A01} 和 T_{t1A03} 间增设库所 $P_{1Aa01-1}$、变迁 $T_{t1A01-1}$ 和库所 $P_{1Aa02-1}$，形成另一条虚拟站线；对办理快车通过的车站，取消延时变迁 T_{t1A01}、

T_{t1A02}和T_{t1A03}上设置的延时命令，并在弧(T_{t1A02}，P_{1Aa02})上增加判断函数如下：

```
if trainType = A
@+ passing time //列车类型为"A"(快车)时增加通过时间
else trainType = B
@+ (decelerating time+ stopping time+ accelerating time) //列车类型为"B"(慢车)时增加起停附加时分和停站时间
```

2) 客流运动模块

车站客流运动模块的 HCPN 模型如图 4-29 所示。该模型对任意类型车站均适用，根据实际情况调整参数 k 和变量 trans 的取值即可。

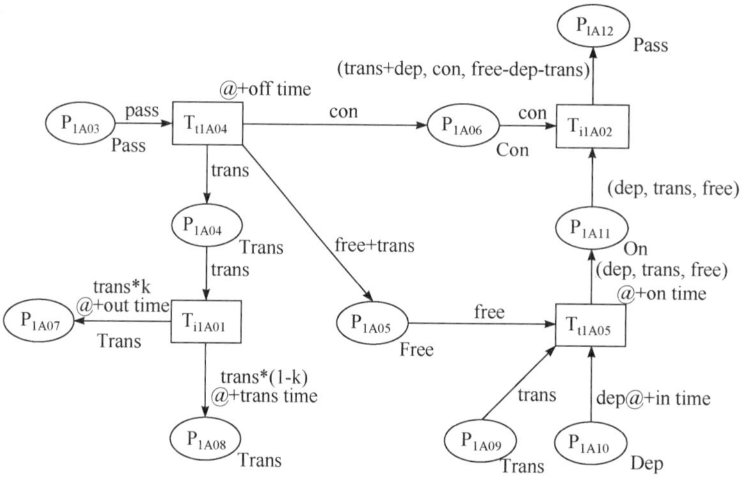

图 4-29　车站客流运动模块 HCPN 模型

客流运动模块共有三个端口，分别连接 A 方向列车进出站模块和客流发生模块。HCPN 模型中，分别在相应的进站弧和出站弧处添加步行时间的命令。例如，延时弧(T_{i1A01}，P_{1A07})上添加了出站步行时间 out time。

乘客乘降过程按照先下后上原则，分为下车和上车两个独立且有序的工作流。带有到站列车客流信息的 pass 托肯到达库所 P_{1A03} 后，延时变迁 T_{t1A04} 有发生权。延时变迁 T_{t1A04} 的主要功能是将积颜色集 Pass 含有的客流信息(trans，con，free)分流成为三个独立的着色托肯 trans、con 和 free，并通过延时命令@+off time 增加乘客下车时间。下车客流托肯 trans 进入库所 P_{1A04}，车辆剩余载客能力托肯 free 进入库所 P_{1A05}，通过客流托肯 con 进入库所 P_{1A06} 等待与上车客流汇合。库所 P_{1A04} 与库所 P_{1A05} 并不代表物理站台的具体区域，其作用是计算和传输列车车厢客流量变化。利用 CPN Tools 软件可以直接在有向弧上进行同类型变量的数学计算的功能，在弧(T_{t1A04}，P_{1A05})上对车辆剩余能力进行更新，加入了下车客流释放的能力。

乘降乘客在站内的分流和合流过程由瞬时变迁 T_{i1A01} 和延时变迁 T_{t1A05} 实现。瞬时变迁 T_{i1A01} 用于下车客流的分流处理。接收到已完成下车过程的 trans 托肯后，通过预设的

比例系数 k 分流本站到达客流和换乘客流，并分别发出至库所 P_{1A07} 和库所 P_{1A08}。库所 P_{1A07} 为出站客流接收器，库所 P_{1A08} 通过换乘变迁连接其他客流运动模块的换乘库所。延时变迁 T_{t1A05} 的主要功能是接收和合并本站出发客流、换乘上车客流和车辆剩余能力三类托肯，并同步增加上车时间。

乘客乘降完毕后开始车内客流更新过程，通过瞬时变迁 T_{i1A02} 完成。本站完成上车客流 dep+trans、通过客流 con，以及车厢剩余能 free-dep-trans 整理和汇总形成新的本站发出客流信息 pass，并通过端口库所 P_{1A12} 输出到列车进出站模块。

3) 客流发生模块

客流发生模块的 HCPN 模型如图 4-30 所示。该模块一个车站设置一个，车站内不同运行方向的客流运动模块共用。弧(P_{1C}, T_{i1C})和(T_{i1C}, P_{1C})是瞬时变迁 T_{i1C} 的触发时间控制器，即每隔间隔时间 interval time 触发一次。间隔时间的取值可根据仿真粒度需要灵活确定和调整。瞬时变迁 T_{i1C} 有两个功能，首先是通过设置在变迁上的函数 new(Dep)产生符合泊松分布的总进站客流 val dep = poisson(lambda)，随后将客流分配到各运行方向上。客流分配比例由参数 k 确定，并可灵活调整。产生的客流托肯分别进入客流运动模块端口库所，参与乘车过程。

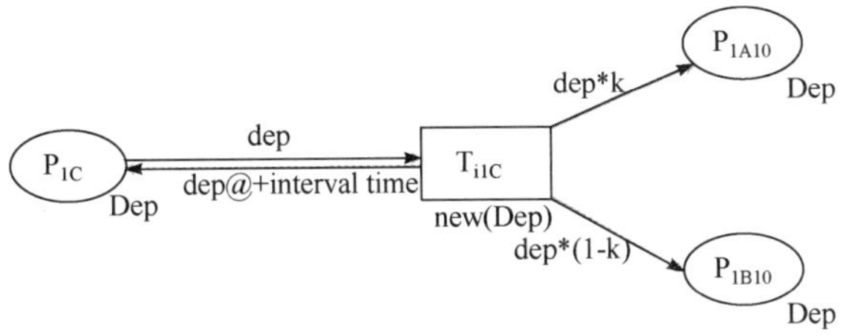

图 4-30　车站客流发生模块 HCPN 模型

4) 换乘模块

换乘模块的 HCPN 模型如图 4-31 所示。以车站 1 向车站 2 换乘(图中左侧 HCPN 模型)为例，库所 P_{1A08} 和 P_{1B08} 分别连接车站 1 运行方向 A 和 B 的客流运动模块，接到换乘客流托肯后通过瞬时变迁 $T_{i1A\ to\ 2}$ 和 $T_{i1B\ to\ 2}$，并按照预设的比例系数 p、q 分流后分别进入车站 2 运行方向 A 和 B 的换乘接收库所，并由此进入客流运动模块。对于三线及以上换乘车站，按照“一输出一变迁二输入”的组网原则对模型进行扩展即可。

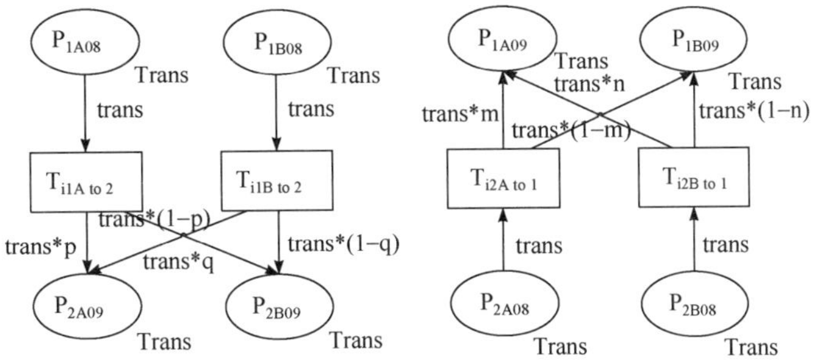

图 4-31　车站换乘模块 HCPN 模型

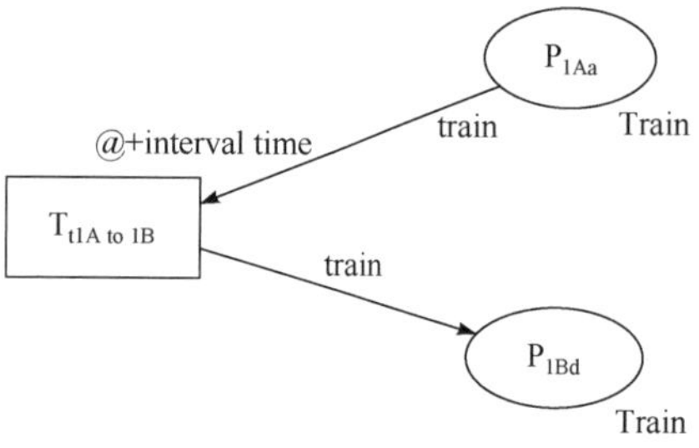

图 4-32　列车折返模块 HCPN 模型

5) 列车折返模块

列车折返模块的 HCPN 模型如图 4-32 所示。库所 P_{1Aa} 为车站 1 运行方向 A 的到达库所，库所 P_{1Bd} 为车站 1 运行方向 B 的出发库所。折返过程通过延时变迁 $T_{t1A\ to\ 1B}$ 模拟，列车数据在弧($T_{t1A\ to\ 1B}$, P_{1Bd})上通过赋值更新。在运行图确定，且不需要对列车运行进行调整的情况下，折返模块亦可不设置，直接在出发库所 P_{1Bd} 添加列车托肯并根据运行图赋时即可。

3. 区域轨道交通网络 HCPN 建模

区域轨道交通网络HCPN模型通过三层结构自下而上建立(Haar and Theissing，2015)。首先是由各模块组合形成运行子系统和车站子系统，再由各子系统根据实际网络情况和仿真需求组合建立网络模型。对双线区间(k, k+1)，由 k to k+1 和 k+1 to k 两套运行模块组合建立。对于中间站 k，其车站子系统由 kA、kB 两套列车进出站模块和客流运动模块，kC 一套客流生成模块组合建立。对两线换乘站 m/n(车站编号根据线路确定，为保持编号一致性，分属两条线路的换乘站分别编号)，其车站子系统由 mA、mB、nA、nB 四套列车进出站模块和客流运动模块，mC、nC 两套客流生成模块，m to n 和 n to m 两套换乘模块组合建立。

区域轨道交通网络 HCPN 仿真模型的功能框架如图 4-33 所示。该模型涵盖城轨线、国铁线、始发站、普通站、同制式(同运营方)换乘站、多制式(多运营方)换乘站、直通运行区间、本线运行区间。

由列车运行子系统和车站运作子系统组成的网络 HCPN 模型按照工作过程，利用 CPN Tools 软件建立的 HCPN 模型。通过自动生成或手动赋值添加列车运行参数、各车站乘降客流数据，即可模拟列车运行状态变化，模拟客流动态生灭及位置变化的全过程。

4.4.4　案例分析

运用压力测试进行 RRTN 在一定服务水平下的有效承载力动态仿真。以 4.3 节研究网络为例。参数设置如下：2 号线采用 6 辆编组跨座式单轨车辆，3 号线采用 8 辆编组跨坐式单轨车辆，1、2、5、6、10、环线采用 6 辆编组 A 型地铁车辆，26、27 号线采用 6 辆编组 D 型市域车辆，成渝客专采用定员 556 人 8 辆编组高速动车组；立席密度和换乘通道服务水平(王久亮，2011)参照相关文献标定；区间运行时分、行车间隔等参数通过给定的运行图标定。

按照前文建立的各子系统 HCPN 模型根据网络结构建立 RRTN 的 HCPN 模型，在 HCPN 模型中为每个车站输入不同数量的各类型客流，根据运行图数据为线网添加列车，进行时间精度为 20s、总延时为 45 单位(15min)的网络加压测试，利用 CPN Tools 软件的仿真报告(Simulation Report)和监视器(Monitor)功能得到网络中总客流数、车站平均候车时间等参数，结合标定的参数计算不同服务水平下的网络有效承载力，得到结果见表 4-9。

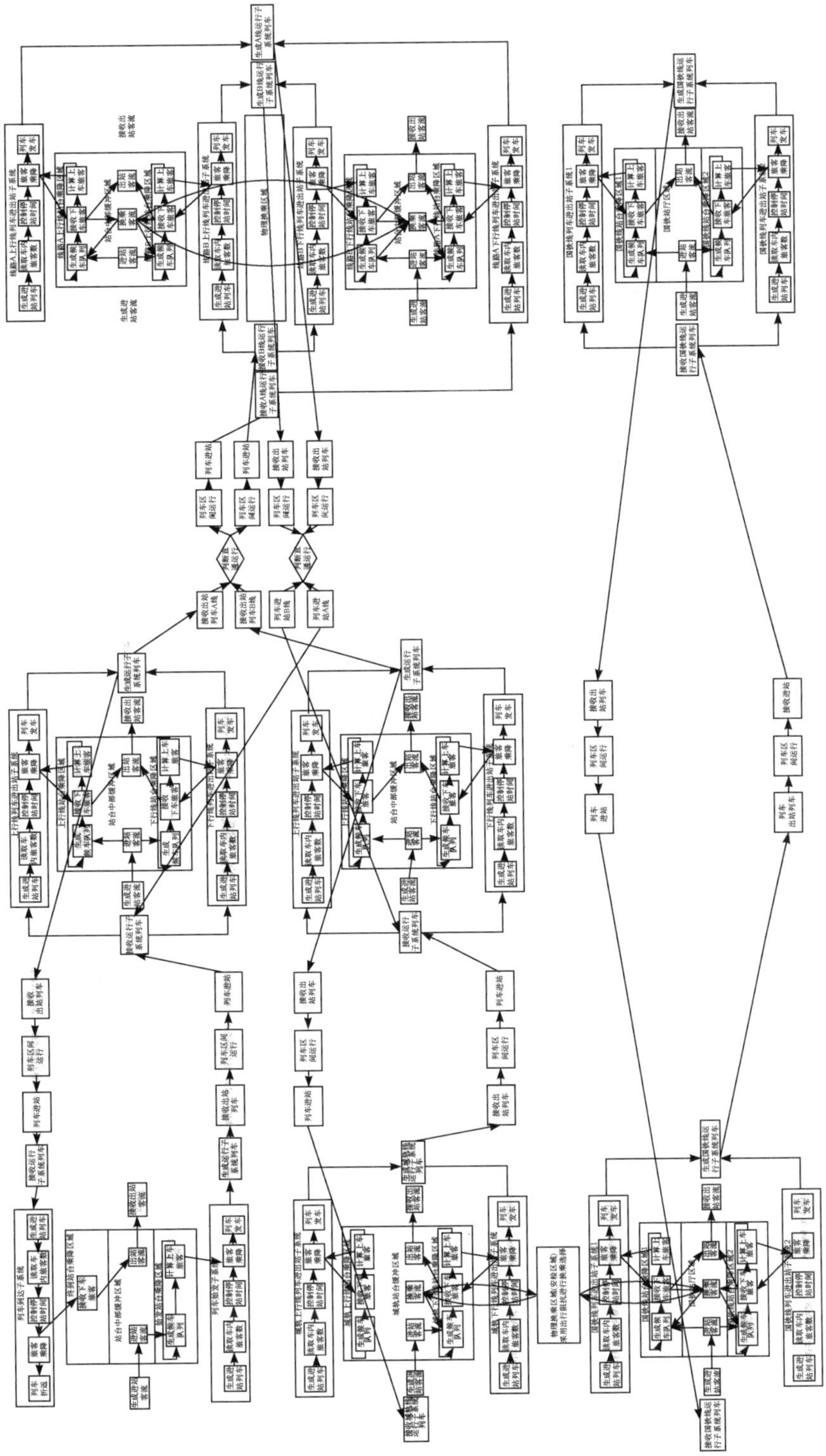

图4-33　多制式区域轨道交通网络有效承载力仿真模型功能结构

表 4-9　不同网络有效承载力对应的服务水平

服务水平	A	B	C	D	E
有效承载力(万人/15min)	7.31	9.32	15.66	85.47	20.51

根据重庆 RRTN 实际运营数据为参考，指定 $\overline{\theta}$ 值为 0.70 时，网络服务水平为 C 级。当网络服务水平达到 C 级时，本案例一共进行了 5 次仿真实验，每次实验的结果数据见表 4-10。

表 4-10　C 级服务水平下的仿真实验结果

实验编号	有效承载力(万人/15min)
1	14.97
2	15.51
3	15.18
4	17.74
5	15.66

在 5 次仿真实验中，线路及车站服务水平达到指定 C 级的数量比例随着网络中人数增多的变化情况如图 4-34 所示。当网络中人数较少时，车站服务水平是影响网络整体服务水平的主要因素，此时网络有效承载力主要受车站服务水平限制；当路网中人数逐渐增多时，线路服务水平成为影响网络整体服务水平的制约因素，此时网络承载力主要受线路服务水平限制。

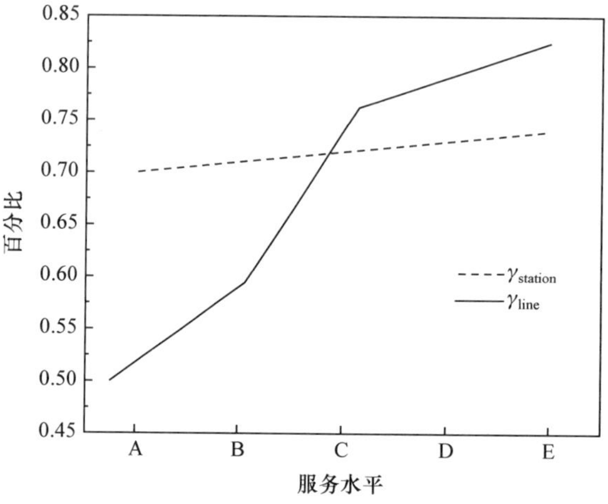

图 4-34　实验中线路及车站服务水平达到指定的 C 级的数量比例

第 5 章　区域轨道交通运能匹配及评价方法

5.1　基于多维度的区域轨道交通运能匹配机理

运能匹配问题一直以来都是轨道交通领域研究的热点问题。研究区域轨道交通运能匹配问题能够为区域轨道交通网络能力的利用和加强提供客观量化的根据，帮助协调基础设施配置、动态规划调整运力资源及网络效益评估，有利于提高区域协同运输服务水平。本章简析运能匹配影响因素，从要素界定及作用机制两方面详细分析运能匹配要素，随后介绍基于多维度的运能匹配原理。

5.1.1　运能匹配影响因素

1. 区域发展规模

区域发展规模包括区域人口规模、用地规模、经济规模、基础设施规模等。其中，人口规模和用地规模影响区域轨道交通的交通需求，经济规模和基础设施规模影响区域轨道交通的交通供给，而需求与供给的平衡是提高运能匹配水平的重点。

2. 区域形态及土地利用情况

区域形态指区域的总体形状、区域所处地区的地貌形态等，土地利用情况指区域中居住区、商业区、行政区、旅游区等不同用地类型的分布情况。区域形态直接影响区域轨道交通路网的形态，而区域的地形地貌则影响区域轨道交通的制式选择。路网形态和区域轨道交通制式均会影响其建设成本、运输能力及服务水平，从而影响区域轨道交通路网的运输效率。

3. 区域轨道交通发展政策

区域轨道交通发展政策包括政府对区域轨道交通的发展态度、区域轨道交通未来发展战略及政策等。这里的政府层面包括区域政府和国家政府。

2019 年 2 月，国家发展改革委公布《国家发展改革委关于培育发展现代化都市圈的指导意见》(发改规划〔2019〕328 号)，强调统筹考虑区域都市圈轨道交通网络布局，构建以轨道交通为骨干的通勤圈。在有条件地区编制都市圈轨道交通规划，推动干线铁路、城际铁路、市域(郊)铁路、城市轨道交通“四网融合”，鼓励轨道交通线路“跨市域运行”，更好地发挥可利用现有铁路资源。

4. 区域轨道交通客流需求

区域交通需求是居民对交通设施的需要程度，表征指标有居民出行总量、人均出行强度、公交出行比例、公交出行总量等。其中，与区域轨道交通直接相关的交通需求为区域轨道交通需求，指标有区域轨道交通方式出行量、轨道交通方式占公交出行方式比例、轨道交通全日客运量、轨道交通平均运距等。

区域轨道交通需求的大小和分布特性是决定轨道交通发展规模最直接和最具决定意义的因素。作为区域轨道交通网络运输效率的产出要素，轨道交通需求的各项指标是否达到预期、与区域轨道交通的投入规模是否平衡直接决定区域轨道交通网络运能匹配的水平。

5. 区域轨道交通运能供给

区域轨道交通运能供给是轨道交通设施能够提供居民出行需要的满足程度，主要包括区域轨道交通线网结构、线路长度、线网密度、车站数量、列车数量、负荷强度、车站间距等。区域轨道交通供给是体现区域轨道交通投入规模最直接的影响因素，且各项指标易于统计和对比，应作为衡量网络运能匹配的关键因素。

6. 区域轨道交通服务水平

区域轨道交通服务水平包括路网与客流匹配情况、其他交通方式竞争情况、交通衔接方便程度、准点率、换乘方便程度、设施设备服务水平、列车时刻表匹配情况、首末班车时间、安全要求、运营人员水平、旅客熟悉程度等。

较高的服务水平可吸引更多的客流，产出更高的效益，提高区域轨道交通与其他交通方式的竞争力，提高区域轨道交通的网络运输效率。

7. 区域轨道交通建设实施情况

区域轨道交通建设实施情况包括工程实施可行性、投资估算、施工技术、施工人员水平、建设成本、设施设备购买成本等。

区域轨道交通建设实施情况直接影响其投入水平，对区域轨道交通建设实施情况进行合理充分的评估，进行多方案比选，可以从建设阶段减少区域轨道交通的投入，从而提高网络运输效率。

区域轨道交通网络运输效率的影响因素复杂多样，提高网络运输效率要从关键因素入手，因此需要对上述效率进行相互关系分析并确定主要影响因素。

5.1.2 运能匹配要素分析

1. 运能匹配要素界定

基于轨道交通运能供给和客流需求匹配的内涵，遵循供需匹配分析的原则，确定以下运能匹配的分析要素：线网总量的运能匹配、线网结构的运能匹配、服务水平的运能匹配、线网灵活性运能匹配。以下将从上述四个方面综合系统的分析与判断线网运能匹配的水平，如图 5-1 所示。

1) 线网总量的运能匹配

线网容量是指道线网在一定的服务水平下，作为一个整体在一定的时间内所能承担的最大输送量，它能够反映交通供给与交通需求之间的矛盾。线网容量的运能匹配是指在规划水平上，线网总体容量和线网需求负荷的匹配程度。从保障区域正常功能和促进区域经济发展的角度考虑，对于这种匹配程度应当尽量给予满足；否则，一旦受到过分抑制，就会限制区域经济发展。

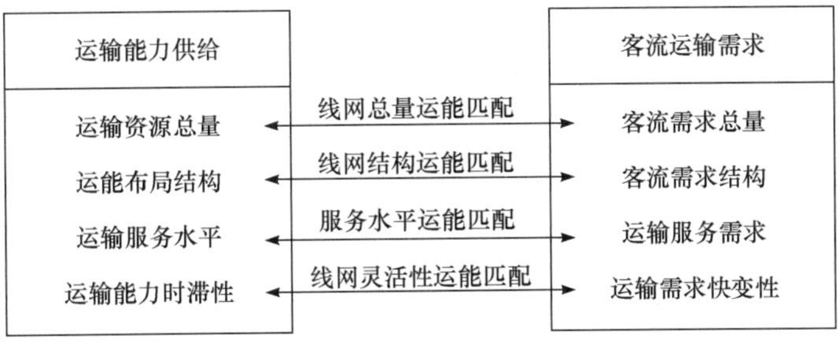

图 5-1　运能匹配要素分析

2) 线网结构的运能匹配

轨道交通运输能力供需总量匹配和供需结构匹配是两个重要的方面。总量匹配是衡量供需关系的宏观指标，但是总量匹配并不能代表结构匹配。因此，在分析铁路网运能匹配水平时要充分考虑供需结构适应性要素，通过对该要素的研究，从微观、内在的层面判断两者的适应程度。

首先，线网布局结构的运能匹配是指区域轨道交通线网布局结构与客流需求流向网络结构的匹配程度。在特定的区域布局形态下存在特定的客流需求流向，便构成一个网络。如果线网布局结构与客流需求流向不一致，就会发生“有人没车”、“有车没路”的情况，从而导致线网运能不足。同时，区域轨道交通网络除要在不同运输需求起点与终点之间有线路连通之外，还要求在各个线路上具有与运输需求相匹配的能力配置结构，即线路能力与该需求方向上客流需求量的匹配。如果特定方向上线路的能力配置合理，就可以充分发挥相互之间的协调作用，使得路网的整体效益发挥到最大；反之，各能力等级的线路衔接失调，则会出现路网部分线路能力利用紧张和部分线路能力共存的状况。

其次，线网等级结构的运能匹配。线网等级结构是指在区域轨道交通中，不同等级轨道交通线路所占的比例。如果各个等级的线路匹配合理，就可以使线网的整体效益发挥到最大；如果线路等级结构不合理，相互衔接就会失调。线网等级结构运能匹配是指线网等级结构能充分实现线路客流分流的目的，使各等级的线路无论在形式上，还是在功能上均衔接顺畅，从而充分发挥线网的总体容量，达到运能匹配。

最后，还存在线网不同制式结构的运能匹配。区域轨道交通结构包含城市轨道交通、市域铁路、普速铁路、城际铁路、高速铁路等多种制式。区域轨道交通不同制式结构的运能匹配是指线网结构应符合区域交通可持续发展的框架，在区域资源允许的情况下，应能使整个轨道交通系统中的各种制式相互协调配合，保证快速、经济、安全、舒适、准点输送客流，同时保证交通资源占用最小。

3) 服务水平的运能匹配

服务水平是指运输需求或者需求者从轨道交通系统获得服务品质的优劣程度，如轨道交通网络能够提供的旅客运输经济性、高效便捷性以及安全性等服务指标。

运输服务水平是运输能力供给的重要组成部分，同时也是运输需求的重要组成部分。或者说运输能力供给包括了关于运输服务水平的输出，同时运输需求包含了对轨道交通线网所提供的运输服务水平的要求，而实际必然会存在运输服务水平的供给与实际需求之间的匹配差异，这种差异在很大程度上反映或说明了运能匹配程度。因此，在路网运能匹配水平的分析上从运输服务重量的角度考虑是必要的。

不同轨道交通系统所能提供的运输服务水平不同，不同的运输服务水平对于运输需求的满足和发展会产生不同的制约或刺激作用。运输服务水平的匹配协调有利于区域轨道交通系统向利好的方向发展。较高水平的运输服务水平不仅能够满足运输需求而且能够刺激客流需求的良性增长，运输需求的良性增长反过来又能够促进运输能力的供给投入。

4) 线网灵活性运能匹配

根据区域轨道交通运能供给与客流需求匹配动态可持续发展的特点，以及运能供给与客流需求变化的异步性，一个协调可持续发展的区域轨道交通系统不仅要求运输能力供给能够满足当前状态下的运输需求，而且还要预留一定量的能力积蓄以补给运输需求的增长变化，这种能力供给与运输需求变化的协调程度称为运能供给适应客流需求变化的灵活性，灵活性的强弱可以从动态发展的角度来反映轨道交通网络运输能力供给与客流需求的适应状态。灵活性越强说明能力供给潜力越大、越能够适应运输需求的变化，利于供需系统的良性发展。

提高区域轨道交通运输供给能力很大程度上依托于基础设施的网络规模，而基础设施网络建设需要巨大的资金投入和较长的规划建设周期，这就决定了路网运输能力的跟进增补具有阶跃性的特点，其能力发挥也具有时滞效应。而运输需求则随着经济的发展、生产力布局的变化以及运输服务的竞争等因素的变化处于频繁变动之中。因此，在实践中为了预防运输能力瓶颈的制约，往往是适当超前发展的轨道交通运输系统，充分预留在一定规划期内的能力储备，以适应随着社会的发展和经济的增长带来的运输需求增长的变化要求。如果不从长期发展的视角出发，就势必导致运输需求被强制缩减向其他运输方式转移，制约轨道交通运能供给系统的良性发展，不利于社会资源的优化配置。

可见，运能供给适应客流需求变化的灵活性是运能匹配状态的重要表征要素，因此判定运能匹配时要充分给予考虑。

2. 运能匹配要素作用机制

区域轨道交通线网总量的运能匹配、线网结构的运能匹配、服务水平的运能匹配以及运能匹配的灵活性(即四要素)协同体现了运能匹配水平。同时，四要素之间相互关联，主要体现为共生关系，协作关系和制衡关系。

1) 共生关系

四要素存在于运能匹配系统中，同属于一个问题的四个方面，共处于一个生产环境，又均为系统环境的重要组成，互相依存，缺一不可。四要素之间互为前提，每一个要素的存在都以其他要素的存在为前提，同时其自身又是其他要素存在的前提。

2) 协作关系

线网总量的运能匹配与线网结构的运能匹配之间基本呈一致性关联。线网结构的运能匹配程度在一定程度上可以反映线网总量的运能匹配度。例如，线网结构的运能匹配程度较高，则一方面运输需求能够到较高程度的满足，另一方面路网运输资源也得到较高程度的利用，即线网总量的运能匹配程度较高。反之，线网总量的运能匹配的高低在一定程度上也能够反映线网结构运能匹配程度的高低。

线网灵活性运能匹配与服务水平的运能匹配适应性相互之间呈现一定的一致性和关联性。运能供给适应客流需求变化灵活性越高，说明路网预留的储备能力越富足，路网能力负荷较小，这种状态下路网输出的服务水平一般较高。从这个角度分析两者之间有一定的同向关联性。

3) 制衡关系

线网总量的运能匹配与服务水平的运能匹配之间反向制衡。线网运输能力利用率高意味着线网负荷较大，势必降低服务水平，使其需求得不到较高水平的满足，导致服务水平的运能匹配不适应。相反，如果一味追求服务水平，就会降低能力的利用效率，即线网总量的运能不匹配，最终导致能力虚糜、资源浪费。而运能匹配既要满足线网总量匹配又要满足服务水平匹配，这就需要在两者之间找到适宜的均衡点。

线网结构的运能匹配与线网灵活性运能匹配之间反向制衡。显然，如果线网结构的运能匹配吻合程度高，说明在既有运输方向上可挖掘的潜在运能有限，不利于其适应运输需求的变化，也就是说运输能力供给适应客流需求变化的灵活性差。相反，过度地投资建设增加预留能力，虽然增强了抵御需求变化风险的能力，但是会导致在相当长的一段时期内的能力虚糜、资源浪费，即大大降低了线网结构的运能匹配。另外，线网总量的运能匹配与运能匹配的灵活性之间也存在类似的反向制衡关系。

综上可见，供需适应性分析的四个要素之间存在紧密联系，分别从不同的角度反映了运能供给与客流需求之间的关系。因此，分析区域轨道交通运能匹配水平时必须同时兼顾四个方面，才能系统、全面、准确地判断运能匹配水平。

5.1.3　多维度运能匹配原理

1. 运能匹配三层次理论

将区域轨道交通运能匹配过程分为多制式基础设施匹配、多制式运力配置匹配、运力与需求匹配三个层次。

多制式基础设施匹配：是指在网络层面实现车站-线路设计能力、线路-线路设计能力协调，以及枢纽(车站)及其衔接的各个方向的线路设计能力匹配程度。具体体现在多制式区域轨道交通基础设施之间的匹配程度、设施与整体的匹配程度、相邻设施间的匹配程度、枢纽内通过类客运设备与持续占用类客运设备设计能力的匹配程度等。

多制式运力配置匹配：是指多制式区域轨道交通枢纽中，基于一定的基础设施服务水平和区域轨道交通各制式运输组织方案的条件下，枢纽多制式间衔接换乘能力的匹配程度。

运力与需求匹配：在多制式协同的区域轨道交通网络中，一定服务水平下基于网络基础设施、运输方案的运能供给与一定社会经济条件下产生的旅客运输需求之间达到的匹配程度。

将区域轨道交通运能匹配从三个层面进行分析，是为了更好地理解并研究网络运能匹配水平，其相互关系体现在以下几个方面：

(1) 三层次是一种依次衔接的关系。任何一个层次的运能匹配水平不高，都会导致总体运能匹配水平低下。反之，若总体运能匹配水平较高，说明三个层级的运能匹配水平均较高。

(2) 三个层次彼此并不独立。有些影响因素会同时对一个以上的层次发挥作用。某一层次的运能匹配水平状况也会牵连其他层次。

(3) 三层次的依次划分不代表从属关系。由于第一层次主要涉及投资、工程等领域，不属于交通运输专业范畴，所以研究主要以第二层次和第三层次为主。

2. 运能匹配度界定

运能匹配度是衡量多制式区域轨道交通之间运能协调性的指标，体现了区域轨道交通网络及枢纽中各轨道交通制式运力配置的合理性，其量化公式为

$$M_i = \frac{E_i}{U_i} \tag{5-1}$$

式中，M_i 为不同层次的运能匹配度；E_i 为不同层次的客流需求；U_i 为不同层次的客流输送能力。

多制式区域轨道交通网络车站-线路设计能力、线路-线路设计能力协调，最终体现为枢纽(车站)及其衔接的各个方向的线路设计能力的匹配程度。因此，在区域轨道交通枢纽内部，某一轨道交通制式所需要承担的换乘客流是所有轨道交通制式换乘到该制式的客流量总和；而各制式的潜在换乘能力则等于该制式始发列车运输能力与通过列车的剩余换乘能力之和。

区域轨道交通枢纽内有普速铁路、高速铁路、城际铁路、市郊铁路以及城市轨道交通五种制式，分别用$1,2,\cdots,N(N=5)$表示。

枢纽内所有轨道交通制式换乘到第 $j(j=1,2,\cdots,N)$ 种轨道交通的客流总量，记为 H_j，如下所示。

$$H_j = \varphi \cdot \sum_{i=1}^{N} Q_i \cdot \alpha_{ij}, \quad j=1,2,\cdots,N \tag{5-2}$$

$$Q_i = \sum_{n=1}^{N_i} (N_{in}^{终到} \cdot B_i \cdot J_{in}^{终到} \cdot \delta_{in}^{终到} + N_{in}^{通过} \cdot P_{in}) \tag{5-3}$$

式中，Q_i 为高峰时段到达枢纽内的第 i 种制式的客流总量；N_i 为枢纽内第 i 种制式衔接的方向数；n 为第 i 种制式在枢纽内衔接的第 n 个方向 $(n=1,2,\cdots,N_i)$；$N_{in}^{终到}$ 为高峰时段枢纽内第 i 种制式衔接第 n 个方向的终到列车数，$N_{in}^{通过}$ 为高峰时段枢纽内第 i 种制式衔

接第 n 个方向的通过列车数，城市轨道交通的以上两变量可由高峰时段时长与终到列车或通过列车平均到达间隔时间的比值确定，而对于其他轨道交通制式，则由所研究枢纽的具体情况而定；B_i 为第 i 种制式车辆的核定载客人数；P_{in} 为高峰时段枢纽内第 i 种制式衔接第 n 个方向的列车途经该枢纽的平均下车人数；$J_{in}^{终到}$ 为高峰时段枢纽内第 i 种制式衔接第 n 个方向的终到列车平均编组数；$\delta_{in}^{终到}$ 为高峰时段枢纽内第 i 种制式衔接第 n 个方向的终到列车平均载客率；φ 为高峰时段到达枢纽旅客换乘轨道交通的比例；α_{ij} 为高峰时段第 i 种制式换乘至第 j 种制式的客流占第 i 种制式总换乘量的比例。

另外，枢纽内第 $j(j=1,2,\cdots,N)$ 种制式可提供的潜在换乘能力 U_j，如下所示。

$$U_j=\sum_{n=1}^{N_j}U_{jn}^{始发}+\sum_{n=1}^{N_j}U_{jn}^{通过},\quad j=1,2,\cdots,N \tag{5-4}$$

$$U_{jn}^{始发}=N_{jn}^{始发}\cdot B_j\cdot J_{jn}^{始发} \tag{5-5}$$

$$U_{jn}^{通过}=N_{jn}^{通过}\cdot B_j\cdot J_{jn}^{通过}\cdot\left(\eta_j^{通过}-\delta_{jn}^{通过}\right) \tag{5-6}$$

式中，$U_{jn}^{始发}$ 为枢纽内高峰时段第 j 种衔接第 n 个方向的始发旅客运送能力；$N_{jn}^{始发}$ 为高峰时段第 j 种制式衔接第 n 个方向的始发列车数，城市轨道交通该变量可由高峰时段时长与始发列车平均到达间隔时间的比值确定，而对其他轨道交通制式而言，则由所研究枢纽的具体情况而定；$J_{jn}^{始发}$ 为高峰时段枢纽内第 j 种制式衔接第 n 个方向的始发列车平均编组数；$U_{jn}^{通过}$ 为枢纽内高峰时段第 j 种制式衔接第 n 个方向通过列车的潜在换乘能力；$N_{jn}^{通过}$ 为高峰时段第 j 种制式衔接第 n 个方向的通过列车数，城市轨道交通该变量可由高峰时段时长与通过列车平均到达间隔时间的比值确定，而对其他轨道交通制式而言，则由所研究枢纽的具体情况而定；$J_{jn}^{通过}$ 为高峰时段枢纽内第 j 种制式衔接第 n 个方向的通过列车平均编组数；$\eta_j^{通过}$ 为途经枢纽的第 j 种制式列车车辆的设计能力满载率；$\delta_{jn}^{通过}$ 为高峰时段枢纽内第 j 种制式衔接第 n 个方向的通过列车下客后平均载客率。

则多制式区域轨道交通枢纽内的第 j 种制式的运能匹配度如下所示。

$$T_j=\frac{H_j}{U_j} \tag{5-7}$$

3. 运能匹配时空作用关系

运输能力与客运需求的匹配，既包括路网总体运输能力与客运需求的匹配，也包括各个区域局部的匹配，须从多个空间层次进行匹配性评价。同时每个空间从多个时段进行评价，得到不同时空范围的匹配度，细化路网匹配的结果。从空间上来看，区域轨道交通运力运量匹配度的研究主要包括车站、区间、线路三个层次的内容；从时间上来看，可以分为某个时段匹配度、全日匹配度等层次；从匹配程度的角度，可以根据匹配度关联指标的阈值确定不同的匹配度。因此，区域轨道交通运力运量匹配系统地考虑不同时间层次、空间层次及匹配程度，得到综合匹配结果。

1) 空间层次

车站层运输能力和客运需求的匹配度指车站的运力与车站客流量的匹配程度，车站的运力指车站在线路中能分配到的运力，车站运力大小与发车间隔、停站方案、列车交路计划等有关。车站运力运量匹配度可以很好地反映运力在每个车站的供需状况和旅客在车站的服务水平。除考虑车站运力大小外，车站本身的容纳能力也是限制车站客运需求的重要因素。

区间层运输能力和客运需求的匹配度指区间运力与该区间客流需求之间的匹配程度。区间实际客流需求包括区间断面客流量和同一时段的滞留客流量，区间运力的匹配度可以用实际需求的断面满载率来体现，但并不是断面满载率越高、匹配性结果越好，当列车载客量超过列车容量时，说明该区间的运力供给不满足客流需求，两者匹配度降低。

线路层运输能力和客流需求的匹配度指线路运输能力与线路客流量之间的协调程度，但是线路匹配度不能从线路总运力和总客流量直接比较得到，总运力和总客流量的匹配不能代表线路总体的匹配，而是要基于各个车站和区间的匹配状况，综合决定线路的匹配状况。

2) 时间层次

出行旅客的个体差异决定了出行需求的时空差异性，这种时空差异性称为时变特征。通常，运营企业在出行需求较高的时段开行更多列车，使列车开行密度跟随旅客出行时变需求保持一致的波动性。对于已经实施的列车运行图，可以根据运营效果进行评价，进而对运行图进行调整，使运行图计划满足旅客时变需求。

为研究区域轨道交通网络的客流时变特征，针对空间层次(车站、区间、线路)的研究对象，其时间层次的匹配具体又可以细分为工作日高峰时段、平峰时段、全日的匹配度，特殊时间还包括双休日全日和高峰时段、节假日全日和高峰时段以及特殊大型活动等层次。

5.2 基于多维度的区域轨道交通运能匹配指标体系构建

5.2.1 研究现状

从枢纽设施设备布局匹配度和点线能力匹配度两个方面的研究成果概述如下。

1. 轨道交通枢纽设施设备布局匹配度评价

大多数研究选取轨道交通枢纽车站为研究对象，研究对象包括车站客流特征(翟向荣，2012)、换乘方式(隋晓波，2008)、旅客在枢纽内的走行路径以及枢纽内设施设备情况(Campisi et al.，2017；Daly et al.，1991；Harris，1989)，构建评价指标体系，对枢纽内设施设备匹配度进行评价，针对不匹配现象提出调整方案。

对轨道交通枢纽设施设备布局的综合评价(田婉琪，2018)，结合枢纽车站、区间和线路三部分，构建多层次的运力匹配模型和运能匹配综合评价方法，找出城市轨道交通运力不匹配现象并提出优化方案。

2. 区域轨道交通点线能力匹配度评价

区域轨道交通运能匹配度衡量主要从综合客运枢纽和单一制式的轨道交通车站组成的“点”、轨道交通线路形成的“线”以及多制式轨道交通构建的“网”三个方面展开研究，部分已有的研究成果将“点-线-网”割裂开单独讨论，没有将运输能力衡量进行整合。区域轨道交通综合客运枢纽的运输能力匹配度衡量，不单单是将邻接的车站、线路能力相加整合，而且需要形成“点-线”的形式进行系统讨论。

1) “点、线、网”运能匹配

“点、线、网”运能匹配包括客运枢纽内多种交通方式的衔接问题、既有运输设施容量和运输需求的匹配问题。现有研究以铁路综合客运枢纽为研究对象，确定了枢纽能力计算的组成部分，并对铁路与其他交通方式的衔接问题进行研究，提出实现一体化换乘衔接的可能性(邹晖，2009)。针对城市轨道交通线路设计运能和实际客流不匹配的现象，从客流时空特性的角度出发，找到实现轨道交通线路能力匹配的运输组织方案(李茜，2017)。既有研究表明，路网的运输能力是不断变化和更新的动态过程，可从运能可靠性、灵活性多角度分析路网运输需求变化，量化计算路网的运输能力(Morlok and Chang，2004；Chen et al.，2002；Wong and Yang，1997)，同时，随着运输需求持续增长趋势，既有的基础设施容量与运输需求之间会出现不匹配的情况(Cho，2002)。

2) “点-线、线-网”运能匹配

“点-线”运能匹配的评价，一般从枢纽车站和线路(蒋洁滢，2019)、固定设备和移动设备(陈晓竹，2013)等方面入手，分析点、线的路网结构，评估点线能力匹配程度，找出运能薄弱环节并进行分析。有学者将列车晚点、列车运行图缓冲的因素纳入线路能力计算指标中并进行修正，提出城市轨道交通路网内部运输能力协调的途径和措施(张一梅，2009)。

“线-网”运能匹配的评价，一般考虑线路布置、密度等与网络运能的匹配度。例如，构建离散时间动态网络模型，分析改建线路对铁路运输网络的通过能力消耗(Yaghini et al.，2014)；采取混合整数非线性规划模型，为每条线路布置合适的列车开行对数，考虑旅客服务和运营成本两个不同约束条件，找到高速铁路网络最佳的线路密度和运能匹配方案(Canca et al.，2016)。也可以从客流角度分析，基于客流数据对路网运行图存在的能力不匹配现象进行实时检测，据此对现有的列车运行图进行调整(刘冰，2017)。

5.2.2 基于多维度的区域轨道交通运能匹配评价指标体系

基于运能匹配三层次理论，区域轨道交通匹配评价将从多制式基础设施匹配、多制式运力配置匹配、运力与需求匹配三个层次进行，并添加多制式轨道交通耦合协调度评价指标体系。

1. 多制式基础设施匹配评价指标

1) 设计能力利用率

多制式基础设施设计能力利用率可以用基础设施设备的平均使用能力与其设计能力的比值表示，从而体现各级基础设施设计能力利用的均衡性。t 时段基础设施设备的设计能力利用率 $\alpha(t)$ 计算公式表示如下：

$$\alpha(t)=\frac{l_i(t)}{\eta} \tag{5-8}$$

式中，$l_i(t)$ 为 t 时段基础设施设备 i 的平均实际使用能力；η 为基础设施设备 i 的设计能力。

2) 枢纽换乘布局协调度

即枢纽运营组织的协调性，该指标可表示为枢纽内交通流线形成的冲突点与枢纽内交通流线总数比值，其量化指标为

$$U=\frac{\sum_{i=1}^{C}P_i}{S} \tag{5-9}$$

式中，P_i 为客运枢纽内各种交通流线之间形成的第 i 个冲突点权重值；S 为客运枢纽的场站面积；C 为所有冲突点个数。其中：

$$P_i=\frac{Q_{i1}+Q_{i2}}{2} \tag{5-10}$$

Q_{i1} 和 Q_{i2} 分别是客流高峰期单位时间内第 i 个冲突点通过两交通流线的客流量。

因此，多制式基础设施匹配评价如图 5-2 所示。

图 5-2　多制式基础设施匹配评价指标逻辑结构

2. 多制式运力配置匹配评价指标

1) 设施供给服务指标

(1) 运能匹配度。

① 分制式枢纽设施能力计算方法。

由于枢纽设备设施布局的复杂性，一条路径上的所有设施可能只存在于该条路径，也可能有部分设施同时存在于其他路径，本节针对这两种情况分别给出计算方法。

路径上的所有设施只存在于该条路径，则该设施的能力为单位设计最大服务能力。

若一条路径上有部分设施同时存在于其他路径，则将该设施的能力按照各条路径上客流里的比例进行分配。假设设施 a 同时存在于路径 1 和路径 2，其单位设计最大服务能力为 N_a，路径 1 和路径 2 的客流量分别为 Q_1 和 Q_2。

则设施 a 分配在路径 1 的能力为 $N_{a1}=\frac{Q_1}{Q_1+Q_2}N_a$。

设施 a 分配在路径 2 的能力为 $N_{a2}=\frac{Q_2}{Q_1+Q_2}N_a$。

② 客运设备能力匹配度。

根据客流与客运设备能力匹配关系分析，通过类客运设备能力匹配度可表示为

$$\eta_{t_0\sim t_1}^{k}=\frac{Q_{t_0\sim t_1}^{k}}{m^k n^k(t_1-t_0)} \tag{5-11}$$

式中，$\eta_{t_0\sim t_1}^{k}$ 为通过类客运设备 k 在 t_0 到 $t_1(t_1>t_0)$ 的这段时间内的能力匹配度；$Q_{t_0\sim t_1}^{k}$ 为在

t_0 到 $t_1(t_1 > t_0)$ 的这段时间内，需要使用设备 k 的旅客人数(人)；m^k 为设备 k 的单位设计最大服务能力(人/min)；n^k 为设备 k 的数量(台)。

(2) 设施利用均衡性。

服务类设施利用均衡性用来测度设施由于摆放位置不同以及行人不同选择的关系而导致的利用程度。该评价指标类似于利用率指标，但是利用率指标无法反映设施之间的匹配关系，而设施利用均衡性指标既能反映设施能力发挥的程度，又能反映设施之间的匹配程度，其表达式为

$$f_{2i} = \left| \left(L_i - \frac{\sum_{j=1}^{n} L_i}{n} \right) \bigg/ \frac{\sum_{j=1}^{n} L_i}{n} \right| = \left| \frac{L_i - \overline{L_i}}{\overline{L_i}} \right| \tag{5-12}$$

式中，L_i 为第 i 台设施的排队人数；n 为统计该类设备总数；$\overline{L_i}$ 为统计该类设施的平均排队人数。该类设施的利用均衡性为

$$f_2 = \max(f_{2i}) \tag{5-13}$$

2) 换乘服务水平指标

行人在区域轨道交通枢纽的基本需求，即出行者对交通服务最根本的需求，包括进站、出站和换乘。根据仿真中指标数据提取的难易程度，将换乘平均时间和换乘绕行系数作为评价行人出行基本需求的指标。

(1) 换乘平均时间。

结合区域轨道交通枢纽的实际情况，本节的换乘主要是轨道交通方式之间的换乘，如高铁换乘地铁或者地铁换乘高铁。其表达式为

$$f_3 = t_{走} + t_{服} + t_{等} \tag{5-14}$$

式中，$t_{走}$ 为旅客平均走行时间；$t_{服}$ 为旅客平均接受服务时间；$t_{等}$ 为旅客平均等待时间。

(2) 换乘绕行系数。

换乘绕行系数是用来测度区域轨道交通枢纽内换乘客流的绕行程度。其表达式为

$$f_4 = \frac{\sum_{i=1}^{p} \frac{A_i}{D_i}}{p} \tag{5-15}$$

式中，A_i 为各设施之间的实际走行路程；D_i 为各设施之间的期望走行路程；p 为相互联系设施的对数。

3) 旅客服务水平指标

区域轨道交通枢纽的运营不仅要考虑运营的效率和行人的基本需求，还需要考虑行人的舒适性、安全性和便捷性，即乘客的增益性服务。这些方面共同构成了行人服务水平的评价指标体系。因此，选用最大拥挤度和集散舒适度分别评价行人的舒适性、便捷

性和安全性。

(1) 最大拥挤度。

最大拥挤度是衡量枢纽内单位面积上的行人数。在枢纽内部特定区域(容易发生拥挤的地方)，所有区域拥挤度中的最大拥挤度即为所求最大拥挤度。其表达式为

$$f_5 = \max\left(\frac{M_i}{N_i}\right) \tag{5-16}$$

式中，M_i 为所选区域内的人数；N_i 为所选区域的面积。

(2) 集散舒适度。

集散舒适度指行人在区域轨道交通枢纽内的平均速率与行人的舒适速率之比，其表达式为

$$f_6 = \frac{\sum_{i=1}^{H} \frac{v_i^a}{v_i^b}}{H} \tag{5-17}$$

式中，v_i^a 为行人的平均速率；v_i^b 为行人的舒适走行速率；H 为行人数。

因此，从设施供给服务、换乘服务水平和旅客服务水平三方面出发，综合考虑枢纽客运部门与乘客服务感知，构建区域轨道交通枢纽运能匹配评价指标体系。如表 5-1 和图 5-3 所示。

表 5-1　区域轨道交通枢纽运能匹配评价指标体系

一级指标	指标内容
设施供给服务	运能匹配度
	设备利用均衡性
换乘服务水平	换乘平均时间
	换乘绕行系数
旅客服务水平	最大拥挤度
	集散舒适度

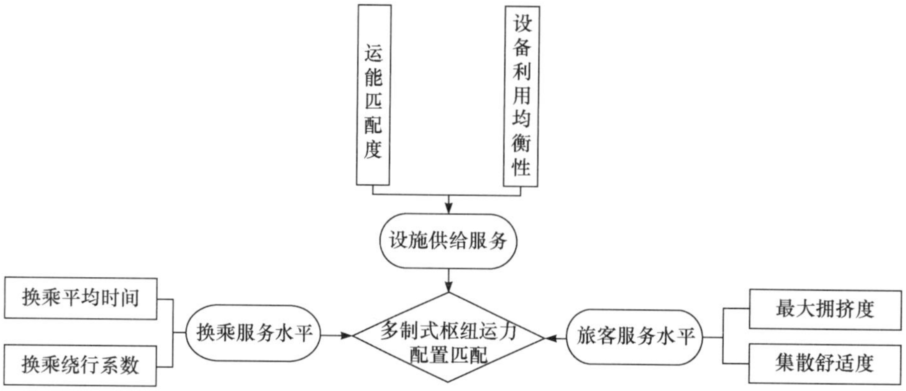

图 5-3　多制式运力配置匹配评价指标逻辑结构

其能力匹配度实质上为高峰期时的需要能力和设计最大服务能力的比值，因此当匹配度大于 1 时，可以认为客运设备能力不足：当匹配度等于 1 时，可以认为其能力与通过能力正好匹配；当匹配度小于 1 时，可以认为客运设备能力充足。

3. 运力与需求匹配评价指标

区域轨道交通运能供给与客运需求的匹配，体现的是多种制式协同的系统供给的运输能力与旅客需求之间的良性关系，一方面是指旅客出行需求得以最大限度地满足，另一方面是指在系统供给的运力资源得以充分利用的基础上，为运营企业赢得经济效益。

区域轨道交通网络是地理空间结构复杂的系统，旅客基于不同的出行目的和偏好对区域轨道交通的需求亦有很大区别。如果区域轨道交通网络能在各制式车站、线路能力有效利用的前提下，均衡分布车站、线路的运能负荷，在一定服务质量的要求下基本满足旅客在运输总量和结构上的需求，则可认为多制式区域轨道交通达到了运能供需匹配状态。即在不同制式运能协调的基础上，寻求系统整体运能供给与运输需求的多要素匹配。因此，基于运能匹配要素及其相互关系，进行运能与需求匹配程度的评价指标选取。

1) 运能总量匹配指标

(1) 旅客需求满足率指标。

旅客需求满足率指标是指在一定区域轨道交通网络拓扑结构下，网络有效供给的运输能力与旅客需求总量的比值。反映了网络在一定服务水平下能够完成的运输量与旅客需求的偏差，这个偏离程度越小，说明网络与当前旅客需求匹配程度越高。

$$P_{\text{sat}} = \frac{D}{S} \tag{5-18}$$

式中，D 为旅客需求总量；S 为有效供给的运输能力。

(2) 能力利用率指标。

能力利用率指标是指区域轨道交通网络实际承载的周转量与网络最大周转量的比值。反映了网络使用的运力资源与系统资源总量的相对偏离度，偏离度小说明网络自身的运输效能得到很好的发挥，是从网络本身角度衡量与需求的匹配程度。

$$\eta = \frac{Q_{\text{r}}}{Q_{\max}} \tag{5-19}$$

式中，Q_{r} 为轨道交通网络实际承载的周转量；$Q_{\max}$ 为网络最大周转量。

2) 运能结构匹配指标

运能结构匹配度指标，是网络上各路径所能完成的最大旅客输送量与旅客需求之间的偏离程度，可用区间或线路满载率等细化指标表示。

(1) 线路等级结构。

描述各等级线路在线网中所占的比例。

$$K = \frac{1}{\sum\sum l_{ij}} \tag{5-20}$$

式中，K 为线路等级结构；l_{ij} 为 i 种等级第 j 条线路的运营里程，其中 $i \in [1, N]$。

(2) 制式结构。

区域轨道交通网络包括多种制式结构，可通过比较不同轨道交通制式的客运周转量得出。

$$B=\frac{Q}{Q_{城轨}+Q_{市域}+Q^2{}_{城际}+Q_{其他}} \tag{5-21}$$

式中，B 为制式结构；Q 为某种制式的总周转量。

(3) 区段运能利用均衡性。

不同区段的运输能力不同，不匹配不均衡的运能配比会造成运力的浪费。所以衡量不同区段的运能分布离散程度，就能够有效衡量基础设施之间的利用均衡性。

$$\sigma=\sqrt{\frac{\sum(C_i-\overline{C})^2}{N}} \tag{5-22}$$

式中：C_i 为 i 区段通过能力，其中 $i\in[1,N]$；σ 为区段运能利用均衡性；N 为区段数。

如果三者间的偏离程度在一定阈值内，可从微观上反映运能供给与旅客需求处于匹配状态。

3) 运能服务水平匹配指标

(1) 旅客拥挤度指标。

旅客拥挤度指标是指一定的运输组织和客流疏散方案下，车站和线路区间(列车)实际承担的客流量与其基础设施容量的相关参数比值，可用人均占有面积等细化指标来表示，或自行定义舒适度指标。区间拥挤度可以用实际需求的断面人数来推算，主要由列车编组和车辆定员决定，当列车载客量超过列车容量时，说明该区间的运力供给不满足客流需求，导致服务水平降低，车站拥挤度主要考虑站台容纳能力，进出站、换乘通道通过能力等。

$$D(t)_{\mathrm{H}}=\frac{S_{\mathrm{H}}}{Q(t)_{\mathrm{H}}} \tag{5-23}$$

式中，$Q(t)_{\mathrm{H}}$ 为时刻 t 候车区(站台)内的乘客数量；S_{H} 为候车区(站台)内统计区域的面积。

(2) 客流直达率指标。

客流直达率指标是指区域轨道交通中可直达目的地而无需换乘的客流量与网络所能承载的旅客总量比值，体现了网络的便捷性。直达率越高，说明网络的可达性越好，服务水平越高。

$$\lambda=\frac{F_{\mathrm{dir}}}{\sum F_i} \tag{5-24}$$

式中，F_i 为 i 条线路的客流量，其中 $i\in[1,N]$；F_{dir} 为无换乘客流量。

(3) 平均绕行率指标。

平均绕行指标可用区域轨道交通中旅客的实际出行周转量与最短路径上旅客周转量的比值衡量。最短路径通常是跨线、换乘次数最少的路径，通过合理控制绕行率上限，可确保旅客的出行时间在合理范围内。绕行率越低，旅客在最短路径上越集中，本线客流的比例越大，网络的便捷性与及时性越好，服务水平越高。

$$U = \frac{R_{sh}}{\sum R_{OD}} \tag{5-25}$$

式中，U 为平均绕行率；R_{OD} 为某一 OD 点之间的出行量，其中 $i \in [1,N]$；R_{sh} 为经过最短路径的出行量。

(4) 车站平均候车时间指标。

乘客在城市轨道交通系统运输过程中的候车时间会因为列车拥挤度、发车间隔、列车晚点等因素波动。平峰时段设置较低的发车频率可以提高列车的载客效率，但是过低的发车频率导致乘客候车时间的增加，出行时间效率降低；高峰时段，如果候车客流量超过了列车运输能力，部分乘客被迫等待下一班列车，也会导致乘客候车时间的增加，出行时间效率降低。由于同一车站同一方向的不同乘客的候车时间具有随机性，因此选择车站平均候车时间作为衡量车站服务水平的指标，该指标的含义为车站里某一方向某一时段内所有乘客在站候车时间的平均值。网络上的车站平均候车时间普遍越少，服务水平越高。

$$T = \frac{\sum T_i}{N} \tag{5-26}$$

式中，T 为车站平均候车时间；T_i 为 i 个人的候车时间，其中 $i \in [1,N]$；N 为候车总人数。

以上指标综合反映了区域轨道交通运能供需匹配的内涵，由此可建立区域轨道交通网络运能与需求匹配的分析指标体系，如图 5-4 所示。

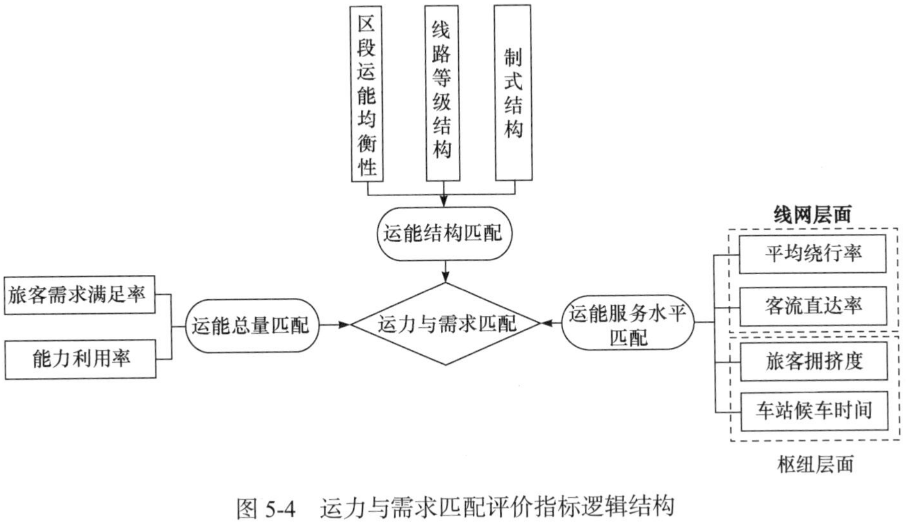

图 5-4　运力与需求匹配评价指标逻辑结构

4. 多制式轨道交通网络耦合协调度评价指标

多制式轨道交通网络间的耦合协调度评价指标体系主要受网络规模、拓扑结构、鲁棒性、运输能力、换乘比例和功能造价等因素的影响。网络规模、拓扑结构、鲁棒性等复杂网络层面指标反映了不同制式之间的物理连接关系、内在拓扑指标关系以及在突发事件下的网络安全效率指标；运输能力反映了不同制式的运输条件、对旅客周转服务的效率指标；各制式之间的换乘比例，更直观地反映不同制式的耦合关系；功能定位及造价指标反映了不同制式的分工不同、成本不同，体现了多制式轨道交通一体化建设的广泛性和个性统一。

复杂网络下多制式轨道交通网络耦合协调度评价指标体系如图 5-5 所示。

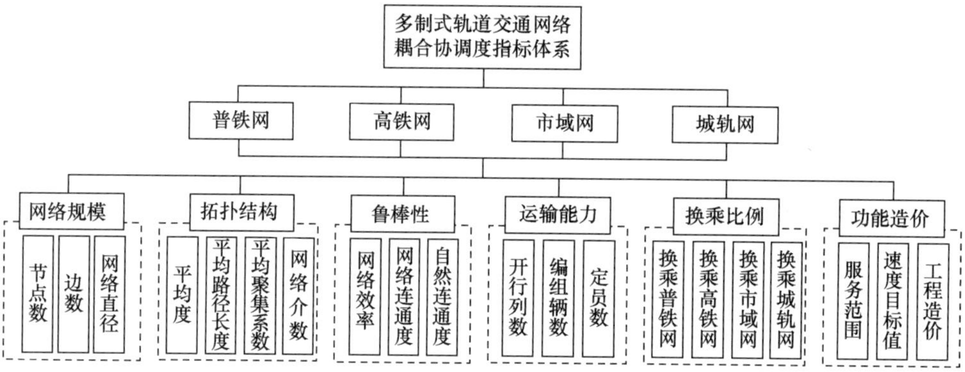

图 5-5　多制式轨道交通网络耦合协调度评价指标体系图

由图 5-5 关系易知，本章构建了网络规模、拓扑结构等 6 个一级指标，节点数、边数等 20 个二级指标。其中，网络规模、拓扑结构、鲁棒性下的 10 个指标主要依靠复杂网络理论相关公式计算而来；开行列数(列/日)表明了不同制式每日的能力指标，编组辆数和定员数反映了不同制式选取车型的不同，能力也不同；换乘比例(%)表明了不同制式之间换乘联系的百分比，也从侧面反映了多种制式间的顺承传递关系；功能造价反映了每种制式的功能定位和建设成本不同，从服务功能与成本方面分析内在耦合机理。

5.3　区域轨道交通运能匹配基本流程及方法

本节对区域轨道交通运能匹配基本流程进行设计，依据不同指标介绍不同的运能匹配判定方法，最后介绍区域轨道交通运能匹配评价方法。

5.3.1　区域轨道交通运能匹配流程

轨道交通运输能力与客流需求所代表的运能匹配流程如下：

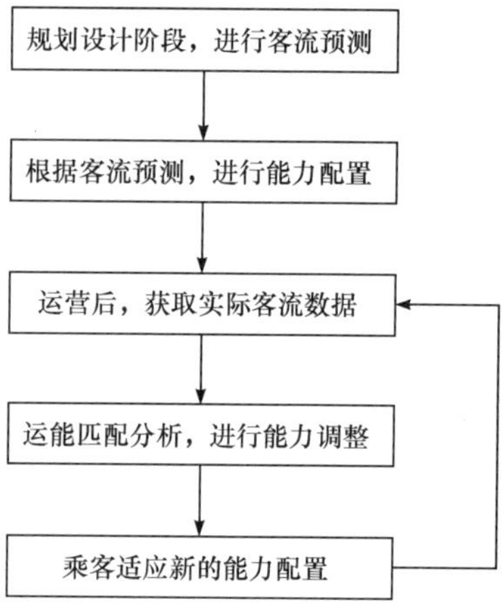

图 5-6　运能匹配流程示意图

(1) 线路规划设计阶段，进行客流预测。

(2) 根据客流预测结果，设计能力配置方案。

(3) 线路速成投入运营后，获取实际客流数据。

(4) 根据实际客流数据，发现供需运能匹配的问题，进行能力调整。

(5) 旅客适应新的能力配置情况，形成新的实际客流情况。

(6) 重复(3)～(5)，如图 5-6 所示。

以上几个关键步骤中，任意步骤出现问题都会影响实际的运能匹配情况，进而影响系统的运输效率。例如，客流预测结果的不准确必然导致能力偏差，能力配置不合理必然会影响旅客需求满足，无法获得精确的实际运营数据自然无法准确掌握客流规律，不了解旅客对能力改变后的反映就不能制定合理的优化措施。

5.3.2　区域轨道交通运能匹配方法

以下列举几种常见运能匹配方法。

1. 依据运输能力供给总量与需求总量间关系进行判定

通过运输能力供给总量(路网总体运输能力)与需求总量的比值可以直观地体现两者在数量上的关系，从宏观上判断两者之间的适应程度。这种方法存在以下不足：

(1) 这里的路网运输能力是根据运输供给系统中的运输线路、运输站场、运载工具等因素，从整体上预测的一个宏观总量，多为路网中各路段运输能力的简单累加。实际上由于路网中各子系统的相互影响等因素，路网实际能够提供的运输能力往往小于各路段能力总和。因此，利用这种方法来衡量供需间的适应性，会使分析结果有失偏颇。

(2) 考虑运输组织方法的影响。运输实践表明，运输组织方法在运输能力形成和利用中具有重要作用。通过改变运输组织方法，从数量、时间和空间几个方面调节和分配运输流，有目的地实现运输能力负荷的转移和转化，可以使同一个网络产生更大的整体运输效益或效能。在一种运输组织方案下，如果出现运输能力不足的状况，并不能说明路网运输能力与运输需求一定不匹配，也可能是该运输组织方案与路网运输能力分布和运输需求分布结构不匹配，限制了路网有效运输能力的发挥，导致有效运输能力不足。因此，供给能力与需求的适应性分析应考虑运输组织方式的影响。

2. 依据现状数据分析网络能力利用率的方法

基于运输现状，路段负荷数据分析网络线路的适应性也具有一定的局限性。这是因为路网现状负荷分布数据是实际运输量，它是运输需求与运输供给能力均衡之后的结果。当运输供给能力充足时，运输量的结构能够反映运输需求结构。当运输供给能力紧张时，运输量只是运输需求中能够完成的部分，而潜在需求是体现不出来的，此时运输量结构不能反映运输需求结构。所以，基于历史数据的分析并不能全面反映供需之间的适应程度。另外，采用这种方法获得的是既有路网能力利用方案下的适应性，此时的不适应可能是由于运输组织方案不合理。因此，基于此获得的适应性分析结果并不能反映路网供需的真实状态。

3. 基于流量分配进行判定

基于流量分配研究供需适应性，即通过利用流量分配理论将运输需求按特定目标优化模拟分布到路网上，进而获得供需总量及服务质量适应性研究指标值。具体而言，基于流量分配模拟的供需适应性研究主要包括铁路网能力及运输需求原始数据确定、采用铁路网流量分配模型完成运能供给与需求的最优化匹配、依据供需匹配结果获得给定路网在给定运输需求结构下的各项性能数据、根据数据计算运能匹配水平。

4. 基于仿真的运能匹配判定方法

随着交通仿真技术的发展，部分学者将其用于运能匹配分析，开拓了适应性分析的新思路。利用交通仿真的方法，可以模拟给定运输需求下，交通设施的实际运营状态，并且可以同时从宏观总量和微观结构上分析运行效果，是一种直观、有效、定量的适应性分析方法。但是这种方法判定结果的合理性依赖于对网络交通行为模拟的准确程度，若无法准确把握交通行为的特点将导致分析结果的偏差。轨道交通网络运能与客流需求之间具有动态关系，因此对这些特性的准确刻画是利用线网-客流仿真法进行运能匹配判定的关键所在，也是有待研究的重要方面。

5.3.3　区域轨道交通运能匹配评价方法

通过查阅相关文献，发现应用于轨道交通领域的综合评价方法主要有德尔菲法、数据包络分析方法、层次分析法、模糊评价法、人工神经网络的评价方法等。以下简要对各评价方法的特点进行介绍，见表 5-2。

表 5-2　区域轨道交通运能匹配评价方法及特点

方法	特点
德尔菲法	考虑指标的权重、专家的重要度和积极性系数。操作简单，可信度较高，但主观性较强
数据包络分析方法	能找到系统的薄弱环节加以改进。但只能表明评价单元的相对发展指标，无法评价单元的实际发展水平
层次分析法	适用于多层次结构的系统，可操作性强、误差小，但只适用于评价体系中指标小于 9 个的系统
模糊评价法	可根据不同可能性得出多层次的问题解。不能解决评价指标间相关性以及由此造成的信息重复问题
人工神经网络的评价方法	具有可学习性，如果样本容量大，其精度高。缺点为需要大量的样本数据，操作复杂
物元分析方法	能够将多参数评价转化为单因素评价，给出定量化的数值评价结果，并且可以得出各分项指标的适应性水平
TOPSIS 法	通过构造评价排序问题的正理想解和负理想解，比较待评价方案与最优解、最劣解的相对贴近程度来进行排序：最贴近最优解同时又是最远离最劣解的待评价方案，即为最优方案，可据此排定方案集中各待评定方案的优先顺序
灰色综合评价法	对于样本量没有严格的要求，不需要对指标进行无量纲化处理，针对不同场景的评价结果不能进行相互比较

此外，还有服务质量(service quality，SERVQUAL)模型、满意度测评(customer satisfaction index，CSI)模型、卡诺(Noriaki Kano，KANO)模型等评价方法。具体优缺点见表 5-3。

表 5-3　评价模型优缺点比较

评价方法	特点
SERVQUAL 模型	模型设计简单，具有很强的可操作性。但没有考虑指标权重，会不可避免地出现重复计算期望的现象
CSI 模型	模型设计简单，具有很强的可操作性，但感知质量和感知价值路径不能很好地得到解释
KANO 模型	典型的定性分析模型，但有时候不能明确地提供绩效属性、重要性分类

综上所示，综合评价方法及模型种类繁多，同时又各自具有优缺点。在选择评价方法时需要根据评价对象的特点选择适合的方法及模型。针对区域轨道交通多制式运能匹配问题，从“点”、“线”、“网”三个不同层次出发选择不同评价方法。

5.4　多制式轨道交通网络耦合协调度计算

多制式轨道交通网络指由高铁、普列、地铁等轨道交通多线路交错成网所组成的运输网络。近年来，随着北京、上海、重庆等大都市区轨道交通加速成网，其网络结构呈现一定复杂性。定量分析轨道交通网络的拓扑结构和网络性能，研究其网络的复杂性和各子网络之间的耦合协调度，有助于提高网络性能分析的准确性，确保轨道交通网络运营的安全性，对于城市 TOD 的发展、实现绿色畅通出行具有现实意义。

5.4.1　研究现状

1. 复杂网络基础理论研究

复杂网络基础理论可对现实世界中复杂的关系、信息、地理现象等形成的网络进行阐释和评估，近几年随着复杂网络应用的不断研究，慢慢引起国内外交通运输领域学者的关注。其中，用于分析网络拓扑结构特性的研究较为广泛(张晋等，2013；Lämmer et al.，2006；Amaral et al.，2000)，并发现车流网具有幂律特性。其次，通过研究网络性质，分析网络的影响程度，便于重构网络，为网络拥堵提供预防控制方法(王莹等，2017；包云等，2012；王伟等，2010；赵伟等，2006；高自友等，2006)。

2. 复合网络研究

对比单一制式网络拓扑结构，复合网络结合两种及以上制式网络的不同性能，研究其耦合状态将更有利于多制式轨道交通的一体化线网建设。

复合网络的相关研究主要分为两种，一种是研究由各种交通方式组成的复合网络，另一种是研究单一制式交通在多种拓扑模型下的耦合网络，如公交换乘网和公交线路网组成的复合网络(杜文举等，2016)。前者主要研究由多种交通方式构成的复合网络的拓扑结构及其特性，最终验证网络的小世界和无标度特性(沈犁等，2018；沈犁，2017；卫振林等，2015；罗艺和钱大琳，2015；徐凤等，2013)，后者主要研究耦合网络的复杂特性及其同步性。

3. 轨道交通网络性能分析

现有文献对网络性能的描述多从鲁棒性、脆弱性、抗毁性、可靠性、稳定性等展开。但实际上它们的含义在系统论里具有不同的解释，衡量网络性能的指标也不尽相同，主要有网络效率、自然连通度等。其中一些指标以表 5-4 归纳分析。

可以看出，目前研究多采用可达性、连通度等指标研究网络抗毁性(薛锋等，2019；殷勇和刘杰，2017；于宝等，2017；刘庆法等，2014)，多采用网络效率、连通度等指标研究网络脆弱性(叶青，2012)，多采用平均网络距离、相对网络效率等指标分析网络可靠性(张兰霞等，2016)，多采用网络效率、连通度等指标研究网络鲁棒性(冯春等，2018)，与抗毁性相似。

表 5-4　网络性能指标

网络性能	采用指标	研究对象
抗毁性	基于旅行时间和营业里程的网络可达性、区域可达性	中国铁路网
	整体效能、最大连通子图	山东高速公路网
	最大连通片、自然连通度	成都普铁网
	网络连通度、网络效率、最大连通子图、自然连通度	成都地铁网
脆弱性	网络效率	重庆地铁网
	最大连通子图、网络效率	中国高铁网
	网络连通度、网络效率、最大连通子图、自然连通度	成都地铁网
可靠性	平均网络距离、相对网络效率	中国高铁网
鲁棒性	最大连通子图、网络效率	中国高铁网
	网络效率、最大连通子图	15 城市地铁网
	网络连通度、网络效率、最大连通子图、自然连通度	成都地铁网

上述研究对轨道交通网络的鲁棒性分析较多，但对多种网络耦合协同机制的探讨较少，因此对多制式轨道交通网络的耦合协调度研究具有一定的创新性。

4. 其他研究

除复杂网络基础研究之外，值得关注的还有许多。对于复杂网络下的静态拓扑特征指标的二次利用，相关的有关键节点识别，从而进行鲁棒性仿真；也有不同制式各指标下的耦合协调度分析，从机理分析的角度探索网络间的拓扑内涵，探讨对于线网规划的意义。其他还有分形理论的应用(刘杰等，2018)、复杂神经网络的稳定性和同步性(An et al.，2014；Xu and Su，2009；Dai et al.，2008；高洋等，2008；Wang et al.，2007；Wang and Chen，2002a，2002b，2002c)。

总体来看，现有研究大多计算运输网络的拓扑指标，研究单一或复合网络的无标度特性、鲁棒性，重点围绕单一制式网络拓扑结构建模分析，探究其无标度或小世界特性，幂律分布等复杂性，缺少对多制式复合乃至耦合网络的拓扑结构探索，缺乏不同制式网络拓扑结构间的相互影响、协调发展的定量研究；同时，鲁棒性分析的步骤较为简单，缺乏仿真的复杂性，所探究的内在规律存在片面性，在内在深度上还需延展。

鉴于此，本节构建多制式轨道交通复合网络，研究其网络的复杂特性，分析其相互间拓扑特征的耦合协调关系，从物理数学角度深刻阐述运输网络的现实意义，并在运输子网络间耦合协调发展层面做出一定探索。

5.4.2　基于复杂网络理论的多制式轨道交通网络构建

1. 复杂网络理论基础

1) 复杂网络的基本模型

复杂网络包括规则网络、随机网络、小世界网络、无标度网络，其拓扑图及定义与特点见表 5-5。

表 5-5　复杂网络统计表

规则网络	全局耦合网络	又称为全连接网络，其网络任意两点之间都有边相连。具有最大的聚类系数和最小的平均路径长度，反映了一些实际网络所具有的小世界特征	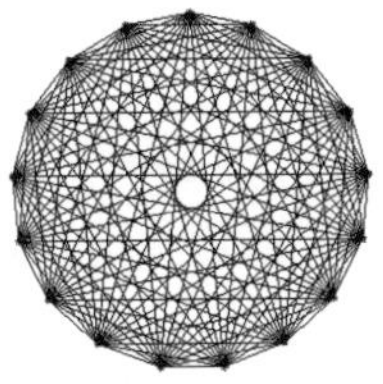
	最近邻耦合网络	稀疏规则网络模型，它的每个节点只跟其周边的相邻节点相连	
	星形耦合网络	只有一个中心点，其余节点都只与唯一中心点相连	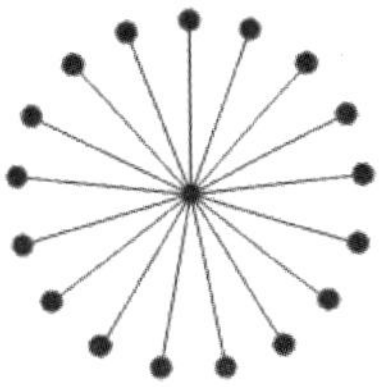
随机网络	ER 随机图	ER 随机图的构建本质有 2 种，一种是先确定 N 个节点，然后随机向 N 个节点之间连 M 边；另一种是先确定 N 个节点，任意不同节点之间连边的概率为 p	随机图中任意两个节点之间不管是否具有共同的邻居节点，它们的连接概率均为 p
小世界网络	WS 小世界网络	度分布也近似服从泊松分布，其边是有一定概率 p 重连	
	NW 小世界模型	有一定概率 p 添加边。当概率 p 足够小，而节点 N 足够大时，NW 小世界模型本质上等同于 WS 小世界模型	
无标度网络		该网络解释了幂律分布产生的原因及特征。现实世界中的大部分网络，生物神经网络、社交关系网络、交通运输网络等，其度分布大多服从幂律分布	

2) 复杂网络的复杂性质

复杂网络系统呈现出典型的复杂特性，具体包括：

(1) 网络规模庞大，连接结构复杂。特别是现实世界中的网络，节点之间的连接既不是完全规则的全局耦合网络，也不是完全随机的 ER 随机图，同时网络结构随时间变化而产生一定的演化过程(网络时空演化)。

(2) 网络连接的稀疏性，一个具有 N 个节点的全局耦合网络，其节点连接的边数目为

$O(N^2)$，而现实网络中节点连接的边数目一般为$O(N)$。

(3) 节点的复杂性，主要包括节点的动力学特性、节点之间存在的同步运动，以及关键节点的级联失效特性。

(4) 小世界特性，指尽管整个网络规模很大，每个节点相互之间的连接关系可以很小(即拥有较小的度)，但任意两节点之间拥有较短的路径。小世界特性的显著特征是拥有较小的平均最短路径，以及表现出较大的聚集系数。

(5) 无标度特性，指少量的关键节点连接了网络中较多的普通节点，它们拥有较大的度，符合帕累托法则(二八定律)。这种度分布现象反映在双对数坐标上表现为一条直线，即表现出幂律分布的特性。

3) 复杂网络的拓扑指标

将复杂网络理论运用到轨道交通领域，分析其拓扑指标，主要包括静态拓扑指标和动态拓扑指标，即拓扑特征统计指标值，见表 5-6。

表 5-6　复杂网络拓扑特征统计指标

指标	定义		计算公式
节点度及度分布	为与该节点相连所有边的总数，在 Space L 模型空间下，轨道交通网络中的度指每个车站所连接车站的个数，反映了每个网络中节点的连通性和重要性		$k_i=\sum_j a_{ij}$，$\bar{k}=\sum_{i=1}^{n}k_i/n$ $p(k)=n_k/n$ $p(k\leqslant K)=\sum_{k=1}^{K}P(k)$
平均路径长度和网络直径	两节点 i、j 间的距离 d_{ij} 定义为以最短路径相连的两节点 i、j 之间边的数量，而网络直径则为任意两点间的最大距离；网络的平均路径长度 D 为所有节点对之间距离的平均值，反映了网络的连通性		$D=\sum_{i\neq j}d_{ij}/(n^2-n)$ $\phi=\max\{d_{ij}\}$
聚集系数	又称聚类系数，表示与该节点直接相邻的节点间，实际存在的边数目占最大可能存在的边数的比例。反映了网络中与该节点直接相连的节点之间的连接关系，用来描述网络的聚集程度		$C_i=\frac{l_i}{C_{k_i}^2}=\frac{2l_i}{k_i(k_i-1)}$
介数	网络中所有经过该节点的最短路径的数量比例，一定程度上反映了节点在整个网络中的重要性		$B_i=\sum_{m\neq j}\frac{N_{mj}(i)}{N_{mj}}$
网络效率与补图效率	反映节点 i 移除后对网络效率造成的损失，定义节点的补图效率 E_i，即移出节点 i 后网络形成补图的效率，反映网络对节点故障的平均容错能力		$E=\frac{1}{n(n-1)}\sum_{i\neq j}\frac{1}{d_{ij}}$
连通度	网络连通度 γ 主要考虑整体网络的全局特性；自然连通度 $\bar{\lambda}$ 从复杂网络的内部结构属性出发，具有明确的物理数学含义		$\gamma=l/l_{\max}$ $\bar{\lambda}=\ln\left(\sum_{i=1}^{n}\exp(\lambda_i)/n\right)$
点强度	融合了客流数据的动态指标，一般用在加权网络中		$S_i=\sum_{j=1}^{n}w_{ij}$
节点中心性指标	度中心性	节点度的大小比上网络规模进行衡量，反映节点在网络中的连接关系	$\mathrm{DC}_i=\frac{k_i}{n-1}$

续表

指标	定义		计算公式
节点中心性指标	邻近中心性	也称为紧密中心性，表明某个点对整个网络其他节点的接近程度，用平均最短距离之和的倒数反映节点 i 与周围节点的可达性	$CC_i=\left(\frac{1}{n-1}\sum_{j=1,j\neq i}^{n}d_{ij}\right)^{-1}=\frac{n-1}{\sum_{j=1,j\neq i}^{n}d_{ij}}$
	介中心性	用所有节点之间的最短路径经过给定节点的次数来表示，反映节点在网络中的衔接作用	$BC_i=\frac{1}{C_{n-1}^2}\sum_{m\neq j}\frac{N_{mj}(i)}{N_{mj}}=\frac{2}{(n-2)(n-1)}\sum_{m\neq j}\frac{N_{mj}(i)}{N_{mj}}$

4) 复杂网络的分析软件

复杂网络问题逐渐成为研究热点，许多软件可以进行可视化操作和二次开发。因篇幅有限，只介绍本节所使用的几款软件(表 5-7)，以对复杂网络进行计算机仿真分析。

表 5-7　复杂网络的分析软件

软件	功能
Gephi	①图形可视化效果较好，可以根据要求生成不同的模型；②表示节点之间的连接关系，同时保留图形的美观清晰，适合大规模网络拓扑图的分析与制作；③可以较为清晰直观地了解轨道交通网络的拓扑结构，节点度数大小也以不同颜色表示，显示出不同节点的重要性，以及节点之间的连接情形
UCINET	兼容内容较多，体积小而好用，分析信息较多
MATLAB	便于算法开发、数据可视化分析、模拟仿真、深度学习等。其内置的图论分析包可有效进行编程和鲁棒性仿真。它包含图论基本函数库，如 MATLAB-BGL 工具箱，Gr Theory 图论工具箱、Dijkstra 最短路径、Kruskal 最小生成树等常用函数及算法

2. 多制式轨道交通网络构建

1) 多制式轨道交通网络概述

(1) 多制式轨道交通网络的定义。

文献中定义，区域轨道交通多种制式并存，主要包括高速铁路、普速铁路、城际铁路、市域铁路以及城市轨道交通五大类。本节参考相关文献对多制式轨道交通网络系统组成结构的研究，并结合国家发展改革委关于“四网融合”的指导意见，将城际铁路、市域(郊)铁路、轨道交通快线、都市快轨等中短途城际、市域范围内的快速轨道交通统一定义为“市域轨道快线”，建立了“普速铁路网(普铁网)-高速铁路网(高铁网)-市域轨道快线网(市域网)-城市轨道交通网(城轨网)”四层的次子网络组成结构，具体组成如图 5-7 所示。

综上所述，多制式轨道交通网络指由高铁、普铁、地铁等轨道交通多线路交错成网所组成的交通网络，是服务快速交通、促进城市 TOD 发展以及疏解路面交通拥堵所提出的绿色出行网络。对于目标区域(如北京、上海、重庆等都市区)进行多网拓扑结构的复杂性研究，具有一定的现实意义，利于旅客畅通出行，形成完备一体化出行链体系。

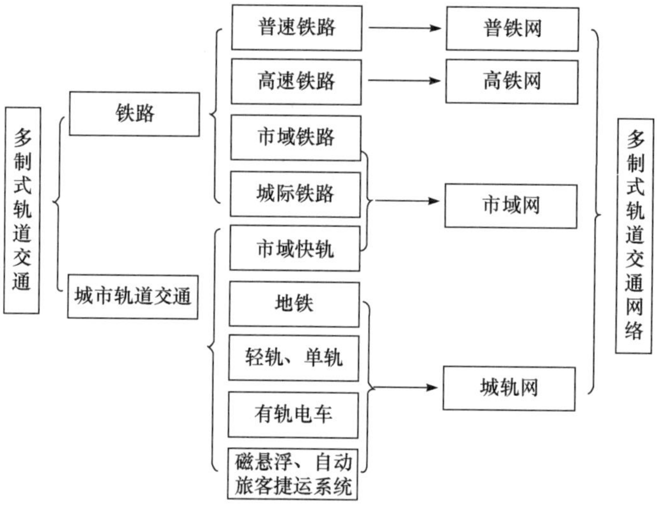

图 5-7　多制式轨道交通组成结构图

(2) 多制式轨道交通网络的组成要素与功能定位。

根据上述分析，多制式轨道交通网络作为一个旅客运输系统，一般由普速铁路网("普铁网")、高速铁路网("高铁网")、市域轨道快线网络("市域网")、城市轨道交通网络("城轨网")等要素组成，各要素互相补充，又互相影响。

具体而言，每种制式的功能定位及服务特征见表 5-8。

表 5-8　多制式轨道交通网络功能定位对比表

比较内容	普铁网	高铁网	市域网	城轨网
列车速度	120～160km/h	250～350km/h	160～200km/h	60～120km/h
开行密度	密度相对较低	密度相对较高	高密度，小间隔	密度相对较高
运行范围	连通全国路网，范围大	连通全国路网，范围大	大都市区及周边城区，范围小	连通城市中心及周边区域，范围小
区间运行时间	较长	较长	较短	较短
停站时间	较长	较短	较短	较短
通过能力	相对较低	相对较高	较高	较高
客流特征	全年具有规律性，节假日波动性强	全年具有规律性，节假日波动性强	通勤客流为主，每日分时段波动性强	单周日、季节性、节假日特点显著

2) 网络拓扑方法

建立合适的网络能够帮助人们理解复杂网络统计指标的内涵以及网络结构的内在机理。轨道交通网络拓扑模型主要基于 Space L 和 Space P 空间，前者有些类似公路拓扑网中的原始映射法，对线路网建模，定义网络中的节点代表地铁车站，边代表各车站之间的线路，能够反映地理关系，符合人们实际的空间认知；后者为运营网(也称换乘网)，节点同样代表车站，定义若两个节点在同一条线路上，即两个节点可以直达，则认为两个节点间存在一条边。以成都地铁 1 号线与 2 号线的交叉为例作模型示意图，如图 5-8 所示。

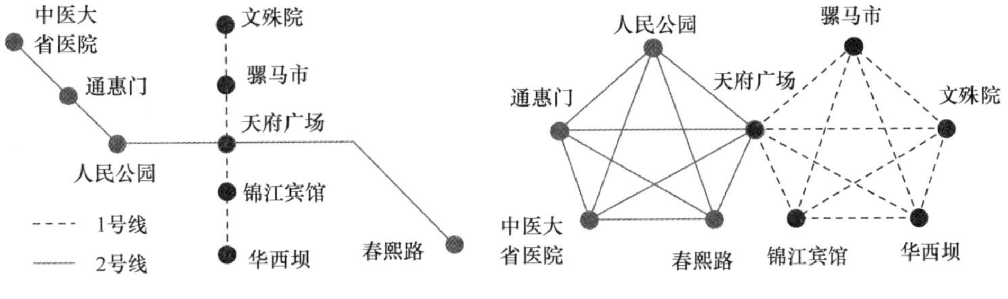

(a) Space L (b) Space P

图 5-8 轨道交通网络拓扑模型

另外，还有一种是 Space R 模型。Space R 源于公交线路网络，其网络节点指城市道路网络中的公交线路，若两条线路之间有相同的站点(换乘站)，则这两个节点之间有连边。节点度的现实意义为公交线路间的换乘站点个数。

3) 轨道交通网络构建类型

轨道交通网络的构建类型多种多样，常见的类型主要见表 5-9。

表 5-9 轨道交通网络构建类型

构建类型	说明
物理网络	主要根据 Space L 空间建立轨道交通网络的拓扑模型，以车站作为节点，车站之间的连线为边，分析它们的度、最短路径、介数、聚集系数等拓扑指标
运输网络	基于 Space P 空间模型构建的有向网络，以实际轨道交通站点为节点，以某次列车从始发站至终点站途中所有经过的相邻站点两两相连作为网络的边，反映了列车运行的方向，体现了列车与站点的连接关系，可直观反映站点之间是直达还是换乘(黄仁全等，2012)
车流网络(或列流网络)	车流、列流等轨道交通系统内的真实状态变量参数形成的网络。以站点为节点，任意两站点间只要有同一列车停靠，则认为两节点间有连线(邹晖，2009)
服务网络	以铁路旅客列车服务网络为例，服务旅客办理乘降业务的车站为节点，与同一列车运行路径上办理停站业务的车站之间构成边，即不考虑途经车站，一般为有向图(黄仁全等，2012)
交通流网络	轨道交通系统中的交通流包括乘客流和列车流，乘客流指在轨道交通系统中的乘客位移量，具有方向性和时间性。列车流指单位时间内同一线路驶离车站的车次数，反映出行车密度(周海平，2009)

4) 多制式轨道交通复合网络的重构

本节借用复合构建方法(复合了地铁网与公路网)，来讨论多制式轨道交通复合网络的复杂特性。对于铁路系统内的车站，不同制式的换乘站认为是同一个节点，多网复合或多制式网络耦合之后，在原有连接关系的基础上进行多制式的关系叠加，并删除重复节点后只保留一个换乘站；对于铁路和城轨系统内的换乘站，增加与其他制式的连接关系，保留全部车站节点，不进行节点删除。重庆轨道交通网络局部复合重构示意图如图 5-9 所示。

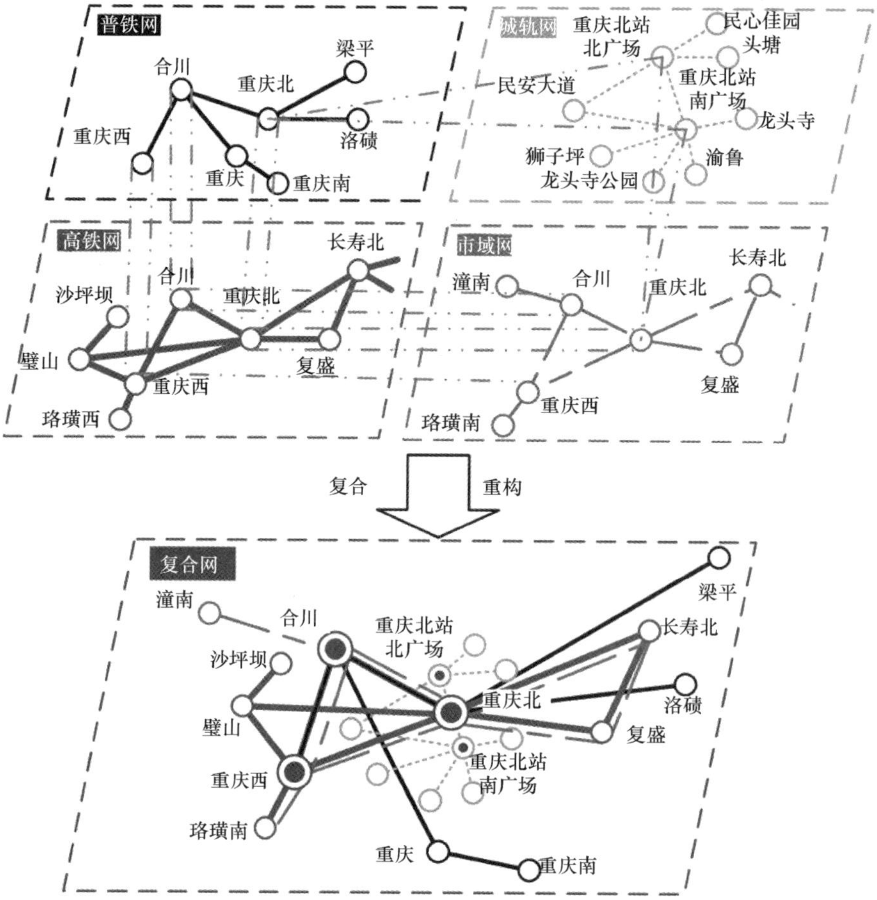

图 5-9　轨道交通网络复合重构示意图

复合之后的节点度值变化见表 5-10。

表 5-10　多制式轨道交通网络复合后度值变化表

车站名称	制式				
	普铁网	高铁网	市域网	城轨网	复合网
合川	3	2	3	—	4
重庆西	1	4	3	—	4
重庆北	3	5	4	—	9
重庆北站北广场	—	—	—	4	5
重庆北站南广场	—	—	—	6	7

本节考虑两种层次的耦合，一种是只包含铁路系统的铁路复合网络，另一种是包含铁路和城市轨道交通系统在内的多制式轨道交通复合网络(多制式耦合网络)。复合或耦合之后的多制式轨道交通网络，其复杂网络下的特征指标显然会变化，如衡量可达性或联系性的几项指标有了提高，进而分析整个系统(复合网络)的耦合协调度。本节从基础设施建设上分析复合网的物理特性。

最终建立 Space L 空间的轨道交通物理网络，研究子网络和复合网络之间的拓扑结构、耦合关系及鲁棒性。

5.4.3　多制式轨道交通网络耦合协调度计算方法

本节采用多制式轨道交通网络耦合协调度评价指标体系对多制式轨道交通网络耦合协调度进行计算。

1. 多制式轨道交通网络的耦合内涵

耦合能够反映多个子系统间相互协同促进的关系，在交通运输领域，可将耦合的概念定义为两种及以上轨道交通网络，通过换乘、贯通、资源共享、安检互信等一体化建设达到彼此衔接顺畅的现象，即多制式网络耦合成为衔接有序、融合互补的一张网。耦合度与协调度能反映系统之间相互作用、相互影响的程度，用以判断多制式轨道交通子系统网络之间是否协同发展。本章结合复杂网络拓扑指标，探究不同制式子网络之间的耦合协调关系。

一方面，耦合的轨道交通网络子系统之间通过换乘站的衔接体现了相互联系；另一方面，耦合的子系统会因为彼此的影响发生促进或协同发展作用。基于此，分析区域多制式轨道交通网络之间的耦合内涵，表明各制式子网络这些子系统之间存在相互联系且能够彼此影响发生变化，之间存在相互作用，一个子系统的变化会影响另一个子系统随之发生变化，可能会存在相互促进作用，也可能会相互阻碍、相互制约。

本节研究采用耦合这一概念来说明轨道交通子系统之间存在的关联现象，并且把普铁网、高铁网、市域网、城轨网等作为耦合系统的多个子系统，通过探寻它们之间的相互作用机制建立耦合协调模型，进行定量分析，从而评价多个子系统的互动关系和相互之间的影响过程。

2. 多制式轨道交通网络耦合协调度计算步骤

步骤 1：根据前文公式，计算第 g 种子系统对应第 h 个指标的值 x_{gh}，作为原始数据集 $X=\{x_{gh}\}_{m\times q}$，其中 g=1,2,⋯,m, $m=4$，表示普铁网、高铁网等 4 个网络子系统；h=1,2,⋯,q, $q=20$，表示衡量耦合协调程度的 20 个指标。

步骤 2：利用极差法对原始数据集进行归一化处理以消除度量单位和正负作用的问题，得到 $Y=\{y_{gh}\}_{m\times q}$。除指标 5(平均路径长度)、指标 20(工程造价)为成本型(负向)指标外，其余为效益型(正向)指标。其中，标准化计算公式如式(5-27)所示，易知标准化后的 $y_{gh}\in[0,1]$，可以理解为第 h 个指标对第 g 种子系统的贡献值，数值越大表明该指标或该因素的贡献越多。

$$y_{gh}=\begin{cases}\dfrac{x_{gh}-\min(x_{gh})}{\max(x_{gh})-\min(x_{gh})}, & x_{gh}\text{为正向指标}\\[2ex] \dfrac{\max(x_{gh})-x_{gh}}{\max(x_{gh})-\min(x_{gh})}, & x_{gh}\text{为负向指标}\end{cases}\tag{5-27}$$

步骤 3：利用熵权法(孙剑和张娟，2013)得到每种指标的熵值 H_h 后计算权重 $W=\{w_h\}_{1\times q}$。

$$H_h=\frac{-\sum_{j=1}^{n}(f_{gh}\cdot\ln f_{gh})}{\ln q} \tag{5-28}$$

$$f_{gh}=\frac{y_{gh}}{\sum_{h=1}^{q}y_{gh}} \tag{5-29}$$

特别地，当 f_{gh}=0 时，令 $f_{gh}\cdot\ln f_{gh}=0$ 。

$$w_h=\frac{1-H_h}{m-\sum_{g=1}^{m}H_h} \tag{5-30}$$

步骤 4：计算子系统发展指数。

发展指数是子系统的发展优劣程度，由各指标对于子系统的贡献所决定，总贡献越高说明系统的发展指数也越高，一般利用线性加权求和的方法确定。本节子系统发展指数分为整体发展指数 U_g 和各指标下的发展指数 u_{gh}。

(1) 对于第 g 个轨道交通子系统网络，在整体指标下的发展指数 U_g ，有

$$U_g=\sum_{h=1}^{q}w_h\cdot y_{gh} \tag{5-31}$$

(2) 对于第 g 个子系统在第 h 指标下的发展指数 u_{gh} ，有

$$u_{gh}=w_h\cdot y_{gh} \tag{5-32}$$

当 $y_{gh}=0$ 时，令 u_{gh}=0.001 。

步骤 5：计算综合协调指数。

综合协调指数体现子系统及复合系统每一时期有序、无序的发展情况，系统发展越有序，复杂网络指标越协调。本节综合协调指数分为复合网络系统的整体综合协调指数 T_m 和各指标下双系统、三系统、四系统耦合作用的综合协调指数 t_{hs} 。

(1) 复合网络系统的整体综合协调指数 T_m 。

$$T_m=\sum_{g=1}^{m}\beta_g U_g \tag{5-33}$$

本节认为各轨道交通的重要性相同，因此待定系数 $\beta_g=1/m$ 。

(2) 计算第 h 指标下双系统、三系统、四系统耦合作用的综合协调指数 t_{i-j}^h 、 t_{i-j-k}^h 、 $t_{i-j-k-l}^h$ ，得到 T^* 。其中 $T^*=\{t_{hs}\}_{q\times v}$ ， $s=1,2,\cdots,v$ ， $v=C_4^2+C_4^3+C_4^4=11$ 。

$$t_{hs}=\left\{\begin{array}{ll} t_{i-j}^h=\dfrac{1}{2}(u_{ih}+u_{jh}), & i\neq j,1\leqslant s\leqslant 6 \\ t_{i-j-k}^h=\dfrac{1}{3}(u_{ih}+u_{jh}+u_{kh}), & i\neq j\neq k,7\leqslant s\leqslant 10 \\ t_{i-j-k-l}^h=\dfrac{1}{4}(u_{ih}+u_{jh}+u_{kh}+u_{lh}), & i\neq j\neq k\neq l,s=11 \end{array}\right\} \tag{5-34}$$

式中，i,j,k,l 为 1～4 的整数。

最终 $T^*=\{t_{hs}\}_{q\times v}=\left\{\left[t_{i-j}^h\right],\left[t_{i-j-k}^h\right],\left[t_{i-j-k-l}^h\right]\right\}_{q\times v}$。

步骤 6：计算耦合度。

耦合度是对复合系统内各子系统、各元素之间的相互作用、相互影响、相互依赖的总强度，是一种子系统间关联程度的度量指标(王涛等，2019)。耦合度越接近 0，表示子系统间差距越大，耦合程度越低；反之，表示两者耦合程度越高。本节耦合度分为复合网络系统的整体耦合度 C_m 和各指标下双系统、三系统、四系统耦合作用的耦合度 c_{hs}。

(1) 复合网络系统的整体耦合度 C_m。

$$C_m=\left[\frac{U_1\times U_2\times\cdots\times U_m}{\left[\left(U_1+U_2+\cdots+U_m\right)/m\right]^m}\right]^{\frac{1}{m}} \tag{5-35}$$

式中，分子是各子系统发展指数 U_g 的乘积；分母是各个子系统平均发展指数的 m 次方；之后再开商的 m 次方，从而将各个子系统融合在一起以确定复合系统的子系统间耦合度。

(2) 计算第 h 指标下双系统、三系统、四系统的耦合度 c_{i-j}^h、c_{i-j-k}^h、$c_{i-j-k-l}^h$，得到 C^*。其中 $C^*=\{c_{hs}\}_{q\times v}$。

$$c_{hs}=\begin{cases} c_{i-j}^h=\left(\dfrac{u_{ih}\cdot u_{jh}}{\left[\left(u_{ih}+u_{jh}\right)/2\right]^2}\right)^{\frac{1}{2}}, & i\neq j,1\leqslant s\leqslant 6 \\ c_{i-j-k}^h=\left(\dfrac{u_{ih}\cdot u_{jh}\cdot u_{kh}}{\left[\left(u_{ih}+u_{jh}+u_{kh}\right)/3\right]^3}\right)^{\frac{1}{3}}, & i\neq j\neq k,7\leqslant s\leqslant 10 \\ c_{i-j-k-l}^h=\left(\dfrac{u_{ih}\cdot u_{jh}\cdot u_{kh}\cdot u_{lh}}{\left[\left(u_{ih}+u_{jh}+u_{kh}+u_{lh}\right)/4\right]^4}\right)^{\frac{1}{4}}, & i\neq j\neq k\neq l,s=11 \end{cases} \tag{5-36}$$

最终 $C^*=\{c_{hs}\}_{q\times v}=\left\{\left[c_{i-j}^h\right],\left[c_{i-j-k}^h\right],\left[c_{i-j-k-l}^h\right]\right\}_{q\times v}$。

步骤 7：计算耦合协调度。

耦合度能显示各制式网络之间作用的强弱，却不能显示系统的整体协调情况。协调度可以更好地判断四系统之间的耦合协调性，其计算公式如下。

(1) 复合网络系统的整体耦合协调度 D_m：

$$D_m=\sqrt{T_m\cdot C_m} \tag{5-37}$$

(2) 计算第 h 指标下双系统、三系统、四系统的耦合协调度 d_{hs}^*，得到 $D^*=\left\{d_{hs}^*\right\}_{q\times v}$。

$$d_{hs}^*=\sqrt{t_{hs}\cdot c_{hs}} \tag{5-38}$$

本节在借鉴前人相关研究的基础上，采用均匀分布函数法划分多制式轨道交通网络之间耦合协调度的等级标准。各制式网络间的耦合类型划分标准见表 5-11 和表 5-12。

表 5-11　耦合类型划分标准

耦合类型	取值范围	耦合阶段描述
低水平耦合	$0 < C_m \leqslant 0.3$	相关性极小
拮抗	$0.3 < C_m \leqslant 0.5$	抗衡发展
良性耦合	$0.5 < C_m \leqslant 0.8$	处于磨合阶段，逐渐良性耦合
高水平耦合	$0.8 < C_m \leqslant 1$	相关性极强

表 5-12　耦合协调度等级划分标准

耦合协调大类	取值范围	耦合协调类型
低水平耦合协调	$0 < D_m \leqslant 0.1$	极度失调
	$0.1 < D_m \leqslant 0.2$	严重失调
	$0.2 < D_m \leqslant 0.3$	中度失调
	$0.3 < D_m \leqslant 0.4$	轻度失调
中度耦合协调	$0.4 < D_m \leqslant 0.5$	濒临失调
	$0.5 < D_m \leqslant 0.6$	勉强协调
高度耦合协调	$0.6 < D_m \leqslant 0.7$	初级耦合协调
	$0.7 < D_m \leqslant 0.8$	中级耦合协调
优度耦合协调	$0.8 < D_m \leqslant 0.9$	良好耦合协调
	$0.9 < D_m \leqslant 1.0$	优质耦合协调

5.4.4　重庆多制式轨道交通网络耦合协调度分析

1. 数据来源及标准化处理

经数据采集与计算得到指标体系原始数据集 $X=\{x_{gh}\}_{4\times20}$，见表 5-13。数据主要来源于中国国家铁路集团有限公司统计年鉴等资料，并结合相关文献研究成果和重庆具体情形。拓扑指标 1～10 根据复杂网络理论公式利用 MATLAB 计算而来，能力指标 11～13 主要根据重庆地区相关运行图推算，指标 13 根据动车组车型估算，高峰换乘指标 14～17 主要参考我国典型轨道交通方式之间的换乘比例并结合重庆地区现状而得；指标 18、19、20 来源于文献及部分网络相关资料数据分析而得。

表 5-13　各制式轨道交通网络耦合协调度评价指标原始数据 x_{gh}

指标	1	2	3	4	5	6	7	8	9	10
	节点数	边数	网络直径	平均度	平均路径长度	平均聚集系数	网络介数	网络效率	网络连通度	自然连通度
普铁网	60	59	46	1.97	15.70	0	0.253	0.136	0.033	0.801
高铁网	20	22	9	2.2	3.94	0.148	0.163	0.359	0.116	1.038
市域网	12	13	8	2.17	3.18	0.194	0.218	0.451	0.197	0.969
城轨网	160	178	37	2.15	13.46	0.004	0.079	0.115	0.014	0.857

指标	11	12	13	14	15	16	17	18	19	20
	开行列数	编组辆数	定员数	换乘普铁比例	换乘高铁比例	换乘市域比例	换乘城轨比例	服务范围	速度目标	工程造价
普铁网	120	16	1238	4	19	13	22	150	120	0.5
高铁网	368	16	1112	33	16	25	35	200	300	1.65
市域网	82	8	536	39	22	21	31	100	160	2
城轨网	250	8	1840	24	43	41	12	30	60	8

从表 5-13 中可以看出，复合网络的节点数、边数、网络直径、平均度等反映可达性的指标有了一定程度的提高，但聚集系数、网络介数等却下降。复合网络的节点数目最多，网络效率却最低，而市域网节点最少，网络效率却最高。可见网络复合后，关键节点的增加速率较低，使得复合网的节点聚集程度降低。同时，网络的性能与节点数目没有必然关系，应改善节点间的连通性，提高整体网络效率。

对表 5-13 中的原始数据采用极差法变换，得到标准化处理后的数据见表 5-14。

表 5-14　标准化数据 y_{gh}

指标	1	2	3	4	5	6	7	8	9	10
普铁网	0.324	0.279	1.000	0.000	0.000	0.000	1.000	0.063	0.104	0.000
高铁网	0.054	0.055	0.026	1.000	0.939	0.763	0.483	0.726	0.557	1.000
市域网	0.000	0.000	0.000	0.870	1.000	1.000	0.799	1.000	1.000	0.709
城轨网	1.000	1.000	0.763	0.783	0.179	0.021	0.000	0.000	0.000	0.236

指标	11	12	13	14	15	16	17	18	19	20
普铁网	0.133	1.000	0.538	0.000	0.111	0.000	0.435	0.706	0.750	1.000
高铁网	1.000	1.000	0.442	0.829	0.000	0.429	1.000	1.000	0.000	0.847
市域网	0.000	0.000	0.000	1.000	0.222	0.286	0.826	0.412	0.583	0.800
城轨网	0.587	0.000	1.000	0.571	1.000	1.000	0.000	0.000	1.000	0.000

下面进行多制式轨道交通网络耦合协调度计算与分析。

2. 多制式轨道交通网络整体耦合协调度

利用熵权法得到 20 个复杂网络等指标的权重 $W=\{w_h\}_{1\times 20}$，见表 5-15。可知边数、编组辆数、节点数、换乘高铁比例、平均聚集系数等指标对耦合协调度计算影响较大，换乘普列比例、速度目标值、平均度、工程造价等对计算影响较小。

表 5-15　熵权法确定权重 w_h

指标	1	2	3	4	5	6	7	8	9	10
权重	0.0718	0.0746	0.0665	0.0306	0.0484	0.0677	0.0344	0.0605	0.0566	0.0440
指标	11	12	13	14	15	16	17	18	19	20
权重	0.0530	0.0726	0.0369	0.0327	0.0696	0.0447	0.0357	0.0364	0.0326	0.0306

利用表 5-14 和表 5-15 中的数据，分别计算得到普铁网、高铁网、市域网、城轨网等各子系统的发展指数如下：

$$U_1=\sum_{h=1}^{20} w_h \cdot y_{1h}=0.324\times 0.0718+0.279\times 0.0746+\cdots+1\times 0.0306=0.358 \tag{5-39}$$

$$U_2=\sum_{h=1}^{20} w_h \cdot y_{2h}=0.054\times 0.0718+0.055\times 0.0746+\cdots+0.847\times 0.0306=0.560 \tag{5-40}$$

$$U_3=\sum_{h=1}^{20} w_h \cdot y_{3h}=0\times 0.0718+0\times 0.0746+\cdots+0.800\times 0.0306=0.468 \tag{5-41}$$

$$U_4=\sum_{h=1}^{20} w_h \cdot y_{4h}=1\times 0.0718+1\times 0.0746+\cdots+0\times 0.0306=0.475 \tag{5-42}$$

复合网络系统整体指标下的综合协调指数如下：

$$T_4=\sum_{g=1}^{4}\frac{1}{4}\cdot U_g=0.25\times(0.358+0.560+0.468+0.475)=0.465 \tag{5-43}$$

耦合度计算如下：

$$C_4=\left[\frac{U_1\times U_2\times U_3\times U_4}{[(U_1+U_2+U_3+U_4)/4]^4}\right]^{\frac{1}{4}}=\left[\frac{0.358\times 0.56\times 0.468\times 0.475}{[(0.358+0.56+0.468+0.475)/4]^4}\right]^{\frac{1}{4}}=0.988 \tag{5-44}$$

耦合协调度计算如下。

$$D_4=\sqrt{T_4\cdot C_4}=\sqrt{0.465\times 0.988}=0.678 \tag{5-45}$$

依照耦合度及协调度等级的划分标准，认为这一时期复合网络的耦合度 $C_4\in(0.8,1]$，属于高水平耦合，各轨道交通网络子系统间相关性极强；耦合协调度 $D_4\in[0.6,0.69]$，属于高度耦合协调大类下的初级协调小阶段，说明子系统间的协调发展不足，需要进一步加强网络间的协调性。同时，因为数据搜集有限，只运用了这一时期的数据，后期可加入更多时期数据进行计算，观察耦合协调度变化趋势，为重庆地区轨道交通网络规划提供理论依据。

3. 多制式轨道交通网络子系统间耦合协调度

分别计算得到双系统、三系统和四系统在不同指标下的耦合度及协调度，具体结果详见表 5-16～表 5-18 和图 5-10。

表 5-16　多系统耦合度计算结果

指标	双系统耦合						三系统耦合				四系统耦合
	1	2	3	4	5	6	7	8	9	10	11
	PG*	PS	PC	GS	GC	SC	PGS	PGC	PSC	GSC	PGSC
1	0.710	0.400	0.857	0.800	0.447	0.232	0.484	0.569	0.370	0.257	0.361
2	0.733	0.417	0.827	0.800	0.438	0.228	0.505	0.554	0.360	0.251	0.353
3	0.336	0.241	0.991	0.943	0.381	0.275	0.219	0.474	0.380	0.260	0.301
4	0.348	0.371	0.392	0.998	0.992	0.998	0.479	0.485	0.499	0.995	0.574
5	0.292	0.283	0.600	0.999	0.745	0.729	0.413	0.404	0.391	0.791	0.459
6	0.272	0.239	1.000	0.991	0.272	0.239	0.378	0.207	0.175	0.378	0.253
7	0.943	0.993	0.333	0.974	0.458	0.371	0.961	0.481	0.470	0.514	0.566
8	0.553	0.481	0.800	0.987	0.295	0.252	0.607	0.343	0.284	0.393	0.370
9	0.729	0.587	0.700	0.960	0.343	0.260	0.701	0.444	0.328	0.407	0.426
10	0.295	0.348	0.575	0.985	0.777	0.859	0.438	0.415	0.483	0.843	0.503
11	0.642	0.661	0.775	0.270	0.965	0.348	0.353	0.744	0.462	0.416	0.450
12	1.000	0.231	0.231	0.231	0.231	1.000	0.356	0.356	0.167	0.167	0.231
13	0.994	0.426	0.954	0.471	0.918	0.320	0.555	0.937	0.468	0.466	0.564
14	0.371	0.338	0.436	0.995	0.985	0.963	0.473	0.511	0.484	0.975	0.570
15	0.629	0.953	0.607	0.484	0.236	0.762	0.617	0.313	0.656	0.355	0.407
16	0.436	0.515	0.292	0.982	0.914	0.834	0.570	0.438	0.425	0.869	0.527
17	0.923	0.957	0.471	0.994	0.324	0.359	0.947	0.471	0.505	0.461	0.555
18	0.987	0.963	0.378	0.911	0.324	0.484	0.940	0.466	0.522	0.470	0.558
19	0.392	0.993	0.987	0.436	0.338	0.963	0.525	0.479	0.975	0.484	0.575
20	0.996	0.992	0.348	0.999	0.378	0.392	0.994	0.481	0.485	0.503	0.575

*用首字母表示子系统，如 PG 指普-高系统，即普铁、高铁的耦合子系统，PGSC 表示“普-高-市-城”子系统，其他同理。

表 5-17　多系统综合评价值计算结果

指标	双系统耦合						三系统耦合				四系统耦合
	1	2	3	4	5	6	7	8	9	10	11
	PG	PS	PC	GS	GC	SC	PGS	PGC	PSC	GSC	PGSC
1	0.014	0.012	0.048	0.003	0.038	0.037	0.009	0.033	0.032	0.026	0.025
2	0.013	0.011	0.048	0.003	0.040	0.038	0.009	0.033	0.032	0.027	0.025

续表

指标	双系统耦合						三系统耦合				四系统耦合
	1	2	3	4	5	6	7	8	9	10	11
	PG	PS	PC	GS	GC	SC	PGS	PGC	PSC	GSC	PGSC
3	0.035	0.034	0.059	0.002	0.027	0.026	0.023	0.040	0.040	0.018	0.030
4	0.016	0.014	0.013	0.029	0.028	0.026	0.020	0.019	0.017	0.027	0.021
5	0.023	0.025	0.005	0.047	0.027	0.029	0.031	0.018	0.019	0.034	0.026
6	0.027	0.035	0.001	0.060	0.027	0.035	0.040	0.018	0.023	0.040	0.031
7	0.026	0.031	0.018	0.022	0.009	0.014	0.026	0.017	0.021	0.015	0.020
8	0.024	0.033	0.003	0.053	0.023	0.031	0.036	0.016	0.022	0.035	0.028
9	0.019	0.032	0.004	0.045	0.017	0.029	0.032	0.013	0.021	0.030	0.024
10	0.023	0.016	0.006	0.038	0.027	0.021	0.025	0.018	0.014	0.028	0.022
11	0.030	0.004	0.019	0.027	0.042	0.016	0.020	0.030	0.013	0.028	0.023
12	0.073	0.037	0.037	0.037	0.037	0.001	0.049	0.049	0.025	0.025	0.037
13	0.018	0.011	0.029	0.009	0.027	0.019	0.012	0.024	0.019	0.018	0.019
14	0.014	0.017	0.010	0.030	0.023	0.026	0.020	0.016	0.018	0.026	0.020
15	0.005	0.012	0.039	0.008	0.036	0.043	0.008	0.026	0.031	0.029	0.024
16	0.010	0.007	0.023	0.016	0.032	0.029	0.011	0.022	0.020	0.026	0.020
17	0.026	0.023	0.009	0.033	0.019	0.015	0.027	0.018	0.015	0.022	0.021
18	0.031	0.021	0.014	0.026	0.019	0.008	0.026	0.021	0.014	0.017	0.020
19	0.013	0.022	0.029	0.010	0.017	0.026	0.015	0.019	0.025	0.018	0.019
20	0.029	0.028	0.016	0.025	0.014	0.013	0.027	0.019	0.019	0.017	0.021

表 5-18　多系统耦合协调度计算结果

指标	双系统耦合						三系统耦合				四系统耦合
	1	2	3	4	5	6	7	8	9	10	11
	PG	PS	PC	GS	GC	SC	PGS	PGC	PSC	GSC	PGSC
1	0.100	0.069	0.203	0.049	0.130	0.093	0.066	0.137	0.109	0.082	0.095
2	0.098	0.068	0.199	0.049	0.132	0.093	0.067	0.135	0.107	0.082	0.094
3	0.108	0.091	0.242	0.043	0.101	0.085	0.071	0.138	0.123	0.068	0.095
4	0.075	0.072	0.071	0.170	0.167	0.161	0.098	0.096	0.092	0.164	0.110
5	0.082	0.084	0.055	0.217	0.142	0.145	0.113	0.085	0.086	0.164	0.109
6	0.086	0.091	0.032	0.244	0.086	0.091	0.123	0.061	0.063	0.123	0.089
7	0.157	0.175	0.077	0.146	0.064	0.072	0.158	0.090	0.099	0.088	0.106
8	0.115	0.126	0.049	0.229	0.082	0.088	0.148	0.074	0.079	0.117	0.102
9	0.118	0.137	0.053	0.208	0.076	0.087	0.150	0.076	0.083	0.110	0.101
10	0.082	0.075	0.059	0.193	0.145	0.134	0.105	0.086	0.082	0.154	0.105
11	0.139	0.051	0.121	0.085	0.201	0.075	0.084	0.149	0.077	0.108	0.102
12	0.270	0.092	0.092	0.092	0.092	0.032	0.132	0.132	0.065	0.065	0.092

续表

指标	双系统耦合						三系统耦合				四系统耦合
	1	2	3	4	5	6	7	8	9	10	11
	PG	PS	PC	GS	GC	SC	PGS	PGC	PSC	GSC	PGSC
13	0.134	0.068	0.166	0.065	0.157	0.078	0.082	0.150	0.094	0.092	0.104
14	0.072	0.076	0.066	0.173	0.151	0.158	0.097	0.090	0.093	0.159	0.107
15	0.056	0.107	0.154	0.062	0.092	0.181	0.070	0.090	0.143	0.101	0.099
16	0.066	0.060	0.082	0.125	0.171	0.156	0.079	0.098	0.092	0.150	0.103
17	0.155	0.148	0.065	0.181	0.078	0.073	0.160	0.092	0.087	0.101	0.108
18	0.175	0.142	0.073	0.154	0.078	0.062	0.156	0.099	0.085	0.089	0.106
19	0.071	0.148	0.169	0.066	0.076	0.158	0.089	0.095	0.156	0.093	0.105
20	0.170	0.167	0.075	0.158	0.073	0.071	0.164	0.096	0.096	0.092	0.110

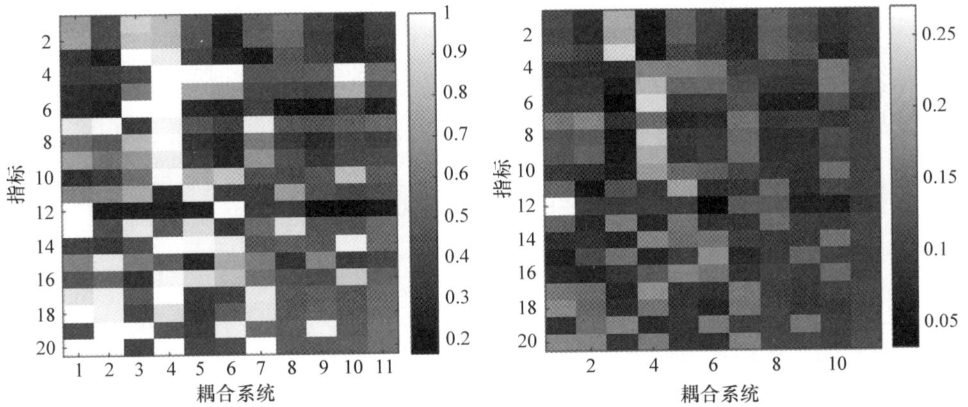

(a) 耦合度　　(b) 耦合协调度

图 5-10　耦合度和耦合协调度计算结果热力图

从热力图可直观看出，具有较高耦合度的区域分布在第 4 个耦合系统 GS(高-市)耦合系统上，主要反映其在指标 4、7、10(平均度、网络介数、自然连通度)上的耦合度较高，在指标 6、3、2(平均聚集系数、网络直径、边数)上较低，这是因为不同制式的网络服务圈层范围不同，决定了每种制式的网络在空间密集程度、连接边数、最大连接车站数上的不同。高铁网与市域网拥有近似的拓扑结构，因此在耦合层次上可见 GS 耦合系统的耦合度与协调度较高，特别反映在指标 4、5(平均度、平均路径长度)上，两者每个站点平均连接车站数值最为接近；随着参与耦合的子系统数目增多，大部分指标下的耦合度与协调度都下降，仍有 GSC 系统的指标 4、5、10、14、16(平均度、平均路径长度、自然连通度、换乘普铁比例、换乘市域比例)出现了增长。通过图 5-10 可知，重庆多制式轨道交通子系统，在 20 个指标下耦合度远大于协调度，这与复合网络属于高水平耦合、初级协调阶段的结论相呼应；但整体变化趋势相似，即随着系统数量的增多，整体的耦合性与协调性大多呈现下降趋势。

对于四系统耦合在各项指标下的耦合度及耦合协调度进行绘图分析，如图 5-11 所示。

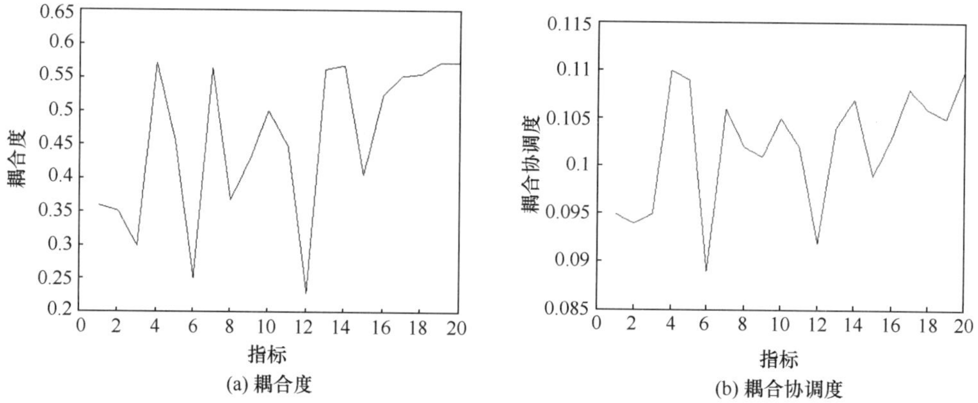

图 5-11　PGSC 四系统耦合协调度分析

PGSC(普-高-市-城)四系统耦合度与耦合协调度数值上相差较大，但反映在指标变化上具有相对一致性。都是在 4(平均度)、7(网络介数)、10(自然连通度)、14(换乘普铁比例)、17(换乘城轨比例)、20(工程造价)等指标上较高，说明多制式轨道交通网络在换乘等方面关系较为协调；在 3(网络直径)、6(平均聚集系数)、12(编组辆数)等指标上较低。对于多个子系统的耦合协调问题，需要改进路网衔接建设问题。

5.5　区域轨道交通多制式网络静态结构分析

5.5.1　研究现状

基于复杂网络理论，总结既有研究针对网络静态结构的重要性研究方法，主要包括重要度识别和重要度验证两方面，基于此提出区域轨道交通多制式网络静态结构的分析思路和方法。

1. 网络静态结构重要度识别方法

在复杂网络的研究中，针对网络重要节点的识别和排序方法众多。在交通领域中，大多数研究主要是从网络结构角度衡量网络结构的重要性，方法主要可以分为直接计算法和间接排序法两类(任晓龙和吕琳媛，2014；刘建国等，2013)，前者直接通过计算网络中各节点及边的静态指标，包括网络局部性指标(如度中心性)和网络全局性指标(如介数中心性、接近中心性等)，得到节点及边的相应指标重要度排序，此类方法是用结构的显著性表示其重要性，计算简单、意义直观，但缺点是往往由于单一指标的片面性而不能全面反映节点特性。间接排序法，通过移除网络中的节点(集)或边(集)，根据网络的破坏程度间接衡量各节点及边的重要性，如节点删除法(王正武等，2012)、节点收缩法(谭跃进等，2006)等，网络的破坏程度越大，其重要性越高，同时该类方法需要根据特定网络制定符合其特点的节点(集)移除策略。此外，还有基于信息搜索的分析方法，如网页排序算法、超文本敏感标题搜索(hyperlink-induced topic search，HITS)算法等。

对于不同类型的网络，其节点重要性衡量指标应当不同，如社交网络应重点考虑邻居节点之间的关系，交通网络则更关注节点之间的连接关系。同时针对网络本身特性，为全面定量研究其节点及边的影响力，需要综合考虑多种指标及其影响力。既有研究表明，在实际应用中，相比选择单一指标的排序结果而言，选取多个指标的综合评价方法往往效果更好(Xu et al.，2014；晋建志，2014；任卓明，2013)。目前多属性决策的综合排序法主要有理想点法、简单线性加权法、主成分分析法等。理想点法应用广泛，评价结果客观、合理，是一种有效的多指标评价方法。

2. 网络静态结构重要度验证方法

随着网络规模的扩大，建立一个客观、合理的节点重要性的评价标准较为困难，既有研究的主要思路一般是：将所得到的节点排序结果作为研究对象，通过对比这些节点对网络某种结构和性能的影响程度来判断排序结果是否合理。常采用的评价方法包括基于网络的脆弱性和鲁棒性等方法(程光权等，2017；明玮，2015；黄仁全等，2012)、基于网络传播动力学模型等方法，如电力系统的相继故障、社交网络的信息传播等(孟艳红，2019；周海平，2009)。前者基于某种节点评价方法对网络所有节点的重要度进行排序，依次从网络中移除当前相对重要度最高的节点(集)，并计算移除后网络结构和相关性能的变化程度，变化程度越大，说明用该排序结果进行攻击的效果越好。后一种基于网络传播动力学模型方法广泛采用的是传染病模型，设置最重要的节点(集)为初始感染态，通过病毒在网络中的传播速度、传播范围等指标来评估排序方法的影响力，即若网络流在某个排序结果下传播得又快又广，那么说明该节点重要性排序结果更为合理。

5.5.2　区域轨道交通多制式耦合网络模型构建

区域轨道交通系统是区域范围内多制式的轨道交通集合，具体包括支撑国家级战略大通道的高速铁路网和普速铁路网、承担区域内城市群连接的城际铁路、支持城市近郊通勤圈的市域铁路，以及城市内部日常客流频繁的地铁、轻轨等轨道交通制式。

本节从地理空间结构的角度分析，以成渝地区区域轨道交通为背景，基于 Space L 法(王伟等，2010)构建涵盖该地区普速铁路、高速铁路、城际铁路以及市域铁路四层子网络的成渝地区区域轨道交通多制式物理耦合网络，以及列车流加权的业务耦合网络。

区域轨道交通多制式复合网络拓扑流程如下。

步骤 1：分别建立每种制式轨道交通的单层网络。

步骤 2：结合区域轨道交通不同制式之间的节点耦合性，建立网络复合条件。

步骤 3：对所满足复合条件的子网络进行叠加，建立区域轨道交通复合网络。

根据 2018 年 3 月铁路网络，成渝区域轨道交通物理耦合网络拓扑结构如图 5-12 所示，基于列车时刻表数据加权的业务耦合网络拓扑结构如图 5-13 所示。

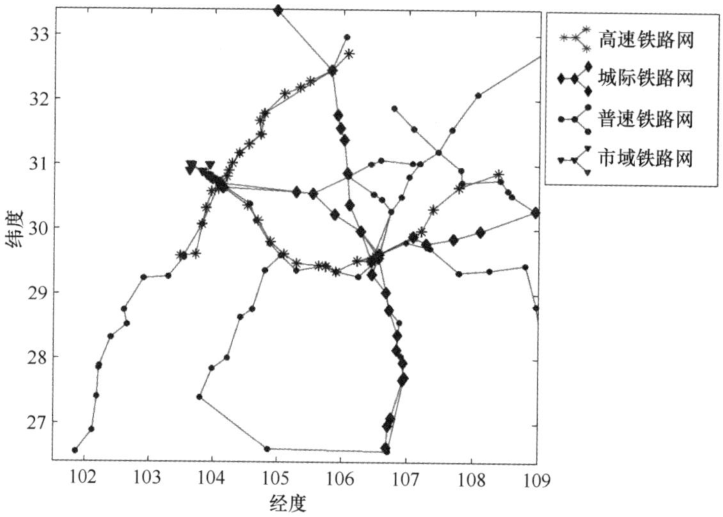

图 5-12　成渝区域轨道交通多制式物理耦合网络拓扑结构

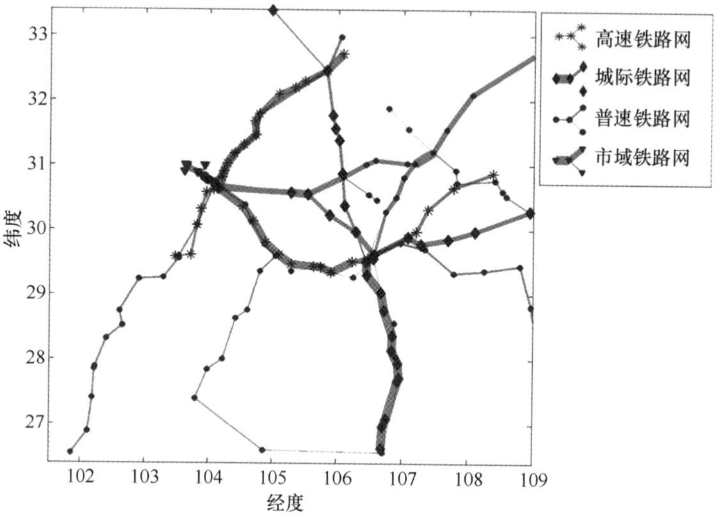

图 5-13　成渝区域轨道交通多制式业务耦合网络拓扑结构

5.5.3　多制式耦合网络特征指标分析

本节构建多制式区域轨道交通时空服务网络，基于列车流空间分布特征对复杂网络理论的特性指标进行加权改造，其符号、含义及计算公式见表 5-19。

表 5-19　指标符号、含义及计算公式

符号	指标	计算公式	含义
k	度	$k_i=\sum_{j\in N} a_{ij}$	表示节点 i 所拥有的边的数量
s	点强度	$s_i=\sum_{j\in N_i} w_{ij}$	与节点 i 相连接的边的权重之和
B_i^{w}	点介数	$B_i^{\mathrm{w}}=\sum_{j,k\in N,j\neq k}\frac{D_{jk}(i)}{D_{jk}}$	网络中所有顶点对之间经过节点 i 的最短路径权重之和与所有最短路径权重和之比

续表

符号	指标	计算公式	含义
c_c	接近中心度	$c_c^w(i)=\left[\sum_{j=1}^{N}\left[d_{ij}^w\right]\right]^{-1}$	从节点 i 到达其他节点的加权距离之和的倒数
E^w	网络效率	$E^w=\frac{1}{N(N-1)}\sum_{i,j\in N,i\neq j}\frac{1}{d_{ij}^w}$	网络所有节点 i 到 j 的加权距离(标准化后的)倒数的平均值
k_{nn}	邻接端点度	$k_{nn,i}=\frac{1}{k}\sum_{j\in\Gamma(i)}k_j$	节点 i 的所有邻接节点的平均度
k_{nn}^w	邻接端点强度	$k_{nn,i}^w=\frac{1}{s_i}\sum_{k\in\Gamma(i)}w_{ij}k_j$	节点 i 的所有邻接节点的平均点强度
B_{ij}^w	边介数	$B_{ij}^w=\sum_{i,j\in N,j\neq k}\frac{D_{jk}(a_{ij})}{D_{jk}}$	网络中所有顶点对之间经过边 a_{ij} 的最短路径权重之和与所有最短路径权重之和的比

表中，a_{ij} 为邻接矩阵中第 i 行第 j 列元素，若节点 i 与 j 相连，则 $a_{ij}=1$；否则，$a_{ij}=0$；N_i 为节点 i 的邻接节点的集合；$\left[d_{ij}^w\right]$ 为标准化后的节点 i 到 j 的加权距离；D_{jk} 为网络中任意两节点 j 和 k 之间所有最短路径的加权最短距离之和；$D_{jk}(i)$ 为连接节点 j 和 k 且经过节点 i 的最短路径的加权最短距离；$D_{jk}(a_{ij})$ 为连接节点 j 和 k 且经过边 a_{ij} 的最短路径数量；$\Gamma(i)$ 为节点 i 的所有相连邻居节点的集合。

5.5.4　基于 TOPSIS 算法的网络关键车站及区间识别方法

1. TOPSIS 算法

TOPSIS 算法是根据每个方案到理想方案的相对贴近度进行排序的方法，即对现有方案进行相对优劣的评价。该方法通过构造评价排序问题的正理想解和负理想解，即各指标的最优解和最劣解，比较待评价方案与最优解、最劣解的相对贴近程度来进行排序：最贴近最优解同时又最远离最劣解的待评价方案，即为最优方案，并据此排定方案集中各待评定方案的优先序。

本节基于 TOPSIS 算法的区域轨道交通网络车站及区间综合重要度排序方法计算步骤如下。

1) 构造决策矩阵

假设区域轨道交通网络中有 m 个待评估车站或区间，各车站或区间有 n 个重要度测度指标值，由该 n 个多属性决策指标对这 m 个车站进行重要度排序，设第 i 个车站的第 j 个测度指标值为 a_{ij}，则该问题的决策矩阵为 $A=(a_{ij})_{m\times n}$。

2) 规范化决策矩阵

对决策矩阵中的元素进行规范化处理，采用标准 0-1 变换对其进行规范化，得到规范化决策矩阵 $B=(b_{ij})_{m\times n}$。

3) 构造加权规范矩阵

由熵权法计算得到每个评价指标对综合排序结果的贡献度，即权重矩阵 $W=[w_1,w_2,\cdots,w_n]$，将规范化矩阵的第 j 列与相应的权重 w_j 相乘，得到加权规范矩阵 $C=(c_{ij})_{m\times n}$：

$$c_{ij}=w_j\times b_{ij},\quad i=1,2,\cdots,m;j=1,2,\cdots,n \tag{5-46}$$

4) 确定正理想解 C^* 和负理想解 C^0

设正理想解 C^* 的第 j 个指标值为 c_j^*，负理想解 C^0 的第 j 个指标值为 c_j^0：

$$\begin{aligned}&(\text{正理想解})\quad c_j^*=\begin{cases}\max\limits_i c_{ij},\ j\text{为效益型属性},\\ \min\limits_i c_{ij},\ j\text{为成本型属性},\end{cases}\quad j=1,2,\cdots,n\\ &(\text{负理想解})\quad c_j^0=\begin{cases}\min\limits_i c_{ij},\ j\text{为效益型属性},\\ \max\limits_i c_{ij},\ j\text{为成本型属性},\end{cases}\quad j=1,2,\cdots,n\end{aligned} \tag{5-47}$$

5) 计算各车站或区间到正理想解和负理想解的距离

待评估车站或区间 d_i 到正理想解的距离为

$$s_i^*=\sqrt{\sum_{j=1}^{n}\left(c_{ij}-c_j^*\right)},\quad i=1,2,\cdots,m \tag{5-48}$$

待评估车站或区间 d_i 到负理想解的距离为

$$s_i^0=\sqrt{\sum_{j=1}^{n}\left(c_{ij}-c_j^0\right)},\quad i=1,2,\cdots,m \tag{5-49}$$

6) 计算各车站或区间的综合排序指标值

$$f_i^*=\frac{s_i^0}{s_i^0+s_i^*},\quad i=1,2,\cdots,m \tag{5-50}$$

$f_i^*\in[0,1]$，贴近度越大，车站或区间的重要度越高。将各车站或区间的贴近度 f_i^* 按降序排列，即得到各车站或区间的重要度降序顺序。

2. 网络车站及区间的重要度评估指标

从表 5-20 中可以看出，不同的特征指标具有不同的意义和内涵，单一考虑某一个指标的排序方法，不能全面客观地评估车站或区间的影响力。因此，本节综合考虑了车站及区间的局部重要性和全局重要性两方面，分别选取相应的特征指标，评估车站及区间在区域轨道交通网络中的重要度，所选取的区域轨道交通网络车站重要度评价体系指标见表 5-20，区间重要度评价体系指标见表 5-21。

表 5-20　车站重要度评价体系指标

指标类型	具体指标	指标对重要度的影响	指标属性
局部指标	度	车站的度值越高，表示该车站能够直接影响的邻接车站数量越多，在网络中的重要性越高	效益型
	点强度	在加权网络中，车站强度表示该车站与其邻接车站的联系程度，反映其在局部的地位和作用	效益型
全局指标	点介数	点介数是衡量车站整个网络中地位的标度，车站点介数越大，即其在网络中的关键路径上越重要	效益型
	接近中心度	接近中心度反映了车站到网络中其他车站的距离，表征该车站在网络中居于中心的程度	效益型
	网络效率	网络效率可以衡量整个网络的结构和效能，在车站去除后，用以间接反映该车站的重要程度	成本型

表 5-20 中，车站的局部重要度指标(度、点强度)和全局重要度指标(点介数、接近中心度)均为静态效益型指标，也都是在不破坏网络结构的前提下，利用各指标对每个车站在网络中的重要性进行排序；同时本节增加了全局重要度指标中的网络效率作为评估指标，根据车站删除后网络的连通性变化来比较车站的重要度差异，该指标为成本型指标，即车站去除后网络的效率越小，说明网络的破坏性越大，该车站在网络中越重要。

表 5-21　区间重要度评价体系指标

指标类型	具体指标	描述	指标属性
局部指标	邻接端点度	邻接端点度的值越高，表示该条区间所连接的邻接车站重要性越大，则该条区间的重要性也越高	效益型
	邻接端点强度	在加权网络中，邻接端点强度包含了该条区间及其邻接区间的强度信息，反映了其局部重要性	效益型
全局指标	边介数	边介数是衡量区间在整个网络中地位的标度，区间的边介数越大，即其在网络中的关键路径上也越重要	效益型
	网络效率	网络效率可以衡量整个网络的结构和效能，在区间去除后，用以间接反映该区间的重要程度	成本型

将区间的局部重要度指标以每条区间邻接车站的重要度进行间接反映，区间的重要度与其邻接车站的重要度呈正相关关系；区间的全局重要度指标与车站重要度的分析方法类似，采用区间边介数和网络效率指标。

3. 车站及区间重要度排序结果

1) 车站重要度排序结果

首先，根据所选取的静态网络车站重要度测度指标，对网络中的所有车站进行排序，结果见表 5-22；其次，运用熵权法计算得到各指标的权重分别为：度(0.159)、点强度(0.232)、点介数(0.320)、接近中心度(0.074)、网络效率(0.214)；最后，根据 TOPSIS 算法得到网络中各个车站的综合重要度排序，现取排名前 10 的车站进行分析，见表 5-22。

表 5-22　成渝区域轨道交通业务网络的车站重要度综合排序结果(前 10)

度排序		点强度排序		点介数排序		接近中心度排序		网络效率排序		综合排序	
指标值	站点	指标值	站点	指标值	站点	指标值	站点	指标值	站点	指标值	站点
7	重庆北站	173	成都东站	8952	大英东站	0.094	大英东站	0.093	成都站	0.888	重庆北站
6	广元站	165	广元站	8436	成都站	0.094	遂宁站	0.093	重庆北站	0.713	成都站
5	重庆西站	160.5	重庆北站	8294	遂宁站	0.092	潼南站	0.100	珞璜南站	0.709	合川站
5	合川站	150	德阳站	8232	合川站	0.092	合川站	0.102	长寿北站	0.708	遂宁站
5	重庆站	142	珞璜南站	7476	重庆北站	0.091	成都东站	0.103	綦江东站	0.683	大英东站
5	成都站	142	綦江东站	6224	潼南站	0.091	成都站	0.103	成都东站	0.608	成都东站
5	高兴站	142	赶水东站	4322	成都东站	0.090	重庆北站	0.103	重庆西站	0.517	珞璜南站
4	成都东站	142	桐梓北站	3372	高兴站	0.089	南充站	0.104	赶水东站	0.492	潼南站
4	璧山站	142	桐梓东站	3180	简阳站	0.088	新都东站	0.104	合川站	0.487	重庆西站
4	江油站	142	娄山关南	3024	眉山站	0.088	简阳南站	0.105	遂宁站	0.486	长寿北站

对网络中综合重要度排名较高的车站进行分析，可以得到以下两点结论：

(1) 网络中的换乘车站重要度明显较高。原因是这些车站在网络中通常衔接多条线路，度值较高，在局部的重要性显著；同时，这些站点的换乘属性决定了其在网络中的重要地位，尤其是远程客流大部分会经过这些网络中的关键车站，以及铁路制定列车开行方案时，也通常选择这些不同线路的衔接点进行跨线列车走行线的铺画，因而换乘站的点介数通常较高，在全局的重要性也非常明显；当移除这些关键车站后，会造成多个邻接车站和多条路段失效，并对网络的连通性和功能造成较大的破坏性。据此，网络中的重要换乘车站是网络中的关键车站。

(2) 车流量较大线路对车站的重要度具有提升作用。例如，除以上具有较大车流量的重点换乘车站外，还有大英东站、珞璜南站、潼南站、綦江东站、德阳站、赶水东站、桐梓北站等车站，这些车站是车流量较大线路上的中间站点，在业务网络中因车流加权而使车站的点强度较高，在局部的重要性提升；同时，这些拥有较大车流量的路段在业务网络中会拥有更小的加权距离，提高其介数指标，进而提升其在整体网络中的重要性；这些车站所衔接的相邻区间权值也较高，所以当移除这些车站后，会造成网络中的一些重要区间随之失效，破坏性较大。因此，路网中车流量较密的线路上的车站也很可能是关键车站。

2) 区间重要度排序结果

首先根据所选取的网络车站重要度测度指标，对网络中的所有区间进行排序，结果见表 5-23；之后运用熵权法计算得到各指标的权重分别为：区间边介数(0.282)、网络效率(0.229)、邻接端点度(0.270)、邻接端点强度(0.219)；最后，根据 TOPSIS 算法得到网络中各条区间的综合重要度排序，现取排名前 10 的区间进行分析。

表 5-23　成渝区域轨道交通业务网络的区间重要度综合排序结果(前 10)

区间边介数排序		网络效率排序		端点度排序		端点强度排序		综合排序			
指标值	区间号	指标值	区间号	指标值	区间号	指标值	区间号	指标值	区间号	端点 1	端点 2
4003	8604	0.109	6627	13	1553	302.5	1587	0.711	1585	合川站	重庆北站
3260	8603	0.110	6629	13	1585	302	64	0.652	8604	大英东站	遂宁站
3231	6223	0.110	6770	13	1609	296	1979	0.578	1727	珞璜南站	重庆西站
3212	8885	0.111	6911	12	1272	290	2823	0.573	1609	高兴站	重庆北站
3126	1585	0.111	6453	12	1587	289	26	0.558	6223	潼南站	合川站
1990	64	0.111	15465	10	1577	284	6488	0.552	6488	綦江东站	珞璜南站
1727	9049	0.112	18125	10	1622	284	6629	0.543	1578	长寿北站 C	重庆北站
1686	1609	0.112	7191	10	1725	284	6770	0.542	8885	成都站	大英东站
1651	9071	0.112	27	10	1749	284	6911	0.542	8603	潼南站	遂宁站
1616	12410	0.112	5052	10	1979	284	7052	0.511	64	大英东站	成都东站

对网络中综合重要度排名较高的区间进行分析，得到以下两点结论：

(1) 车站的重要度对与之相关的区间贡献度较大。在车站重要度综合排序中的重庆北站、成都站、合川站、遂宁站、成都东站、重庆西站等车站，基本包含在重要度综合排名较高的区间的端点里，可以说明车站的重要程度与区间的重要程度联系紧密、彼此相互促进。

(2) 车流量较大线路对区间的重要度也具有增强效果。从区间的综合重要度指标权重也可以看出，区间边介数所占权重最大，同时区间边介数与路段上的车流量息息相关，如合川站—重庆北站、大英东站—遂宁站、珞璜南站—重庆西站、高兴站—重庆北站、潼南站—合川站、綦江东站—珞璜南站等重要度较高的区间，其所在线路(如成遂铁路、遂渝铁路、渝贵铁路、襄渝铁路等)均具有较大的车流量。因此，路网中车流量较大的线路上的路段也很可能是瓶颈区间。

基于以上分析，对网络结构(车站和区间)进行可视化，得到以重庆北站、合川站—重庆北站区段为首的车站及区间重要度排序可视化图，如图 5-14、图 5-15 所示。

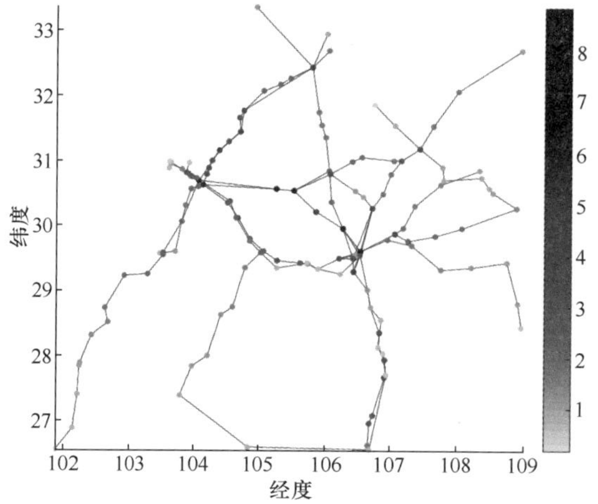

图 5-14　成渝区域轨道交通网络车站重要度排序可视化图

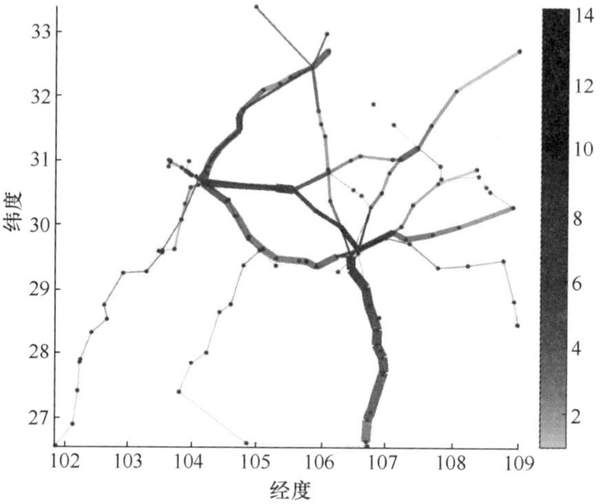

图 5-15　成渝区域轨道交通网络区间重要度排序可视化图

5.5.5　基于网络鲁棒性能实验的排序验证

利用复杂网络理论研究区域轨道交通网络，对所建立区域轨道交通网络的鲁棒性进行以下定义：区域轨道交通网络的鲁棒性是指区域轨道交通系统在发生随机故障或者遭受蓄意攻击时，仍然能够维持其交通网络连通的能力。

1. 网络鲁棒性测度指标

1) 最大连通子图的相对大小

最大连通子图的相对大小 H_r 的值等于最大连通子图的节点数量 N' 与原网络中节点数量 N 之比，即

$$H_r = \frac{N'}{N} \tag{5-51}$$

2) 网络效率的相对大小

网络中孤立节点的存在，会影响节点对之间的可达性，即存在节点之间的距离

$d_{ij}=\infty$，进而导致网络的平均距离区域无穷大。因此，网络平均最短距离以及最大连通子图等指标均不能全面反映节点或边移除前后的网络整体连通性能的变化，为此提出网络效率的相对大小指标，以衡量网络整体连通性和效率的变化情况：

$$E_{\mathrm{r}}=\frac{E'}{E} \tag{5-52}$$

2. 网络鲁棒性仿真实验

复杂网络通常面临随机性攻击和选择性攻击两种攻击，区域轨道交通网络也会面临随机故障和蓄意攻击两类外界干扰。区域轨道交通网络的随机故障通常表现为路网中某一车站或线路路段发生局部故障或自然灾害影响；蓄意攻击是有意图地使区域轨道交通网络中的节点或边失效，如重要车站或线路因检修而暂时停止服务等情况。

基于以上分析，对区域轨道交通网络的鲁棒性仿真实验的攻击策略进行梳理，总结三种攻击节点或边策略，见表 5-24。

表 5-24　区域轨道交通网络的鲁棒性仿真实验攻击策略

攻击策略	攻击对象	策略说明
随机攻击	节点或边	随机移除网络中的节点或边，之后每次在上一次攻击的基础上再次随机移除当前网络中的节点或边，直至网络崩溃
初始蓄意攻击	节点或边	先对初始网络中各节点或边进行重要度排序，然后按照该顺序，从大至小依次攻击网络中的节点或边，直至网络崩溃
动态蓄意攻击	节点或边	每次移除当前网络中重要度最大的节点或边，之后在上一次攻击的基础上重新计算网络中剩余节点或边的重要度，再次移除当前网络中重要度最大的节点或边，直至网络崩溃

注：网络崩溃是指当前网络中不存在待删的节点或边，即节点攻击策略下所有节点均为孤立节点，边攻击策略下所有边均失效。

基于以上区域轨道交通多制式耦合网络关键车站及区间的识别，基于多制式耦合网络效率指标，设计对网络节点和边分别进行随机攻击、初始蓄意攻击以及动态蓄意攻击的鲁棒性仿真实验，为验证网络关键结构提供依据。依据成渝区域轨道交通网络重要度排序结果，对网络中的节点进行攻击仿真，鲁棒性测度指标变化趋势如图 5-16 所示；对网络中的边进行攻击仿真，鲁棒性测度指标变化趋势如图 5-17 所示。

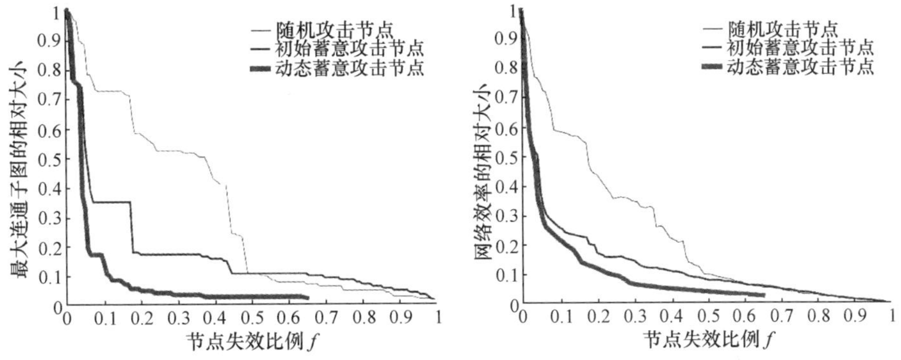

图 5-16　节点攻击下最大连通子图和网络效率的相对大小变化趋势

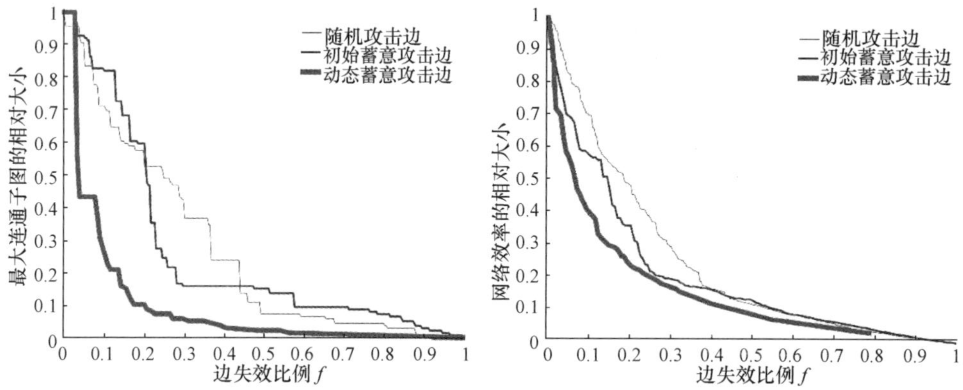

图 5-17　边攻击下最大连通子图和网络效率的相对大小变化趋势

鲁棒性分析结果表明：

(1) 对比三种不同攻击策略的仿真结果，随机攻击到重要节点及边的概率很低，因而网络对随机攻击表现出较好的容错性，基于重要度综合排序结果的初始蓄意攻击方式次之，可初步体现基于 TOPSIS 算法排序结果的合理性；而对于动态蓄意攻击下的成渝区域轨道交通业务网络表现出较差的鲁棒性，足以说明初始网络的节点及边重要度排序在网络持续攻击过程中已经发生改变，因而网络的防护需要动态进行。

(2) 基于蓄意攻击的攻击结果，蓄意攻击网络中 6%的重要节点或边即可使网络的结构和效率大幅下降，结合成渝区域轨道交通网络的规模，可从重要度综合排序结果中确定出需要重点防护重要度排名前 8 个车站和前 10 个区间。

(3) 节点攻击和边攻击仿真的横向对比结果表明，节点攻击对网络的破坏性高于边的攻击，因而在该仿真情境下，车站防护更为重要。

5.6　区域轨道交通综合客运枢纽多交通方式运能匹配度计算

本节介绍了区域轨道交通运能匹配度计算原则，基于对运能供给和需求的分析介绍了线路疏散能力匹配度，枢纽设施设备能力匹配度以及多种交通方式运能协调度的计算方法，并以成都东站为实例进行分析。

5.6.1　研究现状

多制式运能匹配问题包括两大内涵：一是不同制式间运能相互匹配，本质上是枢纽内不同方式间的换乘协调问题；二是系统运能供给与运输需求的匹配，即基于网络基础设施，运输方案的运能供给与多维度客运需求间的匹配问题，目前国内外研究也多从这两方面展开。

1. 不同方式间的运能匹配研究

国内从多种轨道交通制式的角度研究运能匹配的成果较少，但不同交通方式间的运能匹配研究同样可以提供借鉴。大多数学者将运能匹配度简单定义为换乘站客流量与各方式集散能力的比值，研究以一种交通方式与其他方式的运能匹配度评价问题。

以城市轨道交通为例，城市轨道交通制式可以分为地铁、轻轨、单轨、有轨电车、磁悬浮、自动导向和市域快速轨道，不同种类交通制式的概念、特征及优缺点不同(张述能，2013)，铁路与城市轨道间的运能协调为城市轨道交通针对铁路客运枢纽旅客列车到站时分，调整运营安排计划使之满足乘客需求。主要反映通过这种方式疏散的旅客流量大小及短时间内疏散旅客的需求(南天伟，2015；欧阳展，2008)。匹配度与匹配度理论最优值的距离范围可以作为运能匹配度等级的划分标准(秦国斌，2012)。一方面，在换乘点上的多模式接驳运能匹配度可根据公共交通多制式增广状态网络客流分配计算网络运能的方式进行计算评价(赵德，2016)。另一方面，针对铁路枢纽内的铁路与城市轨道交通换乘的优化匹配问题，可以通过建模及系统动力学仿真的方式寻找最优方案(陈春安等，2017；李兴华，2016)。

2. 运能供给与运输需求匹配研究

供需匹配的内涵被最广泛认可的有供需总量匹配、供需结构匹配，体现了网络运输能力和运输需求在总量上的均衡关系，以及在空间结构上的协调关系(吴文征，2005)。城市轨道交通供需匹配问题更偏向于运能匹配度优化的方向。在考虑运能供给与运输需求的匹配度问题时，可以将列车拥挤度、晚点率、换乘系数等指标纳入优化模型，通过匹配度检测与运行图调整循环以寻求最优方案(刘冰，2017)，还可以从客流时空特征着手，建立分时段和分断面的开行方案优化模型，提高线路运能匹配度(李茜，2017)，也可从车站、区间、线路等不同层次进行模型设计与求解(田婉琪，2018)。

总结以上研究发现，枢纽运能匹配方面的研究多为运能匹配度的评价研究，均未提出运能匹配度等级划分的理论支撑。运能匹配度的定义较为简单，多采用比值衡量，仅体现了运能匹配的数量内涵。在运能匹配度计算及优化方面，根据不同的对象可从不同角度着手，求解优化方案。

5.6.2　区域轨道交通枢纽运能匹配度计算原则

实现区域轨道交通综合客运枢纽运能协调，需要准确把握枢纽多种交通方式间的运能匹配情况。运能匹配度计算作为枢纽运力资源调配、制定运输组织优化方案的基础，需要明确计算原则，在计算运能匹配度时考虑以下几方面：

(1) 区域轨道交通以综合客运枢纽为发展核心节点，客流在城市内部和外部呈现不同程度的增长，需要充分考虑城市对内以及城市对外的客流波动情况，把握区域性客流波动趋势。

(2) 铁路运输由多制式的轨道交通体系组成，在计算铁路运输的输送能力时，需要充分考虑不同制式的客流衔接情况，将普速列车、动车组列车两种编组类型进行区分，考虑不同制式的载客率。

(3) 铁路运输与城市轨道交通、城市公交车、出租车等交通方式的承载能力计算需要对始发终到、途经通过两种情况进行分别计算，确保输送能力计算的准确性。

(4) 分析城市轨道交通、城市公交车、出租车等交通方式的设施设备能力，找出设施设备的薄弱环节作为最终设施设备能力取值结果。

(5) 为整体把握多种交通方式在不同时段的运能变化趋势，以 1h 为周期区分不同时段的运能供给和需求情况，分阶段进行运能匹配度计算，分析在高峰小时内的运能供应情况，进一步找出运能瓶颈。

5.6.3　区域轨道交通枢纽内多种交通方式运能协调度

通过计算区域轨道交通综合客运枢纽多种交通的运能匹配度，评价枢纽内多种交通方式的供需平衡程度，并对线路疏散能力不足导致的运能瓶颈进行识别，进一步需要对枢纽运能薄弱环节进行协调优化。此处整合了多种交通方式的线路疏散能力以及设施设备能力两个方面，得到综合匹配度取值用以衡量枢纽多种交通方式的协调性。

1. 线路疏散能力匹配度

从列车时刻表、载客率和对应的旅客列车编组方案可计算得到铁路旅客到发能力，分析不同时段枢纽内铁路旅客到发人数，并依据客流分配比例得出不同交通方式对铁路客流分担率，最终得到基于线路疏散能力的运能匹配度取值结果，其结果由客流分配比例下铁路旅客到达能力与衔接枢纽的城市轨道交通、城市公交以及出租车提供的线路疏散能力的比值来确定，其计算公式如下：

$$Z_{\mathrm{x}} = \frac{\alpha_i \times C_{\mathrm{td}}}{C_{\mathrm{x}i}} \tag{5-53}$$

式中，α_i 为第 i 类交通方式的客流分担率(%)；C_{td} 为铁路运输的旅客到达能力；$C_{\mathrm{x}i}$ 为第 i 类交通方式的线路疏散能力。

2. 枢纽设施设备能力匹配度

区域轨道交通综合客运枢纽既是旅客行程抵达的终点，也是出行的起点，旅客在枢纽内接受各类设施设备提供的服务，在有效的客流交换空间内实现多种交通方式的换乘，枢纽内的设施设备能力与旅客的到发能力的匹配性、协调性决定了枢纽的整体效能发挥，影响枢纽能否为旅客提供高效、舒适的运输环境。衡量以铁路运输为主的综合客运枢纽需要对铁路旅客到发能力进行整合，即分析枢纽铁路客运量与设施设备能力之间的比例关系，得到其枢纽设施设备能力匹配度取值。其计算公式如下：

$$Z_{\mathrm{s}} = \frac{\alpha_i \times (C_{\mathrm{tf}} + C_{\mathrm{td}})}{C_{\mathrm{s}i}} \tag{5-54}$$

式中，C_{tf} 为铁路运输的旅客发送能力；$C_{\mathrm{s}i}$ 为第 i 类交通方式的设施设备能力。

3. 运能综合协调度计算

综合上述线路疏散能力以及设施设备能力计算方法，可以得到最终的综合客运枢纽多种交通方式运能匹配度取值，以此衡量多种交通方式运能协调性，计算公式如下：

$$Z = \sqrt{\frac{(Z_{\mathrm{x}} - \tau)^2 + (Z_{\mathrm{s}} - \tau)^2}{2}} \tag{5-55}$$

式中，τ 为区域轨道交通运能匹配经验值，取 0.75。

最终取值结果反映了区域轨道交通综合客运枢纽多种交通方式的运能协调程度，取值结果应在经验值的合适范围内。结果越小说明与经验值越接近，交通系统之间协调性较好、匹配程度较高；反之，则说明运能匹配较差，需要采取措施进行运力资源调整。

5.6.4 成都东站多种交通方式运能匹配度计算

1. 多种交通方式衔接概况

1) 与地铁 2 号线、7 号线衔接概况

地铁 2 号线、7 号线于成都东站到达层(−1F)采用站厅换乘的模式与其他交通方式之间实现无缝衔接，其车站命名为“成都东客站”。目前，成都地铁与国铁实现单向安检信任，国铁旅客抵达后无需二次安检即可换乘成都地铁。

成都地铁 2 号线是横跨成都市区东南-西北方向的主干地铁线路，全线于 2014 年 10 月 26 日开通运营(其中一期于 2012 年 9 月 16 日开通)，采用 6 节编组的 B 型车(4 动 2 拖)，列车定员 1468 人，客流高峰期最高可承载 1880 人。成都地铁 7 号线则将为成都三大铁路枢纽(成都站、成都东站、成都南站)连接起来的闭合环线，于 2017 年 12 月 6 日开通运营，采用 6 节编组的 A 型车(4 动 2 拖)，列车定员 1828 人，客流高峰期最高可承载 2592 人。成都地铁 2 号线、7 号线客流具有明显的早晚高峰，其中在早晚高峰期地铁 2 号线、7 号线最小行车间隔为 3～4min，2 号线高峰期最小行车间隔为 2min 40s，7 号线为 3min 30s。

地铁成都东客站按技术性质属于联锁站，按查定等级为一等站。2 号线、7 号线站台均为岛式站台，2 号线站台有效长 120m，7 号线为 140m，站台宽度约 14.5m；AFC 设备共计 174 台，其中自动售票机 69 台、半自动售票机 8 台、进闸机 37 台、出闸机 43 台、双向闸机 11 台、验票机 6 台；自动扶梯 5 组 11 梯，分别布置于站台东、中、西、南、北端，其中北端由双上行单下行方向组成，其余均为双向自动扶梯。

2) 与城市公交车的衔接概况

城市公交场站位于枢纽东广场站台层(1F)与到达层(−1F)之间的夹层内，拥有 6 条公交车道，场站面积 5.3 万 m^2，旅客抵达枢纽后按照指示牌指引，前往指定公交车道等待上车。从成都市公交集团官网查询得知，目前成都东客站(东广场)共计到发 12 对公交车(包含 3 对夜间公交车)。与成都地铁相似，公交车在早晚高峰期时需要对发车间隔时间进行调整以满足客流交换的需求。成都东客站(东广场)公交车均为始发终到列车，早高峰为 6:30～8:30，晚高峰为 16:30～18:30，早晚高峰时段内发车时间间隔为 4～6min。

3) 与出租车的衔接概况

由于搭载的旅客数量以及经济条件等方面的限制，出租车在成都东站的换乘客流比例较低，但快捷、直达的优势决定了出租车是作为地铁和公交车之外集散铁路旅客不可或缺的交通方式。成都东站出租车与其他交通方式实现无缝衔接，等候区位于到达层(−1F)西广场方向的一侧，出租车场站面积约 2 万 m^2。其等待区的车道数量和布局形式影响旅客利用出租车换乘的顺畅性，目前成都东站西广场总计出租车位 60 个，旅客需在指定的区域内依次排队等候上车，高峰期发送能力为 4～6 辆/min。

2. 列车载客率分析

选用经济联系势能模型，计算铁路运输连接的通道区域经济联系强度，根据一定的取值范围确定该线路的载客率，可避免因决策者估计或采用固定值衡量列车载客率导致的铁路发送、到达人数最终计算结果与实际值差距过大。

经济联系势能衡量两地的联系强度，而动车组列车和普速列车按照列车时刻表运行，通常跨越了不同省(自治区、直辖市)，所以在成都东站实例分析中，依据列车时刻表计算目标地区与沿途地区经济联系势能的平均值，其中在目标地区内开行的管内列车取经济联系强度的最大值。

3. 铁路旅客到发能力分析

列车时刻表是计算枢纽铁路旅客到发能力的基础，选取 2020 年春运期间成都东站的列车时刻表数据，成都东站全日共计开行 199 对列车，其中 189 对始发终到列车、10 对通过列车，在 7:00～10:59 时段发送旅客列车较为密集，约 3.2min 发送一趟旅客列车，在 19:00～21:59 时段约 4min 到达一趟旅客列车，如图 5-18 所示。

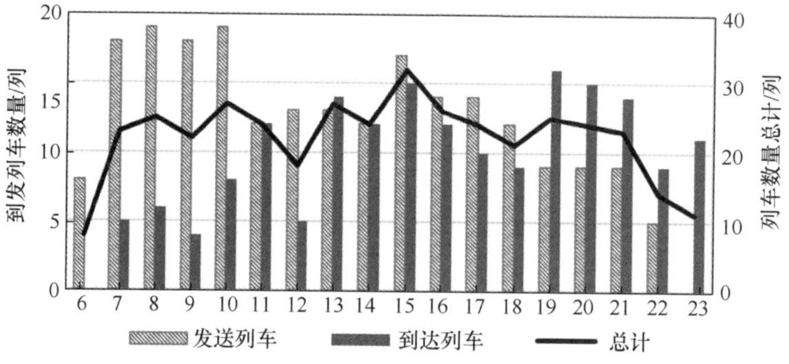

图 5-18　成都东站全日到发旅客列车数量

已知每趟列车的载客人数和载客率，最终计算得出成都东站全日旅客发送人数为 187559.0 人次/日，到达人数为 149668.7 人次/日，其中 7:00～8:00 时段发送旅客 15567.2 人次/h 为全日最高发送时段，19:00～20:00 时段到达旅客 13021.1 人次/h 为全日最高到达时段，15:00～16:00 时段枢纽共计到发旅客 28040.1 人次/h，如图 5-19 所示。

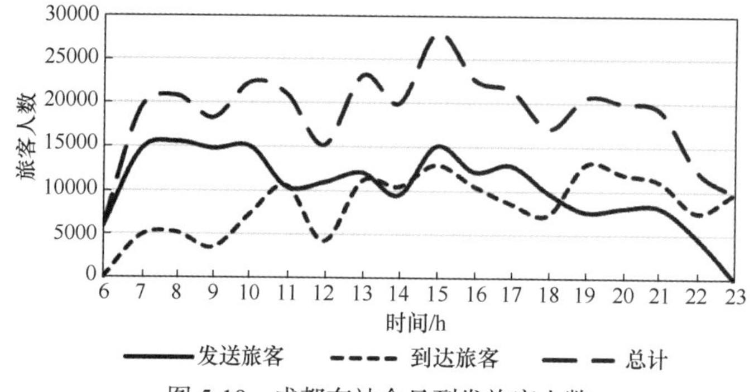

图 5-19　成都东站全日到发旅客人数

4. 运能匹配度取值及瓶颈分析

通过对多种交通方式运能匹配度计算，找出较易引发运能瓶颈的时段，为枢纽运能协调优化提供参考。

成都东站在春运或节假日等客流高峰期，各类交通方式的客流分配比例区别于非客流高峰期。以成都地铁为例，成都地铁作为成都东站集散铁路客流最重要的交通方式，在非客流高峰期时客流分配比例约为 0.56，高峰期则在 0.65～0.75 区间内。

由于本处研究的时间背景为春运期间的客流高峰期，考虑各类交通方式的运营时间，并综合多位学者对成都东站客流分配的研究基础，其客流分配比例见表 5-25。

表 5-25　春运期间成都东站客流分配比例

客流分配	地铁	公交	出租车	其他交通方式
6:00～22:00	0.71	0.16	0.05	0.08
22:00～24:00	0.82	0.07	0.05	0.06

基于前文多种交通方式线路疏散能力的计算方法，得到成都东站主要的运营时段内(6:00～24:00)多种交通方式用于疏散铁路旅客的能力，运能匹配度取值则根据客流分配比例下铁路运输实际到达能力与多种交通方式疏散能力的比值确定。本节运能匹配的经验值取 0.75，匹配度取值 0.90 及以上则呈现不同程度的瓶颈。

计算得到分时段多种交通方式的运营线路运能匹配度取值结果，其中客流高峰时段匹配度取值见表 5-26。

表 5-26　分时段多种交通方式运能匹配度取值

项目	…	7:00～8:00	8:00～9:00	…	18:00～19:00	19:00～20:00	20:00～21:00	21:00～22:00	…
地铁 2 号线东向	…	0.14	0.18	…	1.03	1.10	0.96	0.62	…
地铁 2 号线西向	…	0.90	1.12	…	0.29	0.31	0.38	0.62	…
地铁 7 号线内环	…	0.25	0.89	…	0.20	0.94	0.47	0.49	…
地铁 7 号线外环	…	0.15	0.14	…	1.00	1.10	0.75	0.61	…
公交 101 路	…	0.14	0.21	…	0.34	0.75	0.83	0.96	…
公交 136 路	…	0.16	0.23	…	0.28	0.84	0.77	0.71	…
公交 137 路	…	0.12	0.17	…	0.24	0.59	0.77	1.07	…
公交 147 路	…	0.15	0.19	…	0.33	0.89	0.82	0.76	…
公交 2 路	…	0.20	0.22	…	0.38	0.81	0.93	0.86	…
公交 4 路	…	0.21	0.15	…	0.26	0.66	0.69	0.80	…
公交 47 路	…	0.14	0.19	…	0.37	0.76	0.86	0.96	…
公交 71 路	…	0.19	0.20	…	0.33	0.85	0.78	0.86	…
公交 91 路	…	0.15	0.23	…	0.36	0.81	0.74	0.82	…
夜间 1 路	…	未到运营时间		…	未到运营时间(22:00～1:00)				
夜间 2 路	…	未到运营时间		…	未到运营时间(22:00～1:00)				
夜间 6 路	…	未到运营时间		…	未到运营时间(22:00～1:00)				
出租车	…	0.40	0.43	…	0.61	1.09	0.99	0.92	…

在 19:00～20:00 时段内，地铁 2 号线东向、地铁 7 号线内环、地铁 7 号线外环及出租车运能匹配度取值较高，尤其是地铁 2 号线东向和地铁 7 号线外环取 1.10(运能匹配程度等级为“差”)，运能瓶颈现象明显。由于 19:00～20:00 为铁路到达列车最多的时段，与其他交通方式客流高峰时段重合，运力资源紧张并出现了运能瓶颈，故本节选取该时段作为易出现运能瓶颈时段，作为下一阶段协调度分析和优化的依据。

5. 客流高峰期运能协调度分析

根据运能瓶颈的识别结果，确定 19:00～20:00 时段为成都东站的客流高峰期。在该时段内铁路运输到达和发送客流取值结果为

$$C_{\mathrm{td}}=\left(\sum_{i=1}^{n_1}\sum_{j=1}^{a}W_i\alpha_j+\sum_{i=1}^{n_2}\sum_{j=1}^{a}W_i\beta_j\right)+\left(\sum_{i=1}^{n_3}\sum_{j=1}^{a}U_i\alpha_j+\sum_{i=1}^{n_4}\sum_{j=1}^{a}U_i\beta_j\right)=0+13021.1=13021.1(\text{人}) \tag{5-56}$$

$$C_{\mathrm{tf}}=\left(\sum_{i=1}^{n_1}\sum_{j=1}^{b}W_i\varepsilon_j+\sum_{i=1}^{n_2}\sum_{j=1}^{b}W_i\gamma_j\right)+\left(\sum_{i=1}^{n_3}\sum_{j=1}^{b}U_i\varepsilon_j+\sum_{i=1}^{n_4}\sum_{j=1}^{b}U_i\gamma_j\right)=0+8094.8=8094.8(\text{人}) \tag{5-57}$$

1) 与地铁的衔接能力

(1) 线路疏散能力取值结果。

已知 2 号线运用地铁 B 型车(定员 1468 人)，客流高峰期运行间隔时间为 3min，参照客流断面，东向列车(犀浦至龙泉驿)满载率取 0.90，西向列车(龙泉驿至犀浦)满载率取 0.89。得到 2 号线东、西向线路疏散能力为

$$C_{2\text{东}}=\frac{60B_1N_{t1}(\varphi_{m1,1}-\varphi_{t1,1})}{I_{t1,1}}=\frac{60\times1468\times(1-0.90)}{3}=2936(\text{人}) \tag{5-58}$$

$$C_{2\text{西}}=\frac{60B_1N_{t1}(\varphi_{m1,2}-\varphi_{t1,2})}{I_{t1,2}}=\frac{60\times1468\times(1-0.89)}{3}=3229.6(\text{人}) \tag{5-59}$$

式中，B_1 表示 2 号线的地铁 B 型车的单位车厢载客人数；N_{t1} 表示 2 号线的地铁 B 型车列车编组数；$\varphi_{m1,1}$、$\varphi_{t1,1}$ 分别表示 2 号线东向列车的途经列车极限满载率和途经列车到站载客率；$\varphi_{m1,2}$、$\varphi_{t1,2}$ 分别表示 2 号线西向列车的途经列车极限满载率和途经列车到站载客率；$I_{t1,1}$、$\varphi_{t1,2}$ 分别表示 2 号线的东向列车和西向列车的运行间隔时间。

已知 7 号线运用地铁 A 型车(定员 1868 人)，客流高峰期运行间隔时间为 4min，参照客流断面内环列车满载率取 0.93，外环列车满载率取 0.91。得到 7 号线内、外环线路疏散能力：

$$C_{7\text{内}}=\frac{60B_2N_{t2}(\varphi_{m2,1}-\varphi_{t2,1})}{I_{t2,1}}=\frac{60\times1868\times(1-0.93)}{4}=1961.4(\text{人}) \tag{5-60}$$

$$C_{7\text{外}}=\frac{60B_2N_{t2}(\varphi_{m2,2}-\varphi_{t2,2})}{I_{t2,2}}=\frac{60\times1868\times(1-0.91)}{4}=2521.8(\text{人}) \tag{5-61}$$

式中，B_2 表示 7 号线的地铁 A 型车的单位车厢载客人数；N_{t2} 表示 7 号线的地铁 A 型车列车编组数；$\varphi_{m2,1}$、$\varphi_{t2,1}$ 分别表示 7 号线内环列车的途经列车极限满载率和途经列车到站载客率；$\varphi_{m2,2}$、$\varphi_{t2,2}$ 分别表示 7 号线外环列车的途经列车极限满载率和途经列车到站

载客率。

最终线路疏散能力取值结果为

$$C_{地铁}=C_{2东}+C_{2西}+C_{7内}+C_{7外}=2936+3229.6+1961.4+2521.8=10648.8(人) \tag{5-62}$$

(2) 设施设备能力取值结果。

2 号线和 7 号线均采用岛式站厅，2 号线、7 号线站台分别长 120m、140m，宽度均为 14.5m，站台两侧预留 0.48m 的安全防护距离，单位面积所容纳的旅客数量取 4 人/m^2，站台容纳能力计算结果为

$$N_{2台}=l_2\times(d_2-2b)\times r=120\times(14.5-2\times0.48)\times4=6499.2(人) \tag{5-63}$$

$$N_{7台}=l_7\times(d_7-2b)\times r=140\times(14.5-2\times0.48)\times4=7582.4(人) \tag{5-64}$$

$$N_{岛}=N_{2岛}+N_{7岛}=6499.2+7582.4=14081.6(人) \tag{5-65}$$

2 号线共有 3 组双向自动扶梯夹楼梯 (s_{2f})，7 号线有 2 组双向自动扶梯夹楼梯 (s_{7f})。其中，双向自动扶梯取每延米 4 级，扶梯设计倾角(δ)为 30°，自动扶梯能力计算结果为

$$N_{2扶}=3600\times s_{2f}\times v_f\times m_f\times w_f\times\sin\delta=3600\times3\times0.65\times4\times1.5\times\sin30°=21060(人) \tag{5-66}$$

$$N_{7扶}=3600\times s_{7f}\times v_f\times m_f\times w_f\times\sin\delta=3600\times2\times0.65\times4\times1.5\times\sin30°=14040(人) \tag{5-67}$$

式中，v_f 表示自动扶梯的运行速度，按照设计规范取 0.65m/s；m_f 表示自动扶梯每延米的梯级数量；w_f 表示单位梯级旅客站立数量。

$$N_{扶}=N_{2扶}+N_{7扶}=21060+14040=35100(人) \tag{5-68}$$

楼梯宽度 (d_2和d_7) 均为 1.18m，按照《地铁设计规范》(GB 50157—2013)层高取 3m，2 号线楼梯长 (l_2) 为 6m，7 号线楼梯长 (l_7) 为 12m。楼梯能力计算结果为

$$N_{2楼}=s_{21}\times d_2\times(l_2+60v_1)\times r_1\times\phi_1=3\times1.18\times(6+60\times30)\times2.2\times0.85=11955.36(人) \tag{5-69}$$

$$N_{7楼}=s_{71}\times d_7\times(l_7+60v_1)\times r_1\times\phi_1=2\times1.18\times(12+60\times30)\times2.2\times0.85=7996.72(人) \tag{5-70}$$

$$N_{楼}=N_{2楼}+N_{7楼}=19952.08(人) \tag{5-71}$$

式中，s_{21}、s_{71} 分别表示 2 号线和 7 号线车站内部楼梯数量；v_1 表示旅客在楼梯的平均行走速度，取 30m/min；r_1 表示单位面积所容纳的旅客数量，通常取 2.2 人/m^2；ϕ_1 表示楼梯的拥挤程度，高峰小时取 85%。

成都地铁 2 号线、7 号线共用枢纽出站层(−1F)地铁换乘站厅，其布置的 AFC 设备中自动检票机能力 ($s_{出闸}$和$s_{进闸}$) 取 20 人/min，自动售票机能力 ($s_{自售}$) 取 4 张/min，能力计算结果为

$$N_{出闸}=60\times s_{出闸}\times n_{出闸}=60\times20\times43=51600(人) \tag{5-72}$$

$$N_{进闸}=60\times s_{进闸}\times n_{进闸}=60\times 20\times 37=44400(人) \tag{5-73}$$

$$N_{自售}=60\times s_{自售}\times n_{自售}=60\times 4\times 69=16560(人) \tag{5-74}$$

式中，$n_{出闸}$、$n_{进闸}$、$n_{自售}$ 分别表示出闸自动检票机、进闸自动检票机、自动售票机的数量。

取能力的最小值作为地铁设施设备的最终能力取值：

$$N_{城设}=\min(N_{岛},\ N_{扶},\ N_{楼},\ N_{出闸},\ N_{进闸},\ N_{自售})=14081.6(人) \tag{5-75}$$

2) 与公交车的衔接能力

(1) 线路疏散能力取值结果。

19:00～20:00 时段成都东站(东广场)公交车场共运营 9 对公交车，且均为始发终到列车，载客人数 70 人，高峰时段满载率取 0.7，平均发车间隔时间参照成都公交集团公司发车频率查询功能，计算得到公交线路疏散能力取值：

$$C_{公交}=\sum_{i=1}^{p_1}\frac{60h_i B_{bi}\delta_{si}}{d_i} \tag{5-76}$$

式中，h_i 表示不同车型对标准车的换算系数取值；B_{bi} 表示标准公交车的额定载客人数；δ_{si} 表示始发公交车在高峰时段的平均满载率；d_i 表示始发公交车在高峰时段的平均发车时间间隔。

$$C_{公交}=\sum_{i=1}^{9}C_i=294.0+245.0+420.0+196.0+245.0+420.0+367.5+294.0+294.0=2775.5(人) \tag{5-77}$$

(2) 设施设备能力取值结果。

公交用地面积用以衡量公交场站设施设备的整体运用能力，通过计算公交车场的需要面积与实际提供场站面积比值来衡量设施设备的利用率。成都东站(东广场)在高峰小时的到站车数(N_g)约 9 辆，上下客等待时间(t_s、t_x)5min，始发、终到载客率(δ_s、δ_z)均取 0.7。参照《城市公共交通站、场、厂设计规范》，公交车辆停车的平均占地面积(s_g)取 100m²/辆，掉头区域设计半径为 30m。公交场站实际需要的面积计算结果为

$$\begin{aligned}S_g&=\left(\frac{60N_g}{t_x}+\frac{60N_g}{t_s}\right)\times s_g+\frac{\left[N_gP_g(\delta_s+\delta_z)+H_t+H_q\right]\times L_p}{3600\rho v_b}+\frac{N_gP_g\delta_s s}{t_s}+s_{bd}\\&=\left(\frac{60\times 9}{5}+\frac{60\times 9}{5}\right)\times 100+\frac{9\times 70\times(0.7+0.7)\times 100}{3600\times 1.2\times 1.1}+\frac{9\times 70\times 0.7\times 1.2}{5}+(30^2\pi+60\times 12)\\&=25271.8\text{m}^2\end{aligned} \tag{5-78}$$

式中，P_g 表示公交车辆的平均载客人数；H_t 表示枢纽内铁路运输换乘城市公交的人数；H_q 表示其他交通方式换乘城市公交的人数；L_p 表示在公交功能区旅客平均步行长度，大型枢纽取 100m/人；s 表示公交功能区人均候车占地面积，取 1.2m²/人；s_{bd} 表示公交车辆掉头所需面积；ρ 表示公交功能区平均行人密度，取 1.2 人/m²；v_b 表示公交功能区行人步行速度，取 1.1m/s。

3) 与出租车的衔接能力

(1) 线路疏散能力取值结果。

成都东站(西广场)出租车场是枢纽指定的出租车接客区域，但通过实际观察发现仍存在少量出租车前往东广场公交场站违规接客的现象，这部分客流难以统计，故本节仅计算前往指定地点候车的旅客。其线路疏散能力取值为

$$C_{出租}=\frac{60B_c}{g_c}=\frac{60\times 2}{0.2}=600(人) \tag{5-79}$$

式中，B_c 表示每辆出租车平均载客人数；g_c 表示出租车发车时间间隔。

(2) 设施设备能力取值结果。

与公交计算设施设备能力相似，采用实际、设计场站面积比值的方式衡量出租车场设施设备的整体运用能力。而不同于公交系统，出租车能够实现随到随发，无需等待固定的候车时间，场站分为停车区和候车区，候车区的面积决定了出租车接发旅客的能力，故选取候车区作为出租车的用地面积。出租候车区实际需要的面积计算结果为

$$\begin{aligned} S_c &= \frac{2\times 3600N_c s_c}{t_c}+\frac{2N_c L_c B_c M_c}{3600}+N_{cd}s_c+s_{cd} \\ &= \frac{2\times 3600\times 2\times 30}{30}+\frac{2\times 300\times 50\times 2\times 1.2}{3600}+60\times 30+(10^2\pi+20\times 5) \\ &= 16634.2\text{m}^2 \end{aligned} \tag{5-80}$$

式中，N_c 表示单位时间(高峰小时)的到站出租车辆数，取发车数与到站数相等；s_c 表示出租车停靠时平均占地面积，取 30m^2/辆；t_c 表示出租车上下客平均消耗时间，以 s 为单位；L_c 表示在出租车功能区旅客平均步行长度，以 m/人为单位；M_c 表示旅客平均占地面积，以 m^2/人为单位；N_{cd} 表示出租车功能区等待的出租车数量；s_{cd} 表示出租车掉头所需面积，以 m^2 为单位。

4) 多种交通方式运能协调度计算

综上所述，通过对地铁、公交车及出租车的线路疏散能力和设施设备能力匹配度计算，结合该时段铁路到发旅客数量和客流分配比例，得到匹配度取值结果：

$$Z_x=(z_{x地铁},\ z_{x公交},\ z_{x出租})=(0.87,0.75,1.09) \tag{5-81}$$

$$Z_s=(z_{s地铁},\ z_{s公交},\ z_{s出租})=(1.06,0.48,0.83) \tag{5-82}$$

其中，地铁线路疏散能力逼近运能瓶颈的分界值(0.90)，说明部分线路可能存在运能瓶颈；另外设施设备匹配度取值较高，深究其原因是客流高峰期站台容纳旅客人数较多，需要对客流进行疏导；公交线路疏散能力与经验值相等，说明在客流高峰时段公交系统能够高效疏散铁路旅客，但由于东广场的公交车场站面积较大，在有限的运能需求下，导致公交设施设备能力匹配度较低；出租车目前提供车辆乘降的车位共计 60 个，在客流高峰期时提供的运力资源有限，导致匹配度取值较高。根据运能综合协调度计算方法，得到最终运能协调度取值结果：

$$Z = \sqrt{\frac{(Z_x - 0.75)^2 + (Z_s - 0.75)^2}{2}} = (0.24, 0.19, 0.25) \tag{5-83}$$

从多种交通方式的协调度取值结果中可知，在成都东站客流高峰时段(19:00～20:00)公交系统的协调度最佳，地铁系统其次，而出租车运能协调性最差。

5.7　区域轨道交通多制式网络动态瓶颈识别方法

5.7.1　研究现状

瓶颈识别是研究轨道交通网络基础设施配置和网络能力协调优化的关键所在，也是近年来的研究热点。目前，国内外对城市道路交通网络瓶颈识别的研究相对较多，而对轨道交通系统的研究较薄弱，且多集中于微观层面，即车站内部设施设备的研究，缺乏对宏观层面即路网的研究。

1. 道路交通网络瓶颈识别

对道路交通网络瓶颈的研究包括交通瓶颈自身特性和瓶颈识别方法。交通瓶颈自身的特性包括交通瓶颈时空分布复杂性(Sun et al.，2014)、常发性瓶颈交通流失效的随机特征(孙剑和张娟，2013)以及交通瓶颈产生的因素。交通瓶颈包括固定交通瓶颈和动态交通瓶颈，利用交通流参数(邓瑞，2012)、饱和度指标(刘伟和华雯婷，2010)、服务水平法(李淑萍，2012)、粗糙集理论(戢晓峰，2009)、交通分配法(高梦起等，2011；张石石和向红艳，2011)等识别交通瓶颈，提出基于排队紧张系数的信号配时方法(陈万鑫，2013)对瓶颈处的路网交通流进行调节。

2. 城市轨道交通网络瓶颈识别

国外研究主要是将城市轨道交通断面客流超过运输能力的区段判别为地铁能力瓶颈区段，对于运输能力的研究主要是软件系统开发对通过能力或运输能力利用情况进行分析。国内学者基于城市轨道交通线路运输能力以及客流分配模型，对网络瓶颈的识别方法进行了一系列研究：建立基于 TOC 约束理论的静态瓶颈识别方法(皇妍妍，2011)，建立基于网络客流分配的动态瓶颈识别方法(王智鹏，2016)，利用能力计算公式和 Anylogic 仿真软件识别动态瓶颈(寇春歌等，2014)，以及综合利用能力计算公式和客流分配模型的瓶颈识别方法(王莹等，2018；王海啸，2017)。

3. 铁路网络瓶颈识别

对于高速铁路网络瓶颈区段的识别，将技术瓶颈定义为路网中能力最小最不协调的区段，高速铁路路网上能力最先达到饱和的区段为服务瓶颈(刘俊，2018)。运输通道能力瓶颈是影响铁路运输安全，降低运输效率和效益的重要限制因素。结合路网情况和实际工作，提出理论计算法、运行图图解法、经验综合分析法和系统模拟仿真法，对车站和线路区段等能力瓶颈进行识别(王涛和宋锴，2019)。

5.7.2　区域轨道交通多制式网络动态瓶颈识别模型

动态瓶颈是指考虑日常动态客流条件下，由于客流的变化、运输设备设施能力不足等原因而造成客流拥堵的设施或设备。分析各线路和车站的供需情况，瓶颈就是供小于需的情况，即实际客流量大于各车站或线路日常使用运输能力。静态瓶颈不一定是动态瓶颈，动态瓶颈是与客流量密切相关的。

识别动态瓶颈，必须计算出各个区间的输送能力和各车站的集散能力、各区间的断面客流和各车站的客流量，然后两者相比较，若某处的客流量大于其在一定最大利用率下的供给运能，该处就为动态瓶颈。动态瓶颈的集合即为动态瓶颈簇。区域轨道交通网络动态瓶颈识别流程如图 5-20 所示。

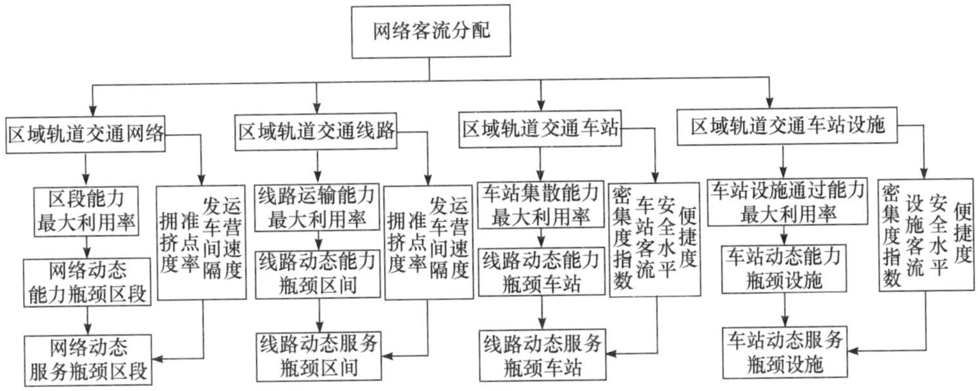

图 5-20　区域轨道交通网络动态瓶颈识别流程

1. 区域轨道交通网络内客流分配

随着区域轨道交通网络的不断建设，线路之间的耦合度也越来越高，线路之间交叉互联形成了一个网状结构，跨越不同营运线路的乘车情况就是换乘越来越频繁，乘客出行将有更多选择路径的机会。

区域轨道交通网络上任意一对 OD 节点，即车站之间的一连串连通路段的有序组合，就是这对 OD 之间的路径。在网络化运营的条件下，网络的连通性很强，一对 OD 之间可以有很多条路径。客流在城市轨道交通网络中如何分配，实际上是乘客在区域轨道交通网络中出行决策的制定问题，也是乘客在选择区域轨道交通出行的过程中如何选择路径的问题。

1) 客流分配方法

常用的客流分配方法见表 5-27，就选择多路径概率选择法进行客流分配。

表 5-27　客流分配方法表

方法	方法说明	优点	缺点
基于路网规模的客流分配法	按照路网中各个运营主体所营运线路里程的比例，对整个路网的运输量进行分配	简单易行	对整个网络的客运周转的贡献不同，精确度不高，不够合理
最短路径法	分析考虑乘客的出行行为和影响乘客路径选择的时间因素，以此确定出站之间的最短路径(即任何两站间的旅行时间最短的路径)，然后分配客流	计算简单，适合规模不大、结构比较简单的路网	没有考虑其他的主、客观因素，如换乘的方便性，不能够反映真实的情况

续表

方法	方法说明	优点	缺点
多路径概率选择法	考虑影响乘客路径选择的换乘因素，以此建立综合出行阻抗函数，确定可能被选择的合理路径后分配客流	能够切实反映乘客的出行状况	相较其他方法，计算略复杂

2) 客流分配的影响因素

影响乘客路径选择的定量因素主要包括票价、里程和时间等。定性因素主要包括拥挤度、方便舒适性和乘客的偏好以及乘客对轨道交通网络的熟悉程度等。乘客选择路径时，主要考虑的因素见表 5-28。

表 5-28 客流分配的影响因素表

分类	主要因素	因素说明
定量因素	出行时间	选择路径所花费的时间，调查表明，60%以上的乘客以时间最短作为路径选择的首要要素
	换乘	换乘次数、换乘的方便性是乘客出行路径选择的重要因素
	票价	目前，城市轨道交通系统的运营基本上是无缝换乘模式，即乘客出行的目的地和出发地确定以后，票价也同时确定。但有些城市实行的是一票换乘，消除了票价对路径综合阻抗的影响
定性因素	乘客对网络的熟悉程度	一般情况下对乘客的出行路径的选择影响不大，无法定量描述，暂不予以考虑
	车站和车辆的偏好	换乘站的景观及设施设备的布局、车厢内的空气环境以及乘客乘车的感受，无法定量描述，暂不予以考虑

3) 网络无容量约束客流分配

(1) 出行路径广义费用。

无容量约束客流分配方法，在综合出行阻抗函数中对于拥挤以及拥挤延误造成的广义费用影响不予以考虑，且由于“一票换乘”措施的实行，票价在此也不考虑，由于客流分配是城市轨道交通内部的客流分配，安全性与正点率指标一并不考虑。主要以乘车时间、换乘时间以及换乘次数为乘客出行路径选择影响因素，且网络服务瓶颈主要表现在客流量较大的时段，因此对高峰时间的网络客流进行分配。基于以上分析，构建综合阻抗函数为

$$C_m^{ij}=\sum_{a,b}T_{ab}^{l_1}\phi_{ab,m}^{ij}+\alpha(\beta_{l_1,m}^{ij})^{\theta}E_o^{l_1,l_2}\varphi_{o,m}^{ij}\sigma_{l_1,m}^{ij}\varpi_{l_2,m}^{ij} \tag{5-84}$$

式中，C_m^{ij} 为乘客在 OD 对 ij 第 m 条路径广义费用；$T_{ab}^{l_1}$ 为乘客从进站至目的地出站(不包括换乘)所消耗的时间，等于乘客进站候车时间、列车在区间运行时间以及列车停站时间之和；$E_o^{l_1,l_2}$ 为乘客在换乘站 o 从线路 l_1 换乘到线路 l_2 的换乘时间，等于换乘步行时间与换乘等待时间(一般为行车间隔的 50%)之和；α为考虑乘客心理因素的换乘放大系数；$\beta_{l_1,m}^{ij}$ 为 OD 对 ij 第 m 条路径在换乘站 o 处累计发生的换乘次数；$\phi_{ab,m}^{ij}$、$\varphi_{o,m}^{ij}$、$\sigma_{l_1,m}^{ij}$、$\varpi_{l_2,m}^{ij}$

分别为在轨道交通网络区间(a, b)、站点 o 以及线路 l_1 与路径 l_2 之间的关联系数，如若对应的区间、站点和线路属于 OD 对 i-j 第 m 条路径，则均为 1，否则为 0。

乘客在轨道交通网络中完成出行过程，不会将整个 OD 间全部连通路径考虑在内，而选择其中一部分路径作为出行选择方案，这些被出行者选择的路径称为网络有效路径，客流分配将以这些有效路径为出发点展开。被乘客选择路径的广义费用应在一定范围之内，在此假定 $C_{\min}^{ij}$ 为 OD 对 ij 最小路径费用，有效路径费用需满足以下条件：

$$C_m^{ij} \leqslant (1+F)C_{\min}^{ij}, \quad m \in M_{ij} \tag{5-85}$$

式中，F 为非负常数的路径扩展系数，为非负常数；M_{ij} 为 OD 对 i-j 有效路径集合。

(2) 网络无容量约束客流分配。

轨道交通网络“无缝换乘”运营模式下，按照乘客出行路径选择的行为，为每条有效路径确定一个效用值来反映乘客出行的综合阻抗，一般为随机变量，受乘车时间、换乘时间以及换乘次数影响，其形式为

$$C_m^{ij*}=C_m^{ij} + \mu_m^{ij}, \quad m \in M_{ij} \tag{5-86}$$

式中，μ_m^{ij} 为随机误差项。

根据以上分析，网络无容量约束客流分配算法步骤如下：应用路径费用式搜索网络 OD 对 i-j 最小费用路径得 $C_{\min}^{ij}$，然后依据有效路径费用公式搜寻 OD 对 i-j 的有效路径集合 $M_{i,j}$，并记录各自费用 C_m^{ij}；根据 Logit 模型计算 OD 对 i-j 各有效路径的选择比例 P_m^{ij}；最后根据式(5-87)计算路径流量：

$$\mathrm{Fl}_m^{ij} = Q_m^{ij} + P_m^{ij}, \quad m \in M_{ij} \tag{5-87}$$

式中，Fl_m^{ij} 为 OD 对 i-j 有效路径 $m \in M_{ij}$ 上的客流分配量；Q_m^{ij} 为 OD 对 i-j 的乘客出行量。

根据 Fl_m^{ij} 计算各线路流量、区间流量以及换乘流量，即

$$sQ_{l_1} = \sum_{ij} \sum_{m \in M_{ij}} \mathrm{Fl}_m^{ij} \sigma_{l_1,m}^{ij}, \quad \forall l_1 \tag{5-88}$$

$$Q_{ab} = \sum_{ij} \sum_{m \in M_{ij}} \mathrm{Fl}_m^{ij} \sigma_{o,m}^{ij}, \quad \forall a,b \tag{5-89}$$

$$Q_o^{l_1,l_2} = \sum_{ij} \sum_{m \in M_{ij}} \mathrm{Fl}_m^{ij} \varphi_{o,m}^{ij} \sigma_{l_1,m}^{ij} \varpi_{l_2,m}^{ij}, \quad \forall L \tag{5-90}$$

以上分别为 OD 需求 Q^{ij} 分配给线路 l_1、区间(a, b)及在换乘车站线路 l_1 和 l_2 之间的换乘量。

2. 动态瓶颈识别方法

通过不同阶段的无容量约束网络客流分配，将客流分配到各个路径上，根据相应的转换可确定各个区间以及车站不同阶段的客流情况，按照需求分布网络与能力供给网络的相互匹配关系，即可确定网络动态能力瓶颈位置及紧迫程度。本节根据区域轨道交通

网络构成要素，将网络动态瓶颈分为网络动态瓶颈区段、线路动态瓶颈区间、线路动态瓶颈车站以及车站动态瓶颈设施四级，并将其分为能力瓶颈与服务瓶颈，考虑各项服务水平度量指标，分别应用相应方法及综合系数计算结果对其进行识别。

1) 能力瓶颈

(1) 网络动态瓶颈区段识别方法。

$$W_G^N=\left\{W_{G,p}^N \mid I_{G,p}=\frac{Q_{x,p}}{\eta_p J_{x,p}}\geqslant 1,\quad x=1,2,\cdots,x,p\in G\right\} \tag{5-91}$$

式中，W_G^N 为网络能力瓶颈区段集合；$W_{G,p}^N$ 为网络能力瓶颈区段；$x=1,2,\cdots,x$ 表示不同阶段；p 为区段；G 为最小割集包含的区段集合，并有 $p\in G$；$I_{G,p}$ 为考虑服务水平的区段集散能力利用系数；$Q_{x,p}$ 为不同阶段 l 区段客流量；$J_{x,p}$ 为不同阶段 l 区段运输能力；η_p 为区段最大可利用率。

(2) 线路动态瓶颈区间识别方法。

$$L_l^N=\left\{L_{l,u} \mid I_{l,u}=\frac{Q_{x,l,u}}{\eta_{l,u} J_{l,u}}\geqslant 1,\quad x=1,2,\cdots,x\right\} \tag{5-92}$$

式中，L_l^N 为线路 l 的能力瓶颈区间集合；$L_{l,u}$ 为线路 l 上的能力瓶颈区间；$I_{l,u}$ 为考虑服务水平的区间集散能力利用系数；$Q_{x,l,u}$ 为不同阶段线路 l 上区间 u 的断面客流量；$J_{l,u}$ 为不同阶段线路 l 上区间 u 运输能力；$\eta_{l,u}$ 为线路运输能力最大可利用率。

(3) 线路动态瓶颈车站识别方法。

对车站来说，预期客流量超过车站各设备所能提供的集散能力则形成瓶颈，考虑车站服务水平，定义车站瓶颈为客流量大于车站集散能力最大利用率(一般由服务水平决定)的车站，即满足

$$S_l^N=\left\{S_{l,o} \mid I_{l,o}=\frac{Q_{x,l,o}}{\eta_{l,o} N_{l,o}}\geqslant 1,\quad x=1,2,\cdots,x\right\} \tag{5-93}$$

式中，S_l^N 为线路 l 上的动态服务瓶颈车站集合；$S_{l,o}$ 为线路 l 上的车站瓶颈；$Q_{x,l,o}$ 为线路 l 上车站 o 进出站客流量，其值可用 OD 表求得，若在换乘站则还需考虑换乘客流量；$I_{l,o}$ 为考虑服务水平的车站集散能力利用系数；$\eta_{l,o}$ 为车站集散能力最大利用率；$N_{l,o}$ 为车站集散能力计算方法。

(4) 车站动态瓶颈设施识别。

$$S_{l,o}^N=\left\{S_{l,o,q}^N \mid I_{l,o,q}=\frac{Q_{x,l,o,q}}{\eta_{l,o,q} N_{l,o,q}}\geqslant 1,\quad x=1,2,\cdots,x\right\} \tag{5-94}$$

式中，$S_{l,o}^N$ 为线路 l 车站 o 上的动态能力瓶颈设施集合；$S_{l,o,q}^N$ 为线路 l 车站 o 上的动态能力瓶颈设施；$I_{l,o,q}$ 为考虑服务水平的设施能力利用系数；$Q_{x,l,o,q}$ 为不同阶段线路 l 上车站 o 设施 q 处旅客流量；$\eta_{l,o,q}$ 为线路 l 上车站 o 设施 q 的通行能力最大可利用率；$N_{l,o,q}$ 为

线路 l 上车站 o 设施 q 通行能力。

2) 服务瓶颈

在实际运输生产过程中，区域轨道交通网络中可能同时存在多个能力瓶颈，而对运营组织者和乘客来说其影响程度又有所不同。服务瓶颈更多是从乘客出行的角度出发，不仅需要考虑网络中供需量之间的关系，还需考虑服务特性，是大量乘客没有得到满意服务的位置。在考虑服务水平之后，如果网络中存在服务水平判断值小于期望值的区间时，便产生了服务瓶颈，此时亦需要综合考虑技术及财力等情况根据紧迫度对其进行疏解。根据以上分析，构建网络服务瓶颈区间识别模型如下：

$$M_G^F=\left\{M_{G,u}^F \mid \frac{v_u P_{x,u}}{I_{x,u}}-G_{x,u}<Z, u\in G,\quad x=1,2,\cdots,x\right\} \tag{5-95}$$

式中，M_G^F 为网络服务瓶颈区间集合；$M_{G,u}^F$ 为网络服务瓶颈区间；Z 为期望服务水平所对应的区间综合系数参考值；v_u 为区间 u 列车运行速度；$P_{x,u}$ 为不同阶段下区间 u 列车准点率；$I_{x,u}$ 为不同阶段下区间 u 列车发车间隔；$G_{x,u}$ 为不同阶段下区间 u 拥挤度。

对于某个客流区间，考虑将列车的停站时间因素加入列车速度中，从而使得 v_u 为区间的旅行速度，以确定其瓶颈等级；对于车站，可以使用同样的指标来确定其瓶颈，而其中的速度仍然只能依靠全日统计或者客流仿真的方法获得。

5.7.3　区域轨道交通网络瓶颈识别案例

1. 网络动态能力瓶颈区段识别案例

以成渝地区轨道交通复合线网为案例进行研究，在运能推算的基础上进行瓶颈区段识别。

1) 案例运能推算

据 2018 年 9 月与 10 月重庆轨道交通列车运行图、时刻表及相关资料得知，高峰时段 1 号线小什字—双碑开行 20 对，双碑—尖顶坡开行 10 对；3 号线鱼洞—九公里开行 7 对，九公里—龙头寺开行 24 对，龙头寺—江北机场 T2 航站楼开行 12 对，碧津—举人坝支线开行 6 对；5 号线园博中心—大石坝开行 8 对；10 号线鲤鱼池—江北机场 T2 航站楼开行 8 对，江北机场 T2 航站楼—悦来开行 5 对，悦来—王家庄开行 4 对；环线沙坪坝—天星桥开行 12 对。再根据车辆定员与列车编组即可推算区间能力。

据《2017 年重庆轨道交通网络化运营综合年报表》中各线最小发车间隔，并结合相关规划资料，推算案例中不同制式各线路的最大运能，见表 5-29。

表 5-29　成渝地区轨道交通复合线网各线最大运能

线路	制式	编组	定员	最小发车间隔/s	里程/km	最大高峰运能/(人次/h)	最大高峰运能/(人·km/h)
1 号线	地铁(B2 型车)	6	1,440	190	38.94	54568	2124894
3 号线	单轨(跨座式)	8	1,292	150	67.09	69768	1901824
5 号线	地铁(AS 型车)	6	1,468	480	16.42	22020	361568

续表

线路	制式	编组	定员	最小发车间隔/s	里程/km	最大高峰运能/(人次/h)	最大高峰运能/(人 · km/h)
10 号线	地铁(AS 型车)	6	1,468	480	34.3	22020	755286
环线	地铁(AS 型车)	6	1,468	300	33.7	35232	1187318
26 号线	8-城轨快线车	8	1,468	300	54.0	35232	1902528
27 号线	8-城轨快线车	8	1,468	300	50.0	35232	1761600
江跳线	市郊	6	1,572	600	28.2	18864	532342
成渝高铁	高铁	8	670	300	308.0	16080	4952640

2) 网络动态能力瓶颈区段识别方法

由动态能力瓶颈区段的识别公式可知，网络动态能力瓶颈区段识别的思路为，将网络不同区段的客流量除以对应区段的运输能力及区段最大可利用率(取值为 110%)，若该比值大于 1，则将其认定为网络的能力瓶颈区段，统计每一区段的能力利用系数，得到网络能力瓶颈区段集合。

3) 案例瓶颈识别

通过对重庆市现有的地铁 AFC 数据进行清分，得到轨道交通 1 号线、3 号线、5 号线、10 号线、环线的工作日早高峰断面，采用网络动态能力瓶颈区段识别方法进行识别后，各条线路的瓶颈区段如图 5-21～图 5-25 所示。

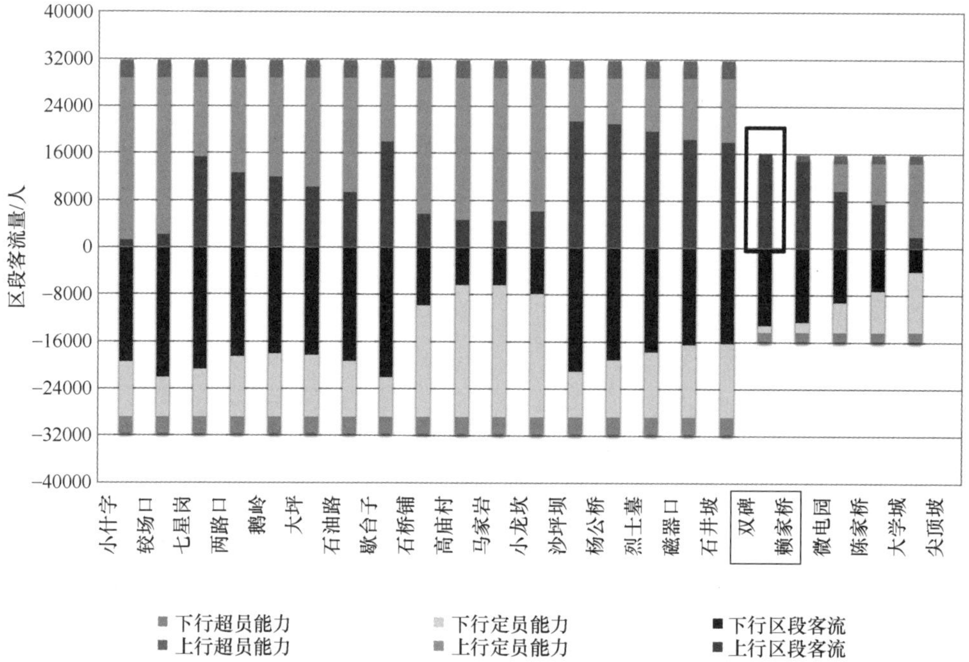

图 5-21　现状工作日早高峰 1 号线瓶颈区段识别

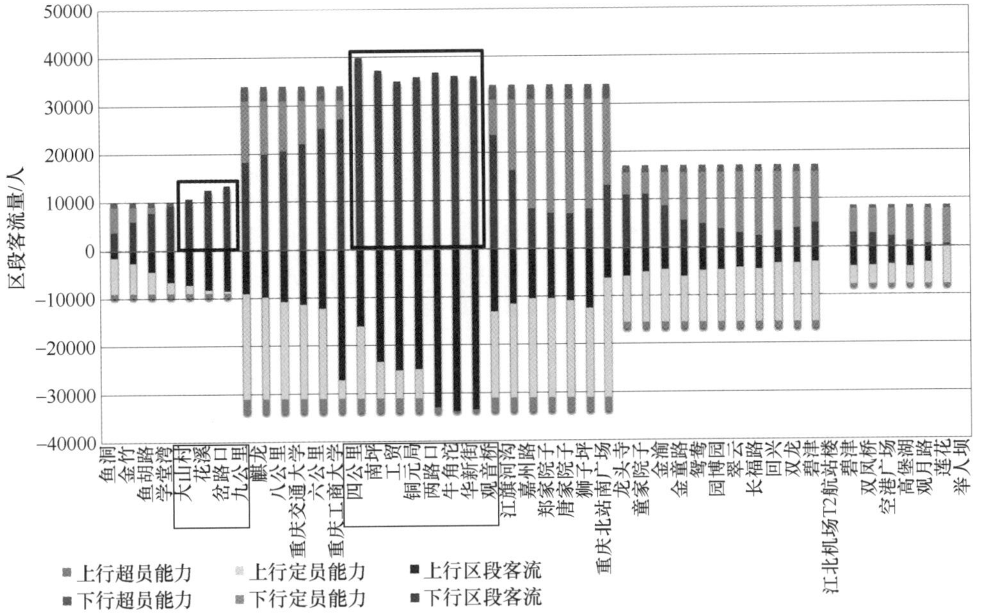

图 5-22　现状工作日早高峰 3 号线瓶颈区段识别

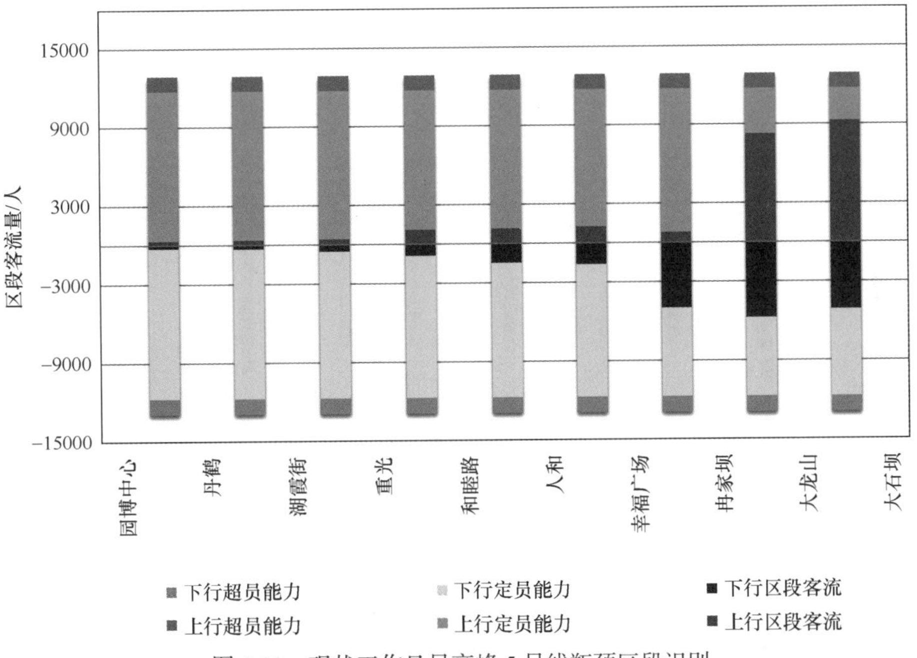

图 5-23　现状工作日早高峰 5 号线瓶颈区段识别

由图表看出，重庆市轨道交通网络中，5 号线及环线不存在瓶颈区段，其中 10 号线上行重庆北站北广场站—龙头寺公园站的区段利用率大于 100%，但小于 110%，为潜在瓶颈区段。1 号线中，下行方向双碑站—微电园站利用率超过 100%，在区段最大可利用率为 110%的条件下，瓶颈区段为双碑站—赖家桥站区段；3 号线瓶颈区段为下行的大山村站—九公里站及四公里站—观音桥站两个区段。

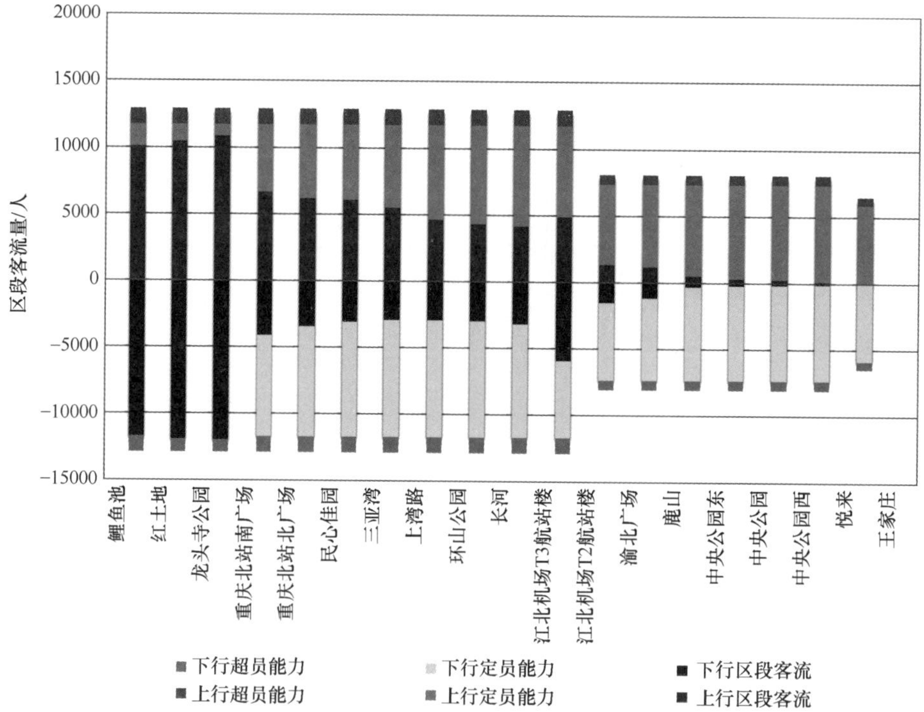

图 5-24　现状工作日早高峰 10 号线瓶颈区段识别

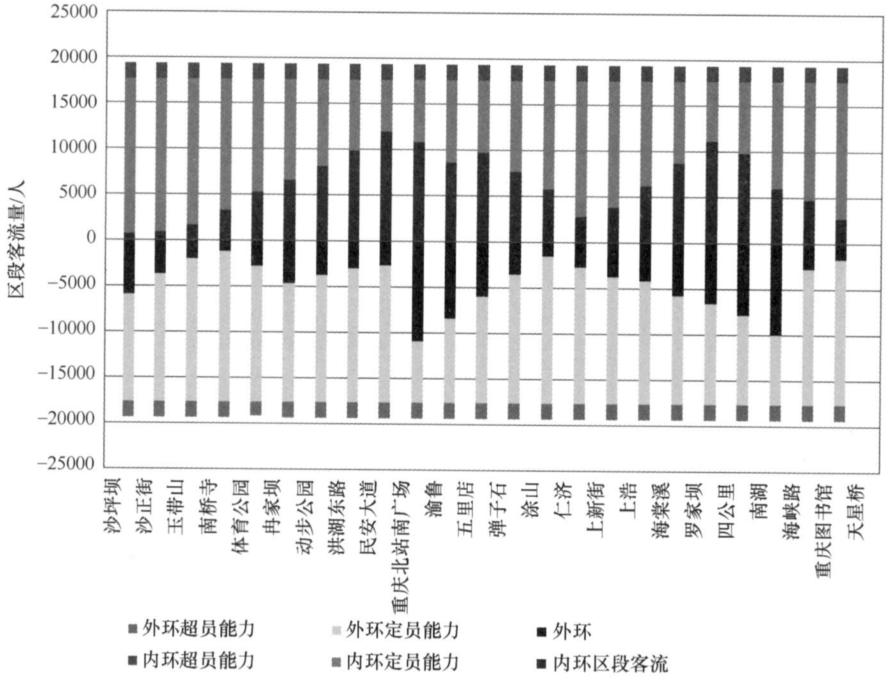

图 5-25　现状工作日早高峰环线瓶颈区段识别

2. 网络动态服务瓶颈区间识别案例

以成都地铁线网为案例进行研究，进行能力瓶颈区间和服务瓶颈区间的识别。

1) 案例数据准备

至 2020 年 8 月，成都地铁运营线网总计车站 202 个，上下行区间 216 对。

选取 2020 年 1 月成都地铁稳定运营工作日早高峰(8:00～9:00)AFC 数据，剔除无效数据后求平均，再进行清分，可得区间断面客流数据。

工作日早高峰时段，1 号线韦家碾—四河开行 30 对/h，四河—科学城、四河—五根松开行 15 对/h；2 号线全线开行 24 对/h；3 号线龙桥路—锦水河开行 22 对/h，双流西站—龙桥路、锦水河—成都医学院开行 15 对/h；4 号线光华公园—槐树店开行 24 对/h，万盛—光华公园、槐树店—西河开行 18 对/h；5 号线石犀公园—二江寺开行 15 对/h，华桂路—石犀公园、二江寺—回龙开行 10 对/h。7 号线全线开行 18 对/h。10 号线太平园—花桥开行 12 对/h，花桥—新平开行 8 对/h。各线列车定员依次为 1468 人、1468 人、1460 人、1460 人、2144 人、1860 人、1504 人。以此推算区间输送能力。

2) 能力瓶颈区间识别

根据网络客流清分结果，可得全线网客流密度如图 5-26 和图 5-27 所示，连线颜色表示区间客流量(人次/h)，如图中右侧图例所示。

结合各线路各区段早高峰开行方案下的运输能力，可得区间运能与客流的匹配情况，以此进行能力瓶颈的识别，如图 5-28～图 5-34 所示。

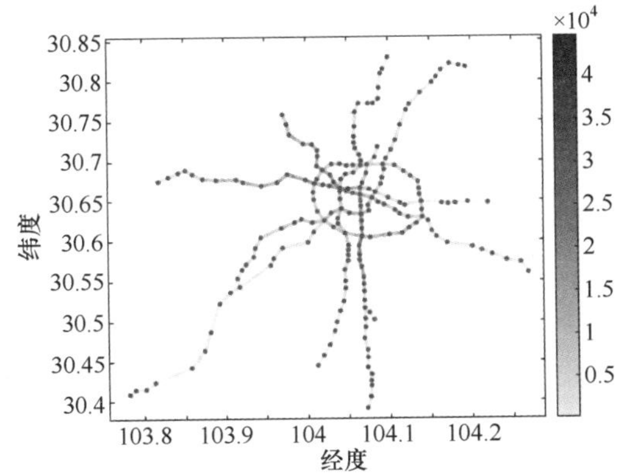

图 5-26　成都地铁线网下行客流密度

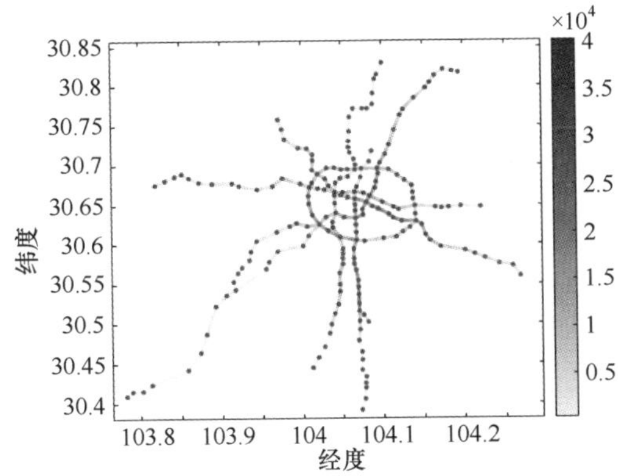

图 5-27　成都地铁线网上行客流密度

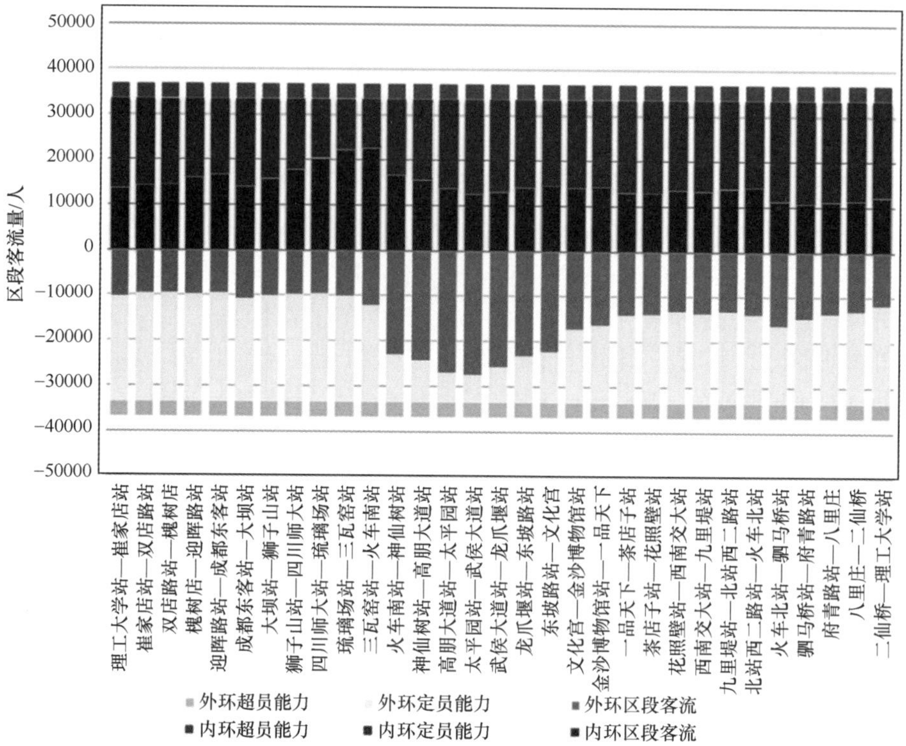

图 5-28　成都地铁 7 号线瓶颈区段识别

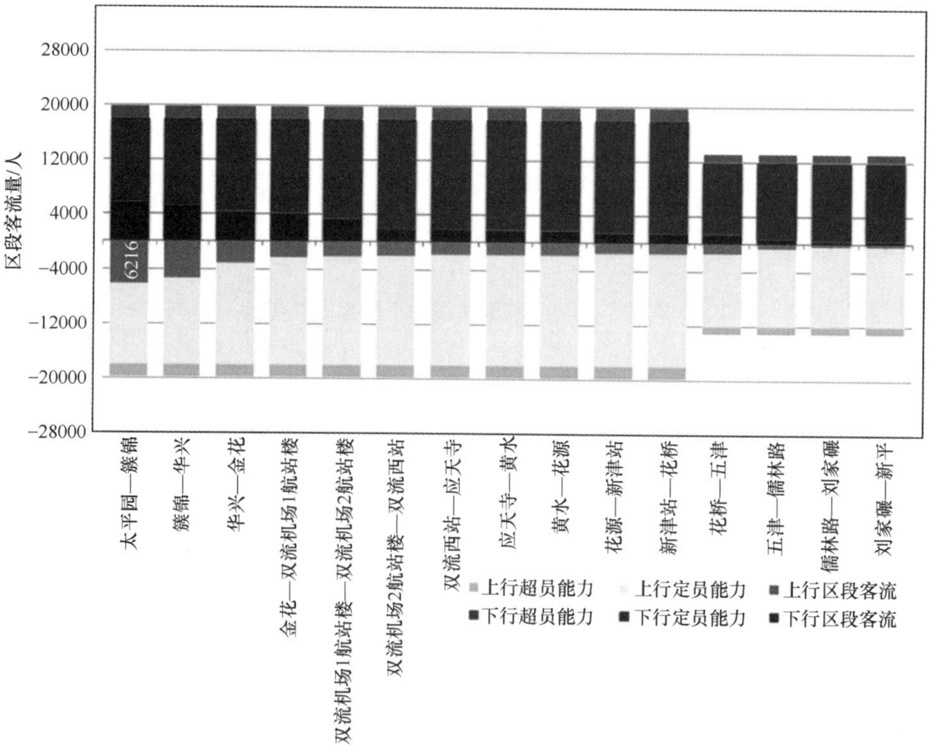

图 5-29　成都地铁 10 号线瓶颈区段识别

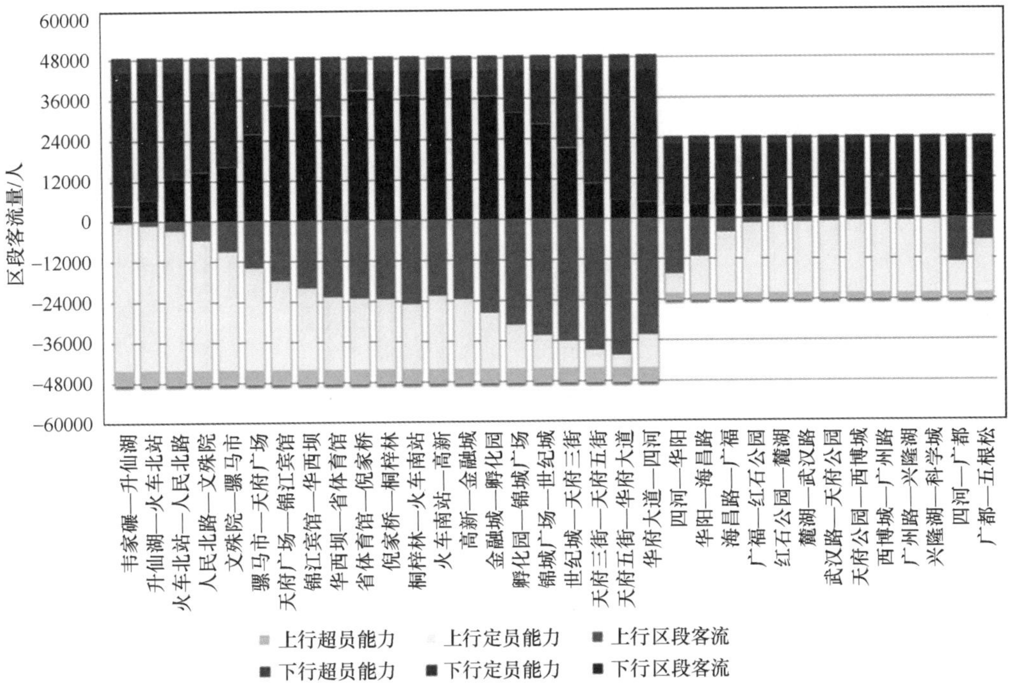

图 5-30　成都地铁 1 号线瓶颈区段识别

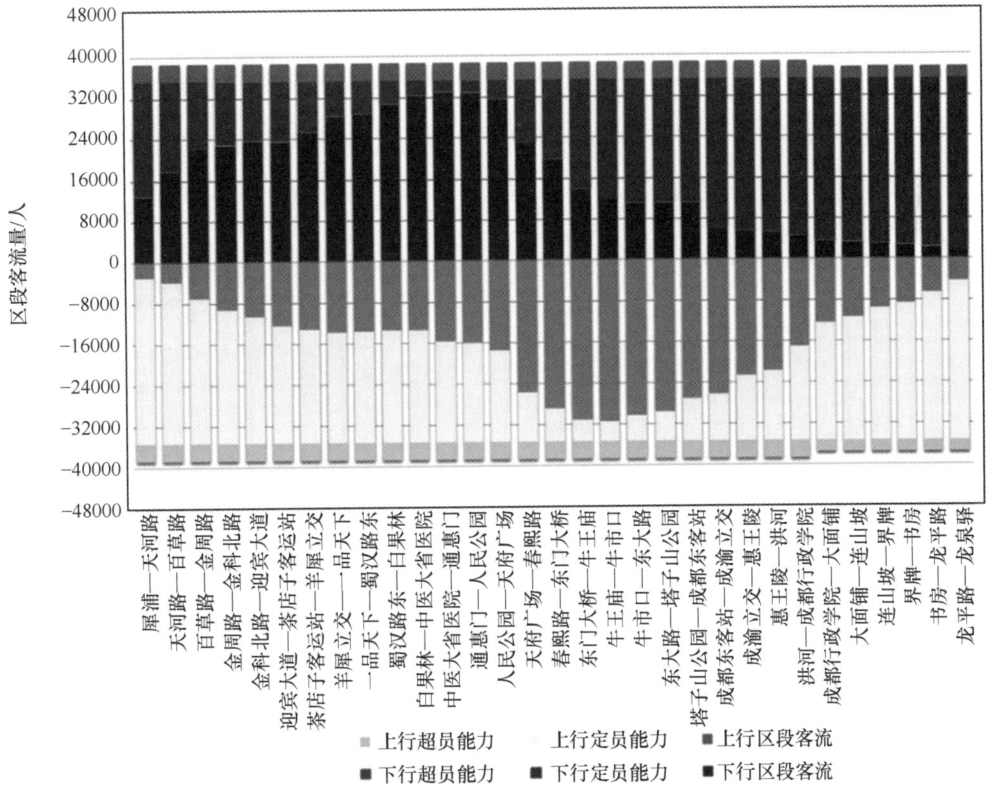

图 5-31　成都地铁 2 号线瓶颈区段识别

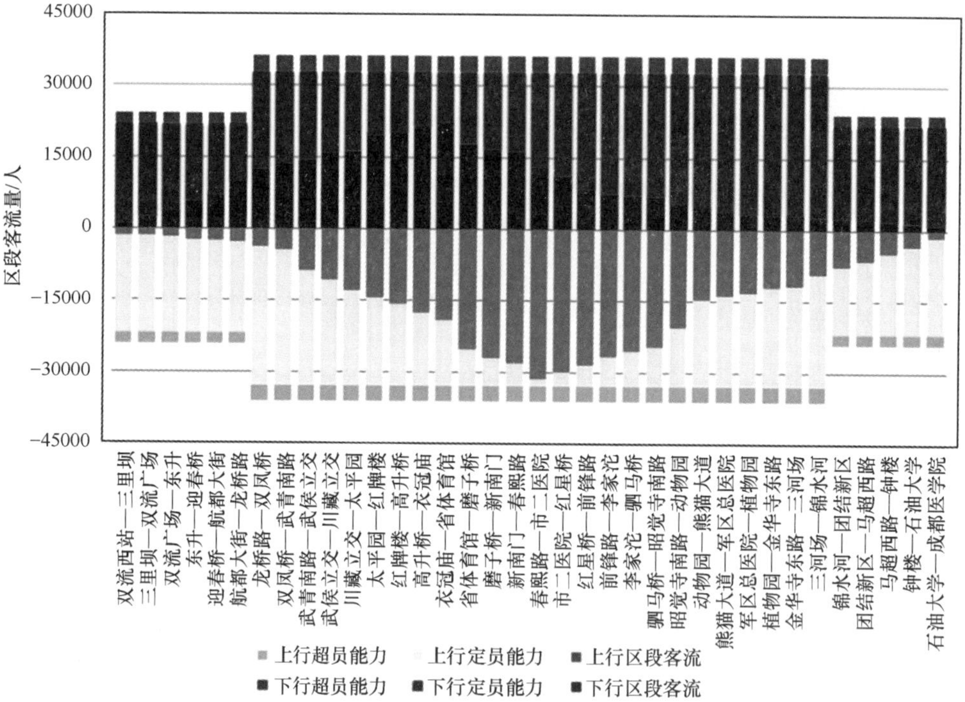

图 5-32 成都地铁 3 号线瓶颈区段识别

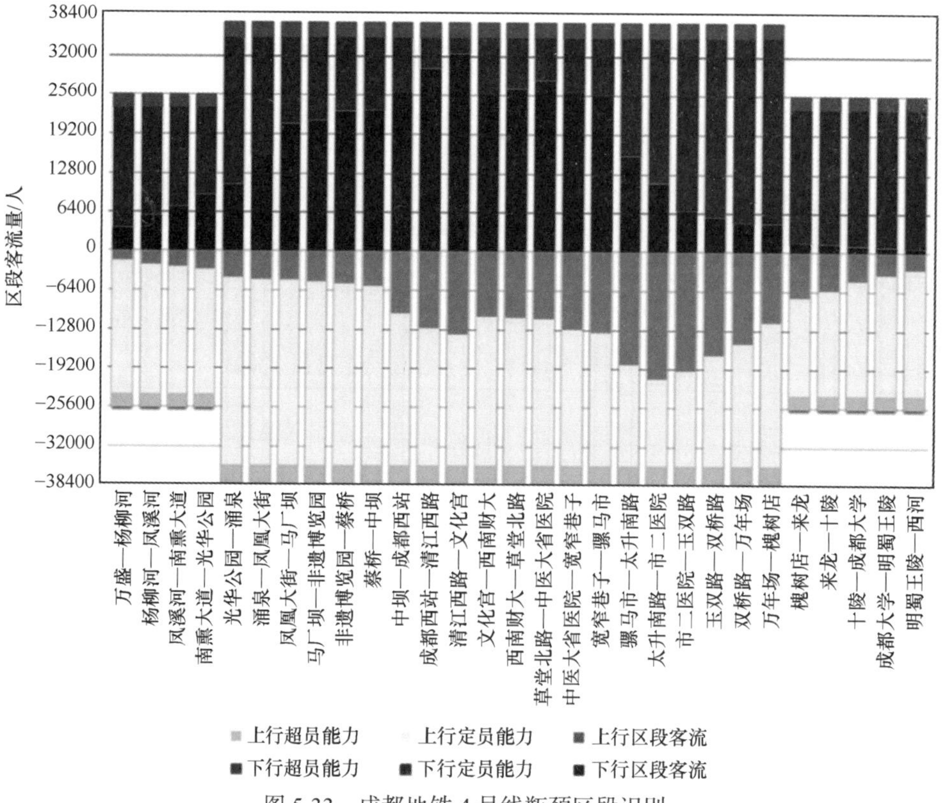

图 5-33 成都地铁 4 号线瓶颈区段识别

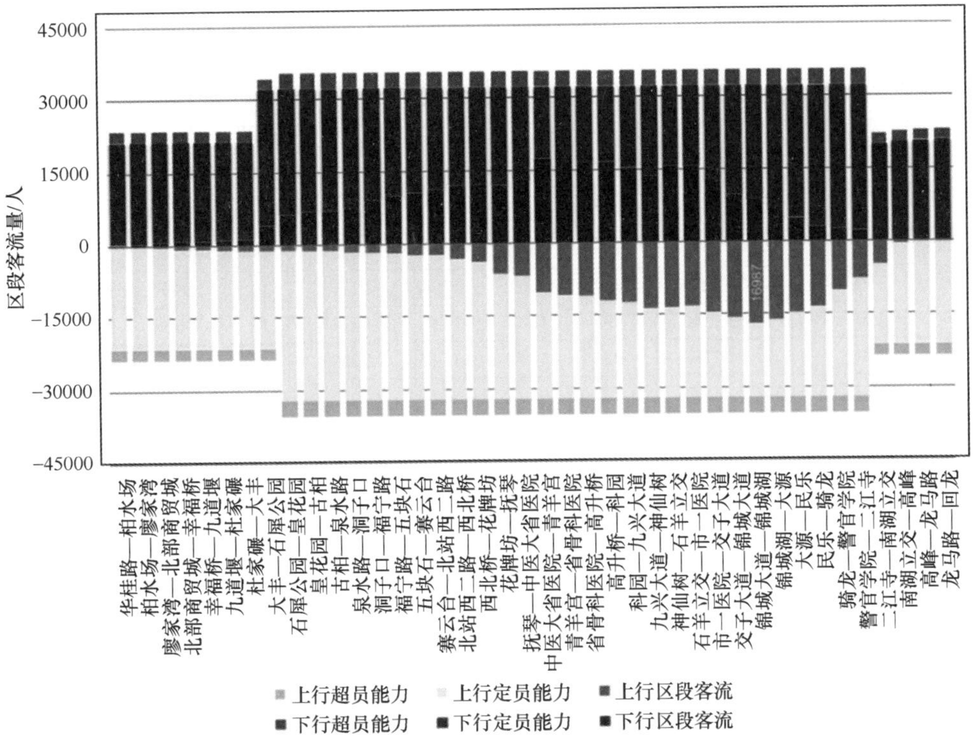

图 5-34　成都地铁 5 号线瓶颈区段识别

综上所述，成都地铁线网目前尚无能力利用率超 110%的瓶颈区间。然而，1 号线火车南站—高新区间下行方向客流断面达 44800 人次/h，在发车间隔仅为 2min 的运输能力下，能力利用率也达到了 102%，若客流量持续增加，运能将难以匹配，因此该区间为潜在的能力瓶颈区间。

3) 服务瓶颈区间识别

在运能与客流数据的基础上，根据各区间列车发车间隔、列车运行速度、准点率、拥挤度等指标，计算反映各区间服务水平的综合系数值 Z_u，见表 5-30。

表 5-30　各区间服务水平的综合系数值计算表

u	I_u/s	v_u/(m/s)	Z_u	u	I_u/s	v_u/(m/s)	Z_u	u	I_u/s	v_u/(m/s)	Z_u
1	120	12.62	25.225	12	120	13.93	2.544	23	240	13.39	2.385
2	120	12.85	18.127	13	120	13.47	2.191	24	240	12.62	4.072
3	120	10.73	5.984	14	120	14.40	2.560	25	240	12.79	6.475
4	120	14.37	8.233	15	120	11.80	1.748	26	240	12.82	7.297
5	120	11.95	4.573	16	120	11.81	1.792	27	240	12.48	6.988
6	120	12.73	3.301	17	120	13.57	2.377	28	240	13.43	8.507
7	120	11.90	2.208	18	120	11.83	1.976	29	240	11.44	8.469
8	120	11.29	1.946	19	120	12.33	2.478	30	240	10.09	6.768
9	120	13.39	2.701	20	120	13.41	3.153	31	240	13.05	11.778
10	120	12.64	2.103	21	120	9.47	1.840	32	240	12.79	21.749
11	120	13.15	2.261	22	240	12.73	1.615	33	240	11.49	1.911

续表

u	I_u/s	v_u/(m/s)	Z_u	u	I_u/s	v_u/(m/s)	Z_u	u	I_u/s	v_u/(m/s)	Z_u
34	240	12.69	4.584	84	160.2	11.49	1.345	125	150	13.86	6.043
35	150	14.28	6.710	85	160.2	14.42	2.292	126	150	13.88	10.890
36	150	14.38	4.939	86	160.2	11.80	1.713	127	199.8	13.93	7.281
37	150	15.75	4.420	87	160.2	13.91	2.564	128	199.8	13.90	9.482
38	150	12.38	2.471	88	160.2	10.00	1.382	129	199.8	13.92	12.144
39	150	13.06	2.566	89	160.2	12.44	2.219	130	199.8	13.86	15.297
40	150	11.72	1.981	90	160.2	14.06	3.434	131	360	14.70	59.869
41	150	14.22	2.718	91	160.2	14.65	4.929	132	360	13.33	30.176
42	150	11.73	1.678	92	160.2	16.59	7.020	133	360	14.24	20.804
43	150	12.17	1.797	93	160.2	13.30	4.873	134	360	14.60	15.389
44	150	12.07	1.703	94	160.2	13.31	5.295	135	360	13.30	12.667
45	150	12.73	1.826	95	160.2	13.36	5.462	136	360	13.44	10.808
46	150	11.32	1.357	96	160.2	13.31	6.698	137	360	12.98	9.348
47	150	11.32	1.353	97	240	13.38	3.592	138	360	14.51	5.281
48	150	11.29	1.339	98	240	13.36	4.091	139	240	15.65	9.650
49	150	13.04	1.801	99	240	13.34	5.348	140	240	14.01	7.116
50	150	11.12	1.315	100	240	13.42	7.651	141	240	14.57	7.499
51	150	10.59	1.283	101	240	13.29	14.401	142	240	13.08	5.562
52	150	14.56	2.528	102	199.8	13.93	10.590	143	240	13.88	5.248
53	150	10.12	1.271	103	199.8	13.86	6.841	144	240	13.66	4.667
54	150	13.67	2.369	104	199.8	14.60	6.191	145	240	13.37	4.109
55	150	15.18	3.111	105	199.8	13.87	4.498	146	240	13.02	3.674
56	150	10.71	1.816	106	150	13.82	6.343	147	240	13.01	3.271
57	150	14.61	3.914	107	150	13.89	4.883	148	240	12.66	2.959
58	150	12.08	2.784	108	150	13.90	3.868	149	240	13.84	3.086
59	150	14.51	5.041	109	150	13.95	3.793	150	240	14.14	3.020
60	225	16.68	4.010	110	150	15.68	4.473	151	240	13.89	2.057
61	225	13.61	2.881	111	150	15.54	4.305	152	240	12.24	1.597
62	225	13.68	3.456	112	150	14.98	3.168	153	240	15.23	2.486
63	225	14.98	4.520	113	150	15.91	3.051	154	240	14.05	2.041
64	225	14.23	5.270	114	150	13.36	1.997	155	240	14.56	2.246
65	225	14.47	8.235	115	150	11.83	1.970	156	240	15.38	2.553
66	240	13.33	14.679	116	150	11.62	1.845	157	240	16.19	2.650
67	240	13.20	8.816	117	150	12.96	2.204	158	240	13.71	1.922
68	240	13.24	6.287	118	150	12.26	1.987	159	240	11.92	1.534
78	160.2	13.36	2.246	119	150	14.24	2.679	160	240	13.00	1.939
79	160.2	13.34	2.051	120	150	12.48	2.331	161	240	15.12	2.634
80	160.2	14.56	2.302	121	150	12.08	2.336	162	240	16.36	3.378
81	160.2	12.68	1.686	122	150	14.77	4.266	163	240	13.78	2.878
82	160.2	11.69	1.413	123	150	14.94	5.061	164	240	15.18	4.090
83	160.2	13.52	1.858	124	150	8.75	1.980	165	240	15.08	5.235

续表

u	I_u/s	v_u/(m/s)	Z_u	u	I_u/s	v_u/(m/s)	Z_u	u	I_u/s	v_u/(m/s)	Z_u
166	240	15.04	6.679	183	199.8	14.89	2.052	200	199.8	14.80	3.292
167	360	14.89	4.643	184	199.8	14.86	1.999	201	199.8	14.90	3.402
168	360	15.69	20.573	185	199.8	14.93	2.056	202	300	16.51	3.027
169	360	15.55	28.473	186	199.8	14.89	2.116	203	300	15.84	3.113
170	360	15.27	35.053	187	199.8	14.88	2.186	204	300	10.52	1.930
171	199.8	14.80	3.372	188	199.8	14.78	2.188	205	300	12.25	2.993
172	199.8	14.80	3.384	189	199.8	14.77	2.568	206	300	11.78	3.316
173	199.8	16.08	3.985	190	199.8	13.57	2.220	207	300	22.18	16.082
174	199.8	14.82	3.137	191	199.8	14.88	3.014	208	300	21.80	16.428
175	199.8	14.81	3.091	192	199.8	14.73	2.980	209	300	16.77	10.078
176	199.8	14.22	2.994	193	199.8	14.90	3.047	210	300	22.40	18.432
177	199.8	14.82	3.139	194	199.8	14.73	2.965	211	300	19.42	15.744
178	199.8	14.78	2.933	195	199.8	14.86	2.975	212	300	19.32	16.418
179	199.8	14.86	2.714	196	199.8	14.86	2.895	213	450	21.42	9.418
180	199.8	14.82	2.504	197	199.8	14.86	2.951	214	450	14.91	8.978
181	199.8	14.77	2.311	198	199.8	13.36	2.594	215	450	14.24	12.990
182	199.8	14.90	2.058	199	199.8	14.96	3.324	216	450	15.93	18.483

根据计算结果，取期望服务水平所对应的区间综合系数参考值 Z=1.4，则 Z_u<1.4 的区间即为服务瓶颈区间。求得成都地铁线网的服务瓶颈区间集合为{‘牛市口’,‘东大路’,‘东门大桥’，‘牛王庙’，‘春熙路’，‘东门大桥’，‘人民公园’，‘天府广场’，‘春熙路’，‘市二医院’,‘通惠门’,‘人民公园’,‘中医大省医院’,‘通惠门’,‘李家沱’,‘驷马桥’}，如图 5-35 所示。

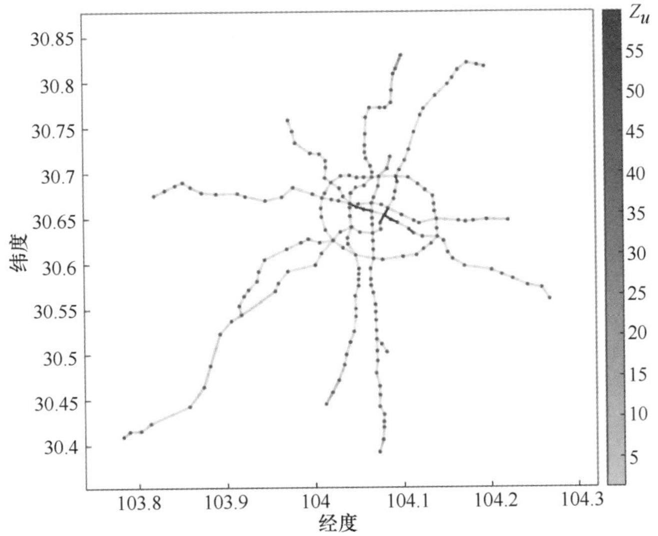

图 5-35　成都地铁线网服务瓶颈区段识别

5.8　区域轨道交通枢纽瓶颈识别方法

5.8.1　研究现状

研究枢纽的瓶颈能够有效地提升各类设施设备的潜在能力，能够更好地满足行人出行对服务水平的要求。评估枢纽的瓶颈所在，需要行人层面的交通特性、枢纽设施布局的仿真分析性、瓶颈识别的支撑。

1. 行人层面的交通特性

国外的研究较早地将行人的服务过程抽象化，在枢纽的乘客服务系统中，可以使用流程和模块化的方法来表示行人的服务和走行过程。机场行人服务过程最早采用流程图的方法对行人服务过程进行描述，表达行人在机场服务的各类必要流程(Takakuwa and Oyama，2003)。通过此类方法能够对行人的服务过程抽象化，对复杂的枢纽系统中行人服务的流程关系进行梳理，以分析不同的服务流程和服务流线。

因为微观模型可以研究个体的运动特征，可以反映人与人、人与设施的作用效果，所以微观模型在仿真中占有较大的优势。同时计算机运算能力的加强使更复杂的微观模型得以使用。

行人在走行过程中呈现出一定的规律和特性，在此类特性构建出一系列描述行人走行的模型，主要有元胞自动机模型、磁场模型和社会力模型等。社会力模型是将行人在走行中受到的各类斥力进行拆分合并构建出“社会力”，根据力的合并与分解对行人的运动状态进行推演(Helbing，2004)，也有通过行人交通实测的方式建立的微观的 NOMAD 模型和宏观的 Simped 模型等(Lam et al.，2002；Hoogendoorn and Bovy，2001)。相比而言，微观模型从单个行人个体出发，不仅融合了宏观模型与中观模型的优点，还能从个体层次进行行人行为的仿真，因此更适合用于行人交通仿真。微观模型的主要代表有元胞自动机模型、社会力模型、磁力模型、移动效益模型、排队论模型等。

行人流研究中针对不同城市需要根据流特征对模型中的参数进行标定。国内此类研究较多，主要从乘客的尺寸信息、行人的运动信息、行人在不同建筑下的表现差异等方面入手(解慧，2013；张海丽，2011；史建港，2007)。

2. 枢纽设施布局的仿真分析

随着计算机计算能力的加强，目前主要开发的仿真软件都是基于微观模型，元胞自动机模型和社会力模型是主要的代表模型。其中，应用社会力模型开发的微观软件主要是 Anylogic。Anylogic 微观仿真软件可以通过其自带的行人库进行行人流仿真，操作方便。而且可以用 Java 二次开发，进行原始数据的导出和再编译。同时，该软件计算结果可靠，比较接近真实情况。国内关于 Anylogic 进行枢纽仿真的应用也较多。

通过仿真的方法对车站场景进行构建，并根据不同的客流场景加载客流，能够有效地模拟车站内部的设施设备使用和流线走行情况，并从仿真过程中输出目标指标，分析车站瓶颈。

在枢纽仿真中，通过仿真模型构建不同的对比实验，可以探究参数变化会对实验结果产生怎样的影响。以研究设备变化、行人参数变化(Helbing，2004)、行车条件变化(Yao et al.，2017；Maxwell，1989)对车站服务效率的影响程度。

在枢纽仿真层面，通过构建车站枢纽的仿真模型，对仿真输出指标的分析，可以确定车站设施布局的优化方向(陈建宇，2014)，对车站瓶颈进行有效识别并提出优化措施(付婷，2014)。在应急疏散方面，可以对突发情况进行仿真研究，找到影响疏散的关键设备和关键流线，同时也可对疏散过程中行人呈现出的特征进行直观分析和研究(李慧，2018；辛宁，2018)。

3. 瓶颈识别

车站评估及瓶颈识别，即通过分析行人在车站内的交通特性，建立基于排队论、智能体等的车站仿真模型，并构建相应的评估指标体系，确立合适的评估方法，最终评估出限制车站集散能力的瓶颈设备设施，这种瓶颈识别方法在现有的研究城市轨道交通车站瓶颈的文献中较为常见。根据一定的标准和一些指标划分服务评价标准，通过不同设施设备处的行人所接受服务的质量来识别该处是否为瓶颈，是较为通用的瓶颈识别方法。

1) 行人服务水平

行人服务水平指在接受服务时所感受到的服务质量的一种标准。一般用人均占用空间面积、步行速度、自由程度、服务和排队时间等作为行人通行服务水平的具体指标。

针对行人服务水平早期研究集中于行人的走行过程，主要研究不同公共场所在行人不同聚集状态下的服务水平变化(Davis and Braaksma，1987)。在枢纽内主要体现在通道类设备如通道、楼梯、排队区域等一系列设备。

国内由于人口密度与国外有所差别，行人对车站设施设备的使用感标准与国外标准有所差异。由于人口密度的差异，中国轨道交通服务水平划分下限略低于国外标准(曹守华等，2009)。

区别于通道类设备，排队类设备通常从便捷性、安全性及舒适性三个方面入手(任美君，2019)。实际的服务水平和服务体验主观性较强，在不同的人群中差异较大，需要通过对行人群体的问卷调查和数据采集来进行比较(王伟涛，2014，毕艳祥和蒋顺章，2013，王久亮，2011)。

而对枢纽中的其他设备和服务过程，单一指标不能够全面地描述乘客在服务过程中的感受。故多采用构建指标体系的方式衡量乘客在某一方面的服务水平，通过合理的评价方法综合计算各指标贡献，从而对枢纽的服务进行评价，见表 5-31。

表 5-31 枢纽服务水平指标体系及评价方法

体系	指标体系	评价方法
1	平均进站时间、候车区人均面积、旅客人均走行时间、平均检票时间、集散舒适度、平均购票时间、绕行系数	层次分析法
2	候车区人均面积、平均换乘时间、走行距离、绕行系数、集散自由度、运能匹配度	粗集多属性决策法
3	人均换乘面积、运能匹配度、平均换乘距离、换乘舒适度、平均换乘时间、信息服务程度	数据包络分析法

续表

体系	指标体系	评价方法
4	平均换乘时间、绕行系数、换乘有序性、换乘舒适度、事故率、信息有效度、能力匹配度、设施利用率、拥挤度、社会效益指标	模糊评价法
5	冲突点影响率、冲突点客流不均衡度、拥挤区域影响度、拥挤区域分布比例、平均步行时间、平均步行距离、平均等待时间	物元分析法、理想点法
6	换乘时间、换乘走行距离、换乘通道能力利用率、运能匹配度	专家评价法
7	通道人均占有面积、站台人均占有面积、售票厅排队时间、换乘设施舒适度、平均换乘时间、绕行系数、运能匹配度、集散舒适度、交通工具人均占有面积	DAGF 法

2) 瓶颈识别理论

枢纽瓶颈识别分为静态瓶颈识别和动态瓶颈识别。静态识别考虑设备理论能力、系统结构、布局等层面的能力薄弱和不匹配等方面。静态瓶颈识别通常采用 TOC 理论、网络最大流、拓扑分析等方法进行分析。

动态瓶颈往往要考虑服务的供需关系，以解决在现有的服务体系下对需求满足程度的瓶颈。往往需要考虑设备的时间、空间轴上的服务水平变化情况，在服务系统中，通常以流线作为分析单元，对流线内部外部设备瓶颈形成的机理进行研究(唐子涵，2010)，主要通过拥堵强度、持续时间、拥堵持续时间等指标进行瓶颈判别(汪瑞琪和张缨，2017；单征等，2014；李婷婷等，2014；王军强等，2013)。

5.8.2　枢纽动态瓶颈识别方法

1. 基于仿真的枢纽动态瓶颈识别体系

在参照已有的关于独立瓶颈、从属瓶颈识别的文献，提出城市轨道交通车站潜在瓶颈、独立瓶颈以及从属瓶颈的识别依据的基础上，构建基于仿真的车站动态瓶颈识别流程如下。

步骤 1：数据准备及获取。确定瓶颈识别对象，根据各设备类型和设备数量确定各条流线服务能力。

步骤 2：基于设计规范的静态设备能力检算分析。通过对设备能力进行静态检算分析，确定潜在瓶颈所在位置。

步骤 3：车站动态瓶颈识别指标集构建。构建用于城市轨道交通车站动态瓶颈识别的分层次指标集，并标明各指标的含义及计算公式，见表 5-32。

步骤 4：仿真模型构建。针对所确立的动态瓶颈识别对象和相应的瓶颈识别指标集，运用仿真工具建立相应的城市轨道交通车站乘客集散仿真模型。

步骤 5：确定车站主瓶颈设备设施。对城市轨道交通车站进行乘客集散过程仿真，获得仿真结果数据。对比静态检算结果，确定车站主瓶颈。

步骤 6：主瓶颈识别。获取各潜在瓶颈设备设施的二次仿真结果，分别对目标设备增加数量或宽度，加载原客流进行仿真，获取二次仿真结果。

步骤 7：二次结果分析。对比原结果与优化后结果，若仿真结果符合服务水平阈值则采取该方案，若优化结果不满足服务水平阈值则返回步骤 6。

2. 枢纽瓶颈识别指标集选取

由于车站内部设备设施数量较多，需要对研究对象进行筛选以减小识别成本。故先从车站的设备设施中筛选出潜在瓶颈设备设施，再从这些潜在瓶颈中进行动态瓶颈识别。潜在瓶颈是指城市轨道交通车站系统中，在既定车站设备设施配置以及特定运营条件并考虑日常动态客流的情况下，存在乘客拥堵的设备设施，识别依据是瓶颈识别指标集。根据对车站瓶颈特性的分析，结合相关文献，在遵循系统综合、科学客观、合理可行、量化可比等原则下，按照“车站整体分析—单条流线分析—单个区域分析”的顺序，从效率性、顺畅性和安全性三个方面构建城市轨道交通车站动态瓶颈识别指标集，见表 5-32。

表 5-32　动态瓶颈识别指标集构建

准则层	瓶颈识别指标	指标目的	计算公式	指标对象
效率性	车站集散效率 E_s	考察乘客在车站内集散走行时达到自有速度的程度	$E_s = \frac{\underset{j}{\text{Ave}}\{T_{\text{free}}^j\}}{\underset{j}{\text{Ave}}\{T_f^j\}}$ T_{free}^j 为第 j 条流线的自由走行时间； T_f^j 为第 j 条流线的平均集散时间	车站整体
	流线集散效率 E_f^j	考察乘客在车站单条流线内走行时达到自由速度的程度	$E_f^j = \frac{T_f^j}{T_{\text{free}}^j}$ E_f^j 为第 j 条流线的集散次效率	单条流线
顺畅性	区域最大乘客密度 $D_{\max}^i$	考察乘客在车站各区域走行时瞬时乘客密度的最大值	$D_{\max}^i = \max_i\{D_t^i\}$ D_t^i 为区域 i 在 t 时刻的乘客密度	单个区域
	区域平均停滞时间 T_{aw}^i	考察乘客在各区域走行时停滞时间的平均值	$T_{\text{aw}}^i = \underset{n}{\text{Ave}}\{T_{n\text{w}}^i\}$ T_{aw}^i 为第 n 个乘客在第 i 个区域的停滞时间	单个区域
安全性	区域拥挤密度持续时间 T_{con}^i	考察车站的区域最大乘客密度达到给定拥挤值的持续时间	$T_{\text{con}}^i = \max_p\{T_{\text{con},p}^i\}$ $T_{\text{con},p}^i$ 为区域 i 在 p 时段的拥挤密度持续时间	单个区域

首先计算“车站集散效率”指标的值，分析车站整体的乘客集散效率。若“车站集散效率”指标值低于给定阈值则说明车站整体的集散效率偏低，要找出集散效率偏低的具体流线，需计算“流线集散效率”指标的值，针对车站的单条流线分别进行分析。若“流线集散效率”指标值低于给定阈值，则说明车站单条流线的集散效率偏低，要找出导致流线集散效率偏低的具体设备设施或区域，需针对每个区域进行单独分析，即计算顺畅性指标和安全性指标的值，若指标值超过给定阈值，则该设备设施或区域即为车站的潜在瓶颈。

不同的客流情况(正常客流、大客流等)下，车站的瓶颈设备设施可能是不同的，潜在瓶颈设备设施的识别标准也存在差异。因此，在进行车站动态瓶颈识别时，应针对不同的客流条件对各瓶颈识别指标给出不同的识别标准和阈值。

因此，根据仿真结果数据以及瓶颈识别指标的计算方法，计算得到车站各瓶颈识别指标值。确定车站服务流线如图 5-36 所示。

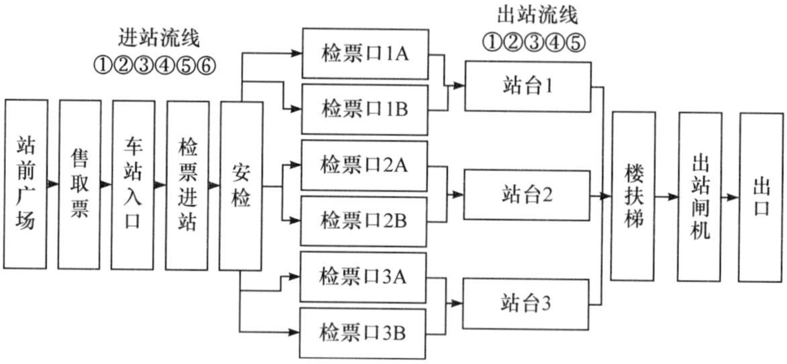

图 5-36　车站服务流线说明

1) 效率性指标

效率性指标包括车站集散效率和流线集散效率，这两个指标都是正指标，且取值范围为(0，1]，给定这两个指标的最低阈值为 0.5。

仿真时段内，车站集散效率的值为：$E_{\text{车站}}$=0.2991。

若车站集散效率低于最低阈值，则乘客在车站集散时产生了停滞现象。而要找出乘客停滞现象的具体位置，需针对单条流线分别进行分析。

仿真时段内，车站内各条流线的集散效率指标见表 5-33。

表 5-33　车站内各条流线集散效率指标

流线名称		流线集散效率
进站流线	进站流线①	0.322
	进站流线②	0.311
	进站流线③	0.365
	进站流线④	0.339
	进站流线⑤	0.421
	进站流线⑥	0.392
出站流线	出站流线①	0.193
	出站流线②	0.213
	出站流线③	0.274
	出站流线④	0.285
	出站流线⑤	0.252

由表可知，仿真时段内，沙坪坝站各进站方向的流线集散效率值都较低，说明进站过程中设备压力较大，有一定程度的乘客滞留现象；而出站方向的流线集散效率值都低于阈值，且维持在较低的水平，说明车站出站方向各条流线都存在较为严重的乘客滞留现象。而要找出产生流线乘客停滞的具体设备设施或区域，需针对每个区域进行单独分析，即分析车站动态瓶颈识别的顺畅性指标。

2) 顺畅性指标

顺畅性指标包括区域最大乘客密度和区域平均停滞时间。

仿真时段内，车站内各区域的最大乘客密度及平均停滞时间值见表 5-34。

表 5-34　车站内各区域顺畅性指标

区域名称		区域最大乘客密度(或排队长)	区域平均停滞时间/s
进站方向	售票处	0.737 人	11.05
	进站检票	1.23 人	6.15
	安检排队区域	7.89 人	37.24
	检票口闸机	12.3 人	26.45
	站厅至站台楼扶梯口	1.3 人/m^2	0.54
出站方向	站台至出站层扶梯入口	1.8 人/m^2	40.64
	出站走行通道	0.383 人/m^2	20.39
	出站闸机	8.41 人	25.23
站台 1		2.358 人/m^2	356
站台 2		2.145 人/m^2	374
站台 3		2.522 人/m^2	347

注：排队类服务设施乘客密度计算意义不大，故采用排队长度替代乘客密度。

仿真时段内，车站的进站方向中排队时间较长的设备为安检排队区域和检票闸机位置。出站方向各区域以及车站站台、站厅的顺畅性指标值都较大，区域最大乘客密度方面，若给定拥挤密度最高阈值为 1.5 人/m^2，则站台、站台至出站层扶梯入口处的位置都有客流密度过大的情况；若给定停滞时间最高阈值为 15s，则进站过程的安检和检票口对行人的阻滞作用明显，而出站过程中所有设备均超过停滞时间。

因此，车站的出站方向某些设备设施以及车站站台和站厅的顺畅性较差，乘客在这些设备设施内走行时产生了停滞，进而影响了单条流线的集散效率以及车站整体的集散效率。

3) 安全性指标

安全性指标即为区域拥挤度持续时间。给定拥挤度的阈值为 1.5 人/m^2，根据表 5-34 数据，仿真时段内客流密度较大的区域主要有站台、站台至出站层扶梯入口、出站闸机位置。这三个区域在仿真过程中的乘客密度变化情况如图 5-37 所示。

根据仿真数据，车站的出站闸机和站台候车区域行人密度接近 2.5 人/m^2，行人走行困难，行人服务质量较低。但持续时间较短，通过图中对取样时间段进行分析，行人是周期性到达，乘客密度达到密度高峰值后在较短时间内减少，直至低于密度阈值。其中，站台位置由于本身乘客活动较少，且乘客于车门位置具有聚集性，乘客密度持续保持高位，需要重点观测。

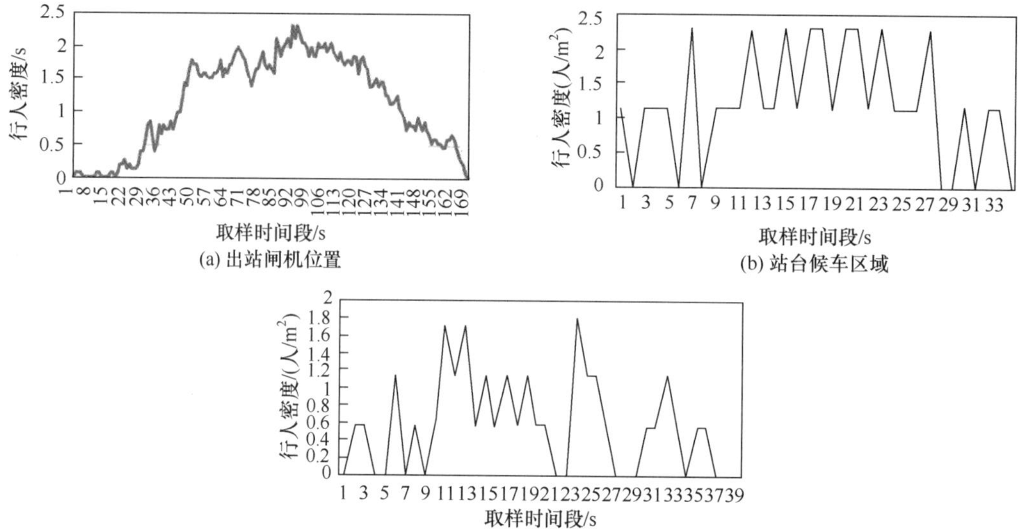

(a) 出站闸机位置　(b) 站台候车区域　(c) 站台至出站扶梯入口

图 5-37　区域密度变化情况

通过以上分析，得到瓶颈识别指标取值的分析结果如下。

1) 效率方面

车站整体集散效率较低，进站方向各条流线集散效率均为 3.5 左右，整体较低，但能满足日常服务需求。出站方向乘客滞留严重，影响车站整体服务质量。

2) 顺畅性方面

进站过程中主要受进站检票和进站安检能力限制。出站方向所有设备均对舒畅性有较大影响。其中，站台至出站层扶梯入口位置和出站闸机位置乘客滞留时间值较大。

3) 安全性方面

站台、出站闸机、站台至出站层扶梯入口处行人密度较大，有安全风险，其中站台高密度时间持续较长，但行人流动性较小；而出站闸机位置较为有序，安全性较高；楼扶梯入口处行人流动性大，存在安全隐患。

5.8.3　沙坪坝站仿真分析

1. 沙坪坝站车站介绍

沙坪坝站位于重庆市沙坪坝区，隶属于中国铁路成都局集团有限公司，是重庆市“三主两辅”客运枢纽体系的两辅之一，是一座集高速铁路、轨道交通、公交车、出租车等多种交通方式于一体的综合交通枢纽。也是成渝地区区域轨道交通网络中的重要节点。

沙坪坝站铁路综合交通枢纽工程总用地面积 8.5 万 m^2，建筑总面积 75 万 m^2。截至 2017 年 11 月，工程实施范围建筑面积 28 万 m^2，交通枢纽综合体部分建筑面积为 27 万 m^2，包含沙坪坝站站房(高架)、进站架空通道、铁路配套用房、高铁出站厅、高铁换乘通道、地下出租车站、地下公交车站、地下停车库、设备用房等。其中，沙坪坝站铁路站房建筑面积 13974m^2，按高峰小时 4000 人规模设计，站场上盖约 4.9 万 m^2。

沙坪坝站在站房大厅两侧配备了 40 余台自助售、取票设备。这些设备不仅可以办理普通车票售取业务，还具备学生证，香港、澳门及台湾地区来往内地通行证的识读办理功能。沙坪坝站规划建设 3 条轨道交通线路，分别为重庆轨道交通 1 号线、9 号线和环线。其中，1 号线已开通运营，环线 2018 年底建成通车、9 号线沙坪坝站 2020 年建成通车。

沙坪坝站作为铁路枢纽车站，静态能力能够反映的设备使用情况有限。乘客进出站过程存在明显的周期性，静态检算的能力无法衡量行人在服务设施处进行服务的情况，如排队时间、入口处行人密度、安全风险等问题。因此，建立沙坪坝站仿真模型，对车站集散设备进行动态仿真检算，确定其瓶颈。

根据进出站行人走行流程构建行人流程建模。沙坪坝站日常客流较小，设备利用程度较低，采用压力测试法对设备能力和配置合理性进行分析。

2. 车站整体布局

沙坪坝站为高架上跨式车站，采用全立体的布局，是我国首例铁路站场上盖做城市空间利用的项目(图 5-38)。沙坪坝站利用地下空间，地下共设置 8 层，各主要交通方式换乘距离均在 100m 以内。

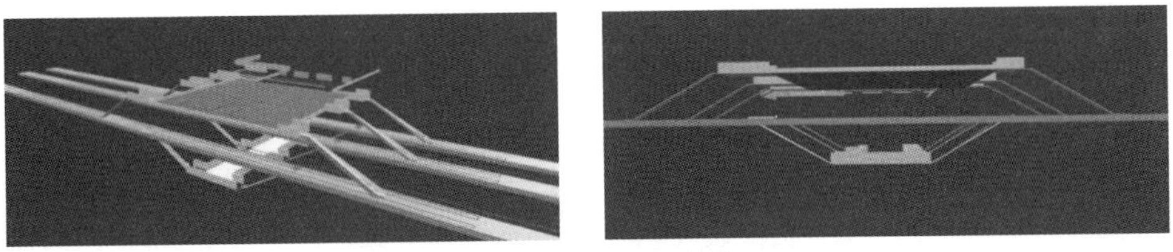

图 5-38　沙坪坝站结构

其中，售票大厅、候车厅及相关功能区域在地面层；公交车站、高铁站台位于地下负一层；出租车站台位于负二层；铁路配套用房位于地下负三层至负一层；高铁换乘通道、高铁换乘厅、共享汽车停车场位于地下负四层；轨道交通站厅位于地下负七层；停车库位于地下负七层至负一层；设备用房主要分布于盖下负二层、负三层、负六层。

沙坪坝投用站台规模为 3 台 7 线(含正线)；设 8m 宽基本站台一座，设 11.5m 宽岛式中间站台两座，长度均为 450m，高度为 1.25m；站台雨棚为无站台柱雨棚。

3. 车站设施及行人流线分析

沙坪坝综合枢纽的集散换乘过程为进站过程、出站及换乘过程。

1) 进站过程

根据进站客流服务流程和走行路径，绘制进站客流流线如图 5-39、图 5-40 所示。

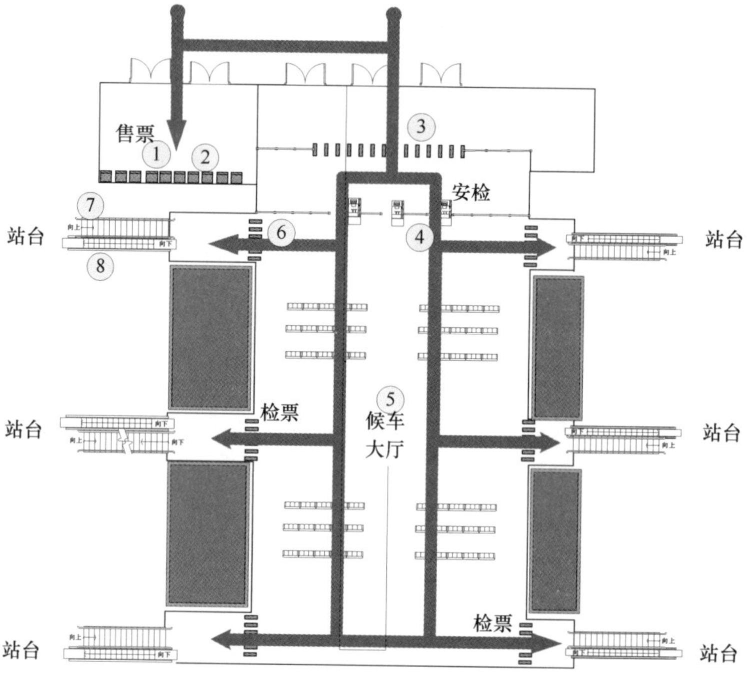

图 5-39　沙坪坝站进站流线图

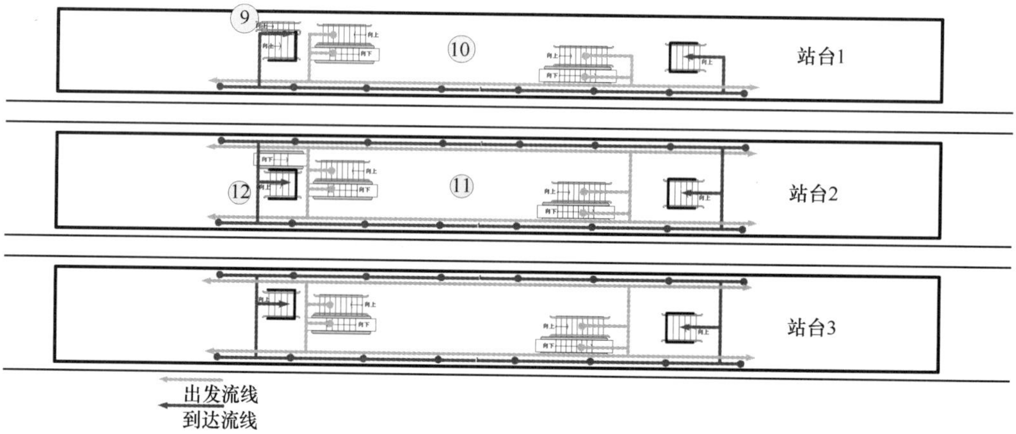

图 5-40　沙坪坝站站台流线图

2) 出站及换乘过程

出站及换乘过程如图 5-41 所示，图中设备⑰为换乘楼扶梯。

4. 车站设施设备静态能力检算

根据沙坪坝站设备数量及位置确定其静态能力检算见表 5-35。

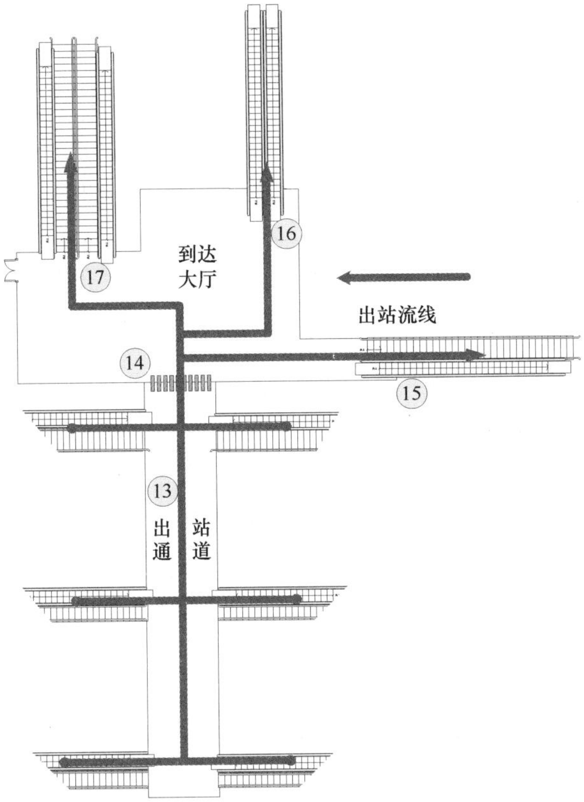

图 5-41　沙坪坝站出站及换乘流线图

表 5-35　沙坪坝站进站设备静态能力检算

设备编号	设备名称	设备数量或尺寸	单位能力		设备能力		能力需求	设备利用率		备注
			国标	查定	国标	查定		国标	查定	
1	售票厅售票机	9 台	300	150	2700	1350	221	0.08	0.16	按乘客进站高峰小时计算
2	售票厅人工售票窗口	10 个	1200	400	12000	4000	221	0.02	0.06	
3	进站闸机	15 台	1500	1000	22500	15000	1105	0.05	0.07	
4	进站安检	3 台	1600	1600	4800	4800	1105	0.23	0.23	
5	候车大厅	3241m^2	3	3	9723	10695	2004	0.21	0.19	
6	单侧检票闸机	5 台	1500	1000	7500	5000	2072	0.36	0.53	
7	单侧站厅至站台下行步梯	2 个	4200	3700	10080	8880	534	0.05	0.06	
8	单侧站厅至站台下行扶梯	1 台	6720	5400	6720	5400	2138	0.32	0.40	

续表

设备编号	设备名称	设备数量或尺寸	单位能力		设备能力		能力需求	设备利用率		备注
			国标	查定	国标	查定		国标	查定	
9	单侧站台至通道扶梯	1 台	6720	5400	6720	5400	2672	0.40	0.49	按照列车周期性到达
10	侧式站台	2419m²	3	3	7257	7257	668	0.09	0.09	
11	岛式站台	2872m²	3	3	8616	8616	1336	0.16	0.16	
12	站台至通道步梯	3 个	4200	3700	10500	9250	1105	0.11	0.12	
13	出站通道	13 个	5000	4300	67250	57835	4544	0.07	0.08	
14	出站闸机	10 台	1500	600	15000	6000	4544	0.30	0.76	
15	出站楼扶梯 1	1 台	10000	7000	10000	7000	2272	0.23	0.32	成组楼扶梯
16	出站楼扶梯 2	1 台	10000	7000	10000	7000	568	0.06	0.08	
17	换乘楼扶梯	1 台	20000	7000	20000	7000	568	0.03	0.08	

因为沙坪坝站本身定位为市域交通枢纽，主要接发车为市域短途列车，站台数量较少，接发列车班次较少，能力较为富余，所以计算设备使用率均低于 100%。沙坪坝站设备满足当前集散客流强度需求。

从静态检算结果可知，乘客进站过程中，进站安检为潜在瓶颈点，现状利用率为 0.23，如图 5-42 所示，在客流持续增大过程中会最先出现问题，其位置如图 5-39 位置④所示，铁路枢纽乘客往往携带大宗行李，安检过程较普通车站更为烦琐，用时较长。且该车站检票闸机至安检排队位置空间较小，若突发大客流，在车站出口位置有拥堵风险。其他潜在瓶颈点为候车大厅，沙坪坝站全日班次多为始发班次，车站集散人数较多，在发车较为密集的时间段，可能聚集大量乘客在站内候车。而候车大厅的性质特殊，在人数较多时，还会对行人检票上车的排队过程有一定影响。

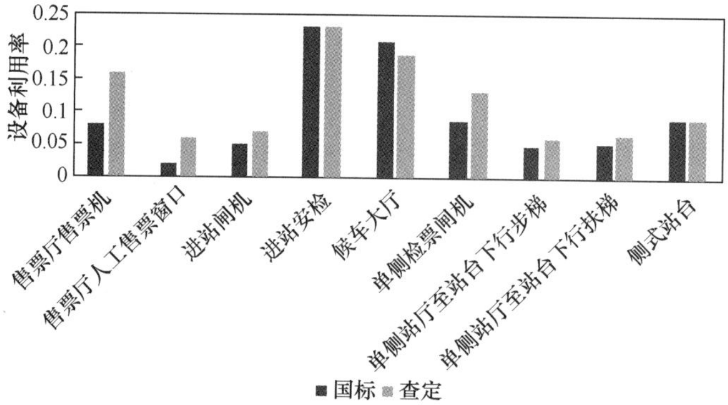

图 5-42　进站过程设备利用率

在出站过程中，出站闸机处的设备利用率极高，国标下 0.30，查定标准下 0.76，如图 5-43 所示。在现状的客流情况下，能力富余较小，随客流量增大会形成车站瓶颈。出站扶梯位置设备利用率较高，因为列车下车乘客集中到达，且多携带行李，在楼扶梯出口位置通过率较低，所以设备利用率较高。

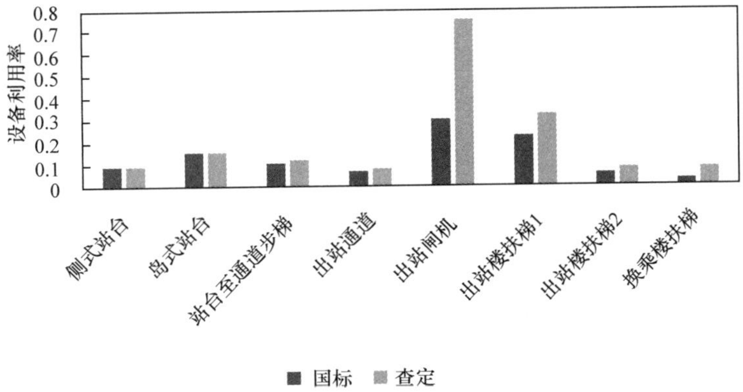

图 5-43 沙坪坝站出站设备利用率

通过对沙坪坝站设备使用情况进行仿真分析，进站过程存在的设备瓶颈主要有三处：

(1) 乘车身份核验，即候车乘客前往站台需经过的身份证核验阶段，该位置设备瓶颈属于固有瓶颈。由于车站站厅空间较大，较长的排队距离不会对其他设备产生扩散性的影响。

(2) 进站安检，由于安检类设备体积较大，布局较为烦琐，入口处安检机数量普遍较少，服务能力较低。同时安检机与进站闸机之间空间较小，因此能够容纳排队行人有限。随着远期车站客流量增长，进站过程应首先增加该处设备数量，增加通过能力。

(3) 进站检票闸机，受到安检能力限制，由于安检排队区域空间较小，无法容纳过多排队乘客，整个进站口排队乘客被车站工作人员控制在站外等待，造成检票进站处排队人数的增加。

5. 进站基础设施配置协调优化

1) 车站进出站过程仿真建模

沙坪坝站进站过程是较为标准的枢纽车站进站过程，站前广场进入后，通过进站设备在候车大厅候车，在预定时间抵达站台等候。进站过程中候车大厅与站台面积较大，通常不会成为瓶颈类设备。沙坪坝站进站乘车过程流程如图 5-44～图 5-46 所示。

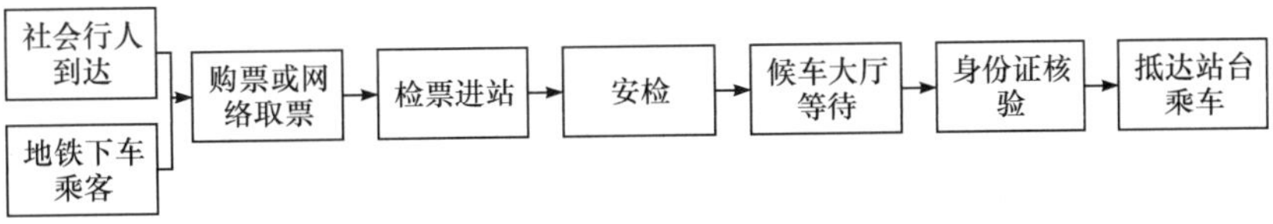

图 5-44 沙坪坝站进站过程行人服务流程

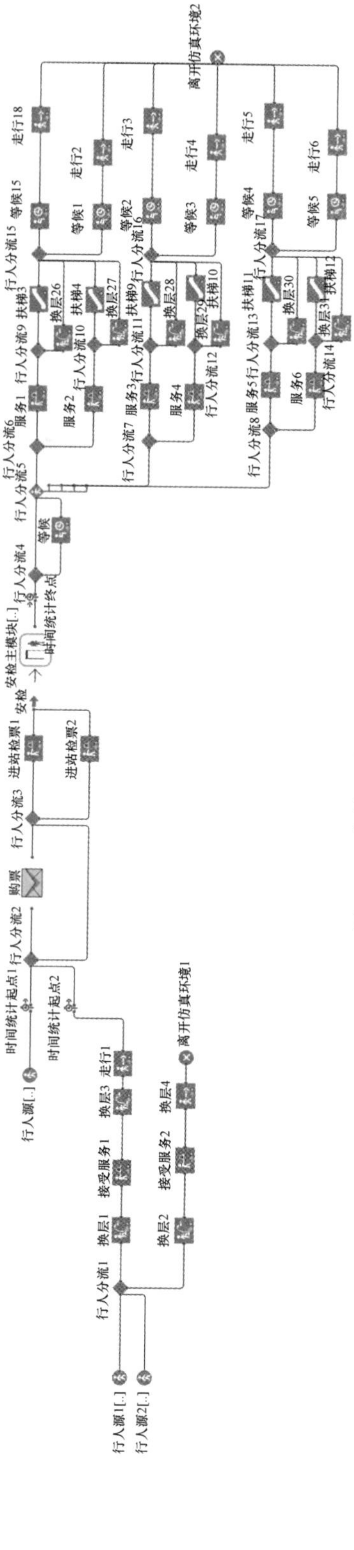

图5-45　出站及换乘过程行人走行逻辑

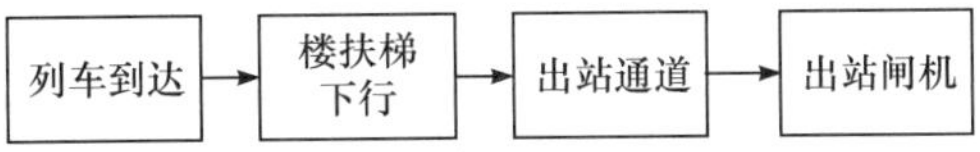

图 5-46　出站过程设备服务过程流程图

因此，出站过程行人逻辑建模如图 5-47 所示。

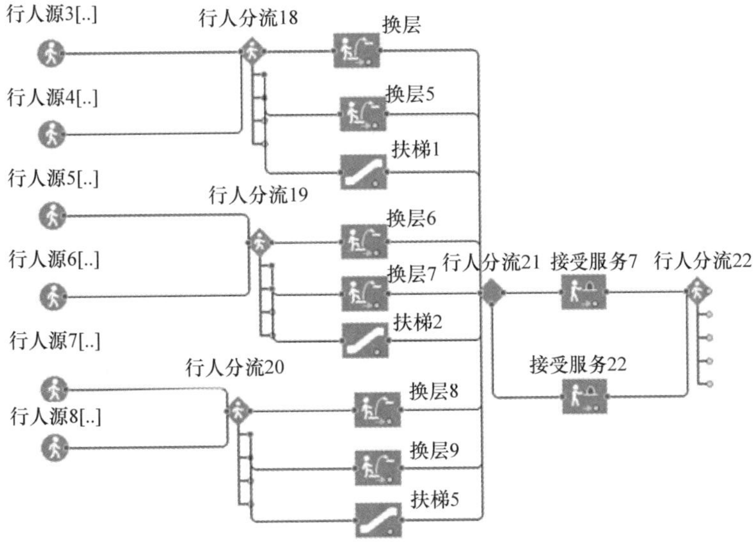

图 5-47　出站过程行人逻辑建模

通过运行仿真模型，对车站行人密度进行监控，如图 5-48 所示。从图中可知，客流密度较大的位置为出站闸机排队位置、站台至出站层楼梯入口处、走行通道的流线折线位置。

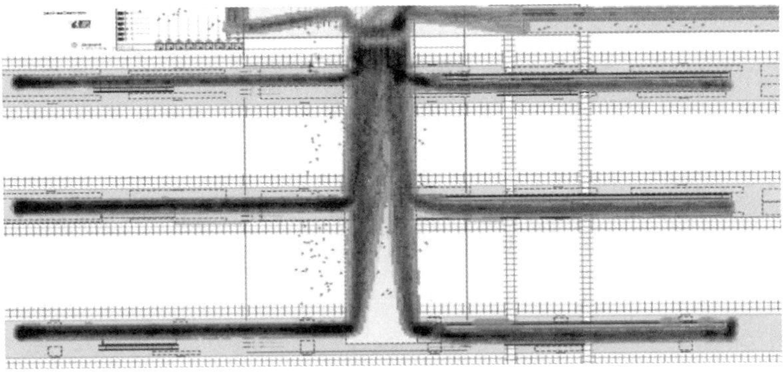

图 5-48　出站过程行人密度图

对沙坪坝站进行客流调查，确定模型输入参数见表 5-36。

表 5-36　仿真模型输入参数

参数类型	参数设置	单位
进站速率	1440	人/h
乘客购票时间	Uniform(15,30)	s
乘客进闸时间	Uniform(2,3)	s

续表

参数类型	参数设置	单位
乘客安检时间	Uniform(8,15)	s
铁路列车到达间隔	12	min
枢纽列车到达间隔	3	min
枢纽列车下车人数	600	人
铁路列车到达人数	600	人

根据车站结构及土建参数进行环境建模，其中环境街建模如图 5-49 所示。

图 5-49　车站进站流程全貌

2) 基础设施设备能力及瓶颈分析

沙坪坝站枢纽站其日常客流较小，设备能力富余，故通过不断增加车站的进站人数，采用压力测试法对车站的设备能力进行合理评估，分析其设备配置存在的问题。调整车站进站速度，使仿真模型运行 1h 统计各设备位置排队人数。通过对图 5-50 分析可知，进站过程存在的设备瓶颈主要有三处：

(1) 乘车身份核验，即候车乘客前往站台需经过的身份证核验阶段，该处排队位置较长，属合理情况。由于出发乘客在候车大厅集结，需在短时间内通过闸机到达站台，该过程只要能够满足 15min 的时间限制即可。而且由于车站站厅空间较大，较长的排队距离不会对其他设备产生扩散性的影响。

(2) 进站安检，由于安检类设备体积较大，布局较为烦琐，入口处安检机数量普遍较少，服务能力较低。同时由于安检机与进站闸机之间空间较小，所以能够容纳排队行人有限。

(3) 进站检票闸机，进站安检设备的排队长度随进站速率增加前期增长较快，后期增加速度明显降低。由于该处设备空间较小，无法容纳过多排队乘客，只能通过将乘客控制在站外检票进站设备处，就造成检票进站处排队人数的增加。

由图 5-51 可知，乘客进入车站后，在候车大厅进行候车服务，能力富余。在乘车身份核验的闸机前存在行人密度较大的情况，由于中国的乘车制度，对称侧乘车检票闸机 15min 的通行最大能力为 2500 人，远超能力需求，故不会成为瓶颈限制。

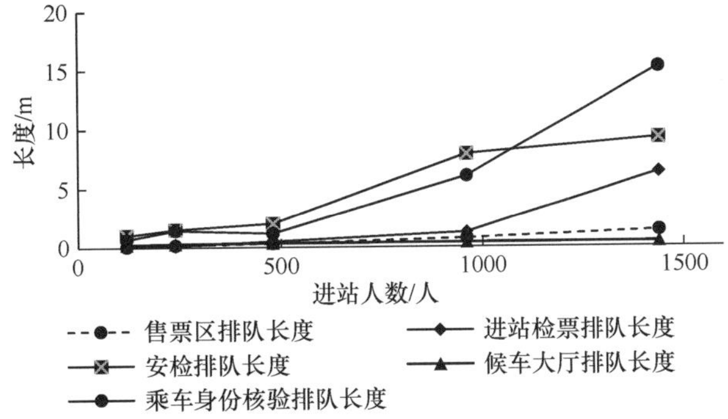

图 5-50　高峰进站人数——各设备位置排队长度

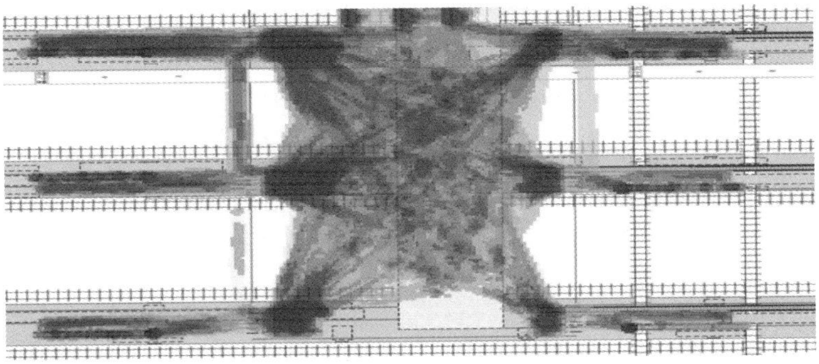

图 5-51　车站站厅区域空间使用情况

3) 基础设备配置优化

乘客售票大厅空间较为封闭，行人流动性强。对车站售票大厅留存人数进行统计，如图 5-52 所示。

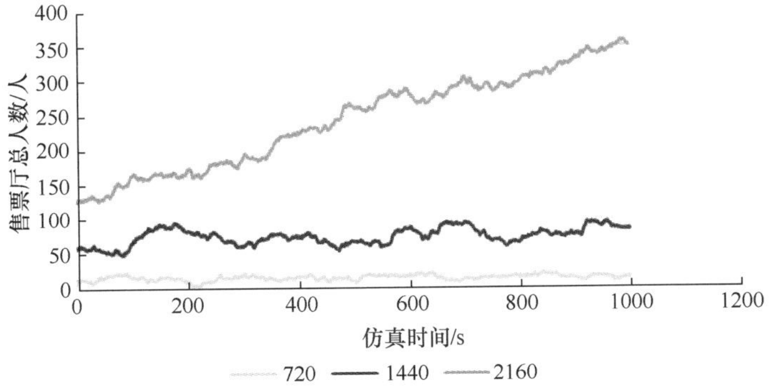

图 5-52　售票大厅总人数变化情况

当客流量为 720 人和 1440 人时，车站的售票区域总人数围绕一定值持续波动，说明在车站售票能力能够满足购票需求时，随着人数增加平均排队长度增加但不会无限制增长。当行人到达速率超过售票大厅能够满足的最大能力时，队列长度随时间增加而呈线性增加趋势。

结合三维行人模型进行分析，售票大厅整体为矩形结构，图中，远端为网络取票和自动售票机，近端为人工售票窗口。由于其服务特性，人工售票窗口服务时间较长，因此排队长度较长。队列形态在队列长度随时间增加的情况下，容易对售票厅出入口位置造成堵塞，影响服务效率。

对售票大厅处设备布置进行优化，如图 5-53 所示，增加人工服务窗口排队阻拦，规范行人排队位置。调整远端自动售票机位置垂直于原布置方向，以减少行人的走行距离，防止行人在售票大厅内穿行造成流线混乱。重新运行仿真模型，统计监测行人密度如图 5-54 所示，除入口处和售票大厅中央区域行人密度较高外，其他位置的行人流线缓解程度较好。

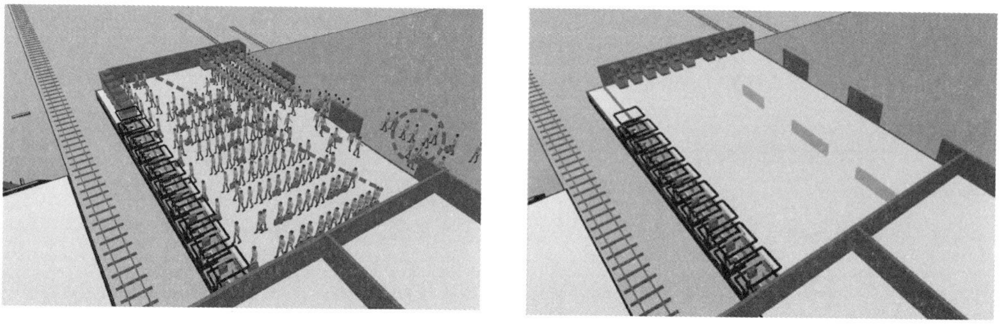

图 5-53　沙坪坝站售票大厅设备调整

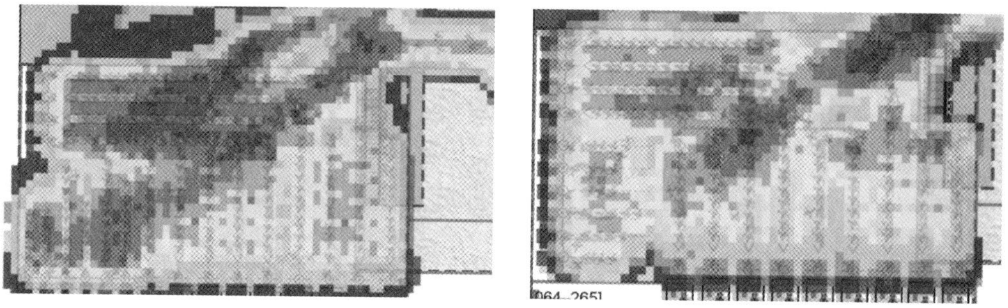

图 5-54　售票大厅设备优化行人密度对比

6. 枢纽瓶颈疏解方法

根据车站动态瓶颈识别结果，针对不同的瓶颈设备设施类型进行相应的疏解。通过对车站能力的静态瓶颈和动态瓶颈进行分析，得到车站需要疏解的独立瓶颈有进站安检、出站闸机、站台下行扶梯入口。由于出站过程中，设备的效率性指标和顺畅性指标均较低，先对出站闸机和站台下行扶梯入口处进行瓶颈疏解。由于出站闸机是站台下行扶梯入口处设备接续服务，故先对下行扶梯入口处设备进行疏解。

1) 站台下行扶梯瓶颈疏解

车站 3 个站台，站台两端均布设扶梯组，共计 6 组下行扶梯。针对站台下行扶梯，判定为通道类设备。且每组扶梯组均有一部扶梯一部楼梯，由于乘客往往携带行李箱、大宗行李，选择楼梯的乘客较少，扶梯位置乘客较多。为增加下行通过能力，相应的疏解措施为：①减少步梯宽度，在步梯缩减长度位置增加一部扶梯以增加下行通过能力；②改变下行扶梯的运行速度，从原来 0.5m/s 提升至 0.65m/s，增加下行通过能力。

(1) 增加一部下行扶梯。

沙坪坝站下行扶梯宽度为 1m，下行步梯宽度为 2.4m，通过拆除部分步梯改造为扶梯，改造后为两部 1m 下行扶梯，和一部 1.4m 楼梯。加载原客流进行仿真验证，得到此刻瓶颈设备的平均停滞时间见表 5-37。

表 5-37 增加一部下行扶梯停滞时间统计

	扶梯入口	站台平均	出站闸机	出站走行通道
平均停滞时间/s	24.5	289	19.8	15.7

可见，通过增加一部下行扶梯，扶梯入口处的行人平均停滞时间仅为原来 60.3%，得到较大程度的缓解。出站闸机和出站走行通道位置也有一定程度缓解，但仍然不能够满足 15s 的阈值。因此还需要其他措施。

(2) 改变下行扶梯运行速度。

在改造为两部扶梯的基础上，由车站现状下行扶梯运行速度 0.5m/s，提升至 0.65m/s，加载原客流进行仿真验证，得到此时各瓶颈设备设施的平均停滞时间，见表 5-38。

表 5-38 改变下行扶梯运行速度停滞时间统计

	扶梯入口	站台平均	出站闸机	出站走行通道
平均停滞时间/s	18.9	273	14.6	12.2

通过提升下行扶梯运行速度，出站闸机和走行通道处瓶颈得到疏解。而站台平均停滞时间减少 20.3%。但扶梯入口处仍有超过阈值的等待时间，由于下行乘客携带行李较多，由安全因素考量，无法再增加下行能力。在此疏解方案下，车站出站方向平均停滞时间减少量分别为 53.5%、20.3%、42.1%、39.8%。

通过对站台下行扶梯能力进行提升，车站出站设备利用率和顺畅性得到较大提升，且出站闸机处瓶颈已经通过上游设备疏解得到缓解，停滞时间低于阈值 15s。

2) 进站安检设施瓶颈疏解

车站进站安检机，属于排队类设施设备，现在车站开放使用的安检设备设施共有三台，难以满足远期客流增长需求。根据调查，车站目前有备用安检设备两台，相应的疏解措施为：增加 1 个单位的瓶颈设备数量。

(1) 增加安检机设备至 4 台。

目前沙坪坝站开放的安检机共 3 台，增加 1 台安检机，即安检机数量增加至 4 台，加载原客流进行仿真验证，得到各设备设施的平均停滞时间见表 5-39。

表 5-39 增加安检机设备至 4 台停滞时间统计

	进站安检	进站检票	售票	站厅
平均停滞时间/s	24.1	17.9	11.2	0.54

可见，通过增加安检能力，车站设备停滞时间虽然有所有减少，但仍超过阈值，所以仍需要增加设备数量。

(2) 增加安检机设备至 5 台。

继续增加沙坪坝站开放安检及数量，进站口安检机数量增加至 5 台，加载原客流进行仿真，得到各瓶颈设备设施平均停滞时间见表 5-40。

表 5-40　增加安检机设备至 5 台停滞时间统计

	进站安检	进站检票	售票	站厅
平均停滞时间/s	14.53	12.45	11.2	0.54

进站安检设备和进站检票平均停滞时间均达到要求，进站过程流线的主要瓶颈也得到疏解。其中，进站安检、进站检票的平均停滞时间分别减少 61.0%、53.0%。售票区域和站厅区域基本不受影响。

3) 出站设施瓶颈疏解

出站过程中，改造下行步梯，拆解增加一部下行扶梯，且运行速度由原来 0.5m/s 提高至 0.65m/s，对出站过程的扶梯入口处，出站闸机的瓶颈也有疏解作用。

第 6 章　区域轨道交通列车运输计划优化方法

6.1　基于序参量的多制式轨道交通运输计划协同模式

6.1.1　协同学基本概念

当今世界存在大量的复合系统，这些复合系统结构繁杂、形态多样，而且遵循大量不同的运行原理。对于这种复合系统的研究，协同学将该系统视作一个整体，从整体的角度对该系统的运行规律进行探究。

协同学理论认为系统是由混沌走向有序的，最为直接的证明是自然界中生命体的产生，而反映到经济学或者社会学中，就是系统行为的倾向性。

基于协同学理论的研究模式已经比较成熟，该研究模式的其他同类研究成果已比较丰富，彭耿和刘芳(2014)通过协同学理论研究了武夷山片区内多个区域子系统的经济发展协同度；王晓亚和翁国阳(2015)通过建立复合系统模型，研究了我国各地区知识密集型产业的产业发展协同度，并确定了应该产业发展协同度的主要影响因素。协同学理论在系统协同过程中认为系统协同程度的高低由系统中的序参量决定，在本研究中，其落脚点就是对区域轨道交通协同运输方式的发展建议。

6.1.2　基于有序度的区域轨道交通协同模式决策模型

在协同主次关系时，将整个区域轨道交通看作一个大的系统。这个大系统可以分为三个子系统：国铁干线子系统、城市轨道交通系统以及市域铁路子系统。要想实现这个系统的协同一体化，不得不考虑的一个问题：各个子系统在整个大系统中的重要程度是否相同。也就是说三个子系统是否处于同一重要层次，或者三个子系统之间有主有辅。如果能够解决这一关键性的决策问题，那么将对于后面章节中对区域轨道交通协同理论的研究以及后期区域轨道交通开行方案的协同编制、区域轨道交通协同一体化软件实现与应用有举足轻重的指导性作用。

1. 模型构建基本步骤

本节采用系统有序度的量化评价方法进行研究，量化的主要步骤如下(沈世伟等，2013)。

1) 建立复合系统模型

该系统模型有三个主要因素：复合系统、子系统以及序参量。序参量的选择往往是模型构建的重点，因此选择最能够体现子系统有序程度的指标作为整个复合系统的序参量。若子系统的性质相同，则所选取的序参量也相同。区域轨道交通复合系统的框架如图 6-1 所示。

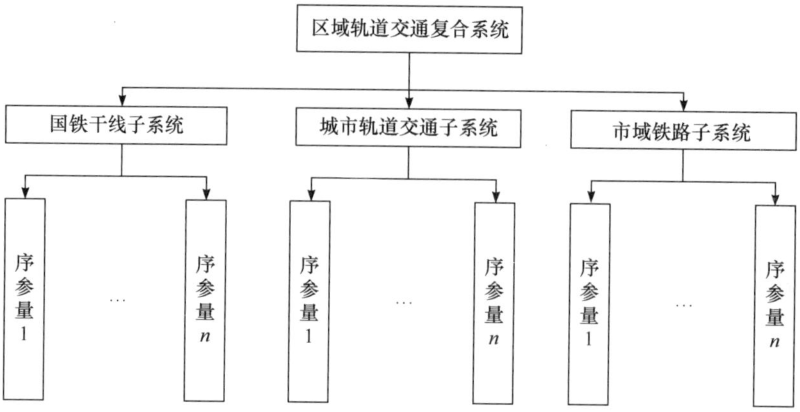

图 6-1　区域轨道交通复合系统框架图

2) 确定序参量权重

熵值赋权法(康柳江，2016)是产业研究和综合评价中常用的一种方法，其基本原理是通过信息熵来确定指标权重，从而为综合评价提供支持。因为其基本原理和特征与协同学中系统有序度评价的基本思想互相契合，通过序参量的信息熵来确定序参量权重。在确定序参量权重的过程中，先对不同子系统中序参量的样本数据性质进行考量，再对三个子系统的序参量进行赋权工作。

3) 子系统有序度计算

子系统有序度反映了该子系统的发展程度，不同子系统的发展程度不同，由于不同子系统的序参量权重有所区别，它们的有序程度计算公式也稍有不同。子系统有序度的计算结果不仅可以反映各个子系统协同的有序程度，也是区域轨道交通协调不同制式之间主次关系的重要参考指标。

2. 区域轨道交通协同有序度计算模型

1) 序参量预处理

将某一地区的区域轨道交通看作一个大系统，用 S_1 表示该地区的国铁干线(既有铁路与高铁动车)子系统，S_2 表示该地区的城市轨道交通子系统，S_3 表示该地区市域铁路子系统。将第 i 个子系统中影响系统有序程度的第 j 个序参量用 e_{ij} 表示，从所有序参量中取 m 个样本，用 x_{jt} 来表示第 j 个序参量第 t 个样本的值。因为所选取序参量的量纲与取值区间有所不同，故要先对选取的序参量样本进行无量纲的标准化处理：

$$x'_{jt}=\frac{x_{jt}}{x^{*}_{jt\max}},\quad j\in(1,\cdots,k),\quad t\in(1,\cdots,m) \tag{6-1}$$

$$K_{jt}=\frac{x'_{jt}}{\sum_{t=1}^{m}x'_{jt}} \tag{6-2}$$

2) 赋权

因为信息熵能够反映评价指标对评价结果所提供的信息量，故采用熵值赋权法(Stuart

et al.，2000)。信息熵是信息无序度的度量，信息熵越大，信息的无序度越高，其信息的效用值越小；反之，信息的熵越小，信息的无序度越小，信息的效用值越大(荣利利等，2008)。根据式(6-2)计算得到的 K_{jt} 可确定不同序参量在系统中的权重。g_i 表示指标的信息熵，λ_{ij} 表示第 i 个子系统的第 j 个序参量的权重，且满足 $1=\sum_{j=1}^{n}\lambda_{ij}$，则有

$$g_i = -k \cdot \sum_{t=1}^{m}(K_{jt} \cdot \ln K_{jt}) \tag{6-3}$$

$$w_j = 1 - g_i \tag{6-4}$$

$$\lambda_{ij} = \frac{w_j}{\sum_{j=1}^{n} w_j} \tag{6-5}$$

式(6-3)中，k 是一个常数，与样本的大小有关，取 $k = 1/\ln m$。

3) 有序度计算

对于所选取的序参量 e_{ij}，满足 $\beta_{ij} \leqslant e_{ij} \leqslant \alpha_{ij}$。$i$ 的取值为(1，2，3)，j 的取值为(1，2，…，n)，n 为各个子系统所选择的序参量的数量；α_{ij} 为序参量 e_{ij} 在整个系统达到稳定时的取值上限，β_{ij} 为序参量 e_{ij} 在整个系统达到稳定时的取值下限。$u_i(e_i)$ 为第 i 个子系统的有序度，则有

$$u_i(e_{ij}) = \frac{\lg e_{ij} - \lg\beta_{ij}}{\lg\alpha_{ij} - \lg\beta_{ij}} \tag{6-6}$$

$$u_i(e_i) = \sum_{i=1}^{n}[\lambda_{ij} \cdot u_i(e_{ij})] \tag{6-7}$$

6.1.3　多制式区域轨道交通协同模式算例分析

本节将通过对成都地区区域轨道交通系统协同有序度的分析，根据各子系统的有序度对比，找出各子系统在整个区域轨道交通系统中的重要程度，进而研究区域轨道交通各制式协同的主次关系。

1. 序参量选取

1) 选取原则

所要选取的序参量能够尽量反映出三个子系统的实际规模，并且要遵循以下原则。

(1) 科学性。

科学性原则是指所选择的序参量指标应当符合本节研究过程中对于该指标的作用要求，即所选取的序参量不仅能够反映各子系统的发展现状，而且选定的序参量能够得到大众对其本身的认可。

(2) 合理性。

合理性指的是所选择的指标在能够科学地反映各个制式区域城市轨道交通发展程度

的前提下，形成的序参量指标体系也应该科学合理，并且使区域轨道交通的发展状况通过序参量得到全面有效的评估。

(3) 可获取性。

所选取的序参量指标对应的数据必须能够得到获取的保证。在这种情况下，有效地获取指标数据就成为评价体系是否能够得到科学结果的重中之重。因此，在筛选序参量时，极力避免了主观因素比较突出的相关指标，也规避了可靠程度不足的数据指标，而保证所建立的序参量体系具有较强的可靠性与可操作性。

2) 序参量选取

根据指标选取原则选取 5 个最能反映各制式区域轨道交通规模的序参量指标，分别是年周转量 e_{i1} (万人 km)、年运输量 e_{i2} (万人)、就业人数 e_{i3} (万人)、资产总额 e_{i4} (亿元)和运营里程 e_{i5} (km)。其中 e_{i1} 和 e_{i2} 两个指标能够反映各制式轨道交通的运营能力与运营规模， e_{i3} 、 e_{i4} 和 e_{i5} 三个指标反映各制式轨道交通的自身发展规模。

分别选取 2013～2017 年这五年国铁干线(u_1)、城市轨道交通(u_2)、市域铁路(u_3)这三个子系统的相关指标数据，见表 6-1～表 6-3。

表 6-1　国铁干线子系统序参量数据

指标	2013	2014	2015	2016	2017
周转量/(万人 · km)	318800	548977	663954	787697	1058190
运输量/万人	23141	28169	38312.2	61587.2	84267.6
就业人数/万人	2.11	2.37	2.63	2.85	3.12
资产总额/亿元	1850	2180	2650	2900	3340
运营里程/km	450	569	680	725	745

表 6-2　城市轨道交通子系统序参量数据

指标	2013	2014	2015	2016	2017
周转量/(万人 · km)	107160	114750	136000	263200	257400
运输量/万人	22800	25500	34000	56000	78000
就业人数/万人	0.58	0.76	0.92	1.16	1.23
资产总额/亿元	850	1040	1120	1310	1500
运营里程/km	41	62	87	120	179

表 6-3　市域铁路子系统序参量数据

指标	2013	2014	2015	2016	2017
周转量/(万人 · km)	32678	46687	33517	34168	38743
运输量/万人	486	757	493	613	757

续表

指标	2013	2014	2015	2016	2017
就业人数/万人	0.06	0.07	0.08	0.08	0.09
资产总额/亿元	150	180	185	320	322
运营里程/km	73	93	95	95	95

注：表中数据主要来源于国家统计局,《成都市国民经济和社会发展统计公报》、《成都市统计年鉴》、《成都铁路局年鉴》。

2. 数据处理与分析

首先，将原始数据代入式(6-1)、式(6-2)中计算，得到无量纲的标准化数据 K_{jt}， K_{jt} 就可以在不同子系统之间、不同序参量之间和不同的时间段内形成比较和趋势分析。

1) 各子系统序参量贡献度

确定各子系统序参量贡献度的两个步骤如下。

(1) 判断序参量的正负向指标性，找出每个序参量在统计期内样本数据的最大值 α_{ij} 与最小值 β_{ij}。

(2) 计算序参量对子系统有序度的贡献率。

通过三个子系统的序参量数据表，区域轨道交通协同有序度计算模型各序参量的性质以及各样本数据的最大值 α_{ij} 与最小值 β_{ij} 见表 6-4。

表 6-4　成都地区轨道交通序参量分析表

子系统	序参量名称	性质	β_{ij}	α_{ij}
国铁干线	周转量/(万人 · km)	正向指标	318800	1058190
	运输量/万人	正向指标	23141	84268
	就业人数/万人	正向指标	2.11	3.12
	资产总额/亿元	正向指标	850	3340
	运营里程/km	正向指标	450	745
城市轨道交通	周转量/(万人 · km)	正向指标	107160	263200
	运输量/万人	正向指标	22800	78000
	就业人数/万人	正向指标	0.58	1.23
	资产总额/亿元	正向指标	850	1500
	运营里程/km	正向指标	41	179
市域铁路	周转量/(万人 · km)	正向指标	32678	46687
	运输量/万人	正向指标	486	757
	就业人数/万人	正向指标	0.06	0.09
	资产总额/亿元	正向指标	150	322
	运营里程/km	正向指标	73	95

将以上分析过程得到的各序参量对应的最大值 α_{ij} 与最小值 β_{ij} 代入式(6-6)，分别求得 2013～2017 年三个子系统中所有序参量的每个样本值对区域轨道交通有序度的贡献度 $u_i(e_{ij})$，见表 6-5～表 6-9。

表 6-5　2013 年子系统的序参量对区域轨道交通有序度的贡献度

指标	$u_1(e_{ij})$	$u_2(e_{ij})$	$u_3(e_{ij})$
周转量/(万人 · km)	0	0	0
运输量/万人	0	0	0
就业人数/万人	0	0	0
资产总额/亿元	0	0	0
运营里程/km	0	0	0

表 6-6　2014 年子系统的序参量对区域轨道交通有序度的贡献度

指标	$u_1(e_{ij})$	$u_2(e_{ij})$	$u_3(e_{ij})$
周转量/(万人 · km)	0.311	0.049	1.000
运输量/万人	0.082	0.049	1.000
就业人数/万人	0.257	0.277	0.333
资产总额/亿元	0.221	0.292	0.174
运营里程/km	0.403	0.152	0.909

表 6-7　2015 年子系统的序参量对区域轨道交通有序度的贡献度

指标	$u_1(e_{ij})$	$u_2(e_{ij})$	$u_3(e_{ij})$
周转量/(万人 · km)	0.467	0.185	0.060
运输量/万人	0.248	0.203	0.026
就业人数/万人	0.515	0.523	0.667
资产总额/亿元	0.537	0.415	0.203
运营里程/km	0.780	0.333	1.000

表 6-8　2016 年子系统的序参量对区域轨道交通有序度的贡献度

指标	$u_1(e_{ij})$	$u_2(e_{ij})$	$u_3(e_{ij})$
周转量/(万人 · km)	0.634	1.000	0.106
运输量/万人	0.629	0.601	0.469
就业人数/万人	0.733	0.892	0.667
资产总额/亿元	0.705	0.708	0.988
运营里程/km	0.932	0.572	1.000

表 6-9　2017 年子系统的序参量对区域轨道交通有序度的贡献度

指标	$u_1(e_{ij})$	$u_2(e_{ij})$	$u_3(e_{ij})$
周转量/(万人 · km)	1	0.963	0.433
运输量/万人	1	1	1
就业人数/万人	1	1	1
资产总额/亿元	1	1	1
运营里程/km	1	1	1

2) 序参量赋权及分析

将计算得到的标准化数据 K_{jt} 代入式(6-3)求出指标的信息熵，其中 $k=1/\ln 5$。再根据式(6-4)计算各指标的熵权，最后用式(6-5)计算序参量的权重。

通过以上运算可以得到国铁干线、城市轨道交通以及市域铁路三个子系统对应的三套权重体系。分别见表 6-10～表 6-12。

表 6-10　国铁干线子系统序参量权重表

序参量	指标名称	权重 λ_{ij}
e_{11}	周转量	0.300
e_{12}	运输量	0.498
e_{13}	就业人数	0.040
e_{14}	资产总额	0.092
e_{15}	运营里程	0.070

从表 6-10 中可以发现，在成都地区的国铁干线子系统中，序参量 e_{11} 与序参量 e_{12} 以绝对优势占有最大比例，是对该子系统贡献较大的序参量，说明运输量和乘客周转量是国铁干线子系统的一个巨大优势。同时也说明该子系统充分地发挥了其运输作用，尽可能地满足了长途旅客出行需求。

表 6-11　城市轨道交通子系统序参量权重表

序参量	指标名称	权重 λ_{ij}
e_{21}	周转量	0.213
e_{22}	运输量	0.308
e_{23}	就业人数	0.097
e_{24}	资产总额	0.051
e_{25}	运营里程	0.331

从表 6-11 可以看出，在成都地区的城市轨道交通子系统中，序参量 e_{21}、序参量 e_{22} 的权重较大，即对该子系统的贡献较大。表明城市轨道交通的运输量和周转量是该子系

统的优势，虽然城市轨道交通子系统的运营里程相对其他制式较小，但是足以满足城市内部旅客短距离的出行需求；此外，因为乘客乘坐城市轨道交通的频率较高，反而会使运输量和周转量所占权重较大。

表 6-12 市域铁路子系统序参量权重表

序参量	指标名称	权重 λ_{ij}
e_{31}	周转量	0.102
e_{32}	运输量	0.201
e_{33}	就业人数	0.099
e_{34}	资产总额	0.546
e_{35}	运营里程	0.052

从表 6-12 可以看出，在成都地区市域铁路子系统中，序参量e_{34}具有较为明显的优势，对该子系统的贡献最大；而反映乘客出行的序参量e_{33}和e_{35}，则没有展示其优势所在，说明该子系统不能很好地满足市域间乘客出行需求。原因可能是由于市域铁路线路和车次较少，不能很好地连通成都市和周边地区，选择市域铁路往来于成都和周边地区的乘客相对不多。

3) 各子系统有序度计算及分析

用之前计算得到的各序参量对历年子系统的贡献度$u_i(e_{ij})$与各序参量对应三个子系统的权重λ_{ij}，计算三个子系统的有序度。

u_1、u_2、u_3分别表示国铁干线子系统、城市轨道交通子系统、市域铁路子系统的有序度，有序度值的大小能够直接反映三种不同制式轨道交通的发展程度，也可作为三种不同制式轨道交通在进行区域协同运输时各自在系统中权重的重要参考。

因在计算过程中，各个序参量对应β_{ij}的取值为样本数据中的最小值，为避免出现部分子系统有序度为 0 的情况而出现计算错误，将计算结果为零的子系统有序度函数值修正为一个极小的正数 0.001。历年各子系统有序度$u_i(e_i)$的值见表 6-13。

表 6-13 成都地区三种制式轨道交通系统发展有序度

有序度	2013	2014	2015	2016	2017
$u_1(e_1)$	0.001	0.178	0.459	0.843	0.996
$u_2(e_2)$	0.001	0.097	0.254	0.695	0.752
$u_3(e_3)$	0.001	0.125	0.198	0.650	0.709

从表 6-13 可以看出，后三年三个子系统的有序度从高到低排序依次为国铁干线子系统、城市轨道交通子系统和市域铁路子系统。其中，随着成都地区高速铁路快速建成，长途旅客选择的出行方式也开始多样化，致使国铁干线子系统的有序度迅速上升。而成都市内城市轨道交通的线路也逐渐由两条发展成“网状”线路，市内通达性逐渐提高，人们

出行更加方便，整个子系统运营组织更加成熟，有序度随之上升。而市域铁路自身虽然没有大的发展，但是其内部运营模式却一直不断完善，加上前两个子系统发展对其产生的影响，该子系统在 2015 年与 2016 年间的有序度迅速提高。

从图 6-2 可以发现，随着三种制式的轨道交通子系统的各自发展，三个子系统的有序度保持逐年升高的趋势。其中，2014～2015 年，市域铁路的有序度开始落后于城市轨道交通，原因在于成都地区的城市轨道交通发展有了较为明显的进展，而市域铁路内部发展较为停滞。2015 年以后，城市轨道交通与市域铁路的有序度走势相似，这是由于近几年的发展中，市域铁路在运营时更加强调其自身与城市轨道交通“无缝衔接”，在犀浦站(城市轨道交通 2 号线与市域铁路成灌线的换乘枢纽)的运营组织更加协调，两者发展过程中受到彼此的影响加大。国铁干线子系统自身发展则表现得相对“独立”，有序度一直在提升，而且一直较大程度地领先其他两个子系统。说明国铁干线相对后两者发展较为独立，其自身发展主要受国家铁路网发展战略影响，运营管理模式与后两者不尽相同。虽然市域铁路由成都铁路局管理运营，但是其线路较为单一，加上自身客流来源受城市轨道交通客流影响较大，故其运营模式与城市轨道交通极为相近。

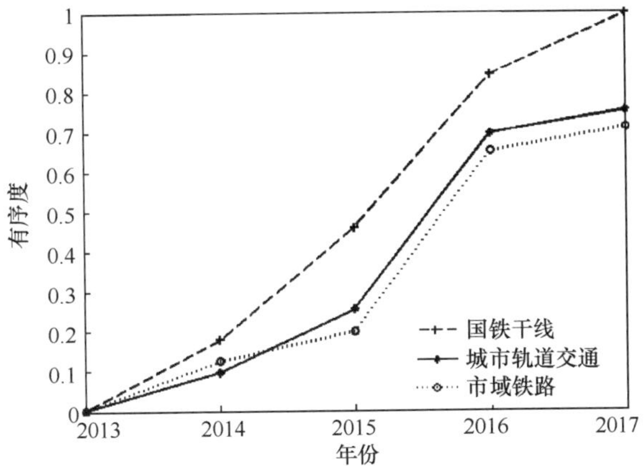

图 6-2　成都地区三种制式轨道交通系统发展有序度折线图

通过对上述图表数据的分析对比不难发现，国铁干线子系统的有序度远远领先城市轨道交通和市域铁路这两个子系统，而后两者对应子系统的有序度发展走势较为吻合。

6.2　城市轨道交通网络列车运行图协同优化

随着城市建设的快速推进，城市轨道交通蓬勃发展，单线列车运行图的独立优化编制研究已经不能满足网络化运营的需要，以提高运营管理水平及乘客服务质量为目标的网络列车运行图协同优化对城市轨道交通的发展具有实际意义。

本节结合城市轨道交通网络化运营实际，在各线路列车运行图独立编制完成的基础上，考虑乘客出行效益和运营组织效率，选择某一协调时段，构建基于换乘站的网络列车运行图协同优化模型，在满足行车安全要求、运输能力资源约束等条件下，调整线路区间运行时分，进而优化网络列车运行图。

6.2.1　研究问题分析

1. 协调时段确定

城市轨道交通运营平峰时段，行车密度较小，乘客平均换乘等待的时间较长；运营高峰时段，行车密度较大，网络换乘客流可以视作连续流，客流密集，站台面积有限，拥挤的客流极易引发踩踏事件，因此更注重线间列车的协调。本节所研究的网络列车运行图协同优化适用于运营各阶段。

这里对研究时段与城市轨道交通的运营时段进行一个区分：轨道交通的运营时段是根据客流特性划分的，针对不同时段制定出不同的行车计划，每条线路的运营时段划分存在差异。本节研究时段是针对整个路网而言的，所以必定会与某些线路的运营时段存在一定偏差，可能会出现研究时段跨越某条线路几个运营时段的现象(行车间隔不均衡)。不考虑运营时段划分给问题研究带来的影响。

2. 问题目标分析

纵观已有的文献研究可以发现，关于城市轨道交通网络列车运行图编制问题，多数学者都以网络乘客总换乘等待时间最短为目标，或是在此基础上增加一至两个目标来构建多目标模型。

网络条件下运输组织效率的提升必须通过基于换乘站的线间列车运行图协调优化来实现，协调优化效果通过网络总换乘等待时间反映出来，网络总换乘等待时间越短，协调优化效果越明显。为了降低模型的复杂度，将网络列车运行图协同优化研究目标设定为网络总换乘等待时间最短，同时考虑换乘站的客流构成，将目标进一步细化完整。

3. 研究问题描述

本节研究关于城市轨道交通网络列车运行图协同优化问题可以描述为：在城市轨道交通路网上，基于各线路按照客流需求、运能储备、行车安全等情况下编制完成的列车运行图，根据换乘节点衔接协调方案及网络换乘衔接优化方案，基于换乘节点，根据一定的规则对各线路列车运行图进行调整，最大限度地降低网络总换乘等待时间，提高乘客服务水平，力求达到网络整体运营效益最优。

4. 问题解决思路

关于网络列车运行图协同优化问题，思路是通过完成以下两个方案的研究来解决该问题：

(1) 单一换乘节点内部衔接方案研究。以单一换乘站为切入点，分析换乘站乘客换乘过程、线间列车运行衔接过程，计算换乘等待时间，通过调整线路列车运行图相关要素，优化换乘站运输组织效果。

(2) 网络换乘节点之间协调方案研究。基于城市轨道交通网络线路及节点重要度研究，确定网络环境下的换乘站及线路衔接协调优化顺序，结合单一换乘节点内部衔接方案依次对线路列车运行图进行调整，优化网络整体运输组织效果。

6.2.2 换乘衔接方案研究

1. 基本假设与符号说明

1) 基本假设

考虑到实际运营情况的复杂度，为便于模型构建及求解，提高模型的适应性，对研究时段内的列车运行进行如下假设：

(1) 忽略换乘站上下行同台换乘的情况，即同一线路上下行方向换乘协调以及不同线路的同台换乘(如上海地铁人民广场站 2 号线和 8 号线同台换乘)均不考虑。

(2) 网络各换乘站分方向乘客换乘走行时间已知且确定，一般通过调研、计算平均值得出；同理，换乘站外的进站候车客流站内走行时间已知。

(3) 网络各换乘站客流量已知，包括换乘客流量和进站客流量。

(4) 网络各换乘站的换乘客流均衡分布，即客流由开行的列车均匀承载。

(5) 网络各线路列车运行图已知，且各线发车采取均匀发车形式。

(6) 不考虑实际列车运行中存在的列车在车站的到发时刻及区间运行时分偏差以及非正常行车等情况。

(7) 候车乘客均能顺利换乘，忽略乘客因自身因素或其他原因而无法上车的现象。

2) 网络描述及符号说明

为了方案研究和模型构建能够更清楚地表达，将城市轨道交通路网抽象为简单的拓扑结构示意图。城市轨道交通网络由线路和车站组成，可以简化为由起点站、终点站、换乘站和区间组成的物理网络，如图 6-3 所示。相关符号含义在表 6-14 中说明。

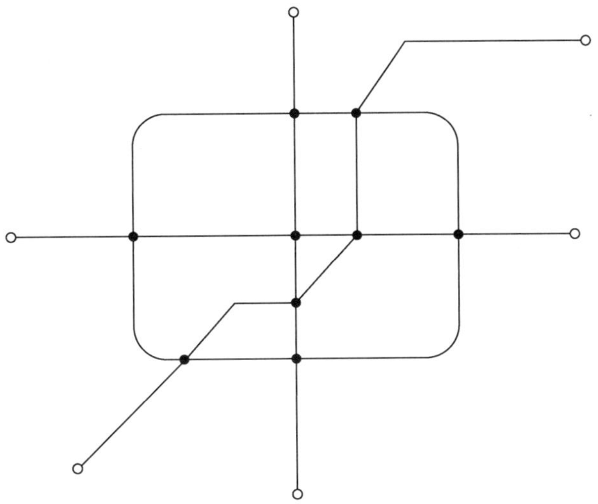

图 6-3　城市轨道交通网络结构拓扑结构示意图

表 6-14　换乘衔接方案研究符号说明

符号	含义
G	城市轨道交通网 $G=(L,S)$ 络，L 为线路集合，S 为换乘站集合
L	线路集合，$L=\left\{l_1^{2/1},\cdots,l_i^{2/1},\cdots,l_r^{2/1}\right\}$，$r$ 为网络线路总数。根据“上双下单”的原则，l_i^2 代表线路 l_i 上行线路，l_i^1 代表线路 l_i 下行线路
S	换乘站集合，$S=\left\{s_1,\cdots,s_k,\cdots,s_K\right\}$
$A_{l_i}^m$	$A_{l_i}^m$ 指线路 l_i 上开出的第 m 列车，同理可知 $A_{l_j}^n$
$t_{l_il_js_k}^{mn}$	换乘客流在换乘站 s_k 由列车 $A_{l_i}^m$ 换乘至 $A_{l_j}^n$ 的换乘等待时间
$t_{l_js_k}^{n}$	进站客流在换乘站 s_k 等待列车 $A_{l_j}^n$ 的等待时间
T	协调时段内，路网乘客总换乘等待时间
T_{s_k}	协调时段内，换乘站 s_k 乘客总换乘等待时间
$T_{s_k}^1$	协调时段内，换乘站 s_k 换乘客流总等待时间
$T_{s_k}^2$	协调时段内，换乘站 s_k 进站客流总等待时间
$t_{l_il_js_k}^{\text{走}}$	换乘客流在换乘站 s_k 由线路 l_i 站台步行至线路 l_j 站台的必要换乘时间，包括信息获取时间和换乘通道走行时间
$t_{l_js_k}^{\text{走}}$	进站客流由出入口进入换乘站 s_k 步行至线路 l_j 站台的必要走行时间
$Q_{l_il_js_k}^{mn}$	研究时段内，换乘站 s_k 由列车 $A_{l_i}^m$ 换乘至 $A_{l_j}^n$ 的换乘客流总量
$q_{l_j^n,s_k}(t)$	由站外进入换乘站 s_k 并选择乘坐线路 l_j 的客流到达分布函数
$P_{l_js_k}$	研究时段内，线路 l_j 到达换乘站 s_k 的列车数量
$\lambda_{l_il_js_k}^{mn}$	0–1 变量，表示换乘衔接成功与否
$t_{l_i^m}^{\text{起}}$，$t_{l_j^n}^{\text{起}}$	$t_{l_i^m}^{\text{起}}$ 为线路 l_i 上开出的第 m 列车在始发站的发车时刻；同理可知 $t_{l_j^n}^{\text{起}}$
$t_{l_i^ms_k}^{\text{到}}$	为线路 l_i 上开出的第 m 列车在换乘站 s_k 的到站时刻，同理可知 $t_{l_j^ns_k}^{\text{到}}$ 、$t_{l_j^ns_{k'}}^{\text{到}}$
$t_{l_j^ns_k}^{\text{发}}$	为线路 l_j 上开出的第 n 列车在换乘站 s_k 的发车时刻，同理可知 $t_{l_i^ms_k}^{\text{发}}$ 、$t_{l_i^ns_{k'}}^{\text{发}}$
$t_{l_i^ms_k}^{\text{停}}$，$t_{l_j^ns_k}^{\text{停}}$	$t_{l_i^ms_k}^{\text{停}}$ 为线路 l_i 上开出的第 m 列车在换乘站 s_k 的停站时间；同理可知 $t_{l_j^ns_k}^{\text{停}}$
$t_{l_i^ms_k}^{\text{运}}$，$t_{l_j^ns_k}^{\text{运}}$	$t_{l_i^ms_k}^{\text{运}}$ 为线路 l_i 上开出的第 m 列车由始发站运行至换乘站 s_k 所消耗的时间，包括列车在各区间运行时分、各车站停站时分以及起停车附加时分；同理可知 $t_{l_j^ns_k}^{\text{运}}$
$t_{l_j^ns_{k'}s_k}^{\text{运}}$	$t_{l_j^ns_{k'}s_k}^{\text{运}}$ 为线路 l_j 上开出的第 n 列车由换乘站 $s_{k'}$ 运行至换乘站 s_k 所消耗的时间，包括列车在各区间运行时分、各车站停站时分以及起停车附加时分；同理可知 $t_{l_j^ns_ks_{k'}}^{\text{运}}$ 、$t_{l_j^ns_{k'}s_{k'}}^{\text{运}}$
$t_{l_i}^{\text{间}}$，$t_{l_j}^{\text{间}}$	$t_{l_i}^{\text{间}}$ 为线路 l_i 的行车间隔；同理可知 $t_{l_j}^{\text{间}}$
$h_{l_i}^{\text{追}}$	线路 l_i 列车最小追踪间隔，同理可知 $h_{l_j}^{\text{追}}$

2. 换乘节点衔接协调方案研究

解决网络运输计划协调问题，首先需针对基于换乘节点的列车衔接协调进行分析，形成单个换乘站的列车衔接优化方案。

1) 相关定义

为更好更清楚地描述衔接过程，首先进行以下定义。

定义 1　换入线路、换出线路、换入列车、换出列车：乘客换乘前所在线路为换入线路，所乘坐列车为换入列车；同理，乘客即将换乘的线路为换出线路，换乘的列车为换出列车。

定义 2　衔接列车：指乘客从换入线路换入列车下车后，通过换乘通道步行至换出线路站台后，换出线路到达的第一列车。

定义 3　换乘时间：指乘客由某一线路列车到达换乘站时起到乘坐其他线路列车离开换乘站时止的时间之差。它一般由必要换乘时间(包括信息获取时间和换乘走行时间)和换乘等待时间两部分组成。

定义 4　换乘等待时间：指换乘客流在换乘站由换入线路站台行至换出线路站台后等候衔接列车到达所需要的时间。

定义 5　换乘衔接成功：指乘客由换入线路列车下车后通过换乘抵达换出线路站台时能够顺利坐上衔接列车。

2) 乘客换乘过程分析

列车运行的目的是为乘客服务，要制定更优的列车运行图，首先需对乘客的出行行为进行分析，因此换乘衔接分析首先需研究换乘站的乘客换乘行为，基于乘客换乘过程分析的列车运行图编制才会更加合理。

换乘站的换乘客流包括两部分：一部分是由换入线路换乘至换出线路的换乘客流(客流是否出站换乘取决于换乘方式)，这里称为换乘客流；另一部分是由本换乘站站外直接进入车站的客流，这里称为进站客流。换乘站的客流流动过程如图 6-4 所示。

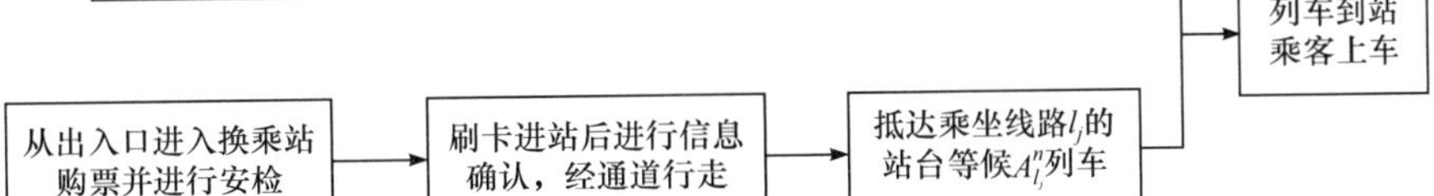

图 6-4　换乘站客流流动过程

乘客在换乘站的整个换乘过程中所消耗的换乘时间主要包括下车获取换乘相关信息的时间、换乘走行时间和候车时间。下车获取换乘信息的时间与乘客自身对换乘站的熟悉程度以及车站导向标志设计等因素有关。换乘走行时间与车站设施设备摆放、换乘流线设计、换乘通道通过能力以及客流大小等因素有关。这两部分时间通常作为已知条件，不同换乘站的时间标准不一样，可通过调查计算平均值得出，两者统称为必要换乘时间。而候车时间是可变的，与列车运行图有关，称为换乘等待时间。相关定义中已经给出基本概念的具体释义。

3) 列车衔接过程分析

这里，针对最简单的两线换乘列车衔接过程进行分析，如图 6-5 所示。

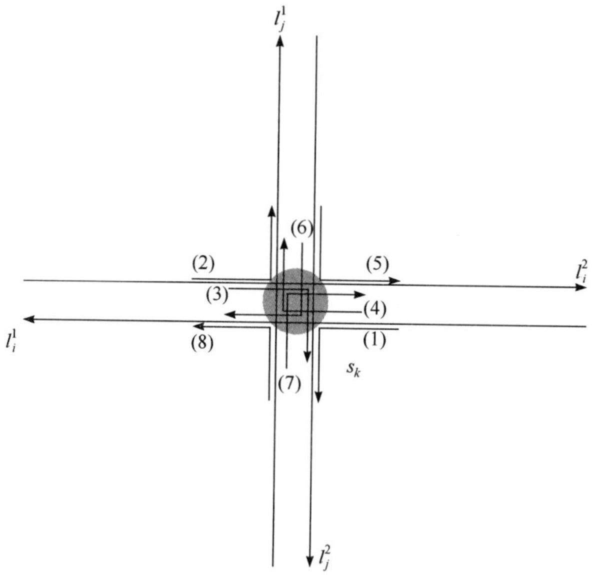

图 6-5　两线换乘列车衔接示意图

针对线路 l_i 和 l_j，将上下行作为独立的线路来看，则共有四条线路，此时存在八个换乘衔接方向：

$$l_i \to l_j \begin{cases} l_i^1 \to l_j^2 (1) \\ l_i^2 \to l_j^1 (2) \\ l_i^2 \to l_j^2 (3) \\ l_i^1 \to l_j^1 (4) \end{cases}$$

$$l_j \to l_i \begin{cases} l_j^2 \to l_i^2 (5) \\ l_j^2 \to l_i^1 (6) \\ l_j^1 \to l_i^2 (7) \\ l_j^1 \to l_i^1 (8) \end{cases}$$

基于某一换乘节点，一般选取两条独立线路进行列车衔接过程的协调，此时的研究单元定义为换乘衔接方向对，如(1)和(5)、(2)和(7)、(3)和(6)、(4)和(8)。

换乘站客流包括换乘客流和进站客流，由于进站客流也会占用车站及列车资源，给客运及行车组织带来压力，因此同时考虑这两种客流来分析列车运行衔接过程，进而计算乘客等待时间。

换乘站单方向列车的接续可实现，双方向列车的接续，只有对于同站台换乘等换乘走行时间较短的车站才能较好地实现，国内换乘站的情况较难满足双方向列车接续，单方向接续为常见情况(王玮，2019)。因此，这里针对某一换乘衔接方向对进行换乘衔接分析，假设乘客从换入线路 l_i 的换入列车 $A_{l_i}^m$ 在换乘站 s_k 换乘至换出线路 l_j 的换出列车 $A_{l_j}^n$，其换乘衔接成功与否可以通过换乘等待时间来判断。

(1) 换乘客流总换乘等待时间。

如图 6-6 所示，当乘客从列车 $A_{l_i}^m$ 下车后通过换乘通道抵达至换出线路 l_j 等候列车 $A_{l_j}^n$，如果能乘坐上列车 $A_{l_j}^n$，即为换乘衔接成功，乘坐上 $A_{l_j}^{n+1}$ 及后续列车均为失败。此时，某乘客在换乘站 s_k 的换乘等待时间可以表示为

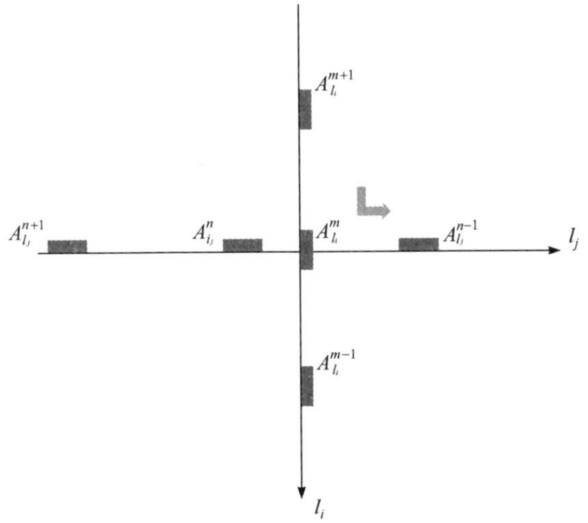

图 6-6　换乘站列车衔接示意图

$$t_{l_il_js_k}^{mn}=t_{l_j^ns_k}^{发}-t_{l_i^ms_k}^{到}-t_{l_il_js_k}^{走}=(t_{l_j^n}^{起}+t_{l_js_k}^{运}+t_{l_js_k}^{停})-(t_{l_i^m}^{起}+t_{l_js_k}^{运})-t_{l_il_js_k}^{走} \tag{6-8}$$

可以分析出：当 $0\leqslant t_{l_il_js_k}^{mn}<t_{l_j}^{间}$ 时，换乘衔接成功，且等于 0 时乘客刚好赶上换出列车，等于 $t_j^{间}$ 换出线路行车间隔时乘客刚好错过换出列车。

采用“0-1”变量 $\lambda_{l_il_js_k}^{mn}$ 来表示换乘衔接成功与否：

$$\lambda_{l_il_js_k}^{mn}=\begin{cases}0, & 否则\\ 1, & 0\leqslant t_{l_il_js_k}^{mn}<t_{l_j}^{间}\end{cases} \tag{6-9}$$

协调时段内的换乘客流量 $Q_{l_il_js_k}^{mn}$ 可以通过历史客流数据计算得出。根据假设条件，协调时段内的换乘客流量由开行的列车均匀承担，那么对于某一换乘衔接成功的列车其所承担的换乘客流量为 $\dfrac{Q_{l_il_js_k}^{mn}}{P_{l_js_k}}$。

因此，在协调时段内，在换乘站 s_k 的换乘客流总换乘等待时间为

$$T_{s_k}^1=\sum_{i\in L}\sum_{j\in L,i\neq j}\sum_{m\in M}\sum_{n\in N}\lambda_{l_il_js_k}^{mn}\times t_{l_il_js_k}^{mn}\times\frac{Q_{l_il_js_k}^{mn}}{P_{l_js_k}} \tag{6-10}$$

(2) 进站客流等待时间。

由站外进入换乘站乘坐 A_j^n 列车的乘客所需的候车时间为 $t_{l_j^ns_k}^{发}-t_{l_js_k}^{走}-t_{s_k}^{到}$，乘客到达换乘站 s_k 服从泊松分布，到达客流分布函数记为 $q_{l_i^n,s_k}(t)$，因此在研究时段内，整个路网上在换乘站 s_k 的进站客流总换乘等待时间为

$$T_{s_k}^2=\sum_{j\in L}\sum_{n\in N}\int_{t_{l_j^ns_k}^{到}}^{t_{l_j^ns_k}^{发}}q_{l_j^n,s_k}(t)\times(t_{l_j^ns_k}^{发}-t_{l_js_k}^{走}-t_{s_k}^{到})\mathrm{d}t \tag{6-11}$$

(3) 换乘站客流总换乘等待时间。

换乘站客流总换乘等待时间为

$$T_{s_k}=T_{s_k}^1+T_{s_k}^2=\sum_{i\in L}\sum_{j\in L,i\neq j}\sum_{m\in M}\sum_{n\in N}\lambda_{l_il_js_k}^{mn}\times t_{l_il_js_k}^{mn}\times\frac{Q_{l_il_js_k}^{mn}}{P_{l_js_k}}+\sum_{j\in L}\sum_{n\in N}\int_{t_{l_j^ns_k}^{到}}^{t_{l_j^ns_k}^{发}}q_{l_j^n,s_k}(t)\times(t_{l_j^ns_k}^{发}-t_{l_js_k}^{走}-t_{s_k}^{到})\mathrm{d}t \tag{6-12}$$

3. 换乘影响因素分析

1) 决策变量分析

换乘站换乘等待时间决定换乘站的换乘效率，换乘效率很大程度影响城市轨道交通网络运营组织效率和服务水平。根据前文的换乘过程分析及换乘等待时间计算可以看出，换乘等待时间取决于各线路各列车发车时刻、停站时分、区间运行时分、线路行车间隔等，在换乘衔接协调过程中应对这些因素进行考量。

(1) 各线路行车间隔在列车开行方案制定阶段根据线路最大断面客流量以及可用列车数量等条件计算得出，一般情况下不会轻易做出改变。

(2) 停站时分综合考虑各车站上下车客流量、车门数量及宽度、信号系统等情况计算得出(换乘站停站时分还需考虑线路间换乘方式设置、换乘通道设置、换乘客流量等)，对列车停站时分的调整大多出现在实际运营过程，当发生突发情况时行车调度员会适当做出调整，在运行图编制阶段一般不会更改。

(3) 鉴于乘客对信息获取的情况不一，为了不影响市民出行，轨道公司对市民公布的首末车时间一般不做轻易更改，但其他时段各线路各列车起点站发车时刻可以进行调整，起点站列车发车时刻关联因素较多，因此不适合作为决策变量。

(4) 列车在区间运行的速度取决于线路地形以及车况等条件，因此区间运行时分存在一个理论的上限值和下限值，同时还需考虑司机的操作熟练性、身体素质等因素，可以考虑在理论值的基础上增加一个缓冲量，因此在保证安全行车的前提下，区间运行时分可做一定范围的调整。

综上所述，选择区间运行时分作为决策变量。另外，提到的区间运行时分为起点站运行至换乘站的区间总运行时分，包括列车在各区间运行的时间、各站停站时间(不包括

换乘站)以及起停车附加时分，停站时间和起停车附加时分作为已知条件处理。

2) 同线路相邻换乘站之间的影响

针对需进行调整的某条运行线，当线路存在多个换乘站的情况时，这些换乘站之间相互影响、相互制约，某一换乘站发车时刻的变化会影响相邻换乘站，因此将调整的区间范围缩小至相邻换乘站。线路上相邻换乘站的站点布局如图 6-7 所示，存在三种情况。

图 6-7　相邻换乘站列车运行线示意图

(1) 相邻换乘站在协调的换乘站之前，即 $s_{k'}$ 和 s_k。

此时，为了不影响换乘站 $s_{k'}$ 的列车到发，将 $s_{k'}$ 视为线路的起始站，列车在 $s_{k'}$ 站的发点保持不变，通过调整 $s_{k'}$ 至 s_k 的列车区间运行时分，来调整列车在 s_k 的列车发车时刻。

此时，列车在 s_k 的发车时刻为

$$t^{发}_{l_j^n s_k} = t^{发}_{l_j^n s'_k} + t^{运}_{l_j^n s'_k s_k} + t^{停}_{l_j^n s_k} \tag{6-13}$$

式中，列车在 $s'_k \sim s_k$ 的列车区间运行时分 $t^{运}_{l_j^n s'_k s_k}$ 存在最大值和最小值。

(2) 相邻换乘站在协调的换乘站之后，即 s_k 和 s''_k。

此时可以调整起点站的发车时刻以及区间运行时分，但调整范围止于换乘站 s''_k，需保证从起点站经过调整列车抵达 s''_k 的到点保持不变。

此时，列车在 s_k 的发车时刻为

$$t^{发}_{l_j^n s_k} = t^{到}_{l_j^n s''_k} - t^{运}_{l_j^n s_k s''_k} = t_{l_j^n} + t^{运}_{l_j^n s''_k} - t^{运}_{l_j^n s_k s''_k} \tag{6-14}$$

式中，列车在 $s_k \sim s''_k$ 的列车区间运行时分 $t^{运}_{l_j^n s_k s''_k}$ 以及 $t^{运}_{l_j^n s''_k}$ 均存在最大值和最小值，即 $t^{运}_{l_j^n s''_k} - t^{运}_{l_j^n s_k s''_k}$ 存在一个范围。

(3) 相邻换乘站在协调的换乘站前后均存在，即 s'_k、s_k 和 s''_k。

这种情况是②和③两种情况的综合，同时保证换乘站 s'_k 发点和 s''_k 到点不变，调整 $s'_k \sim s''_k$ 各区间列车运行时间即可。

此时，列车在 s_k 的发车时刻为

$$t_{l_j^n s_k}^{发}=t_{l_j^n s_k''}^{到}-t_{l_j^n s_k s_k''}^{运}=t_{l_j^n s_k'}^{发}+t_{l_j^n s_k' s_k''}^{运}-t_{l_j^n s_k s_k''}^{运} \tag{6-15}$$

式中，列车在 $s_k' \sim s_k''$ 的列车区间运行时分 $t_{l_j^n s_k' s_k''}^{运}$ 以及 $s_k \sim s_k''$ 的列车区间运行时分 $t_{l_j^n s_k s_k''}^{运}$ 均存在最大值和最小值，即 $t_{l_j^n s_k' s_k''}^{运}-t_{l_j^n s_k s_k''}^{运}$ 存在一个范围。

4. 网络换乘衔接优化方案研究

1) 基本思想

网络背景下换乘衔接优化的难点之一在于，针对单个换乘节点，存在多线衔接多方向换乘的情况，只能选择其中最重要的衔接方向对进行协调，形成换乘节点衔接方案，这部分研究在 3.2.2 节已解决。由点及面，基于换乘节点的衔接方案生成之后，如何在此基础上保证全网更优，该问题属于 NP-Hard 问题，无法同时做到所有换乘站的衔接效果最优，因此需综合考虑线路及节点重要度，建立网络换乘节点衔接协调的秩序来进行优化，最大限度地降低网络乘客总换乘时间。

网络换乘衔接优化方案一定程度上决定了整体的优化效果，各换乘节点的衔接优化看似独立，但实际上相互制约，相互影响，网络换乘衔接优化方案的生成算法成为关键问题。该算法的基本思想是：依据网络换乘站及线路衔接协调秩序，基于换乘节点衔接协调方案，依次对换乘节点的线间列车运行进行协调，不断重复这个过程，直至不能找到网络中可调整线路、换乘站及衔接方向，得出全网最优列车运行图。

2) 网络线路及节点重要度分析

(1) 网络线路重要度分析。

网络一体化背景下的各线路在整个系统中扮演不同的角色，承担不同的作用，各条线路在系统中的重要程度按以下两条原则进行排序。

① 环线重要度高于射线。

环线一般围绕市中心进行设计，旨在疏解市中心大客流压力，与线网中的射线大都相交，同时多数大型换乘站设置在环线上，为乘客提供更多的换乘路线，承担的大多是网络中的换乘客流。换乘节点的客流流动速度影响网络运输组织的效率，因此拥有更多换乘节点的环线，其列车运行图的铺画更为严谨，调整范围更小，故环线在网络中的重要度高。

② 线路较长且经过重点区域的线路重要度高于其他线路。

线路较长的单行线多为城郊上下班通勤乘客设置，一般贯穿城市中心及重点区域，客流需求较大，这类线路旨在解决主城区与卫星城的交通衔接问题，起到重要的客流疏导作用，具有实际意义。与其他单行线相比，其重要度在网络系统中更高。

基于上述两条原则，对于同类型、同条件线路，根据线路日客流总量来进行重要度排序。

(2) 网络节点重要度分析。

基于网络换乘节点的列车衔接和客流集散对网络化运输组织起着至关重要的作用，节点重要度直接反映了换乘站在网络系统中所处的地位及重要程度。选择用节点成本来衡量节点重要度，节点成本主要包括时间成本和拥挤成本。

节点时间成本主要体现在候车时间，候车时间越长意味着需进行线间运输计划的协调来降低乘客的候车时间。时间成本可由轨道交通线路的列车开行频率来确定，通常认为候车时间是列车开行频率的函数，计算公式为

$$t_{\mathrm{ws}}^{l_i}=\frac{(1/f_{l_i})^2+\sigma^2}{2/f_{l_i}} \tag{6-16}$$

式中，$t_{\mathrm{ws}}^{l_i}$ 为乘客在站点 s 等待线路 l_i 列车的候车时间；f_{l_i} 为线路 l_i 的列车开行频率；σ 为偏差因子，与列车运行准时性有关。

调度根据运营时刻表组织列车运行，若列车能够按时运行并准点到达各车站，则 σ 取 0，于是得 $t_{\mathrm{ws}}^{l_i}=\dfrac{0.5}{f_{l_i}}$。

拥挤成本主要体现在额外等待时间，随着站点等候人数的增加，人的舒适度随之降低，增加了额外等待时间，额外等待时间越长说明节点的客流量越大，需进行网络列车运行图的协同优化来加快乘客输送的效率。这里采用额外等待时间系数来对节点拥挤成本进行描述，计算公式为

$$C(x)=\frac{x}{M}\cdot\alpha \tag{6-17}$$

式中，$C(x)$ 为额外等待时间系数；x 为等待客流量；M 为轨道站点最高集聚人数；α 为参数。

3) 算法步骤

城市轨道交通网络线路集合为 L，换乘站集合为 S，网络乘客总换乘等待时间为 T。

按照上文网络线路及节点重要度分析，对网络中的线路及换乘站进行排序，建立换乘站衔接协调次序集 $S=\left[s_1,s_2,\cdots,s_m\right]^{\mathrm{T}}$ 和线路衔接协调次序集 $L=\left[l_1,l_2,\cdots,l_n\right]^{\mathrm{T}}$；对于任意两条线路组成的四个衔接方向对，根据各方向对换乘客流量值的大小进行排序，建立衔接方向对协调次序集 $U_{(l_i,l_j)}=\left[U_{(l_i,l_j)}^1,\ U_{(l_i,l_j)}^2,\ U_{(l_i,l_j)}^3,\ U_{(l_i,l_j)}^4\right]^{\mathrm{T}}$。一般选择换乘客流量大的衔接方向对进行协调，实际上，换乘客流量的值在一定程度上反映了换乘站换乘方向的重要性。

基于换乘节点的线路列车运行图的调整遵循“定换入动换出”的原则，即重要度较高的线路(即换入线路)列车运行图不变，调整另一条线路(即换出线路)列车运行图。

算法基本步骤如下。

步骤 1：初始化。令迭代次数 $\pi=1$。

步骤 2：计算网络乘客总换乘等待时间，记为 $T^{\max}$。

步骤 3：根据换乘站衔接协调次序选取首次迭代的换乘站 s_k。

步骤 4：基于换乘站 s_k，按照线路衔接协调次序选取重要度最高的两条线路，在这两条线路组成的四个换乘衔接方向对中选取客流量最大的方向对；在该方向对中，按照“定换入动换出”的原则，对换出线路列车运行线进行协调，得到该换乘站该方向上的最优协调；同时将换入线路以及换乘站分别从线路集合和换乘站集合中删除。

步骤 5：在上一步调整过的换出线路上选取重要度次重要的换乘站，若该换乘站所在的线路均被调整过，则根据换乘站衔接协调次序在该线路上继续寻找下一换乘站，若找不到则在网络上寻找重要度次重要的换乘站。

若该换乘站所在线路存在没有调整过的线路，则根据线路衔接协调次序选取重要度最高的两条线路；若该组线路包括一条已调整过的线路，则只能对另一线路进行调整，调整过的线路不能再进行调整。

基于该换乘站的该组线路，根据衔接方向对协调次序选择换乘衔接方向对，对线路列车运行图进行调整。

步骤 6：反复执行步骤 5，直至找不到可调整线路及协调方向，迭代结束。此时，计算出目标函数值 T_π；若 $T_\pi<T^{\max}$，则令 $T^{\max}=T_\pi$，否则不变。

步骤 7：若 $\pi\leqslant m$，令 $\pi=\pi+1$，并返回步骤 3；否则，算法停止，$T^{\max}$ 为最优目标函数值。

其中，反复调用的步骤 5 执行思路如图 6-8 所示。

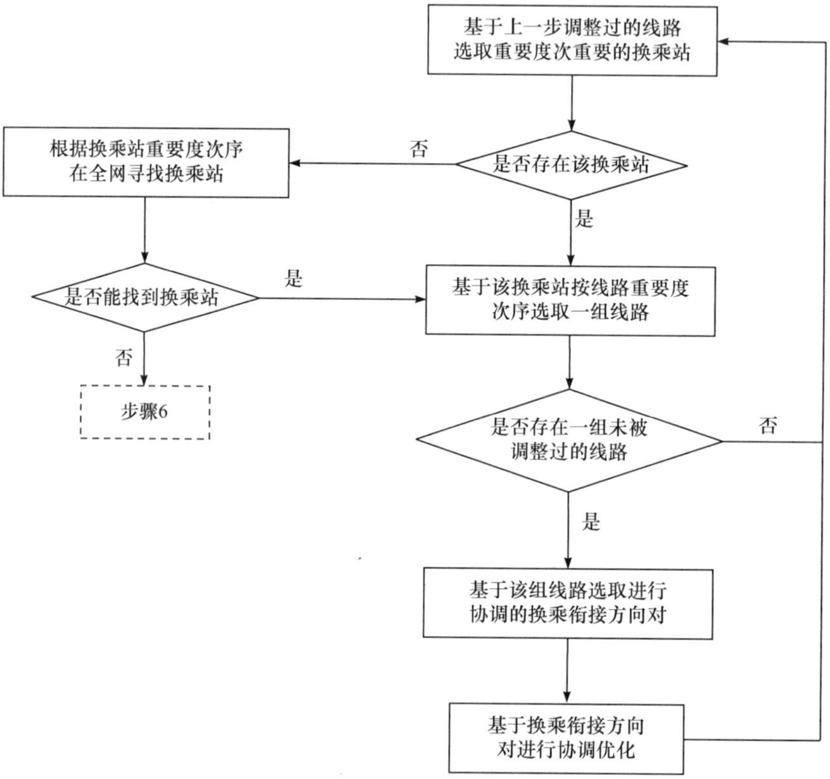

图 6-8　网络换乘衔接优化方案步骤 5 示意图

6.2.3　基于换乘站的网络列车运行图协同优化模型

1. 基于换乘站的两线之间列车运行图协同优化模型

基于换乘站的两线之间列车运行图协同优化问题是基于网络上的某一换乘节点，根据重要度原则，选取一组线路及换乘衔接方向对，在换入线路列车运行图不改变的前提下修改换出线路列车运行图来保证换乘衔接方向对的换乘总等待时间最小，其本质就是对列车运行线的一些基本元素进行微调，同时需要对这些基本元素进行约束。

基于某一换乘站的两线之间列车运行图协同优化模型(I)如下。

1) 约束条件

(1) 换乘等待时间约束。

$$t_{l_i l_j s_k}^{mn} = (t_{l_j^n}^{起} + t_{l_j s_k}^{运} + t_{l_j s_k}^{停}) - (t_{l_i^m}^{起} + t_{l_j s_k}^{运}) - t_{l_i l_j s_k}^{走} \tag{6-18}$$

$$\lambda_{l_i l_j s_k}^{mn} = \begin{cases} 1, & 0 \leqslant \lambda_{l_i l_j s_k}^{mn} < t_{l_j}^{间} \\ 0, & 否则 \end{cases} \tag{6-19}$$

$$\sum_n \lambda_{l_i l_j s_k}^{mn} = 1 \tag{6-20}$$

约束(6-18)为换乘等待时间推算公式；约束(6-19)表示换乘衔接成功与否，以及只有换乘等待时间为 0 或者小于一个换出线路的行车间隔时才意味着换乘成功，否则换乘失败；约束(6-20)表示在换乘站 s_k 换出线路 l_j 上只有一列车与换入线路的第 m 列车形成换乘衔接关系。

(2) 区间运行时分约束。

$$t_{l_j^n s_k}^{运\min} \leqslant t_{l_j^n s_k}^{运} \leqslant t_{l_j^n s_k}^{运\max} \tag{6-21}$$

列车从线路 l_j 的起点站运行至换乘站 s_k 所消耗的区间运行时分为各区间的列车运行时分、各车站停站时分和起停车附加时分总和。其中，各车站停站时分以及列车起停车附加时分不变，各区间的列车运行时分最大值、最小值可根据列车运行最小、最大速度计算得出，进而得到 $t_{l_j^n s_k}^{运\min}$ 和 $t_{l_j^n s_k}^{运\max}$ 。

如遇到同线路存在多个换乘站的情况，将约束修改为式(6-22)、式(6-23)或式(6-24)。

$$t_{l_j^n s_k s_k'}^{运\min} \leqslant t_{l_j^n s_k s_k'}^{运} \leqslant t_{l_j^n s_k s_k'}^{运\max} \tag{6-22}$$

$$(t_{l_j^n s_k''}^{运} - t_{l_j^n s_k s_k''}^{运})^{\min} \leqslant (t_{l_j^n s_k''}^{运} - t_{l_j^n s_k s_k''}^{运}) \leqslant (t_{l_j^n s_k''}^{运} - t_{l_j^n s_k s_k''}^{运})^{\max} \tag{6-23}$$

$$(t_{l_j^n s_k' s_k''}^{运} - t_{l_j^n s_k s_k''}^{运})^{\min} \leqslant (t_{l_j^n s_k' s_k''}^{运} - t_{l_j^n s_k s_k''}^{运}) \leqslant (t_{l_j^n s_k' s_k''}^{运} - t_{l_j^n s_k s_k''}^{运})^{\max} \tag{6-24}$$

(3) 列车运行追踪间隔约束。

$$t_{l_j^{n+1} s_k}^{到} - t_{l_j^n s_k}^{到} \geqslant h_{l_j}^{追} \tag{6-25}$$

$$t_{l_j^{n+1} s_k}^{发} - t_{l_j^n s_k}^{发} \geqslant h_{l_j}^{追} \tag{6-26}$$

$$n = 1, 2, \cdots, P_{l_j s_k} - 1$$

问题求解的思路是对换出线路的列车运行图进行调整，在调整的过程中应当保证线路上的行车安全，约束(6-25)和约束(6-26)将线路上相邻列车在车站的到发控制在一个安全追踪间隔内。

2) 目标函数

$$\min T_{s_k} = \min(T_{s_k}^1 + T_{s_k}^2) = \sum_{k\in K}\sum_{i\in L}\sum_{j\in L,\, i\neq j}\sum_{m\in M}\sum_{n\in N}\lambda_{l_il_js_k}^{mn} t_{l_il_js_k}^{mn} \frac{Q_{l_il_js_k}^{mn}}{P_{l_js_k}} + \sum_{k\in K}\sum_{j\in L}\sum_{n\in N}\int_{t_{l_j^n s_k}^{到}}^{t_{l_j^n s_k}^{发}} q_{l_j^n, s_k}(t)(t_{l_j^n s_k}^{发} - t_{l_js_k}^{走} - t_{s_k}^{到})\mathrm{d}t \tag{6-27}$$

以换乘站换乘总等待时间为目标，包括换乘客流换乘等待时间和进站客流等待时间。

2. 网络列车运行图协同优化模型

根据建立基于某一换乘站的两线之间列车运行图协同优化模型，结合网络换乘衔接优化方案，即可构建出网络列车运行图协同优化模型(II)，模型的目标是网络总换乘等待时间最小。

$$\min T = \sum_{s_k\in S} T_{s_k} = \sum_{s_k\in S}\sum_{k\in K}\sum_{i\in L}\sum_{j\in L,\, i\neq j}\sum_{m\in M}\sum_{n\in N}\lambda_{l_il_js_k}^{mn} t_{l_il_js_k}^{mn} \frac{Q_{l_il_js_k}^{mn}}{P_{l_js_k}} + \sum_{s_k\in S}\sum_{k\in K}\sum_{j\in L}\sum_{n\in N}\int_{t_{l_j^n s_k}^{到}}^{t_{l_j^n s_k}^{发}} q_{l_j^n, s_k}(t)(t_{l_j^n s_k}^{发} - t_{l_js_k}^{走} - t_{s_k}^{到})\mathrm{d}t \tag{6-28}$$

s.t. 式(6-18)～式(6-26)

模型(II)的本质就是若干个基于换乘站的两线列车运行图协同优化模型的叠加，根据网络换乘衔接优化方案中的协调次序，不停调用模型(I)进行求解，最终使网络总换乘等待时间最短。

模型(I)的实质是在换入线路列车运行时刻不变的基础上，调整换出线路列车运行时刻，使得换乘衔接方向对的换乘总等待时间最小，该模型可以通过 Cplex 快速求解。模型(II)实质上是多个模型(I)的叠加，可通过 VS2010 调用 Cplex 进行求解。

6.3　基于区域轨道交通协同的铁路旅客列车开行方案优化方法

6.3.1　铁路旅客列车开行方案协同机制与方法

列车开行方案会直接影响旅客运输组织效率和服务水平，目前我国旅客列车开行方案编制主要采用单制式独立编制，在区域轨道交通协同发展的大背景下，各轨道交通制式列车开行方案独立编制的模式已无法保证区域轨道交通协同条件下各轨道交通制式运输任务的均衡性，亦无法有效发挥各轨道交通制式的运输优势。因此，在研究区域轨道交通协同运营时，可以将研究基于协同运营的列车开行方案优化方法作为切入点和出发点，以达到区域轨道交通协同发展的目标。

1. 列车开行方案协同机制

在研究列车开行方案协同编制时，将从以下两个角度对列车开行方案协同的机制分别展开分析。

1) 协同运营区域内不同轨道交通制式列车开行方案协同编制机制

协同运营区域内不同轨道交通制式间是相互联系和影响的，为了保证协同运营区域内不同轨道交通制式运输任务的均衡性，并有效发挥各轨道交通制式的运输优势，进而提升区域轨道交通整体的运输效益和区域内出行旅客的满意度，需要分析该协同模式下不同轨道交通制式列车开行方案协同编制的机制，并在此基础上提出协同运营区域内不同轨道交通制式列车开行方案协同运营的方法。该协同模式下不同轨道交通制式列车开行方案协同编制机制的分析流程如图 6-9 所示。

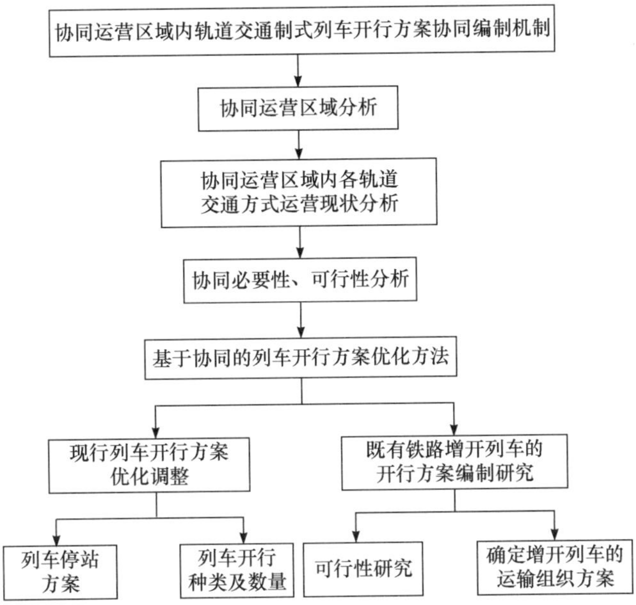

图 6-9　协同运营区域内不同轨道交通制式列车开行方案协同编制机制

2) 换乘站处不同轨道交通制式列车开行方案的换乘协同编制机制

在研究换乘站处不同轨道交通制式间列车开行方案的协同编制时，研究关键在于分析换乘站处不同轨道交通制式间运能的匹配性以及换乘接续时间的衔接性，当换乘站处换乘旅客数量与其接续轨道交通制式运能之间匹配性差时，需要优化调整换乘站处开行列车的运输方案，基于此需要分析该协同模式下不同轨道交通制式列车开行方案协同编制的机制，进而提出换乘站处不同轨道交通制式列车开行方案协同运营的方法。该协同模式下不同轨道交通制式列车开行方案协同编制机制的分析流程如图 6-10 所示。

2. 列车开行方案协同运营方法

前文分别对两种区域轨道交通协同模式下的列车开行方案协同编制机制进行了分析，由于目前针对协同运营区域内不同轨道交通制式列车开行方案协同编制理论与方法的相关研究还较欠缺，故将重点研究协同运营区域内不同轨道交通制式列车开行方案协同运营方法。

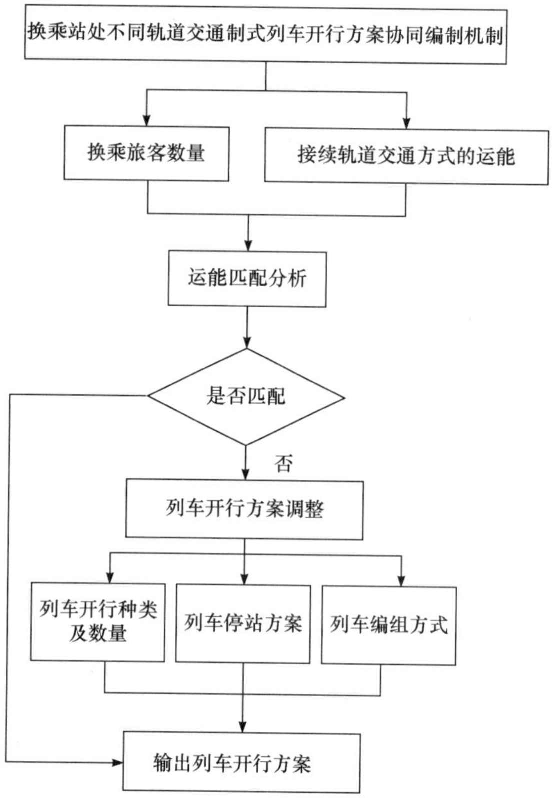

图 6-10　换乘站处不同轨道交通制式列车开行方案协同编制机制

在区域轨道交通一体化协同发展背景下，区域内城市轨道交通与城际/市域铁路协同运营的范围逐渐扩大，但该范围内城市轨道交通运输压力较大，而城际/市域铁路运输能力较富裕；相较城市轨道交通而言，铁路运输具有快速性的运输优势，但在该协同运营区域内铁路没有充分发挥自己的运输优势。针对存在的以上问题，为了使该协同运营区域内城际/市域铁路的列车开行方案与区域轨道交通协同发展趋势相适应，需要探讨在考虑区域轨道交通协同条件下，该协同运营区域内现行城际/市域铁路列车运输组织方案的优化调整策略以及新开行列车的运输组织方案。

1) 现行铁路列车开行方案优化调整方法

为了均衡协同运营区域内城际/市域铁路与城市轨道交通之间的运输任务，并提升该协同运营区域内旅客出行的满意度，需要提升该协同运营区域内铁路对出行旅客的吸引力。区域内出行旅客的出行距离较短、出行频率较高，特别是早晚通勤旅客对于乘车方便性和快速性的要求较高，因此可以考虑通过调整铁路列车开行数量和停站方案来提升其对旅客的吸引力。

(1) 调整列车开行数量。

根据协同运营区域内旅客出行的需求及特点，适当增加城际/市域铁路旅客列车的开行数量，即提高其列车开行频率，一方面，可以有效缩短旅客出行等待时间，降低旅客出行广义费用；另一方面，相较城市轨道交通而言，铁路运输更具有快速性的运输优势，增加其列车开行数量，可以有效吸引对出行快速性较敏感的旅客，进而在满足该部分旅客出行需求的同时可以有效提升该协同运营区域内城市轨道交通与城际/市域铁路之间运输任务的均衡性。

(2) 调整列车停站方案。

对于在城市轨道交通与城际/市域铁路协同运营区域内的出行旅客，其大部分为早晚通勤旅客，该部分旅客对出行方便性和快速性的要求较高，增加铁路旅客列车在运行途中的停站次数，一方面可以更好地满足通勤旅客的出行需求，增加其出行满意度；另一方面可以扩大铁路列车吸引客流的范围，让其分担部分城市轨道交通的运输压力，提升区域轨道交通整体运输能力。

2) 既有铁路开行短途列车运输组织方案编制方法

分析既有铁路运营现状及其服务范围内旅客出行特点，若既有铁路线路的运输能力较富裕，而其服务范围内存在的短途出行旅客数量较多，可以考虑在既有铁路线路上增开短途市域列车。此时，需要研究既有铁路增开短途市域列车的可行性及其增开短途市域列车的运输组织方案编制方法。

一般而言，既有铁路线路增开短途市域列车应具备的基本条件如下所述。

(1) 充足、稳定的客流。

为保证开行市域列车的经济性，使得运输企业可以从中获利，市域铁路的线路走向必须与市域客流走廊基本一致，且线路沿途必须存在充足、稳定的客流。

(2) 符合出行旅客的时间特性。

市域铁路主要是为了满足沿线居民的通勤和通学需求，考虑到该部分旅客出行的时间特性：早高峰为 7:00～9:00，晚高峰为 17:00～19:00，全天营业时间为 6:00～23:00，因此在编制市域列车的开行方案时要充分考虑市域客流出行的时间特性。

(3) 合理站间距。

市域铁路需要满足沿线居民的出行需求，其站间距会影响沿线居民乘车的便捷性和快速性。站间距过大，虽然减少了列车的停站次数并提高了列车的运营速度，但无法满足沿线居民乘车便利性的需求；站间距过小，虽然能有效吸引沿线居民，但会导致列车运营速度较低，无法满足旅客对于快速性的需求。据相关文献(马丹，2017)研究可知，40km 范围内的市域铁路线路的平均站间距应为 5km；40km 范围外的市域铁路线路的平均站间距为 10km。随着市域铁路沿线卫星城镇的发展，也可以根据情况在站间距为 10km 的车站间增设车站。

(4) 需遵循的基本原则。

客运枢纽站的交通枢纽作用是极其重要的，途经客运枢纽站的中长途旅客列车的运行图一般是全路统一铺定的。既有铁路线路一般会与枢纽车站相衔接，因此短途市域列车开行方案编制应该遵循的基本原则为：首先，不能影响枢纽上中长途旅客列车的正常作业；其次，考虑到通勤旅客的出行特点，在早晚通勤高峰期间，市域列车应采用密集发车的运输组织方式。

对于具备以上开行短途市域列车基本条件的既有铁路线路，需要进一步研究增开短途市域列车的运输组织方案编制方法。

若该既有铁路线路处于闲置状态,可以参照成渝铁路(重庆站至江津段)的通勤化改造方案，以线路沿线居民旅客出行需求为基础，确定短途市域列车的运输组织方案。

若该既有铁路线路上有现行的旅客列车，此时需要分析现行列车的运行情况，若既有铁路线路在 7:00～9:00 以及 17:00～19:00 时间段内的能力较为富裕，可以在该时间段内增开高频率短途市域列车，并根据沿线居民的出行需求，确定短途市域列车的运输组织方案。

下面将对上述两种情况下，既有铁路线路增开短途市域列车的运输组织方案确定方法进行概述。

(1) 开行列车情况。

市域列车的运行速度一般为 120km/h 左右，且其站间距较短，对列车起停效率的要求较高，因此建议采用CRH6型市域动车组；又由于市域列车具有高密度、公交化的开行特点，建议采用四辆编组的小编组方式。

(2) 列车交路情况。

根据市域铁路对沿线居民的吸引范围，以及既有铁路线路上车站的布局特点和其折返能力的限制，确定市域列车的开行区段，进而确定列车的运行交路。

(3) 列车开行频率。

根据通勤旅客的出行特性，为了优化列车运营，使列车开行方案更加合理，建议在早晚通勤高峰期加大列车的开行频率，在低峰期降低列车的开行频率。

(4) 列车停站方式。

为使市域列车能更好地满足沿线城市居民的出行需求，建议将其停站方式设置为站站停。

6.3.2　协同关键问题描述与求解思路

1. 列车开行方案协同关键问题

协同运营区域内的轨道交通协同是指同一运输通道内存在多种轨道交通制式的平行路径。城际/市域铁路与城市中心联系加强，区域内城市轨道交通与城际/市域铁路协同运营的范围逐渐扩大，但该协同运营区域内存在城市轨道交通运输压力较大、城际/市域铁路运输能力较富裕但不均衡现状，因此有必要对该背景下铁路旅客列车开行方案优化调整的方法进行研究，进而提高铁路运输对区域内出行旅客的吸引力，让其分担部分城市轨道交通的运输压力，使得该协同区域内城市轨道交通与城际/市域铁路之间的分工合作更加合理，达到区域整体运输能力和旅客满意度提升的协同目标。

2. 求解思路分析

由列车开行方案协同关键问题分析可知，在研究列车开行方案的优化模型时，需要解决两个关键问题：构建的优化模型需要同时满足客运企业和旅客对效益的追求；构建的优化模型需要充分体现区域内城市轨道交通与城际/市域铁路之间的协同运营。本研究拟构建一个多目标规划模型来实现该协同运营方法。综上所述，确定列车开行方案优化模型的决策变量为城际/市域铁路的列车开行数量及停站方案；确定优化模型追求的优化目标为区域内城际/市域铁路的运输效益最大以及区域内旅客的出行效益最大；确定模型的约束条件为：列车运输能力限制约束、客流需求满足约束、区间通过能力及最低发车频率限制约束、车站服务频率约束、列车停站约束和决策变量约束。相比单制式列车开行方案优化模型，考虑区域轨道交通协同下的列车开行方案优化模型需要增加对区间通过能力及最低发车频率的限制约束和对车站服务频率的限制约束，这两个约束条件分别对城际/市域铁路列车发车频率和停站次数进行限制，可以体现区域轨道交通协同思想。

6.3.3 模型构建基础

1. 模型相关假设

(1) 系统封闭性假设。本模型主要研究城际/市域铁路列车开行方案的优化，假设其分别为独立封闭的系统，不考虑其他线路对其的影响。

(2) 假设城际/市域铁路列车的停站方式只包括直达不停站、大站停和站站停三种停站方案。

(3) 假设乘客为节省出行时间会优先选择直达列车，因此在本模型中不考虑旅客的换乘等待时间。

(4)简便性假设。考虑到模型过于复杂而不容易求解的情况，在本模型构建过程中重点考虑影响列车开行方案编制的主要因素，忽略不确定因素。

2. 模型相关参数描述

模型相关参数说明见表 6-15。

表 6-15　基于区域轨道交通协同的铁路旅客列车开行方案优化模型相关参数说明

变量符号	含义
U	以 $U=\{S,E\}$ 描述运行线路，其中 S 为车站集合，E 为线路上所有路段的集合
S	车站集合，$S=\{s_1,s_2,\cdots,s_i,s_j,\cdots \mid 0<i,j\leqslant m,i\neq j\}$
E	线路上所有区间的集合，$E=\{e_{12},e_{23},\cdots,e_{ij},\cdots \mid 0<i,j\leqslant m,i\neq j\}$
T	列车集合，所有列车 t 构成列车集合 T
$d(s_i,s_j)$	区间 e_{ij} 的里程长度
$q(s_i,s_j)$	从车站 s_i 出发至车站 s_j 的客流量
$q(e_{ij})$	区间 e_{ij} 内的断面客流量，$q(e_{ij})=\sum_{j=i+1}^{m}\sum_{i=1}^{i}q(s_i,s_j)$
$q^{b_k}(s_i,s_j)$	车站 s_i 与车站 s_j 间的旅客中乘坐 b_k 类列车的客流量
$q^{t}(s_i,s_j)$	车站 s_i 与车站 s_j 间的旅客中乘坐列车 t 的客流量
$n^{b_k}(s_i,s_j)$	车站 s_i 与 s_j 间开行的 b_k 类列车的数量

续表

变量符号	含义
$\varphi_{b_k}(s_i,s_j)$	b_k 类列车承担的车站 s_i 与车站 s_j 间的客流量比例
b_k	列车停站方案，$k=1,2,3$，其中：b_1 表示直达不停站，b_2 表示大站停，b_3 表示站站停
v_{b_k}	b_k 类列车的速度
$N_{e_{ij}}$	区间 e_{ij} 的通过能力
$A_{定}$	列车定员
π	列车编组数量
ε	每公里平均票价率
a	列车固定成本
b	列车停站一次的成本
c	铁路列车公里费用
ψ	列车满载率
$x_{s_i}^t$	$x_{s_i}^t=\begin{cases}0, & 列车t在车站s_i不停站\\ 1, & 列车t在车站s_i停站\end{cases}$
$x_{s_i}^{\text{up}}$、$x_{s_i}^{\text{low}}$	分别表示车站服务频率的上下限

6.3.4 列车开行方案优化模型构建

1. 模型目标函数

旅客运输企业提供的运输服务和旅客出行需要满足的出行需求，是旅客运输行为完成的两个重要因素。在制定旅客列车开行方案时，既要从运输企业的角度出发，节省其运输成本，又要以旅客为本，满足其出行需求。因此，在制定旅客列车的开行方案时，需要综合考虑铁路公司运营效益和乘客出行需求两方面的因素。

1) 旅客总出行时间最短

城际/市域铁路主要服务于中心城区与周边卫星城镇的客流，这些客流中包含很大比例的通勤和通学客流，客流规律性较强，对出行快速性要求较高。由于选乘城际/市域铁路出行的旅客其出行距离一般较短，且已假设不考虑旅客出行的换乘等待时间。因此，旅客出行时间的长短主要由列车的速度决定。为使旅客的总出行时间最短，可构建如下所示的目标函数：

$$Z_1=\sum_{s_i\in S}\sum_{s_j\in S}\sum_{k=1}^{3}q^{b_k}(s_i,s_j)\times\frac{d(s_i,s_j)}{v_{b_k}} \tag{6-29}$$

$$q^{b_k}(s_i,s_j)=q(s_i,s_j)\times\varphi_{b_{k(s_i,s_j)}} \tag{6-30}$$

2) 铁路客运企业效益最大

客运企业的效益由客运企业的运营收入减去客运企业的运营成本得到，即

$$Z_2 = Z_{收入} - Z_{成本} \tag{6-31}$$

客运企业的运营收入主要来自旅客乘坐列车时支付的票价，即

$$Z_{收入} = \sum_{s_i \in S} \sum_{s_j \in S} q(s_i, s_j) \times \varepsilon \times d(s_i, s_j) \tag{6-32}$$

客运企业的运营成本由固定成本和变动成本两部分组成。其中，固定成本主要是指购买车辆等基础设施所花费费用以及固定资产折旧费等；变动成本主要是指列车的停站成本和由列车走行产生的列车里程费用。其计算公式如下：

$$Z_{成本} = \sum_{s_i \in S} \sum_{s_j \in S} \sum_{k=1}^{3} a \times n^{b_k}(s_i, s_j) + \sum_{s_i \in S} \sum_{t \in T} b \times x_{s_i}^t + \sum_{s_i \in S} \sum_{s_j \in S} \sum_{k=1}^{3} c \times d(s_i, s_j) \times n^{b_k}(s_i, s_j) \tag{6-33}$$

2. 模型约束条件

1) 列车运输能力限制

对开行在任一区间的任一列车而言，列车 t 输送的总客流量不大于此列车的载客量的限制。

$$\frac{q^t(s_i, s_j)}{A_{定} \times \pi} \leqslant \psi, \quad \forall t \in T, \forall s_i, s_j \in S \tag{6-34}$$

2) 客流需求满足约束

服务于区间 e_{ij} 的所有列车的载客能力要满足该区间内的客流需求。

$$\sum_{k=1}^{3} A_{定} \times \pi \times n^{b_k}(s_i, s_j) \geqslant q(e_{ij}), \quad \forall s_i, s_j \in S \tag{6-35}$$

3) 区间通过能力限制

线路上运行列车的数量不能超过各区间通过能力，同时为了提高城际/市域铁路对客流的吸引力，进而均衡协同运营区域内城际/市域铁路与城市轨道交通之间的运输任务，并提高该协同运营区域内旅客出行的满意度，在本模型中需要对城际/市域铁路旅客列车每日最低发车频率进行约束限制。

$$f_{\min} \leqslant \sum_{k=1}^{3} n^{b_k}(s_i, s_j) \leqslant N_{e_{ij}}, \quad \forall s_i, s_j \in S \tag{6-36}$$

4) 车站服务频率约束

由 4.1.2 节中关于调整列车停站方案的分析可知，通过合理增加城际/市域铁路旅客列车的停站次数，可以提高该协同运营区域内铁路列车对沿线出行旅客的吸引力，因此在本模型中需要对各车站的列车停靠频率进行约束。

$$x_{s_i}^{\text{low}} \leqslant \sum_{t \in T} x_{s_i}^t \leqslant x_{s_i}^{\text{up}}, \quad \forall s_i \in S \tag{6-37}$$

5) 列车停站约束

列车在始发站和终到站必须停车。

$$x_{s_1}^t = 1, x_{s_m}^t = 1, \quad \forall t \in T \tag{6-38}$$

6) 决策变量约束

本模型中的决策变量为列车停站方案和列车开行数量。

$$x_{s_i}^t \in \{0,1\}, \quad \forall t \in T, \forall s_i \in S \tag{6-39}$$

$$n^{b_k}(s_i, s_j) \in Z^+ \tag{6-40}$$

3. 模型的建立

综上所述，得到城际/市域列车开行方案的多目标整数规划模型：

$$\min Z_1 = \sum_{s_i \in S}\sum_{s_j \in S}\sum_{k=1}^{3} q^{b_k}(s_i, s_j) \times \frac{d(s_i, s_j)}{v_{b_k}} \tag{6-41}$$

$$\begin{aligned}\max Z_2 &= Z_{收入} - Z_{成本} \\ &= \sum_{s_i \in S}\sum_{s_j \in S} q(s_i, s_j) \times \varepsilon \times d(s_i, s_j) - \left[\sum_{s_i \in S}\sum_{s_j \in S}\sum_{k=1}^{3} a \times n^{b_k}(s_i, s_j) + \sum_{s_i \in S}\sum_{t \in T} b \times x_{s_i}^t \right. \\ &\quad \left. + \sum_{s_i \in S}\sum_{s_j \in S}\sum_{k=1}^{3} c \times d(s_i, s_j) \times n^{b_k}(s_i, s_j)\right]\end{aligned} \tag{6-42}$$

$$\text{s.t.} \begin{cases} \dfrac{q^t(s_i, s_j)}{A_{定} \times \pi} \leqslant \psi, & \forall t \in T, \forall s_i, s_j \in S \\ \sum\limits_{k=1}^{3} A_{定} \times \pi \times n^{b_k}(s_i, s_j) \geqslant q(e_{ij}), & \forall s_i, s_j \in S \\ f_{\min} \leqslant \sum\limits_{k=1}^{3} n^{b_k}(s_i, s_j) \leqslant N_{e_{ij}}, & \forall s_i, s_j \in S \\ x_{s_i}^{\text{low}} \leqslant \sum\limits_{t \in T} x_{s_i}^t \leqslant x_{s_i}^{\text{up}}, & \forall s_i \in S \\ x_{s_1}^t = x_{s_m}^t = 1, & \forall t \in T; x_{s_i}^t \in \{0,1\}, \forall t \in T, \forall s_i \in S \\ n^{b_k}(s_i, s_j) 为非负整数 \end{cases} \tag{6-43}$$

该模型是以旅客总出行时间最短和铁路客运企业效益最大为优化目标的双目标优化模型，模型中的决策变量为城际/市域铁路列车的开行数量和停站方案。

对任一车站而言，列车在该车站停靠、始发和终到的次数对该车站旅客出行需求的满足有很大作用，一般而言，车站的总停站次数越多，越能提高该车站出行旅客的满意度。旅客满意度可以用列车停站次数与出发旅客占总旅客的比例的乘积来衡量(汪波，2014)，加入旅客满意度来对最终的开行方案优化结果进行评价，其计算公式如下所示。

$$w = \sum_{s_i \in S} \frac{\sum\limits_{s_j \in S} q(s_i, s_j)}{\sum\limits_{s_i \in S}\sum\limits_{s_j \in S} q(s_i, s_j)} \sum_{t \in T} x_{s_i}^t \tag{6-44}$$

6.3.5 开行方案模型求解

本节构建的开行方案优化模型是双目标函数的整数非线性规划模型。双目标优化模型各种求解思路的共同点在于设法将双目标问题转化为单目标问题，然后利用单目标优化问题的求解方法求出最优解并将其作为双目标优化问题的最优解。通常可以采用线性加权法将双目标问题转化为单目标问题。

1. 双目标转单目标函数

1) 确定权重系数

根据各自目标 $Z_i(i=1,2)$ 在模型中的重要程度，给出一组对应的权重系数 $\theta_i(i=1,2)$，其中 $\theta_i \geqslant 0(i=1,2)$，且 $\theta_1+\theta_2=1$。

该系数的取值可以由决策者的偏好来决定，当决策者更重视旅客的出行效益时，可以令 $\theta_1=0.6, \theta_2=0.4$；当对旅客出行效益和运输企业的效益同样重视时，可各取 0.5；当决策者更重视企业的运输效益时，可以令 $\theta_1=0.4, \theta_2=0.6$；本研究主要是为了提高区域内旅客出行满意度，因此令 $\theta_1=0.6, \theta_2=0.4$。

2) 极小化线性加权和函数

函数 Z_1 为旅客总出行时间，单位为人 · min；函数 Z_2 为运输企业的效益，单位为元。由于两个目标函数的量纲不同，在这里引入时间价值 $V(T)$，其确定方法已由式(3-12)给出，将函数 Z_1 的单位转化为元。又由于函数 Z_1 的目标为 $\min Z_1$，函数 Z_2 的目标为 $\max Z_2$，可以令 $Z_2=-Z_2'$，将函数 Z_2 的目标函数转化为 $\min Z_2'=-\max Z_2$，通过上述转换方法，最终得到的目标函数为 $\min Z=Z_1 \times V(T)-Z_2$。

2. 模型求解算法设计

模拟退火算法(simulated annealing，SA)是基于 Monte Carlo 迭代求解策略的一种随机寻优算法(蒋琦，2016)。已有学者史峰、邓连波、王永亮、张星臣等通过对模拟退火算法进行适应性改造，用其来求解列车开行方案优化问题(尹冰艳和刘卫红，2018；左静等，2017；常建鹏等，2016；白荣，2009)。鉴于此，将在分析已有学者研究成果的基础上，对模拟退火算法进行适应性改造，并用其来求解本节构建的列车开行方案优化模型。

使用模拟退火算法求解列车开行方案优化模型时，需要对以下几个关键问题进行描述。

1) 解空间结构设计

结合前文提出的列车开行方案优化模型的特点，其解空间结构设计如下所述：

假设研究线路上共包含 n 个车站，则可用 n+2 个数字组成的数组来表示该线路区段上列车的开行方案。数组中前 n 个数字分别表示列车在对应车站的通行状态，由决策变量 0-1 来决定，当列车在该站停车时，该站对应的数字为 1，否则为 0。第 n+1 个数表示列车的类型 b_k，列车的类型包括以下三种：b_1 表示停站方案为直达的列车，b_2 表示停站方案为大站停的列车，b_3 表示停站方案为站站停的列车。在这里分别用数字 1、2、3 表示三种列车。最后一个数字表示列车的发车频次，即列车的开行数量。

假设某条市域铁路上有 5 个车站，即 n=5，当该线路上列车的开行方案如图 6-11 左侧图所示时，其可以表示成图 6-11 右侧所示的数组形式。

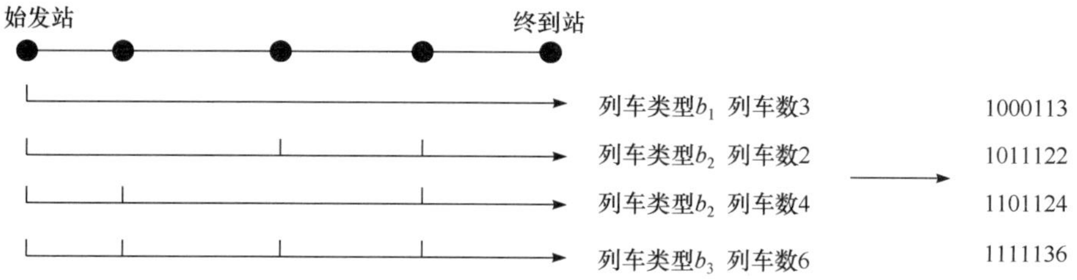

图 6-11　列车开行方案解的结构示意图

本节主要研究城际/市域铁路旅客列车开行方案的优化问题，对列车开行方案优化问题而言，是以现行列车开行方案为基础，在满足各约束条件的基础上，对其进行优化，从而得到使得目标函数更优的列车开行方案。因此，在本节中可以将现行的列车开行方案设置为模型求解的初始解。

2) 邻域解的构造策略

本节构建的列车开行方案优化模型包含两个决策变量：列车停站方案和各类停站方案下列车的开行数量。其中，用 $n^{b_k}(s_i,s_j)$ 表示车站 s_i 与 s_j 间开行的停站方案为类型 b_k 的列车数量；用 0-1 变量 $x_{s_i}^t$ 表示列车 t 是否在车站 s_i 停站。对列车开行方案而言，由于其具有整体性，在对每个要素进行改变时，都会引起很大的工作量。因此，在对现行的列车开行方案进行调整时，最好可以按照一定的规则来进行。针对本模型中的决策变量，在进行邻域解构造时，可以针对实际问题，提出如下所述的构造策略。

(1) 调整停站方案。

随机改变线路上某一趟列车在某个站点(除始发站和终到站之外)的停站状态：如果原列车在该站停车，可将其停站状态调整为通过，如果原列车在该站不停车，可将其停站状态调整为停站，该站对应数值的调整公式为：$x_{s_i}^{t*}=1-x_{s_i}^t$。其具体实施方案如图 6-12 所示。

该实施方案表示：原列车开行方案中有两列停站方案为[10111]的旅客列车，现将其中一列保持原停站方案不变，将另一列的停站方案改为[10011]。

(2) 调整列车开行数量。

随机选取开行方案中的一个解，在保持其停站方案不改变的情况下，对其列车开行数量进行调整，可以增加或减少 1 列。具体实施方案如图 6-13 所示。

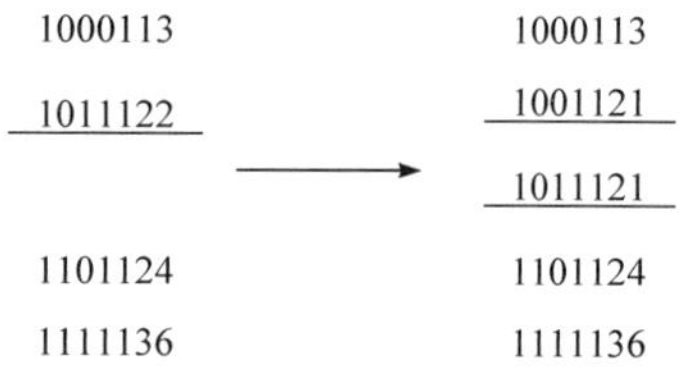

图 6-12　列车停站邻域解扰动示意图

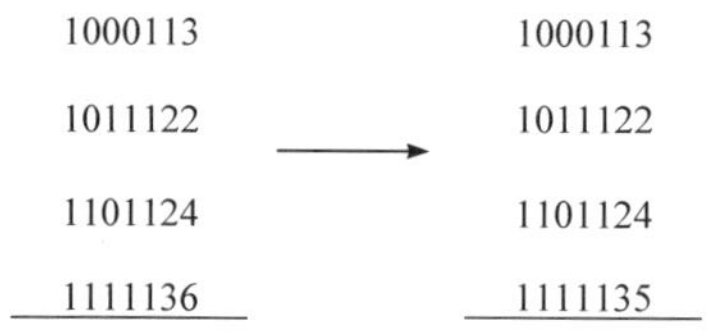

图 6-13　列车开行数量邻域解扰动示意图

3) 算法步骤

本节设计的模拟退火算法步骤如下：

步骤 1：读取基础数据。基础数据主要包括区间通过能力、客流 OD 需求量、现行列车开行方案相关数据。

步骤 2：算法参数设置。设置算法初始温度 T_0、算法终止温度 T_d，温度下降比例 τ，每个恒温 T 时的最大迭代次数 M。

步骤 3：初始化。设置现行列车开行方案 X_0 为当前解 X，即 $X = X_0$，计算当前解 X 对应的目标函数值 Z；令当前温度 $T = T_0$，当前温度的迭代次数 $m = 1$。

步骤 4：生成邻域解。根据前文设计的邻域解构造方法随机生成当前列车开行方案 X 的一组邻域解 X^{new}，并计算该邻域解对应的目标函数值 Z^{new}。

步骤 5：执行 Metropolis 选择。计算当前解 X 和邻域解 X^{new} 的目标函数值的差值 $\Delta Z = Z^{\text{new}} - Z$，按照下面的判断准则选择接受原当前解或邻域解为当前解。

(1) 如果 $\Delta Z < 0$，接受邻域解 X^{new} 为当前解，恒温迭代次数 $m = m + 1$。

(2) 如果 $\Delta Z > 0$ 且 $\zeta < \exp(-\Delta Z / T)$，其中 ζ 为从(0,1)中随机产生的一个数，接受邻域解 X^{new} 为当前解，恒温迭代次数 $m = m + 1$。

(3) 其余条件下，接受原当前解为当前解，恒温迭代次数 $m = m + 1$。

步骤 6：恒温迭代次数检验。若 $m < M$，则返回步骤 4；否则转步骤 7。

步骤 7：降温退火。根据设置的温度下降参数降低系统的温度，即令 $T = \tau T$。

步骤 8：算法终结判定。若 $T < T_d$，则算法终止，并输出当前解为最优解；否则令 $m = 1$，返回步骤 4。

4) 算法参数设置

参考文献(聂婷婷等，2019；陈垚，2018；毛保华，2011)中利用模拟退火算法解决列车开行方案优化问题时参数的取值，节算法参数取值如下所示：算法初始温度 $T_0 = 100$；算法终止温度 $T_d = 0.01$；温度下降比例 $\tau = 0.95$；每个恒温 T 时的最大迭代次数为 $M = 10$。

6.4　区域协同条件下城市轨道交通首末班车列车运行图协同编制

6.4.1　区域协同条件下城市轨道交通末班车的可达性研究

随着交通运输业的迅速发展，轨道交通运输系统正逐步实现网络化运营。在成网运营情况下，客流出行需求越来越大，线路不断增多，不同制式间逐步实现相互换乘衔接，极大程度上扩大了乘客的出行选择范围，方便乘客出行便捷性。但不同制式间的换乘客流增多，同制式内的换乘客流增多，也使换乘节点处的协调组织难度增大，特别是在首末班车时段列车在不同制式与同制式间的换乘衔接变得尤为重要。

在城市轨道交通网络中首末班车时段换乘客流量相对高峰时期较少，但城市轨道交通首末班车与其他制式的轨道交通衔接不顺畅，易导致乘客无法尽快与其他制式进行换乘。本节以其他轨道交通方式中的市域铁路为代表，重点研究市域铁路与城市轨道交通的可达性问题，编制高质量的城市轨道交通末班车时刻表。

市域铁路为城市中心城区及其组团提供大运量、快速、公交化客运服务。城市轨道交通则服务于大中型城市内部轨道交通客流的快速集散，市郊铁路大部分换乘客流都需要靠城市轨道交通换乘，是城市轨道交通系统的重要组成部分。区域协同条件下编制出高质量的市域铁路与城市轨道交通网络的首末班车运行图，可以更好地服务城市客流、充分利用轨道交通资源。

国内外学者基于静态网络和列车时刻表的动态性对城轨末班车时刻表衔接优化进行了丰富的研究。Cooke 和 Halsey(1966)最早在 1966 年将 Bellman 最优原理拓展至时变(动态)交通网络，基于动态规划迭代思路，并提出了动态交通网络中考虑时间属性的最短路径算法。Zografos 和 Androutsopoulos(2008)考虑了旅行时间、换乘次数、步行与等待时间等属性，提出了基于标号纠正法的公共交通网络下多标准时变最优路径算法。张新(2014)分析了路径可达性推算的约束条件，建立了末班车条件下动态最优可达路径模型，基于遗传算法提出了动态最优可达路径模型求解算法。张亮等(2017)通过有效路径提取分析了城市轨道交通网络的空间可达性，通过末班车时刻表判别路径的时间可达性，提出了基于多路径的 OD 对动态可达性推算方法。郭建媛等(2015)考虑 OD 间最优可达路径的旅行时间，基于递归思想，设计了 OD 最晚可达时间的解析计算方法，可用于运营部门末班车运行计划的优化编制，温芳等(2019)考虑城轨线网 OD 可达基础上构建关键 OD 可达对数最大的优化模型，采用最短路算法计算 OD 是否可达。唐国议(2018)基于固定出行路径提出最晚乘车时间和最远可达车站概念，基于最短路径(top-k-shortest paths，KSP)算法计算最晚乘车时间判断 OD 对是否可达。陈垚(2018)从城轨网络和换乘站角度提出 OD 可达性和换乘可达性概念，基于动态网络角度设计改进 Dijkstra 算法求解 OD 可达性。罗钦等(2010)考虑乘客的换乘走行时间差异，将路径可达性分为不可达、条件可达、完全可达三种层次，并通过路径分析判断 OD 可达性。汪波(2014)考虑城轨末班车线间衔接情况，构建乘客换乘等待时间最小和衔接成功性最大的末班车优化模型，设计末班车衔接优化量化方法。宁丽巧等(2016)考虑末班车时间段的所有列车构建乘客换乘等待时间最小和换乘成功性最大的整数线性规划模型。徐瑞华等(2012；2008)考虑多线换乘情况下列车衔接的可达性和合理性，构建换乘衔接优化模型，设计了首末班车时间段列车发车时间域的计算方法。

需要在市域铁路和城轨交通两系统内换乘的乘客，其完整的一次出行径路中包含多个换乘节点，只有在每一个换乘节点均换乘成功才能实现出行目的。既有的研究仅考虑城轨系统内的影响因素，未考虑区域协同条件下其他制式对城轨运营的影响，同时城轨系统内的研究仅对不同换乘站的成功换乘进行研究，未考虑乘客完整的出行路径，不能使 OD 间的可达性达到最大。本节将研究市域铁路和城市轨道交通两系统间的可达性问题，从乘客角度出发考虑市域铁路的换乘客流和城轨系统内的换乘客流影响，以区域 OD 可达乘客客流比例最大为目标优化各线路的末班车发车时刻，同时从城轨交通运营角度出发考虑推迟末班车收车时刻给运营公司造成的损失，以收车延时值最小为目标保证企业利益，两目标综合考虑实现区域协同条件下城市轨道交通末班车时刻表的优化。

1. 问题描述

1) 市域铁路与城轨系统换乘过程分析

在末班车时段从同制式或不同制式下的一条线路换乘到另一条线路的客流为换乘客流。城市轨道系统内换乘客流主要包含两大部分，一部分是城轨系统内在换乘站从一条线路换乘到另一条线路的客流，本节将同制式内换乘的客流称为换乘客流；另一部分是衔接市域铁路线和城轨线的综合枢纽换乘站发生的从铁路线路换乘到地铁线路的客流或从地铁线路换乘到铁路线路的客流，本节将不同制式间换乘的客流称为区域换乘客流。现将两者综合研究分析的内容较少，需重点研究市域铁路和城轨系统换乘衔接过程特征。

在轨道交通系统内，衔接了市域铁路线的城轨线路运营过程相对复杂，主要功能分为两部分：一是为铁路旅客提供接驳服务，实现铁路旅客的快速集散；二是服务线路上普通城轨车站，为居民的日常出行提供运输服务。对于普通地铁车站，进站客流在较短的时间周期内呈现出近似均匀到达的规律，而衔接铁路客运站的地铁进站客流会在时间上呈现出较强的不均衡性。这种不均衡性主要来源于铁路的到达列车。

当一个城轨换乘站既衔接多条城轨交通线又与市域铁路线相连，市域铁路线列车到达换乘车站时，会出现短时内增加且密集的换乘客流，该换乘客流的分布情况与市域铁路列车的满载情况、到达时间以及铁路换乘地铁过程有关。目前市域铁路和城轨交通都属于轨道交通系统范畴，线路运营和制式规范上有相似但属不同的独立运营系统，则乘客从市域铁路换乘到城轨交通时必将先出市域铁路系统再进入城轨交通系统，换乘过程如图 6-14 所示。

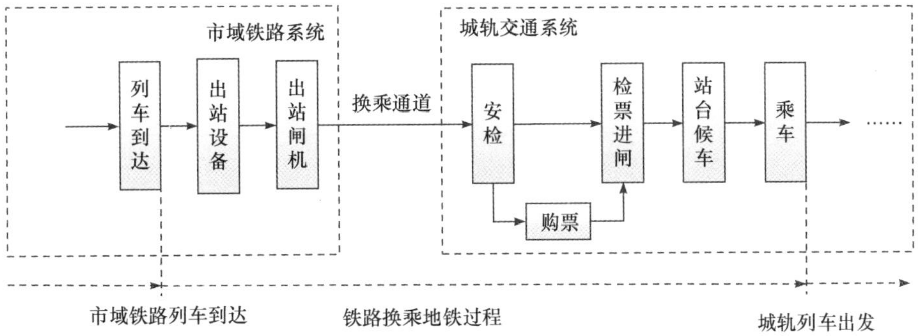

图 6-14　铁路换乘地铁过程示意图

当市域铁路到达车站后，需要在两制式内换乘的乘客先后经历电扶梯或楼梯、出站闸机等，选择最近的出站口出站，经过市域铁路和城轨交通的换乘通道到达城轨交通进站口，依次经过安检、售票系统以及进站闸机，并最终抵达地铁站台。通过对市域铁路与城轨交通换乘的全过程分析可知，区域换乘乘客的换乘时间与换乘走行距离、乘客走行速度、换乘节点设备设施影响等有关，区域换乘乘客的比换乘乘客的换乘过程更为复杂，所耗费时间更多。

2) 城轨末班车区域可达性分析

“可达性”用于描述区域的优劣程度或空间位置。在轨道交通系统中，晚高峰时期过后，客流量逐渐减少，列车开行频率逐渐降低，线路与车站开始结束运营，但城轨线路扩张成网络化运营，线路收车时期同制式与不同制式间换乘客流需求仍较大，末班车是乘客完成出行目的的最后一次乘车机会，则末班车时刻表的优化是城市轨道交通系统提升服务水平的重要手段。

本节采用区域可达性来描述市域铁路与城市轨道交通系统线路网络间服务连通性，将区域可达性定义为区域换乘可达性和区域 OD 可达性。区域换乘可达性为其他轨道交通线路列车(包括市域铁路线路和城市轨道交通线路)在换乘站与城市轨道交通线路列车衔接的成功性，衡量乘客是否能够换乘成功，用换乘冗余时间来表示。区域 OD 可达性为区域网络中 OD 间列车服务的连通性，衡量城市轨道交通乘客能否从起点(O)顺利到达终点(D)，用区域 OD 最晚乘车时间来表示。

在轨道交通线路未成规模时，市域铁路和城轨交通客流分布简单、换乘节点少，乘客出行起止点(OD)之间路径少，通常为一条且只需换乘一次，当末班车时段换出线路(包含市域铁路线或城轨交通线路)列车到达换乘站时，换入线路(包含市域铁路线或城轨交通线路)末班车未到站或刚到站，乘客有足够时间换乘到衔接线路列车时，换乘线路间衔接关系顺畅，乘客换乘成功，本节称为区域换乘可达；当换出线路列车到达换乘站时，换入线路末班车已离站或已结束运营，此时将造成列车在换乘线路间衔接开始失效，乘客将换乘失败，则称为区域换乘不可达。乘客能否在车站换乘成功取决于在换乘站 v 的换乘冗余时间 $\mathrm{TW}_{ll'}^{v}$，如图 6-15 所示，该值由换入线路 l' 上列车出发时刻、换出线路 l 上列车到达时刻、乘客换乘走行时间决定，当 $\mathrm{TW}_{ll'}^{v} \geqslant 0$ 时，区域换乘可达，乘客换乘成功；反之，$\mathrm{TW}_{ll'}^{v} < 0$ 时，区域换乘不可达，乘客换乘失败。

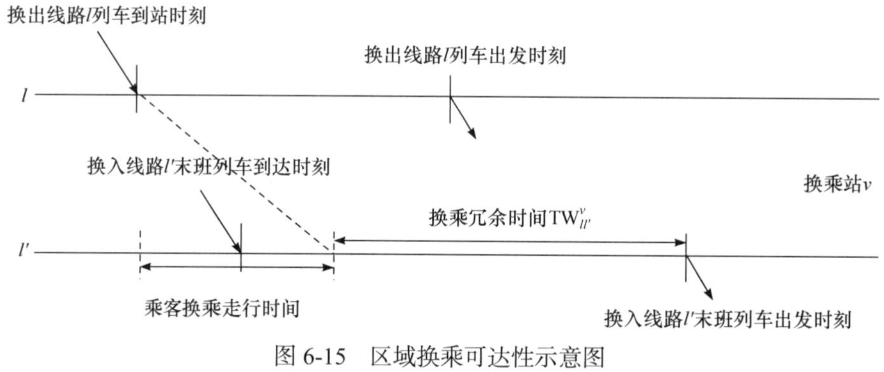

图 6-15　区域换乘可达性示意图

在轨道交通网络化运营条件下，乘客出行起止点(OD)间线网复杂、换乘节点较多，乘客往往需要多次换乘，单次换乘成功不能保证乘客到达目的地，必须在每一个换乘站均换乘成功才能实现 OD 可达。如图 6-16 所示的 OD 对，用 $P_1=\{O,S_1,S_2,S_4,D\}$ 代表从 O 到 D 的一个有效路径，乘客要实现 O 到 D 的出行目的，必须保证在换乘站 S_1、S_2、S_4 都换乘成功，此时该 OD 对可达；若在 S_1、S_2、S_4 三个换乘站任一站换乘失败，则该 OD 对不可达。

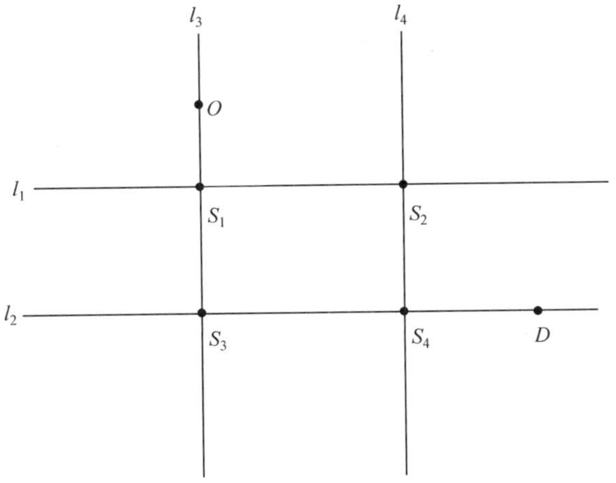

图 6-16　OD 对间换乘可达性示意图

通过以上分析发现，在大规模城轨运营网络中，仅使用区域换乘可达或者区域内换乘客流最大来评判市域铁路与城市轨道交通末班车的换乘衔接效果并不能使全网络的 OD 可达或者 OD 换乘客流最大，对于出行乘客，成功到达目的地才至关重要，而非仅实现出行路径上的一处换乘成功。并且，网络 OD 之间有多条物理可达路径，某一换乘衔接方向即使失败仍可由其他路径代替，不一定导致乘客出行失败，如图 6-15 所示，$P_1=\{O,S_1,S_2,S_4,D\}$ 路径衔接失效时仍可考虑 $P_2=\{O,S_1,S_3,S_4,D\}$ 路径。因此，在进行市域铁路与城轨交通系统的可达性研究时应采用区域 OD 可达性进行研究，才能保证乘客完成出行目的的数量最多。

但随着运营时间的结束部分线路和车站逐渐退出运营，致使列车在线路间的衔接关系逐渐失效，之前的物理可达路径由于时间的影响变为时空不可达，从某一时刻起 OD 间所有可达路径逐渐失效，直至全部失效，无可达路径。从乘客角度，区域网络 OD 可达性好，实现出行目的地的概率大，因此本节以乘客区域 OD 出行需求为导向，考虑市域铁路和城市轨道交通网络中的多出行路径多换乘节点，对城轨末班车时刻表进行优化，以区域 OD 可达客流量最大为目标，假设城轨交通系统内各运行线路的列车运行时间和停站时间固定不变，调整各线路列车的发车时间以对末班车时刻表进行优化。同时，考虑列车发时间的调整会对城轨运营单位造成运营成本的增加，为保障企业运营成本最小，以收车延时惩罚最小为目标，两目标综合考虑对城轨末班车的发车时刻进行优化，保障乘客和企业双方的利益最大化。

2. 可达性计算

在城轨交通末班车运行条件下，随着时间推移，线路间列车换乘衔接开始失效，区域网络条件下 OD 之间的可达路径逐渐减少，直至某一时刻 OD 的可达路径全部失效，致使区域 OD 不可达，将这一时刻定义为区域 OD 最晚乘车时间，指城轨交通末班车时段内乘客从 O 点(包含市域铁路或城轨交通系统)乘车经过一系列换乘刚好能到达 D 点(包含市域铁路或城轨交通系统)的最晚时间，乘客在该时间前出发区域 OD 可达，在该时间后区域 OD 不可达则不能完成出行目的。因此，根据乘客的出行需求为导向求出满足乘客完成出行目的的最晚乘车时间，可以保证乘客在该时间前乘车经过一系列换乘最终能到达终点站，同时也能为乘客提供在该最晚乘车时间下的最晚出行方案。

区域 OD 可达性计算是城市轨道交通系统基于列车时刻表求解 K-最短路的问题。K-最短路问题有三种典型问题：K-最早到达问题(K-earliest arrival problem，K-EAP)、K-最小换乘次数问题(K-minimum transfer times problem，K-MNTP)、K-最短旅行时间问题(K-shortest travel time，K-STTP)。Chen 等(2019)基于末班车时刻表对可达性进行优化，提出了改进 Dijkstra 算法求解大型网络的可达性，得出从起点到终点的最晚可达路径。本节将区域 OD 可达性用区域 OD 最晚乘车时间进行量化，将该问题定义为最晚到达问题(K-late arrival problem，K-LAP)，设计适用于城轨大型运营网络下的区域 OD 最晚乘车时间计算方法，即设计一种基于区域网络图的改进 Dijkstra 算法来求解 K-LAP 问题。

1) 计算思路

Dijkstra 算法原理是使用广度优先搜索方式求解赋权有向图中的起点到终点的最短路径问题，本节推算思路为假设乘客能成功乘坐末班车到达终点站，在给定该终点的情况下，考虑换乘时间、运行时间、停站时间等，根据终点的到达时间由后向前倒推其他所有节点的最晚进站时间，该逆推方式推算出来的节点时间为乘客的最晚乘车时间。

2) 算法步骤

为方便图形刻画，将市域铁路线简化为与城轨交通系统相衔接的一条铁路线，网络中分别存在市域铁路线与城轨交通线路。将区域网络描述为有向图，市域铁路车站、城市轨道交通车站抽象为节点，车站之间的区间线路抽象为上下行两条有向边，边用标记值进行标记。因此，区域网络图可表示为图 $N(V_s \cup V_{sc} \cup V_c, E, C)$，其中 V_s 为市域铁路普通节点集合，V_{sc} 为市域铁路和城轨交通换乘节点集合，$V_{sc}=V_{sc1} \cup V_{sc2}$ (其中，V_{sc1} 为市域铁路与城轨交通换乘节点且为城轨内的换乘节点，V_{sc2} 为市域铁路与城轨交通换乘节点且为城轨内的普通节点)，V_c 为除以上节点外的城轨交通节点集合，$V_c=V_{c1} \cup V_{c2}$ (其中，V_{c1} 为非市域铁路与城轨交通换乘节点且为城轨内的换乘节点，V_{c2} 为非市域铁路与城轨交通换乘节点且为城轨内的普通节点)，E 为边的集合，C 为边 E 标记值，即 $c(u,v)$ 为边 $e(u,v)$ 的标记值，表示从起点 u 出发经过边 $e(u,v)$ 能最终达到终点 v 的最晚乘车时间。$e(u,v)$ 表示 $u \to v$ 的有向边，即起点为 u、终点为 v 的边。则有 $u \in V_s \cup V_{sc} \cup V_c$，$v \in V_s \cup V_{sc} \cup V_c$，$e(u,v) \in E$。

同时引入以下符号，某一对 OD 对用 od 表示，o 为起点节点，d 为终点节点。j 为列车序号，用 $A(u,v,j)$ 表示到达边 $e(u,v)$ 上倒数第 j 列车在 u 站的列车到达时间；$D(u,v,j)$ 表示边 $e(u,v)$ 上倒数第 j 列车在 u 站的列车出发时间；$W(u,v,w)$ 表示乘客从边 $e(u,v)$ 换乘到边 $e(v,w)$ 在换乘站 v 所花费的换乘走行时间；$\mathrm{TR}_{m,u^*,v^*}^{j}$ 表示从边 $e(m,u^*)$ 换乘到边 $e(u^*,v^*)$ 的换乘冗余时间；$c(u)$ 表示以 u 为起点实现可达的最晚乘车时间，即节点 u 的标记值；$F(u,v)$ 为边 $e(u,v)$ 的上一可行边，用于记录最晚可达路径方案。市域铁路与城轨交通换乘节点集合 V_{sc} 称为区域节点，城轨交通内换乘节点集合 V_{c1} 称为关键节点，其余市域内普通节点 V_s、城轨交通内非换乘节点集合 V_{c2} 都称为一般节点，H 为从区域节点和关键节点出发的边的集合，用该算法进行标记时只考虑属于 H 集合中的边，其余从一般节点出发的边均可通过相连的区域节点或者关键节点进行推算，标记时忽略不考虑。

算法步骤如下所示。

步骤 1：标记值初始化。采用倒推方式以 d 为指向点，查询与 d 为相同线路且指向 d 的所有边，对起点为区域节点或者关键节点的边进行标记(中间包含的一般节点忽略不标记)，标记值为该边起点同方向的末班车发车时间，即边 $e(u,v)$ 的标记值 $c(u,v)=D(u,v,1)$，其余不同线路不同方向的边均用 0 进行标记。

步骤 2：算法终止条件。若 H 集合内所有边的标记值均小于 o 节点的标记值，即 $c(o)\geqslant c(u,v)$，满足条件转至步骤 6，此时 o 节点的标记值为该 od 对的最晚乘车时间；不满足条件则继续。

步骤 3：更新最大标记边。标记一次结束后从 H 集合内挑选出标记值 $c(u,v)$ 最大的边 $e(u,v)$，记为标记边 $e(u^*,v^*)$、标记值 $c(u^*,v^*)$，并将该边 $e(u^*,v^*)$ 从原 H 集合内删除。

步骤 4：搜索可行车次。在与边 $e(u^*,v^*)$ 相邻的所有边 $e(m,u^*)$，即以 u^* 为到达节点的所有边中，寻找满足 $\mathrm{TR}_{m,u^*,v^*}^{j}\geqslant 0$ 条件的列车，记该列车为 j^*，其中 $\mathrm{TR}_{m,u^*,v^*}^{j}=c(u^*,v^*)-W(m,u^*,v^*)$。

步骤 5：更新最大标记值。寻找所有指向边 $e(m,u^*)$ 的边 $e(u,v)$，对边 $e(u,v)$ 进行标记 $c(u,v)$，判断边 $e(u,v)$ 上倒数第 j^* 次列车在 u 站的列车出发时间与 $c(u,v)$ 的大小，若有 $D(u,v,j^*)>c(u,v)$，则有 $c(u,v)=D(u,v,j^*)$、$F(u^*,v^*)=e(u^*,v^*)$，返回步骤 2。

步骤 6：算法终止。输出 o 节点到 d 节点的最晚乘车时间，即 $c(o)=\max c(w,m)$，同时依次输出 $e(w,m)$ 的父边即为最晚可达路径，算法结束。

3. 模型建立

1) 变量设置

l 为区域轨道交通网络中任意一条线路，$l\in L$。

L 为区域轨道交通网络线路集合，$L=L_1\cup L_2$，总共有 $n=2m+2r$ 条线路。L_1 为城市轨道交通线路集合，同一条城轨线路的上下行两个方向视为两条线路，$L_1=\{l/l_1,l_2,\cdots,l_{2m}\}$，总共有 $2m$ 条线路。L_2 为市域铁路线路集合，同一条市域铁路线路只考虑从市域换乘到城轨方向的线路，$L_2=\{l/l_1,l_2,\cdots,l_{2r}\}$，总共有 $2r$ 条线路。

v 为线路 l 上的车站，$v\in\{v_0,v_1,\cdots,v_i,\cdots,v_n\}$，$v_0$ 表示线路 l 上的始发车站，v_n 为终点车站。

t 表示当前乘客的出发时刻，在本节所研究的末班车时段每隔 1min 记为一次出行时间，$t\in T$。

T 表示本节所研究的末班车时段，$T=\{22:30,22:31,\cdots,00:29,00:30\}$。

U 表示所有 OD 对 od 的集合。

ODA_{od}^{t} 为 0-1 变量，$\mathrm{ODA}_{od}^{t}=1$ 时表示 OD 对 od 在 t 时刻时末班车服务不可达，反之可达。

Q_{od} 表示一个 OD 对 od 间的末班车客流需求量。

Dtv_l 表示区域轨道交通网络线路 l 的末班车收车延时值。

D_{lv}^{*} 表示区域轨道交通网络原始运行时刻表中线路 l 末班车在车站 v 的发车时刻。

A_{lv} 表示区域轨道交通网络运行时刻表中线路 l 末班车在车站 v 的到达时刻。

D_{lv}^{j} 表示区域轨道交通网络线路 l 倒数第 j 次列车在车站 v 的发车时刻，$D_{lv}^{1}=D_{lv}$。

A_{lv}^{j} 表示区域轨道交通网络线路 l 倒数第 j 次列车在车站 v 的到达时刻，$A_{lv}^{1}=A_{lv}$。

TR_{lv} 表示区域轨道交通网络线路 l 末班车从车站 $v-1$ 运行到车站 v 的区间运行时分。

DW_{lv} 表示区域轨道交通网络线路 l 在车站 v 的停留时间。

$\underline{I}_{l}^{da}$ 表示区域轨道交通网络列车在线路 l 上的最小到发时间间隔。

$\underline{I}_{l}^{di}$ 表示区域轨道交通网络前行列车与后行列车在线路 l 上的最小发车时间间隔。

$\mathrm{Dtv}_{\max}$ 为根据运营单位的实际情况考虑可以接受的末班车总延时最大值，在本节案例中取 $\mathrm{Dtv}_{\max}=20\,\mathrm{min}$。

T_{ldt} 为运营单位确定的末班车的最晚发车时间，$T_{ldt}=\{T_{ldt}^{\mathrm{s}},T_{ldt}^{\mathrm{c}}\}$，城轨交通系统不晚于城轨的最晚发车时间 $T_{ldt}^{\mathrm{c}}=00:02$，市域铁路不晚于市域铁路的最晚发车时间 $T_{ldt}^{\mathrm{s}}=23:15$。

$\mathrm{TW}_{ll'}^{v}$ 表示区域轨道交通网络中乘客在换乘站 v 由换入线路 l' 换乘到换出线路 l 的换乘冗余时间。

决策变量定义如下。

D_{lv} 表示区域轨道交通网络优化后运行时刻表中线路 l 末班车在车站 v 的发车时刻。

注：本节构建的市域铁路和城市轨道交通组合区域网络，将两系统抽象为同一区域网络下进行分析，市域铁路相比城市轨道交通为运行范围更广、区间运行时分更长、发车时间频率更长等特点的公交化运营模式轨道交通线路，但对末班车时段市域铁路和城市轨道交通可达性进行研究时，将两者放在同一标准下分析更有利于得出符合两者运营特点和满足两者乘客出行需求的末班车时刻表。

2) 模型假设

为了简化市域铁路与城市轨道交通换乘衔接的末班车时刻表优化模型的建立和求解，本节对末班车时刻表优化模型进行以下合理的假设。

(1) 市域铁路和城市轨道交通末班车时段的乘客 OD 需求已知，通过城市轨道交通 AFC 历史数据或者需求调查获得。

(2) 市域铁路与城市轨道交通的换乘以及城市轨道交通内部的换乘情况下，乘客在换乘站 v 从换入线路 l' 换乘到换出线路 l 的换乘走行时间恒定且高于平均水平。

(3) 城市轨道交通末班车的载客能力充足，不考虑乘客在站台却不乘坐末班车以及由于能力不足导致乘客滞留的情况。

(4) 在区域轨道交通网络中列车区间运行时分和列车停站时分恒定不变。

(5) 不考虑同一线路上不同运营方式、不同交路方式，均视为单一交路线路。

(6) 本节重点研究市域铁路和城市轨道换乘情况下末班车的时刻表优化，不考虑列车晚点的情况。在末班车时段，线路上的列车较少、客流需求量较小，故出行晚点的情况较少。

3) 目标函数

对区域内出行的乘客来说，末班车时段内能够从 o 起点经过一系列换乘顺利到达 d 终点是至关重要的，单考虑在换乘站的换乘客流量最大是不合理的，应该立足乘客出行的全路径考虑 OD 可达性，区域内 OD 可达客流比例最大意味着区域内 OD 可达客流量最大，此时末班车时段内服务水平较高。同时企业运营成本和利润也应重点考虑，夜间城市轨道交通系统需预留足够时间供综合检修维修，而市域铁路线路保证线路维修和不影响线路其他车次列车，末班车收车时间延迟将导致运营单位运营成本增加，则设立区域轨道交通网络各线路末班车收车延时值最小，本节从乘客和企业两个角度建立目标如下。

区域 OD 可达客流比例最大：

$$Z_1 = \max \sum_{t \in T} \sum_{od \in U} (1 - \mathrm{ODA}_{od}^t) \frac{Q_{od}}{\sum_{od \in U} Q_{od}} \tag{6-45}$$

为方便后续模型的求解，将区域 OD 可达客流比例最大转化为区域 OD 不可达客流比例最小，如式(6-46)所示。

$$Z_1 = \min \sum_{t \in T} \sum_{od \in U} \mathrm{ODA}_{od}^t \frac{Q_{od}}{\sum_{od \in U} Q_{od}} \tag{6-46}$$

各线路末班车收车延时值最小：

$$Z_2 = \min \sum_{l \in L} \mathrm{Dtv}_l \tag{6-47}$$

Dtv_l 为区域轨道交通网络线路 l 末班车的原始时刻表和优化时刻表中结束运营时间差值。区域轨道交通网络包含市域铁路和城市轨道交通线路，本节考虑两系统运营线路的运营时间、车站停留时间等因素考虑为恒定值，则 Dtv_l 表示为区域轨道交通网络末班车的原始时刻表和优化时刻表中在线路 l 的发车时间差值，计算如式(6-48)所示。

$$\mathrm{Dtv}_l = \begin{cases} D_{lv_0} - D_{lv_0}{}^*, & D_{lv_0} - D_{lv_0}{}^* > 0 \\ 0, & D_{lv_0} - D_{lv_0}{}^* \leqslant 0 \end{cases} \tag{6-48}$$

4) 约束条件

列车的区间运行时分、车站停留时间均为固定值，列车在车站的到达时间和出发时间均可用在始发站的发车时间表示，如式(6-49)和式(6-50)所示。

$$A_{lv} = D_{lv_0} + \sum_{i=1}^{v} \mathrm{TR}_{lv} + \sum_{i=1}^{v-1} \mathrm{DW}_{lv} \tag{6-49}$$

$$D_{lv} = D_{lv_0} + \sum_{i=1}^{v} \mathrm{TR}_{lv} + \sum_{i=1}^{v} \mathrm{DW}_{lv} \tag{6-50}$$

为保证运营单位的成本最小，以及留有足够的时间进行夜间的综合维修和其他作业，末班车到达终点站的时间不应晚于运营单位规定的最晚收车时间。由于列车运行过程中，列车的区间运行时分、列车停站时间固定，则将该约束转变为末班车在起点站的最晚发车时间，如式(6-51)所示。

$$D_{lv_0} \leqslant T_{ldt} \tag{6-51}$$

为保证同一车站列车运行安全，末班车在车站的到达时间与次末班车在车站的出发时间应满足最小到发时间间隔要求，同时同一线路上前行列车(次末班车)与后行列车(末班车)应满足最小发车时间间隔，如式(6-52)和式(6-53)所示。

$$A_{lv} - D_{lv}^2 \geqslant \underline{I}_l^{da} \tag{6-52}$$

$$D_{lv} - D_{lv}^2 \geqslant \underline{I}_l^{di} \tag{6-53}$$

为避免末班车延时收车对运营单位带来较大损失，对时刻表进行优化时末班车延迟收车应满足运营单位的实际情况可以接受的总延时最大值，如式(6-54)所示。

$$\sum_{l \in L} \mathrm{Dtv}_l \leqslant \mathrm{Dtv}_{\max} \tag{6-54}$$

4. 模型求解

城市轨道交通末班车时刻表优化问题已被证明属于 NP-hard 问题，大型网络中求解难度大，结果通常为局部最优。传统的多目标优化问题优化一个函数时以牺牲另一个目标优化结果为代价，或将多目标转为单目标采用的加权值主观性概率较大、结果单一，不能反映全局真实情况，因此采用多目标函数优化算法——NSGA-Ⅱ算法进行求解，寻找决策空间中的最优解集合，再根据最优解集合对各分目标结果值进行权衡、协调，实现各分目标结果趋于最优。

NSGA-Ⅱ算法主要思想是对所有个体进行分层并设置适应度值，每一层级内的虚拟适应度值相同，当层级数越低时适应度值越大越容易遗传到下一代，是基于 Pareto 最优解的优化算法，相比 NSGA-Ⅰ算法做了如下改进：首先，快速非支配排序算子的设计提高了计算效率，降低了计算复杂度；其次，引入个体拥挤距离算子保证了种群多样性；还引入精英策略保证进化过程中个体不轻易丢失，而提高计算效率，算法关键步骤如下所示。

(1) 随机产生初始种群 P_c，种群规模大小为 N，对种群内所有个体进行非支配排序并计算其非支配排序值。

(2) 将初始种群 P_c 进行交叉、变异操作得到种群规模为 N 的新一代种群 B_c，将初始种群 P_c 和变异后种群 B_c 结合形成种群规模为 $2N$ 的新种群 H_c。

(3) 对新种群 H_c 内所有个体进行快速非支配排序，对每一个 Pareto 等级个体进行拥挤距离计算，依据支配关系和距离大小选择最优：非支配排序值越小越优，拥挤距离越大越优，根据精英策略选择最优的 N 个个体形成新的父代种群 P_1。

(4) 产生新一父代种群后重复步骤(1)，直到满足输出条件则结束循环。

在 NSGA-Ⅱ算法中末班车在始发站的发车时间为决策变量，则设定为基因，每条染色体表示一个解决方案，区域路网中有线路数 n 条，每条染色体上具有 n 个基因。在种群进化过程中，根据支配关系和距离大小对个体进行选择，为保证优秀基因继续遗传，根据单点交叉法和变异随机数法对个体进行遗传操作。同时，当算法满足相应条件时终止计算：当返回的最优值和最劣值之间相差在可接受的误差范围内、达到遗传次数或个体的最优值不再大幅度变化趋于平稳。NSGA-Ⅱ算法具体流程如图 6-17 所示。

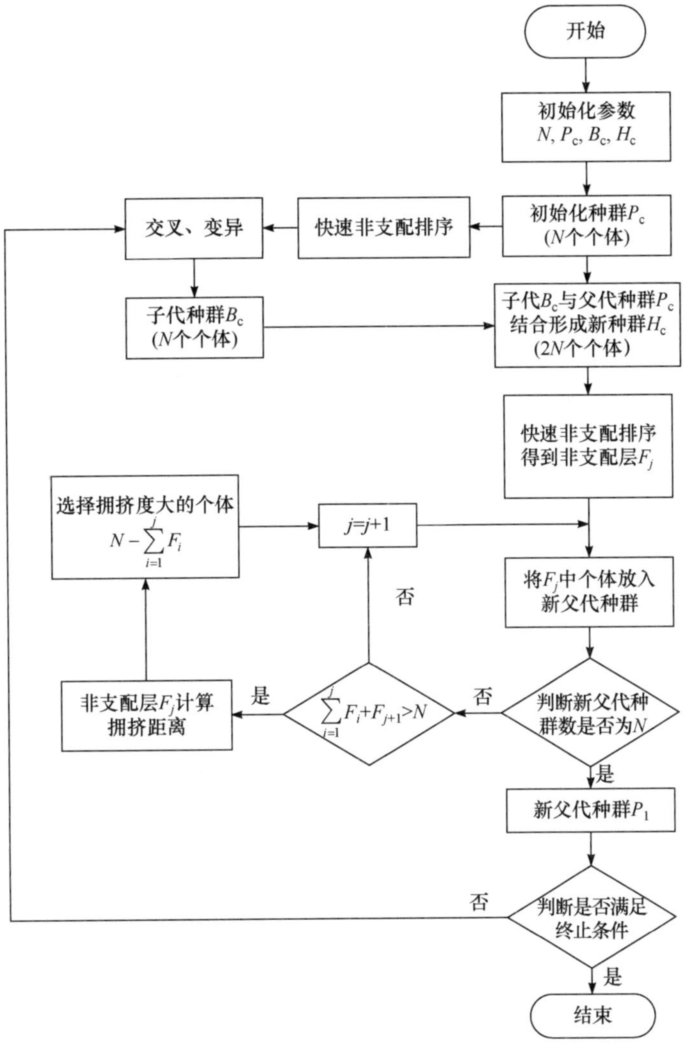

图 6-17　NSGA-II 算法流程

5. 案例分析

本节以成都轨道交通线路为对象进行案例分析。如图 6-18 所示，截至 2020 年 5 月，成都开通了 7 条城市轨道交通线路(包括 1 号线、2 号线、3 号线、4 号线、5 号线、7 号线、10 号线)、2 条市域铁路线路(成灌快速铁路及其离堆支线、成彭快速铁路统称为成灌快铁)，共有 19 个换乘站，136 个城轨车站、13 个市域铁路车站。

为简化计算过程并结合具体客流数据，选取成都城市轨道交通 1 号线、2 号线、3 号线一期、4 号线、7 号线、10 号线一期、成灌快速铁路 7 条线组成区域轨道交通网络，共有 15 个换乘站(其中 1 个区域节点、14 个关键节点)。简化区域网络线路如图 6-19 所示，只保留线路两端的一般节点以及区域节点、关键节点。

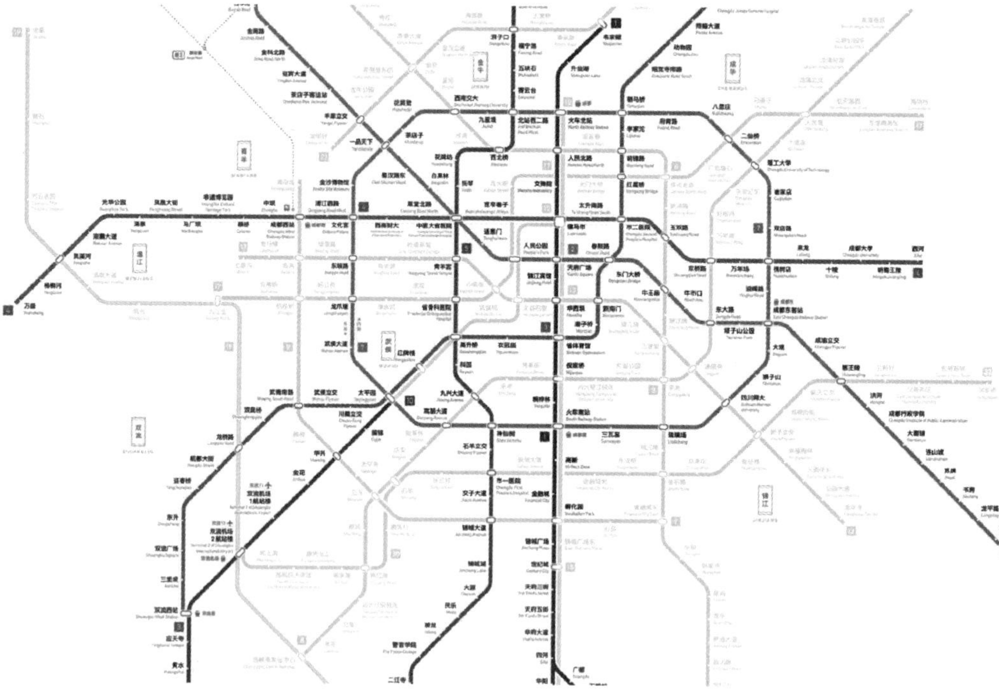

图 6-18　成都市 2020 年 5 月轨道交通线路示意图

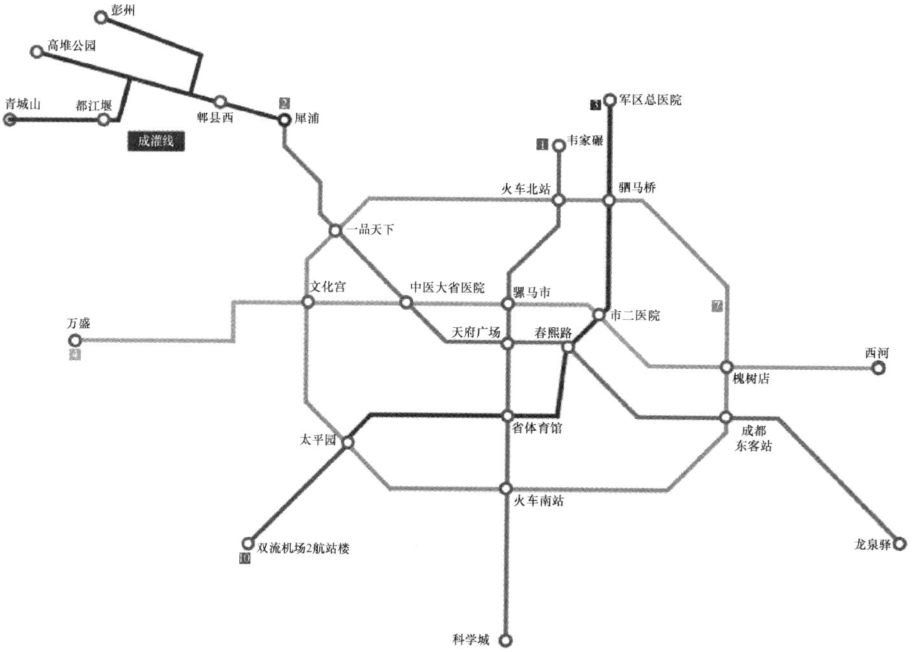

图 6-19　简化后区域网络线路示意图

6.4.2　基于时空可达的城市轨道交通末班车时刻表优化

作为全日运营计划中唯一需要特别考虑可达性的关键时段，末班车时刻编制决定了城市轨道交通网络的衔接质量，对城市轨道交通末班车时刻表进行优化不仅可以丰富线网可达性的内涵，也是对城市轨道交通网络化运营优化的一大补充。

对于城市轨道交通末班车衔接优化，目前研究可概括为从换乘客流量和可达性两个角度。以换乘客流量大为目标，徐瑞华等(2008)根据网络中各线路和换乘站的重要度系数确定网络的主协调线路和换乘站，根据重要度依次求出各线路末班车在各换乘站的到发时刻；徐瑞华和李璇(2012)设计了网络线路衔接关系的图形和矩阵表示法，借鉴最小生成树 Kruskal 思想，提出了考虑客流需求及运营者特定衔接需求的网络末班车衔接方案优化算法，两者主要从路网衔接的复杂关系入手，提出了线网运营协调的末班车时刻表编制方法。不少学者也通过调整末班车发车时间、区间运行时间、停站时间等参数，优化衔接关系，如 Wong(2008)。陈垚等(2017)则是通过延长换乘站停站时间，编制的时刻表可实现部分末班车的双向换乘。其间也有少数学者从网络可达性的角度进行研究。Zhou 等(2013)以换乘等待时间最短，不可达 OD 客流量最少与可达乘客的可靠性最高为目标建立优化模型，并利用遗传算法进行求解；Chen 等(2019)分析了夜间乘客出行可达性的影响因素，以末班车网络的 OD 可达性最优建立单目标混合整数规划模型。

从换乘需求角度，成功换乘的客流量大并不能使网络的 OD 可达性好；而仅以可达性作为目标，由于收车时间限制，可能使一些根本无法实现 OD 可达的乘客换乘需求不能被满足而损失网络整体的换乘客流量。可见既有研究从两个角度单独优化并不能使网络整体的换乘衔接效果最佳，这里用以下网络进行分析。在图 6-20 所示的城市轨道交通网络中，线路箭头(实线)方向为下行方向，换乘站的箭头(虚线)方向表示成功换乘的方向。

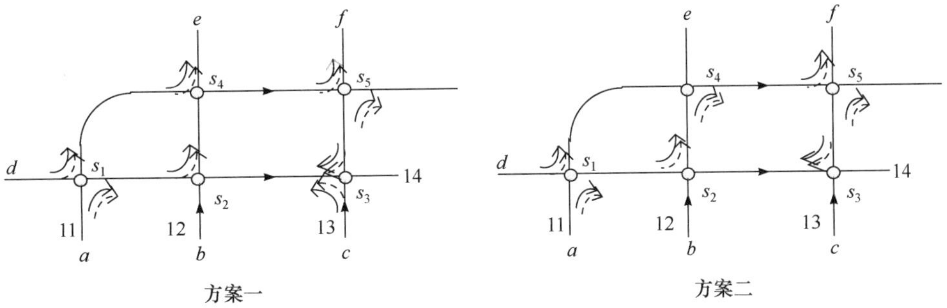

图 6-20 不同方案图

换乘站 s_4，a 到 e 方向的客流大于 b 到 f 方向的客流，追求换乘客流最大的方案一会优先考虑 1 号线下行换乘 2 号线下行方向。此时，对于 b 到 f 的客流，不能在换乘站 s_4 成功衔接，即使在 s_5 该方向可成功换乘也无法实现可达。但如果以可达性优为目标，2 号线下行成功换乘 1 号线下行，则可避免该情况发生，d 到 e 的乘客可通过换乘站 s_2 找到等效路径，可达性不受影响。

换乘站 s_3，从 c 方向去往 a 方向客流较多，但由于收车时间相差较大，4 号线上行至 1 号线上行方向不能优化实现成功换乘，因此 c 到 a 不可达。以可达性最优为目标的方案二可能会放弃 3 号线下行换乘 4 号线上行方向，这部分乘客在出行路径上的前序车站 s_3 换乘失败，更无法实现 OD 可达。

因此，本节在总结既有研究不足的基础上提出了基于时空可达的城市轨道交通末班车时刻表优化，解决末班车条件下多次换乘的可达性问题，并且兼顾网络最大的换乘客流量，尽可能满足末班车条件下乘客的出行需求。

1. 思路分析

1) 网络可达性分析

城市轨道交通的网络可达性受时间可达性和空间可达性影响。城市轨道交通的线路与车站构成了静态的物理网络，两点之间可以找到连通路径，则称为空间可达。时间可达是指换乘站衔接线路方向列车的到发时间点满足换乘时间关系。在末班车条件下，受列车运行图、换乘次数、换乘走行时间的影响，各线路收车时间不一，对于出行有多次换乘需求的乘客，可能因连通路径上某一换乘站衔接线路方向时间上不可达，而无法完成出行。因此，基于时空可达的末班车时刻表优化就是在既有轨道交通网络的基础上合理安排末班车的到发时间，解决末班车条件下的空间可达问题。

2) 网络可达性评估

网络的可达性体现在乘客从起点到终点的出行全过程，多次换乘完成出行的乘客，在时间上需要满足一定的条件。随着网络的复杂化，各末班车在时间上的配合也更加复杂。首先以一次换乘为例进行分析。线路 l 方向的列车到达换乘站 s 的时间为 A_{ls}，线路 l' 方向的列车到达换乘站 s 的时间为 $A_{l's}$，线路 l 方向乘客下车后步行至换乘站台的时间为 $t_{ll's}^{\mathrm{W}}$，线路 l' 方向的列车的停站时间 $t_{l's}^{\mathrm{DW}}$，离开换乘站 s 的时间为 $D_{l's}$，一次成功的换乘时间关系如图 6-21 所示。

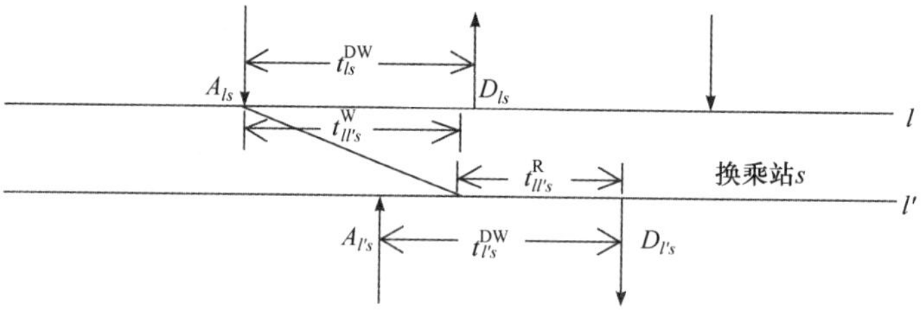

图 6-21　换乘时间关系图

根据图 6-21 时间关系，乘客到达换乘站台等待列车出发的时间，即换乘冗余时间 $t_{ll's}^{\mathrm{R}}$ 用式(6-55)表示。

$$t_{ll's}^{\mathrm{R}} = D_{l's} - A_{ls} - t_{l's}^{\mathrm{DW}} \tag{6-55}$$

当换乘冗余时间大于零时，该方向换乘衔接成功。

假设某一 OD 对 ij 存在最短路 $\varphi_{ij}^{k} = \{i, s_1, \cdots, s_n, j\}$，$s(\varphi_{ij}^{k}) = s_1, \cdots, s_n$ 表示该路径上的换乘站集合，n 对应该路径的换乘次数。引入 0-1 变量 x_{ij}^{ks} 描述 OD 对 ij 在换乘站 s 的衔接关系用式(6-56)表示。

$$x_{ij}^{ks} = \begin{cases} 1, & D_{l's} - A_{ls} - t_{l's}^{\mathrm{DW}} \geqslant 0 \\ 0, & D_{l's} - A_{ls} - t_{l's}^{\mathrm{DW}} < 0 \end{cases}, \quad \forall s \in s(\varphi_{ij}^{k}) \tag{6-56}$$

假设乘客在车站 s_1 换乘成功，那么乘客可搭乘该列车到达换乘站 s_2，到达时间为 $A_{l's_2}$，再判断换乘成功性，直至最后一个换乘站 s_n。

若该路径上全部的换乘站满足换乘时间关系，则称该路径可达，用式(6-57)描述。

$$x_{ij}^{k}=\begin{cases}1, & \prod\limits_{s\in s(\varphi_{ij}^{k})} x_{ij}^{ks}=1\\ 0, & \prod\limits_{s\in s(\varphi_{ij}^{k})} x_{ij}^{ks}=0\end{cases} \tag{6-57}$$

对于该 OD，站点 i 到 j 的 k 短路中有一条可达，则称该 OD 对可达。用式(6-58)描述。

$$x_{ij}=\begin{cases}1, & \sum\limits_{k\in[1,K]} x_{ij}^{k}\geqslant 1\\ 0, & \sum\limits_{k\in[1,K]} x_{ij}^{k}=0\end{cases} \tag{6-58}$$

2. 模型建立

1) 问题假设

城市轨道交通网络时刻表的编制是一项复杂的工作，为提高问题的求解速度，在保证条件合理的基础上进行如下假设。

(1) 线网的客流数据已知，且不随时刻表的调整而发生弹性变化。

(2) 末班车的运能充足，不考虑突发大客流的情况。

(3) 各方向换乘走行时间确定，通过调研取换乘走行时间的平均值。

2) 符号说明

问题中涉及的关键符号说明如下。

L：路网轨道交通线路集合，$L\in\{l_1,l_1,\cdots\}$，上下行属于不同线路。

S：路网中换乘站集合。$S(l)\in\{l_0,l_1,\cdots,l_n\}$ 对应线路 l 的关键车站，包括起始站 l_0、换乘站 l_1 到 l_{n-1}、终到站 l_n。

D_{l0}：线路 l 方向的列车在始发站的发车时间。

A_{ls}：线路 l 方向的列车在换乘站的到达时间。

$D_{l's}$：线路 l' 方向的列车在换乘站的发车时间。

t_{ls}^{R}：线路 l 方向的列车在车站 $s-1$ 与换乘站 s 的区间运行时间，包括列车实际运行时间与所有非换乘站停站时间。

t_{ls}^{DW}：线路 l 方向的列车换乘站 s 的停站时间。

$t_{ll's}^{\mathrm{W}}$：l 方向换乘至 l' 方向乘客在 s 站的换乘走行时间。

$t_{ll's}^{\mathrm{R}}$：l 方向换乘至 l' 方向乘客在 s 站换乘冗余时间。

P_{ij}：OD 对 i 到 j 的客流需求。

$P_{ll's}$：换乘站 s 线路 l 方向换乘至 l' 方向的客流需求。

x_{ij}：0-1 变量描述 OD 对 ij 的可达性，$x_{ij}=1$ 表明 i 到 j 可达，反之 $x_{ij}=0$。

$x_{ll's}$：0-1 变量表示换乘站 s 线路 l 方向换乘至 l' 方向能否成功，$x_{ll's}=1$ 表明该换乘方向衔接成功，反之 $x_{ll's}=0$。

T_l：线路 l 方向的末班车在终点站的收车时间。

3) 模型建立

(1) 目标分析。

末班车时刻表的优化应以客流需求为导向。从时空可达的角度优化时刻表，网络的可达性好，则 OD 可达的人数多，但并不等同于网络总的换乘客流量大。因此，在满足乘客 OD 可达的基础上尽可能地实现路网更多的乘客换乘。建立目标如下。

最大化网络的可达性：

$$\max f_1 = \sum_{i \in s} \sum_{j \in s} P_{ij} \times \frac{x_{ij}}{\sum_{i \in s} \sum_{j \in s} P_{ij}} \tag{6-59}$$

最大化网络换乘客流需求：

$$\max f_2 = \sum_{l \in L} \sum_{l' \in L} \sum_{s \in s(l)} P_{ll's} \cdot x_{ll's} \tag{6-60}$$

(2) 约束分析。

① 列车到发约束。

根据区间运行时间和停站时间确定各换乘站的到发时间。

$$A_{ls} = D_{l0} + \sum_{s \in [1,n]} t_{ls}^{\mathrm{R}} + \sum_{s \in [1,n-1]} t_{ls}^{\mathrm{DW}} \tag{6-61}$$

$$D_{ls} = D_{l0} + \sum_{s \in [1,n]} t_{ls}^{\mathrm{R}} + \sum_{s \in [1,n]} t_{ls}^{\mathrm{DW}} \tag{6-62}$$

② 区间运行时间约束。

受区间线路和列车牵引能力的限制，列车区间运行时间要满足上下限约束。

$$\min t_{ls}^{\mathrm{R}} \leqslant t_{ls}^{\mathrm{R}} \leqslant \max t_{ls}^{\mathrm{R}} \tag{6-63}$$

③ 停站时间约束。

目前地铁列车停站时间较短，由于车站换乘通道的限制，对换乘失败有较大影响。末班车作为当日运营的最后一列车，停站时间可以不用考虑后续列车进站的安全问题，适当延长停站时间可增加衔接优化的效果。这里通过人们对停站时间的忍受程度设置停站时间上限。同时设置停站时间下限满足基本的开关门和上下乘客的需求。因此，列车停站时间约束为

$$\min t_{ls}^{\mathrm{DW}} \leqslant t_{ls}^{\mathrm{DW}} \leqslant \max t_{ls}^{\mathrm{DW}} \tag{6-64}$$

④ 收车时间约束。

在不增加地铁运营成本的基础上，满足地铁每条线路的收车时间约束保证夜间作业安全。每条线在终点站的收车时间应满足

$$D_{l0} + \sum_{s \in [1,n]} t_{ls}^{\mathrm{R}} + \sum_{s \in [1,n]} t_{ls}^{\mathrm{DW}} \leqslant T_l \tag{6-65}$$

⑤ 时空可达性约束。

时空可达性约束在问题分析中已详细说明，这里对于路径的选择需要补充说明。从可达的角度来优化时刻表，路网可能会出现绕行的等效路径使换乘次数增加，增加乘客的出行成本。为解决这一问题，这里假设非末班车情况下某一 OD 对旅客出行最小换乘次数为 $\min n$,

根据调查，采用换乘次数 $n \leqslant \min n + 2$ 作为有效路径选择。即针对某一 OD 对路径，如果换乘次数在最小换乘次数增加三次及三次以上，则认为该路径不可达。因此，公式修正为

$$x_{ij}^{k} = \begin{cases} 1, & \prod\limits_{s \in s(\varphi_{ij}^{k})} x_{ij}^{ks} = 1 \text{ 和 } n \leqslant \min n + 2 \\ 0, & \prod\limits_{s \in s(\varphi_{ij}^{k})} x_{ij}^{ks} = 0 \text{ 或 } n > \min n + 2 \end{cases} \tag{6-66}$$

式中，$s(\varphi_{ij}^{k})$ 为换乘站集合；n 为 OD 对换乘次数。

3. 模型求解

本节所构建的模型旨在最大限度地增加网络的可达人数，同时尽可能地增加网络换乘人数，期望得到一组近似 Pareto 最优解以体现目标函数的权衡。Pareto 最优是指资源有限的条件下一种理想的资源分配状态。当多目标模型中某个目标函数值变优时就会引起其他目标函数值变差，此时对应的解即为 Pareto 最优解。Pareto 最优解也是资源利用效率最高的解。

多目标规划的求解问题常常需要将多目标转为单目标，将目标函数进行以下处理。先求出模型在不考虑目标函数二时网络最大的 OD 可达性 F^*，引入约束系数 α 转化为下面的约束：

$$\sum_{i \in s} \sum_{j \in s} P_{ij} \times \frac{x_{ij}}{\sum\limits_{i \in s} \sum\limits_{j \in s} P_{ij}} \leqslant F^* \times (1 - \alpha) \tag{6-67}$$

模型转换为以网络换乘客流最大化为目标的单目标混合整数规划模型，通过改变 α 的值，采用商业软件 Cplex 求解出相应的 Pareto 最优解。求解过程如图 6-22 所示。

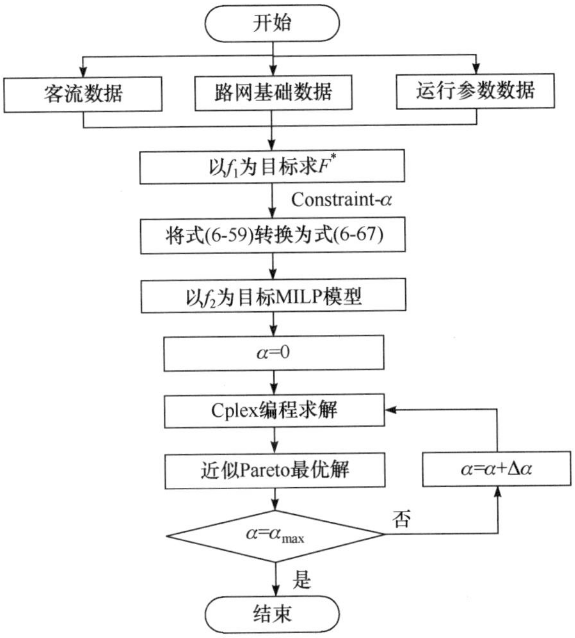

图 6-22　Cplex 求解流程

4. 案例分析

以 C 市地铁网络为研究对象，对模型进行验证。C 市目前开通 4 条线，9 个换乘站。为减小运算的规模，将相邻两站间具有相同 OD 方向的客流加总作为一个数据处理，选取网络中 20 个客流数据点，每个点都可做单独的 O 点和 D 点，本节只研究换乘客流，不考虑本线客流的 OD 可达。地铁网络拓扑结构如图 6-23 所示，箭头所指方向为线路的上行方向。

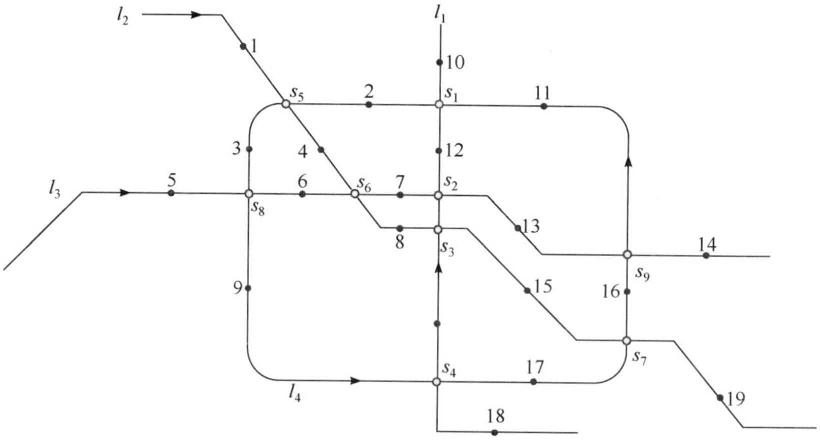

图 6-23　路网拓扑结构图

1) 案例计算与分析

通过在 3.1GHz CPU，8GB RAM 的电脑计算，当 $\alpha = 0.25$ 得到优化时刻表见表 6-16，表格中的数据对应网络中换乘站的到站时间点和停站时间(s)。

表 6-16　优化后时刻表

车站	线路							
	l_1上	l_1下	l_2上	l_2下	l_3上	l_3下	l_4上	l_4下
s_1	23：54(40)	22：58(40)					23：09(40)	23：48(40)
s_2	23：48(42)	23：04(42)			23：34(55)	23：15(55)		
s_3	23：46(55)	23：06(50)	23：16(55)	23：23(55)				
s_4	23：34(45)	23：18(60)					23：42(50)	23：17(60)
s_5			23：03(40)	23：38(38)			23：21(38)	23：38(38)
s_6			23：10(50)	23：29(50)	23：30(50)	23：20(55)		
s_7			23：31(40)	23：08(40)			23：55(40)	23：07(40)
s_8					23：25(60)	23：25(45)	23：25(60)	23：32(50)
s_9					23：48(45)	22：59(45)	23：59(50)	23：00(35)

对比前后网络，原始时刻表可成功衔接 32 个方向，可达 OD 对为 155，整个网络可

成功换乘的人数为 2980。优化后的时刻表在可达 OD 对增加到 211，换乘方向增加 6 个，成功换乘的人数增加到 3462。对比分析结果见表 6-17。

表 6-17　结算结果对比表

时刻表	目标 1	目标 2	可达 OD 对数	换乘方向数
原始时刻表	0.520134	2980	155	32
优化时刻表	0.708054	3462	211	38

网络衔接结果对比如图 6-24 所示，"– – →"为优化前后成功衔接的方向，"------→"表示优化后衔接失败的方向，"——→"表示优化后新增成功衔接的方向。

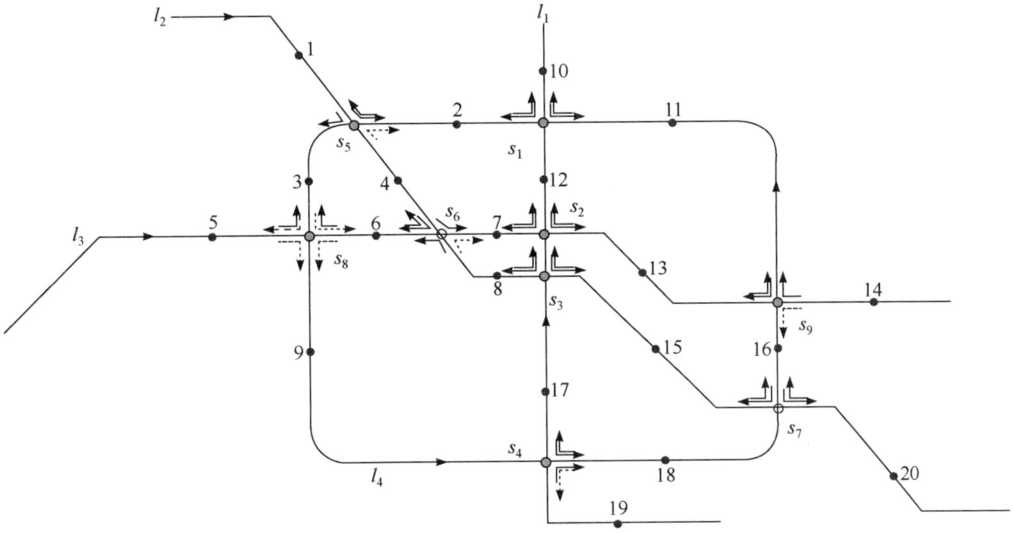

图 6-24　网络衔接结果对比图

对比优化前后路网的衔接方向结果，s_8 站原本 4 号线上行与 3 号线下行方向可成功换乘，由于受特殊的换乘通道限制，为优化 3 号线上下行两个方向成功换乘至 4 号线上行方向，延长了 4 号线上行方向的到站时间，因此牺牲少量 4 号线上行方向换乘至 D_5 的客流，增加第 9 点所在区域与整个网络的连通性。同时通过适当地调整运行时间与停站时间，在 4 号线环线和 s_6 站另外新增 5 个成功衔接的方向，合计新增可达 OD 对为 56，加大了城市中心区域与郊区以及郊区与郊区之间的联系。

同时对网络中每个点的可达率进行分析，每个客流点所对应的可达性都有一定程度的增加，优化前后每个点的可达性对比如图 6-25 所示。

优化后第 14 个点的可达率为 1，说明从第 14 个点出发的乘客，在末班车条件下可以到达网络的任意站点。图中有 3 个点的可达率没有变化，并不是其可达率没有增加。以第 9 个点为例分析，当第 9 个点作为 D 点时，有 8 个 O 点到 D_9 可达。为避免重复计算，上图仅以每个点作为 O 点分析其可达性，第 9 点可达性的增加无法体现。详细的网络新增可达 OD 对见表 6-18。

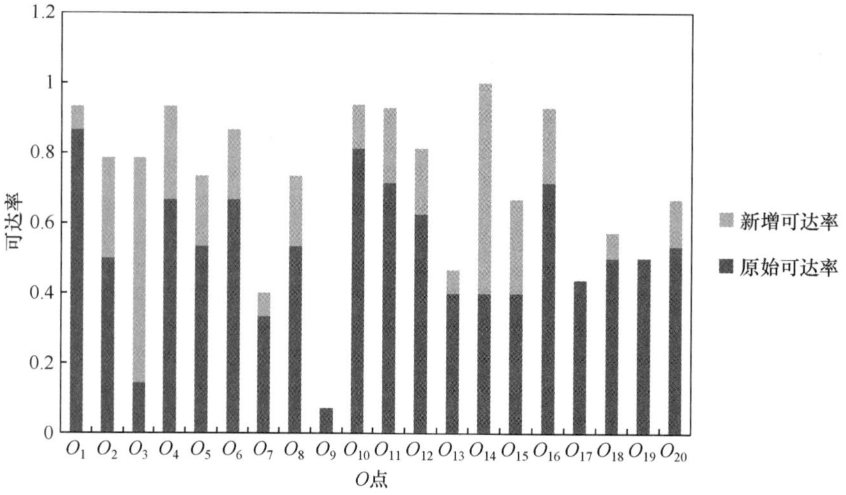

图 6-25　可达性对比图

表 6-18　新增可达 OD 对表

O点	新增可达 OD 对
O_1	O_1D_{19}
O_2	O_2D_6, O_2D_7, O_2D_{14}, O_2D_{19}
O_3	O_3D_1, O_3D_4, O_3D_6, O_3D_7, O_3D_{12}, O_3D_{13}, O_3D_{14}, O_3D_{19}, O_3D_{20}
O_4	O_4D_2, O_4D_9, O_4D_{18}, O_4D_{19}
O_5	O_5D_9, O_5D_{18}, O_5D_{19}
O_6	O_6D_9, O_6D_{18}, O_6D_{19}
O_7	O_7D_9
O_8	O_8D_2, O_8D_7, O_8D_9
O_{10}	$O_{10}D_4$, $O_{10}D_6$
O_{11}	$O_{11}D_4$, $O_{11}D_7$, $O_{11}D_{19}$
O_{12}	$O_{12}D_2$, $O_{12}D_3$, $O_{12}D_9$
O_{13}	$O_{13}D_9$
O_{14}	$O_{14}D_4$, $O_{14}D_8$, $O_{14}D_9$, $O_{14}D_{15}$, $O_{14}D_{16}$, $O_{14}D_{17}$, $O_{14}D_{18}$, $O_{14}D_{19}$, $O_{14}D_{20}$
O_{15}	$O_{15}D_2$, $O_{15}D_7$, $O_{15}D_9$, $O_{15}D_{13}$
O_{16}	$O_{16}D_7$, $O_{16}D_{13}$, $O_{16}D_{19}$
O_{18}	$O_{18}D_{19}$
O_{20}	$O_{20}D_7$, $O_{20}D_{13}$

2) Pareto 最优解分析

通过改变 α 的值，分析不同的计算结果。对比分析见表 6-19。

表 6-19　Pareto 最优解计算表

α	0	0.1	0.2	0.3	0.4	0.5
目标 1	0.83	0.79	0.75	0.66	0.65	0.61
目标 2	3010	3145	3224	3462	3462	3480

续表

α	0.6	0.7	0.8	0.9	1	
目标 1	0.61	0.6	0.59	0.56	0.55	
目标 2	3488	3488	3516	3529	3540	

不同的α所对应的计算结果值不同恰好验证了 OD 可达人数多并不等于换乘人数多。α=0 表明只考虑可达人数这一目标，网络可达性高达 0.83，总的换乘人数 3010，此时 OD 可达客流的换乘人次占换乘总人数的绝大部分。α=1 表明以网络换乘客流量最大优化时刻表，可达性为 0.55，对应网络最大的换乘人数为 3540。从乘客 OD 角度分析，实际的换乘人数应当小于该计算值。这是因为对于多次换乘的乘客，乘客一旦在换乘站换乘失败，对应路径后续换乘站方向上的客流需求根本不存在，实际换乘人数值应当更小。因此，α等于 0 或 1 都无法达到网络最好的衔接效果，从 0 变到 1 之间的过程体现了两目标之间的均衡。前期换乘客流变化量较快，说明前期 OD 可达性对于换乘总人数的变化比较敏感，这是因为放弃一部分需求较小的可达客流，使得需求较大但无法实现 OD 可达的客流在路径的前序换乘站可成功换乘。当换乘人数增加到 3462 时，换乘客流量维持不变或者变化较小，这是因为后期可达性对于换乘人数影响较小，优化方案几乎没有改变。结果表明，单纯考虑可达性会损失不少的换乘客流量，而只考虑换乘客流量此时网络的可达性并不佳，两者应当协同考虑才会实现较优的衔接方案。

5. 结论

在地铁“一票换乘”的网络化运营时代，末班车的时刻安排决定了路网的衔接效果，影响城市轨道交通的服务水平。从时间与空间角度分析网络可达性，从 OD 可达的角度优化网络末班车的时刻表，最大限度地满足网络乘客的换乘需求，是基于既往研究的一次新的尝试。采用约束系数 constraint-α 求 Pareto 最优解体现 OD 时空可达与整体换乘客流需求的权衡，选取 C 市进行验证，优化结果使得网络的可达性有所增加，增加了中心城市与郊区以及各郊区之间的连通性，并且网络整体的换乘客流量也得到一定提高，证明该模型具有一定的优化意义，可为末班车时刻表的编制提供一定的参考。

地铁网络错综复杂，一条线路的延误可能波及整个网络使既有的衔接失效而导致网络崩溃，因此，对列车运行计划进行实时调整更新研究仍然任重而道远。

6.5　过轨运输开行方案协同编制方法

6.5.1　列车开行方案一体化编制

多制式轨道交通运输方案一体化编制已成为区域轨道交通发挥能力与综合效益的关键技术。其中，运输方案中的多制式区域轨道交通开行方案是核心内容，各制式的列车开行方案协同编制的结果则是轨道交通运输能力与相互协同的具体体现。

因此，研究多制式区域轨道交通开行方案协同编制具有以下意义：

区域轨道交通列车开行方案的好坏将会直接影响轨道交通对于旅客的服务质量，对各制式运营部门的经济效益具有重大影响。多种制式的开行方案能够实现不同制式轨道之间客流有效地换乘接续。此外，高质量、高水准的多制式区域轨道交通开行方案，可为区域轨道交通涉及的相关部门提供技术上的支持，对旅客服务水平的提高有实际意义。

随着我国城市的不断发展，轨道交通呈现出更多类型。过轨运输指在相互衔接的两条或多条轨道交通线路上，列车从一条线路跨越到另一条归属于另一个运营实体的线路，从而与该线路上的原有列车共用某一区段的运营组织方式。该方式可充分利用现有的轨道交通运输能力，扩大市域铁路与地铁的直达范围，减少乘客换乘时间，减轻换乘站的换乘压力，满足乘客便捷快速的出行需求。

根据线路及车辆所有主体的不同，过轨运输分为单向过轨运输和相互过轨运输。单向过轨运输是指运营商 A 的车辆单方面驶入另一运营商 B 的线路，B 只拥有线路而不拥有车辆，或者 B 同时拥有线路和车辆，但自身的车辆只在自己的线路上运行的运输组织方式。相互过轨运输是指 A 和 B 两个不同的运营商均同时拥有线路和车辆，彼此利用对方车辆在自身线路上运行的运输组织方式。

单向过轨和相互过轨运输如图 6-26 所示。

(a) 单向过轨 运营商A拥有线路和车辆，运营商B只拥有线路

(b) 单向过轨 运营商A、B均拥有线路和车辆

(c) 相互过轨 运营商A、B均拥有线路和车辆

图 6-26　过轨运输的分类

早晚高峰通勤时段产生的换乘客流，一般为市域铁路换乘到地铁的客流，因此本节主要研究单向过轨。明瑞利研究了东京地铁过轨运输，分析了过轨线路的特点、客流以及服务效果。李明高以过轨运输为背景，研究了过轨运输下城市轨道交通和市郊铁路的

通过能力。现有的研究中，大多数是对单制式列车开行方案的研究，对于过轨运输开行方案的定量研究存在不足。因此，本节根据过轨运输中单向过轨的运输特点，以乘客的旅行时间最短和市域铁路与地铁运营商的总成本增加最小为目标函数，建立双目标规划模型，确定市域铁路向地铁单向过轨的过轨区间及发车频率。最后，结合算例验证模型的合理性。

6.5.2 过轨运输开行方案模型构建

1. 条件假设

为便于研究，降低问题的复杂程度，进行如下假设。

(1) 在地铁线路上开行市域铁路是可行的。

(2) 市域铁路与地铁均采用站站停的停站模式，过轨列车在地铁车站也为站站停的停站模式。

(3) 本节仅研究过轨客流，并且假设过轨客流仅乘坐过轨列车。

(4) 过轨前后的客流量保持不变。

2. 符号说明

S_{u} 为市域铁路车站集合，$S_{\mathrm{u}}=\{1,2,\cdots,N_1\}$。

S_{s} 为地铁车站集合，$S_{\mathrm{s}}=\{N_1,N_1+1,\cdots,N\}$。

Ω 为地铁线路上可供折返的车站集合，$\Omega\subseteq S_{\mathrm{s}}$，且 $\{N_1,N\}\subseteq\Omega$。

S_{t} 为过轨区间，$S_{\mathrm{t}}=\{N_1,N_2,\cdots,N\}$，$N_2,N_3,\cdots,N\subseteq\Omega$，且 $1<N_1\leqslant N_2\leqslant\cdots\leqslant N$。

T_{t} 为乘客平均换乘时间(s)。

T_{w} 为乘客平均候车时间(s)。

T_{s} 为列车停站时间(s)。

C_{s} 为列车停站 1 次的费用(元/次)。

C_{u} 为列车过轨后线路的使用费用(元)。

C_{o} 为过轨运输企业增加的运营费用(元)。

Q 为过轨的客流量。

q 为列车定员。

f_{t} 为过轨列车发车频率。

$f_{\min}$、$f_{\max}$ 分别为过轨列车的最小、最大发车频率。

x_i 为 0-1 变量，$x_i=1$，则过轨列车在车站 i 停站；否则 $x_i=0$。

y_i 为 0-1 变量，$y_i=1$，则过轨列车终点站为车站 i；否则 $y_i=0$。

3. 模型构建

1) 乘客节省的总旅行时间

过轨运输条件下，列车的过轨代替了乘客的中转换乘，因此节省了乘客总的旅行时间。该时间由三部分组成，即乘客的换乘时间加上候车时间，减去过轨后过轨列车在该站的停站时间：

$$T = T_{\mathrm{t}} + T_{\mathrm{w}} - x_i T_{\mathrm{s}} \tag{6-68}$$

2) 企业增加的总成本费用

过轨运输条件下，市域铁路过轨到地铁线路，由于使用了地铁线路，市域铁路企业成本投入增加。增加的费用包括列车停站费用、地铁线路使用费用以及过轨运输运营费用。其中，过轨运输运营费用包含过轨后增加的人工费和设备使用费等经营费用。

$$C = x_i C_{\mathrm{s}} + f_{\mathrm{t}} C_{\mathrm{u}} + C_{\mathrm{o}} \tag{6-69}$$

由此，得出模型的目标函数为乘客节省的总旅行时间最大，企业增加的总成本费用最小：

$$\max W_1 = T \tag{6-70}$$

$$\min W_2 = C \tag{6-71}$$

4. 约束条件

(1) 运输能力约束：

$$Q \leqslant f_{\mathrm{t}} q \tag{6-72}$$

(2) 发车频率约束：

$$f_{\min} \leqslant f_{\mathrm{t}} \leqslant f_{\max} \tag{6-73}$$

$$f_{\mathrm{t}} \in \mathrm{Z}^{+} \tag{6-74}$$

(3) 过轨列车过轨终点站唯一约束：

$$\sum y_i = 1, \quad \forall i \in \Omega \tag{6-75}$$

(4) 过轨列车在过轨终点站停站约束：

$$(1 - y_i) M \geqslant (1 - x_i), \quad \forall i \in \Omega \tag{6-76}$$

6.5.3 算法设计

模糊数学中的模糊二层线性规划的算法，可以很好地解决双目标线性规划问题的最优解。在已有的研究中 Chang 采用了模糊数学规划方法，求解出列车开行方案的多目标规划模型。本节也采用模糊数学规划的方法，求解以乘客的旅行时间最短和企业的总成本增加最小为目标函数的双目标模型，即上述式(6-68)和式(6-69)，算法步骤如下。

步骤 1：首先分别求出式(6-68)和式(6-69)在单目标情况下的最优解 x_1^* 、x_2^*，建立最优目标矩阵，其中 U_1 和 L_1 分别为目标函数式(6-68)的上下界；U_2 和 L_2 分别为目标函数式(6-69)的上下界，见表 6-20。

表 6-20　最优目标矩阵

	$W_1(x)$	$W_2(x)$	x
$\max W_1$ $\min W_2$	$W_1(x_1^*)$ $W_1(x_2^*)$	$W_2(x_1^*)$ $W_2(x_2^*)$	x_1^* x_2^*
	$U_1=\max(W_1(x_1^*),W_1(x_2^*))$ $L_1=\min(W_1(x_1^*),W_1(x_2^*))$	$U_2=\max(W_2(x_1^*),W_2(x_2^*))$ $L_2=\min(W_2(x_1^*),W_2(x_2^*))$	

步骤 2：根据最优目标矩阵确定出式(6-68)和式(6-69)最优解的上下界，分别建立式(6-68)和式(6-69)的隶属度函数 $u_1(x)$ 和 $u_2(x)$，如下所示：

$$u_1(x)=\begin{cases}0, & W_1\leqslant L_1\\ 1-\dfrac{U_1-W_1}{U_1-L_1}, & L_1<W_1<U_1\\ 1, & W_1\geqslant U_1\end{cases} \tag{6-77}$$

$$u_2(x)=\begin{cases}0, & W_1\leqslant L_1\\ 1-\dfrac{U_1-W_1}{U_1-L_1}, & L_1<W_1<U_1\\ 1, & W_1\geqslant U_1\end{cases} \tag{6-78}$$

步骤 3：建立单目标规划模型。

引入变量 α，以 α 最大化为目标函数建立单目标规划模型，则该单目标规划模型的最优解即为双目标规划模型的最优解，模型如下：

$$\text{目标函数：}\max\alpha \tag{6-79}$$

$$\text{约束条件：}\alpha\leqslant u_1(x) \tag{6-80}$$

$$\alpha\leqslant u_2(x) \tag{6-81}$$

步骤 4：最终使用 LINGO 软件求解式(6-79)，在 LINGO 软件中输入该模型以及已知数据，即可得出该双目标规划模型的最优解。

6.5.4　案例分析

假设该过轨运输线路中，市域铁路车站有 11 个，则 $S_u=\{1,2,\cdots,11\}$；地铁车站有 11 个，则 $S_s=\{12,13,\cdots,22\}$；地铁线路上每一个车站均具有列车折返条件，则 $\Omega=\{12,13,\cdots,22\}$。市域铁路经车站 12 过轨到地铁线路实现过轨运输，两者均采用 8 辆编组列车，定员为 1440 人。市域铁路列车与地铁列车运行速度均为 45km/h，乘客平均换乘时间为 8min。过轨列车的最小发车频率为 12 列/h，最大发车频率为 24 列/h。本节研究时间为晚高峰，因此研究时间长度为 1h。该过轨运输线路示意图如图 6-26 所示。

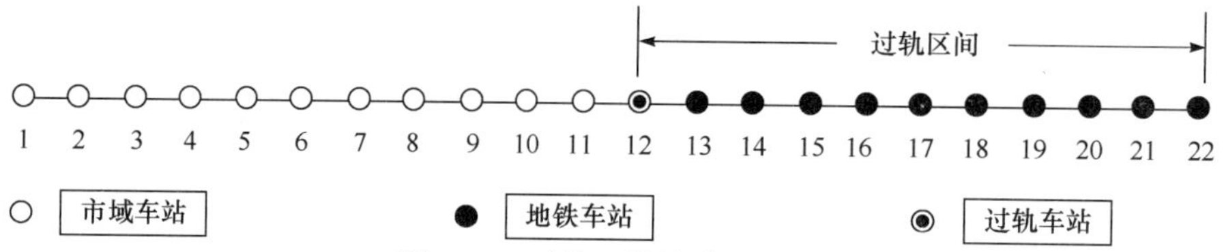

图 6-27　过轨运输线路示意图

将上述数据代入模型中，再用 LINGO 软件编程得到该模型的最优解。该问题对应的最优解为：研究时段内，过轨列车的发车频率为 13 对/h，乘客节省的总旅行时间为 2009h，过轨列车的终点站为 21。

输入不同的过轨客流量得到不同的过轨终点站，过轨终点站随过轨客流量变化的规律如图 6-28 所示。

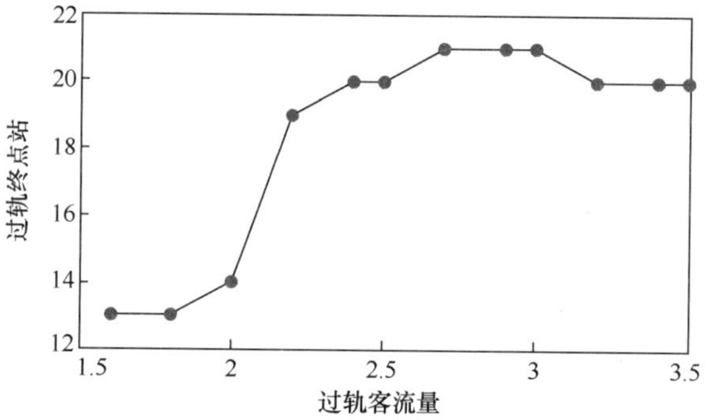

图 6-28　过轨终点站随过轨客流量变化规律图

由图 6-28 可知，当过轨客流量较小时，过轨终点站与过轨站之间的距离较近，即过轨区间的长度较短；当过轨客流量增加时，过轨终点站与过轨站之间的距离不断增加，过轨区间的长度也相对较长；当过轨客流量增加到一定程度时，过轨终点站与过轨站之间的距离不再增加，过轨区间的长度也基本保持不变。

同时，不同的过轨终点站得到不同的乘客节省总时间，乘客节省总时间随过轨终点站变化的规律如图 6-29 所示。

由图 6-29 可知，乘客节省总时间随过轨终点站的增加而增加，即过轨区间的长度越长，乘客节省的总时间越多。

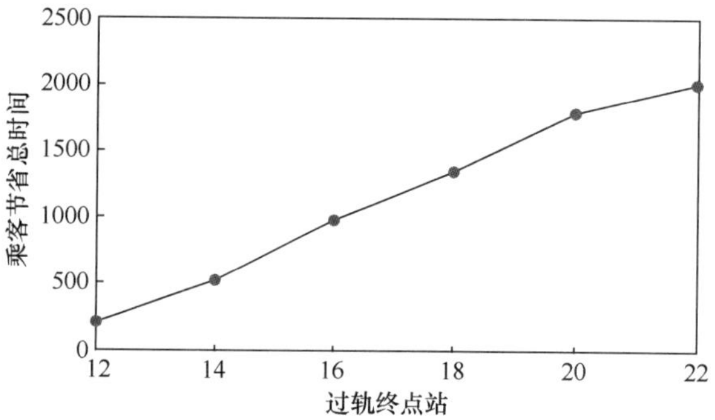

图 6-29　乘客节省总时间随过轨终点站变化规律图

6.6　区域轨道交通枢纽列车运行图优化方法

城市客运综合交通枢纽作为城市客运系统中的重要节点，常常整合了多种交通方式，具有联通市内客运交通和城市对外交通的重要功能。其中，铁路运输在旅客运输作业中占比较大，其客流到达和发送较为密集且数量巨大。因此，在以铁路为核心的客运枢纽站，发挥各种运输方式的比较优势和组合效率，实现铁路旅客的快速集散十分重要。在众多市内交通运输方式中，地铁以其大容量、快速便捷的特性成为铁路客运站集疏运体系中的中坚力量(蒋洁滢，2019)。

1. 问题特征提取

我国城市轨道交通进站客流呈现出明显的早晚高峰特征，因此国内多数城市的地铁线路按照平峰和高峰时段分别编制行车计划。在每一个时段内，由于绝大多数车站到达客流呈现出近似均匀分布的特点，城市轨道交通系统一般采用等间隔发车的平行运行图。但是，对于衔接铁路客运站的地铁线路，衔接站的进站客流时间分布与干线铁路列车到达时刻密切相关，在时间上呈现出较强的不均衡性，并不服从一般车站客流均匀到达的规律(胡倩芸等，2016)。具体表现为：在铁路列车密集到达后，衔接的地铁车站短时内将涌入大量客流；反之，客流将明显减少。常规的等间隔运行图难以适应这种脉冲形式的客流，会延长衔接车站换乘乘客的候车时间，同时增加站台高负荷的风险。为了加强既有铁路客运站运输服务的一体化衔接程度，对于这类地铁线路，需结合铁路客运站换乘地铁的客流随时间分布规律优化地铁列车运行图。

2. 铁路枢纽站跨制式换乘理论分析

1) 跨制式换乘定义

交通换乘是指出行者为完成一定出行目的在同种或不同交通方式之间搭乘转换的全过程，以及在该过程中所得到的由换乘衔接通道、换乘站厅等载运接驳设施提供的交通服务。随着铁路建设步伐加快而兴起的新型城市综合交通枢纽，是铁路与城市轨道交通换乘衔接的重要场所(李文新等，2019)。

2) 跨制式换乘目标

(1) 满足旅客的出行需求。

换乘枢纽的形成，其根本前提是所在地区有较大的客运需求生成源和所在地区是主要的旅客交汇点，形成的主要机理是该地区拥有较大的人口和产业规模、旅客转乘运输需求量大。因此，满足旅客的出行需求是换乘的首要功能。

(2) 及时完成枢纽站旅客集散和中转任务。

铁路客运站是多交通方式换乘系统，主要解决市内、外交通的换乘衔接问题，其功能定位应突出铁路的对外交通集散功能，成为大量市内交通客流中转换乘的地点。因此，及时完成旅客的集散和中转任务，成为综合换乘枢纽的重要目标。

(3) 在满足旅客换乘需求的前提下，实现企业效益最大化。

从换乘组织者的角度讲，换乘的目标应体现在能力协调上，以尽量经济的方式满足旅客换乘需求，及时完成铁路客运站旅客集散的任务。因此，希望换乘体系在满足旅客换乘需求的同时，以最小的成本，实现最大的效益。

3) 跨制式换乘要求

为实现旅客在综合换乘枢纽的顺利便捷换乘，对于干线铁路、城市轨道交通和市域铁路之间的换乘，应满足以下要求。

(1) 换乘过程的连续性。

连续性是组织换乘衔接最基本的要求和条件，乘客在枢纽站跨制式的换乘应该是一个完整、连续、不间断的过程。换乘时间的连续性要求客流均匀地分布在整个衔接换乘流程上，避免换乘客流在中间环节上滞留。换乘空间的连续性主要体现在综合交通枢纽站内各种换乘方式的流线设计、换乘设施空间布设方式的紧凑协调等(宋青青和孙海燕，2019)。

(2) 换乘时间的衔接。

国铁客运站到达客流换乘城市轨道交通的客流分布是不均匀的，有明显的脉冲性，换乘时间集中在旅客列车到达后的一段时间内，换乘时间的长短取决于两交通方式设施衔接的紧密程度、车站进出站管理方案和旅客个体因素等。若轨道交通与国铁的时间衔接不紧密，就会造成旅客积压，影响下一次列车到达需要换乘城市轨道交通的旅客，给整个轨道交通的运营带来压力。

(3) 换乘运能的匹配。

由于铁路旅客到达有较强的脉冲性，铁路旅客换乘城市轨道交通具有“大换小”的特点，所以在集散能力中城市轨道交通列车的疏散能力尤为重要，要保证在高峰时期能及时疏散铁路到达客流。

4) 跨制式换乘影响因素

枢纽站换乘的影响因素有很多，主要体现在乘客的行为与需求、换乘接驳设施承载能力、与运输通道能力的匹配程度、换乘接驳设施的空间布设形式、换乘体系信息化水平、运营组织水平和换乘时间及衔接时间等方面。下面分别对上述因素进行分析。

(1) 旅客的行为与需求。

旅客是换乘过程中的主体，旅客的换乘方式、换乘路径选择行为，旅客群体的交通需求和换乘流线直接决定铁路客运站换乘体系的设计，因此在研究换乘问题时，应首先研究旅客换乘行为，然后针对旅客的需求与行为对客运站换乘体系进行规划设计。

(2) 换乘接驳设施承载能力。

铁路枢纽站换乘设施设备(如自动扶梯、电梯、换乘交通标示和动态信息引导系统等)作为影响换乘的物理性影响因素，它们的布局、规模、运行的好坏将直接影响旅客的换乘。规划设计良好的交通设施可以降低旅客的出行时间、疲劳程度。换乘接驳设施的布设应该满足“以人为本”的原则，尽量缩短乘客的换乘流线长度，提供足够的换乘辅助设施(如自动扶梯、电梯等)，设施供应数量要与乘客需求相匹配。

(3) 信息化水平。

枢纽功能的发挥和运输效率的提高很大程度上取决于枢纽换乘信息化水平。枢纽换乘信息化水平是促进各种运输方式合理分工、实现一体化运输的基础和关键。

(4) 运营组织水平。

建立统一的综合运输管理机构，组织和引导各运输企业联合建设，实现各种不同运输方式在枢纽内的统一管理、协调互补，实现运输资源的合理配置和运输过程的“无缝衔接”，既能达到统一管理的宏观决策和沟通协调目的，又能充分发挥各运输企业自主经营的活力和创造性，不仅可以促进枢纽内各运输企业的发展，而且能够提高枢纽的整体能力和换乘效率。

3. 枢纽站跨制式换乘客流分布特征研究

1) 铁路客运站旅客集散特征

客运量是影响旅客在铁路客运站内行为的一个重要因素；除此之外，设施种类和数量、结构复杂程度、面积和设施关联性复杂程度等外部环境因素也会对其造成一定影响。因此在铁路客运站的旅客，其行为不仅具有一般行人交通技术特性，还存在部分特殊性(马毅林等，2013)，主要有以下几个方面。

(1) 客流规模大，客流呈周期性变化。

由于列车的客运量大，在列车到达铁路客运枢纽时，会有大量乘客离开车站，这时客运站出站流线的客流会急剧上升，火车站的站台和出站通道以及出站口往往会比较拥挤，待乘客大部分离开客运站时，客流恢复正常；当下一趟列车进站后，又会出现以上情况，客流呈周期性交替变化。

(2) 群体性行为。

到达车站的目的和原因不同的旅客通常其群体性行为也不同，而到达同一目的的旅客一般会具有大致一样的规律。在同一功能区域内的旅客，其目的相对统一与路径选择相对固定的原因也往往决定着会有群体性行为的出现。然而，在紧急情况下的疏散或旅客聚集程度很大等诸多情况发生时，通常会造成盲从等现象，给旅客带来一定程度的安全隐患。

(3) 个体行为复杂多样。

虽然拥有同一目的旅客流的行为一般存在群体性行为，但与此同时，旅客的行为在年龄、经济水平等生理及心理因素方面受到影响，加之车站内部各种设施能力的影响，就造成旅客在车站内的行为又不只局限于简单的流线组织。具体表现主要为对个人空间需要的不同、走行速度及对候车环境要求不同等方面所存在的差别。

(4) 旅客行为受环境影响大。

旅客行为不仅在其自身因素方面受到影响，还在所属环境方面受到制约。一方面，旅客的路径选择受到轨道交通车站内部设施有限的能力、引导设施、旅客交互行为等因素的决定性影响。另一方面，旅客对路径的选择还会受到设施功能差异的影响。

(5) 客流集散人数不均衡。

列车到发时刻的不同往往会造成铁路客运站客流集散人数出现明显的波动性，这通常是由铁路独特的地域性所决定的。

(6) 旅客集散时间与城市交通的连接性关系显著。

旅客在到达铁路客运站与从铁路客运站出发时，必然会存在与城市交通的衔接性，具体体现在与城市交通服务频率、能力、衔接水平等方面存在显著的联系。

(7) 不同等级列车的旅客行为存在差异。

在通常情况下，相同位置的车站内部枢纽，相同功能的设施，在针对所乘坐列车等级不同的旅客时，由于受到铁路旅客结构、出行的目的及其他乘客彼此之间行为制约等因素的影响，往往会出现对此类设施的利用率存在差异的状况。因此，在分析铁路旅客对基础设施的利用率时，进行分等级描述是十分必要的。

2) 铁路枢纽站旅客到达规律

按照理想状态、旅客列车的到发时刻应该平均分布在全天的 24h 之中，这样客运站运营组织工作就会平均分布到各个时段，方便客运站工作的安排。事实上，这样既不现实也不可能。由于铁路车站的等级、规模、区位、客运任务分工及列车到发时刻安排的不同，铁路车站客流的大小及在全天不同时段的分布也就不同。总结归纳以下五种典型的客流分布曲线类型，如图 6-30 所示。

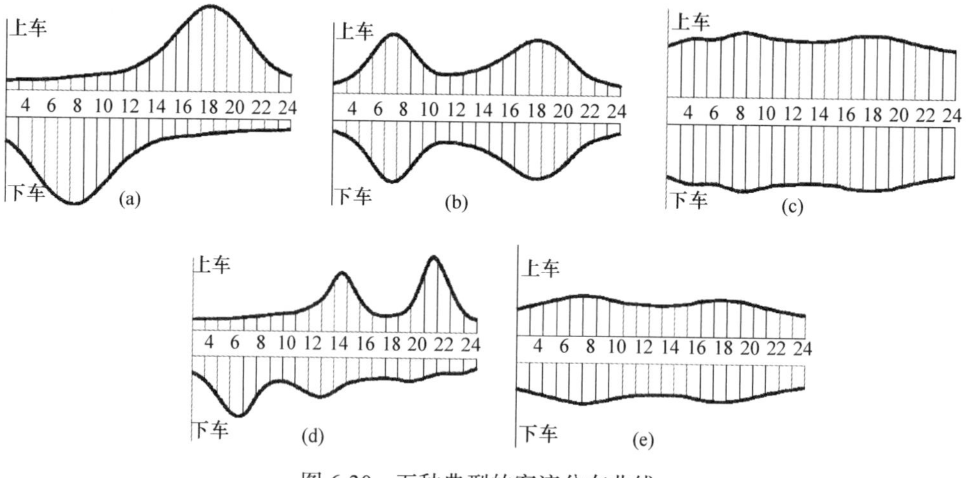

图 6-30　五种典型的客流分布曲线

(1) 单向峰型：如图(a)所示，客流分布相对集中，早晚错开一个上车高峰和下车高峰。

(2) 双向峰型：如图(b)所示，客流有两个相对的早晚上下车高峰。

(3) 全峰型：如图(c)所示，客流分布无明显低估，客流上下车双向客流全天都很大。

(4) 突峰型：如图(d)所示，上下车客流高峰突变，无明显规律性。

(5) 无峰型：如图(e)所示，双向上下车客流全天都很小。

铁路客运站一年内各月份的客流量分布规律也是比较稳定的。我国绝大多数客运站随着旅游季节、学校放假、节假日等因素的影响，客流呈现周期性变化，其中，春节是影响我国城市铁路客运站客流变化最大的节假日。

4. 换乘枢纽站运能匹配度评价理论基础

1) 城市轨道交通输送能力研究

城市轨道交通运输能力计算公式如下(毛保华，2011):

$$C_{\mathrm{m}} = 60N_{\mathrm{ms}}B_{\mathrm{m}}J_{\mathrm{ms}}\eta_{\mathrm{ms}}/I_{\mathrm{ms}} + 60N_{\mathrm{mt}}B_{\mathrm{m}}J_{\mathrm{mt}}(\eta_{\mathrm{mr}} - \eta_{\mathrm{mt}})/I_{\mathrm{mt}} \tag{6-82}$$

式中，C_{m} 为城市轨道交通的集散能力(人/h)；N_{ms}、N_{mt} 分别为城市轨道交通始发、途经的线路数；B_{m} 为每节城市轨道交通车辆载客人数(人/辆)；J_{ms}、J_{mt} 分别为始发、途经轨道交通列车的编组数(辆)；I_{ms}、I_{mt} 分别为始发、途经站的轨道交通列车的平均发车间隔(min)；η_{ms} 为始发城市轨道交通列车的满载率(%)；η_{mt}、η_{mr} 为途经线路列车到达客运站后的实际满载率、始发列车理论极限满载率。

取 $I_{\mathrm{mr}} = I_{\mathrm{ms}} = I_{\mathrm{mt}}$，则公式可简化为

$$C_{\mathrm{m}} = 60B_{\mathrm{m}}(N_{\mathrm{mt}}J_{\mathrm{mt}}\eta_{\mathrm{mr}} - N_{\mathrm{mt}}J_{\mathrm{mt}}\eta_{\mathrm{mt}} + N_{\mathrm{ms}}J_{\mathrm{ms}}\eta_{\mathrm{ms}})/I_{\mathrm{m}} \tag{6-83}$$

2) 换乘枢纽站运能匹配度评价

运能匹配是指各种交通方式供给的运能与旅客对换乘的需求达到协调。这种协调并不是指客流的供给与需求相等，而是运能留有一定余地可以应对枢纽内客流异常变动。交通方式的运能协调可检验现有交通方式运营组织下运能的供给与需求是否匹配，从而可避免运营过程中运能过大而造成运能浪费，也不会造成运能供不应求的局面。

铁路与城市轨道交通之间运能是否匹配直接关系两者衔接的协调性和通畅性。

铁路与城市轨道交通的运输能力匹配程度主要用运能匹配度指标来判断。运能匹配度是判断运能衔接优劣很直观的一个描述指标，一般用铁路列车到达时，换乘客流量与城市公共交通所能提供的运输能力的比值来表示(聂婷婷等，2019)。

$$y = \frac{C_{\mathrm{r}}a}{C_{\mathrm{m}}} \tag{6-84}$$

式中：a 为铁路换乘城市轨道交通客流占到达客流的比例；C_{r} 为铁路到达客流；C_{m} 为城市轨道交通集散能力。

运能匹配度指标是高速铁路客流与城市交通之间客运供求关系的表征，反映两者运输能力衔接的协调状况。在实际换乘中，匹配度 y 的范围和级别分类见表 6-21。

表 6-21　运能匹配度意义参考表

	好	较好	一般	较差	差
运能匹配度	0.86～0.90	0.91～0.95 或 0.70～0.85	0.96～1.00 或 0.54～0.69	1.01～1.10 或 0.38～0.53	>1.10 或 0～0.37

运能匹配度指标 y 在 0.86～0.90 时最为经济合理，即城市轨道交通的集散能力略微大于高速铁路的到达客流，这时两者的能力匹配状况达到最优。这时既能提供良好的运输服务，有效地疏散客流，又不至于造成交通资源的浪费，能够获得换乘系统最佳的经济效益。

当运能匹配度不在上述范围内时，表明城市交通运输能力满足不了或者超过了铁路列车客流的换乘需要，两种运输方式的运能衔接没有达到最佳。

如果 $y<0.86$，说明城市轨道交通的集散能力过剩于高速铁路的到达客流，y 越小越不经济，会造成城市轨道交通能力的浪费。这时，应该考虑延长轨道列车发车时间间隔或减小列车编组等途径，以暂时降低城市轨道交通在枢纽站的运输能力，恢复两者运能衔接的协调性。

如果 $y>0.90$，表明城市轨道交通运输能力满足不了高速铁路客流的换乘需要，这种情况一般发生在高速列车每日到达高峰时段或节假日，衔接的协调性被破坏，城市轨道交通原有的运营方案无法及时疏散换乘客流。这时，应考虑在高速铁路高峰时段增加轨道交通班次，缩短发车时间间隔，增大列车编组，暂时提高城市轨道交通运输能力，使高速铁路到达客流可以得到及时的疏散。

5. 考虑运能匹配的枢纽站城轨运行图调整方法研究

在与铁路枢纽站衔接的地铁站，其进站客流受铁路换乘客流的影响，具有脉冲性。当地铁的运能小于进站客流量且差值较大时，客流不能得到有效疏散而在站内产生拥堵，影响旅客的出行质量和车站集散效率。因此，在运能不匹配的情况下，通过调整地铁列车运行图，能在一定程度上加快车站的客流集散速度。

主要列举 3 种调整方法(王睿和马驷，2020)，具体如下。

如图 6-31 所示，此为初始地铁客流平峰时期城轨运行图。图中共铺画下行方向 10 列车，这些列车之间的发车间隔时间、区间运行时分和在对应车站的停站时间均相等。在矩形框所表示的时间段内，有 3 列列车从换乘站到发，将此时的地铁运能看作平峰时期的初始运能，以便于调整后的运能进行对比。

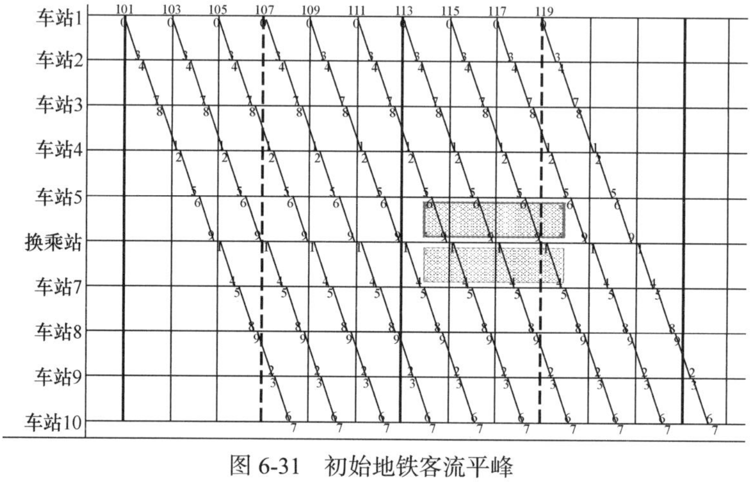

图 6-31　初始地铁客流平峰

1) 增加列车发车对数

这种方法主要针对地铁客流量和换乘客流量都是高峰期的时段。

如图 6-32 所示，此为城市轨道运行图调整后的示意图。采用增加发车对数的方式使在研究时段内(矩形区域)的列车间隔时间缩短，列车数量增加，从而增加该时间段内的运能。图中在全线范围内增加了 2 列车。

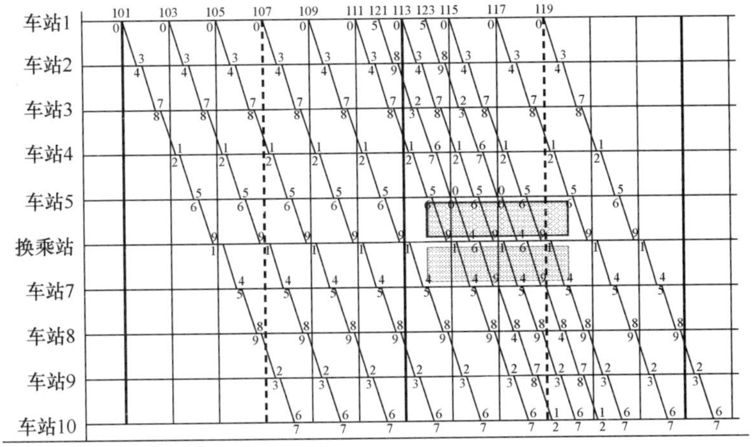

图 6-32　增加列车发车对数的城市轨道运行图

2) 调整区间运行时分和停站时间

这种方法主要用于地铁客流处于平峰时期而换乘客流处于高峰时期的情况。

图 6-33 为城市轨道运行图调整后的示意图，通过调整个别列车的区间运行时分和停站时间，使得对换乘站而言，在某小段时间内出现列车更加密集到达，加快换乘客流的疏散。而对全天而言，全线发出列车总数不发生变化。

如图 6-33 所示，图中列车总数仍是 10 列，加粗的运行线为调整后的列车，此时在矩形框所示范围内，有 4 列车从换乘站到发，和调整前的 3 列相比，矩形时间段内的地铁运能有所增加。

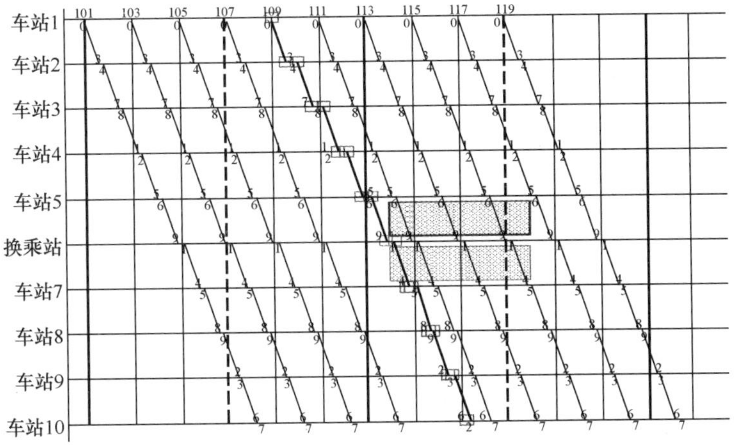

图 6-33　调整区间运行时分和停站时间的城市轨道运行图

3) 调整部分前序列车发车间隔

这种方法同样适用于地铁客流处于平峰时期而换乘客流处于高峰时期的情况。

图 6-34 为城市轨道运行图调整后的示意图。图中列车总数仍是 10 列，但通过加大研究时段(矩形区域内)之前时段的发车间隔，使前序时段的列车数量减少，从而使得研究

时段内列车数量增加，图中调整后研究时段内的列车数量增加了两列。进而达到短时间内增加换乘站运能的目的。

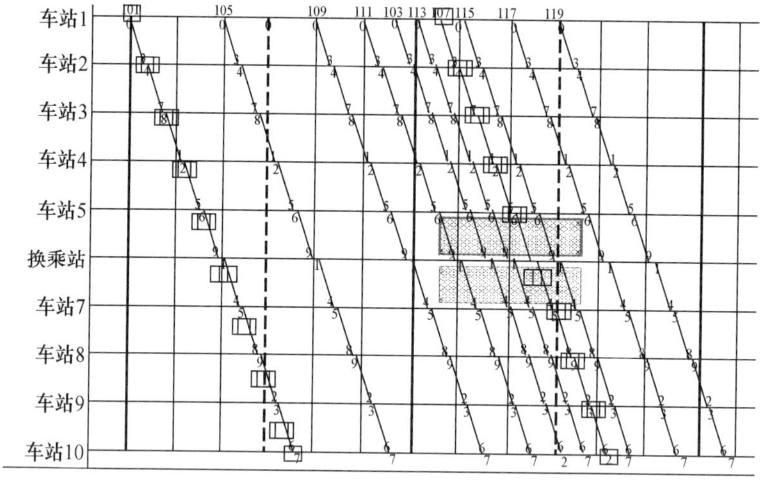

图 6-34　调整部分前序列车发车间隔的城市轨道运行图

6. 考虑运能匹配的枢纽站城市轨道列车运行图优化模型

1) 模型假设

(1) 忽略地铁站进站走行过程，即乘客到达地铁站后，就视为到达地铁站台开始候车。

(2) 本模型针对地铁平峰+换乘高峰时刻(即不考虑增开列车，仅调整某些列车的到站时刻、停站时刻)。

(3) 车站 i 的前 m 站和后 n 站的列车时刻表会因运行图调整而发生变化，此模型中只考虑因列车到站时间改变而使其他站的旅客多等待的时间，忽略因停站时间改变对旅客等待时间的影响，即其他站的旅客不会因其他站的停站时间改变而留乘。

(4) 忽略因时刻表变化对 i 站允许上车人数 c_l^i 的影响

(5) 假设地铁站都是侧式站台，且只针对地铁线路单向进行研究。

(6) 在研究时段外的其他地铁运营时间，列车均以等间隔时间 t^{h} 运行。

2) 符号说明

相关参数说明见表 6-22。

表 6-22　考虑运能匹配的枢纽站城市轨道列车运行图优化模型相关参数说明

符号说明	含义
Z_1	i 站旅客总候车时间
Z_2	$(m,\cdots,i-1,i+1,\cdots,n)$ 站乘客因时刻调整而额外等候的时间
$l^{\mathrm{r}}=(1,2,\cdots,L^{\mathrm{r}})$	铁路列车集合
$l\ =(1,2,\cdots,L\ )$	铁路列车集合
$p=(1,2,\cdots,m,\cdots,i,\cdots,n,\cdots,P)$	城轨车站集合

续表

符号说明	含义
$G_1(t)$	地铁总进站客流分布
$R(t)$	铁路换乘地铁客流的时间分布
$U(t)$	换乘客流以外客流的时间分布
D_l^{r}	各次列车终到该站人数
η_l	铁路列车 l 在该站的下车人数中换乘地铁的比例
t_{transfer}	平均换乘时间
$H(t)$	地铁站站台实时客流分布
$Q(t)$	上车人数
c_l^i	列车 l 在地铁站 i 的允许上车人数
$L_l^i(t)$	列车 l 是否正在 i 站进行旅客乘降作业
$t_l^{p,\mathrm{f}}$	列车 l 在车站 p 的发车时间
$t_l^{p,\mathrm{ar}}$	列车 l 在车站 p 的到站时间
$t_l^{p,\mathrm{t}}$	列车 l 在车站 p 的停站时间
$t_{y,l}^{p-1,p}$	列车 l 在车站 p 与车站 $p+1$ 站间的运行时间
t^{h}	发车间隔时间

3) 目标函数与决策变量

某时间段 T 内，针对衔接站，有

$$\min Z = Z_1 + Z_2 \tag{6-85}$$

$$Z_1 = \int_{T_0}^{T_1} t \cdot H(t)\mathrm{d}t \tag{6-86}$$

$$Z_2 = \sum_{p=m}^{n}\sum_{l=1}^{L} c_l^p \frac{1}{2} t_p^{h_0} - \sum_{p=m}^{n}\sum_{l=1}^{L} c_l^p \cdot \frac{1}{2}(t_l^{p,\mathrm{f}} - t_{l+1}^{p,\mathrm{f}}), \quad p \neq i \tag{6-87}$$

式中，$t_p^{h_0}$ 表示车站 p 的发车间隔时间。

决策变量：

(1) 列车 $l(l=1,2,\cdots,L)$ 在车站 $p(p=m,\cdots,i-1,i,i+1,\cdots,n)$ 站的到达时刻 $t_l^{p,\mathrm{ar}}$；

(2) 列车 $l(l=1,2,\cdots,L)$ 在车站 $p(p=m,\cdots,i-1,i,i+1,\cdots,n)$ 站的停站时间 $t_l^{p,\mathrm{t}}$。

4) 约束条件

(1) 地铁站 i 总进站客流的时间分布。

对于与铁路枢纽站衔接的地铁车站 i，将地铁的进站客流分为两部分：从铁路枢纽站出站，换乘地铁的换乘客流；除换乘客流以外的常规客流，如该地铁站所吸引的周边居民等。因此，该地铁站 i 的进站客流时间分布可表示为

$$G_1(t) = R(t) + U(t) \tag{6-88}$$

地铁车站的常规客流进站情况，可根据历史数据获得，本节视为已知量。但由于换乘客流受铁路列车到站时刻的影响，具有较强的脉冲性，对于换乘客流的时间分布情况，根据枢纽站到达列车时刻表，以及对应车次到站人数和换乘比例，并加上换乘平均走行时间，计算得到换乘客流进入地铁站的时间分布情况 $R(t)$，表示为

$$R(t) = \sum_{l=1}^{L} D_l^{\mathrm{r}} \cdot \eta_l + t_{\mathrm{transfer}} \tag{6-89}$$

(2) 地铁站 i 下行站台客流分布情况。

地铁车站 i 的站台上的人数是一个随时间动态换乘的过程，一方面进站客流不断地到达站台；另一方面，每次列车停站时，又有大量客流从站台进入列车，站台上的人数出现突减。因此，将地铁站 i 站台上客流的实时变化表示为

$$H(t) = G_1(t) - Q(t) \tag{6-90}$$

$$Q(t) = \min\begin{cases} G_1(t) \\ c_l^i L_l^i(t) \end{cases} \tag{6-91}$$

$$L_l^i(t) = \begin{cases} 1, & t \in (t_l^{i,\mathrm{ar}}, t_l^{i,\mathrm{f}}) \\ 0, & \text{其他} \end{cases} \tag{6-92}$$

(3) 列车运行约束。

正常情况下，列车按照列车运行图所规定的时刻有序运行。其在相邻两站的到站时刻和发车时刻之间关系如下：

$$t_l^{p,\mathrm{f}} = t_l^{p,\mathrm{ar}} + t_l^{p,\mathrm{t}} \tag{6-93}$$

$$t_l^{p,\mathrm{ar}} = t_l^{p-1,\mathrm{f}} + t_{y,l}^{p-1,p} \tag{6-94}$$

$$t_l^{p,\mathrm{ar}} - t_{l-1}^{p,\mathrm{ar}} \geqslant t_{\text{到到}} \tag{6-95}$$

式中，$t_{\text{到到}}$表示列车之间到-到最小间隔时间。

(4) 列车运行时间标准、停站时间标准、间隔时间标准约束

对于地铁列车，同一线路通常只运行同一种类的列车，因此在同一区间，不同车次列车的纯运行时间一般相等，在相同车站的停站时间也基本相同。但在本节所研究的问题中，由于铁路换乘客流的存在，在跨制式换乘高峰期的地铁运能不足，进而需要对不同车次列车在各个站的停站时间和纯运行时间进行调整，使得在跨制式换乘高峰期列车更加密集地到达地铁站 i，以快速疏散客流。

$$t_{y,\min}^{p,p+1} \leqslant t_{y,l}^{p,p+1} \leqslant t_{y,\max}^{p,p+1} \tag{6-96}$$

$$t_{\min}^{p,\mathrm{t}} \leqslant t_l^{p,\mathrm{t}} = t_l^{p,\mathrm{f}} - t_l^{p,\mathrm{ar}} \leqslant t_{\max}^{p,\mathrm{t}} \tag{6-97}$$

$$t_{\min}^{\mathrm{h}} \leqslant t^{\mathrm{h}} = t_l^{p,\mathrm{f}} - t_{l+1}^{p,\mathrm{f}} \leqslant t_{\max}^{\mathrm{h}} \tag{6-98}$$

(5) 列车对数不变约束。

对于研究时段 $[T_1, T_2]$，线路单向发车数 N_1 即在 i 站线路单方向有停站的列车数，可

表示为

$$N_1 = \sum_{t=T_1}^{t=T_2} L^i(t) \tag{6-99}$$

在非研究时段，线路单向发车数 N_2 可表示为

$$N_2 = \left[(T_0 - T_1)/t^{\mathrm{h}}\right] + \left[(T_3 - T_2)/t^{\mathrm{h}}\right] \tag{6-100}$$

在本节所采取的城轨列车时刻表调整方法中，不改变原有的列车发车对数，可表示为

$$N_1 + N_2 = \left[(T_3 - T_0)/t^{\mathrm{h}}\right] \tag{6-101}$$

6.7　基于应急预案的列车运行图调整方法

6.7.1　基于改进 TOPSIS 法的城市轨道交通列车运行图应急调整决策研究

与干线铁路不同，城市轨道交通的运输对象为时间空间分布不均匀的客流，日常运营中难免出现各种突发事件。针对突发事件处理，目前我国轨道交通系统大多采用预案-应对的静态处理机制，依靠各路局间应急联络、实时反馈以及决策领导人员的组织经验，存在应急准备形式单一、机制不明确、救援主体不明确、动态性不足等问题(尹冰艳和刘卫红，2018)。

本节的研究目的是建立一套能迅速识别城市轨道交通突发事件特征与类型，并针对不同类型扰动迅速调整运行图，使城市轨道交通迅速恢复正常运营的调图方案方法体系。

本节的研究思路是：首先，针对突发事件随机性带来的研究范围过广、定量计算与建模难的问题，将运行图调整决策问题作为既有备选方案下的多准则决策问题来考虑，利用改进 TOPSIS 法和既有的可行调图方案属性组成的备选方案集建立决策模型得出最优参考方案，缩小研究范围；然后，在决策模型得出的推荐方案下，以恢复到正常运营时间最短为优化目标，建立具体的运行图调整优化模型，实现应急调整，研究思路如图 6-35 所示。

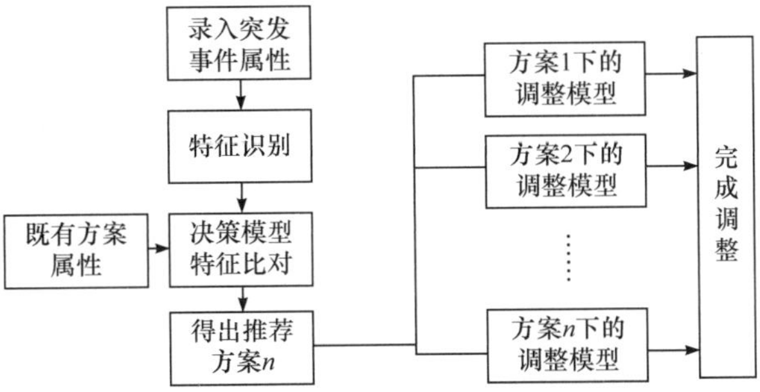

图 6-35　基于改进 TOPSIS 法的城市轨道交通列车运行图应急调整策略研究思路

突发事件的发生时间与地点都具有随机性，其传播又与不同的图定运行时刻和运行参数相关，因此难以进行定量预测和计算。当前国内外有学者对城市轨道交通应急预案

和运行图调整做了一系列研究；基于已有的成功救援案例建立数据库，通过查找对比的形式确定救援方案；或者在运行图中加入虚拟车，增大缓冲时间槽来提高运行图面对突发事件的抗干扰能力。总体来说，目前大多运行图调整办法缺乏解决各种问题的全面性和面对突发事件的快速反应性。

本节将现有所有运行图调整方案作为应急条件下运行图调整的备选方案，建立与实际情况一一对应的方案属性数据库。将运行图调整方案选择作为多属性决策(multiple access demand assignment，MADA)问题，运用 TOPSIS 法解决调图方案的综合评估与选择，并根据运行图调整方案这一问题的特殊性对传统 TOPSIS 法理想解定义过程和优选度确定方式进行改进，提高此方法对于解决运行图调图方案评估选择问题的适应度和合理性，从而快速、准确、高效地针对突发事件的特点得出最优调图方案。在城市轨道交通突发事件下，为快速高效地恢复运营的安全稳定提供参考的调图方案。

1. 决策数据准备

基于已有方案的运行图调整决策问题可以看作一个具有多种已有可选方案和考虑因素随着现实情况不断变化的多属性多方案决策问题(multi-attribute utility theory，MADM)。

进行调图方案评价与选择重点在于初始方案矩阵数据结构的构建，提取调图方案属性时要与实际情况一一对应，根据轨道交通突发事件的各现实特征来提取调图方案的属性，以最大化地反映突发事件与其相应最优调图方案的内在联系。

在提取了与实际情况相关的属性之后，再根据情况增添一些如“能耗”、“操作难度”等具有明显可辨的效益型或损耗型指标，目的是使最终方案更加接近实际应用情况并且兼具一定经济效益。

按下文中提及的步骤提取方案属性矩阵。

1) 方案指标特性归纳

进行决策的第一步是提取各个方案所含的有效信息作为进行应急决策的参考数据和 TOPSIS 法所需的基础方案矩阵。方案属性数据结构的合理性与完整性很大程度决定了决策结果的准确性。在提取方案属性时要遵循三个原则：第一，对应性原则，即方案属性与决策事件属性一一对应，两者尽可能有最高的相似度，进行比对时数据利用率达到最大。第二，全面性原则，即尽可能全面地反映各个方案的特征；第三，可比较性原则，即事件属性值尽量为连续型变量或有序变量等可进行距离计算的数据，便于进行取值和计算。根据实际运用情况下的数据收集和掌握能力，初始方案特征矩阵可根据情况细化或简化。

包括改进方法在内，目前大致总共有 13 种调图方案，分别为赶点运行、改进赶点运行、调用备车、调用备车(增开)、赶点跳停、空驶跳停、邻线跳停、单向加车小交路运行、双向加车小交路运行、小交路折返、单线双向运行、扣车、降速。根据各种运行图调整方案的作图特性，参数要求、对基础设施的要求以及经济性等方面，归纳总结出 15 个属性特点(表 6-23、表 6-24)，方案属性矩阵的行向量为现有运行图调整方法，列向量为不同方案对应某一特征的属性值(白荣，2009)。

表 6-23　调图方案特征表 I

方案/属性	编号	适用的延误时间	适用可调整时间	能耗	操作难度	备车	最高适用运行线密度
赶点运行	1	$t_{\mathrm{d}} \leqslant t_x - t_{x\min}$	最大	较高	低	不需要	低
改进赶点运行	2	$t_{\mathrm{d}} \leqslant t_x - t_{x\min}$	较大	中	中	不需要	低
调用备车	3	$t_{\mathrm{d}} > t_x - t_{\mathrm{s}}$	无要求	低	中	需要	高
调用备车(增开)	4	$t_{\mathrm{d}} > t_x + t_{\mathrm{s}} + t_{\mathrm{h}\min}$	无要求	非常高	较高	需要	中
赶点跳停	5	$t_{\mathrm{d}} \leqslant t_{x_1+x_2} - \dfrac{x_1+x_2}{\bar{v}_{\max}}$	一般	中	中	不需要	中
空驶跳停	6	无要求	无要求	低	较高	可能需要	高
邻线跳停	7	无要求	无要求	低	低	不需要	高
单向加车小交路	8	无要求	无要求	高	较高	需要	中
双向加车小交路	9	无要求	无要求	非常高	高	需要	低
小交路折返	10	$t_{\mathrm{d}} \geqslant t_x + t_{\mathrm{s}}$	最小	低	较高	不需要	中
单线双向	11	无要求	无要求	低	低	可能需要	低
扣车	12	$t_{\mathrm{d}} \leqslant t_{\mathrm{h}} - t_{\mathrm{h}\min}$	较大	中	低	不需要	中
降速	13	$t_{\mathrm{d}} < t_{\mathrm{h}} - t_{\mathrm{h}\min}$	最大	低	中	不需要	中

方案/属性	编号	延误车辆满载率	延误站客流	中间站/跳过站客流	前方站客流	列车性质要求	延误站性质
赶点运行	1	无要求	无要求	尽量低	尽量低	无要求	无要求
改进赶点运行	2	无要求	尽量低	尽量低	尽量低	无要求	无要求
调用备车	3	无要求	无要求	尽量高	尽量低	无要求	无要求
调用备车(增开)	4	无要求	尽量高	尽量高	尽量高	无要求	无要求
赶点跳停	5	尽量低	尽量低	尽量低	尽量低	非末班	不邻首末站
空驶跳停	6	无要求	无要求	尽量低	尽量高	非末班	无要求
邻线跳停	7	尽量低	尽量高	尽量低	尽量低	非末班	换乘站
单向加车小交路	8	无要求	无要求	尽量高	尽量高	无要求	无要求
双向加车小交路	9	无要求	无要求	尽量高	尽量高	无要求	无要求
小交路折返	10	尽量低	尽量低	尽量低	尽量低	非末班	中间站
单线双向	11	无要求	无要求	尽量低	尽量低	无要求	无要求
扣车	12	尽量低	尽量高	尽量低	尽量低	无要求	无要求
降速	13	尽量低	尽量低	尽量低	尽量低	无要求	无要求

表 6-24 调图方案特征表 II

方案/属性	编号	折返作业需求	存车需求	车站组织要求
赶点运行	1	低	低	低
改进赶点运行	2	低	低	中
调用备车	3	低	低	中
调用备车(增开)	4	中	中	中
赶点跳停	5	低	低	高
空驶跳停	6	低	低	高
邻线跳停	7	低	低	高
单向加车小交路	8	中	高	低
双向加车小交路	9	高	中	低
小交路折返	10	中	低	高
单线双向	11	中	低	高
扣车	12	低	低	低
降速	13	低	低	中

表中，t_d 为延误时间(s)；t_x 为区间运行时间(min)；t_{xmin} 为区间最小运行时间(min)；t_s 为停站时间(min)；t_h 为行车间隔时间(min)；t_{hmin} 为最小行车间隔(min)；x_1、x_2 为跳停站相邻两区间长度(m)；v_{max} 为列车最大区间平均运行速度(km/h)。调整方案的属性记录均以发生延误的第一站或延误发生站计，若同时发生则视为“长时间延误”；“可调整时间”定义为初始延误区间内实际运行时间与最小运行时间之差；能耗、操作难度的评价均以此方案一辆车的调度为单位；“最高适用运行线密度”的高低定义由专家根据此线路运行图具体情况分 3 个档次而定。

2) 方案指标量化

将各个指标量化，以得到初始方案矩阵 A。该矩阵为含有混合型变量的矩阵，其数据定义如下：

(1) “适用延误时间”属性值定义为有序变量，根据延误时间范围从小到大分为 1～6 六个等级，其中“无要求”亦定义为(中值)3 以最小化偏移量。

(2) “适用可调整时间”属性值定义为有序变量，根据等级从低到高，从“最小”到“最大”的属性值依次定义为 1～4，“无要求“定义为(中值)2 以最小化偏移量。

(3) “能耗”属性值定义为有序变量，从“低”到“非常高”依次定义为 1～5。属于损耗型指标。

(4) “操作难度”属性值定义为有序变量，从“低”到“高”依次定义为 1～4。属于损耗型指标。

(5) “备车”属性值定义为名义变量，“不需要”、“可能需要”、“需要”分别定义为 0、1、2。属于硬性要求指标。

(6)“最高适用运行线密度”属性值定义为有序变量，从“低”到“高”依次定义为 1～3。

(7)“延误车辆满载率”属性值定义为二元变量，“无要求”为 0，“尽量低”为 1。

(8)“延误站客流”属性值定义为名义变量，“无要求”、“尽量低”、“尽量高”分别定义为 0、1、2。

(9)“中间站/跳过站客流”、“前方站客流”属性值定义为二元变量，“尽量低”为 0，尽量高为 1。

(10)“列车性质要求”属性值定义为 0-1 变量，“无要求”为 0，“非末班”为 1。属于硬性要求指标。

(11)“延误站性质”属性值定义为名义变量，“无要求”为 0，“不邻首末站”为 1，“中间站”为 2，换乘站为 3，属于硬性要求指标。

(12)“折返作业需求”、“存车需求”、“车站组织需求”属性值属于损耗型指标，从“低”到“高”依次定义为 1～3。

属性值定义完成后，归纳得到 13×15 的初始方案矩阵 $A=[a_{ij}]_{13\times15}$(表 6-25)。

表 6-25　初始调图方案矩阵 *A*

	1	2	3	4	5	6	7	8	9	10	11	12	13	14	15
1	2	4	3	1	0	1	0	0	0	0	0	0	1	1	1
2	2	3	2	2	0	1	0	1	0	0	0	0	1	1	2
3	6	2	1	2	2	3	0	0	1	0	0	0	1	1	2
4	6	2	5	3	2	2	0	2	1	1	0	0	2	2	2
5	3	2	2	2	0	2	1	1	0	0	1	1	1	1	3
6	3	2	1	3	1	3	0	0	0	1	1	0	1	1	3
7	3	2	1	1	0	3	1	2	0	0	1	3	1	1	3
8	3	2	4	3	2	2	0	0	1	1	0	0	2	3	1
9	3	2	5	4	2	1	0	0	1	1	0	0	3	2	1
10	5	1	1	1	0	2	1	1	0	0	1	2	2	1	3
11	3	2	1	1	1	1	0	0	0	0	0	0	2	1	3
12	4	3	2	2	0	2	1	2	0	0	0	0	1	1	1
13	3	4	1	1	0	2	1	1	0	0	0	0	1	1	2

3) 平均信息熵法计算指标权重

方案不同的指标常常对决策结果的得出具有不同的影响能力，结合突发事件特点和方差思想以及调图方案评价问题的客观性，以指标属性平均值为参考的距离，确定各个调图方案属性的权重系数。

信息熵理论认为变量的不确定性越大，其信息熵越高；反之，变量越稳健，其信息熵越低。当系统熵最小时系统达到稳定状态，系统信息量最大，指导意义最明显。此方法属于客观性赋权方法，不依赖人的主观推测，严格按照数据对指标进行评价，适用于根据实际情况选择匹配度最高的方案这类主观性较小的问题。

通过计算距离熵得到各个指标信息搭载量，确定指标重要度和其权重。平均信息熵法计算指标权重的具体步骤如下。

步骤 1：计算各个指标平均的属性值 $\overline{r}_j = \frac{\sum_{i=1}^{m} r_{ij}}{m}, (j=1, 2, \cdots, n)$, 得到属性均值向量 $\overline{R} = [\overline{r}_1, \overline{r}_2, \cdots, \overline{r}_n]^{\mathrm{T}}$

步骤 2：计算各个指标下的属性值与其指标属性平均值的距离 $d_{ij} = \left| r_{ij} - \overline{r}_j \right|$, ($i$=1, 2,⋯, m；j=1, 2,⋯, n)，得到距离矩阵 $D = \left[d_{ij} \right]_{m \times n}$。

步骤 3：计算各指标的距离熵 $S = [S_1, S_2, \cdots, S_n]^{\mathrm{T}}$ (左静等，2017)，其中

$$S_j = -\sum_{i=1}^{m} \frac{d_{ij}}{\sum_{i=1}^{m} d_{ij}} \ln \frac{d_{ij}}{\sum_{i=1}^{m} d_{ij}}, \quad j = 1, 2, \cdots, n \tag{6-102}$$

当 d_{ij} 为 0 时，认为此处距离熵为 0。

步骤 4：对距离熵做归一化处理。

$$\overline{S}_j = -\frac{S_j}{\ln n}, \quad j = 1, 2, \cdots, n \tag{6-103}$$

步骤 5：计算得到权重。

$$\omega_j = \frac{1 - \overline{S}_j}{n - \sum_{j=1}^{n} \overline{S}_j} \tag{6-104}$$

式中，$0 \leqslant \omega_j \leqslant 1$，且 $\sum_{j=1}^{n} \omega_j = 1$。

2. 基于改进 TOPSIS 法建立决策模型

1) TOPSIS 法

接近理想解排序法 TOPSIS，是解决多准则决策问题的一种常用有效方法。构造理想最优解(positive ideal solution)和最劣解(negative ideal solution)，通过评价方案对最优解的靠近程度和对最劣解的远离程度，并对它们进行排序，来选择最优方案。TOPSIS 法具有对样本数据要求低、对数据利用较充分且可以得出每个评价对象的优劣顺序的特点(常建鹏等，2016)。

将运行图调整方案选择问题作为一种多准则决策问题来考虑，TOPSIS 法对小规模混合属性方案评价问题的精确性可以有效提高决策模型合理性与决策结果的适用性。

TOPSIS 法具体步骤如下。

步骤 1：设决策问题有 m 个项目，每个项目有 n 个指标。通过一定的定量或定性(如专家会议法)方法，对每个项目的指标进行打分，得到初始方案矩阵 $A = [a_{ij}]_{m \times n}$，其中行

向量为方案信息，列向量为属性索引，a_{ij} 表示第 i 个方案的第 j 个属性值。

步骤 2：对矩阵 A 进行规范化处理化得到规范化决策矩阵 $R=[r_{ij}]_{m\times n}$，其中：

$$r_{ij}=\frac{a_{ij}}{\sqrt{\sum_{i=1}^{m}a_{ij}^2}},\quad i=1,2,\cdots,m;\ j=1,2,\cdots,n \tag{6-105}$$

步骤 3：构造指标权重 $\omega=[\omega_1,\omega_2,\cdots,\omega_n]^{\mathrm{T}}$ 对矩阵进行权重修正。权重确定方法有德尔菲法(Delphi method)、对数最小二乘法、层次分析法、熵权法等。

步骤 4：用 ω 对 R 进行指标加权，得到修正后的决策矩阵：

$$B=\begin{bmatrix}\omega_1 r_{11} & \cdots & \omega_n r_{1n}\\ \vdots & & \vdots\\ \omega_1 r_{m1} & \cdots & \omega_n r_{mn}\end{bmatrix}=[b_{ij}]_{m\times n} \tag{6-106}$$

步骤 5：确定理想解(最优解) X^* 和反理想解(最劣解) X^-。

$$X^*=(\max b_{ij}\mid j\in J_1),(\min b_{ij}\mid j\in J_2)=(X_1^*,X_2^*,\cdots,X_n^*) \tag{6-107}$$

$$X^-=(\min b_{ij}\mid j\in J_1),(\max b_{ij}\mid j\in J_2)=(X_1^-,X_2^-,\cdots,X_n^-) \tag{6-108}$$

式中，J_1 为效益型指标集；J_2 为损耗型指标集；i=1, 2,⋯, m。收益性指标越大则方案效果越优；反之，损耗性指标越大则方案效果越劣。

步骤 6：计算各方案与理想解的距离 D^* 和反理想解的距离 D^-，这里采用欧几里得(欧氏)距离。

$$D_i^*=\sqrt{\sum_{j=1}^{n}(b_{ij}-X_j^*)^2},\quad i=1,2,\cdots,m \tag{6-109}$$

$$D_i^-=\sqrt{\sum_{j=1}^{n}(b_{ij}-X_j^-)^2},\quad i=1,2,\cdots,m \tag{6-110}$$

步骤 7：计算各个方案的理想接近度指标 C_i，并对其进行排序，C_i 越大，则方案优选度越高。其中：

$$C_i=\frac{D_i^-}{(D_i^*+D_i^-)},\quad i=1,2,\cdots,m \tag{6-111}$$

2) 根据实际应用改进 TOPSIS 法

传统决策问题具有一个或几个固定的最优化目标，而运行图调整方案的选择不同之处在于在不同的突发事件下具有不同的最优目标，使得理想解和负理想解难以简单快速地确定。由于“适用延误时间”、“适用可调整时间”、“备车”这类既不属于效益型也不属于损耗型却十分重要的指标的存在，负理想解无法简单确定。

本节在调图方案决策模型中略去负理想解的定义部分，通过计算备选调图方案与实际情况的相似度来判断方案的适用性。即将理想解的定义修正为参考实际情况向量得出的反应突发事件属性的向量。

最后在得出的方案中考虑一些硬性要求指标，如“列车性质要求”、“备车”等，对不符合要求的方案进行剔除，最后根据得出的相似度由高到低的顺序对适用性高的方案进行使用或者组合使用，完成运行图调整辅助决策。

综上所述，运行图应急调整决策问题下对传统 TOPSIS 法具体有以下几点修正。

(1) 令

$$X^* = \omega_j[(\max b_{ij} \mid j \in J_1), (\min b_{ij} \mid j \in J_2), (\phi_j \mid j \in J_4)] = (X_1^*, X_2^*, \cdots, X_l^*) \tag{6-112}$$

式中，$\phi = (\phi_1, \phi_2, \cdots, \phi_j, \cdots, \phi_{15})$ 为突发事件下对应调图方案 15 个特征指标的实际情况向量；$J = \{j_1, j_2, \cdots, j_{15}\} = J_1 \cup J_2 \cup J_3 \cup J_4$ 为调图方案特征指标集合，J_1 为效益型指标集，J_2 为损耗型指标集，J_3 为硬性指标集，J_4 为非效益/损耗/硬性指标的其他指标集。

由于 TOPSIS 法在相似度计算中常常采用的欧氏距离和明考斯距离适用于连续型变量，对于混合类型的变量距离计算不够准确，故指标以向量余弦公式计算方案间相似度 $S(\varphi_i, X^*)$ (高强周，2008)。

$$S(\varphi_i, X^*) = \cos(\varphi_i, X^*) = \frac{\langle \varphi_i, X^* \rangle}{|\varphi_i||X^*|} = \frac{\sum_{k=1}^{l} \varphi_{ik}, X_k^*}{\sqrt{\sum_{k=1}^{l} \varphi_{ik}^2} \sqrt{\sum_{k=1}^{l} X_k^{*2}}} \tag{6-113}$$

式中，φ_i 表示方案 i 的 l 维方案属性向量；X^* 为 l 维理想解向量；分母表示两个向量的长度，分子表示两个向量的内积；余弦值越高，向量间夹角越小，则相似度越高。

(2) 引入硬性要求指标后对各个方案相似度降序排列后，从相似度最高的方案开始判断其是否符合硬性要求指标，若不符合则排除此方案。

3) 建立运行图应急调整决策模型

建立基于改进 TOPSIS 法的运行图应急调整决策模型。

对初始方案矩阵 A 进标准化后，利用平均信息熵法计算得到：

w=(0.11793613 0.05986896 0.06303553 0.06186981 0.06418189 0.06230071 0.06463860 0.06304911 0.06406649 0.06406649 0.06406649 0.06183745 0.06347614 0.06337387 0.06223232)

利用 w 对标准化后的初始方案矩阵 A 加权得到修正方案矩阵 B(表 6-26)。

表 6-26 修正方案矩阵 *B*

	1	2	3	4	5	6	7	8	9	10	11	12	13	14	15
1	0.009874444	0.02628589	0.019609439	0.007733726	0	0.008400626	0	0	0	0	0	0	0.01104978	0.01219631	0.00771897
2	0.010006747	0.02191098	0.013747563	0.015587793	0	0.008476626	0	0.01576228	0	0	0	0	0.01121579	0.0124198	0.01555621
3	0.030431647	0.01567826	0.007041237	0.016098737	0.03025563	0.025664099	0	0	0.03203325	0	0	0	0.01138936	0.01265569	0.0160579
4	0.034886975	0.01623495	0.035425112	0.024994234	0.03403759	0.01874047	0	0.0324908	0.0355377	0.03203325	0	0	0.02314209	0.02581034	0.01661088

续表

	1	2	3	4	5	6	7	8	9	10	11	12	13	14	15
5	0.020816756	0.01685466	0.017081506	0.018183242	0	0.019628509	0.02890726	0.01873274	0	0	0.03203325	0.01652675	0.01239479	0.01407225	0.02583668
6	0.021985388	0.01755015	0.008866285	0.028505956	0.01980369	0.030980371	0	0	0	0.0355377	0.0355377	0	0.01262853	0.01441414	0.02834341
7	0.023344472	0.01833807	0.008953525	0.01067218	0	0.035548265	0.03154041	0.03907073	0	0	0.04005962	0.0513111	0.01287563	0.01478125	0.03174151
8	0.024949409	0.01924067	0.036173427	0.032488934	0.04143208	0.028608882	0	0	0.04005962	0.04005962	0	0	0.02627478	0.04553026	0.01223879
9	0.026880487	0.02028841	0.054935891	0.050607061	0.05233716	0.015990392	0	0	0.04589462	0.04589462	0	0	0.04310495	0.0423605	0.01247286
10	0.048765128	0.01076217	0.021401975	0.021118033	0	0.033012661	0.03486045	0.02417761	0	0	0.04589462	0.05668658	0.03831594	0.02727284	0.03816148
11	0.040152307	0.02186897	0.022584608	0.022296717	0.03920268	0.01920218	0	0	0	0	0	0	0.04685149	0.02959724	0.04771363
12	0.063722633	0.03514838	0.047930168	0.047349007	0	0.040169935	0.03912856	0.05170653	0	0	0	0	0.03219559	0.03249776	0.02369429
13	0.07965871	0.05731715	0.03370993	0.033478406	0	0.050711121	0.04465386	0.03895215	0	0	0	0	0.03579669	0.03619387	0.0506301

得到修正方案矩阵 B 后，录入事件属性向量 φ，事件属性向量对应方案矩阵属性值定义如下：

(1) 适用延误时间——有序变量，根据方案矩阵的范围划定其 1～6 六个等级值。

(2) 适用可调整时间——连续型变量，根据方案矩阵的范围划定其 1～4 四个等级值。

(3) 能耗——有序变量，损耗型指标，定义为方案矩阵该属性最小值 1。

(4) 操作难度——有序变量，损耗型指标，定义为方案矩阵该属性最小值 1。

(5) 最高适用运行线密度——有序变量，根据低峰密度、平峰密度和高峰密度 3 个档次定义其值 1～3。

(6) 延误车辆满载率——连续型变量，等于 1+车辆实际满载率。

(7) 延误站客流——连续型变量，等于$1+\dfrac{\text{站台实际客流量}}{\text{站台最大容纳客流量}}$。

(8) 中间站/跳过站客流和前方站客流——连续型变量，等于$\dfrac{\text{中间站/跳过站/前方站实际客流量}}{\text{中间站/跳过站/前方站最大容纳客流量}}$，若无中间站/跳过站则默认等于前方站客流属性值。

(9) 折返作业需求、存车需求、车站组织需求——属于损耗型指标，定义为最低值。

录入完成后得到事件属性向量 φ 后对其进行加权得到理想解 X^*。

根据式(6-109)计算 X^* 与 B 每一行向量相似度，排序后剔除不符合硬性要求指标的方案即可得到最终方案适用性排序。

本模型的高效性主要体现在只要正确定义了方案矩阵，并根据方案矩阵特点对录入的事件向量进行处理，便可通过相似度计算在几秒内得出所有调图方案的优劣性排序，完成辅助决策；准确性依靠方案属性值提取的全面程度，属性值提取越完全，准确性越高。

3. 算例

以南京地铁 3 号线胜太西路至雨花门区段为例，调整前的运行图如图 6-36 所示。其中，南京南站为换乘站：$t_{\text{hmin}} =$ 3min，卡子门到大明路之间 $t_x = 100\text{s}$，$t_{x\min} = 60\text{s}$，$t_s = 30s$，$\bar{v}_{\max} = 60\text{km/h}$，延误列车车辆满载率为 40%，延误前方站站台客流密度为 40%，南京南站有热备车。

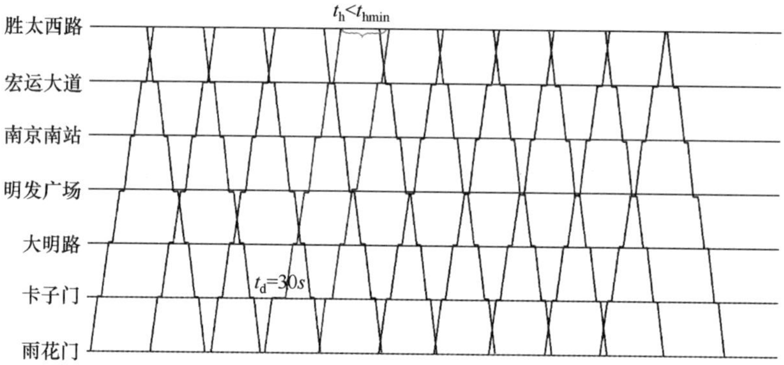

图 6-36　调整前

假设客流平峰期间某上行列车在卡子门站遭遇突发性大客流引发站内拥挤，造成停站时间延长 30s，根据现有决策模型提取其事件属性见表 6-27。

表 6-27　事件属性表

事件属性	属性特征	事件属性	属性特征
延误时间	30s	中间站/跳过站客流	40%
可调整时间	一般	前方站客流	40%
能耗(损耗型)	尽量低	列车性质	非首末班
操作难度(损耗型)	尽量低	延误站性质	中间站(不邻首末)
备车	有热备车	折返能力(损耗型)	尽量低
运行线密度	中	存车能力(损耗型)	尽量低
延误车辆满载率	40%	车站组织能力(损耗型)	尽量低
延误站客流	60%		

根据向量属性值定义规则，得到 $\varphi = (2\ 2\ 1\ 1\ 2\ 1.4\ 1.6\ 0.4\ 0.4\ 1\ 1\ 1)$。

加权后 $X^* = (0.23587226\ 0.11973792\ 0.06303553\ 0.06186981\ 0.12460142\ 0.09049404$

0.10087858 0.02562660 0.02562660 0.06347614 0.06337387 0.06223232)。

计算 X^* 与 B 中各方案行向量的相似度，并将其降序排列，得到考虑操作难度、能耗、站台设施使用率尽量低的方案的适用性排序见表 6-28。

表 6-28　相似度(优选度)排序

排序	方案	相似度	排序	方案	相似度
1	降速	0.9648564	8	调用备车(增开)	0.7790788
2	扣车	0.9312335	9	单线双向	0.7566246
3	小交路折返	0.8986639	10	赶点运行	0.7135211
4	赶点跳停	0.874102	11	空驶跳停	0.7093158
5	邻线跳停	0.8546051	12	单向加车小交路	0.652806
6	调用备车	0.7911779	13	双向加车小交路	0.598709
7	改进赶点运行	0.7837602			

根据相似度从高到低的顺序剔除方案，对备车、列车性质、延误站性质 3 个硬性要求指标进行检验，由于相似度(优选度)最高的两种方案均不违反硬性指标，故考虑采用。从结果可以看出推荐方案是“降速”和“扣车”，可以选择单独采用或组合采用。

采用降速的调整方式调整运行图之后如图 6-37 所示。

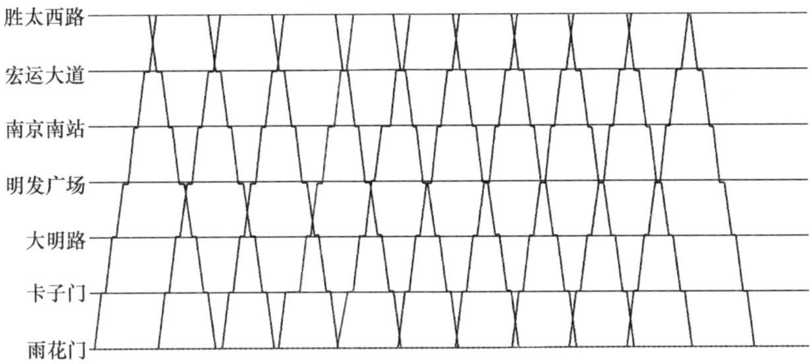

图 6-37　降速调整后的运行图

从决策模型得出的结论来看，它的合理性体现在以下几点。

(1) 高效性：扣车/降速调图方法的特点是操作简单，可以迅速应对小规模延误，让列车以最快速度恢复正常行车间隔，适合本例中小规模扰动的迅速反应和抑制延误的传播。

(2) 经济性：降速可以在恢复安全行车间隔的同时显著节约能耗，对站台组织要求比较低，符合经济性。

(3) 环境适用性：本例中突发事件发生于客流平峰时期，运行图缓冲时间较为充足，适合于采取降速/扣车的方式使运行线后移，不会对后车造成影响；延误前方站客流密度不大，采用降速的方式不仅能保证与前车安全行车间隔，也不会对前方站运营服务质量造成过大的影响。

6.7.2 基于时刻点平移的城轨运行图应急调整模型

列车运行图作为轨道交通系统运行调度和运输工作组织的基础性、全局性文件，承担着轨道交通系统行车组织的重要职能(高强周，2008)。与干线铁路不同，城市轨道交通的运输对象为时间空间分布不均匀的客流，日常运营中难免出现由各种突发事件导致列车运行秩序出现紊乱、难以按图行车的情况，造成运能浪费和经济损失，降低城市轨道交通的服务水平。

突发事件极强的随机性和多样性对运行图应急调整问题的定量分析与建模造成困难。国内外在城市轨道交通运行图应急调整问题上的研究围绕已有的可行调整方案呈现出由广义到具体，由理论到模型的趋势：魏博等(2013)研究了地铁系统的运行图调整原则，对始发时间调整、运行等级调整、停站时间调整、跳停等 9 种调图方案的特点和适用情况进行了探讨分析，反映了运行图调整在行车调度处理复杂问题中的优越性；马骏瑶(2015)则针对这些运行图调整方案进行了适用条件、应用特点、改进策略等细化的分析，但是仅局限于理论分析，没有细化到运行图的具体结构和定量计算；刘敏(2018)着眼于客流需求与运力的匹配来进行客运专线列车运行图的调整，将客流重新分配，建立了加车模型和调整模型改进列车的开行方案，在优化运行图结构的同时考虑了运能与客流匹配程度，但由于其模型着眼于客流匹配，缺乏对应急处理效率和速度的考量；曹志超等(2017)在考虑城市轨道交通列车运行受到随机干扰的情况下，借助传播延误的递推式定义运行图扰动系数，并以运行图扰动函数最小化为目标函数，优化运行图的鲁棒性以提高抗随机干扰能力。该模型同样考虑了客流匹配，着眼于运行图的提前优化设计，需求大量的实时客流数据。但也由于其模型的复杂程度，和对于客流大数据的依赖，在实际的大规模应急事件处理中存在处理速度和效率不足的问题；6.7.1 节综合考虑了各种运行图调整方案的属性，以方案特征与实际突发情况相对照的原则建立了方案选择决策模型，将城市轨道交通运行图应急调整问题缩小到某几种具体的方案，为具体的运行图调整量化和建模提供了基础。

基于改进 TOPSIS 法。董佳宁等(2020)提供了识别突发扰动所适用的运行图调整方案的可行性，本节在此基础上，着眼于快速解决在运行图缓冲时间可调整范围内的中小规模突发扰动，在恢复正常运行时间(总旅行时间)最小化的目标下，以列车在车站的到发时刻偏移量为求解对象，进行问题量化和建模；通过改进遗传算法求解模型，借助 R 语言编写代码、进行计算，最终得出一套最快速化解突发扰动的运行图时刻表调整方案。

1. 问题特征提取

由于城市中各个 OD 点间客流量变化的时空不均匀性、各种复杂设施设备的故障、极端天气、人为因素等种种客观存在的外界因素影响，城市轨道交通列车运营中不可避免地会发生突发事件，造成延误和经济损失。

我国目前的城市轨道交通运营安全与应急处理方案大部分依靠其所属的安全管理体系和应急管理指挥体系，通过自动监控系统的数据收集、各层级操作员逐级进行事件记录与上报、决策人员进行预案调用和编辑、预案审批到最终执行完成(耿杰和马一博，2016)。总体来说，仍主要依靠指挥人员经验和静态预案，缺乏动态性与智能化。改进 TOPSIS 法的城市轨道交通列车运行图应急调整决策模型得出其对于解决当前突发事件适配程度的优劣程度排序，以快速辅助决策人员进行方案选择和确定。在此基础上逐个方案继续细化建模，可初步实现突发事件下基于运行图调整的城市轨道交通应急决策出图的全自动化。

中小规模延误是突发事件中比例最大的，实现此类扰动的快速自动调图可大大减少日常运营中应急调度的工作量。此类延误通常无须增删列车或更改停站计划，借助运行图自身具有的运行缓冲时间，通过列车自动运行调整运行间隔或者调度员指挥赶点、降速、延长停站进行化解。它们所具有的共同特点体现在运行图上是列车在站到发时刻的偏移。它体现了运行线速度剖面改变和列车间行车间隔的改变。因此，在借助决策模型实现此类中小规模延误问题解决方案定位的基础上，问题的解决思路便最终归于最小化时刻点平移量Δt 的确定与计算，求解思路如图 6-38 所示。

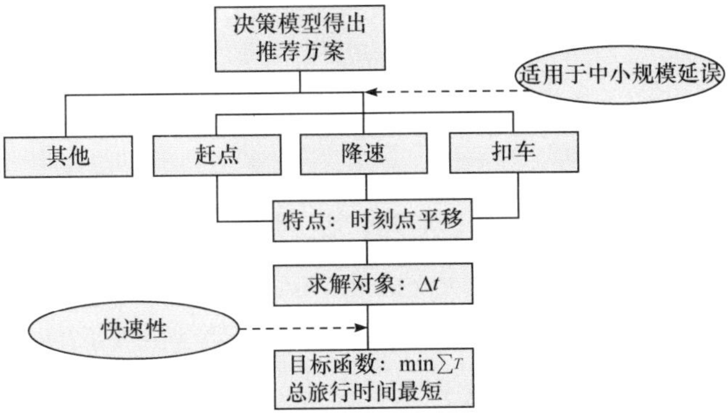

图 6-38　基于时刻点平移的城轨运行图应急调整模型求解思路

2. 模型基本假设

1) 待调整的运行图具有可调整性(缓冲时间)

现有的列车运行图在设计时均考虑了一定的运行冗余时间以化解相对于图定时间的偏移，这种时间又称为缓冲时间。缓冲时间越长，运行图的可调整性越强。时刻点平移模型建立实现的基础是待调整运行图本身具有的一定的可调整性，即时刻点平移的空间。

2) 待调整运行图受到的扰动水平属于在赶点、降速、扣车等方案的解决能力范围内

扰动水平越高，延误越大，所需的缓冲时间越长。当延误超出运行图本身的可调整能力范围后，无法仅仅通过只涉及时刻点平移的运行图调整方案实现扰动的化解，常常需要一些可以实现较大运力提升的方案，如“开行备车”“小交路”等才能解决。

考虑到时刻点平移模型的问题解决范围适配性，只针对在延误水平下运行图缓冲时间以内的中小规模延误进行求解。

3) 为保证服务水平，首末班车时刻不进行调整

首末班车时刻在当前城市轨道交通逐渐成网、各个线路之间衔接要求提高的大背景

下具有基础而重要的地位。首末班车的时刻不仅规定了各个线路的服务时间范围，而且是乘客制定出行计划的重要标准。此外，首末班车的时刻一定程度上也影响列车线路之间的衔接效率，故不可随意更改。

4) 保持原有列车开行顺序、车底运用，不增删列车

在缓冲时间下的时刻点平移问题的研究范围内，模型暂不考虑运行计划的变更。

5) 不考虑客流匹配问题

首先，中小规模延误所伴随的客流变动常常规模不大，故假设列车本身的开行方案可以满足当前客流需求。其次，由于时刻点平移不涉及增删列车，列车运能的变化范围小，对客流匹配问题的解决能力有限。

6) 不允许越行、不允许站外停车

某些开行快速列车的特殊线路除外，城轨列车基本为双线、固定自动闭塞。不存在越行，也大多不具备越行条件。

3. 符号定义

设在当前线路上共有 m 个车站，开行 n 对列车。

$L=\left\{l_1,l_2,\cdots,l_n,l_1',l_2',\cdots,l_n'\right\}$ 为列车集，$L_1=\{l_1,l_2,\cdots,l_n\}$ 为上行列车集，$L_2=\{l_1',l_2',\cdots,l_n'\}$ 为下行列车集，$L=L_1\cup L_2$；s_1，s_m 分别为上行首末站，$S=S_1\cup S_2=\{s_1,s_2,\cdots,s_m\}$ 为车站集，其中，S_1 为普通站，S_2 为折返站。

$t_{\mathrm{A}}^{i,l}$、$t_{\mathrm{D}}^{i,l}$ 分别为列车 l 在 s_i 站的图定到达时刻和发车时刻；$\varepsilon_{\mathrm{a}}^{i,l}$、$\varepsilon_{\mathrm{d}}^{i,l}$ 分别为列车 l 受到扰动后在 s_i 站到达时刻和发车时刻的偏移量；$t_{\mathrm{a}}^{i,l}$、$t_{\mathrm{d}}^{i,l}$ 分别为列车 l 在 s_i 站的实际到达时刻和实际发车时刻；$\Delta t_{\mathrm{a}}^{i,l}$、$\Delta t_{\mathrm{d}}^{i,l}$ 分别为列车 l 在 s_i 站到达时刻和发车时刻的调整量；$T_{\mathrm{E\,min}}^{i\,j,l}$、$T_{\mathrm{E}}^{i\,j,l}$ 分别为列车 l 在 i-j 区间的最小区间运行时间和实际区间运行时间；$T_{\mathrm{P\,min}}^{i,l}$、$T_{\mathrm{P}}^{i,l}$ 分别为列车 l 在 i 站的最小停站时间和实际停站时间；T_{Zmin} 为最小折返作业时间；T_{Hmin} 为列车最小追踪间隔(注：未标记的列车 l 代指列车集任意列车)。

图 6-39 中实线为受到扰动前的列车运行线，虚线为受到扰动后的列车运行线；图 6-40 中实线为调整前的列车运行线，虚线为调整后的列车运行线。

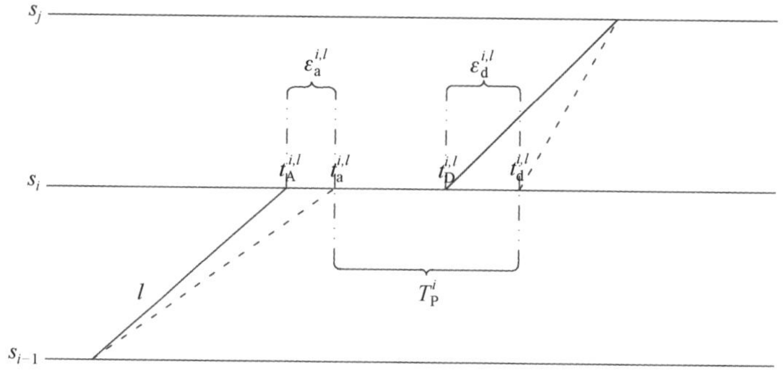

图 6-39　受扰动前后的列车运行线

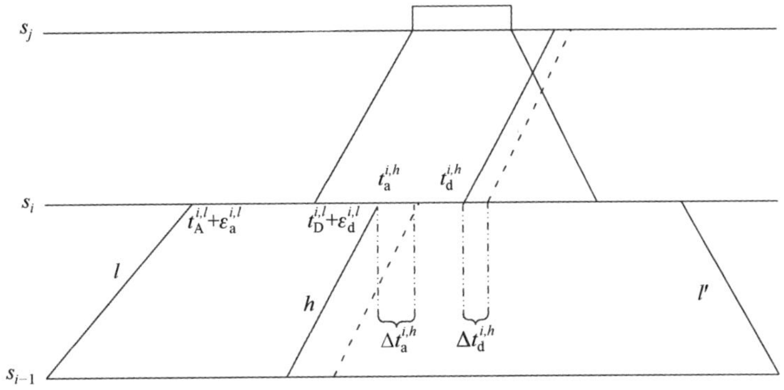

图 6-40　调整前后的列车运行线

4. 模型建立

1) 约束条件

经过到发时刻平移后的运行线须满足列车正常运行的各种参数，保证调整结果的可行性。

(1) 调整可行性：调整后的运行图必须是可行的，不允许存在运行线的交叉和反向。

$$\forall i,j,l,j=i+1,\quad s_i\in S,\quad s_j\in S,\quad l\in L$$

$$t_a^{i,l}=t_A^{i,l}+\varepsilon_a^{i,l},\quad t_d^{i,l}=t_D^{i,l}+\varepsilon_d^{i,l}$$

$$t_a^{j,l}+\Delta t_a^{j,l}-t_d^{i,l}-\Delta t_d^{i,l}>0$$

$$t_d^{i,l}+\Delta t_d^{i,l}-t_a^{i,l}-\Delta t_a^{i,l}>0 \tag{6-114}$$

(2) 区间运行时间约束：调整后的列车区间运行时间必须在一定约束范围内以保证其安全运行和一定的服务水平。

$$\forall i,j,l,j=i+1,\quad s_i\in S,\quad s_j\in S,\quad l\in L$$

$$T_E^{i-j,l}=t_a^{j,l}+\Delta t_a^{j,l}-t_d^{i,l}-\Delta t_d^{i,l}$$

$$T_E^{i-j,l}\geqslant T_{E\min}^{i-j,l} \tag{6-115}$$

(3) 停站时间约束：调整后的列车的停站时间必须在一定约束范围内以保证其安全运行和一定的服务水平。

$$\forall s_i\in S,\quad l\in L$$

$$T_P^{i,l}=t_d^{i,l}+\Delta t_d^{i,l}-t_a^{i,l}-\Delta t_a^{i,l}$$

$$T_P^{i,l}\geqslant T_{P\min}^{i,l} \tag{6-116}$$

(4) 同向列车运行间隔约束：调整后的列车间运行间隔须满足最小间隔约束以保障运行安全。在城市轨道交通系统中，列车追踪运行经过车站的间隔时间远大于列车在区间追踪运行的间隔时间，故同向列车运行间隔以列车追踪运行经过车站的间隔时间为准。

$$\forall k,w,s_i\in S,\quad w=k+1,\quad l_k\in L,\quad l_w\in L$$

$$t_{\mathrm{a}}^{i,l_w}+\Delta t_{\mathrm{a}}^{i,l_w}-t_{\mathrm{a}}^{i,l_k}-\Delta t_{\mathrm{a}}^{i,l_k}\geqslant T_{\mathrm{H\,min}}$$

$$t_{\mathrm{d}}^{i,l_w}+\Delta t_{\mathrm{d}}^{i,l_w}-t_{\mathrm{d}}^{i,l_k}-\Delta t_{\mathrm{d}}^{i,l_k}\geqslant T_{\mathrm{Hmin}} \tag{6-117}$$

(5) 不允许越行：调整后的运行图不能发生越行。

$$\forall k<w,\quad s_i\in S,\quad l_k\in L,\quad l_w\in L$$

$$t_{\mathrm{a}}^{i,l_w}+\Delta t_{\mathrm{a}}^{i,l_w}-t_{\mathrm{a}}^{i,l_k}-\Delta t_{\mathrm{a}}^{i,l_k}>0 \tag{6-118}$$

(6) 折返作业时间约束：当折返站附近的列车运行线面临调整时，调整后的列车应满足折返作业时间要求。

$$\forall l\in L,\quad s_i\in S_2$$

$$l\in L_1,\quad t_{\mathrm{d}}^{i,l'}+\Delta t_{\mathrm{d}}^{i,l'}-t_{\mathrm{a}}^{i,l}-\Delta t_{\mathrm{d}}^{i,l}\geqslant T_{\mathrm{Z\,min}}$$

$$l\in L_2,\quad t_{\mathrm{d}}^{i,l}+\Delta t_{\mathrm{d}}^{i,l}-t_{\mathrm{a}}^{i,l'}-\Delta t_{\mathrm{d}}^{i,l'}\geqslant T_{\mathrm{Zmin}} \tag{6-119}$$

2) 目标函数

突发扰动造成的延误会延长列车旅行时间，若按照原定的运行速度和停站时间标准，运行被延长的旅行时间不会得到缩减。时刻点平移的本质是通过利用缓冲时间弥补被延长的旅行时间，从延误发生到延误被化解(列车继续按原定运行图时刻表行车)的时间越短，对后续站点和列车的影响就越小，而此段时间的长短主要取决于调整量的大小。故以总调整量最小为目标函数。

$$\min\sum_{i\in S}\sum_{l\in L}(\Delta t_{\mathrm{a}}^{i,l}+\Delta t_{\mathrm{a}}^{i,l}) \tag{6-120}$$

5. 优化算法

1) 算法选择

时刻点平移模型属于非线性规划运行图优化模型，随着实际应用中问题规模增大，求解的时间和空间复杂度也将大大增加，为快速寻优带来极大的困难。运行图的求解问题是多项式复杂程度非确定性的 NP 类问题，此类问题的非确定性算法一般分为猜测和验证两个阶段，其解空间不连续，解邻域表达困难，所以难以用通常的算法求解。

针对此类问题，目前已经有不少各有优点和缺点的启发式算法，如模拟退火算法、粒子群算法(particle swarm optimization，PSO)、神经网络(artificial neural networks，ANN)、遗传算法(genetic algorithm，GA)等(邢文训，2005)。其特点是在解决问题时，利用过去的经验，选择已经行之有效的方法，而不是系统地以确定的步骤去寻求答案。

本节采用改进的遗传算法进行寻优，并且根据实际情况下列车延误传播的特点，采用正向推线的思路进行逐个列车时刻表的计算以简化和加速计算过程，避免一次性求解所有列车的时刻表导致问题空间和时间的复杂化。从模型求解步骤简化和算法改进两个方面最大化加速求解的速度。

2) 算法步骤

按照以下步骤求解时刻点平移运行图优化模型。

步骤 1：初始化，录入初始时刻表。

步骤 2：读取受扰动列车编号 l_k，录入列车编号 l_k，以及扰动偏移量 $\varepsilon_{\mathrm{a}}^{i,l_k},\varepsilon_{\mathrm{d}}^{i,l_k}$。

步骤 3：更新运行图时刻表，得到受到扰动后的待调整运行图。

步骤 4：搜索并定位使得列车 l_k 违反约束的车站 s_j，如果 s_j 不存在，转到步骤 9。

步骤 5：令 $T=\sum_{i\in S}\sum_{l\in L}(\Delta t_{\mathrm{a}}^{i,l}+\Delta t_{\mathrm{a}}^{i,l})$。

步骤 6：利用改进遗传算法求解 $\min(T)$。

(1) 生成初始种群。

(2) 适应度计算。

(3) 结合文献(Wang，2016；Chen et al.，2019)的改进方法进行算子的选择、交叉、变异操作。具体改进措施如下。

改进交叉操作：对父代个体适应度进行排序和分类，适应度高的个体互相交叉、适应度低的个体互相交叉，削减传统遗传算法中产生的寻优抖振问题，提高算法收敛精度。

改进变异操作(于莹莹等，2014)：

$$\text{令 } P_{\max}=0.005,\quad P_{\min}=\begin{cases}0.001, & g\leqslant G/4\\ 0.002, & G/4\leqslant g\leqslant 3G/4\\ 0.003, & g\leqslant 3G/4\end{cases}\tag{6-121}$$

$$P_i=\begin{cases}P_{\min}+(P_{\max}-P_{\min})\left[\dfrac{g}{2G}+\dfrac{f_i-\overline{f}}{2(f_{\max}-f)}\right], & f_i>\overline{f}\\ P_{\min}, & f_i\leqslant\overline{f}\end{cases}\tag{6-122}$$

式中，P_i 为个体 i 的变异概率；f_i 为个体 i 的适应度；$f_{\max}$ 为所有个体的最大适应度；$\overline{f}$ 为所有个体的平均适应度；G 为最大迭代次数；g 为当前迭代次数。通过自适应变异概率调节函数，迭代初期变异概率小，末期变异概率大，利于跳出局部最优。适应度越低的个体变异概率越低。

(4) 在给定的迭代次数或时间内，最优解收敛且不再优化，则找到最优解 $(\Delta t_{\mathrm{a}}^{i,l},\Delta t_{\mathrm{d}}^{i,l})$，计算停止。

步骤 7：代入遗传算法结果更新时刻表。

步骤 8：令 $j=j+1$，判断列车 l_k 在 s_j 站时刻表是否满足约束。若不满足，转至步骤 5；若满足，转到步骤 9。

步骤 9：令 $k=k+1$，搜索并定位使得列车 l_k 违反约束的车站 s_j，如果 s_j 存在，转至步骤 5。

步骤 10：更新运行图时刻表。

步骤 11：输出运行图时刻表，结束运算。

总体算法结构如图 6-41 所示。

6. 算例分析

以南京地铁一号线晚高峰时段(17：00～20：00)为例，此段时间内线路 32 个区间上共开行 25 对列车。区间信息见表 6-29，列车运行参数见表 6-30。

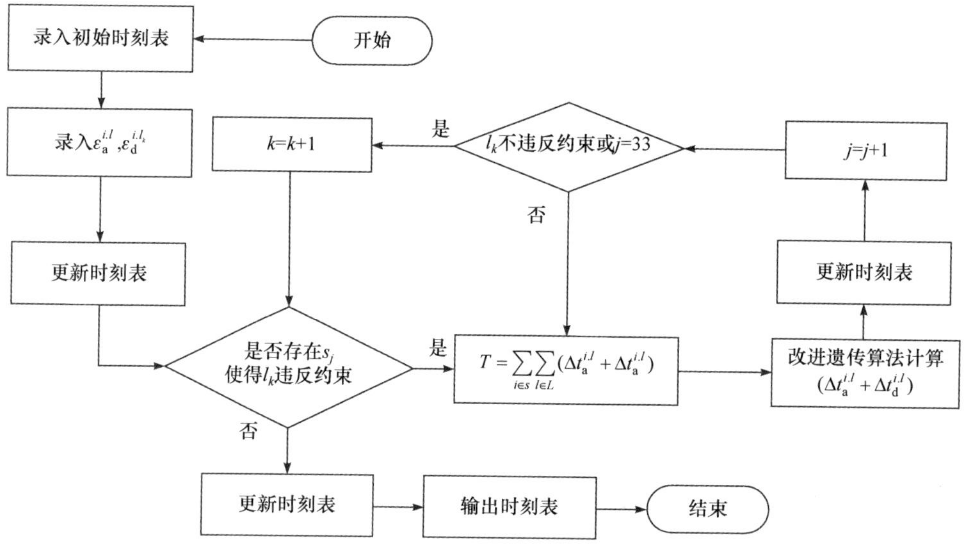

图 6-41　算法流程图

表 6-29　南京地铁 1 号线区间运营参数

编号	区间	站距/m	T_{Emin}/s	编号	区间	站距/m	T_{Emin}/s
1	二桥公园—芭斗山	1458	95	17	安德门—天隆寺	1455	95
2	芭斗山—燕子矶	1458	95	18	天隆寺—软件大道	1283	84
3	燕子矶—吉祥庵	1458	95	19	软件大道—花神庙	1076	70
4	吉祥庵—晓庄	1458	95	20	花神庙—南京南站	1853	121
5	晓庄—迈皋桥	1458	95	21	南京南站—双龙大道	2276	149
6	迈皋桥—红山动物园	1142	75	22	双龙大道—河定桥	1345	88
7	红山动物园—南京站	1121	73	23	河定桥—胜太路	904	59
8	南京站—新模范马路	1691	111	24	胜太路—百家湖	1332	87
9	新模范马路—玄武门	1061	69	25	百家湖—小龙湾	1475	97
10	玄武门—鼓楼	1254	82	26	小龙湾—竹山路	1135	74
11	鼓楼—珠江路	862	56	27	竹山路—天印大道	1919	126
12	珠江路—新街口	1147	75	28	天印大道—龙眠大道	1312	86
13	新街口—张府园	1125	74	29	龙眠大道—南医大	1550	101
14	张府园—三山街	909	59	30	南医大—江苏经贸学院	1550	101
15	三山街—中华门	1914	125	31	江苏经贸学院—南京交院	2720	178
16	中华门—安德门	2093	137	32	南京交院—中国药科大学	1964	129

表 6-30　列车运行参数

列车参数	符号	取值
最小追踪间隔/s	T_{Hmin}	120
图定区间运行时间/s	T_{E}^{ij}	127
图定折返时间/s	T_{Z}	161
最小折返时间/s	T_{Zmin}	180
图定停站时间/s	T_{Zmax}	25
最小停站时间/s	T_{Pmin}^{i}	20
平均速度/(km/h)	$\overline{v}$	30

算例 1：假设编号为 04001 的下行列车(第 12 列)在新模范马路—玄武门区间受到突发扰动，导致其在第 10 站玄武门站的到发时刻偏移图定时刻。若不进行调整，延误将传播至后续列车，形成运行秩序紊乱。如图 6-42 所示，$\varepsilon_{\mathrm{a}}^{s_{10},l_{12}}=30\mathrm{s}, \varepsilon_{\mathrm{d}}^{s_{10},l_{12}}=80\mathrm{s}$，扰动规模为 1min50s，小于发车间隔 5min。

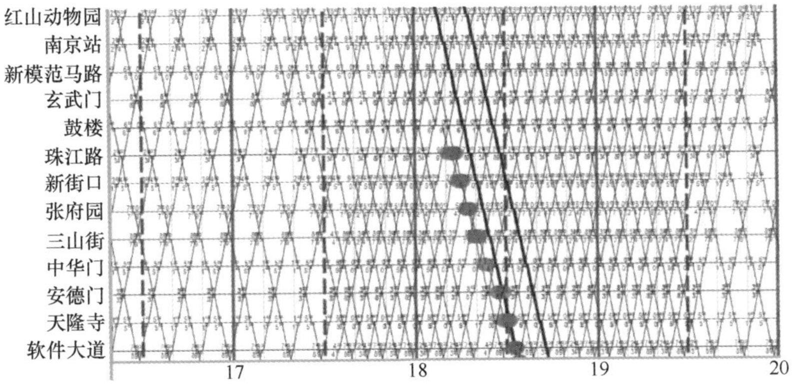

图 6-42　扰动 1 调整前

经过计算，列车 04001 进行 4 站的时刻表平移后可恢复正常运营，运算时间为 10s。各站具体到发时刻调整量见表 6-31。

表 6-31　调整结果 1(相对于原定时刻表)

车站	Δt_{a}/s	Δt_{d}/s
鼓楼	+83	+84
珠江路	+40	+37
新街口	+29	+26
张府园	+29	+25

由图 6-43 可以看出，调整后的列车在新模范马路发生延误后，在新模范马路—玄武

门区间、玄武门—鼓楼区间、鼓楼—珠江路区间形成赶点运行，在玄武门、鼓楼、珠江路、张府园停站时间缩短。

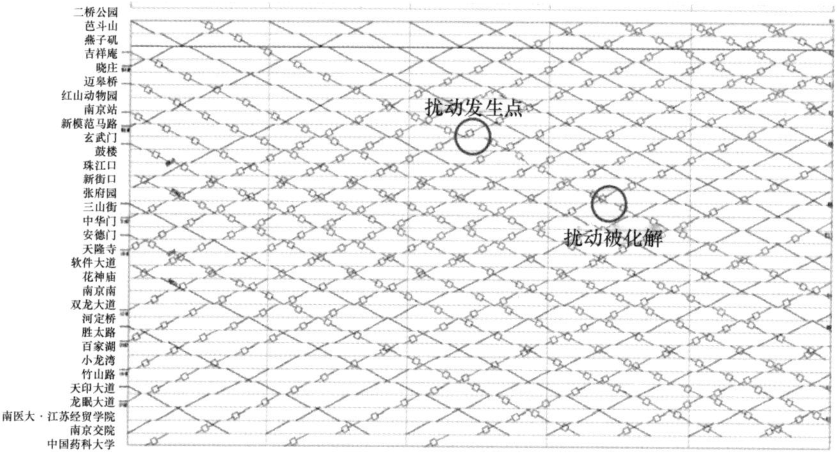

图 6-43　扰动 1 调整后

算例 2：假设编号为 00911 的下行列车(第 20 列)运行扰动后在南医大站到站晚点发车时刻晚点 5min，$\varepsilon_{\mathrm{a}}^{s_{30},l_{20}}=30\mathrm{s}$，$\varepsilon_{\mathrm{d}}^{s_{30},l_{20}}=300\mathrm{s}$。扰动规模为 5min30s，大于发车间隔。因邻近折返站，若不进行调整，会影响后向列车以及对向列车的正常运行。如图 6-44 所示。

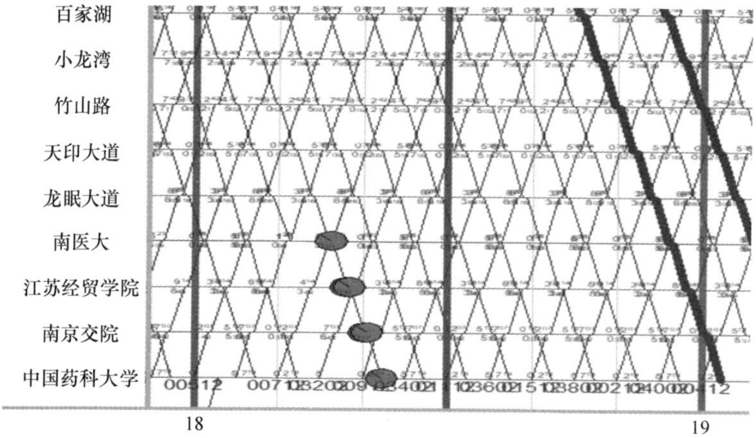

图 6-44　扰动 2 调整前

经过计算，列车 00911、00912、03401、03402 四辆列车进行时刻表平移后可恢复正常运营，运算时间为 50s。各站具体到发时刻调整量见表 6-32。

表 6-32　调整结果 2(相对于原定时刻表)

列车编号	00911		00912		03401		03402	
车站/调整项	Δt_{a}/s	Δt_{d}/s	Δt_{a}/s	Δt_{d}/s	Δt_{a}/s	Δt_{d}/s	Δt_{a}/s	Δt_{d}/s
中国药科大学	+293	+288	+288	+288	+23	+120	+108	+108

续表

列车编号	00911		00912		03401		03402	
车站/调整项	Δt_a/s	Δt_d/s	Δt_a/s	Δt_d/s	Δt_a/s	Δt_d/s	Δt_a/s	Δt_d/s
南京交院	+281	+276	+281	+276	+113	+108	+101	+96
江苏经贸学院	+269	+289	+269	+264	+101	+96	+89	+84
南医大	延误发生	延误发生	+257	+252	+89	+109	+77	+72
龙眠大道	—	—	+245	+240	—	—	+65	+60
天印大道	—	—	+223	+218	—	—	+43	+38
竹山路	—	—	+211	+206	—	—	+31	+26
小龙湾	—	—	+178	+173	—	—	—	—
百家湖	—	—	+166	+161	—	—	—	—
胜太路	—	—	+146	+141	—	—	—	—
河定桥	—	—	+98	+93	—	—	—	—
双龙大道	—	—	+79	+74	—	—	—	—
南京南站	—	—	+67	+62	—	—	—	—
花神庙	—	—	+55	+50	—	—	—	—
软件大道	—	—	+18	+13	—	—	—	—

由图 6-45 可以看出，此次规模为 5min30s 的扰动共影响了 4 列列车，造成中国药科大学至天龙寺区段内运能的浪费。调整后的四辆列车压缩了折返作业时间，在多个区间赶点运行且压缩了多个站点的停站时间，化解了延误；03401 列车在南医大—中国药科大学区段内形成了降速运行，保证了安全的行车间隔。实际应用中，在有条件的情况下开行备用车能够较好地解决这个延误，相较于时刻表调整，能更好地减少运能浪费。

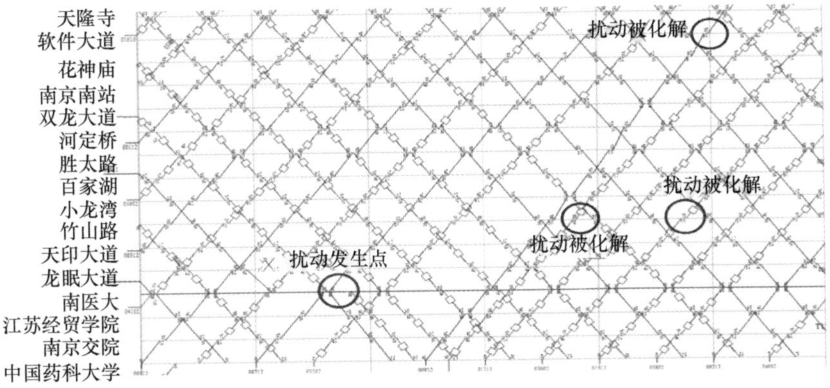

图 6-45　扰动 2 调整后

以上两个算例在 1min 的时间内得出了延误点周边列车在站到发时刻的调整方案，表现了时刻点平移模型在应急处理速度上的优越性。同时，调整模型的结果也凸显出了赶点、降速、增加停站时间这 3 种运行图调整方案对于化解中小规模延误的合理性。

在模型结果的实用性上，各站到发时刻的调整量可以让调度员更方便地在实际应用中对列车的到发和速度控制进行实时指挥。

7. 总结

我国城市轨道交通系统现有的面对突发扰动的解决方案主要集中在静态应急预案，实施方案也主要依靠调度人员基于经验的人工决策，缺乏智能性与动态调整能力。

通过归纳分析可以发现降速、赶点、扣车三类针对中小规模运行扰动的调车方案具有一个共同特征——列车到发时刻相对于原运行图产生了缓冲时间范围内的偏移。故只要求解出列车到发时刻偏移量便可以得出基于这三种方案的具体列车时刻表和运行图调整方案。

模型设计方面，在保持原有开行方案不变的情况下，以到发时刻偏移量为求解对象，线路列车最大运行时间最小化(恢复正常运营时间最小化)为优化目标建立单层非线性规划模型。在算法设计方面，利用精确度较高、运算速度较快的改进遗传算法求解各个站点的时刻偏移量，并且结合运行图正向推线的思想将求解过程细化为各个站点时刻偏移量的逐次求解和累加，降低了变量维度和求解的时间复杂度，进一步提高模型的求解快速化水平。

在模型验证方面，以南京地铁 1 号线高峰时段为例，通过随机插入两个规模的扰动延误，再用时刻点平移模型进行优化计算。得出的调整结果验证了模型的结果可行性和速度优越性。

6.7.3　基于 BP 神经网络的地铁备用列车开行方案应急决策研究

备用列车作为地铁系统实施灵活的开行方案和应急预案的基础保障，存在于各个线路的存车线中，当运营中的列车发生故障、客流需求非正常增长或线路产生重大延误时，可以通过开行备用列车，及时弥补缺失的运力、降低线路延误并缓解客流压力等。尤其是当线路发生行车间隔一倍以上的延误，产生大间隔时(高强周，2008)，开行备用列车是提高列车运行线的均匀性和紧密型，消除大间隔的最佳选择。总体来说，迄今为止的研究在以备用列车为应用工具的地铁系统应急组织与救援问题上已经具有一定的规模，但大多数主要集中在应急预案的制定和方案适用条件理论探讨上，针对突发事件的备车运用的定量分析研究更是还未有较多涉足。

BP 神经网络(back propagation neural network，BPNN)模拟人脑对外界信号刺激的反应过程，通过对往期数据的识别分析，建立一个多层前馈型网络，指导模型输出逼近期望值的结果。对各种备用车开行方案的特点和属性进行归纳，将提取出的特性以及往期成功的备用车调度方案整理为 BP 神经网络的训练数据，综合比较多个结构神经网络的收敛性能，选择收敛结果最好的结构的神经网络在突发事件下快速做出备用车开行的合理辅助决策。

1. 备用列车描述

1) 备用列车的开行流程

备用列车一般存放于两端折返站或者中间站的存车线中，用于均衡和消除运行扰动或者突发延误导致的行车大间隔或在客流需求密集时通过小交路运行的方式分担拥堵区间的输送压力。此外，在突发性大客流产生或正常行驶的列车出现故障时，备用列车还起到了疏散的作用。

备用列车根据其所处的不同状态和位置分为库内冷备用车、库内热备用车、正线备用车。库内冷备用车是指在库内需等待行车调度员指挥出库，进行检车作业确认上线条件是否具备后才可投入运营的列车。完成检车作业后的冷备用车变为热备用车，随时可根据运行图指令进行上线。上线完成后变为正线备用车，在正线指定地点待令，随时可以开始运行，备用车开行流程如图 6-46 所示。

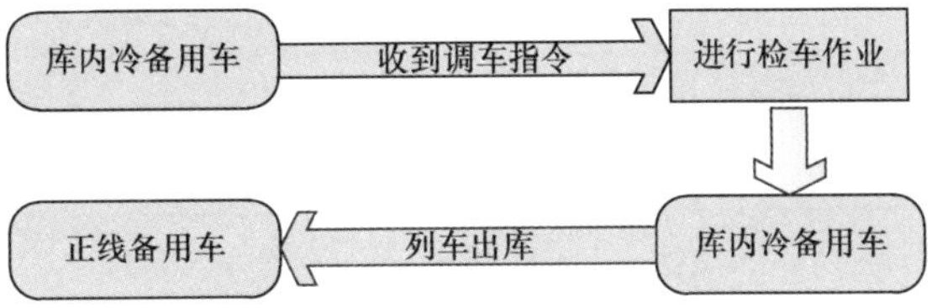

图 6-46　备用车开行流程

2) 备用列车开行的原则(白荣，2009)

备用列车开行方案的制定需在综合考虑存车线位置、存车线设计、延误类型、延误规模、延误地点、客流空间分布等多方因素的情况下制定。

(1) 尽量选择较近的出库点以保证上线时间最短。

(2) 需要加开备用列车时，备用列车在大间隔中插入的时间点要满足运行线间的各种约束。

(3) 考虑备用列车替开的时间节点时要根据存车线设计的具体情况考虑时间间隔约束或折返时间约束。

(4) 开行模式大致可分为替开和加开两种。当列车发生重大延误、列车发生故障需要退出正线或者后方站发生突发事件造成车站功能瘫痪时，备用车须以替开模式来开行；当延误车继续运行并形成大间隔、线路整体或者局部产生较大的客流压力需要额外运力来承担运送任务时，加开备用车。两种模式可组合使用。在车底运用尽量小的基础上充分满足客流需求，提高运力与需求的匹配程度。入库的时间点应尽可能早，以节约车底运用，提高经济效益。

3) 备用列车开行方案归纳

综合备用列车开行中要注意的原则，根据出库点相对位置、客流量和分布情况、延误车状况、不同列车开行方式的应用，备用列车开行方案大致可简化归纳为 6 种，如图 6-47～图 6-52 所示。

令 0-1 变量 $a_{ij}=\begin{cases}0, & \text{方案条件不适用}\\ 1, & \text{方案条件适用}\end{cases}$，各种开行方案的适用特征总结见表 6-33。

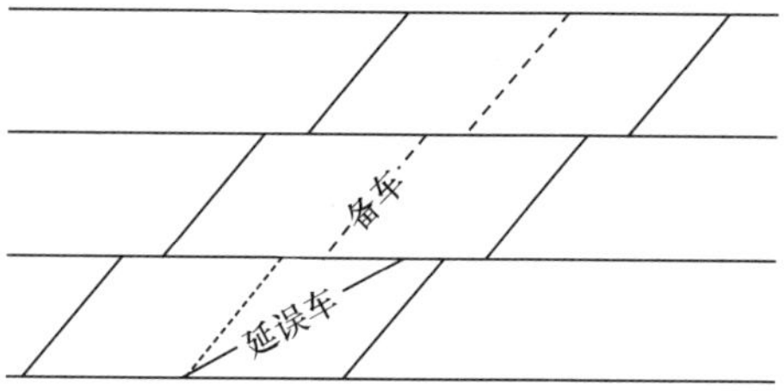

图 6-47　一般替开

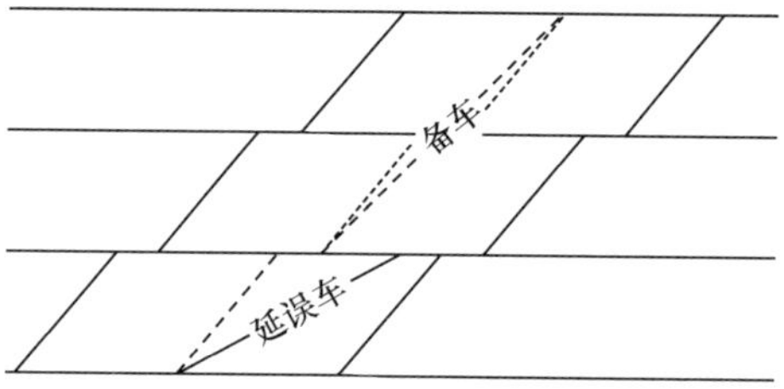

图 6-48　跳停替开

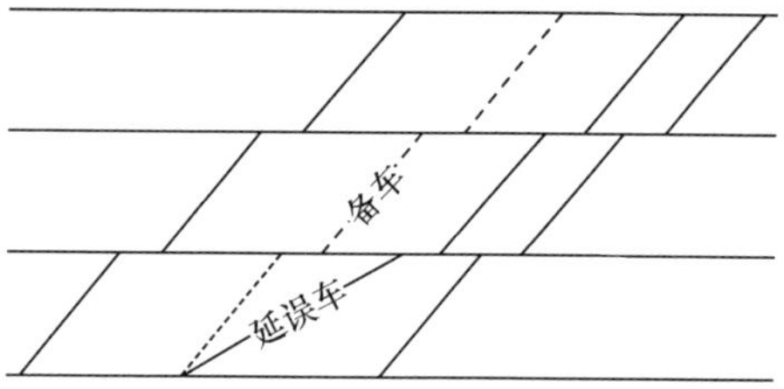

图 6-49　一般加开

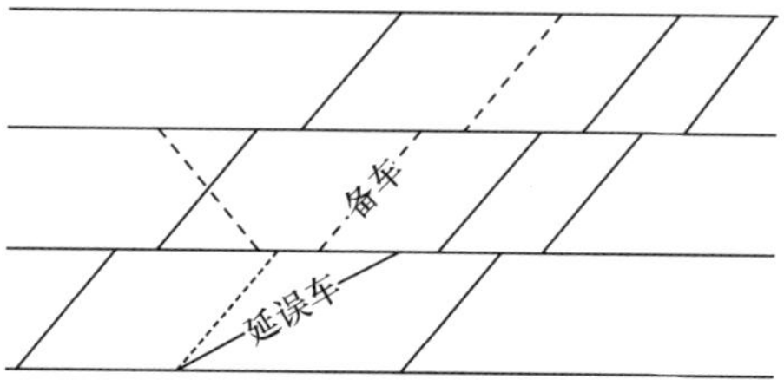

图 6-50　小交路加开

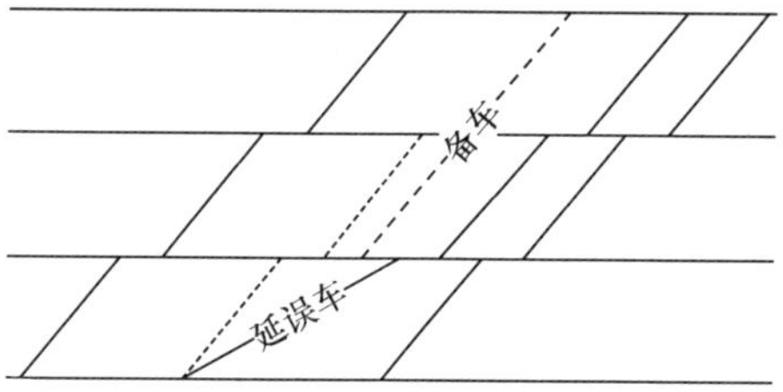

图 6-51　跳停加开

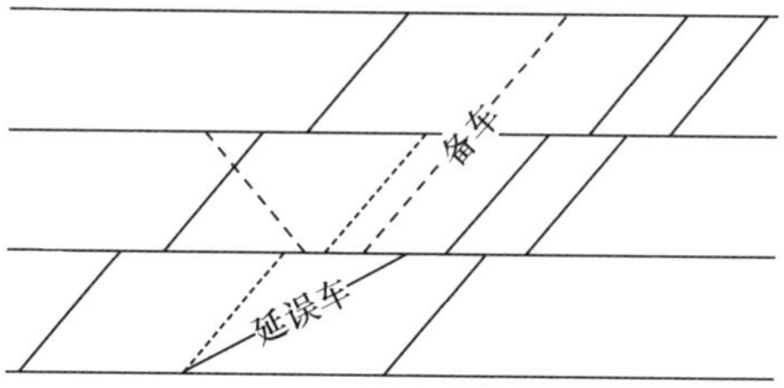

图 6-52　小交路跳停加开

表 6-33　备用列车开行方案特征表

备用列车开行方案	出库相对延误车位置		客流空间分布		线路客流量		延误车辆状况	
	同向	对向	均衡	局部拥挤	正常/低	高	正常	故障
一般替开	1	0	1	0	1	0	0	1
	1	0	0	1	1	0	0	1
	1	0	1	0	1	0	1	0
	1	0	0	1	1	0	1	0
跳停替开	1	0	0	1	0	1	0	1
	1	0	0	1	0	1	1	0
一般加开	1	0	0	1	0	1	1	0
	1	0	1	0	0	1	1	0
小交路加开	0	1	0	1	0	1	1	0
	0	1	1	0	0	1	1	0
跳停加开	1	0	0	1	0	1	1	0
	1	0	0	1	1	0	1	0
小交路跳停加开	0	1	0	1	0	1	1	0
	0	1	0	1	1	0	1	0

根据以上的总结归纳，备用列车开行方案的应急决策问题可转化为几种既定方案下的多准则决策问题。

2. 模型建立

1) BP 神经网络

BP 神经网络是 1986 年由 Rumelhart 和 McClelland 为首的科学家提出的概念(蒋宗礼，2001)。图 6-53 展示了神经网络的结构：一个神经网络包括输入层、隐含层和输出层。输入层神经元个数与输入数据的维数相同，输出层神经元个数与需要拟合的数据个数相同，隐含层神经元个数与层数需要根据一些规则和目标来设定，如图 6-54 所示。

以 3 层神经网络为例说明 BP 神经网络的原理及训练过程：设输入层有 l 个节点，隐含层有 h 个节点，输出层有 k 个节点。

第 j 个神经元的输入：

$$S_j = \sum_{i=1}^{l} \omega_{ij} x_i + b_j \tag{6-123}$$

第 j 个神经元的输出：

$$y_j = f(S_j) \tag{6-124}$$

$$E = \frac{1}{2}\sum_{p=1}^{P}\sum_{j=1}^{k}(t_j^p - y_j^p)^2 = \sum_{p=1}^{P} E_p \tag{6-125}$$

对于 p 个样本，采用求偏导的方式调整 ω 使全局误差变小，推导得出：

$$\Delta\omega_{ij}^{输出层} = \sum_{p=1}^{P}\sum_{j=1}^{k}\eta(t_j^p - y_j^p) f_2'(S_i) z_j \tag{6-126}$$

$$\Delta\omega_{ij}^{隐含层} = \sum_{p=1}^{P}\sum_{q=1}^{k}\eta(t_q^p - y_q^p) f_2'(S_q)\omega_{qi} f_1'(S_i) x_j \tag{6-127}$$

式中：ω_{ij} 为节点 i-j 之间的连接权重；x_i 为来自输入神经元 i 的输入；y_j 为输出神经元 j 的输出；t_j 为期望输出(样本值)；b_j 为神经元阈值；z_j 为隐藏神经元 j 的输出；η 为学习率；E 为全局误差，E_p 为样本 p 的样本误差；$f(\cdot)$ 为激活函数，f_1、f_2 分别为隐含层和输出层的激活函数。

通过对样本的处理学习某种规则，按照减少期望输出与实际输出误差的方向从输出层经隐含层逐层修正连接的权重，使网络的输出不断接近期望的输出，最终得到一个网络信号响应正确率高的收敛的网络。

从本质上讲，BP 算法就是以网络误差的平方为目标函数，采用梯度下降法来计算目标函数的最小值。BP 神经网络具有任意复杂的模式分类能力和优良的非线性映射能力，经过不断的研究和改进已经渐渐趋于成熟。

在城市轨道交通实际决策环境中，备用车开行方案策略的制定是通过调度人员的信息收集和以往经验的综合判断，神经网络的训练很好地模拟了这一过程，借助往期案例大数据分析不断优化网络，可以在发生突发事件的情况下借助得到的收敛网络迅速得到最优的解决方案。城市轨道交通备用列车应急运用方案模型的输入端训练例的构成分为往期经验例和方案特征属性两个部分，结合表 6-33 总结出的备用列车开行方案特征和以往成功的备用列车运用案例构造训练例，对神经网络进行训练。输出端为表 6-33 中总结出的某特定备用车运用方案。

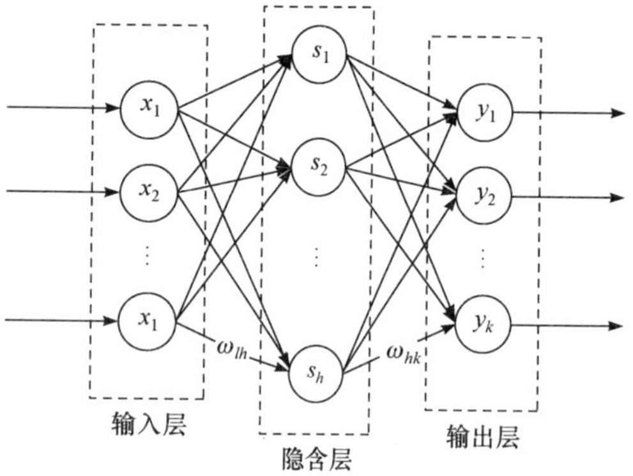

图 6-53　BP 神经网络的一般结构

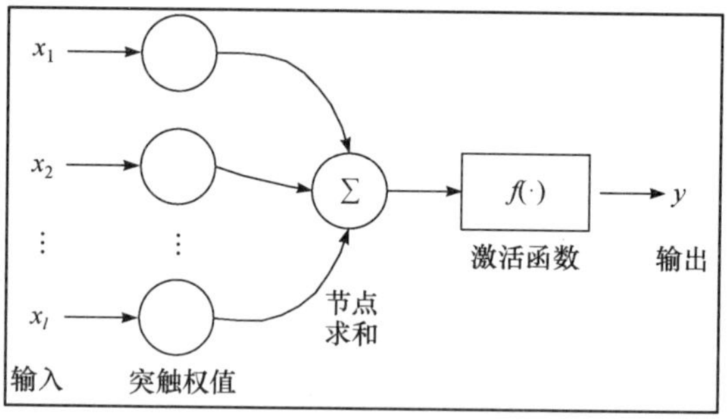

图 6-54　神经元

2) 神经网络构建

神经网络的结构以及精确性很大程度上取决于训练例的品质和数据规模，在城市轨道交通突发事件下的实际应急调度中，除理论合理性以外，还包括环境、人为、设备等在内的多方面因素都会影响最终的决策，在从以往调度的成功案例中提取训练例时候应考虑这些方面，尽可能全面地反映实际的决策环境和案例的特点。

结合表 6-33 提取的备用车运用方案理论特性和实际案例的属性，提取出以下 9 个属性作为网络输入端：时间、事件类型、车辆状况、通信情况、供电设备、线路情况、出库相对位置、客流空间分布、线路客流量(张亮等，2017)。

网络输出节点为备用车开行方案，为含有 6 种类别的离散型变量。为简化网络分别用(1,0,0)、(0,1,0)、(0,0,1)、(0,1,1)、(1,0,1)、(1,1,1)表示一般替开、跳停替开、一般加开、跳停加开、小交路加开、小交路跳停加开 6 种方案，采用此定义方法，输出神经元数设为 3。

隐含层单元数的确定参照以下三个公式进行测试(沈花玉等，2008)：

$$\sum_{i=0}^{n} C_h^i > k \tag{6-128}$$

$$h = \sqrt{n+m} + a \tag{6-129}$$

$$h = \log_2 n \tag{6-130}$$

式中，h 为隐藏神经元数；n 为输入神经元数；i 为 $[0,n]$ 区间的常数；k 为样本数；m 为输出神经元数；a 为[1,10]区间的常数。

根据式(6-130)计算隐藏神经元数并从最小到最大进行测试，选择训练误差和测试误差最低的网络。

3. 算例

为更好地说明基于往期实际案例属性和备用车开行方案理论特性建立 BP 神经网络的过程和应用效果，通过具体实例对模型进行验证。

1) 案例信息提取

结合表 6-33 总结的开行方案及其适用性，对往期备用列车成功的运用案例进行收集和总结，得到案例信息表。然后令时间、事件类型、车辆状况、通信状况、供电设备、线路情况、出库位置、客流分布、客流量为 $x_1 \sim x_9$，表示 6 种备用列车开行方案的向量的三个维度数据分别为 y_1、y_2、y_3，对案例信息进行量化处理，形成 20 个训练例。

2) BP 神经网络的训练

BP 神经网络的训练过程是一个通过不断修改神经元之间连接权使得网络误差逐渐减小的过程。

由训练例和变量参数可以得出，$n=9, m=3, k=20$；由式(6-124)可得 $h \geqslant 5$；由式(6-125)可得 $5 \leqslant h \leqslant 13$；由式(6-126)可得 h=4。综上所述，隐藏神经元数 $4 \leqslant h \leqslant 13$。

设置训练次数为 50000 次，学习速度为 0.0002，测试以上 10 种神经网络的训练误差。训练结果如表 6-34 和图 6-55 所示。可以看出，当隐藏神经元数为 12 时，训练次数在 10000 次以内便开始快速收敛，误差下降速度最快且达到最低。故最终确定最优的网络为 9×12×3 的神经网络。

表 6-34　十种神经网络训练过程的训练误差

训练次数	神经元数									
	h=4	h=5	h=6	h=7	h=8	h=9	h=10	h=11	h=12	h=13
5000	0.148001	0.144216	0.135742	0.123731	0.135444	0.134198	0.110408	0.114561	0.094926	0.112357
10000	0.133352	0.11816	0.110171	0.088821	0.100446	0.10204	0.055061	0.060931	0.046029	0.049549
15000	0.128691	0.097705	0.090949	0.052477	0.077956	0.050406	0.035862	0.033156	0.03038	0.029783
20000	0.123403	0.086541	0.055724	0.031551	0.065012	0.033223	0.027985	0.024568	0.020297	0.01899
25000	0.112492	0.071883	0.045106	0.024103	0.046641	0.020093	0.022669	0.019993	0.014187	0.013862
30000	0.102827	0.047035	0.039185	0.019937	0.023653	0.013886	0.01703	0.016085	0.009778	0.010193
35000	0.098551	0.03623	0.034129	0.016692	0.015115	0.010931	0.011902	0.013063	0.006791	0.007685
40000	0.095944	0.03255	0.029729	0.014481	0.010875	0.009098	0.008351	0.010883	0.004846	0.005877
45000	0.093172	0.030325	0.025776	0.013065	0.008375	0.007773	0.006042	0.009173	0.003548	0.004525
50000	0.09024	0.027899	0.022355	0.012069	0.006768	0.006712	0.004496	0.007679	0.002644	0.00351

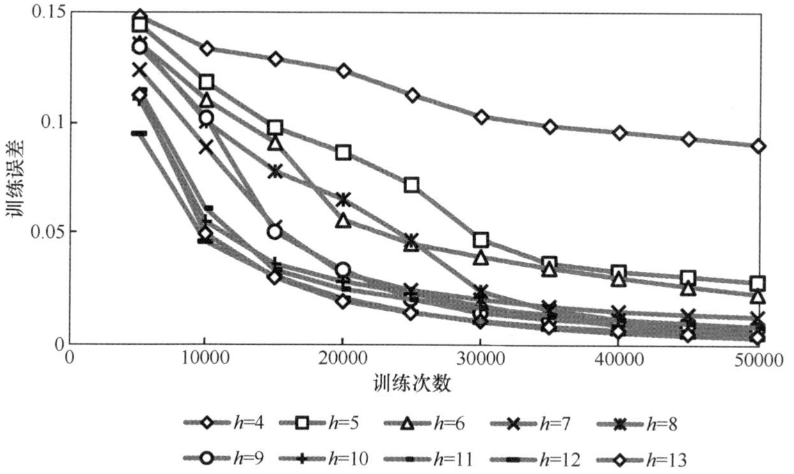

图 6-55　十种网络的训练效果

3) 事件描述

用以下三个需求备用列车运用的城市轨道交通突发事件为例验证 BP 神经网络的决策效果。

例 1：假设南京地铁 1 号线某列车于 18:50 在三山街站因发生突发大客流导致列车运行延误，产生大间隔。延误车辆无故障，通信状况正常，供电设备正常，线路无损坏，备用车就近存车线出库方向为对向，客流空间分布呈以安德门站为中心的局部拥挤状态，线路客流量较高。

例 2：假设南京地铁 1 号线南京交院站于 11:30 发生火灾，过往列车无损坏，通信状况正常，供电设备正常，列车线路发生部分损坏。事件发生时客流分布较为均衡，客流量较小，备用车最近可出库点出库方向为同向。

例 3：假设南京地铁 1 号线某列车与 7:30 分于中华门—安德门区间发生故障，通信设备和供电设备正常，线路无损坏。事件发生时客流分布呈现以各个换乘站为中心的局部拥挤，客流量较大，备用车最近可出库点的出库方向为同向。

整合事件特征和与决策相关的线路状况信息见表 6-35。

表 6-35　事例态势信息

事件编号	时间	事件类型	车辆状况	通信状况	供电设备	线路情况	出库位置	客流分布	客流量
1	18:50	突发大客流	无损坏	正常	正常	正常	对向	局部拥挤	高
2	11:30	火灾	无损坏	正常	正常	部分损坏	同向	均衡	正常
3	7:30	列车故障	小破损	正常	正常	正常	同向	局部拥挤	高

4) 结果输出与合理性分析

将态势信息按照训练例的规则进行量化处理，然后输入训练得到的 9×12×3 的最优 BP 神经网络中，得到输出值见表 6-36。

表 6-36　BP 神经网络输出结果

编号	x_1	x_2	x_3	x_4	x_5	x_6	x_7	x_8	x_9	y_1	y_2	y_3
1	18.8	4	1	1	1	1	2	2	2	1	1	1
2	11.5	2	1	1	1	2	1	1	1	1	0	1
3	7.5	5	2	1	1	1	1	2	2	1	0	1

三个事例的 BP 神经网络输出值取整后为(1，1，1)、(1，0，1)、(1，0，1)对应的推荐备用列车运用方案分别为小交路跳停加开、跳停替开、跳停替开。

例 1 中，大客流的发生导致运力不足带来了延误，且最近的出库位置在延误方向的对向，备用列车在对向出库后运行一段时间在折返站进行折返才能抵达延误区间，形成小交路运行。且由于线路客流量较大，备用列车的折返一定程度上浪费了其赶赴延误去接缓解客流压力的时间，此时备用列车跳停至局部拥堵程度的车站更能节省时间。故采用小交路跳停加开具有充足的合理性。

例 2、例 3 中，列车与车站发生了不同程度的损坏(未影响其他列车运行)，为给发生故障的设备和列车留出足够的维修时间和空间，备用列车出库后须跳过故障区间，完全符合实际情况。此外，例 3 中的列车由于故障须入库整修，此时开行备用列车替代原有故障车是弥补线路较高客流需求的必由之路。故这两种事例中采用跳停替开具有合理性。

4. 结论与展望

(1) 将备用列车开行方案进行归纳总结将应急决策问题转化为确定备选方案下的方案选择问题避免了复杂化的因素考虑，使决策速度得到了提高。

(2) BP 神经网络作为现代人工智能(artifical intelligence，AI)技术的一大基础，其训练过程是基于往期案例分析不断使网络输出接近期望值，可以很好地模拟实际情况中决策人员的决策过程，并发挥了大数据分析的优势和处理速度上的优越性。

(3) 从事例决策结果合理性分析可以看出，基于 BP 神经网络得出的备用列车应急开行方案不仅具有极高的决策速度(数秒之内)，而且切合了突发事件的实际特征，有效地解决了事例中的问题。

(4) BP 神经网络的高效精准性依赖于大量的训练数据，在实际应用中需要对案例数据库进行不断的更新和完善，从而使得 BP 神经网络决策的精准性不断提高。

第 7 章　区域轨道交通协同运输组织优化方法

7.1　区域轨道交通跨制式运输组织演化机理及联动机制

7.1.1　区域轨道交通跨制式运输组织演化机理

随着轨道交通系统的高速发展，一定区域内的轨道交通系统逐渐由单一方式向多种方式共存的模式改变，轨道交通运营模式也由单制式独立运营管理模式逐步向多制式综合协同运营管理模式转变。同时，随着城市化建设快速推进，居民的出行次数和出行距离逐步增长，出行方式也日趋多样化，在居民一次完整的出行链中可能涉及多种轨道交通方式。构建区域轨道交通协同运输组织体系，使不同轨道交通方式间相互协调配合，减少旅客出行时间消耗并提升旅客出行体验，是区域轨道交通系统发展的必然趋势。虽然部分地区在区域轨道交通规划、设计与建设阶段可实现初步协调，但是由于各种原因，区域轨道交通各制式在运输组织层面上往往各自为政，导致资源浪费、运能不匹配、衔接效率低下等问题。因此，研究多制式轨道交通一体化协同运输组织理论已成为发挥区域轨道交通整体能力和综合效益的关键，从本质上辨识多方式轨道交通运输组织协同的演化规律、特征、影响因素及联动机制，能为制定多制式协同运输组织方案提供理论依据和决策支持，指导区域轨道交通跨制式运输组织发展方向。

1. 跨制式运输组织理论内涵

轨道交通运输组织是指为安排、组织轨道交通运输生产所进行的各种工作的总称，一般包括旅客运输组织、货物运输组织和行车组织三个方面。一般而言，凡处理有关旅客、行李、包裹等方面的工作，属于旅客运输组织范围。凡处理有关货物以及铁路和发货人、收货人关系方面的工作，属于货物运输组织范围；而处理运输过程中和机车、车辆和列车的有关工作，则属于行车组织范围。对铁路系统来说，其服务的对象包括客运及货运两方面，但城轨系统一般只提供客运服务，因此区域轨道交通跨制式运输组织应特指铁路与城轨系统旅客运输组织，具体包括旅客组织及行车组织两部分。

区域轨道交通跨制式运输组织表现在不同方式轨道交通在空间时间上的充分整合。区域轨道交通跨制式运输组织的整合有两层含义：其一，在空间上实现轨道交通设施的平衡，目的是要充分发挥轨道交通设施的整体效益，不仅要根据各种轨道交通方式的特点考虑其在线网布局的平衡，而且要重视枢纽、场站的建设，点、线的合理布局才能充分发挥其效益；其二，在时间上实现轨道交通方式间的协调，在区域轨道交通运输体系中，多种方式并存，具有不同运输特性，保持多种区域轨道交通运行协调，不仅要求各种轨道交通方式分工合理，更要求其衔接紧密，保证运输过程的畅通。

实现区域轨道交通跨制式运输组织，必须促进不同轨道交通方式的合理分工和精密衔接，而综合客运枢纽的发展为区域轨道交通在空间及时间上的有效衔接提供的基础，直接关系到区域轨道交通间的顺畅衔接和运行效率的发挥。综合客运枢纽通过一体化规划，实现多出入口、多通道、多层面的建筑结构，从而满足不同方向、不同目的、不同流线乘客的换乘需求。通过综合客运枢纽中高效的旅客组织进行不同轨道交通方式间换乘衔接，减少旅客在枢纽内换乘走行时间及距离，在行车组织上做到良好的接续，减少旅客在站停留时间，保证旅客运输快速、顺畅地进行，有效地利用资源，实现区域轨道交通的整体效益提升。

为了解区域轨道交通跨制式运输组织的演化过程及规律，本节通过系统梳理国内外研究成果，从旅客组织和行车组织两部分提出跨制式轨道交通运输组织的理论内涵。

1) 跨制式旅客组织

轨道交通跨制式旅客组织发生地点基本都集中于包含多种轨道交通制式的综合客运枢纽内，因此区域轨道交通跨制式旅客组织可视为出行过程涉及多种轨道交通方式的旅客在综合客运枢纽(以下统称枢纽)内换乘组织方式方法，也可将其视为实现区域轨道交通在空间上衔接的运输组织方法。为区别于轨道交通跨制式行车组织，此处将轨道交通跨制式旅客组织定义为通过合理利用轨道交通站点设施设备，组织、引导旅客走行行为(包括利用站内自动步道式摆渡交通工具)以形成有秩序、有目的的流动线路，完成站点内客流的集散换乘，提供旅客便捷、舒服的运输服务，主要包括跨制式旅客换乘组织及流线设计等理论方法与技术手段。

2) 跨制式行车组织

不同于跨制式旅客组织，区域轨道交通跨制式行车组织是实现多种轨道交通方式在时间层面上接续的方式方法，即通过合理配置轨道交通机车、车辆、列车，以降低旅客换乘等待时间为目标，动态协调不同轨道交通方式列车的发车时间及发车间隔，实现多种轨道交通方式运营过程紧密衔接的理论方法及技术手段。

综上所述，区域轨道交通跨制式运输组织是建立在多制式轨道交通系统固定设施、移动设备以及控制系统的基础上，为满足社会经济的运输需求而对轨道交通供给能力进行合理配置、实现多种方式轨道交通在空间及时间上协同发展的理论方法及技术手段。

2. 跨制式运输组织现状

1) 区域轨道交通旅客换乘组织模式

根据我国已建成的铁路客运枢纽的建设经验，以铁路为主的城市轨道交线路通常布置在枢纽的正下方，而把铁路线路布置于枢纽的地面层，站台换乘、站厅换乘、通道换乘、站外换乘、组合换乘是不同轨道交通方式跨制式的换乘组织方式。

(1) 同站台换乘。

同站台换乘是指乘客换乘时由站台一侧下车，另一侧上车，换乘方便，其一般适用于轨道交通线路平行交织的岛式站台，枢纽基本布局形式是双岛式站台，两站台可以在同一平面，也可以双层布置。图 7-1 为成灌高铁(亦称成灌快铁，又称成灌线)犀浦站同台换乘示意图。

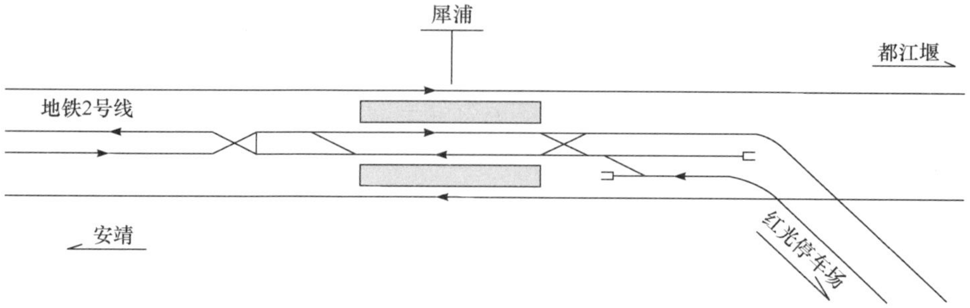

图 7-1　犀浦站同台换乘示意图

同站台换乘方式主要适用于某一方向换乘客流量大的情况，占地较大，并且要求两条线重合段较长，工程量大，线路交叉复杂，施工难度大。本方式主要需要解决好两种系统之间的票务设施，或票务清算系统。

(2) 同站厅换乘。

同站厅换乘是指各轨道交通共用一个相互连通的换乘大厅，乘客下车后，换乘客流和出站客流均先到达站厅，然后根据指示出站或去其他站台换乘。站厅换乘可以减少站台上人流交织，降低站台上人流量，有利于换乘组织。与同站台换乘相比，站厅换乘增加了换乘距离，但是适用于各条线路分期修建的情况。现有较多综合铁路枢纽都采用站厅换乘模式，图 7-2 为成都东站平面示意图，地下三层为地铁 7 号线站台层；地下二层为地铁 2 号线站台层；地下一层为旅客出站厅及换乘区，结合地铁站厅设置贯穿东西的公共通道，零距离换乘；地面一层为站台层，主要是乘坐铁路旅客出发和到达的场所。图 7-3 为同站厅换乘和通道换乘示意图。

图 7-2　成都东站平面示意图

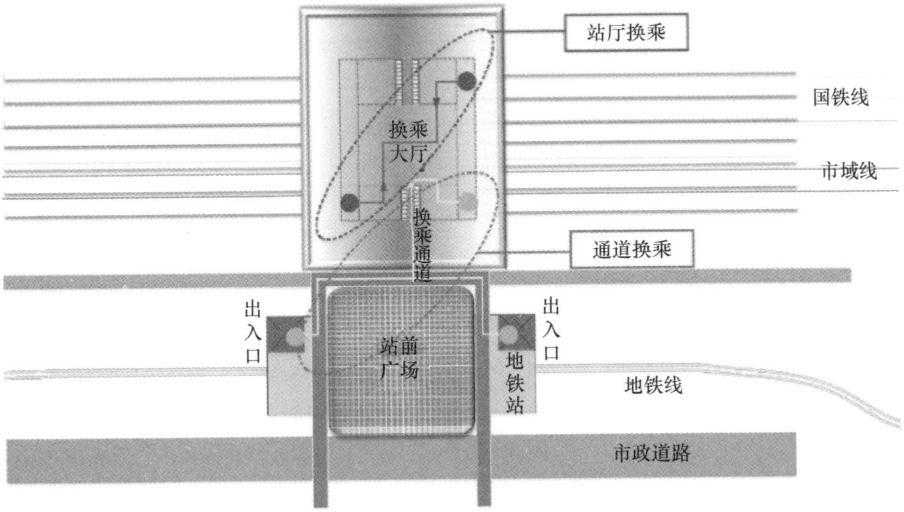

图 7-3　同站厅换乘和通道换乘示意图

(3) 通道换乘。

通道换乘是指城市轨道交通车站位于铁路站前广场区域，乘客出轨道交通车站后，经地面、地下或高架系统，行进至铁路车站换乘。乘客在两种交通方式之间进行换乘时需要步行一定距离，是一种低效率的换乘形式。

在确定换乘方式时，应以换乘客流的流量和流向为基础，选择某种换乘方式或几种方式的组合，为各方向的换乘客流设计合理的换乘流线，保证各流线交叉干扰最小，同时降低换乘客流的走行距离，在设计时可以按换乘客流重要度依次进行客流组织，保证各换乘流线条理清晰。

(4) 站外换乘。

当铁路车站和城市轨道交通车站距离较远，且未设计专用换乘通道时，一般采用在铁路客运枢纽站前广场下建设城市轨道交通站点的方式。城市站入口和出口直接设置在站前广场，如铁路成都站就是采用典型的站外换乘的方法，成都地铁 2 号线及 7 号线通过成都站站前广场与成都站进行换乘组织。

(5) 组合换乘。

随着综合交通枢纽向综合化、立体化、科学化方向发展，当多条(多种)轨道交通线路汇合于铁路客运枢纽时，不同轨道交通方式具有一定的差异性，导致多种轨道交通线路间会采用上述几种方式组合的模式。

2) 区域轨道交通票务现状

虽然我国新建的多数铁路综合枢纽能为乘客提供较为便捷的换乘环境，但是铁路系统(高速铁路、城际铁路、市域铁路及普速铁路)与城市轨道交通之间的售检票系统相对独立，乘客在跨轨道交通制式时需要经过多次购票、取票环节，导致乘客跨制式换乘时间的增加及跨制式换乘的便捷性降低。表 7-1 为我国典型铁路与城市轨道交通票务系统现状。由表 7-1 可知，我国现有高速铁路、城际铁路及普速铁路暂未能与城市轨道交通实现票务的互通，部分市域铁路可与当地城市轨道交通票务实现互通。

表 7-1　国内铁路与城市轨道交通票务系统现状

线路名称	联通方式	票制
成灌线、长株潭城际等	铁路和城市轨道交通分别部署票务系统	购票：乘客在 12306 官网、手机 APP 或车站售票处购买铁路车票；乘客在城轨车站售票处购买城轨车票或无需购票直接通过手机 APP 扫描二维码进站；其中无需提前购买车票，可直接通过“铁路 e 卡通”自主扫码乘车 进站：铁路线路可使用磁票、电子客票、中铁银通卡、身份证、12306 客户端二维码等；城轨可使用单程票、储值卡、手机客户端二维码等；其中长株潭城际可使用“铁路 e 卡通”扫码乘车
北京市郊铁路 S5 线、城市副中线等	铁路和城轨售检票系统同部署，旅客根据自身需求选择进站方式	乘客在 12306 官网、手机 APP 或车站售票处购买车票，或无需购票，可通过北京市政一卡通刷直接刷卡进站，及通过手机 APP 在城轨闸机上刷卡或扫码进站
上海市郊铁路金山线、北京市郊铁路 S2 线、温州市域铁路 S1 线、宁波—余姚城际铁路等	通过在市域铁路、城际铁路部署城轨售检票系统，免去旅客跨制式换乘时再次购票的环节	铁路和地铁统一刷地方“交通一卡通”或手机 APP 二维码乘车，无需提前购票

特别地，对于不同城市内部的轨道交通系统，我国多个城市间实现了票务互通。2018 年 6 月 4 日，京津冀一卡通正式发行，可运用在北京、天津及石家庄地铁刷卡乘车；2020 年 7 月 27 日，成都地铁与重庆地铁实现了市内轨道交通手机 APP 二维码互联互乘。

3) 区域轨道交通安检现状

随着城市轨道交通网络服务范围的不断延伸，越来越多需要乘坐国铁的乘客选择乘坐城市轨道交通线路前往国铁客运站。每种交通都有自己的安检方式来保障运行安全以及乘客的出行安全，但过多的安检次数不仅延长了旅客的出行时间，同时还降低了交通的服务效率。通过对比国铁与地铁的安检内容不难发现，国铁安检所涉及的事项相较于地铁要多，如有异味的物品、具有特殊性质的物品(棉花)、强磁性物品等，因而其安检等级要高于地铁安检的等级。因此，在实行安检互信阶段前，不少城市都先实行了国铁换乘地铁单方的安检信任，即在国铁乘车前经过安检的旅客在换乘地铁时可以免去地铁的安检，而对于从地铁换乘国铁的旅客在这一阶段仍然需要经过国铁组织的安检才能够乘车。目前，我国实行安检互信的车站有成都犀浦站、天津站。以犀浦站为例，犀浦站在建设之初就规划具备同站台换乘的功能，但在运营初期并未实行安检互信的机制，乘客由地铁换乘高铁的路径为地铁出站、行走 300m、到达快铁站、购/取票、安检、进站乘车，全程耗时 10～15min，换乘效率较低；自 2017 年 7 月 25 日起，犀浦站正式施行地铁国铁双向的安检互信后，搭乘地铁的乘客到达犀浦站站台后依次通过地铁出站闸机、铁路验票机直接进入高铁站台，换乘距离缩短至 100m，节省时间在 80%以上。

4) 区域轨道交通跨制式行车组织

由于我国的不同制式轨道交通均独立运营管理，各制式均有编制运输计划的部门，且因为信息无法共享，所以在跨制式运输计划编制方面暂时还未实现协同，未形成集城市轨道交通、市域铁路、普速铁路、城际铁路、高速铁路等多制式于一体的运输方案编制系统，也无法实现不同运营阶段、不同运营场景以及突发大客流等非正常情况下的运输计划协同编制。

现阶段，区域轨道交通跨制式行车组织主要体现在五个方面：

(1) 不同制式轨道交通列车首末班车时刻表的衔接上，例如，在部分铁路车站，城市轨道交通的首班车及末班车发车时间均早于或晚于该站的国铁列车的首末班车发车时间或晚班车到达时间。

(2) 高速铁路/城际铁路与既有线的跨线运输组织，如京沪高铁、沪宁高铁等高速铁路，均采用高速铁路本线列车和跨线列车共线运行的运输组织模式。

(3) 市域铁路由铁路既有线改造后与既有线的跨线运输组织，如北京 S2 线是在 2008 年北京奥运会前夕，北京市与铁道部合作，利用京包铁路及部分地方铁路适当改造，开通运营了北京北至延庆的市郊 S2 线；上海金山铁路，由沿沪杭铁路新建部分线路和金山铁路支线演变而来，2012 年 9 月 28 日开通运营。

(4) 利用铁路既有线开展市域铁路运输组织，如目前正在大力发展的城际铁路，由于设施先进、行车能力大、在市区设站多，完全可以不改造，通过增开部分短途市域列车满足市域客运需求。2015 年 4 月 30 日，利用既有的津蓟铁路加密提速开行津蓟市域客车；2016 年 9 月 10 日，利用沪昆高铁的富裕能力，浙江开通了杭州至诸暨市郊列车；利用厦深客运专线富裕能力，深圳开通了福田至坪山的市域快捷列车。

(5) 城市轨道交通不同线路间互联互通及跨线运营，如 2020 年 9 月 18 日，重庆轨道交通环线和 4 号线互联互通，实现直快列车载客试运营。

3. 跨制式旅客组织演化过程

基础设施的布局是旅客换乘组织方法形成的前提，特别地，换乘枢纽功能定位与运营特征的改变，会引起旅客换乘组织的变化，对其在实践工作中提出新的要求。

跨制式换乘组织演化的直观体现是换乘枢纽的演化，换乘枢纽从最初的单运输方式、单场站到完善的枢纽系统经历了一个漫长的过程。换乘枢纽的发展可以初步划分为四个阶段：第一个阶段为单场站、单种运输方式；第二个阶段为多种运输方式拼盘式的平面布局阶段，没有达到系统集成的程度；第三个阶段为大型综合换乘枢纽阶段；第四阶段为现代化综合换乘枢纽阶段。发展过程具体如下。

1) 单制式阶段(1909～1970 年)

国内早期的铁路客运站主要为满足乘客的乘降与候车功能，典型车站为北京站、成都站、重庆站等。同时由于其他轨道交通方式的发展滞后，此时铁路客运站未与其他轨道交通方式产生换乘衔接。

2) 多制式并存阶段(1971～1999 年)

1971 年，我国第一条地铁线路，北京地铁 1 号线一期开通运营(运营区段为公主坟站至北京站，现部分车站属于北京地铁 2 号线)，铁路北京站成为我国第一个存在多种轨道交通制式的铁路客运枢纽，标志着铁路客运枢纽多轨道交通方式并存的时代到来。随着天津地铁 1 号线、上海地铁 1 号线，广州地铁 1 号线的开通，老铁路天津西站、铁路上海站及广州东站实现了与地铁的换乘衔接。但是，但由于规划的不统一，铁路站点以站前广场为换乘组织核心，形成以铁路客运站为核心的多制式轨道交通平面布局式客运枢纽，实现与地铁站旅客的站外换乘。

3) 综合交通枢纽阶段(2000～2010 年)

进入 21 世纪，我国高速铁路建设得到了初步发展，在 2008 年及 2009 年，我国先后开通京津城际及京广高铁等高速铁路，新建了一批高铁客运站，标志着我国正式进入高铁时代。在 2000～2010 年，深圳、南京、香港、台北、高雄、重庆、武汉、南京、大连、长春、成都、沈阳等地先后开通运营城市轨道交通。在综合交通枢纽内部立体化布局地铁等交通方式，通过换乘大厅、换乘走廊实现铁路与城市轨道交通的换乘衔接，有效提高换乘效率，缩短换乘时间。

4) 现代化交通枢纽阶段(2011 年至今)

在 2011～2020 年，我国各种轨道交通方式得到飞速发展，2017 年 12 月 28 日，石济高速铁路开通运营。至此，我国铁路“四横四纵”快速通道全部建成通车。2010～2020 年，我国已在长三角、珠三角、环渤海等地区城市群建成高密度高铁路网，东部、中部、西部和东北四大板块区域之间完成高铁互联互通。这一阶段我国城市轨道交通的建设得到飞速发展，截至 2020 年，我国已有 42 个城市开通运营了城市轨道交通。同时，伴随我国城镇化和区域一体化发展，市域铁路在近十年开始得到发展。市域铁路的主要建设形式包括利用既有铁路进行升级改造或新建市域铁路两种，采用前者的如北京副中心线、北京 S2 线、北京 S5 线等；采用后者的有温州市域铁路 S1 线、成灌快速铁路、成蒲快速铁路等。以铁路枢纽为核心，市域铁路、城市轨道交通衔接高速铁路网、城际铁路网及普速铁路网，构筑较为完善的区域轨道交通网络系统。

我国区域轨道交通的发展在不同阶段表现出不同的特性，因此可根据轨道交通枢纽发展的过程，把区域轨道交通跨制式旅客组织的演化过程分为独立阶段、无协同阶段、初级阶段、中级阶段。

1) 跨制式旅客组织独立阶段(1909～1970 年)

跨制式旅客组织独立阶段反映了单制式阶段的旅客换乘组织方法，这一阶段由于我国只开通了铁路运输服务，其他轨道交通方式发展滞后，此时铁路客运站未与其他轨道交通制式产生换乘衔接，不存在跨制式旅客组织。

2) 跨制式旅客组织无协同阶段(1971～1999 年)

跨制式旅客组织无协同阶段反映了轨道交通站场由单运输方式阶段向多运输方式并存阶段发展过程中旅客运输组织方法的转变。这一阶段轨道交通站房空间从单层平面设置发展为多层立体叠合布局，从相对封闭的功能空间向开敞通透的开放式大空间转变。

跨制式旅客组织独立阶段向跨制式无协同阶段的演化往往是由于新运输方式的产生，在原有轨道交通站点的基础上建设新的轨道交通场站，且一般呈现出在铁路枢纽车站基础上建设城市轨道交通场站的特点。但由于规划不统一，各运输方式的场站建设自成体系，各运输方式场站之间联动性差，衔接不紧密。在换乘组织模式上表现为从无到有的过程，如站外换乘等换乘组织模式的出现；在票务系统及安检过程中各种轨道交通制式较为独立，互不兼容。

3) 跨制式旅客组织初级协同阶段(2000～2010 年)

跨制式旅客组织初级协同阶段反映了轨道交通站场由多运输方式并存阶段向综合交通枢纽阶段发展中旅客运输组织方法的转变。与跨制式旅客组织初级阶段不同的是，在这一阶段，铁路与城轨初步开始同步规划建设，城轨站点接入铁路站点的方式多表现为立体接入模式。由于立体接入模式的出现，区域轨道交通跨制式旅客换乘组织方式也得到实质性的改变。

在这一阶段，跨制式换乘组织的演化主要体现在两方面：第一，对于非同期规划的多制式轨道交通站点，换乘组织模式由站外换乘向通道换乘模型转变；第二，对于同期规划的立体化综合枢纽内的多制式轨道交通间的换乘组织，站厅换乘、组合换乘模式已广泛应用于各大综合换乘枢纽。

4) 跨制式旅客组织中级阶段(2011 年至今)

同单一运输方式轨道交通站点相比，多制式轨道交通换乘枢纽站的旅客组织需求发生了根本性转变。首先，旅客组织的对象发生变化。枢纽的交通服务对象由单一轨道交通方式旅客、单一轨道交通运载工具，扩展为多交通制式间换乘的旅客、多交通制式运载工具。单一运输方式枢纽站旅客组织要解决的主要是旅客的到发、在站停留等服务问题。多制式轨道交通换乘枢纽旅客组织要解决的主要是多交通制式间旅客交通衔接和综合服务问题。

跨制式旅客组织中级协同阶段反映了综合换乘枢纽阶段向现代化换乘枢纽阶段发展过程中旅客运输组织方法的转变，这一阶段区域轨道交通跨制式运输组织演化呈现需求导向的特性。

在这一阶段，新技术和新设备的发展对枢纽运营带来新的影响。节能环保设施、安检器材、列车时刻查询系统、自动售检票系统、车站自动引导系统等各种新型设备的广泛应用，使得某些传统上由人进行的操作转换为自动化流程，或者改变了操作流程。另外，随着科学技术的发展，轨道交通票制也发生了巨大变化，铁路票制由传统的纸质“红票”转变为磁票，甚至可以通过手机 APP 二维码、人脸识别等方式进站，实现出行无纸模式；城轨票制也实现了无卡模式的转变。同时，以旅客出行为导向，为提高轨道交通服务水平，减少旅客跨制式换乘的等待时间，在部分轨道交通线路上已实现跨制式轨道交通票务的双通，在安检过程中实现了跨制式的安检互信。

在这一阶段，以旅客需求为导向，为提高旅客出行过程中跨制式换乘的便捷性，跨制式换乘组织演化的外在表征主要体现在三方面：第一，在跨制式换乘模式方面，新的跨制式换乘模式，如同站台换乘模式，应用于区域轨道交通的换乘中。第二，在票务方面，对铁路票制来说，实现了纸质票模式向无纸化模式的转变；对城市轨道交通来说，也实现了无卡模式的转变，部分市域铁路由单方式票制向铁路城轨票务双通转变。第三，在安检方面，实现了跨制式安检由不互信到跨制式单向安检信任至安检互信的转变。上述过程阶段总结见表 7-2。

表 7-2 我国区域轨道交通跨制式旅客组织演化阶段

时间阶段	跨制式旅客组织演化阶段	轨道交通枢纽演化阶段	跨制式换乘模式	跨制式票务	跨制式安检
1909～1970 年	独立阶段	单制式阶段	无	铁路：纸质票；无跨制式互通	无
1971～1999 年	无协同阶段	多制式并存阶段	站外换乘	铁路：纸质票；地铁：纸质票；无跨制式互通	重复安检
2000～2010 年	初级协同阶段	综合交通枢纽阶段	站外换乘、通道换乘、站厅换乘	铁路：纸质票，磁质票；地铁：纸质票，磁质票(单程卡，一卡通)；无跨制式互通	重复安检
2011 年至今	中级协同阶段	现代化交通枢纽阶段	站外换乘、通道换乘、站厅换乘、站台换乘	铁路：纸质票，磁质票，身份证，手机 APP(二维码，铁路 e 卡通；地铁：磁质票(单程卡，一卡通)，手机 APP(二维码，NFC)；跨区域城市轨道交通票务互通	重复安检，单方面安检互信，安检互信

4. 跨制式行车组织演化过程

根据我国区域轨道交通跨制式行车组织实践，将区域轨道交通跨制式行车组织的演化过程分为独立(无协同)阶段、初级协同阶段、中级协同阶段。我国区域轨道交通跨制式行车组织演化阶段见表 7-3。

1) 独立(无协同)阶段(1909～2007 年)

跨制式行车组织独立(无协同)阶段反映了多种轨道交通制式在行车组织上相互独立、无协同、无互动的特点。虽然在这一阶段存在多种轨道交通制式(普速铁路、地铁等)，但是由于技术水平设施设备的局限，并且传统普速铁路的出发(到达)时刻大多在深夜或凌晨，而城市轨道交通运行时间多为早晨至半夜前，城市轨道交通未能在首末班车时刻表实现与铁路的衔接。在这一阶段，多种轨道交通制式间主要通过枢纽换乘的方式实现旅客的换乘衔接，未实现在行车组织层面的衔接与协同。

2) 初级协同阶段(2008～2019 年)

跨制式行车组织初级阶段反映了多种轨道交通制式在行车组织上实现初级协同的阶段。随着高速铁路的开通运营，在部分铁路车站，城市轨道交通的首班车及末班车发车时间均早于或晚于该站国铁列车的首班或晚班车的发车时间或到达时间。同时，在高速铁路既有线的运输组织中，京沪高铁、沪宁高铁等高速铁路均采用高速铁路本线列车和跨线列车共线运行的运输组织模式。随着市域铁路的发展，市域铁路多利用既有线改造或利用既有线开行市域铁路列车，实现与既有线的跨线运输组织。

3) 中级协同阶段(2020 年至今)

虽然在跨制式行车组织初级阶段实现了不同制式轨道交通间的跨线运营，但是本质上还是通过对既有线改造或者在既有线上开行不同制式的列车的方法实现的，并未从真正意义上实现不同线路间的贯通运营。2020 年 9 月 18 日，重庆轨道交通环线和 4 号线互联互通直快列车载客试运营，实现了在城市轨道交通不同线路间互联互通和跨线运营的行车组织协同。

表 7-3　我国区域轨道交通跨制式行车组织演化阶段

时间阶段	跨制式行车组织演化阶段	跨制式行车组织实践
1909～2007 年	独立(无协同)阶段	无
2008～2019 年	初级协同阶段	多制式轨道交通首末班车衔接 高速铁路与既有线上线下线运输组织 市域铁路及既有线跨线运输组织
2020 年至今	中级协同阶段	多制式轨道交通首末班车衔接 高速铁路与既有线上线下线运输组织 市域铁路及既有线跨线运输组织 城市轨道交通贯通运营

5. 跨制式运输组织影响因素分析

区域轨道交通跨制式运输组织的影响因素很多，从交通设施的功能研究以及对换乘的目标分析来看，区域轨道交通跨制式运输组织主要受旅客的行为与需求、基础设施、安检过程、票务票制、信息共享水平、管理体制机制、科技水平、政策导向、区域经济发展水平等九个方面因素的影响。下面分别对上述因素进行分析。

1) 旅客的行为与需求

旅客是换乘过程中的主体，旅客的换乘方式、换乘路径选择行为、旅客群体的交通需求和换乘流线直接决定了枢纽站换乘体系的设计。因此，在研究换乘问题时，应首先研究旅客换乘行为，然后针对旅客的需求与行为对客站换乘体系进行规划设计。

2) 基础设施

基础设施的布局是运输组织方法形成的前提，影响区域轨道交通跨制式运输组织的交通设施很多，主要包括枢纽内的各种换乘设施、接驳枢纽的各种交通工具及换乘体系内的控制、诱导、服务系统等。作为影响换乘的物理性影响因素，它们的布局、规模、运行的好坏将直接影响旅客的换乘。规划设计良好的交通设施可以降低旅客的出行时间、疲劳程度。

3) 安检过程

在轨道交通旅客组织的过程中，各交通方式都有相应的安检要求来保障行车安全以及乘客的出行安全，但过多的安检次数不仅延长了旅客的出行时间，还降低了交通的服务效率。在跨制式旅客组织中，若能实现不同轨道交通方式间的安检互信，能有效提升跨制式旅客组织效率，减少旅客换乘时间。

4) 票务票制

由于运营管理体制的差异，票务票制及相关清分工作成为区域轨道交通实现跨制式运输组织的关键制约因素之一，票务票制的互通是实现区域轨道交通联程联运的基础。

5) 信息共享水平

区域轨道交通跨制式运输组织对不同轨道交通之间信息交互交换水平有更高的要求，多制式轨道交通运输组织之间的联动响应效率往往取决于信息传递速度及信息共享水平。

6) 管理体制机制

现阶段，我国区域轨道交通管理体制涉及的相关单位包括中华人民共和国交通运输部、国家铁路局等国家层面的政府部门，也包括地方交通委员会(交通局)等省市级层面的政府部门，同时也包括中国国家铁路集团有限公司、城际铁路、市域铁路相关运营管理公司、城市轨道交通相关运营管理公司等。区域轨道交通管理涉及的单位较多且暂无统一的上层管理机构，其跨制式运输组织存在天然壁垒，因此区域轨道交通管理体制机制对其跨制式运输组织具有十分重要的影响。

7) 科技水平

为改善或调控影响区域轨道交通跨制式运输组织的影响因素，无论是基础设施建设，还是运营管理技术的提高、运输组织方法优化，都需要一定科学技术的支撑，科学技术水平是决定区域轨道交通能否实现协同运输组织的生产力。

8) 政策导向

我国属于政府主导型国家，基于区域轨道交通的发展需求，政府需要给予政策扶持和转型指导。具体来看分为以下两种：①技术政策制定，政府主导的技术政策制定可以有效推动区域轨道交通跨制式运输组织的技术创新和研发，并确立其演化的技术标准等；②扶持政策制定，包括经济投入、金融政策和奖励措施，经济投入可以有效支撑区域轨道交通系统的演化发展，奖励措施可以鼓励区域轨道交通系统中微观利基的发展。

9) 区域经济发展水平

轨道交通的发展离不开固定设施、移动设备以及控制系统等基础设施条件，随着区域经济的增长，集聚效应与扩散效应明显，可以为区域轨道交通发展提供大量的人力、物力、财力等各种生产要素资源，有利于区域轨道交通跨制式运输组织体系发展，这些条件的改善可以有效提升区域轨道交通整体发展水平，促进区域轨道交通跨制式运输组织的演化。

6. 跨制式行车组织演化特征及趋势分析

为全方位、多角度获取其演化规律，从多维度组合的角度对其演化过程进行阶段划分，分别从时间空间作用方向、能动性和协同层次等方面，揭示区域轨道交通跨制式运输组织演化特征及趋势，如图 7-4 所示。

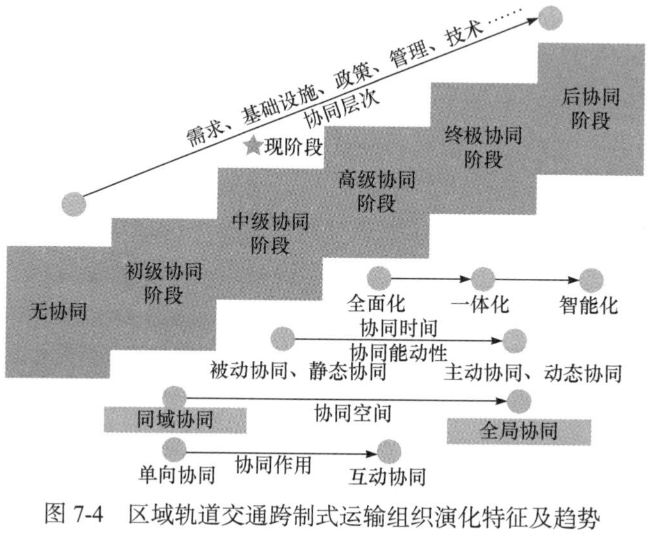

图 7-4　区域轨道交通跨制式运输组织演化特征及趋势

1) 协同层次

区域轨道交通跨制式运输组织总体上呈现由低级协同向高级协同的演化态势，根据其协同程度分为无协同阶段、初级协同阶段、中级协同阶段、高级协同阶段、终极协同阶段及后协同阶段。在区域轨道交通发展初期，各方式轨道交通在运输组织上“各自为政”，基础设施上的独立导致了跨制式运输组织层面的“无协同”；在协同初级阶段，随着基础设施的发展(综合客运枢纽的形成)，多种轨道交通方式在同一交通枢纽内并存，但不同轨道交通方式间运输组织的协同仅表现在旅客换乘组织层面，且旅客在换乘过程中的流程不连续，票制不互通，换乘效率低下；现阶段，我国大部分区域轨道交通系统处于中级协同阶段，在中级协同阶段，能实现相同性质系统(铁路系统、城轨交通系统)内部跨制式行车组织，如高速铁路/城际铁路开通运营后与普速铁路的跨线行车组织，以及城市轨道交通单线运输组织向网络化运输组织的发展；随着社会经济的发展及科学技术水平的提高，区域轨道交通跨制式运输组织势必会向高级阶段发展。特别地，考虑到轨道交通运营主体的多样性及差异性，在高级协同阶段首先需实现政策、标准及规范上的协同，并不断提升协同运输组织技术手段，如在票制、安检、列车时刻表等方面的协同；在实现高级协同的基础上，实现区域多制式轨道交通运输组织的全方位协同管理，实现在基础设施、信息、政策、管理、技术上的终极协同；在实现区域轨道交通跨制式运输组织全方位协同后，进入后协同阶段，提升区域轨道交通跨制式运输组织智慧能力、绿色效能、人性化水平是后协同阶段的趋势。

2) 协同空间

从协同空间发展演化的角度来看，区域轨道交通跨制式运输组织表现为局域协同阶段向全域协同阶段的发展态势。

3) 协同时间

从协同时间发展演化的角度来看，区域轨道交通跨制式运输组织表现为静态协同向动态协同发展的态势。

4) 协同作用方向

从协同作用方向的演化角度来看，区域轨道交通跨制式运输组织表现为单向协同向互动协同发展的态势，具体表现为多制式轨道交通单向协同向同层级内部协同、跨系统、跨层级、跨技术的全面协同的趋势。

5) 协同能动性

从协同时间发展演化的角度来看，区域轨道交通跨制式运输组织表现为被动协同向主动协同阶段的发展态势。被动协同是受技术或客流条件限制而在计划上进行被动的适应和调整，往往具有滞后性和经验性(盲目性)；主动协同是通过控制中心等组织或技术手段进行统一的计划协同，往往基于客流预测、客流分配和反馈控制等实现，具有前瞻性、引导性。

7.1.2　区域轨道交通跨制式运输组织联动机制

1. 区域轨道交通跨制式运输组织联动机制

轨道交通按照服务范围可分为服务于城市内部交通出行的城市轨道交通和服务于城

市间交通出行的跨城市轨道交通两大类。就区域轨道交通而言，因其涉及不同的运营管理主体，对于城市轨道交通和跨城市轨道交通可按运营管理主体的不同进一步划分。单一的交通方式往往难以满足乘客的出行需求，目前机车车辆、线路设施设备等硬件方面的技术已经取得较大突破，但在运营管理、组织联动等层面的发展相对滞后，为改善乘客的出行体验，不同轨道交通方式间的联动配合尤为重要。联动配合方案的提出可以改变原有不同轨道交通“分治”的格局，使其相互联系成为一个有机的整体，在运营时考虑其他轨道交通的运营需求，互相配合，为乘客提供更为便利的出行条件。

1) 管理机制

目前区域轨道交通的管理体制主要还是依据轨道交通制式的不同进行划分，国铁部门管理国铁线路的运营，市政部门管理城市轨道交通的运营。主要的联动也是集中于各部门内部不同线路的运营协调，例如，国有铁路部门在铺画列车运行图时会综合考虑不同等级列车的优先级，根据相关原则进行运行图的编制；城市轨道交通具有公交化开行方式和服务于更为密集的城市内部客流的特点，在线路成网后更多考虑乘客的直达出行和换乘的便利性，因此在线路规划时会考虑覆盖范围的全面性以及站点的可达性，在投入运营后会考虑换乘站不同线路间的发车时间，以减少乘客的换乘等候时间。

然而，除国铁部门管辖的跨区域线路外，仅考虑部门内部的管理联动并不能很好地满足区域轨道交通的需求，在实际运营中，仅考虑管辖范围内的线路容易造成选择跨轨道方式出行的旅客衔接不便，也不能及时有效地处理造成较大影响的突发大事件。为此要建立一套区域轨道交通日常联动管理体系，体系分为三层结构，由轨道交通总指挥中心、区域轨道交通指挥中心、运营部门(铁路局和市政部门)组成，如图 7-5 所示。

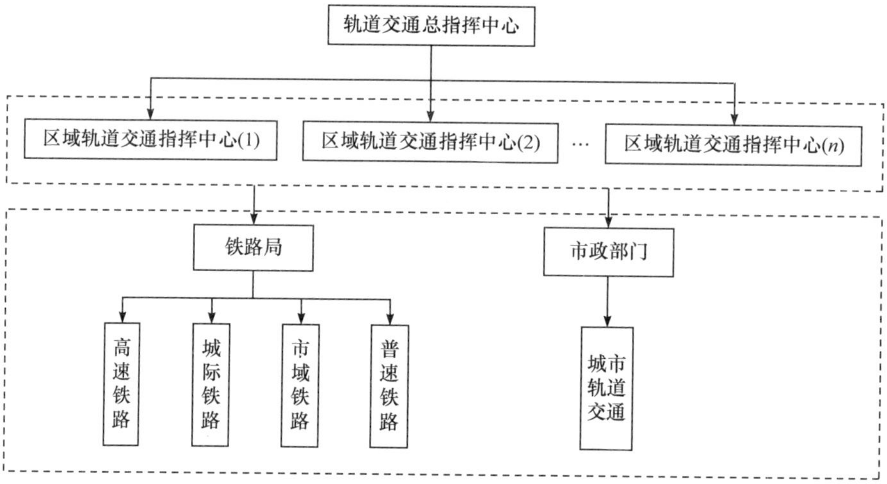

图 7-5　区域轨道交通日常联动管理体系

2) 法规兼容

区域轨道交通系统的协同运营管理离不开统一的区域发展指导政策和制定兼容的规章条例。区域轨道交通枢纽是整个区域内交通的发展关键，应给予其合适的政策法规环境，促进其与各运营单位或管理部门的沟通协调，保证区域内轨道交通枢纽协同运营。

政策规章协同保障规划、设计、建设的顺利进行。在规划阶段，应尽量保证区域内的轨道交通线网统一规划，避免一个区域内多张线网图的情况出现。对我国来说，一个区域内的轨道交通线网可能波及不同的城市和行政区，因此区域内各行政区和各运营管理部门都应树立整个区域协同规划与发展的理念，通过一体化交通发展，将区域内交通资源根据一体化交通体系结构和要求统一规划和分配，从而将路网作为衔接纽带联动全区域内的经济发展。区域交通一体化理念主要从政府层面提出、推进和落实。因此，政府部门应充分认识到区域交通一体化的重要性，站在全区域的角度思考问题，使区域内交通资源得到最大化利用。各区域部门之间应互通有无、密切配合，合力推进，达成共识，形成统一、合理的区域交通一体化发展方案，并在此架构下形成区域轨道交通枢纽方案设计，真正起到区域轨道交通中枢作用。在设计建设阶段，应保证在建设过程中各建筑物信息在不同运营主体中的透明化，必要时可通过建筑信息模型(building information modeling，BIM)技术实现建筑物的全生命周期管理，这样不仅方便协调相关交通设施建造时指标的选取，保证设计规范的协调统一。同时，可为后期区域轨道交通方式、跨制式的运输组织和运营管理建立完备的信息基础。

3) 流程连续

在枢纽换乘旅客中，通勤、通学旅客具有短时间内客流量集中、乘车高峰时间较短、规律性强的特点，且该类旅客往往难以通过一种交通方式完成全程出行，换乘流程的连续能够有效缓解早晚通勤、通学客流高峰造成的乘客积压问题。可以通过为乘客提供同站台换乘条件与优化协调不同交通方式间的时刻表，提高流程的连续性。

同站台换乘是在车站规划建设时期考虑的问题，传统的零换乘指的是乘客不需要出车站就可实现不同交通方式之间的换乘，但这样的换乘仍然需要乘客在不同站厅层之间较长距离的走行，对乘客而言虽然不用出站但额外的走行时间依旧较长；而对枢纽而言，若是换乘流线流畅连续，换乘平台在同一水平面，加以施行安检互信方案，无论是从城市交通换乘市域铁路的出行，还是从高铁、普铁换乘市域铁路、地铁的出行，乘客的换乘距离和换乘时间都会得到有效缩减。换乘旅客的出行流程相比于传统零换乘的旅客也更为流畅。

合理的时刻表协调能够有效地疏散高峰客流，考虑乘客的走行时间以及轨道交通的发车、到达时间来安排其他交通方式的发车、到站时间，能够有效减少乘客在车站的滞留时间，最佳的情况是乘客从一种交通工具上下车经过必要的走行距离后就能乘上另一种交通工具，不在途中出现滞留行为，乘客的出行流程也因此变得连续、流畅。在具体实施上，根据铁路调度方案，优化其他各交通方式间的发车时刻表，各级调度指挥中心依据优化后的时刻表进行开行方案的制定，指导列车的出发时刻及到站时刻。

为保证流程的连续，乘客通过铁路到达或离开车站时，必须配备足够的其他交通方式疏散乘客，才能避免出现大量客流的滞留，造成交通拥堵，为此应充分调查城市内客流分布的具体情况，会同其他交通管理部门一起协商制定发车班次、车辆部署等方面的计划，使得换乘交通方式的运输能力能够满足客流的需求，保证旅客出行连续的需求。

4) 票务互通

票务互通是指不同交通方式通过票务系统间的相互兼容，使乘客可以使用同一票种乘坐不同交通工具。构建集多方式售票功能于一体的售票系统，可出售不同种类的和不同制式的车票。在多式售票系统出售的车票中，单程票可采用国铁纸质磁介质热敏车票和地铁磁制车票，储值卡票可采用统一的城市一卡通，单程票收入归各运营部门清算，储值卡票收入在城市一卡通清分中心清算。

我国一票制尚未形成完整的实施体系，目前铁路方面高铁已积极推进客票电子化，乘客出行通过网上 12306 铁路购票平台购买车票，无需取出纸质车票，凭身份证即可完成出行。在不远的将来，随着智能可穿戴设备或生物特征识别技术的发展，设备或生物特征绑定个人资金账户，乘客在出行中完成无感支付，票款自动转入相应的交通运营主体，省去了不同系统间的营收额清算。票务互通的发展展望如图 7-6 所示。

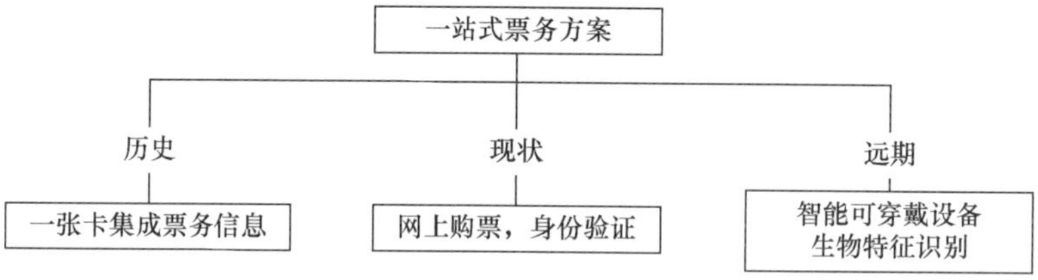

图 7-6　APP 实现票务互通界面及票务互通的发展展望

5) 安检互信

目前，每种交通方式都有自己的安检方式来保障运行安全以及乘客的出行安全，但过多的安检次数不仅延长了旅客的出行时间，还降低了交通的服务效率，尤其是在铁路与城市轨道交通这种安检等级及内容差距不大的两种交通方式之间。目前，在实行安检互信阶段前，不少城市都先实行了铁路换乘城市轨道交通单方的安检信任，即乘客从铁路出站口出站，前往城市轨道交通及其他城市公共交通方式时无须再进行安检程序，直接换乘。单方面的安检信任在实际应用中取得了良好的效果，也为安检互信积累了一定的经验。安检互信的实施充分发挥了同台换乘的优势，在传统“零换乘”的基础上进一步为旅客提供了更为便捷的服务。应加强包括城市轨道交通运营方在内的多方沟通，制定安检互信中涉及的具体内容，协调安检人员的配置，在为旅客提供便捷出行的同时，也要维护好运营安全。

2017 年，成都犀浦站启用了“安检互信、同台换乘”，高铁、地铁交换互乘，如图 7-7 所示。该站率先实现了从站台直接到站台的换乘，地铁(高铁)乘客无需出站、安检，仅通过对应检票手续，即可直接到达高铁(地铁)站台。同年，成都东客站也实现了高铁出站乘客免

图 7-7　成都犀浦站安检互信同台换乘案例

安检乘地铁，通过应用实践，该模式取得了良好的应用效果，为旅客提供了便捷、安全、高效的换乘体验。

6) 资源共享

资源共享主要涉及基础设施和信息服务两方面。

基础设施共享。主要包括对占用的设备用房空间、车站公共区及管理用房进行共享，可压缩车站的使用空间，减少车站的建设成本；同类机电设备等硬件共享，采用同一套机电设备来实现多种交通方式运营的供电供能，提高设备的利用效率。随着“零换乘”的概念深入交通站点的建设中，多种不同方式的交通在同一站点汇聚，基础设施的共享大幅降低枢纽的建设成本，提高运营效率。在周围用地的规划方面可综合考虑不同方式的需求来进行规划，如停车场的规模、公交站台的设置、通行设施的布局等。基础设施的共享不仅有效节约了建设方面的资金投入，同时也为旅客提供了更为便捷的服务体验，在有限的空间内发挥最大的公共服务效益。

信息服务共享。多种轨道交通方式的融合势必面临大量乘客的换乘需求，在信息服务上也带来了更高的要求，以往乘客乘坐单一的轨道交通方式，获得的相关线路信息或列车时刻信息仅局限于这一种轨道交通方式，若要获取其他方式的信息，需要到相应的信息咨询中心；而现如今乘客的出行需求往往涉及多种轨道交通方式，一个汇集多种轨道交通信息的平台才能更好地满足乘客对出行信息的需求，乘客可以通过这一平台方便、快捷地获取所需的出行信息，更好地规划出行时间和线路。

7.2　区域轨道交通动态服务网络的构建及评估

现有轨道交通建设呈多制式和网络化发展趋势，不同方式在客流需求、运营状态上的时空关联性日益增强。城市轨道交通、市域铁路、城际铁路、高速铁路和普速铁路各层次各轨道交通方式一般独立运营，通过物理枢纽相互联系，应急情况下协同指挥。现有的单制式独立运营，逐渐暴露出类似总体运能利用不充分、安全综合保障不深入、旅客出行全过程不够便捷等一系列问题，也已越来越难以适应区域轨道交通综合发展的新形势，同时伴随着城市化的快速推进，轨道交通运营模式由单制式相对独立运营逐步向多制式综合运营的方向转变，现有的单制式运营模式已经越来越无法适应新的运输形势，多制式一体化协同已成为发挥区域轨道交通整体能力和综合效益的关键。

一体化协同运营的关键是合理协调多种轨道交通方式，尽可能减少旅客旅行在途时间，缩短区域内部时空距离。而旅客的旅行时间主要包括车上运转时间及在站停留时间，运转时间根据列车的开行距离以及速度来决定，所以这是一条线路的基本参数，较难改变。但是由于多方式轨道交通的出现，可能同一起止点上有不同等级的线路，其列车运行时间有较大差异，并且不同方式列车的换乘特点不同，使得旅客在车站的停留时间又不大相同这导致相同起止点会有多种出行选择方案。这时，为了解决日益增长的出行需要和区域轨道交通发展之间的矛盾，构建安全、高效、经济、绿色、便捷的区域轨道交通动态服务网络势在必行。

传统的服务网络设计是建立在各物理节点和运输路线的拓扑关系的基础上，基于物理网络研究所提供的运输服务，计划周期内运输服务的开行次数以及相应的运输路径等。然而，由于其物理网络的结构简单，点和点之间仅表示出有无线路连通，线路的属性也仅考虑路径长度以及开行列车的种类，而没有将其时间特性和轨道交通方式表现出来。而区域轨道交通动态服务网络则是在传统服务网络的基础上加入时间维度，考虑旅客换乘以及不同方式列车的开行，形成了以时间和站点为坐标轴的二维网络。在动态服务网络中可以确定具体的运输服务以及相应的起止时间和经停站点，可以通过合理调配不同类型的轨道交通方式，以形成更具有时效性的区域轨道交通动态服务网络，实现及时高效的运输服务，保证区域间交通运输活动协调有序。

因此，通过区域轨道交通动态服务网络的设计不仅能够最大限度发挥轨道交通的运输优势，满足区域间的旅客运输需求，减少旅行时间，减少系统花销，减轻交通压力，提高轨道交通认知度，促进区域之间的协调发展，还能产生良好的社会效益和经济效益。

7.2.1　国内外研究现状

1. 服务网络研究现状

服务网络设计(service network design)隶属于网络设计(network design)，网络设计也称为网络优化，是一种基于图论和网络建模的分析方法，有助于实现网络中资源配置、计划执行和效益改善，在网络技术以及交通运输等相关领域均得到较为广泛的应用。而网络设计问题又分为无容量限制的网络设计问题(uncapacitated network design problem，UNDP)和有容量限制的网络设计问题(capacitated network design problem，CNDP)。其中，对于无容量限制的网络设计问题，其代表算法为基于拉格朗日松弛的分支定界法(Holmberg and Hell strand，1998)，此外，综合了 Benders 分解和拉格朗日松弛的交叉分解算法(Roy，1983)也应用于此类问题的求解。由于实际条件限制，到目前为止还没有一种精确有效的算法能够完美解决大规模的 CNDP，主要还是依靠启发式算法求得较优解。

Crainic(2000)在总结既有运输服务网络研究的基础上，将服务网络设计问题分为服务频度设计问题(静态服务网络设计问题)和动态服务网络设计问题，基于频度的服务网络设计问题主要确定在其决策周期内所提供的运输服务和运输次数；动态服务网络设计问题则是综合考虑决策周期内每个时间段的输入变化，确定相应的运输提供时刻和终止时刻，以及相应的运行路径和运输对象的运送路径。

静态服务网络研究大多数集中在铁路货运领域。沈睿等(2006)构建了货运服务网络设计问题的频度模型，提出了一种基于分解法的启发式算法，并通过算例分析验证了其方法的可行性。Demir 等(2016)构建了一种时间随机的基于绿色环保的多式联运服务网络，并使用样本均值近似方法进行计算。Rothenbächer 等(2016)结合公铁货运，综合研究了枢纽站选址和频度服务网络设计问题，并提出了分支定界切割法，进行了实例验证。刘坤(2014)构建了多制式联运联合直达行包快运专列的频度服务网络设计模型，并通过算例验证其模型的正确性。邓绍蔚(2016)则是在现有高铁快运物理网络上构建频度服务网络设计模型，并通过 Yalmip 工具箱进行算例求解。Crainic 等(1986)提出了多制式联运服务网络通用模型，并给出了分解与列生成算法来解决这一战略层面的网络规划问题。叶耀华等(2003)针对中国邮政的省际邮件运输服务网络建立了一个线性 0-1 规划模型，并利用拉格朗日松弛的分支定界法进行了相应验证。林园(2019)和姜昊(2019)以中欧班列作为背景，分别进行了基于服务网络设计的开行方案优化以及考虑时间价值对服务网络进行优化设计。

目前，动态服务网络构建的关注点也都在铁路货运服务领域。王伟等(2009)考虑了运到时效性，构建了基于多种交通方式的快捷货物运输的服务设计模型，并通过加减边的局部改进启发式算法进行算例分析，验证了算法可行性。Haghani(1989)考虑列车编组和空车调整问题，以广义费用最小为目标构建了模型，并提出了一种分解式的启发算法。王伟和许心越(2015)在铁路运输特殊条件下构建了动态路径输送计划网络模型，采用 LINGO 用松弛求解算法得到最优解。王保华等(2009)考虑区域间长途运输，构建了快捷货运动态服务网络，并设计了二阶段启发式算法，以铁路运输为例进行了计算。申永生(2012)在二维服务网络的基础上提出三层时空网络的架构，模拟了综合货运网络的整体流程，基于此建立了相关数学模型并给出了求解算法。Kim 等(1999)构建了一个庞大的快运动态服务网络，并通过行生成和列生成以及启发式算法进行求解，最后得到启发式算法是解决大规模网络问题的必要方法这一结论。Farvolden 和 Powell(1994)等研究了汽车运输的动态服务网络设计模型，建立了描述车辆出发时刻和数量的有容量约束的时空网络模型，提出了一种局部优化的启发式算法，并进一步提出了能够给出一个初始分配解的算法。Barnhart 等(2002)将动态服务网络设计问题分解为路径生成问题和节点消去问题，通过反复迭代实现目标的优化。Meng 和 Wang(2011)着重研究了考虑空集装箱重新定位的船舶动态服务网络。Quesada 等(2018)考虑货物的分送，对多物流中心的动态服务网络进行设计。Wang 和 Qi(2019)等在研究物流中的动态服务网络时，考虑了多种服务方式和随机需求并通过设计列和约束列生成方法对问题进行了有效求解。

对于涉及旅客运输的动态服务网络设计，其研究主要聚焦于轮渡、公交车以及共享车等非铁路领域的动态服务网络设计问题。其中，Lai 和 Lo(2004)把香港轮渡服务网络设计优化问题抽象为一个混合整数规划模型，并给出了一种能够在较短时间内获得最优解的启发式算法。Lo 等(2013)基于服务可靠性提出了一种解决具有随机需求的轮渡服务网络设计问题的方法，该方法在算例中表现出很好的适用性，效果优于确定性设计方法，基于该研究其又将该问题重构为在用户最优均衡(user equilibrium，UE)下的两阶段问题并进行求解。Wang 和 Lo(2008)考虑乘客对于不同服务的选择特性对轮渡服务网络进行了优化设计。赵航等(2009)构建了公交服务网络，并建立了对应的有效能力模型，利用遗传算法进行各项能力的计算。Mahmoudi 和 Zhou(2016)创新地构建了三维时空状态网络来对出租车的动态服务网络进行展示和设计。以此为基础，Tong 等(2015)以最大时空可达性为目标，设计了公交车的动态服务网络。而 Li 等(2014)第一次通过同一出租车网络将旅客运输和货物运输用统一的数学模型表示。

2. 协同优化研究现状

随着交通线网的日益扩大，越来越多旅客的出行需要搭乘多种交通方式，而越来越多的学者也开始研究基于换乘的协同优化问题。目前，大部分学者还是考虑某一运输系统内部多线协同运营问题，如城轨网络化运营问题，宁丽巧等(2016)通过描述末班车时段列车间衔接关系，建立了以总乘客换乘等待时间最小化为目标的末班车时段时刻表协同优化模型。禹丹丹等(2015)考虑换乘协同，利用城轨均匀发车的特性构建了换乘协同列车时刻表优化模型。白广争等(2016)通过优化城轨换乘站中各列车的到发时刻，使换乘旅客的换乘时间最小化。张璐(2016)基于动态客流需求，通过优化列车到发时刻来最小化旅客的等待和换乘时间。Liu 等(2020)将城轨列车时刻表、车辆衔接以及客流控制策略进行了协同优化。而对城市公交运营来说，刘志刚(2009)对城市公交系统进行了协同优化，包括运营公司、运营线路以及服务乘客三个层面。苏彩艳(2012)基于时间可靠性，以旅客换乘时间最短为目标对公交线网进行了协同优化。吴影辉等(2017)考虑对发车间隔灵敏的乘客需求、灵活的车次协同到站方式和发车时间的规则性，再次优化基于换乘协同的公交时刻表问题。司徒炳强(2011)首先确定了公交网络的重要站点，并考虑运行时间可靠性和旅客总等车时间最小来对网络公交时刻表进行优化。

同时，越来越多的学者开始对不同的交通方式协同优化问题进行研究。

蔡肇萍(2019)考虑了城轨和与其衔接的铁路站点研究城轨和铁路的时刻表协同优化。张鹏(2019)研究了高铁晚点情况下的城轨时刻表优化问题。贺玉姣(2018)通过分析高铁客流到达规律和城轨客流到达规律对跨制式换乘站点进行了客流优化控制研究。张宇石等(2009)以系统总花销最小对城市轨道交通和公交系统进行了协调优化。Hurdle(1973)、曹玮(2013)、马天山等(2013)也以系统总花销最小为目标，基于换乘站点协同优化了城市轨道交通和公共交通。杨忠振和陆婧(2012)通过分析客流到达规律，研究机场航班和机场长途大巴之间的时刻表衔接。胡婷婷(2017)考虑旅客换乘等待时间以及运营成本，协同优化了有轨电车和常规公交线路。张鹏浩(2018)考虑高铁车站与接驳公交的关系，调查了旅客乘车意愿并构建了公交车辆的优化调度模型。

3. 研究现状总结

区域中的日常交通需求随城市发展和城市人口增加而急剧上升，此时区域轨道交通因为其运载量大、准点率高、运输速度快以及路网密度大等优势属性，逐渐成为人们日常出行的首选。现有对单一交通方式的动态服务网络的研究已经取得一定成果，并且大多数研究都基于铁路货运背景，国外也有部分学者将其运用到轮渡客运研究上。交通网络的协同优化也是研究热点，大部分研究仅限于同一交通方式的单一交通网进行研究，同时现在也有部分学者开始基于换乘站点进行多制式协同优化研究。但对于包含多制式轨道交通的区域轨道交通动态服务网络协同优化研究相对较少。因此，基于时空网络理论，针对区域轨道交通中多制式轨道交通的特点和跨制式旅客出行的特性，从运营企业和旅客的角度，根据客流需求来合理调配区域轨道交通系统中多制式的轨道交通，对区域轨道交通动态服务网络进行优化设计。

7.2.2 区域轨道交通动态服务网络设计

根据前面的分析可以了解到，区域轨道交通系统目前正由发展走向成熟。在这一阶段，区域轨道交通系统中的多制式轨道交通配合协调度较差，系统运能难以得到充分发挥，再加上区域轨道交通网络上跨制式客流的存在，这些都让区域轨道交通系统的整体运营面临很大挑战。而传统的对单一方式轨道交通进行优化已经不满足现在的运营要求，因此需要对多种方式的轨道交通进行协同优化，才能充分发挥区域轨道交通系统的整体运能，而基于时空网络的动态服务网络优化设计不仅能够清晰地表达各方式轨道交通的运行时刻和运行频率，还能够在此基础上刻画乘客在区域轨道交通系统中的出行全过程，这给区域轨道交通一体化运营提供了理论支撑。

本节首先简要介绍动态服务网络及相关理论，并基于区域轨道交通中多制式轨道交通以及跨制式出行客流特性进行网络构建，使得整体网络可以表达出列车的运行和乘客的出行全过程，并基于此建立相关数学模型。

1. 动态服务网络简介

服务网络是在物理网络的基础上，通过在物理节点之间添加和设计运输服务弧，使节点与节点之间连接起来而构成的网络，服务网络由服务节点和服务弧构成。对区域轨道交通来说，服务网络的服务弧表示各方式轨道交通的列车开行，而服务节点就是车站节点。动态服务网络是在服务网络的基础上引入时间维度，在服务网络的基础上，刻画出不同运输服务弧的具体开行和到达时刻以及基于不同运输服务弧的旅客进站、搭乘、换乘和到达。动态服务网络能够展示运输服务弧的具体开行时段、开行频率以及运营周期内所有旅客的出行全过程。本节在考虑区域轨道交通的旅客出行特性的基础上，为了同时表达列车的运行状态和计划，选择动态服务网络来描述这一系列过程。

现有对动态服务网络的研究大多数是基于时空网络理论进行的。时空网络通过时间和空间的结合，得到可以有效描述和分析物理移动及时间改变的平面二维网络，在公路、铁路以及航运上都得到了成功应用。与经典的网络流理论相比，时空网络在物理网络上增加了时间的维度，可以更为直观地反映时间和空间的关系，有利于模型的建立和问题的求解(徐正和，2004)。

图 7-8 给出了物理网络以及与之对应的时空网络。

时空网络是物理网络和时间的结合，如图 7-8 所示，左边四个黑色节点是物理网络节点，物理节点间的弧线表示两点之间是否存在物理上的连接。而对时空网络来说，每一个节点都表示对应左边同一列的物理节点在某个时刻的状态，而节点与节点之间通过延迟弧和时空运行弧连接起来。对基于轨道交通构建的时空网络可以将时空运行弧理解为列车在两个车站间的运行状态，箭头指向的时空网络节点表示该列车在某时刻到达的某个车站，而箭尾连接的时空网络节点则表示该列车在某时刻从某个车站出发。延迟弧则可以表示列车在该站点的停留时间。

动态服务网络则是基于时空网络理论的应用，将时空网络理论运用到不同背景的问题下，并根据具体问题来拓展时空网络得到能够准确描述所研究问题的具体网络图。对区域轨道交通来说，区域轨道交通的动态服务网络就是用来描述基于时空网络的列车开行状态以及旅客在区域轨道交通系统中的出行全过程，包括乘车等待换乘等诸多状态。而目前的研究文献中涉及区域轨道交通这种多制式的轨道交通运输场景很少，同时现有基础时空网络虽然可以得到各服务列车的开行时刻，但是无法描述旅客在整个网络中的出行换乘情况，因此区域轨道交通动态服务网络需要对现有基础的时空网络进行修改。

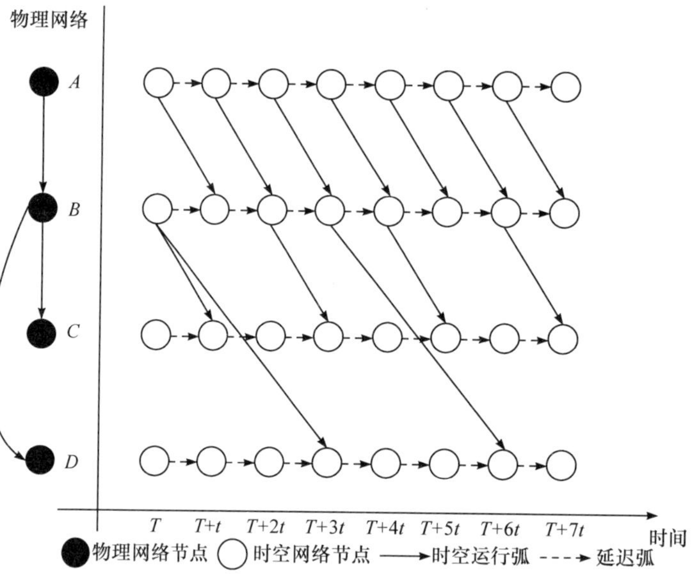

图 7-8　时空网络示意图

2. 区域轨道交通动态服务网络定义

在构建区域轨道交通动态服务网络之前，本节先将旅客在搭乘区域轨道交通的整个出行过程分成两大类，一类是旅客在车站内的出行，包括购票、安检、排队、候车以及换乘走行；另外一类则是搭乘轨道交通时的出行，只和列车的轨道交通方式相关。这样对旅客出行进行拆分以后，发现只需要增加能够描述旅客换乘的状态即可。接下来将对基础的时空网络进行拓展并将列车运行和乘客旅行分开讨论。首先，为了描述旅客在整个区域轨道交通系统中的出行情况，将时空网络中的所有时空节点进行拆分，分为进节点(IN 节点)和出节点(OUT 节点)。不同的站点之间通过列车运行弧连接起来，也就是从某一站点的 OUT 节点连接至另外一站点的 IN 节点。而同一站点的 IN 节点和 OUT 节点相连则表示列车从进站至出站的停站过程，如图 7-9 所示。

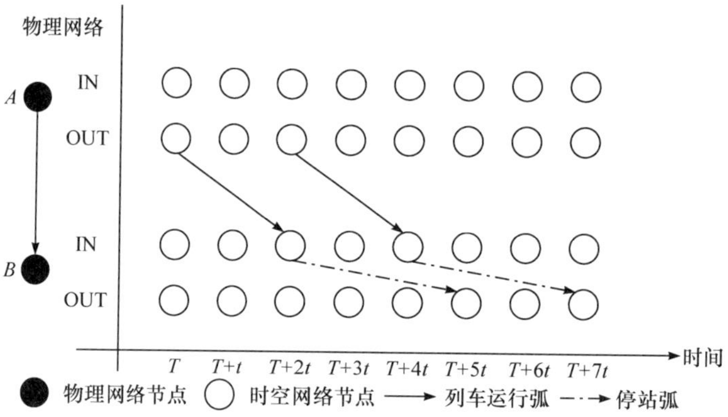

图 7-9　列车动态服务网络示意图

图 7-9 中，列车从 *A* 站 *T* 时刻出发，于 *T*+2*t* 时刻到达 *B* 站，到达 *B* 站后停留了 3*t* 时

间，于 $T+5t$ 时刻准备向另外的车站出发。同时，值得注意的是，列车运行弧的斜率并不意味着列车运行的速度，因为在网络中并未表示出两点之间的实际距离。在上述构建的列车动态服务网络中，通过将站点在时空网络中的每个点拆分，得到 IN 和 OUT 两个时空网络节点，用来更清晰地表示列车在两站之间的开行以及列车达到某站点后进行的停留。

因为所描述的区域轨道交通含有多制式的列车，而通过图 7-9 的网络构建方式无法表示多制式的列车运行弧，所以在开行多制式轨道交通列车的站点添加多制式列车运行弧来予以区别，如图 7-10 所示。图中，B 站和 C 站之间有两种方式的轨道交通运行，分别用运行弧 1 和运行弧 2 来表示。

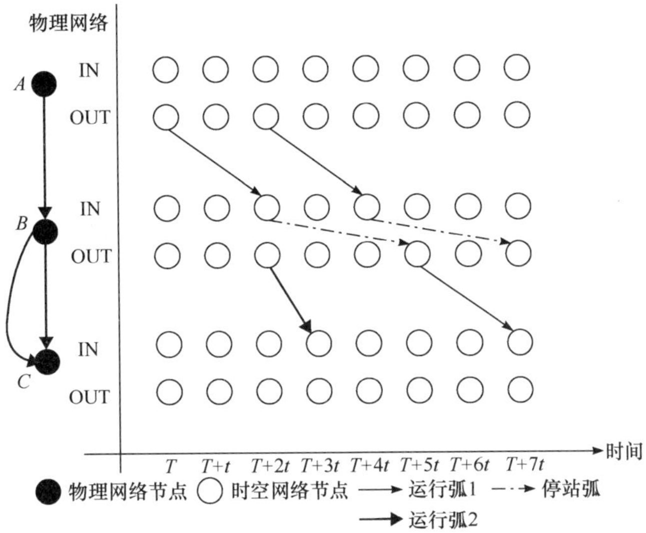

图 7-10　多制式列车动态服务网络示意图

以图 7-10 为基础，继续构建描述旅客的动态服务网络，如图 7-11 所示。在图 7-11 中，旅客通过列车运行弧从 A 站到达 B 站，假设 B 站是一个换乘站，从 A 站到达 B 站需要换乘的旅客这个时候通过换乘弧由 B 站的 IN 节点换乘至 B 站的 OUT 节点，随后再通过由 B 站 OUT 节点出发的接续列车继续出行。换乘弧是在换乘车站的 IN 和 OUT 节点之间的弧线，由换乘车站的 IN 节点指向换乘车站的 OUT 节点。值得注意的是，如果该换乘车站是多制式换乘车站，那换乘弧也会根据接续列车的不同而不同，为了更清晰明了，在图中省略了另一种方式的换乘弧。

实际上会有这样一种情况，旅客在换乘车站进行相应的换乘流程以后，由于接续列车满载或者旅客比计划发车时间提前到达车站，这时候旅客无法适时搭乘下一时刻所发的列车，这时在网络中就需要添加旅客等待弧来描述这一等待的过程。旅客等待弧由各站点的 OUT 节点根据时间顺序依次相连，如图 7-12 所示，图中旅客由 A 站出发于 $T+2t$ 时刻到达 B 站 IN 节点后通过换乘弧到达 B 站位于 $T+4t$ 时刻的 OUT 节点，这时接续列车还未到达，所以旅客需要等待至 $T+5t$ 时刻才能乘车。

如果旅客的目的站点就是 B 站点，那么当旅客乘坐列车由 A 站到达 B 站时，其旅程已经结束，这时旅客不需要进行任何换乘，只需要出站即可。因此，还需对每个车站添加

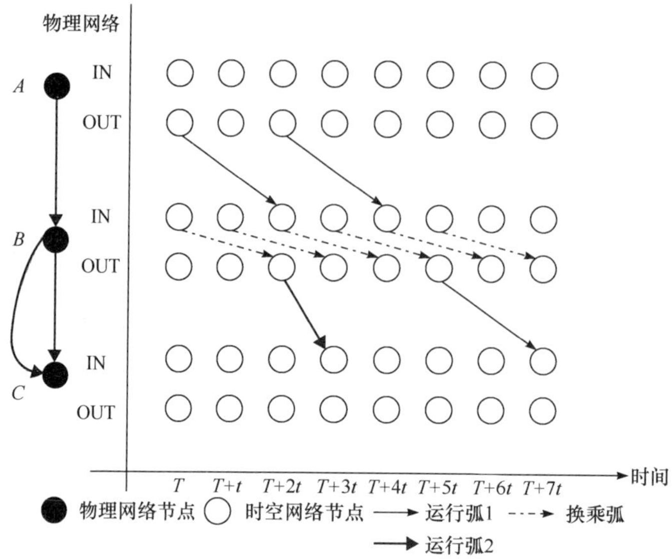

图 7-11　区域轨道交通动态服务网络示意图

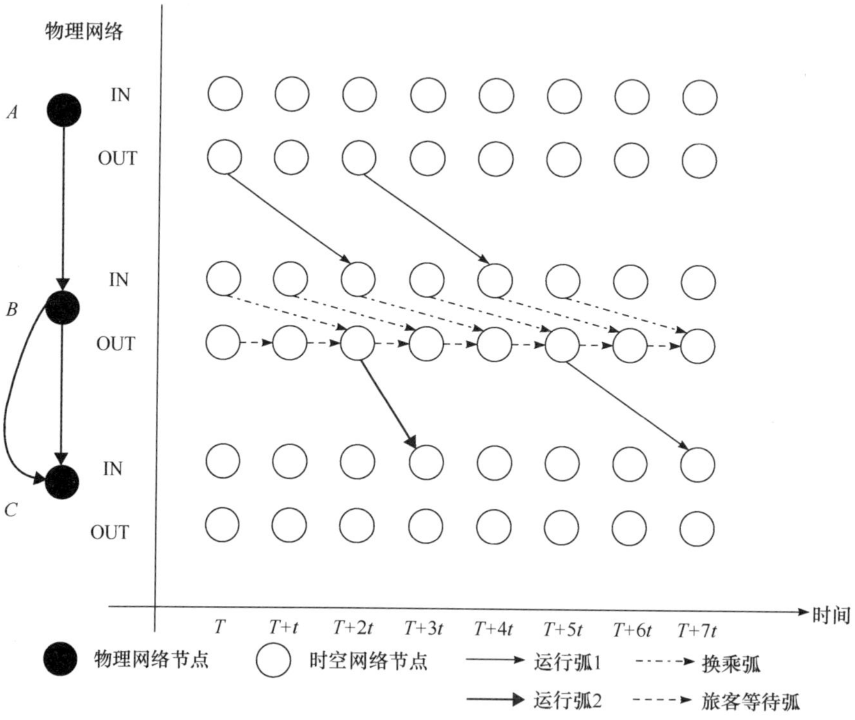

图 7-12　添加了旅客等待弧的区域轨道交通动态服务网络示意图

一个终到节点，在这里称为哑节点，并通过真实到达弧来表示旅客的真正到达，真实到达弧线将哑节点与对应车站的每个 IN 节点连接起来。如图 7-13 所示，为了便于观察省略了部分弧线。

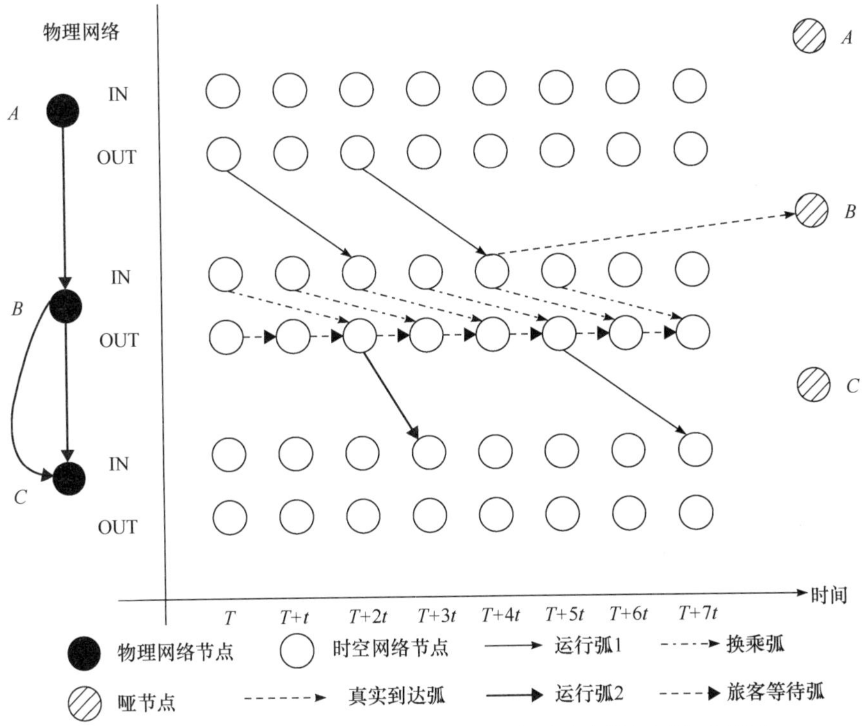

图 7-13　添加了真实到达弧的区域轨道交通动态服务网络示意图

现实中还有一种情况，旅客在选择区域轨道交通进行跨制式出行时，由于在途中遇到临时变故或者轨道交通运能不足，导致接续失败进而在轨道交通运营时间段内无法到达预期目的地，此类未在运营时段内到达目的地的旅客的数量同时反映了区域轨道交通的服务能力，因此为了在网络中表达出这类旅客的最终状态，在网络中添加虚拟到达弧如图 7-14 所示。

为了具体说明这一情况，在这里不妨假设 T+7t 为区域轨道交通的最后运营时刻，当旅客的目的地为 C 站，但是到达 B 站时已经为 T+4t 时刻，于 T+6t 时刻完成了换乘走行等相应流程，但此时已经无后续接续列车，此时通过虚拟到达弧为旅客构建一条虚拟列车通路，使得旅客最终“到达”目的地，这条虚拟到达弧为运营周期内无法真正到达最终目的地的旅客提供了一条虚拟的路径。虚拟到达弧连接的是哑节点与除自身对应站点外的所有站点的运营周期末尾的 OUT 节点，用来“运输”运营周期内无法真实到达目的地的旅客来虚拟地到达目的站点。

至此，上述构建的区域轨道交通动态服务网络基本能够描述旅客在搭乘区域轨道交通出行时的一系列过程以及列车的运行状态。总体来说网络中的节点包括如下两类：

(1) 时空网络节点。包括各站点的 IN 和 OUT 节点，分别用以表示该站点在接收和发出旅客的状态。

(2) 哑节点。通过构造的虚拟节点来表示旅客的真实到达和虚拟到达的目的站点。

时空网络弧包括如下几类。

(1) 列车运行弧。根据轨道交通方式的不同有不同的列车运行弧，列车运行弧从起始站点的 OUT 节点连接至下一站点的 IN 节点。

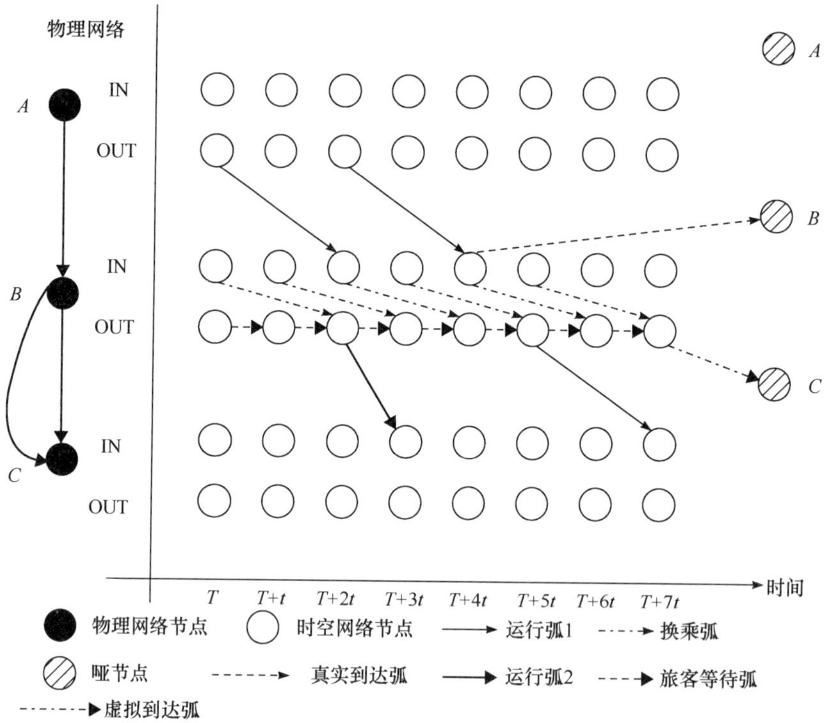

图 7-14　添加了虚拟到达弧的区域轨道交通动态服务网络示意图

(2) 停站弧。列车到达相应站点后，靠站停车，停站弧从站点的 IN 节点连接至同一站点的 OUT 节点。

(3) 换乘弧。旅客通过列车运行弧到达相应换乘站点以后，根据所换乘列车方式的不同有不同的换乘走行需求。换乘弧从站点的 IN 节点连接至同一站点的 OUT 节点。换乘弧也能表示旅客的非换乘等待状态。

(4) 旅客等待弧。旅客通过换乘走行进而候车，由于提前到达或者车辆满载无法按时乘车而产生的站内等候时间。旅客等待弧通过每个车站的 OUT 节点根据时间顺序依次相连，由时间较前的节点指向时间较后的节点。

(5) 真实到达弧。旅客由搭乘的列车运载至目的站点的 IN 节点以后，通过真实到达弧表示旅客到目的站点的出站行为。真实到达弧将站点的哑节点和该站点的所有 IN 节点相连，由 IN 节点指向哑节点。

(6) 虚拟到达弧。运营周期内的所有列车服务都无法将旅客运输至目的站点，通过虚拟到达弧来表示这部分未到目的站点的旅客。虚拟到达弧将站点运营周期末尾的 OUT 节点和除该站点外的相应站点的哑节点相连。

3. 区域轨道交通动态服务网络模型构建

1) 模型假设

(1) 大部分现有轨道交通站点接发车不存在冲突，所以假设所有车站站点接发车都不存在冲突，即可以在相同时间接收不同方向的到达列车。

(2) 对跨制式旅客来说，大多数在出行前即提前规划好出行路线以及出行方式，因此假设所有交通出行所选择的轨道交通方式提前已知。

(3) 假设车站容量上限较大，可以容纳足够多的旅客，且旅客等待弧的容量没有限制。

(4) 由于旅客对换乘次数的忍耐度有限，假设搭乘区域轨道交通的旅客最大容忍换乘次数为两次，即每个 OD 最多拥有的换乘次数为两次。

(5) 因为区域轨道交通系统庞大，而对跨制式旅客来说，其进行跨制式出行的地点大多数在多制式轨道交通换乘站点，所以会忽略部分途经站点而只保留较为重要的站点。

(6) 假设客流都是从站点的 IN 节点生成，而不是站点的 OUT 节点。

2) 目标函数

对于区域轨道交通的动态服务网络设计，需要从其运营企业以及旅客这两个主体进行分析。对区域轨道交通的运营企业来说，开行轨道交通客运服务不仅是为了提供一种社会服务，同时也希望在提供服务的基础上获得收益，在尽可能满足客运需求的基础上使用最低成本获得较高收益；而对旅客来说，当然是希望在能够按时到达目的地的情况下，出行时效高，所需费用低，交通舒适度好，尽可能缩短时间和节约费用。但是一般来说作为运输服务提供方的区域轨道交通运营企业，会首先考虑盈亏问题，故本模型的目标函数主要从运营企业出发，考虑运营成本并在此基础上再考虑旅客的额外等候时间费用。决策变量见表 7-4，因此本模型的目标函数包含以下三部分。

表 7-4　决策变量

决策变量	说明
$p_{ij}^{f,k}$	连接 ij 的 f 种类弧上的 OD 对 k 的人数，整数变量，$i,j\in S$
x_{ij}^{f}	i,j 两点之间是否存在 f 种类的列车弧，0-1 变量，$i,j\in S$

(1) 区域轨道交通运营企业的运营费用。

不同方式列车的开行会消耗不同数量的资源，所消耗资源的费用即为该方式列车开行的固定费用。区域轨道交通列车的开行固定费用如式(7-1)所示。

$$\sum_{f\in F_{\text{train}}}\sum_{ij\in S_t^f} c^f x_{ij}^f \tag{7-1}$$

式中，c^f 表示一列 f 种类列车的运营固定费用；F 表示列车种类的集合；ij 表示时空网络中的节点；S_t^f 表示 f 种类的待选列车服务弧的集合。

(2) 动态服务网络中旅客的额外等待时间费用。

旅客在进行跨制式出行中会遇到额外等待的情况，也就是经换乘走行等一切行为后在站台额外等待的时间。这段时间会让旅客产生不愉悦的出行体验，降低整体出行感受。而这段额外等待时间所产生的花销即是额外等待时间费用，如式(7-2)所示。

$$\sum_{k\in K}\sum_{f\in F_{\text{w}}}\sum_{ij\in S_{\text{w}}} c^{\text{w}} p_{ij}^{f,k} \tag{7-2}$$

式中，K 表示乘客 OD 对的集合；F_{w} 表示等待弧线类型的集合；S_{w} 表示旅客等待弧的集合；c^{w} 表示旅客的等待时间价值。

(3) 动态服务网络中旅客在运营周期内未到达目的地的惩罚费用。

部分旅客在区域轨道交通运营周期结束后还未到达目的地，这时已经没有列车可供其选择，这部分费用则是由没有到达目的地的旅客所产生的。如式(7-3)所示。

$$\sum_{k\in K}\sum_{f\in F_{\mathrm{va}}}\sum_{ij\in S_{\mathrm{va}}} Mp_{ij}^{f,k} \tag{7-3}$$

式中，K 表示乘客 OD 对的集合；F_{va} 表示虚拟到达弧线类型的集合，S_{va} 表示虚拟到达弧的集合；M 表示一个非常大的正数。

综上所述，本模型的目标函数具体表达式如式(7-4)所示。

$$\min\left(\sum_{f\in F_{\mathrm{train}}}\sum_{ij\in S_t^f} c^f x_{ij}^f + \sum_{k\in K}\sum_{f\in F_{\mathrm{w}}}\sum_{ij\in S_{\mathrm{w}}} c^{\mathrm{w}} p_{ij}^{f,k} + \sum_{k\in K}\sum_{f\in F_{\mathrm{va}}}\sum_{ij\in S_{\mathrm{va}}} Mp_{ij}^{f,k}\right) \tag{7-4}$$

3) 约束条件

(1) 列车容量约束。

每种方式的轨道交通都有不同的列车类型，不同的列车类型也有不同的载客容量，在存在列车运行弧的情况下，该弧上的旅客人数不得超过列车容量，如式(7-5)所示。

$$\sum_{k\in K} p_{ij}^{f,k} \leqslant V^f x_{ij}^f,\quad ij\in S_t^f, f\in F_{\mathrm{train}} \tag{7-5}$$

式中，K 表示乘客 OD 对的集合；V_{ij}^f 表示 f 种类列车的最大容量。

(2) 网络流平衡约束。

在每个时空节点上，流出该节点的流量应该等于流入该节点的流量。如果节点是该流量的生成节点，则流出生成节点的此流量为其生成量。如果节点是该流量的终到节点，则流入终到节点的此流量为其生成量，如式(7-6)所示。

$$\sum_{f\in F}\sum_{i,j\in S} p_{ij}^{f,k} - \sum_{f\in F}\sum_{l,i\in S} p_{li}^{f,k} = \begin{cases} B^k, & i=o(k) \\ 0, & i\neq o(k)\ i\neq e(k), \\ -B^k, & i=e(k) \end{cases} \quad \forall k\in K \tag{7-6}$$

式中，f 表示弧线的类型，包括列车弧 F、F_{transfer} 换乘弧、等待弧 F_{w}、实际到达弧 F_{a} 以及虚拟到达弧 F_{va}，$f\in F$，F 则表示所有弧线类型的集合；S 表示全部弧线的集合，$S=S_t^f\cup S_{\mathrm{transfer}}^f\cup S_{\mathrm{w}}\cup S_{\mathrm{a}}\cup S_{\mathrm{va}}$，其中 S_{transfer}^f 表示 f 种类轨道交通方式的换乘弧的集合，S_{a} 表示实际到达弧的集合，其余弧线集合在上述公式中已有描述，在此不再赘述，B^k 表示在 i 点生成的客流 OD 对 k 的人数，$o(k)$ 和 $e(k)$ 分别表示 OD 对 k 的起始节点和目的节点。

(3) 发车间隔约束。

区域轨道交通中的多制式轨道有不同的运营特征，也就包括发车安全间隔的不同。安全的发车间隔保证了列车运营的安全，同时通过压缩发车间隔也能使得网络的整体通行能力增大。区域轨道交通动态服务网络中列车发车间隔约束如式(7-7)所示。

$$\sum_{n=1-t_f}^{t_f-1} x_{(i+n)(j+n)}^f \leqslant 1, \quad q(i+n)=q(i), t_f \neq 1, \forall (i+n)(j+n) \in S_t^f, \quad f \in F_{\text{train}} \tag{7-7}$$

式中，t_f 表示 f 种类列车的最小开行时间间隔，$t_f \geqslant 1, t_f$ 为整数；$q(i)$ 表示 i 点所对应的实际车站。

(4) 决策变量逻辑约束。

$$x_{ij}^f \in \{0,1\} \tag{7-8}$$

$$p_{ij}^{f,k} \geqslant 0, \quad p_{ij}^{f,k} \text{ 为整数} \tag{7-9}$$

4) 跨制式旅客加载

虽然通过解决上述模型能够得到相应结果，但上述模型并未表示出跨制式出行旅客的一些特征。因此，本节将基于区域轨道交通特性，给出跨制式旅客的出行列车加载方案，并在此给出相应参数定义，见表 7-5。

表 7-5　加载方案中的变量

参数	说明
$f_n(k)$	OD 对 k 在出行过程中，第 n 次搭乘的轨道交通方式 $f_n(k) \in F_{\text{train}}$
transfer(f)	f 类型列车的换乘弧 $f \in F_{\text{train}}$
midstation1(k), midstation2(k)	乘客 OD 对 k 出行过程中所经过中间车站 1，中间车站 2

(1) 计划只搭乘一种列车就到达目的地的旅客。

对于在出行中只选择一种轨道交通方式的旅客，只需在起始站点进行相应的购票安检等进站即可，以一类直达单制式旅客为例来说明该加载方案，如图 7-15 所示。假设该类旅客出发站点为 A 站点，终到站点为 B 站点，预期搭乘轨道方式为轨道交通方式 1。客流产生于 T 时刻。此类旅客通过换乘弧到达位于 T+2t 时刻的 A 站 OUT 节点，此时等待至 T+3t 时刻，并通过运行弧 1 于 T+5t 时刻抵达 B 站的 IN 节点，最后通过真实到达弧抵达 B 站的哑节点。同时也会有旅客在到达 A 站的 IN 节点时由于某些原因无法搭乘由 A 站前往 B 站的列车，导致旅客一直等待至周期末尾，在实际中无法到达 B 站，因此最后通过虚拟到达弧到达 B 站的哑节点。该过程通过数学描述为式(7-10)和式(7-11)，其中 $f_n(k)$=0 表示 OD 对 k 的出行全程在第 n 次搭乘轨道交通前已经结束。

$$p_{ij}^{\text{transfer}(f_1(k)),k} = B^k, \quad \forall k \in K, ij \in S_{\text{transfer}}^f, f_2(k)=0, f_3(k)=0, i=o(k) \tag{7-10}$$

$$\sum_{ij \in S_t^f} p_{ij}^{f_1(k),k} + p_{lm}^{f,k} = B^k, \quad \forall k \in K, lm \in S_{\text{va}}, f_2(k)=0, f_3(k)=0, \\ f \in F_{\text{va}}, m=e(k), q(l)=q(o(k)), q(i)=q(o(k)) \tag{7-11}$$

其中式(7-10)表示如果起始站点有多种方式轨道交通的换乘弧可供选择，旅客只会选择其所搭乘列车所对应的换乘弧。而式(7-11)则表示旅客在搭乘列车时只会选择与换乘弧匹配的列车方式或者通过虚拟到达弧到达目的站点。

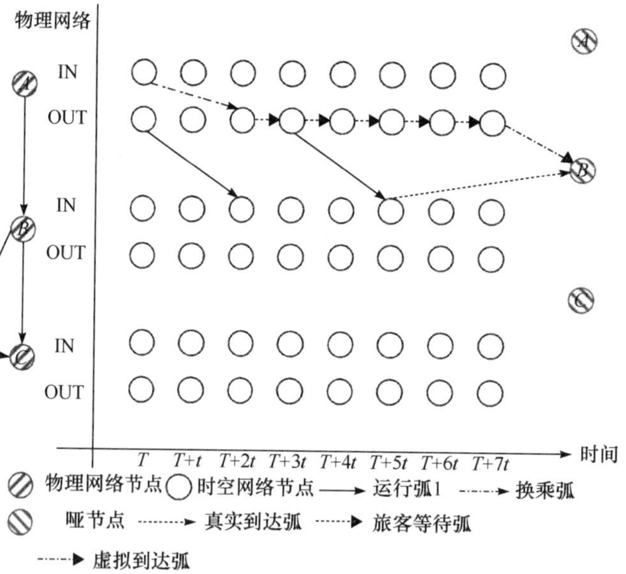

图 7-15　单制式出行旅客加载方案示意图

(2) 计划需要换乘一次到达目的地的旅客。

对于需要换乘一次到达目的地的旅客，其需要在起始站点和中间站点进行换乘，以换乘一次的跨制式旅客为例来说明该加载方案，如图 7-16 所示，该类旅客由 A 站出发，目的地为 C 站，预期搭乘方式为轨道交通方式 1 和轨道交通方式 2。该类的旅客的整体出行过程可以分为两个阶段，第一阶段由始发站点至中间站点，第二阶段由中间站点至终到站点。该类旅客第一阶段与无需换乘的旅客相同，加载方案不再赘述，用数学表达式(7-12)和式(7-13)表示。

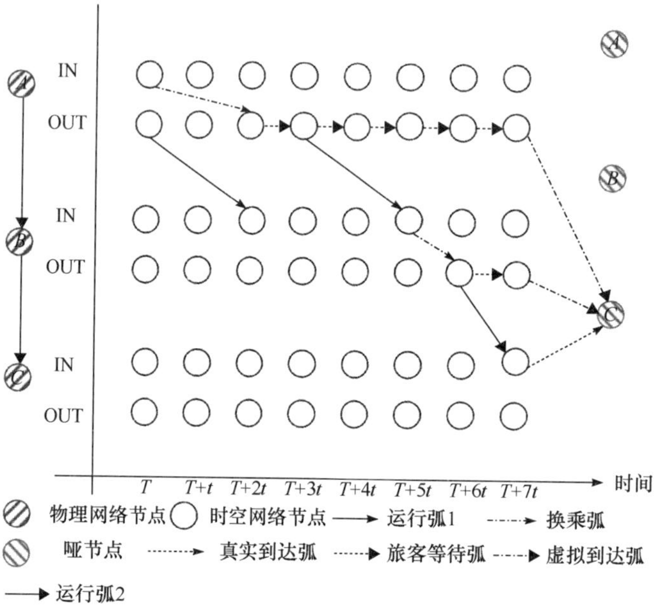

图 7-16　跨制式换乘一次出行旅客加载方案示意图

$$p_{ij}^{\text{transfer}(f_1(k)),k} = B^k, \quad \forall k \in K, i, j \in S_{\text{transfer}}^f, f_2(k) = 0, f_3(k) = 0, i = o(k) \tag{7-12}$$

$$\begin{gathered}\sum_{ij \in S_t^f} p_{ij}^{f_1(k),k} + p_{lm}^{f,k} = B^k, \quad \forall k \in K, lm \in S_{\text{va}}, f_2(k) \neq 0, f_3(k) = 0 \\ q(j) = \text{midstation1}(k), m = e(k), q(l) = q(o(k)), q(i) = q(o(k))\end{gathered} \tag{7-13}$$

第二阶段，当旅客到达中间站点后根据接下来所搭乘轨道交通方式的种类选择换乘弧，当换乘走行流程结束后如果处于轨道交通运营结尾则没有相应运行弧到达目的站点，所以此时旅客只有依靠虚拟到达弧抵达目的站点，例如，旅客在 T+6t 时刻完成了换乘作业，但此时至 C 站的列车核载人数已满，因此部分旅客只有通过等待到运营周期末尾的 T+7t 时刻，通过虚拟到达弧至目的站点 C。同时，到达该阶段的旅客总数已经不是最开始所生成的旅客数，可能在第一阶段已经有旅客无法搭乘列车而通过虚拟到达弧直接到达目的站点，因此该阶段的数学表达式为式(7-14)和式(7-15)。

$$\begin{gathered}p_{ij}^{\text{transfer}(f_2(k)),k} = p_{ij}^{f_1(k),k} \\ \forall k \in K, ij \in S_{\text{transfer}}^f, li \in S_t^f, f_2(k) \neq 0, f_3(k) = 0 \\ q(l) = q(o(k)), q(i) = \text{midstation}(k)\end{gathered} \tag{7-14}$$

$$\begin{gathered}\sum_{ij \in S_t^f} p_{ij}^{f_2(k),k} + p_{lm}^{f,k} = \sum_{i'j' \in S_{\text{transfer}}^f} p_{i'j'}^{\text{transfer}(f_2(k)),k} \\ \forall k \in K, lm \in S_{\text{va}}, q(l) = \text{midstation1}(k), m = e(k), f_2(k) \neq 0, f_3(k) = 0 \\ q(i') = q(j') = \text{midstation1}(k), q(i) = q(e(k)), q(i) = \text{midstation1}(k)\end{gathered} \tag{7-15}$$

(3) 计划需要换乘两次到达目的地的旅客。

对于换乘两次才能到达目的地的旅客，需要在起始站点以及所途径的两个中间站点进行换乘，才能到达目的站点，如图 7-17 所示。这类旅客的出行包含三个阶段，前两个阶段与只需换乘一次到达目的地的旅客相似，这里直接给出数学表达式(7-16)～式(7-19)。

$$p_{i,j}^{\text{transfer}(f_1(k)),k} = B^k, \quad \forall k \in K, i, j \in S_{\text{transfer}}^f, f_3(k) \neq 0, i = o(k) \tag{7-16}$$

$$\begin{gathered}\sum_{i,j \in S_t^f} p_{ij}^{f_1(k),k} + p_{lm}^{f,k} = B^k, \quad \forall k \in K, l, m \in S_{\text{va}}, f_3(k) \neq 0, q(i) = q(o(k)) \\ q(j) = \text{midstation1}(k), m = e(k), q(l) = q(o(k))\end{gathered} \tag{7-17}$$

$$\begin{gathered}p_{ij}^{\text{transfer}(f_2(k)),k} = p_{li}^{f_1(k),k} \quad \forall k \in K, i, j \in S_{\text{transfer}}^f, l, i \in S_t^f, f_3(k) \neq 0, \\ q(l) = q(o(k)), q(i) = \text{midstation1}(k)\end{gathered} \tag{7-18}$$

$$\begin{gathered}\sum_{i,j \in S_t^f} p_{ij}^{f_2(k),k} + p_{lm}^{f,k} = \sum_{i',j' \in S_{\text{transfer}}^f} p_{i'j'}^{\text{transfer}(f_2(k)),k} \\ \forall k \in K, l, m \in S_{\text{va}}, q(l) = \text{midstation1}(k), m = e(k), f_3(k) \neq 0, \\ q(i') = q(j') = \text{midstation1}(k), q(i) = \text{midstation1}(k), q(j) = \text{midtation2}(k)\end{gathered} \tag{7-19}$$

第三阶段，当旅客到达第二个中间站点后根据接下来所搭乘轨道交通方式的种类选择换乘弧，换乘走行流程结束后，如果处于轨道交通运营结尾则没有相应运行弧到达目的站点，此时旅客只有依靠虚拟到达弧抵达目的站点。例如，旅客在 C 站的 T+6t 时刻完

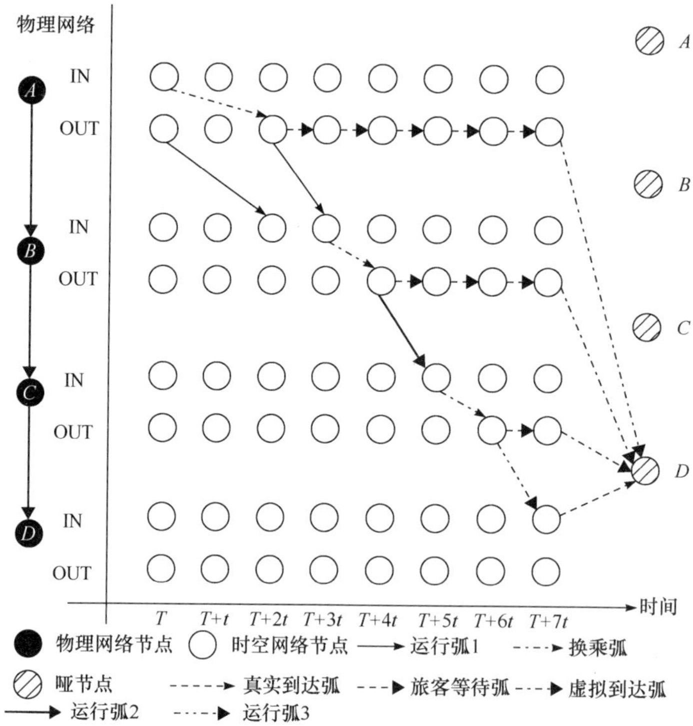

图 7-17　跨方式换乘两次出行旅客加载方案示意图

成了换乘作业，但此时的至 D 站的列车核载人数已满，因此部分旅客只有通过等待到运营周期末尾的 $T+7t$ 时刻，通过虚拟到达弧至目的站点 D。同时，到达该阶段的旅客总数已经不是最开始所生成的旅客数，可能在第一阶段和第二阶段已经有旅客无法搭乘列车而通过虚拟到达弧直接到达目的站点，因此该阶段的数学表达式为式(7-20)和式(7-21)。

$$
\begin{aligned}
&p_{ij}^{\text{transfer}(f_3(k)),k} = p_{li}^{f_2(k),k}, \quad \forall k \in K, i, j \in S_{\text{transfer}}^{f}, l, i \in S_t^f, f_3(k) \neq 0, \\
&\qquad\qquad q(l) = \text{midstation1}(k), q(i) = \text{midstation2}(k) \\
&\sum_{i,j \in S_t^f} p_{ij}^{f_2(k),k} + p_{lm}^{f,k} = \sum_{i',j' \in S_{\text{transfer}}^f} p_{i'j'}^{\text{transfer}(f_2(k)),k} \\
&\forall k \in K, l, m \in S_{\text{va}}, q(l) = \text{midstation1}(k), m = e(k), f_2(k) \neq 0, f_3(k) = 0, \\
&q(i') = q(j') = \text{midstation1}(k), q(i) = q(e(k)), q(i) = \text{midstation1}(k)
\end{aligned}
\tag{7-20}
$$

$$
\begin{aligned}
&\sum_{i,j \in S_t^f} p_{ij}^{f_3(k),k} + p_{lm}^{f,k} = \sum_{i',j' \in S_{\text{transfer}}^f} p_{i'j'}^{\text{transfer}(f_3(k)),k} \\
&\forall k \in K, l, m \in S_{\text{va}}, q(l) = \text{midstation2}(k), m = e(k), f_3(k) \neq 0, \\
&q(i') = q(j') = \text{midstation2}(k), q(i) = \text{midstation2}(k), q(j) = q(e(k))
\end{aligned}
\tag{7-21}
$$

7.2.3　案例分析

1. 小算例验证

图 7-18 给出了算例路网的物理结构，包含四个车站，三种轨道交通方式，其中 A 站和 B 站之间开行轨道交通方式 1 的列车，B 站和 C 站之间开行轨道交通方式 2 的列车，

B 站和 D 站之间开行轨道交通方式 3 的列车，C 站和 D 站之间开行轨道交通方式 1 的列车。

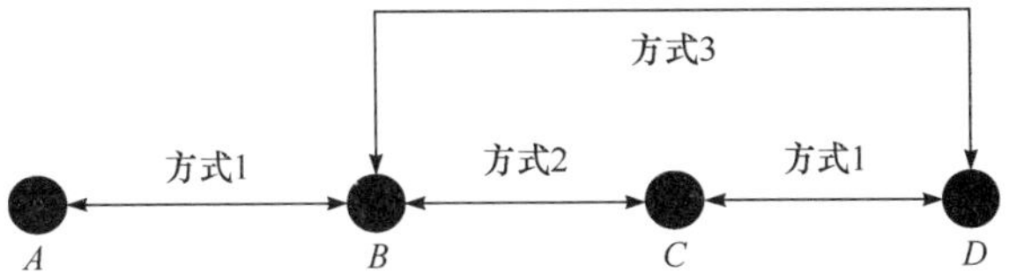

图 7-18　小算例路网结构

假设各方式轨道交通最大载客量不相同，最小发车间隔不同，每个站点之间运行时间不同，见表 7-6，其中搭乘方式 1 需要换乘走行 3min，搭乘方式 2 需要换乘走行 6min，搭乘方式 3 需要换乘走行 9min。表 7-7 也给出了所需旅客的 OD 需求数据，在此算例中的运营周期为 30min，离散时间间隔为 3min。其中列车开行费用统一为 120min，旅客等待时间价值为每分钟 0.3/人，惩罚系数 M 为 1000。

由于所构建的模型约束为线性约束，并且目标函数也为线性形式，所以基于上述数据，本算例在 CPU 为 Intel(R)Core(TM)i5-8300H 2.30GHz，内存为 16GB，操作系统为 Windows10 的 64 位电脑上采用通用代数建模系统(the general algebraic modeling system，GAMS)编程，并调用 Cplex12.7 对所提出的模型进行求解，经过不到 1s 的计算得到了模型最优解，该算例的区域轨道交通动态服务网络见表 7-8。目标函数总花销为 1248333min，周期内所有旅客的总等待时间为 14919min，周期末实际到达 640 人，未到达旅客为 1240 人。

表 7-6　小算例中各轨道交通方式特性

运行区间	轨道交通方式	运行时间/min	最小发车间隔/min	最大载客能力/人
A-B	方式 1	6	3	150
B-C	方式 2	12	6	120
B-D	方式 3	15	9	100
C-D	方式 1	9	3	150

表 7-7　小算例中 OD 旅客需求数据

<table>
<tr><th>OD</th><th>计划交通方式</th><th>需求量</th><th>生成时间/min</th></tr>
<tr><td>A-B</td><td>1</td><td>10</td><td rowspan="9">分别在 0min、6min、12min、18min 生成需求</td></tr>
<tr><td>A-C</td><td>1-2</td><td>40</td></tr>
<tr><td rowspan="2">A-D</td><td>1-2-1</td><td>50</td></tr>
<tr><td>1-3</td><td>20</td></tr>
<tr><td>B-C</td><td>2</td><td>20</td></tr>
<tr><td rowspan="2">B-D</td><td>2-1</td><td>20</td></tr>
<tr><td>3</td><td>60</td></tr>
<tr><td>C-D</td><td>1</td><td>15</td></tr>
</table>

表 7-8　小算例求解结果

运行区间	方向	始发终到时刻	运载人数
A-B	*A* 至 *B*	3min-9min	120
		9min-15min	115
		12min-18min	5
		15min-21min	50
		18min-24min	70
		21min-27min	61
		24min-30min	145
	B 至 *A*	6min-12min	10
		12min-18min	10
		15min-21min	92
		21min-27min	9
		24min-30min	45
B-C	*B* 至 *C*	6min-18min	40
		18min-30min	104
	C 至 *B*	6min-18min	60
		12min-24min	60
		18min-30min	120
B-D	*B* 至 *D*	15min-30min	100
	D 至 *B*	15min-30min	100
C-D	*C* 至 *D*	9min-18min	18
		12min-21min	12
		18min-27min	15
		21min-30min	75
	D 至 *C*	3min-12min	85
		9min-18min	125
		15min-24min	9
		18min-27min	11
		21min-30min	150

根据计算结果发现，本算例计算周期内共生成 1880 条旅客需求，周期末尾满足了30%左右的旅客需求，还有 70%左右旅客需求在计算周期内无法满足，这是因为在此算例中的计算周期为 30min，但在周期过半的 18min 还在生成客流 OD，这导致在周期末尾大部分客流仍旧在旅途中，同时通过给出数据发现以 *A* 站和 *D* 站为例，其站点之间仅通过轨道交通运行时间就需要 27min，基本等于计算周期。

通过分析旅客出行过程可以发现，周期网络中旅客在换乘走行上花销的时间为16884min，而旅客的总旅行时间为 16800min，在区域轨道交通动态服务网络中旅客的换乘走行时间几乎和旅客的搭乘旅行时间一致。区域轨道交通动态服务网络不仅可以通过协调各轨道交通方式的开行来优化，还能够通过在换乘站点对跨制式换乘流程进行优化，换乘流程也是影响整体服务网络的关键之一。当本算例中的所有换乘走行时间都改为 3min 时，目标函数值求得为 1027835，较未更改前减少了 17%左右，而整体旅客的旅行时间为 20280min，换乘时间为 9570min，周期内未到达旅客为 1020，都较未更改前有比较显著的改善。

通过小算例的计算，不仅验证了前面所提出模型的有效性，还得出了以下结论：区域轨道交通动态服务网络的优化不仅需要协同各轨道交通方式的开行，还需要优化跨制式之间的换乘走行流程。

2. 大算例验证

1) 算例介绍

为进一步说明模型的有效性，以成渝地区区域轨道交通系统作为背景设计数值实验。成渝区域目前包含多制式的轨道交通，图 7-19 是成渝区域轨道交通简化示意图，略有删减和改动。

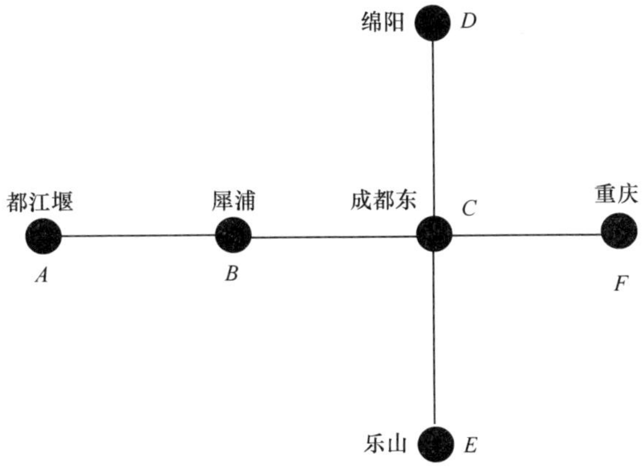

图 7-19　成渝区域轨道交通网络简化示意图

图 7-19 中省略了部分途经站点，共包含 6 个站点，4 种轨道交通方式。表 7-9 给出本算例所考虑的所有旅客 OD 需求数据。

表 7-9　大算例中旅客 OD 需求数据

起始	终到					
	都江堰	犀浦	绵阳	成都东	乐山	重庆
都江堰	—	967	—	217	—	—
犀浦	845	—	76	458	68	69
绵阳	—	64	—	267	139	76
成都东	247	526	967	—	319	3238
乐山	—	56	46	293	—	35
重庆	—	—	—	3689	—	—

在图 7-19 所示算例中，各站点之间的轨道交通方式见表 7-10。

对于各方式的换乘弧，因为犀浦站属于“安检互信，同台换乘”，所以在犀浦站进行的跨制式换乘作业设定为 2min。通过城轨到达成都东站向城际和国铁换乘，因为其出发大厅都在成都东站内，所以换乘作业时间应该一致，通过调查将其设定为 10min，而通过城际和国铁干线同城轨换乘的安检等级向下兼容，换乘作业时间取 2min。其中国铁干线运营成本设为 18000 元/列，城际铁路运营成本设为 18000 元/列，市域铁路运营成本设为 15000 元/列，城轨的运营成本为 10000 元/列，计算周期设定为 1h，离散时间间隔为 2min，其余参数与小算例一致。同时为了保证在计算周期内所发出的列车都能到达目的地，在模型构建中将时间维度拓展 2.5h。

表 7-10　大算例中各轨道交通方式特性

运行区间	轨道交通方式	运行时间/min	平均最小发车间隔/min	最大载客能力/人
A-B	市域铁路	20	8	550
B-C	城市轨道交通	46	2	1470
C-D	城际铁路	40	10	620
C-E	城际铁路	50	10	620
C-F	国铁干线	90	10	620

2) 基于拉格朗日松弛的模型求解算法设计

面向实际中的大规模路网以及实时加载的客流数据，网络设计问题在求解中存在很多挑战，在此参考 Lu(2020)的路网求解方法，给出基于拉格朗日松弛的求解算法。首先引入拉格朗日松弛乘子 λ_{ij}^{f}，将同时存在 x_{ij}^{f} 和 $p_{ij}^{f,k}$ 的复杂约束松弛到目标函数中，得到拉格朗日松弛的目标函数(7-22)。松弛以后目标函数(7-22)的约束条件为式(7-5)～式(7-19)。

$$\begin{aligned}\min&\left(\sum_{f\in F_{\text{train}}}\sum_{i,j\in S_t^f}c^f x_{ij}^f+\sum_{k\in K}\sum_{f\in F_{\text{w}}}\sum_{i,j\in S_{\text{w}}}c^{\text{w}}p_{ij}^{f,k}+\sum_{k\in K}\sum_{f\in F_{\text{va}}}\sum_{i,j\in S_{\text{va}}}Mp_{ij}^{f,k}\right)\\&+\sum_{i,j\in S_t^f}\sum_{f\in F_{\text{train}}}\lambda_{ij}^f\left(\sum_{k\in K}p_j^{f,k}-V^f x_{ij}^f\right)\end{aligned}\tag{7-22}$$

将松弛后新的目标函数重新整理，得到式(7-23)。再观察约束条件发现约束(7-8)和约束(7-7)只与 x_{ij}^{f} 有关，而约束(7-6)和约束(7-9)～约束(7-19)只与 $p_{ij}^{f,k}$ 有关，因此可以将松弛后模型分为只关于 x_{ij}^{f} 的分配模型和只关于 $p_{ij}^{f,k}$ 的最小费用路径问题两个独立模型。

$$\begin{aligned}\min&\left(\sum_{k\in K}\sum_{f\in F_{\text{w}}}\sum_{ij\in S_{\text{w}}}c^{\text{w}}p_{ij}^{f,k}+\sum_{k\in K}\sum_{f\in F_{\text{va}}}\sum_{ij\in S_{\text{va}}}Mp_{ij}^{f,k}\right)+\sum_{k\in K}\sum_{ij\in S_t^f}\sum_{f\in F_{\text{train}}}\lambda_{ij}^f p_{ij}^{f,k}\\&+\left(\sum_{f\in F_{\text{train}}}\sum_{in\in S_t^f}c^f x_{ij}^f-\sum_{ij\in S_t^f}\sum_{f\in F_{\text{train}}}\lambda_{ij}^f V^f x_{ij}^f\right)\end{aligned}\tag{7-23}$$

两个独立模型可以分别求解以减少计算困难，但约束(7-5)被松弛，导致松弛问题所求的解不一定为可行解，具体表现为旅客所被分配的乘车路径可能不存在。为了解决这一不可行解的问题，此处设计一个求可行上界的规则，将松弛后所求得到的 x_{ij}^{f} 代入原问题(7-4)，因为此时所求得的 x_{ij}^{f} 已满足约束(7-8)和约束(7-7)，所以再通过 GAMS 求解时即可省略这两个约束，这样所求得解作为上界可行解。

算法流程图如图 7-20 所示，算法具体步骤如下。

步骤 1：初始化。设置 $\lambda_{ij}^{f^0}=0$，循环迭代次数 $t=1$，$\theta=2$，$\mathrm{UB}^0=+\infty$，$\mathrm{LB}^0=-\infty$；将迭代终止条件设定为循环次数超过某个值或上下界之间差值小于设定值。

步骤 2：求解拉格朗日松弛问题。利用 GAMS 中的 Cplex 求解式(7-2)，得到 LB^t，此时更新获得下界 $\mathrm{bestLB}=\max\{\mathrm{LB}^{t-1},\mathrm{LB}^t\}$，并计算次梯度 $s_{ij}^{ft}=\sum_{k\in K}p_{ij}^{f,k}-V^f x_{ij}^{f}$。

步骤 3：更新上界。将所求得的 x_{ij}^{fk} 代入包含约束(7-5)、约束(7-6)～约束(7-19)的原目标函数(7-4)更新可行上界 $\mathrm{bestUB}=\min\{\mathrm{UB}^{t-1},\mathrm{UB}^t\}$，并求出上界和下界之间的差值 $\mathrm{gap}^t=\mathrm{bestUB}-\mathrm{bestLB}$。

步骤 4：更新拉格朗日乘子。$\lambda_{ij}^{ft}=\max\left\{0,\lambda_{ij}^{f(t-1)}+\theta\dfrac{\mathrm{gap}^t}{\left\|s_{ij}^{ft}\right\|^2}s_{ij}^{ft}\right\}$。

步骤 5：判断终止条件，若满足则终止计算输出计算结果，若不满足则设置 $t=t+1$ 返回步骤 2。

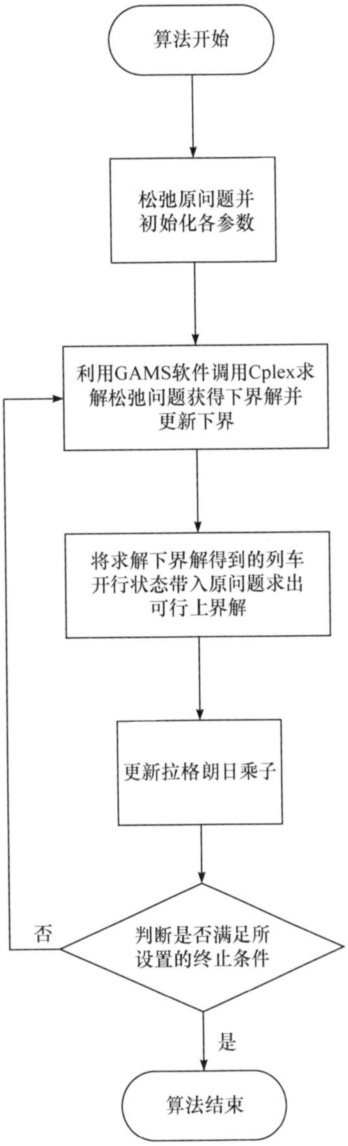

图 7-20　拉格朗日松弛算法流程图

首先为验证算法可行性，利用该算法对上述小算例进行求解。设置迭代次数最大 100 次获得图 7-21 所示的上界下界变化过程。

从图 7-21 可以看出，上界和下界随着迭代次数的增加逐渐趋于最优解，与直接使用 GAMS 软件调用 Cplex 求解出来的结果非常接近，见表 7-11。说明拉格朗日松弛算法可以通过迭代一定次数将上下界限趋近于一个可接受的差值范围。随着模型规模的扩大，GAMS 的建模时间会加长，而 Cplex 的求解速度会下降，在面对大型路网的实际问题中，使用拉格朗日松弛算法可以在设定求解时间或迭代条件限制下获得较优的结果。

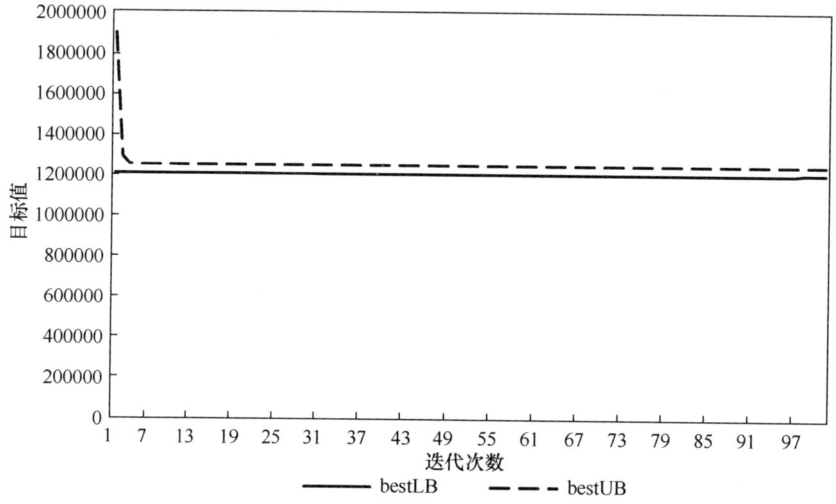

图 7-21　小算例下算法收敛结果

表 7-11　小算例中的算法求解上下界

上界	下界	最优解	与最优解的差距
1248250	1208777	1248333	<3%

3) 求解结果

同样在 GAMS 软件中利用基于拉格朗日松弛求解算法对大算例问题模型进行求解，设置终止条件为迭代次数，等于 200 次，此时问题的上下界如图 7-22 所示。

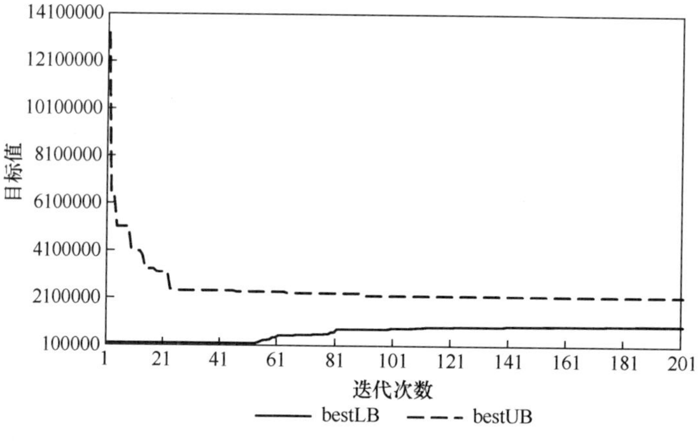

图 7-22　大算例算法收敛结果

从图 7-22 中可以看到，算法经过 200 次迭代退出，此时的拉格朗日松弛上界和下界的间隔为 14.52%，上界在迭代初期的收敛速度较快，当迭代次数越大时，其收敛速度变慢。在实际应用中如果精准度要求不高，减少迭代次数也能获得不错的结果，此时的拉格朗日松弛算法下所求目标函数的最小结果是本次求解过程中的最优解，求解结果见表 7-12。

表 7-12　大算例求解结果

运行区间	方向	始发终到时刻	运载人数
都江堰—犀浦	都江堰至犀浦	6min-26min	550
		14min-34min	434
		22min-42min	200
	犀浦至都江堰	10min-30min	550
		18min-38min	295
		22min-42min	247
犀浦—成都东	犀浦至成都东	2min-48min	227
		8min-54min	100
		26min-72min	200
		44min-90min	217
		58min-104min	653
	成都东至犀浦	10min-56min	1035
		12min-58min	247
		52min-98min	64
成都东—绵阳	重庆至成都东	10min-100min	620
		20min-110min	620
		30min-120min	620
		40min-130min	620
		50min-140min	620
		60min-150min	589
		10min-100min	620
		20min-110min	620
		30min-120min	620
		40min-130min	620
		60min-150min	620
	绵阳至成都东	10min-50min	546
	成都东至绵阳	50min-90min	620
乐山—成都东	乐山至成都东	18min-68min	430

求得的目标函数为 2199570，绝大部分费用是旅客未能到达所产生的惩罚费用，并且在结果中发现 90%的旅客通过搭乘并换乘的方式到达了目的地，而未能到达旅客中大部分是跨制式出行的旅客，其原因是在跨制式出行中，到达换乘站点时可能已经没有接续列车，超出了 1h 的计算周期。为了提高旅客在运营周期内的到达率，可以通过相应减少跨制式换乘时间，使旅客避免错过后续接续列车，通过运营企业的协同配合，避免重复安检，优化跨制式换乘流线，可以使旅客到达率上升。同时，在此算例中由于跨制式旅客的预期

旅行时间比在此算例中的计算周期长，这也是周期末尾有旅客未能到达的原因之一。

4) 求解结果评估

针对模型的求解结果，通过构建的区域轨道交通动态服务网络评价指标体系对所求解得到的动态服务网络进行评价分析。

(1) 整体网络评价。

将所求结果的各项指标进行汇总，并用跨制式旅客换乘等待时间和单制式旅客额外等待时间来表示时效性，用开行整体费用来表示动态服务网络的经济性，用运到旅客占比来表示可靠性，通过优化后的动态服务网络和未被优化的周期性发车的动态服务网络进行评价分析，见表 7-13，为了更直观地看出差异，将表 7-13 中前三组数据绘制为柱形图，如图 7-23 所示。

表 7-13　动态服务网络整体评价结果

动态服务网络	整体开行费用/元	跨制式旅客换乘等待时间/min	单制式旅客等待时间/min	运到旅客占比/%
优化后	422000	51226	245324	89.2
优化前	1706000	44408	143494	95.5

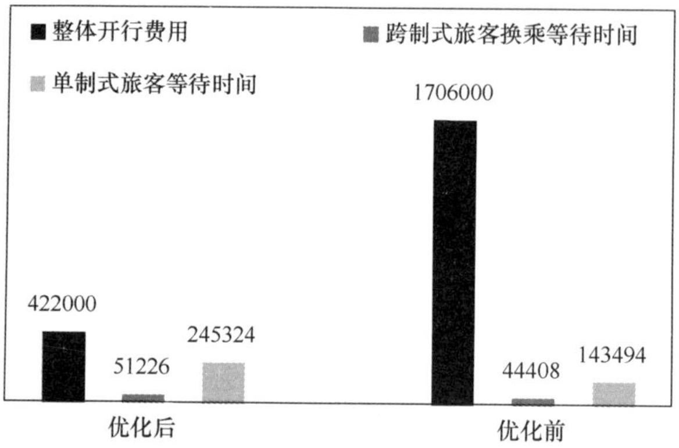

图 7-23　动态服务网络结果对比

由表 7-13 可以看出，经过优化设计后的区域轨道交通动态服务网络整体运营费用较优化前下降 75%左右，大大节约了运营企业的运营成本。同时跨制式旅客的等待时间却只增长了 15%左右，而单制式旅客等待时间增长了较多，增长了 70%，经过时间换算，按旅客时间价值 0.3(人 · 分钟)$^{-1}$ 计算，较优化前的旅客等待时间价值，优化后的旅客等待时间价值增加了 32462.4 左右，与整体开行费用相比，仅占节约开行费用的 2%左右，可见优化后的区域轨道交通动态服务网络在运营层面是可以接受的。同时，运营费用的优化，导致部分列车班次调整，部分旅客在周期内无法到达目的地，网络可靠性下降了 5.7%，但依然保持在 90%左右，因此优化后的动态服务网络可靠性依然可以接受。跨制式出行旅客的等待时间增长幅度较小，表明在优化后的区域轨道交通动态服务网络，可以通过减少大量不必要的轨道交通服务来保证运营企业的利益和旅客的出行需求。单制式出行旅客的等待时间增长较明显，则表明在模型中通过舍弃部分旅客的出行需求来使得广义费用变小，而在实际运营中，运营企业可以在此优化后的动态服务网络的基础上针对性地向某些站点之间加开列车服务，在保证运营成本的基础上更多地满足旅客出行需求。

(2) 各出行需求旅客的评价。

对于不同出行需求的旅客，其等待时间的变化情况见表 7-14。

表 7-14　从各出行需求旅客角度的评价结果

旅客出行需求	跨制式与否	跨制式等待时间变化/min			单制式等待时间变化/min		
		优化前	优化后	变化	优化前	优化后	变化
A-B	否	—	—	—	4874	2540	–2334
B-A	否	—	—	—	3470	4320	850
A-C	是	1022	3660	2638	—	—	—
C-A	是	1482	5622	4140	—	—	—
B-C	否	—	—	—	0	3000	3000
C-B	否	—	—	—	0	1808	1808
B-D	是	4904	7504	2600	—	—	—
D-B	是	0	0	—	—	—	—
B-E	是	272	7072	6800	—	—	—
E-B	是	5600	5600	—	—	—	—
B-F	是	3036	138	–2898	—	—	—
C-D	否	—	—	—	3400	44176	40776
D-C	否	—	—	—	0	0	0
C-E	否	—	—	—	200	24912	24712
E-C	否	—	—	—	800	1144	344
D-F	是	7296	0	–7296	—	—	—
C-F	否	—	—	—	54100	86774	32674
F-C	否	—	—	—	76650	76650	—
D-E	是	13344	14178	834	—	—	—
E-D	是	4232	4232	0	—	—	—
E-F	是	3220	3220	0	—	—	—

由表 7-14 可以发现，大部分旅客需求的总等待时间在动态服务网络优化后增加，这是由于优化模型是以运营费用为主的广义费用最小为目标来进行优化的，优化后部分轨道交通服务的提供时间改变，导致旅客等待时间增加。而旅客的人均等待时间如图 7-24 所示，大部分都是在 10min 左右，是旅客可以接受的范围。但有极小部分旅客需求的人均等待时间增加超过了 60min，包括 *B-E*、*C-D* 和 *C-E* 这三类旅客需求。通过观察发现，

求解结果中 C-D 和 C-E 的列车较少，在实际运营中为了避免这种情况的发生，需要在这些轨道交通站点之间加开相应列车，满足旅客出行需求来尽量减少此类旅客的等待时间。而 B-F 和 D-F 这两类旅客的人均等待时间降低了超过 40min，证明优化后的动态服务网络满足了该类大需求旅客的出行需求。

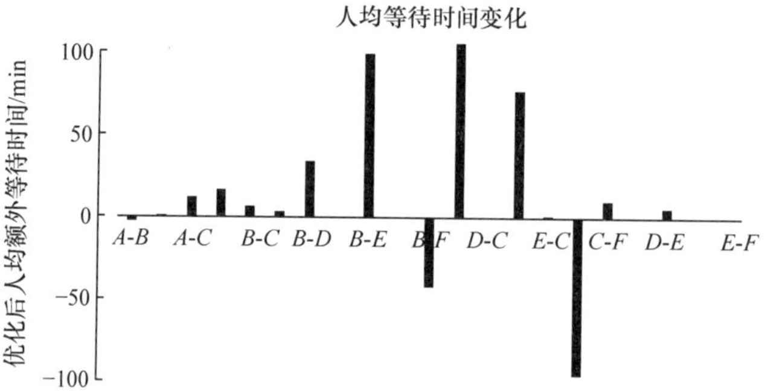

图 7-24　优化后人均等待时间变化

区域轨道交通动态服务网络的优化设计以运营企业为主体，并考虑了旅客的等待时间等，在此基础上经过验证评估，发现对运营企业的整体网络层面来说，该优化设计模型能够协调区域轨道交通系统中的多制式轨道交通，通过优化后的区域轨道交通动态服务网络，能够大幅度降低各运营企业的运营支出，促进各方式轨道交通运营企业的协作运营，有一定实用价值。但是从旅客的角度出发，优化后的动态服务网络由于调整了部分轨道交通方式的开行而导致不同需求的旅客等待时间有不同程度的变化，在实际运营中可以根据优化后的动态服务网络再进行二次调整。

7.2.4　区域轨道交通动态服务网络评估研究

1. 区域轨道交通动态服务网络分析

区域轨道交通动态服务网络具有一定的封闭性，即在生产过程中基本与区域内其他交通方式和服务相对隔离，因此对运营企业和旅客来讲会形成不同的感知。

首先，从运营的角度来看，区域轨道交通动态服务网络具有涉及部门多、生产环节多、技术性强等特性。要保证服务能力，必须按照一定的标准执行，确保各部门的正常运作和相互之间的高度协调，以及各生产环节的连续性和流畅性。

其次，从旅客的角度来看，旅客在进入区域轨道交通系统、进行出行的过程中，直接影响其服务感受的有可见因素和不可见因素两部分内容，如图 7-25 所示。可见因素是展示在旅客面前的，包括周围环境、工作人员，以及周边旅客；隐蔽因素是由不能直接看见的组织和系统组成的。

区域轨道交通动态服务网络的无形性导致不能像对待普通商品那样对其进行客观的评价，因此对旅客来说，旅客会从服务环境中寻找有利于判断服务水平的有形提示物。例如，旅客通过站点内换乘便捷程度以及出站路牌指引清晰度等对服务能力和水平做出评价；又如，旅客会根据换乘等待时间的多少来对区域轨道交通动态服务网络的服务水平进行评价。区域轨道交通服务能力不可见因素主要是指运输组织过程和相关的系统。

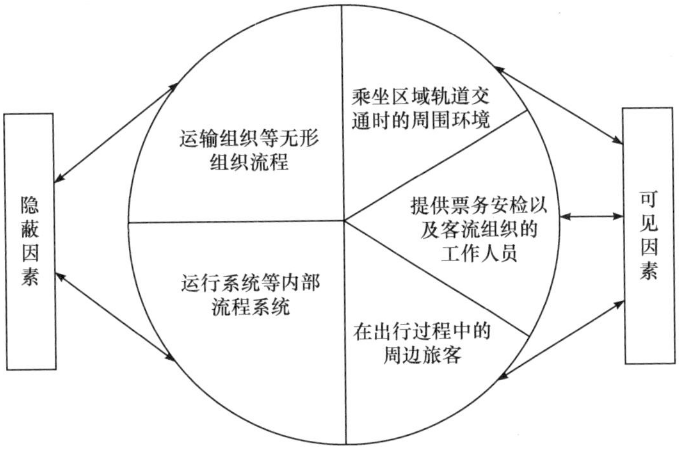

图 7-25　影响旅客感知的因素

这些组织过程和系统反映了服务的原则、规范及运输组织的流程等。尽管它们对旅客来说是不可见的，但其运作和执行的效果对旅客的服务能力感受具有深远的影响。对运营企业来说，其可能从运营成本和运营收入之间的差值来判断所提供动态服务网络的服务水平。

区域轨道交通动态服务网络是运输产品的具体体现，与其他实物产品相比，它有一定特殊性，这些特殊性决定了区域轨道交通动态服务网络的服务能力与一般实物产品质量存在不同，主要表现在以下这几个方面：一是难以定量化，二是对不同旅客来说同一动态服务网络的感知有差异性。由于区域轨道交通动态服务网络服务的特殊性，伴随产生了服务的主观性、异质性和波动性等特性，具体表述如下。

(1) 主观性。动态服务网络的无形性导致旅客很难客观评价运营企业的服务能力，使旅客对动态服务网络的评价没有可依赖的对象和评价标准，旅客期望与实际绩效感知的对比带有较强的主观性。同一旅客在不同环境下或者不同旅客在相同环境下对同一服务的感知质量是不同的，也就是说服务能力在一定程度上取决于旅客个人的主观感受。

(2) 异质性。由于动态服务网络包含列车实时始发终到以及站内换乘，是旅客和运营企业运营管理之间的互动，因此不同的旅客所体验到的服务及获得的服务感知是不同的，即服务能力会由于运营企业和旅客双方的个人因素产生波动。区域轨道交通动态服务网络的服务波动源于服务人员、旅客和环境三种因素。其中，旅客对服务能力的感知受个人素质、偏好情况等影响而有较大差异；同时，旅客还易受其他旅客的行为和表现的影响；环境因素，如换乘通道的长度，旅客排队买票的等候时间，旅行过程中列车的载客率以及稳定性等，也会影响乘客对服务的评价。

(3) 波动性。动态服务网络是根据实时客流进行相应调整的，当有突发事件或者大客流产生时，运营企业根据客流需求来调配车辆使用，进行车辆到发时刻以及停站时间调整。同时依靠等级较高的轨道交通较为固定的时刻表来进行低等级轨道交通的衔接调整。

对区域轨道交通动态服务网络来说，其包含了旅客的入站、换乘、乘车以及到站四个步骤，同时也包含了各方式轨道交通列车的实时运行状态。如果只是从旅客自身的角度出发对其进行评价较为片面，而如果只考虑运营企业又不够人性化，所以评价指标的选取和构建显得尤为重要。因此，对区域轨道交通动态服务网络不仅要从动态服务网络整体来进行评价，还要针对不同出行需求的客流进行评价。

2. 区域轨道交通动态服务网络评价指标体系研究

评价是指评定价值的高低，即评价主体根据一定的评价标准对评价客体做出有无价值及价值大小判断的观念活动。一般而言，评价就是按照确定的目标，通过对被评价对象的系统分析，测定被评对象的相关属性并将其转变为主观效用的过程，即明确价值的过程。所以，评价工作包括两个基本点：①在评价目标的指导下，对被评价对象进行系统分析，确定评价指标体系及相应的权重体系：②对被评对象的有关属性进行测定，并将其转化为评价者的主观效用。因此，评价是主观、客观相结合的过程，是决策者进行决策的基础。

1) 评价指标体系建立原则

由于区域轨道交通本身就是一个非常庞大而复杂的系统，而在此物理网络的基础上进行构建的动态服务网络包含的信息更为庞大。动态服务网络的服务能力除了包括最基本的列车开行这一主要服务，还应当包括乘客乘车的这一服务过程以及在车站路网内等候的过程等。所以，对区域轨道交通动态服务网络的评价应当包含网络本身所提供的服务以及乘客所感知的服务。

对区域轨道交通运营企业本身来说，动态服务网络是所提供服务的集中体现，优质的动态服务网络设计基于资源的高效利用来提供高质量的运输服务。动态服务网络规定了在决策周期内系统所开行列车数量、开行间隔、运行时间以及停站时间等基本因素，这些因素共同作用，相互影响动态服务网络的整体运行情况。而如果运营企业只考虑旅客的运输需求而忽略了自身的运营收入情况，运营企业则会入不敷出，从而导致服务质量下降，动态服务网络内各方式轨道交通的开行数量等难以维持在一个合适的水平，这同时也会导致旅客感知较差而放弃选乘区域轨道交通系统出行，进而产生恶性循环。因此，只有当运营企业的运营收入和运营支出到达某一个平衡点时，动态服务网络呈现一个较好的经济水平，运营企业和旅客之间才会产生一种良性循环。

另外，对旅客来说，在出行过程中旅客进一步获得了对应交通方式的直观印象和感受，最后会根据出行的主观感受对出行过程做出反馈和评价，为今后的出行提供依据。若旅客的基本出行需求得到了满足，出行者根据以往的感受提出更高的要求，涉及区域轨道交通动态服务网络的快捷性、方便性、舒适性等因素。快捷性则可以由系统本身的时空可达性以及乘客在途的等待时间因素决定；方便性由旅客需要的换乘次数以及其他站内硬件因素决定；舒适性主要体现在列车的拥挤程度以及等候时间等较为主观的因素。由于区域轨道交通系统中的多制式轨道交通的运营特性较为固定，如速度，运营线路等受到约束较大，难以改变，所以对给定的动态服务网络来说，旅客会放大自身对其换乘便捷性的感知。

当动态服务网络的经济性和便捷性同时到达一定程度时，才能认为动态服务网络处于较高水平。因此，对区域轨道交通动态服务网络进行评价，评价目标应当包括以下几点：①明确已有区域轨道交通动态服务网络的经济效益水平；②得知旅客的整体换乘便捷程度；③从评价中找到提升服务水平的具体方法，为运营者提供改进建议，为乘客提供更好的运输服务。

指标选取应当包含以下主要原则。

(1) 科学性原则。

评价指标体系的各指标应能客观地反映开行方案运行效果，指标体系不应该过大、过多、过细，也不可过小、过少、过粗，同时对指标内容的界定应清晰正确。

(2) 整体性原则。

评价的各个指标既要具有特性，能从不同角度反映不同侧面，又要反映动态服务网络的整体情况，从而形成一个能从各个角度反映不同方面的有机体系。

(3) 目标性原则。

评价指标体系是以其评价目标定位的。根据评价要达到的目标设定所选取的指标，才能体现对动态服务网络的代表性，由此形成的指标体系就更有目标性。

(4) 定性与定量相结合的原则。

评价指标体系是由众多指标共同构成的，有些指标无法准确用数值量化。因此，只有在体系中将定性与定量两种指标结合起来评价，才能保证评价工作的全面、有效。

(5) 可行性原则。

指标体系应力求全面，但却不可过于精细。否则既不利于反映主要矛盾，也不利于操作，从而降低了评价效果。

2) 评价指标的选取和指标体系的建立

对区域轨道交通动态服务网络进行评价，指标的选取应该尽可能全面地反映整体网络的运营状况。针对这一目标，考虑区域轨道交通运行特性，建立区域轨道交通动态服务网络的评价指标体系，指标的选取主要有以下依据。

(1) 区域轨道交通动态服务网络优化设计的主要思想就是在考虑各类旅客出行特性的基础上，合理协调各方式列车的开行时间，尽可能使旅客出行全程的候车时间最短，即要有时效性方面的指标，主要包括跨制式旅客换乘等待时间以及单制式出行旅客的等待时间。

(2) 考虑旅客的出行时效性，还应当从区域轨道交通运营企业的角度出发，所制定的动态服务网络也要保证运营企业支出费用合理，因此评价指标体系要包含经济性方面的指标，最主要的是制定动态服务网络的整体开行费用。

(3) 在考虑时效性和经济性的基础上，动态服务网络的可靠性也是不能忽略的，所优化设计的动态服务网络需要保证其在运营周期能够满足一定的运输需求，并且保持在一定的运输服务水平之上，可靠性指标是在运营周期内到达目的地的旅客数量对运营周期内全体所需要运输旅客数量的占比。

因此，根据评价的对象和目的，考虑到指标体系的建立原则和评价指标的选取依据，建立如图 7-26 所示的针对区域轨道交通动态服务网络的评价指标体系。

为便于说明，此处公式符号的定义与各指标的计算方法如下所示。

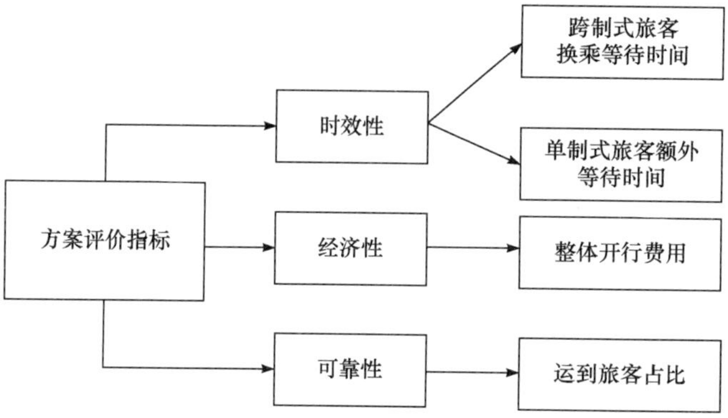

图 7-26　区域轨道交通动态服务网络评价指标体系

(1) 跨制式旅客换乘等待时间 T_k。

T_k 表示在计算运营周期内，所有跨制式出行旅客换乘等待时间的总和，由式(7-24)得出。

$$T_k = \sum_{k \in K} t_k \tag{7-24}$$

式中，K 表示跨制式出行旅客的全部集合；t_k 表示第 k 类跨制式出行旅客的换乘等待时间。

(2) 单制式出行旅客等待时间 T_d。

T_d 是指在计算运营周期内，所有单制式出行旅客的总的候车等待时间，由式(7-25)得出。

$$T_d = \sum_{d \in D} t_d \tag{7-25}$$

式中，D 表示单制式出行旅客的全部集合；t_d 表示第 d 类单制式出行旅客的候车等待时间。

(3) 整体开行费用 C。

C 是指在计算运营周期内，区域轨道交通系统中所有制式轨道交通的开行费用总和，由式(7-26)得出。

$$C = \sum_{f \in F} \sum_{n \in N_f} c_f \tag{7-26}$$

式中，F 表示所有轨道交通制式的集合；N_f 表示在运营周期内 f 类型的轨道交通的开行频率集合；而 c_f 则表示 f 类型的轨道交通制式的开行一次的运营费用。

(4) 运到旅客占比 R。

R 表示在计算运营周期内，到达目的地的旅客数量与周期内产生的全体旅客数量的占比，由式(7-27)计算得出。

$$R = \frac{\sum_{d \in D} p_d}{P} \tag{7-27}$$

式中，p_d 表示目的地为 d 的所有旅客在周期内到达的数量；D 表示所有站点的集合，P

表示周期内的所有旅客数量。

至此，可完成对区域轨道交通动态服务网络的服务水平及完成运输任务的效能进行合理系统的评价。

7.3　应急条件下区域轨道交通动态服务网络配流理论与技术

如上所述，区域轨道交通没有严格的定义，通常认为包含 3 个层次：主要承担城市中心区出行需求的城市轨道交通；主要承担市郊与中心城区客运需求的市郊铁路；主要承担城市与城市之间客运需求的城际及干线铁路。区域轨道交通的发展与城市群的发展密切相关，在满足城市群内部日益增长的多样化出行需求中起到中流砥柱的作用，呈现出多制式和网络化发展趋势。

我国未来的城市群区域轨道交通，是以各种轨道交通制式协调发展的综合网络轨道交通系统，在区域轨道交通从单制式相对独立运营管理转变为多制式网络化综合运营管理的过程中，由于各制式轨道交通在功能定位、客流量、主要技术标准以及服务对象等方面存在差异，线网规模日趋复杂，网络化运输组织方式多样化，需要维护系统设备种类和规模日益增加，客流管理难度加大，导致影响运营安全的不稳定因素增加。这对运营企业日常的运营维护、应急处置等提出了更高的要求，而目前针对轨道交通系统应急处置的研究主要集中于城市轨道交通，对于区域轨道交通应急客流分配的相关研究较少，因此研究在网络化运营条件下区域轨道交通应急客流分配，对提高将来网络化运营条件下区域轨道交通的运营安全水平和应急处置能力具有非常重要的意义。

7.3.1　国内外研究现状

目前，国内外对于运营中断条件下的轨道交通研究多集中于单制式，尤其在城市轨道交通方面的研究较多，对于多制式轨道交通运营中断条件下的客流分配研究尚处于起步阶段。国内外针对正常运营条件下轨道交通客流分配等研究领域有较多的成果，主要从正常运营下单制式客流分配、正常运营下动态客流分配两方面进行分析，对于应急条件下轨道交通客流分配的研究，主要集中于大客流和运营中断两大类情况。下面从正常运营和应急事件下的轨道交通客流分配进行分析。

1. 正常运营下的客流分配

1) 单制式客流分配

目前，轨道交通各客流分配研究主要针对单制式客流分配，主要集中于城市轨道交通客流分配，针对干线铁路客流分配的相关研究较少。四兵锋等(2007)考虑了城市轨道交通网络客流分配的主要影响因素及其特有属性，提出随机用户平衡优化模型，结合深度优先搜索算法得出有效路径集，并给出求解配流模型的连续平均算法。陈阳(2017)构建了双层轨道交通均衡配流模型，得到兼顾乘客和轨道交通运营企业利益的客流分配方案。Raveau 等(2011)基于服务水平、用户社会经济、人口统计特征等传统变量补充了所选路径直达性、乘客熟悉度等变量，提出了公共交通网络路径选择模型。

相对于上述物理网络静态客流分配，城市轨道交通动态客流分配基于时空网络展开研究。杨东赤等(2013；2015)建立轨道交通时空网络上的均衡配流模型和随机均衡配流模型(stochastic user equilibrium，SUE)，运用基于深度优先的搜索方法并结合搜索方向的有效性和列车的运行时间限制，运用MSA算法求解。刘卫松(2018)构建基于时空网络的随机均衡配流模型，总结了有效路径的搜索方法，并提出利用改进的MSA算法对模型进行求解。李茜(2017)结合案例线路客流的时空分布特性，研究了各类线路适合的运能与客流匹配的运输组织策略。徐瑞华等(2009)提出一种考虑乘客多路径出行选择的客流概率分布模型，并设计了基于深度优先的路径搜索算法。刘新华等(2013)基于时刻表构建地铁时空扩展网络，将地铁客流动态分配问题采用静态用户平衡模型描述。陈伯阳等(2015)考虑乘客在不同线路间的换乘约束，提出了基于时刻表的地铁网络客流平衡分配模型。相对于城市轨道交通客流分配，传统干线铁路不同于城市轨道交通的公交化运营，大部分研究主要集中于高速铁路的客流分配。周望亮(2011)结合城际轨道客流特征给出路段综合路权及节点综合路权模型，并建立了静态多路径客流分配预测模型。翁湦元和单杏花(2016)根据高速铁路客流在不同时段的分布特点，构建高速铁路列车配流的用户均衡模型，并给出结合Logit随机网络加载算法和相继平均法的求解算法。赵华(2014)基于既有的列车开行方案提出列车基础网络、列车换乘网络、列车运行网络，并构建了客运专线列车客流分配优化模型。杨洋(2015)提出虚拟换乘路段和换乘系数函数的思想，通过建立其与通过流量间的关系来实现不确定环境下的换乘广义费用的表示，建立铁路多用户双准则客流分配模型。Jiang和Bao(2010)将分布式人工智能(distributed artificial intelligence，DAI)引入基于分布式自主决策的高铁客流分配方法的决策研究，提出基于乘客选择行为的客流分配仿真模型和方法。

综上所述，随着轨道交通网络化发展，国内外关于轨道交通的客流分配研究也逐步成熟，主要包括静态客流分配与动态客流分配，并在传统交通配流基础上结合轨道交通运营特点构建相应的配流模型。随着相邻大中城市间1～4h交通圈、城市群内0.5～2h交通圈的发展，轨道交通系统内部多种交通方式各自成网，促进了各式轨道交通网络的协同发展，因此单制式轨道交通的客流分配已不能满足中长途客流需求，对多制式轨道交通间的客流分配研究提出了要求。

2) 多制式客流分配

相对于单制式网络化内部的客流分配研究，目前针对多制式轨道交通的客流分配研究较少，主要集中于城市轨道交通与市政交通多种交通制式间的客流分配研究。四兵锋等(2004)分析多种运输方式下的乘客选择行为，并基于随机用户平衡理论和混沌理论构造了综合运输条件下的交通方式分离模型。于晓桦等(2018)将多模式交通复合网络转化为多级网络形式，提出多级网络客流分配模型及其约束条件。楼小明和李宗平(2011)基于交通网络随机用户均衡(stochastis user equilibrium，SUE)配流原理，构建适用于区域超级交通网络客流分配的状态扩展网络结构(state-augmented multi-modal，SAM)模型，并有效克服了现实交通网络多OD对、多换乘、网络性显著等困难。四兵锋等(2010)构造了城市多模式交通网络的广义费用函数和路段阻抗函数，并提出了城市多模式交通网络平衡配流的变分不等式模型。汪勤政和四兵锋(2017)基于超网络理论构建了可换乘条件下城市多制式交通系统的超网络模型，提出城市多制式交通系统的随机平衡分配模型，以及换乘约束下有效超路径和最短可行超路径的搜索算法。刘梦琪和瞿何舟(2018)在轨道交通与常规公交组合的交通方式下，根据乘客收入水平，分析乘客的出行路径选择特点，采用 *K* 条最优路径算法进行求解。张思佳等(2018)基于接运地铁站点的多方式接驳网络内出行者接驳方式选择行为，建立基于 Logit 模型的 SUE 多制式接驳网络配流模型。周豪等(2018)构建多方式超网络模型，提出了考虑距离因素的多制式用户平衡配流方法。王文宪等(2017)基于列车开行方案形成的服务网络，建立类别划分的旅客乘车方案概率选择模型。申永生(2012)、刘杰等(2011)对多式联运网络进行变换，考虑运输网络的时变特性，提出节点运输方式备选集，并建立多式联运动态路径优化模型。

已有成果已经在交通运输领域对多种交通制式的客流分配进行了一定研究，但大多数都以城市轨道交通与市政交通的多制式物理网络为研究对象，鲜有对区域轨道交通系统内部不同运输方式客流分配进行研究，区域轨道交通系统涵盖多种制式的轨道交通子系统，各子系统间的协调优化将极大地提高整体运营效率，但是系统内部结构要素并不是子系统的简单叠加，因此，需结合各子系统运营特点，对多制式轨道交通客流分配进行研究。

2. 应急条件下的客流分配

多制式轨道交通的网络化发展不仅需要在正常情况实现列车的协同运行和乘客的换乘接续，在面临应急状况时，更需要保障列车安全运行、减少乘客等待时间，实现客流安全快速疏散。目前，应急条件下的客流分配研究主要集中于城市轨道交通应急配流，其中应急事件主要分为突发大客流和运营中断情况，在分析不同应急情况下旅客出行行为的基础上，建立应急情况下客流分配模型。

1) 运营中断

轨道交通运营中断研究主要集中于中断事件对客流的影响、城市轨道交通与公交接驳客流疏散和城市轨道交通内部客流分配等方面。

李晓玉(2015)考虑客流所处的位置与停运区间之间的关系，对受运营中断影响的乘客进行分类，分别确定各类受影响乘客的规模。洪玲等(2011)建立城市轨道交通局部中断评价模型，得到各车站受影响客流量。刘莎莎等(2018)界定受影响客流，构建突发事件下城轨乘客出行选择行为模型，预测突发事件下城轨站间客流的重分布。吴丽娟(2016)基于贝叶斯预测方法对城轨车站进站量异常进行识别，并建立了突发事件对客流的影响模型。

城市轨道交通运营中断研究主要分析了区间与车站的运营中断两类中断情况，基于不同中断情况下受影响客流的分类，实现城市轨道交通内部及其与市政交通间的客流疏散。刘芳林(2015)研究了运营中断对城市轨道交通路网结构和网络客流的影响，并给出城市轨道交通系统内部和外部的应急策略。滕靖和徐瑞华(2010)分析了突发事件客流输送影响，提出公共汽车交通应急运能计算方法和机动车备车点选址方法，给出基于信息化条件的公共汽车交通应急联动实施措施。彭文爱(2013)基于城市轨道交通客流需求与运输能力的差值，考虑应急事件的发生时段，给出公交应急接驳的启动阈值。于鸿飞(2015)在中断场景下对中断影响客流进行分类，更新有效路径并重新加载客流，实现中断情况下的多路径客流随机动态分配。朱婕(2014)构建了轨道交通路网局部中断情况下的多路径非均衡分配模型，并利用历史同期客流数据对受突发事件影响的客流进行估计。尹浩东(2017)针对运营中断条件下城市轨道交通乘客出行行为建模与客流诱导优化等问题开展研究，并从封站和区间中断两个角度对乘客出行行为建模与仿真。陈涛(2017)基于不确定条件下的城市轨道交通网络，建立站点限流、区间阻塞两种不确定路网条件下的路径选择算法。肖冠宇(2013a；2013b)分析车站或者区间发生运营中断事故后的客流特点，基于轨道交通系统的中间折返站设置以及应急交路，建立了客流疏运的最优可行路径集模型。刘博(2017)构建五种中断应急场景，并分析列车运行中断对客流出行的影响，运用 Dijkstra 算法和 K 短路算法求得客流出行路径，基于 Logit 模型确定客流出行选择。曾璐等(2019)基于突发事件下城市轨道交通 AFC 刷卡数据，分析客流时空分布特点，并提出乘客感知路径决策分析方法。曾璐等(2017)基于城市轨道交通网络互通式、拥挤性和运营中断性，建立了基于出行路径对偶图的城市铁路网拓扑模型，并给出区间中断客流动态分布。Bouman 等(2013)分析铁路系统在中断情况下的乘客等待问题，给出乘客等待或绕行行为的选择模型。Tsuchiya 等(2006)开发东京地铁客流诱导系统，考虑了运营中断的预计恢复时间和在每条路径上消耗的期望时间，能够给出乘客选择绕行或等待运营恢复等个性化出行建议。Silva 等(2015)基于 AFC 数据分析车站或线路运营中断时的乘客行为，并利用历史客流数据来预测应急情况下的交通量。Agachai 等(2010)基于恶劣天气对交通系统影响的不确定性，构建网络供需双方不确定性的多式联运网络分配模型。

2) 突发大客流

突发大客流状况是指轨道交通车站在某时段内客流量激增，站内客流数量接近甚至超过该站常规客流组织与运输组织所能承担最大客流量的情况，并有继续增加的趋势。目前，针对大客流的研究主要集中于城市轨道交通突发客流传播、客流分配以及客流组织等方面。陈钰(2017)从列车运输组织优化和车站客流控制两方面，对大客流在城市轨道交通网络中的传播进行管理和控制，建立大客流传播模型(susceptible-infecyed-removed-susceptible，SIRS)，并对大客流发生后网络中的拥挤站点进行仿真。段力伟等(2012)根据突发大客流在城市轨道交通车站的作业性质和特点，构建站台候车区乘客密度影响模型和列车运行延误时间模型，并总结出突发大客流在城市轨道交通网络中的传播机理。凌巧(2013)分析了突发客流时空分布特征，给出突发客流网络传播规律，从车站客流组织优化和运输组织调整两个方面，给出了城市轨道交通突发客流应急组织措施。温念慈等(2017)基于协同矩阵与多目标规划理论，对突发大客流下多车站协同客流控制应急决策进行了研究。周玮腾(2016)考虑列车容量限制和乘客留乘因素影响下的客流分配问题，建立了运营中断条件下的城市轨道交通客流动态分配模型。冉晓夕(2014)分析城市轨道交通车站应对突发大客流的客流组织措施和运输组织方案，并基于突发大客流状况严重性等级建立了城市轨道交通运营组织策略。

综上所述，应急条件下的客流分配研究主要集中于城市轨道交通，以及城市轨道交通与市政交通间的客流疏散研究，鲜有对多制式轨道交通间的应急客流分配研究，本节从运营中断条件下多制式轨道交通应急客流分配角度出发，研究多制式区域轨道交通应急条件下的协调运输组织理论与方法。

7.3.2　多制式轨道交通与扩展建模网络分析

1. 多制式轨道交通运输特性分析

多制式轨道交通协同运输是在网络化的运输范围内，根据各制式的技术经济特点，形成分工协作、有机结合、布局合理、连接贯通的交通运输综合体，多制式轨道交通运输体系由三个层面的功能系统组成：一是由不同运输方式的不同等级线路和站场组成、相互之间紧密衔接的多制式运输网络基础设施系统；二是由各种方式的运载工具、相关技术装备、人员组成的运营系统；三是建立在硬件系统基础上的运输组织、相关信息管理和协调系统。

多制式轨道交通系统下，不同运输方式各具特点，城际铁路、市域铁路、地铁的服务特性和运营特性比较见表 7-15 和表 7-16。

表 7-15　多制式轨道交通服务特性比较表

类型	服务特性		
	服务范围	出行目的	客流来源
城际铁路	为同一经济区域内两个或多个大型城市间旅客出行服务	公务、商务、通勤、旅游、探亲等	区域内中长途城际公务、商务和探亲访友等多类型客流
市域铁路	为市域范围内大型经济组团间快速出行服务	通勤通学、商务、购物、休闲为主	市域内通勤通学、商务、购物、休闲等多种点到点客流
城市轨道交通	为市内或市郊旅客出行服务	通勤通学、商务、购物、休闲为主	城市内部公交客流为主

表 7-16　各交通方式运营特性比较表

类型	运营特性				
	站间距/km	最大速度/(km/h)	运营速度/(km/h)	高峰时段发车频率/min	输送能力/(万人/h)
城际铁路	30～50	200～350	200～300	7～10	1～3.5
市域铁路	人口密集区：2.7～4 非人口密集区：7～10	120～160	120～160	3～5	1～3
地铁	0.7～1.8	80	37～45	2	单向 2.7～7

由于我国国土面积大，客流资源分布不均衡，由表 7-16 可知，随着各制式轨道交通网络化发展，乘客对旅行时间、舒适度以及运输服务的要求越来越高，因此我国各制式轨道交通运输方式需联合形成多制式轨道交通协同运输系统，在同一经济区域内形成以城际铁路、市域铁路为干线运输，干线两端以地铁为主的城市轨道交通集散运输的区域交通运输协同系统，多种运输方式之间分工合作、相互协调，促进中长途乘客出行选择多样化、便捷化。

2. 多制式轨道交通网络分析

随着交通基础设施的不断完善，区域轨道交通网络日益复杂，已逐步建立起包括城市轨道交通、城际铁路、市域铁路等多种轨道交通方式在内的区域综合性轨道交通网络。多制式轨道交通网中，通过换乘行为彼此相连，互相影响。

传统的交通网络由许多节点和连接两个节点之间的边组成。一般来说，节点代表站点，连接的边代表运行线路，这些边具有通行时间、通行费用和通行能力等多种属性。随着交通网络规模的不断扩大和结构的日益复杂，传统的单制式交通网络模型难以充分描述多制式出行模式下的交通网络特征，例如，不同交通制式有各自独立的拓扑结构，各种交通制式子网络之间通过换乘行为相互关联，换乘时会存在换乘费用、换乘时间及等待时间等多种属性。单一网络图论模型不能很好地表达各种方式间相互独立又互相关联的特性。因此，有必要选择采用一种新型的交通网络结构模型，以适应区域综合轨道交通网络系统分析的需要。

针对上述问题，引入“超级网络”的概念，考虑多制式出行模式的交通网络可以由一个包含多种交通制式子网的超级网络来表示。该超级网络具有网络嵌套、多层次、多级别、多属性的特征，子网络之间彼此独立又相互联系和影响。在分析多制式交通网络中出行特征的基础上，结合多制式交通网络结构特征，采用超级网络和扩展技术，构建适于描述组合出行的多制式交通超级网络，为后文多制式交通流分配模型的建立奠定基础。

1) 超级网络模型构建

超级网络模型既能反映多种交通制式网络各自的运行特性，又能反映不同交通制式间的换乘关联性，适用于描述复杂的区域综合轨道交通网络。

超级网络结构具有以下几个特征。

(1) 多层次：超级网络包括不同交通制式的子网络，每个子网络为一个单独的层次，多重层次彼此独立又相互关联。

(2) 多组件：同一个子网络内部又分为多个单元组件，如地铁子网络又包括不同的地铁线路，地铁线路间又通过换乘站相互关联。

(3) 多属性：超级网络中的边具有通行时间、通行费用和通行能力等多种属性，出行者进行路径选择时也会同时考虑时间、成本、舒适度等多种准则。

(4) 存在堵塞性：随着区域交通间客流量的迅速增加，交通供给与需求之间的矛盾日益尖锐，大客流问题成为影响乘客乘车舒适性、安全性的隐患。

(5) 全局优化和个体优化需要协调。

多制式超级网络结构模型是以传统的图论模型为基础，构造不同交通制式子网络的拓扑结构，并建立不同子网络之间的相互关联，涵盖多层次、多组件、多属性的特点。

因此，构建交通超级网络的核心步骤主要如下。

(1) 建立不同交通制式子网络。已阐述各种交通制式的出行特性，结合各自的运行特征，采用图论的方法，基于实际空间的位置关系，构造单一交通制式的交通子网络。

(2) 建立子网络间的关联。按照实际路网中的出行特征，通过设置虚拟换乘路径连接位于不同层次上相同位置的物理节点，以此来表示换乘关系。多层次交通子网络有规律地叠加，构成区域综合轨道交通超级网络，具体结构要素如图 7-27 所示。

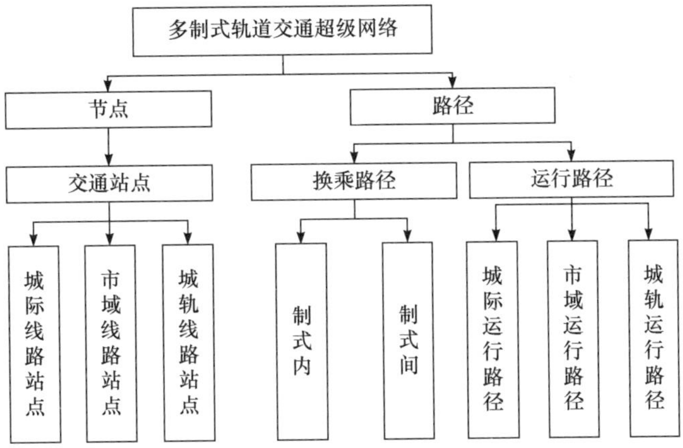

图 7-27　路网元素

对于运营中断条件下多制式轨道交通客流分配问题，下面以 4 个轨道交通站点为例讨论超级网络变换和模型构建。如图 7-28 所示，a、b、c、d 均代表轨道交通站点的路网拓扑层，两点之间的列车仅在该两点之间运行，不存在跨线运行的情况。考虑多种交通制式，包括城市轨道交通以及除城市轨道交通以外的其他轨道交通制式(如城际铁路及市域铁路等)。

路网拓扑层用于描述网络系统中的整体拓扑结构和形态，是由轨道线路、轨道车站及车站间的相互关系连接而形成的，利用网络结构构成元素的对应关系，将轨道交通物理网络定义为由一系列边和顶点组成的特定的可描述和抽象的连接图。多制式服务网络中存在多种运输方式以及运输方式间的中转，因此为了合理表示运输方式间的中转，需要对多制式轨道交通网络进行相应的网络变换。网络变换的原则如下。

(1) 若两个节点之间存在多种运输方式，则在两点之间添加相应的连线，一条连线对应一种运输方式。

(2) 若多制式服务网络中某节点存在换乘过程，则采用节点拆分的方式处理。即在换乘节点将每种运输方式分离，每种运输方式均用一个新节点表示。用新节点之间的连线表示运输方式的换乘。

多制式超级网络变换示意图如图 7-28 所示，图上的节点由轨道交通运营车站抽象形成，边根据运营线路按照运营方向抽象形成。该层网络的“节点”和“边”分别对应“车站”和“站间区间”。为了进一步描述物理路网上节点的连接关系，将物理网络中的“站台”“轨道区间”“换乘通道”都统一采用节点和连接线表示，换乘车站拆分为多个换乘节点，通过换乘弧连接，将存在多方式的换乘节点 a 拆分为 ac、au 节点，每个节点代表一种运输方式，分别表示城际列车换乘点和城轨列车换乘点；同理，将换乘节点 b 拆分为 bs、bu 节点，分别表示市域列车换乘点、城轨列车换乘点。通过该建模方式实际上是将多制式轨道交通网络构建成为连通图，为基于时刻表扩展网络和客流分配构建底层网络模型。

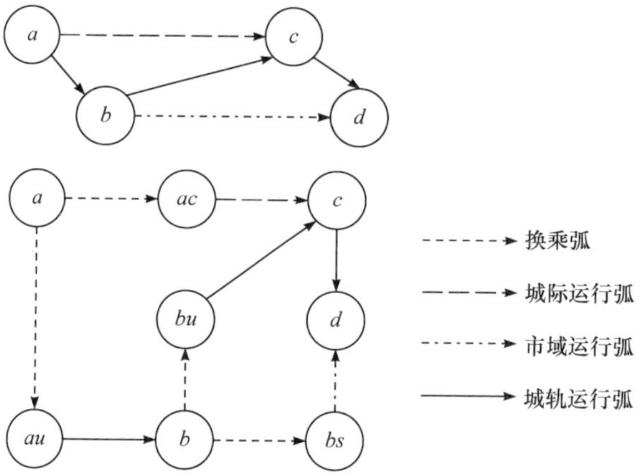

图 7-28　多制式轨道交通超级网络变换

2) 多制式轨道交通网络的时间依赖性

旅行时间是乘客选择出行交通方式的首要考虑因素。根据国内外学者既有的网络建模方式，轨道交通网络结构下乘客从起始车站到终点车站完成出行的时间一般被认为是具有时间依赖性的，就像同一 OD 情况下乘客在高峰小时乘车和非高峰小时乘车其旅行时间具有显著性差异。在交通网络中，时间依赖性一般定义为起止点路径的旅行时间为时间的随机分布函数，即路段的运行时间通过随机函数表示而并不是确定的标量。在轨道交通网络中，由于列车的动态运行性，不同时段列车的发车间隔不同导致列车间的时间接续发生变化，造成旅行时间随着运营时段的不同而发生变化。如图 7-29 所示，节点 1、2、3 表示出行中的节点，A=B=20min，C=10min，若从 3:00 开始，A 的发车间隔是 3min，B 的发车间隔是 4min，C 的发车间隔为 2min，则考虑等待时间，在 3:00，从起始点 1 选择 A-C 路径和 B-C 路径到达目的点 3 的时间均为 3:32；而在 3:01，从起始点 1 选择 A-C 路径到达目的点 3 的时间为 3:32，而选择 B-C 到达目的点 3 的时间为 3:36，体现了一定的时间动态变化性。当考虑客流量的影响时，随着客流量增大，乘客在换乘通道、楼扶梯处等由于拥堵而走行时间发生变化，或在客流量超过列车容量造成留乘现象时，由延误而导致乘客错过当前的列车，进而增加了候车时间，导致乘客的旅行时间发生变化。虽然两条路径的静态时间长度是一致的，但是列车到发时间接续不同，导致动态的时间长度具有一定的偏差。因此，轨道交通时间依赖性定义为客流旅行时间随着运营时段和客流分布动态变化的状态。

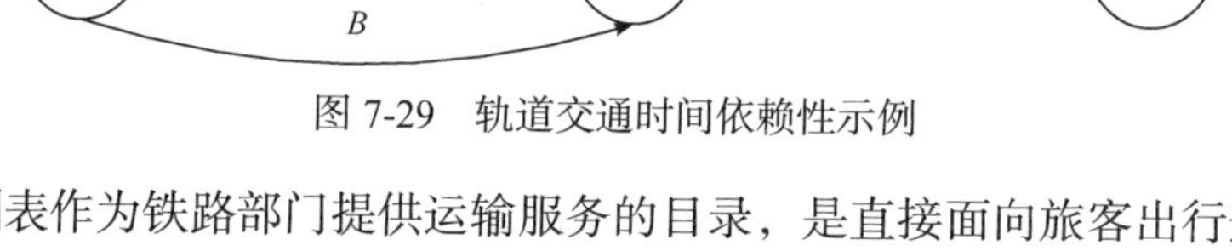

图 7-29　轨道交通时间依赖性示例

列车时刻表作为铁路部门提供运输服务的目录，是直接面向旅客出行选择的。基于列车运行计划的客流分配应以最大限度满足各种类旅客的时间、空间出行需求为目标，并且使旅客运输需求与各旅客列车在方向和时间上的衔接最优，从而为优化旅客列车时刻表提供依据。因此，基于列车时刻表的多制式轨道交通客流分配方法，常用于铁路客运产品设计的具体实施阶段中列车时刻表的改善，直接关系到旅客出行便利性和铁路运营部门的经济和社会效益。同时，该方法得到的结果也可用于基于旅客视角的列车运行计划评价，并调整列车开行方案制定阶段造成的与实际客流的偏差。基于列车时刻表的客流分配网络是在实际轨道交通网络的基础上加入列车种类、列车停站方案信息形成的轨道交通时空服务网络。基于列车时刻表客流分配的效用函数通过刻画乘客出行费用、舒适度等指标，能够较为准确地表征旅客出行选择依据和行为。在分配结果评价方面，基于列车时刻表的分配评价指标包括基于物理网络和列车开行方案的评价指标，根据研究需要还可能包含列车衔接情况和旅客出行时间期望等内容。

3) 多制式轨道交通时刻表扩展网络模型

为了统一描述轨道交通物理网络和列车运行网络嵌套的时空扩展性，本节通过构建多制式轨道交通时刻表扩展网络模型描述网络的时空扩展性质。构建多制式轨道交通时刻表扩展网络的基础是根据列车时刻表中列车的到发时间，将超级网络的空间线路和节点进行时间维的关联和扩展。通过列车的运行径路及其到发时间将静态网络的节点进行关联，形成按照列车车次扩展的时刻表扩展网络。

将[0,*T*]定义为多制式轨道交通系统的运行间隔，将轨道交通最小发车间隔作为一个单位时间间隔，并假定决策周期为 n 个单位时段，在时刻表扩展网络中，时间间隔[0,*T*]可表示为{1t，2t，…，nt}一系列离散时间点，其中 $t=T/n$。为简化表示，可忽略 t，从而在图 7-30 中可直接表示为{1，2，…，n}。假设所有时间(在车时间、到达时间、出发时间)均可由 t 为单位时间得到，如图 7-30 所示，图中横向代表车站 a、b、c、d，纵轴代表离散时间点。同时，为了表示乘客换乘的实际情况，结合图 7-28 多制式轨道交通网络变换示意图，在图 7-30 中将各个带时间性质的换乘节点拆分，通过换乘弧将车站与换乘点连接。

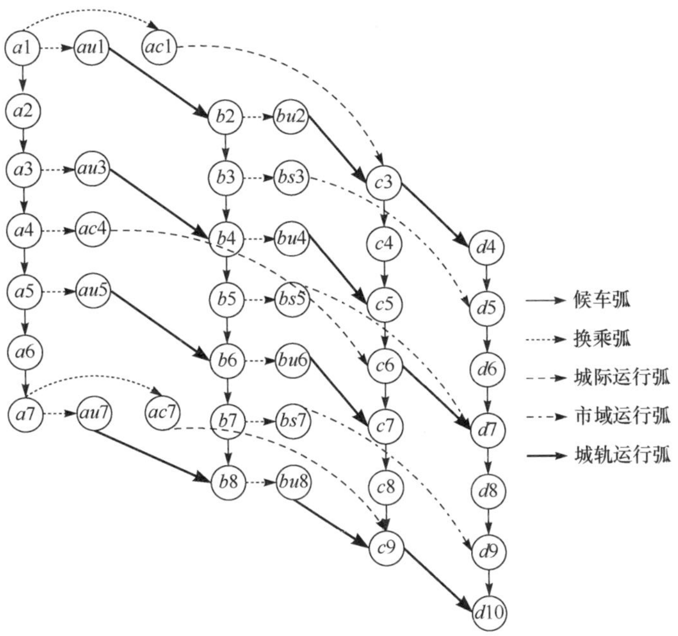

图 7-30　多制式轨道交通时刻表扩展网络

多制式轨道交通网络进行时刻表扩展的具体过程如下。

步骤 1：按照时刻表上所有线路每个车次经停的物理车站节点进行时间维扩展，即物理节点增加列车的到站和离站时间标签，通过不同列车的时间标签扩展物理节点，同时通过扩展物理节点表示列车的到站和离站站点。

步骤 2：列车通过时刻表到发时间将不同扩展节点进行连接，形成的弧序列为列车运行径路，通过列车运行径路，将同一线路相同车次的列车连接相邻车站节点的离站时间和到站时间，形成区间运行弧。

步骤 3：将同一物理车站的不同线路列车的到站和离站时间通过换乘弧连接。

值得注意的是，因为大部分现有轨道站点接发车不存在冲突，所以假设所有车站接车都不存在冲突，即可以在相同时间接收不同方向的进车。图 7-30 中不同弧线类别代表不同种类的轨道交通方式，但是各条弧线长度以及斜率并不表示其运行时间距离和速度，仅代表列车在某点的出发时刻和在对应一点的到达时刻，并且图中弧线指向符合客观时间变化走向。

基于有效路径进行时刻表扩展，为保证有效时刻表扩展路径的无回路性质和可连通性质，对有效路径进行以下定义。

(1) 乘客在出行过程中不可能在同一条线路上的列车下车换乘至另一条线路，再换回该线路，即属于同一线路区间运行弧不能间断性出现。

(2) 乘客在出行过程中不可能利用同一个换乘车站换乘 2 次及以上，即属于同一换乘车站的换乘弧不能同时出现在同一时刻表扩展路径中。

(3) 在一般情况下，乘客在出行过程中不会走“回头路”，即属于同一车站的时刻表扩展节点不能同时出现在同一时刻表扩展路径中。

7.3.3 运营中断情况下轨道交通应急运输组织概述

1. 运营中断

根据《中华人民共和国突发事件应对法》中的相关规定，突发事件，是指突然发生，造成或者可能造成严重社会危害，需要采取相应处置措施予以应对的自然灾害、事故灾难、公共卫生事件和社会安全事件。在《国家突发公共事件总体应急预案》中，将“突发事件”定义为“突然发生，造成或者可能造成重大的人员伤亡、财产损失、生态破坏和严重社会危害，会危及公共安全的紧急事件”。

根据该预案，广义上的突发事件可以分成为四类，见表 7-17。

表 7-17　突发事件分类

类型	事件
自然灾害	主要包括气象灾害、水旱灾害、海洋灾害、地震灾害、地质灾害、生物灾害和森林草原火灾等
事故灾难	包括工矿商贸等企业的各类安全事故、公共设施和设备事故、交通运输事故、生态破坏事件和环境污染等
公共卫生事件	主要指传染病疫情、食品安全和职业危害、动物疫情、群体性不明原因疾病、以及其他严重影响公众健康和生命安全的事件等
社会安全事件	主要指恐怖袭击事件、涉外突发事件、经济安全事件等

由于轨道交通是一个相对封闭的系统，具有其特殊的作业方式以及技术特性，运输条件也相对复杂；另外，由于轨道交通系统的运营涉及机车、通信、电力、调度、客运等多个部门，相关人员、设备众多，组织配合过程复杂，再加上外界不可控因素的影响，根据相关的文献资料，将轨道交通的运营中断情况(事件)定义为在轨道交通路网系统内突然发生的、无法预知的，导致设施、设备故障或者线路、车站中断，无法组织正常行车的，对轨道交通运输生产过程产生直接影响和损失的，并且有可能对人民群众的财产以及生命构成威胁的事件。这里研究的运营中断情况主要是针对造成路网中的车站或者区间中断，路网的结构发生相应变化，导致无法正常行车而需要应急运营调整的事故灾害。

引起轨道交通运营中断的突发事件按引发的原因可分为技术设备类、社会治安类以及自然灾害类，如图 7-31 所示。

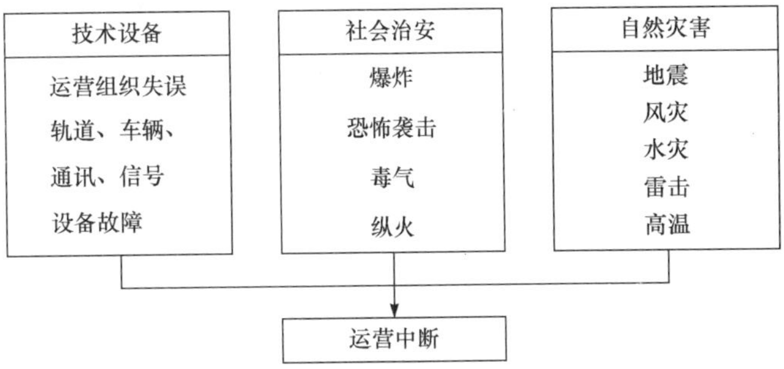

图 7-31　运营中断情况按原因分类

① 技术设备类运营中断事件是由于轨道交通运营组织失误或者城市轨道交通的轨道、车辆、通信、运营、信号设备及设施故障而发生的中断事件。

② 社会治安类是指在轨道交通运营的范围内发生的爆炸、恐怖袭击、毒气、纵火等影响轨道交通正常运营而造成的中断事件。

③ 自然灾害类包括发生地震、风灾、水灾、雷击、高温等影响轨道交通运营的突发事件。

将突发事件划分为不同等级，从而能有依据地采取相应的应急举措，这是当前各国突发事件应急体系建设以及应急管理的共同经验。当前，西方发达国家的政府预警系统一般都强调对突发的公共事件进行专门的分级预警管理，对程度不同的突发公共事件使用不同的级别认定，从而采取相应的对策。

轨道交通由于受到运营突发事件、设备故障、大客流等因素影响，造成列车在线路上被迫中断运行或产生较大程度晚点，从而导致无法仅通过调整列车时刻表恢复运营秩序，或者造成车站被迫封闭或中止部分服务，列车在该站所有或某一线路方向上通过不停车，这种运营状态称为轨道交通运营中断，见表 7-18。

表 7-18　运营中断分类

车站运营中断	进站口封闭
	换乘禁止
线路运营中断	单个区间中断
	多区间中断

这里讨论的运营中断主要包括车站封闭(简称封站)、区间中断两种场景，封站一般指车站所有进出站口完全封闭，列车通过不停车；区间中断一般指某一单一区间双向上能力完全失效。假定这种状态会持续 20min 以上。

2. 封站问题概述

封站，也称车站运营中断，是一种异常的或计划外的运营情况，其中运营部门因故(意外事故或采取措施避免过度拥挤)必须关闭车站的出入口。封站条件下，乘客将暂时不能把封闭的车站作为出行的始发站或目的站。

封站意味着计划在该站经停的列车将不得不在该站通过不停车，在客流需求层面，封站可能导致在关闭站及其附近车站的进出客流需求的显著变化。受此影响的乘客可以对封站做出不同的反应：改变他们计划的起始站或目的地站，或等待继续它们的原始路径。

为简化问题，做出以下假设。

(1) 封站的持续时间具有一定可预测性。运营部门可根据历史运营数据和经验预测可能的封站持续时间。

(2) 封站条件下乘客的出行过程最多能依次分解为两个过程，对于某一乘客，O 和 D 分别表示他们原计划的始发站和目的地站，O'表示始发站封闭时的替代始发站，而 D'表示计划目的地站封闭时的替代目的站。乘客一次计划的轨道交通出行如图 7-32 所示。当乘客的始发站封闭时，乘客将乘坐公交车或出租车到达新的替代始发站，然后从新的轨道交通始发站到计划的目的车站；当乘客出行的目的地站封闭时，乘客从计划的始发站出发到达新的替代目的地车站，然后在新的终点站出站并转乘公交车或出租车到达原计划的目的地车站，如图 7-32 所示。

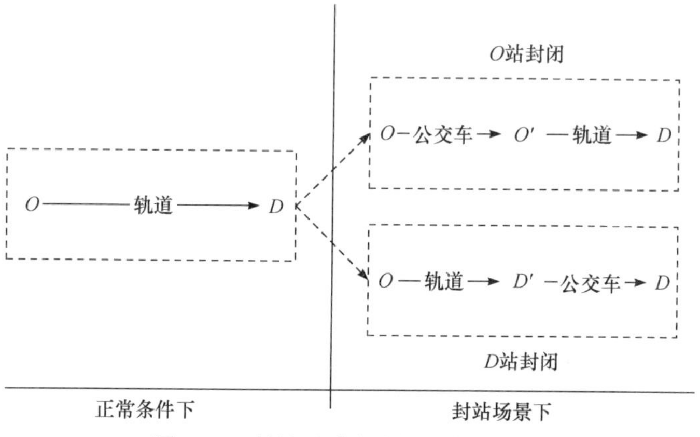

图 7-32　封站后乘客出行方案示意图

3. 区间中断概述

本节所指区间中断一般是指单个区间的双向运营中断，简称区间中断，如图 7-33 所示。

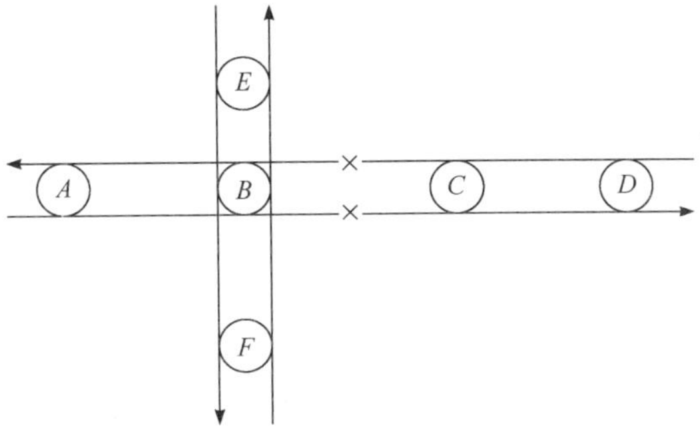

图 7-33　单区间中断双向中断示意图

区间运营中断有以下属性：中断开始时刻、中断持续时间、中断发生的位置，区间中断将为事发运营线路的行车秩序带来严重干扰，导致一些车次被迫取消，而另一些车次列车到发晚点、车辆周转计划重新编排等，需采取灵活多变的行车调度策略使得事发线路的行车秩序尽快恢复，这里只关注顺延晚点这一种调度策略。

区间运营中断情况下，大规模乘客无序集散会使部分换乘车站客流激增，或部分线路列车负荷过大，导致严重不均衡运输状况的出现。因此，运营部门需要采取一定的措施，在特定线路车站发布乘客出行诱导信息，引导乘客有序出行，缓解运营中断所诱发的大客流危机。

这里讨论的轨道交通系统的运营中断事件，是以多制式轨道交通的运输相关环境为背景造成或可能造成社会公共健康、公共财产，乃至生命受到严重损害的各种自然的或者人为的事件。由于突发事件难以被预见，其通常都会造成正常的交通秩序发生紊乱、人员伤亡乃至重大的财产损失，危机性质是较为严重的。根据前述突发情况，将轨道交通的运营中断情况的特点归纳总结为如下几个方面：

(1) 突发性。即不可预知性以及不可避免性。轨道交通的运营中断事件通过偶然的契机，以某一种偶然的形式突然发生并且无章可循，令运营者、管理者以及乘客难以预料、措手不及。自然灾害、人员失误、技术设备等原因引发的中断事件一般均是不可预知的，并且也是不可避免的，其爆发的规模、发展的情况以及造成的后果都无法事先来预计。突发性通常会严重地扰乱正常的轨道交通运营秩序，带来难以预估的财产损失及人身伤害。

(2) 公共性。轨道交通运营中断事件的公共性首先体现为该事件涉及公共利益，即对公共财产、公共秩序以及公共安全产生影响。另外，在应对并处置轨道交通的突发事件中，需要调配和整合全社会的人力、物力等公共资源和公共力量，即政府部门之间的协调与配合、政府与公民个人、社会组织之间的合作与沟通。

(3) 传递性。由于轨道交通的网络化运营特点，运输组织活动必然存在传递性。某个车站或者区间的运输秩序突发不正常，不仅会造成客流的积压，还必然会波及其他车站以及线路，形成一系列的连锁反应。

(4) 危害的严重性。轨道交通的运营中断事件会导致社会经济财产损失，对于在途乘客会造成恐慌。处置不当会造成人员伤亡以及个人财产损失。

(5) 处置的紧迫性。紧迫性是指轨道交通运营中断的事件所反映出来的相关问题极端重要，关系到个人乃至城市和社会的安危，必须立即采取有效的应急处置措施。运营中断情况发生时，轨道交通网络系统必须快速做出反应，恢复正常的运输秩序，加快滞留旅客的疏散与送达。

(6) 复杂性。首先，造成运营中断的因素是复杂多样的。其次，在运营中断情况中，旅客在车站大量地聚集，要做到安全与效率兼顾，运输组织的难度极大，面临多方面的复杂性。

(7) 应急调整的困难性。运营中断会打乱正常行车运营秩序，轨道交通的运行计划必然要重新调整，而在调整过程中涉及因素较多，短时间内得出新的运行计划具有很大难度。鉴于此，必须统筹兼顾，系统规划，制定相应的列车应急运行的调整方案。

7.3.4　运营中断情况下多制式轨道交通列车运行调整方法

列车运行调整实际上就是在满足一定行车组织要求和规则的前提条件下，重新处理好列车运行中的列车与车站、区间乃至列车彼此之间的相互关系，从而生成较为满意的、满足调整目标的车站、线路以及列车之间的序列组合。轨道交通路网的运营中断情况必然将会对列车运行造成临时的、突发的影响或扰乱，甚至终止，因此必须进行相应有效的应急运行调整。

1. 列车运行调整要求及目的

轨道交通系统运输组织方案受到线路、车站、信号相关设备以及旅客出行需求等多方面因素的多重影响，因此在运营中断情况下，轨道交通的列车运行调整必须要保证及时、高效，并且在紧急情况下保证乘客疏散的安全。在进行列车运行的调整时，列车的等级顺序依次应排列如下：专运列车、旅客列车、调试列车、回空列车、其他列车。在抢险救灾的突发情况下，必须优先选择放行救援列车。列车运行调整应注意列车运行安全，做到恢复正点运行和行车安全兼顾。调整的目的主要有以下几点。

(1) 使轨道交通路网系统尽快恢复正常的运营状态。

(2) 使受突发事件影响的列车的总延迟时间最短。

(3) 尽量缩短列车应急运行调整所需的时间。

(4) 尽量缩小需要实施应急调整的范围。

2. 列车运行调整的常见方法

轨道交通是一个复杂且相对封闭的系统，行车组织工作高度集中，各种作业环节联系紧密，可能会出现较多的不同的运营中断情况，对路网的运输工作所造成的影响也不尽相同。因此，运营管理相关部门必须根据运营中断所造成的实际影响以及事态严重性，根据应急预案，对路网列车采取相应有效的应急措施来组织其运行。综合相关文献以及现场实际组织经验，常见的列车运行调整方法如下。

(1) 组织受到影响的列车停止运行，并在就近的车站等待行车组织恢复之后，再按照原计划原路径继续运行；或者组织乘客立即从列车下车，并在条件允许的情况下，组织该放空列车折返回到线路的始发站。

(2) 严重的运营中断情况下，应直接选择扣车并且立即停运列车，疏导指引旅客改乘其他交通工具或者变更出行路线，保障旅客出行及其生命财产安全。行车调度工作人员对于列车运行调整的具体方案应当基于路网突发情况的具体细节做出相应抉择。

当一条线路的列车由于车辆、设备故障等原因不能够正常运行，造成换乘站的相关站台上乘客拥挤时，行车调度员应当采取相应的扣车措施，即将另一条线路的上下行列车暂时扣在换乘站附近的各个车站，避免此换乘站的客流继续增加，以此来缓解换乘站的压力。如果堵塞线路的列车短时间内不能够恢复正常运行，可考虑组织被扣下的列车在换乘站通过。此外，行车调度员需要发布畅通线路的各个站暂停出售跨线车票的命令。另外，基于在一个区间内不准许有三个或者三个以上的列车运行的要求，如果临时出现了这种情况，行车调度员应当把第二趟列车后面的各趟列车扣在车站。

(3) 组织路网内各相应车站进行快速作业，压缩停站时间，在应急开行方案允许的前提下，组织路网其他线路列车跳站停车，尽量满足因中断而滞留的旅客出行需求。

跳站停车分为列车载客通过以及放空通过两种不同的情况。列车载客通过车站时应当受到严格控制，原则上讲，一些客流比较大的车站不应当考虑组织列车通过，仅仅在故障、事故或者车站乘客滞留等造成拥挤等方面的原因引起运行秩序的紊乱或者是临时的特殊需要时，方才准许列车载客通过车站。在组织列车通过相关车站时，行车调度员必须加强预见性并做好计划，提前下达相关的各项命令。驾驶员和车站有关人员应提前对乘客做好基本的宣传及解释工作，车站工作者应维持好秩序，组织好乘客的乘降，并保证乘客的安全。

(4) 在中断情况下，临时变更路网相应线路的列车运行交路，组织相应列车在具备折返条件的中间站进行折返。

(5) 在双线线路上，如果存在一个方向的列车密度比较大，而另一个方向的列车密度相对比较小的情况时，为了恢复列车的正常运行，可以考虑利用有道岔车站铺设的渡线，组织将列车调转到密度较小的线路上，进行反方向运行。

(6) 调整列车运行的间隔时间。行车调度员可以根据列车的实际运行情况，调整各列车的发车间隔等，通过调整沿线各个列车的运行时间、实际运行速度以及停站时间等相关措施，逐步恢复列车正常运行秩序，主要有两种做法：

① 对后车使用“压赶结合”的运行调整方法，将初始的晚点分担到后行的列车之上。

② 将初始的晚点分担到前行的列车上。行车调度员将晚点列车之前的列车停站时间进行适当延长，以平衡线路中运行列车的拥挤状况。

(7) 临时应急更改路网列车的计划时刻表。

当运营中断情况较为严重，导致路网受到的影响时间较长，涉及的晚点或停运的列车较多时，可以考虑应急性直接修改路网列车的计划时刻表，并通过各种媒介及方式将修改方案通知乘客，力求尽可能减小突发事件对整个系统的影响，从而保证系统基本有序地运营。修改计划时刻表的方法通常包括临时加车以及对于时刻表整体的偏移。

上述各种列车运行调整方法都是在突发情况中常见的、通用的应急调整方法。但是，不同的运营中断事故对轨道交通系统造成的影响是各不相同的，所以应急客流疏运策略与方法必然也不尽相同，本节主要采用车站限流和顺延晚点的列车运行调整方法。

7.3.5　基于时刻表的多制式轨道交通网络流量分配模型

1. 运营中断情况下网络客流特征

1) 多制式轨道交通网络运营中断下客流分类及处理原则

轨道交通系统的突发事件涉及诸多方面，但导致的结果一般是路网局部范围的失效，包括车站失效或者区间失效。因为车站运营失效导致了前后区间运营中断，所以分析路网在发生局部范围失效时的客流分布均是区间运营中断的情形。考虑到运营中断对于乘客出行的实际影响，可以划分三种类型的客流：无法通过轨道交通换乘抵达目的地的客流、轨道交通内出行路径发生改变的客流和无影响的客流。

(1) 无法通过轨道交通换乘抵达目的地的客流。

运营中断使路网的连通性发生变化，若路网本身因区间中断而分裂成多个互不连通的子网络，则无法通过轨道交通换乘抵达目的地的客流，就是指出行起止点位于分裂后不同子网络的客流。这种客流无法通过轨道交通的方式到达目的地，但是乘客可以通过公交车、步行等其他交通方式到达。这部分客流数据可以通过统计得到，但是不参与轨道交通新的拓扑网络下的再次客流分配。

(2) 轨道交通内出行路径发生改变的客流。

由于乘客的原有出行路径经过该中断区间，使得原有路径不可用。乘客不得不在新的路网下重新选择出行路径。备选路径往往在出行时间、出行距离上都要大于原有路径，这就造成该部分客流的出行成本增加，乘客服务水平下降。一般有效路径集的元素不止一个，对于有效路径集发生改变但剩余其他可行路径的客流，将删除失效路径的分配比例按剩余路径之间的客流分配比例分摊。

(3) 无影响的客流。

该部分乘客的有效路径集未发生变化，乘客仍能选择原有路径出行。但是由于中断区间，部分乘客重新选择出行路径，相应地就会导致受影响站点或断面的客流量发生变化，客流量过大时，会产生拥挤，降低乘客舒适度。因此，这部分客流受到一定程度的影响，但是从路径选择方面认为该部分客流不受影响。

2) 运营中断情况下的客流分配特征

一般来说，轨道交通在运营中断情况下往往伴随着网络大客流。大客流是指在某一运营时段集中到达，超过车站正常客运设施或客运组织措施承担能力的客流。大客流是网络运营中断情况的直观体现，反映了客流需求与网络能力不协调的情况。运营中断情况下的轨道交通网络大客流无论由何种原因引起，一般都会出现客流量大的情况，在时间和空间范围上分布不均衡的特点，一般难以准确预测和评估客流在网络中的分布情况。相比于正常运营状态，在运营中断情况下乘客的出行具有一定差异性，具体包括以下特征。

(1) 乘客在网络运营中断情况下的路径选择将更加迫切地考虑站内、站台候车拥挤以及列车时刻和列车拥挤状态对出行的影响。当列车的满载情况较为严重时，将严重影响乘客对所选线路的效用判断。

(2) 在运营中断情况下，时段内列车的输送能力不能满足客流需求，因此区间断面的列车容量将受到严格限制，相较于非运营中断情况的城市轨道交通客流分配认为列车容量无限制的条件，在运营中断情况下乘客不能“无限”地登乘列车。

(3) 由于登乘失败，运营中断情况下的客流出行在部分线路和车站上将出现常见的留乘候车行为，造成行程时间的损失。留乘现象是影响乘客在运营中断情况下进行路径决策的重要影响因素。

(4) 乘客对路径的选择行为将转化为列车选择行为，因此会存在乘客对于本次到达列车和后续到达列车的随机选择决策行为，其选择的效用决策在于列车的拥挤费用和旅行时间费用。

因此，在运营中断情况下，客流的分配模型应考虑拥挤、留乘因素对客流分布的影响，同时模型建立时应加入列车容量限制的约束条件。为了提高模型的适用性，在客流分配时需具体根据乘客的行为决策因素进行建模。运营中断情况的网络流量分配模型建模包括以下步骤。

步骤 1：OD 细分。对客流进出站 OD 细分，形成以相同时间段为间隔的客流 OD 矩阵，并作为客流分配的输入数据。

步骤 2：网络建模与路径搜索。对研究网络进行建模，模型化网络中的点、线、面关系，形成客流分配的底层模型。同时，根据底层模型的构建方法，实现客流分配网络中的路径搜索，形成客流分配的有效路径集。

步骤 3：构建广义费用函数。根据乘客出行选择行为的影响因素，建立评估分配路径的乘客出行广义费用函数。该函数考虑乘客有效路径的在车时间费用、换乘费用、候车时间费用和留乘时间费用。

步骤 4：建立分配模型并提出求解算法。基于用户均衡原则，建立基于列车容量限制的随机均衡分配模型，并证明模型解的一致性和唯一性。在此基础上，构建模型的求解算法并进行实例分析。根据多制式轨道交通网络运营中断下客流分类及处理原则对乘客 OD 进行细分，客流分配模型基于构建的时刻表扩展网络模型，以下进一步详述分配建模的步骤 2、步骤 3 和步骤 4 内容，并通过算例分析验证模型的有效性。

2. 时刻表扩展网络的随机均衡分配模型

多制式轨道交通随机均衡分配模型的构建包括两大部分：时刻表扩展路径的广义费用函数、时刻表扩展网络随机均衡分配模型。其中，时刻表扩展路径通过有效时刻表扩展 K 短路径搜索得到，在轨道交通时刻表扩展网络中，网络拓扑结构、线路接续列车可达条件和换乘时间是时刻表 K 短路径搜索的主要考虑因素。

1) 基于时刻表扩展路径的广义费用函数

利用图 $G(A,A,L_{\eta,i},T)$ 表示扩展后的网络架构，其中 N 表示扩展车站节点集合；A 表示弧集合；$L_{\eta,i}$ 表示属于路段 η 运行线路 L 上的 i 车次列车集，其中 η 表示运行路段类型，$\eta=1,2,3$ 分别表示城际线、市域线、地铁线；T 表示列车在车站节点离散时间集合。$r_{t_1}^{l_{\eta,i}}$、$s_{t_2}^{l_{\eta,i}}$ 分别表示网络上的时刻表扩展节点，r、s 对应列车运行区间的两个端点，t_1、t_2 分别表示该趟列车在区间端点 r、s 的到达时间。因此，本节考虑时刻表扩展路径其广义费用由以

下 3 部分组成:

(1) 乘客在车时间费用 c_1^{rs} ，表示乘客在列车上所承受的广义费用，包括乘客在车时间 T_{IVT} 和车内拥挤函数 $f_{\mathrm{c}}(x_{t_1,t_2}^{rs})$ 。时刻表扩展路径上的乘客在车时间包括所有区间运行和停站的时间费用，则对于 $\forall a(r_{t_1}^{l_{\eta,i}},s_{t_2}^{l_{\eta,i}}),l_{\eta,i}\in L_{\eta,i}$ 的列车停站于 $r_{t_1}^{l_{\eta,i}}$ ，并由 $r_{t_1}^{l_{\eta,i}}$ 出发到达 $s_{t_2}^{l_{\eta,i}}$ 的乘客在车时间 T_{IVT}^{rs} 可通过式(7-28)计算。其中， $c_{t_1,t_2}^{rs,l_{\eta,i}}$ 表示列车在运行弧 $a(r_{t_1}^{l_{\eta,i}},s_{t_2}^{l_{\eta,i}})$ 的时间费用， $c_{t_1,t_2}^{r,l_{\eta,i}}$ 表示列车停站于 $r_{t_1}^{l_{\eta,i}}$ 的时间费用。

$$T_{\mathrm{IVT}}^{rs}=c_{t_1,t_2}^{rs,l_{\eta,i}}+c_{t_1,t_2}^{r,l_{\eta,i}} \tag{7-28}$$

由于受列车容量限制，随着车内乘客数量的增加，车内的拥挤程度不断提高并达到列车满载率上限，乘客的乘车不适感随着列车满载率提高而逐渐增强，进而产生与在车时间有关的额外费用，并且该费用会由于列车上没座位而急剧上升。采用与时刻表扩展弧上流量有关的放大系数 $f_{\mathrm{c}}(x_{t_1,t_2}^{rs})$ 表示产生额外在车时间费用的情况：

$$f_{\mathrm{c}}(x_{t_1,t_2}^{rs})=\begin{cases}0, & x_{t_1,t_2}^{rs}\leqslant Z_l\\ \dfrac{\alpha(x_{t_1,t_2}^{rs}-Z_l)}{Z_l}, & Z_l<x_{t_1,t_2}^{rs}\leqslant C_l\\ \dfrac{\alpha(x_{t_1,t_2}^{rs}-Z_l)}{Z_l}+\dfrac{\beta(x_{t_1,t_2}^{rs}-C_l)}{C_l}, & x_{t_1,t_2}^{rs}>C_l\end{cases} \tag{7-29}$$

式中， x_{t_1,t_2}^{rs} 表示 $a(r_{t_1}^{l_{\eta,i}},s_{t_2}^{l_{\eta,i}})$ 时刻表扩展弧上的客流量； Z_l 和 C_l 分别表示线路 l 的列车座位数和列车最大容量； α 和 β 表示乘客拥挤感知因子，由于列车满载率会随着车站的上下车人数改变，可由实际数据统计回归得到。

考虑列车拥挤的乘客在车时间费用 c_1^{rs} 可通过式(7-30)计算。

$$c_1^{rs}=c_{t_1,t_2}^{rs,l_{\eta,i}}\times f_{\mathrm{c}}(x_{t_1,t_2}^{rs})+c_{t_1,t_2}^{r,l_{\eta,i}} \tag{7-30}$$

(2) 乘客换乘费用 $c_2^{r,ll'}$ ，表示乘客在基于时刻表扩展路径上的换乘站时刻表扩展节点 r 由线路 l 换乘至线路 l' 的时间费用。换乘费用分为单制式换乘费用和多制式换乘费用，换乘费用包括换乘时间费用 $T_{\mathrm{TRT}}^{r,s}$ 和换乘惩罚费用 σ 。另外，考虑整个时刻表扩展路径的换乘费用时，乘客每增加一次换乘，需付出换乘时间之外的额外换乘费用，称为换乘惩罚费用。则乘客的换乘费用可用式(7-31)表示。

$$c_2^{r,ll'}=T_{\mathrm{TRT}}^{r,s}+\sigma=c_{t_1,t_2}^{r,l_\eta l'_\eta}+c_{t_1,t_2}^{r,l_\eta l'_{\eta'}}+\sigma \tag{7-31}$$

式中， $c_{t_1,t_2}^{r,l_\eta l'_\eta}$ 、 $c_{t_1,t_2}^{r,l_\eta l'_{\eta'}}$ 分别表示在时刻表扩展节点 r 进行单制式、多制式换乘的时间费用。

(3) 乘客票价支出 c_3^{rs} 。由于不同轨道交通方式的票价定价不同，即同一 OD 的乘客选择不同制式的轨道交通出行所需的票价成本也是不同的，乘客在规定的旅行时间范围内选择任何路径或任何一趟列车都会改变票价成本，即票价成本对于每条路径均是有差别的，因此需考虑乘车的票价费用对于乘客路径选择的影响。

$$c_3^{rs} = \sum_{l_{\eta,i} \in L_{\eta,i}} d[a(r_{t_1}^{l_{\eta,i}}, s_{t_2}^{l_{\eta,i}})]\rho^{\eta} \tag{7-32}$$

式中，$d[a(r_{t_1}^{l_{\eta,i}}, s_{t_2}^{l_{\eta,i}})]$ 表示运行弧 $a(r_{t_1}^{l_{\eta,i}}, s_{t_2}^{l_{\eta,i}})$ 的运行距离；ρ^{η} 表示路段 η 的票价率。

时刻表扩展网络上，在分配时间段 Δt 内，$\forall o_i d_j \in OD$ 的第 k 条时刻表扩展路径的广义费用 $C_k^{o_i d_j}$ 函数如下：

$$\begin{cases} c^{rs}(x_{t_1,t_2}^{rs}) = \beta_1 \times c_1^{rs} + \beta_2 \times c_2^{r,ll'} + \beta_3 \times c_3^{rs}, & a(r,s) \in a \\ C_k^{o_i d_j} = \sum\limits_{(r,s)\in a} c_{t_1,t_2}^{r,s} \times \delta_{rs,k}^{o_i d_i} \\ C_k^{o_i d_j} = \infty, & t_v \notin \Delta t \end{cases} \tag{7-33}$$

式中，$c^{rs}(x_{t_1,t_2}^{rs})$ 表示时刻表扩展弧的广义费用；$C_k^{o_i d_j}$ 表示时刻表扩展路径上有容量限制的广义费用函数；$\delta_{rs,k}^{o_i d_i}$ 表示时刻表扩展弧与时刻表扩展路径的关联参数，其中 $E(C_k^{o_i d_j}) = \sum\limits_{(r,s)\in a} E(c_{t_1,t_2}^{r,s}) \times \delta_{rs,k}^{o_i d_i}$，当时刻表扩展弧处于时刻表路径时为 1，否则为 0；β_1 表示各费用的权重。

2) 时刻表扩展网络的随机均衡分配模型

在乘客出行的过程中，由于乘客对于网络中的出行费用估计不仅是随机变量，而且费用与路径的客流量相关。由于列车的容量限制，客流量过大导致的列车拥挤和列车过载时乘客的留乘对路径的费用均产生影响，因此运用交通流分配模型的建模思路，采用随机均衡分配的思路进行时刻表扩展网络的交通流分配。在随机均衡状态下，一个 OD 对间所有备选的路径上，并不具有相同的实际阻抗，同样每条备选路径上的分配流量等于 OD 对间交通量与路径的选择概率乘积。

$$v_k^{o_i d_j} = q^{o_i d_i} \times p_k^{o_i d_j} \tag{7-34}$$

式中，$v_k^{o_i d_j}$ 表示 $o_i d_j$ 间的第 k 条时刻表扩展路径的分配流量；$q^{o_i d_i}$ 表示 $o_i d_j$ 间的客流；$p_k^{o_i d_j}$ 表示该路径的被选概率，由于选择概率 $p_k^{o_i d_j}$ 与感知路径的广义费用有关，而感知路径的广义费用又与时刻表扩展弧的广义费用有关且为随机变量，这即为 SUE 条件。当网络达到随机均衡状态时，路径上的流量与费用满足

$$\ln(v_k^{o_i d_j} / v_{k'}^{o_i d_j}) = -\theta(C_k^{o_i d_j} - C_{k'}^{o_i d_j}) \tag{7-35}$$

其中，$\theta > 0$ 为一个衡量网络随机程度的参数，表示乘客对路网熟悉程度下的费用感知随机特征，θ 越大表示乘客对 OD 对间的时刻表扩展路径越熟悉，则随机程度越小。当 $\theta \to 0$ 时，SUE 条件近似为用户平均分配条件。根据式(7-33)，可将式(7-35)转化为

$$\ln(v_k^{o_i d_j} / v_{k'}^{o_i d_j}) = -\theta[\beta_1(c_{t_1,t_2}^{k} - c_{t_1,t_2}^{k'}) + \beta_2(c_{t_1,t_2}^{k,ll'} - c_{t_1,t_2}^{k',ll'}) + \beta_3(c_{t_1,t_2}^{k,r} - c_{t_1,t_2}^{k',r})] \tag{7-36}$$

利用时刻表扩展的方法对城市轨道交通网络进行时间维扩展，可将客流的网络动态

分配问题转化为网络客流加载过程。因此，考虑列车容量限制条件下，时刻表扩展网络上的随机均衡分配最优化模型构建如下：

$$\min Z=\sum_{(r,s)\in}\int_0^{x^{rs}}c^{rs}(x)\mathrm{d}x+\frac{1}{\theta}\sum_{a(r,s)\in k}\sum_{k\in R^{o_id_j}}v_k^{o_id_j}\ln v_k^{o_id_j}$$

$$\text{s.t.}\begin{cases}q^{o_id_j}=\sum\limits_{k\in R^{o_id_j}}v_k^{o_id_j}\\ v^{rs}=\sum\limits_{a(r,s)\in k}\sum\limits_{k\in R^{o_id_j}}\delta_{rs,k}^{o_id_j}v_k^{o_id_j}\\ v^{rs}\leqslant K^{rs,l}\\ v_k^{o_id_j}\geqslant 0,\forall a(r,s)\in,k\in R^{o_id_j}\end{cases}\tag{7-37}$$

式中，$v_k^{o_id_j}$ 表示第 k 条时刻表路径上的分配流量；$K^{rs,l}$ 表示线路 l 的列车容量；v^{rs} 表示时刻表扩展弧 $a(r,s)$ 的流量；$R^{o_id_j}$ 表示 OD 对间有效路径集。

构建出上述模型后，在运营中断条件下模型的应用，通过输入中断区间内包含的车站和区间编号、中断事故持续时间、发生中断后维持运营的行车措施，包括行车交路、列车最大客运量以及发车间隔，最终得到各 OD 对客流基于有效路径的客流分配量及其相应指标。假设路网 G 在 T_1～T_2 时段区间(a,b)发生中断运营，客流分类规则如下。

类型 1：在 T_1 时刻之前进入路网，并且将在 T_1～T_2 时段途经中断区间(a,b)的客流。

类型 2：将在 T_1～T_2 时段进入路网，并且正常情况下 OD 对间的有效路径不包含中断区间。

类型 3：将在 T_1～T_2 时段进入路网，并且正常情况下 OD 对间的有效路径包含中断区间。

3. 模型求解算法

步骤 1：路网构建及初始化。

根据中断事件输入中断区间、中断持续时间及中断下的行车组织措施改变初始路网拓扑结构，删除与区间(a,b)有关的节点和弧，并通过时刻表扩展的方法构建运营中断条件下的时刻表扩展网络。初始化，对于路网中所有的时刻表扩展弧 $\forall a(r,s)$，置弧流量 $v^{rs}=0$。

步骤 2：计算各路段出行费用。

根据前文对有效路径的定义，调用基于 Dijkstra 算法的 k 短路算法(删边法)得到 OD 对 o_id_j 的有效路径集 $R^{o_id_j}$，并计算每条有效路径的出行费用 $C_k^{o_id_j}(k\in R^{o_id_j})$。

步骤 3：计算有效路径被选概率。

利用改进的 Logit 模型 $p_k^{o_id_j}=\dfrac{\exp(-\theta^{C_k^{o_id_j}}/\bar{C}_k^{o_id_j})}{\sum\limits_{k\in R^{o_id_j}}\exp(-\theta^{C_k^{o_id_j}}/\bar{C}_k^{o_id_j})}$，其中 $\bar{C}_k^{o_id_j}$ 表示 OD 对 o_id_j 所有路径的平均阻抗，计算 OD 对 o_id_j 间各有效路径的被选概率 $p_k^{o_id_j},k\in R^{o_id_j}$。

步骤 4：加载客流。

对类型 2 客流进行分配时，直接加载客流量，对于类型 1 和类型 3 客流需判断该 OD 对客流是否可达，若客流不可达，则令该部分客流出站，若客流可达，则按照有效路径集进行加载。并结合路径备选概率计算式(7-37)，获取每一步计算的路径分配流量和弧分配流量，储存该路径客流量、弧流量，为各路径标定时间。

步骤 5：收敛性判断。

收敛判断条件：

$$G(n)=\frac{\sqrt{\sum\limits_{o_i d_j \in OD} \delta_{rs,k}^{o_i d_j}(v_k^{o_i d_j.n+1}-v_k^{o_i d_j.n})^2}}{\sum\limits_{o_i d_j \in OD} q^{o_i d_j}} \leqslant \varepsilon$$

ε 为预设的收敛误差，一般取一个充分小的正数，若不满足收敛判断条件，则返回步骤 2；令 $n=n+1$，更新路网出行费用，继续对 $n+1$ 节点的客流进行分配，否则转步骤 6。

步骤 6：结果输出。

算法结束，统计所需时段内各有效路径上分配的客流量 $v_k^{o_i d_j}$，并利用路径流量、弧流量计算区间线路客流量、换乘客流量等客流指标，并进行统计。

4. 模型算例分析

以图 7-34 多制式轨道交通时刻表扩展网络为例，网络中共包含 3 条线路 24 个站点，其中跨制式换乘站分别为 a、b 两站。

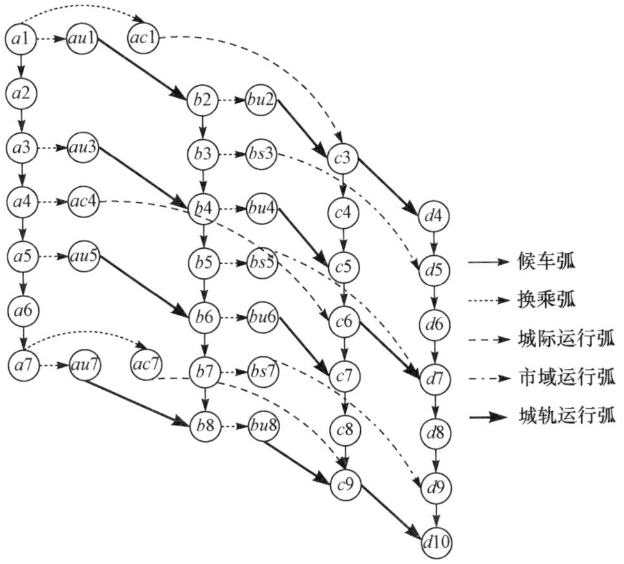

图 7-34　多制式轨道交通时刻表扩展网络

设定运营中断时间为 7:30～8:00，筛选出该时段经过限流车站及中断区间的所有客流 OD，并对其出行路径进行重新规划。

假设 1：站点限流车站为 b 站，限流发生时间段为 7:30～8:00，此时经过 b 站的列车均组织限流运行，基于调整后的列车时刻表进行配流。

假设 2：区间阻塞事件发生在早高峰 7:00～9:00 的某个时间段，中断时间为 7:30～8:00，中断 30min，阻塞区间为 a～c。针对上述情况，a～c 区间上列车暂时取消运行，即时刻表中删去经过该区间所有车次，基于调整后的列车时刻表进行配流。

具体输入数据见表 7-19，采用基于时刻表扩展路径的随机均衡分配模型。

表 7-19　输入数据

<table>
<tr><th>类别</th><th>时空弧属性</th><th>站点</th><th>离站时间</th><th>站点</th><th>到站时间</th><th>在车时间/min</th></tr>
<tr><td rowspan="17">列车时刻表</td><td rowspan="17">列车运行弧</td><td>au1</td><td>7:32:00</td><td>b2</td><td>7:42:00</td><td>10</td></tr>
<tr><td>ac1</td><td>7:33:00</td><td>c3</td><td>7:53:00</td><td>20</td></tr>
<tr><td>au3</td><td>7:38:00</td><td>b4</td><td>7:48:00</td><td>10</td></tr>
<tr><td>ac4</td><td>7:42:00</td><td>c6</td><td>8:02:00</td><td>20</td></tr>
<tr><td>au5</td><td>7:44:00</td><td>b6</td><td>7:52:00</td><td>8</td></tr>
<tr><td>au7</td><td>7:50:00</td><td>b8</td><td>7:56:00</td><td>6</td></tr>
<tr><td>ac7</td><td>7:51:00</td><td>c9</td><td>8:08:00</td><td>17</td></tr>
<tr><td>bu2</td><td>7:44:00</td><td>c3</td><td>7:53:00</td><td>9</td></tr>
<tr><td>bs3</td><td>7:46:00</td><td>d5</td><td>8:06:00</td><td>20</td></tr>
<tr><td>bu4</td><td>7:50:00</td><td>c5</td><td>8:00:00</td><td>10</td></tr>
<tr><td>bs5</td><td>7:54:00</td><td>d7</td><td>8:08:00</td><td>14</td></tr>
<tr><td>bu6</td><td>7:56:00</td><td>c7</td><td>8:04:00</td><td>8</td></tr>
<tr><td>bs7</td><td>7:58:00</td><td>d9</td><td>8:12:00</td><td>14</td></tr>
<tr><td>bu8</td><td>8:00:00</td><td>c9</td><td>8:08:00</td><td>8</td></tr>
<tr><td>c3</td><td>7:53:00</td><td>d4</td><td>8:04:00</td><td>11</td></tr>
<tr><td>c6</td><td>8:02:00</td><td>d7</td><td>8:08:00</td><td>6</td></tr>
<tr><td>c9</td><td>8:08:00</td><td>d10</td><td>8:14:00</td><td>6</td></tr>
<tr><td rowspan="15">换乘站换乘时间</td><td>时空弧属性</td><td colspan="2">换出站点</td><td colspan="2">换入站点</td><td>换乘时间/min</td></tr>
<tr><td rowspan="14">换乘弧</td><td colspan="2">a1</td><td colspan="2">au1</td><td>2</td></tr>
<tr><td colspan="2">a1</td><td colspan="2">ac1</td><td>3</td></tr>
<tr><td colspan="2">a3</td><td colspan="2">au3</td><td>2</td></tr>
<tr><td colspan="2">a4</td><td colspan="2">ac4</td><td>3</td></tr>
<tr><td colspan="2">a5</td><td colspan="2">au5</td><td>2</td></tr>
<tr><td colspan="2">a7</td><td colspan="2">au7</td><td>2</td></tr>
<tr><td colspan="2">a7</td><td colspan="2">ac7</td><td>3</td></tr>
<tr><td colspan="2">b2</td><td colspan="2">bu2</td><td>2</td></tr>
<tr><td colspan="2">b3</td><td colspan="2">bs3</td><td>2</td></tr>
<tr><td colspan="2">b4</td><td colspan="2">bu4</td><td>2</td></tr>
<tr><td colspan="2">b5</td><td colspan="2">bs5</td><td>2</td></tr>
<tr><td colspan="2">b6</td><td colspan="2">bu6</td><td>2</td></tr>
<tr><td colspan="2">b7</td><td colspan="2">bs7</td><td>2</td></tr>
<tr><td colspan="2">b8</td><td colspan="2">bu8</td><td>2</td></tr>
</table>

续表

列车制式	列车定员/人	最大能力/人
城市轨道交通(8A 型)	2480	3456
市域铁路(市域 4D 型)	1230	1328
城际铁路(8CRH6 型)	1502	1998

OD 对	客流量/人
$a1\|d4$	300
$a1\|d5$	300
$a1\|d7$	300
$a3\|d7$	300
$a4\|d7$	300
$a5\|d9$	300
$a7\|d10$	300

列车在车站停站时间可由列车运行图获得，通常情况下停站时间不随乘客流量变化，因此停站时间均默认为 2min，即列车停站弧取值均为 2。模型中的参数根据相关文献研究取值，其中广义费用函数中的各项广义费用权重系数采用既有研究的参数值(周玮腾，2016)，当路径出行超过最短路径的 10%时，该路径将不会被选择，则参数 d=10%，相关参数取值见表 7-20。

表 7-20　模型中的参数取值

参数	数值	参数	数值
β_1	0.119	β	2.0
β_2	0.111	σ	0.449
β_3	0.240	d	10%
ε	0.1%		
α	0.1		

正常情况下在上午 7:30～8:00 时间段客流分配结果见表 7-21。

表 7-21　正常情况下 OD 对间有效路径及配流结果

OD 对	路径站点序列	分配流量	时间费用
$a1\|d4$	$a1$-$ac1$-$c3$-$d4$	228.00	59.48
	$a1$-$au1$-$b2$-$bu2$-$c3$-$d4$	72.00	59.48
$a1\|d5$	$a1$-$au1$-$b2$-$b3$-$bs3$-$d5$	192.60	63.83
	$a1$-$ac1$-$c3$-$d4$-$d5$	102.30	63.85
	$a1$-$au1$-$b2$-$bu2$-$c3$-$d4$-$d5$	5.10	63.85

续表

OD 对	路径站点序列	分配流量	时间费用
a1|d7	a1-a2-a3-au3-b4-b7-bs7-d7	103.80	70.02
	a1-ac1-c3-c4-c7-c6-d7	87.60	70.05
	a1-au1-b2-b3-bs3-d7-d6-d7	44.40	70.05
	a1-au1-b2-bu2-c3-c4-c7-c6-d7	13.20	70.05
	a1-au1-b2-b3-b4-b7-bs7-d7	6.30	70.04
	a1-a2-a3-a4-ac4-c6-d7	25.50	70.05
	a1-ac1-c3-d4-d5d6-d7	9.90	70.07
	a1-a2-a3-au3-b4-bu4-c7-c6-d7	6.60	70.07
	a1-au1-b2-bu2-c3-d4-d7-d6-d7	1.20	70.07
	a1-au1-b2-b3-b4-bu4-c7-c6-d7	1.50	70.09
a3|d7	a3-au3-b4-b7-bs7-d7	182.10	60.59
	a3-a4-ac4-c6-d7	84.00	60.62
	a3-au3-b4-bu4-c7-c6-d7	33.90	60.64
a4|d7	a4-ac4-c6-d7	300.00	56.43
a5|d9	a7-au7-b6-b7-bs7-d9	300.00	58.00
a7|d10	a7-au7-b8-bu8-c9-d10	116.70	39.34
	a7-ac7-c9-d10	183.30	39.33

站点限流发生在上午 7:30～8:00 时，这个时间段为客流早高峰，由于车站限流，OD 对客流量由 300 人降为 200 人。乘客出行以通勤为主，在此时间段，乘客对轨道交通出行的时效性要求较高，因此可以预测在这个时间段客流会集中向拥挤度最低路径上分流，客流分配结果见表 7-22。

表 7-22　站点限流下 OD 对间有效路径及配流结果

OD 对	路径站点序列	分配流量	时间费用
a1|d4	a1-ac1-c3-d4	151.80	50.72
	a1-au1-b2-bu2-c3-d4	48.20	50.74
a1|d5	a1-au1-b2-b3-bs3-d5	132.00	54.11
	a1-ac1-c3-d4-d5	63.40	54.10
	a1-au1-b2-bu2-c3-d4-d5	4.60	54.13
a1|d7	a1-a2-a3-au3-b4-b7-bs7-d7	70.80	58.83
	a1-ac1-c3-c4-c7-c6-d7	67.20	58.82
	a1-au1-b2-b3-bs3-d7-d6-d7	16.80	58.83
	a1-a2-a3-au3-b4-bu4-c7-c6-d7	4.40	58.84
	a1-au1-b2-b3-b4-b7-bs7-d7	12.80	58.83
	a1-a2-a3-a4-ac4-c6-d7	18.40	58.84

续表

OD 对	路径站点序列	分配流量	时间费用
a1|d7	a1-au1-b2-bu2-c3-c4-c7-c6-d7	8.00	58.84
	a1-ac1-c3-d4-d7-d6-d7	1.00	58.82
	a1-au1-b2-bu2-c3-d4-d7-d6-d7	0.20	58.85
	a1-au1-b2-b3-b4-bu4-c7-c6-d7	0.40	58.84
a3|d7	a3-au3-b4-b7-bs7-d7	123.20	51.09
	a3-a4-ac4-c6-d7	58.20	51.10
	a3-au3-b4-bu4-c7-c6-d7	18.60	51.09
a4|d7	a4-ac4-c6-d7	200.00	47.57
a5|d9	a7-au7-b6-b7-bs7-d9	200.00	48.00
a7|d10	a7-au77-b8-bu8-c9-d10	83.40	34.67
	a7-ac7-c9-d10	116.60	34.66

区间中断时间段发生于早上 7:30～9:00，居民轨道交通出行以通勤、上学为主。在这个时间段，乘客轨道交通出行对路径时间属性要求最高，因此可以预测在这个时间段内客流会集中向时间最短路径上分流，配流结果见表 7-23。

表 7-23　区间中断下 OD 对间有效路径及配流结果

OD 对	路径站点序列	分配流量	时间费用
a1|d4	a1-au1-b2-bu2-c3-d4	300.00	79.62
a1|d5	a1-au1-b2-b3-bs3-d5	299.70	81.21
	a1-au1-b2-bu2-c3-d4-d5	0.30	81.62
a1|d7	a1-a2-a3-au3-b4-b7-bs7-d7	155.40	85.89
	a1-au1-b2-b3-b4-bu4-c7-c6-d7	0.30	86.71
	a1-a2-a3-au3-b4-bu4-c7-c6-d7	90.60	85.87
	a1-au1-b2-b3-bs3-d7-d6-d7	17.70	85.92
	a1-au1-b2-bu2-c3-c4-c7-c6-d7	36.00	85.87
a3|d7	a3-au3-b4-b7-bs7-d7	181.50	72.05
	a3-au3-b4-bu4-c7-c6-d7	118.50	72.03
a5|d9	a7-au7-b6-b7-bs7-d9	300.00	58.00
a7|d10	a7-au7-b8-bu8-c9-d10	300.00	54.00

客流分配是建立在路径选择模型基础上，采用时变 K 短路径搜索算法在运营中断情况下搜索出的有效路径作为客流分配的有效路径集。通过改进的 MSA 算法得到客流动态分配结果。由于在实际的列车运行中存在列车大小交路套跑、列车首末班车接续、紧急限流和封站等列车运行图调整的情况，因此有效的时变 K 短路径搜索获取不同时刻标度下任意 OD 车站间的路径对实际轨道交通应急组织管理将具有重要的实际意义。

7.4　区域轨道交通应急客流协同疏运模型与方法

随着我国区域经济的快速发展，以城市群为主要架构的区域发展形态已在我国日趋成熟。以城市群作为我国区域经济发展的增长极，推进城镇化发展，是“十三五”规划期间我国大力推进城市群建设的重要目标。研究国内外主要城市群的发展历程可以发现，城市群的交通运输网络深刻影响城市群的空间结构，更进一步影响城市群内部的人口、产业、经济等布局，是区域经济可持续健康发展的重要影响因素。

轨道交通因其技术经济特性已成为区域综合交通运输系统的骨架，其服务质量是保障区域综合交通运输系统服务水平的关键。由于轨道交通系统运营涉及部门多，人员设备及组织过程复杂，同时受限于空间布局和较高的客流密度，在日常运营过程中遭遇线路场站设备故障、自然灾害、大型活动等突发事件影响，往往会产生突发大客流，造成交通网络局部拥塞、运输效率低下，甚至丧失运能等应急状况，这种情况下客流的快速疏通是轨道交通运营必须应对的重要问题。

区域轨道交通网络化运营的背景下，多种轨道交通制式在空间上以换乘枢纽为纽带实现运营网络的衔接和客流的接续运输，形成了覆盖整个城市群区域的复合网络。当区域轨道交通网络中某一站点产生突发事件时，应急客流影响会沿着线路蔓延到其他站点，如果突发事件发生在换乘站，应急状况将会影响来自多条线路多个方向的客流，进而向其他线路其他轨道交通方式蔓延，进一步扩大突发事件的影响。如何快速、有效地疏运应急客流对保障区域轨道交通系统的安全高效运营具有重要作用。

由于区域轨道交通体系内各轨道方式从功能定位、服务对象、服务范围、客流量和主要运营技术标准上都存在差异，使得区域轨道交通系统的运营具有不同于城市轨道交通和传统普速铁路运营的特殊性。提高各轨道交通制式间的协调性是加速区域轨道交通一体化的关键，也是应对突发状况，实现突发事件下应急客流快速疏运的必要前提。

区域轨道交通系统多制式轨道交通服务范围涵盖城市中心至城市近郊、城市近郊至城市远郊、城市之间的区域，多种轨道交通制式之间在服务范围、服务对象及功能定位上也存在一定程度的重合，城际、干线铁路在引入城市内部后与地铁、市域铁路等城市市域轨道交通方式的开行区域存在重叠。从服务对象上看，城际干线主要服务的是城市间通勤、通学、旅游、商务等性质的客流，具有较明显的潮汐性，城际列车往往存在区段客流分布不均衡、运能浪费的情况。

目前，针对轨道交通应急客流疏运的研究主要集中在城市轨道交通系统，对区域轨道交通系统多制式间协同合作疏运应急客流的相关研究较少。因此，研究在区域轨道交通体系下应急客流的多制式协同疏运组织方法，是应急运输组织理论发展的需要，对保障运营安全，充分发挥多制式轨道交通运能，提高区域轨道交通系统应急处置能力具有重要意义。

(1) 提高应急客流疏运效率。

单一轨道交通方式自身或引入应急公交的疏运方法能力和效率有限，多种轨道交通制式间的协同配合能进一步提高客流的疏运效率，避免突发事件造成重大影响。

(2) 提高区域轨道交通系统应急处置能力。

多种轨道交通制式的协同疏运方法能够完善区域轨道交通的应急管理体系，具体的组织方法能够保障区域轨道交通系统整体运营安全，提高系统应急处置能力。

(3) 充分发挥各轨道交通制式的运能及比较优势。

突发事件下，轨道交通系统中的客流组成较为复杂，各轨道交通制式在功能定位及服务特性上的差异能够充分适应客流需求的多样性，在应急疏运的过程中保障旅客出行需求不受事件影响。

(4) 促进区域轨道交通系统协同发展。

突发事件下多种轨道交通制式间协调配合，实现应急客流高效疏运是区域轨道交通系统协同发展不可缺少的重要内涵，也是促进区域轨道交通系统全面、协同发展的必要保障。

(5) 促进现代综合交通运输体系协调发展。

协同疏运组织方法的提出丰富了应急运输组织理论和协同运输组织理论，不仅能够保障多种轨道交通制式间的协同发展，而且可促进综合交通运输体系协调发展。

7.4.1　国内外研究现状

国内外专家学者对轨道交通突发事件下的应急运输组织已有多年研究，关于应急客流疏运组织的理论和方法也已经有了较多的研究成果。相关的研究主要集中在突发事件下的客流传播规律、对城市轨道交通应急体系的构建、应急运输组织调整及客流疏运等方面的研究。

1. 客流传播规律研究

关于突发事件下的客流传播规律研究，国内外学者应用网络传播动力学模型、传染病易感-传染-易感模型(susceptible infected susceptible model，SIS 模型)、传染病易感-传染-恢复(susceptible infected recovered，SIR)模型等对线路中断、列车延误、车站故障及突发大客流等多种情况下的客流影响传播规律进行了研究。

Wright 和 Roberg-orenstein(1999)建立了理想网络下的交通拥堵传播模型，并在进一步的研究中探讨了交通拥堵的控制和消散策略。

Goverde(2010)建立了使用周期性列车时刻表的轨道交通网络中列车运行延误的传播模型。

Wu 等(2004)建立了复杂网络上的 SIR 模型研究交通拥堵的传播规律，并得出交通拥堵的传播与平均感染速率、平均恢复速率以及交通网络拓扑结构密切相关的结论。

Meloni 等(2009)采用复杂网络理论研究交通流的演化，在大量数值模拟和理论推导的基础上得出了无标度网络传播阈值由交通流状态决定的结论，进一步分析论证了容量限制是拥堵发生的根源。

Zhao 等(2014)建立了描述地铁突发事件中乘客恐慌蔓延的易感-传染-恢复-易感(susceptible-infectious-recovered-suscepitible，SIRS)模型，模型考虑了乘客密度、列车容量限制、乘客心理状态等因素。

刘小霞(2011)从复杂网络传播动力学的角度建立了基于病毒传播 SIR 模型的突发客流网络传播模型，得出了拥挤传播特性不仅与网络节点、连接边数量有关，也受到网络拓扑结构影响的结论。

段力伟等(2012)建立了站台乘客密度影响模型和列车延误时间模型，归纳总结了轨道交通网络突发大客流的传播机理。

李朴(2012)建立了轨道交通网络车站拓扑结构模型和客流拥挤传播 SIR 模型，分析了网络发展趋势以及拥堵传播特性。

朱炜(2013)根据车站容量、输送能力以及乘客到达流量的数量关系判断是否发生大客流事件，按原因区分了大客流事件的类型并分析其形成原理和传播机理。

张钰梅(2015)借鉴病毒传播 SIS 模型和元胞自动机模型的思想，建立了描述客流拥挤状态在轨道交通网络中传播的模型。

李冰玉和秦孝敏(2016)建立了基于客流实时分布的拥堵传播模型，以刻画车站客流状态在网络中的动态传播过程。

李凌燕(2015)分析了大客流在宏观路网内的传播和衰减过程，通过构建带有直接免疫的 SIRS 大客流路网传播模型，分别对发生站、换乘站以及中间站进行了站内微观大客流传播过程分析。

周艳芳等(2010)分析高峰客流的传播性质，构建了 SIR 大客流传播模型，分析了大客流在路网中的传播规律。

2. 应急体系研究

在应急体系研究方面，多是针对城市轨道交通突发事件下的体系构建开展研究，着眼于区域轨道交通系统的研究成果较少。

国外较多的发达国家在应急体系建设方面的研究起步早，已经实现了集安全监管、行车调度、资源调配为一体的信息化程度较高的综合调度指挥中心建设。

日本东京地铁为保障运营安全，建立了综合调度中心，将原有的行车调度及供电调度中心合并，并且增设了车辆调度、信息调度和设施调度，形成了一体化的调度系统。所有的调度系统都集中在同一个大厅中，通过彼此间的密切配合，掌握正确信息，并按照线路分别设置线路调度岗位，突发事件时进行统一的应急调度指挥。日本新干线的运行管理系统还包括快速地震监测报警系统以及环境监控系统等，自动化程度很高(武旭等，2005)。法国公司研发的适用于轨道交通的新型列车综合管理系统，将涵盖自动列车监控系统、通信监控系统、旅客向导系统等，在地铁应急调度上具有明显的应用优势。西班牙瓦伦西亚的轨道交通运营管理部门在预案管理系统中引入了超媒体技术，利用视频动画和三维仿真模型等将预案内容真实地呈现，极大地方便了应急等预案的学习和掌握(Canos and Zulueta，2004)。

在国内，刘光武(2009)通过研究城市轨道交通应急指挥平台的体系结构、层次结构、应用结构和功能机构，提出建立城市轨道交通应急指挥平台所需要的关键技术，包括信息资源整合共享技术和城市轨道交通地理信息系统技术等。李锋等(2009)在分析区域轨道交通网络化条件下运营特点的基础上，构建区域轨道交通应急管理体系，研究了应急管理体系的组织结构、处置流程，并从监控预警、应急预案管理、辅助决策、事件管理四个方面探讨了应急管理体系的功能组成。

3. 应急运输组织及客流疏运研究

在轨道交通应急运输组织及客流疏运方面，国内外学者主要关注城市轨道交通，多从车站客流管控、列车运行调整等方面实现应急状况下的运输组织工作。

Lam 等(1999)建立了拥堵交通网络的随机用户平衡分配模型并给出其求解方法，模型还可以预测乘客的出行路径选择行为，计算乘客总出行成本。

Nielsen(2000)基于 Probit 模型研究公共交通网络的客流分配问题，改进后的 Probit 模型可以描述乘客在选择替代交通方式时的偏好行为。

Poon 等(2004b)建立模型研究了基于运行计划的动态交通网络发生拥堵时的客流平衡分配问题，采用时间增量仿真方法对模型求解。

Gao 等(2004)建立了交通网络设计问题的双层规划模型，上层模型是交通网络设计模型，下层模型采用平衡分配模型。

Li 和 Fang(2013)建立了解决城市轨道交通应急调度问题的模型，模型同时考虑了乘客和轨道交通经营者的利益，对车站关闭、线路中断、客流激增三种紧急事件分别进行了数学描述。

唐巧梅(2013)以 2012 年元宵节期间南京地铁的大客流数据为基础，给出了行车密度、列车交路以及停站方案等行车组织调整方案。

刘祥喜(2012)结合突发大客流的客流特征，通过对不同停站方案进行比选优化和比较，对运营组织进行了优化设计。

郑锂等(2009)对城市轨道交通列车的站站停车方案和跨站停车方案，以乘客出行节省时间最大为目标，对城市轨道交通列车的站站停方案和跨站停方面分别构建整数规划模型进行比较研究。

引入城市公交与城市轨道交通形成协作运输，是较为常见的客流疏运方式，但较少考虑城市轨道交通运力仍然存在的情况下，如何与其他轨道交通方式和线路协同运输，以提高对突发事件的应对能力。在应急公交组织方面，国外研究较多，对于突发事件下的公交应急接运研究也有较多成果。

Kepaptsoglou 和 Karlaftis(2009)研究了应对轨道交通线路出现突发事件的常规公交接运网络的规划设计方法，该方法中包含一系列的结构化步骤、优化模型和算法。

Codina 等(2013)提出的常规公交衔接线网的模型与方法考虑了衔接线网在拥挤条件下的运行状态，求解模型可以得到衔接线路配车数量、线路走向、断面客流量、站点饱和度、车辆停站时间以及乘客候车时间。

Xiong 等(2013)以乘客和经营者总成本最小为目标，建立了轨道交通接驳公交线路优化模型，优化接驳公交线路走向及发车间隔。

在借助常规公交提高地铁突发事件应对能力时，Jin 等(2014)考虑了经营者和乘客的接受程度，采用集成现有常规公交线网而不是新建线网的方法来达到应对突发事件所需的额外运力，通过提高地铁沿线以及连接不同地铁线路的常规公交线路运力来实现上述目标。

腾靖和徐瑞华(2010)首先分析了突发事件对城市轨道交通客流输送产生的影响；然后从应急运输服务的角度，提出公交应急运能计算方法和机动车备车点选址方法；最后给出基于信息化条件的公交应急联动实施措施。

肖冠宇(2013a; 2013b)在对突发事件下轨道交通线路中断事故的公交应急体系构建问题进行探讨的基础上，给出了客流疏散的最优路径集模型，构建了公交应急联动客流疏运调度的初步模型，但该模型用于解决将滞留客流疏散至理想目的地的调度问题。

江志彬等(2011)指出城市轨道交通突发事件中断事件下客流疏运公交应急的联动模式为向发生事故的轨道交通线路提供区间或全线的替代功能，但尚未提出公交应急联动线路具体的开行算法。

彭文爱(2013)综合考虑运能差、发生时段等因素，确定了是否启动公交应急联动的隶属函数，并以此为基础构建公交应急联动模糊综合评价模型，提出城市轨道交通突发事件下应以责任区为单元进行公交应急接驳，该研究是客流疏运公交应急联动的基础依据。

胡华等(2013)提出城市轨道交通突发事件应急响应联动调度决策流程，以受突发事件影响的乘客为对象，研究集聚客流的疏散问题，构建了公交应急联动车辆调度模型，并给出了适应于在线辅助决策的高效优化算法。

桑珩(2018)考虑了轨道交通运力仍然存在的情况下如何与常规公交协作的问题。重点研究了轨道交通大客流疏运策略，考虑疏运耗时、转移乘客量、应急公交发车次数三个目标，构建了协同疏运组织模型。

国内外学者多将网络传播动力学应用到交通领域，探索了轨道线网、城市路网上拥堵的传播机理。应急体系研究多关注城市轨道交通，较少从多制式轨道交通协同的角度开展研究。轨道交通客流疏运方面，国外学者对突发事件发生后乘客出行路径选择和客流重分配的研究较多，现有的疏运方法对区域轨道交通系统内多种轨道交通制式、列车间的协调与配合鲜有关注，对客流的疏运较多关注应急状态的缓解，忽略了客流的出行需求，即应急客流的接续运输，不能发挥区域各制式轨道交通的比较优势，并充分满足应急客流的出行意愿。

7.4.2 轨道交通应急客流分析

1. 应急场景界定

1) 应急客流产生的原因

应急客流是指某时段内，轨道交通系统遭遇突发事件，正常运输能力受影响，导致站内大量的客流集散，线路沿线的客流出行需求超出了当前城市轨道交通线路运输能力的客流情况。突发事件下产生应急客流时，轨道交通车站内短时间会出现大量客流，对出入口造成拥堵，上下车的乘客增多，站台客流压力大，等待时间延长，乘降客流秩序难以维持，此时城市轨道交通运营组织也会受到一定程度的影响，进一步降低应急客流的疏运效率。产生应急客流在时间段随着事件的影响因素具有不确定性，而应急客流特征需要和同一时段的日常客流量进行对比和分析得出。

应急客流的形成原因主要如下。

(1) 节假日旅客出行量增大。

在春节、端午节、国庆节等重要假期时，旅游景点或购物卖场附近车站的客流会大量增长，且大客流出现的时间会相对较长。春节和学校的寒、暑假中，居民的旅游出行量增加，往往会造成长途汽车站、火车站和大型公交枢纽站附近的地铁站点的旅客集散，会出现突发性大客流。据统计分析，平日最高日客流量基本上都出现在节假日期间。节假日期间的大客流会影响轨道交通的多条线路，并且全线客流都会有明显上升，节假日突发性大客流是最为常见的应急客流类型。

(2) 大型活动的举办期间。

随着人民生活水平的提高，以大型文化体育活动、商业会展、博览会等为代表的文体活动增多。大型活动的举行会造成某一时段内出现突发客流，但通常只会影响活动附近地铁站或换乘站。2011 年深圳大运会举行期间，轨道交通日均客运量近万人次。该类大客流的影响范围主要在活动地点附近的车站和线路，是持续时间较短的一类应急客流。

(3) 突变的恶劣天气。

当突发大雾、水灾、台风、大雪这些恶劣天气时，地面交通受阻，地铁依据其在独立地下空间的优势，是很多人选择的交通方式。此时势必会造成轨道交通各个车站客流上升，此类应急客流影响的范围相对较广。

(4) 路面受到交通管制。

在特殊时期，如大型会议、大型活动期间路上交通会因为活动场地的因素、活动安全的因素等在一定的区域内进行管制，此时会有大批乘客选择地下交通的出行方式，地铁等城市轨道交通的客流将会大大增加。

(5) 车站内设备故障。

当轨道交通设备等硬件出现故障时，会造成列车的延误，短时间客流猛增，会影响列车的正常出发或行驶，使旅客不能及时乘降，导致站内旅客激增。

(6) 紧急事件的突发。

停电、发生火灾或地震灾害、区间堵塞等事件会导致站内旅客积压，此时其他旅客进入车站，就会加剧内部秩序混乱，难以疏导。此类应急客流影响程度视紧急事件性质影响因素和规模，严重时会使车站内客流失控。如果是在网络化运营的城市轨道交通，哪一条线路出现紧急事件均会影响其他线路的运营。

2) 应急客流的特点

应急客流的特点主要有：客流量变化幅度大，且不可预测；集散时间短而且相对集中；具有低频性，时空分布不均衡；客流方向在来源和去向上，视不同致因有分散或一致的不同情况；事件的产生会带来安全隐患，还可能会产生一系列短期后续影响。

客流自始至终随时间和影响因素不断地变化。应急客流的特征与产生的原因有密切的联系，对于城市轨道交通系统内部因素，如停电、机械故障等，或者外部因素，如天气原因，突发事件容易形成的应急客流很难提前预测，发生的时间段和影响的范围等不具有普遍规律性。

3) 应急客流分类

根据应急客流产生的原因，可划分为可预见性和不可预见性应急客流，并对其时空分布特性进行研究。应急客流在轨道交通系统中的集聚站点分布情况、客流来源、车站客流构成以及状态持续时间等与应急客流运营组织方法关系密切，为此从三个方面对应急客流进行分类，为应急客流运营组织方案的有效制定提供基础(李树鹏，2018)。

(1) 按轨道交通应急客流集聚站点分布情况分类。

应急客流集聚站点分布将直接影响线路行车方案的制定，轨道交通中应急客流集聚站点分布情况可分为以下几类。

① 运营线路中有一个车站客流集散量大。

在轨道交通线路中只有一个车站出现了明显的客流量增加的情形，如图 7-35 所示，可能会在以下情况下出现该客流状态。

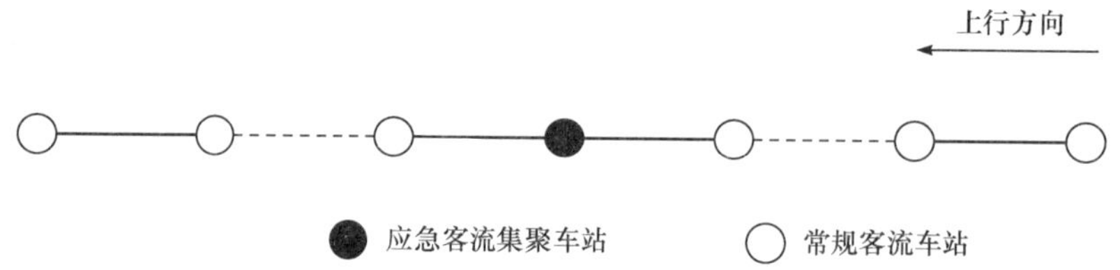

图 7-35　只有一个车站大量客流集散

(a) 大型文体活动结束时，散场后乘客在这个时候涌入附近城轨站点返程，短时间内给车站带来巨大的客流压力，类似情况一般出现在大型文体活动站点附近。

(b) 处于城市消费、娱乐和餐饮区域的地铁车站，沿线交通出行、购物、消费的居民较多，在节假日很容易出现大客流状况。

② 运营线路中连续的车站客流集散量大。

在轨道交通线路中连续 2 个以上的车站出现了明显的客流量增加的情形，如图 7-36 所示。可能会在以下情况下出现该客流状态。

(a) 多个不同的地域举行大型活动，活动结束时大量乘客涌入邻近的站点，所以形成这种客流集散形式。

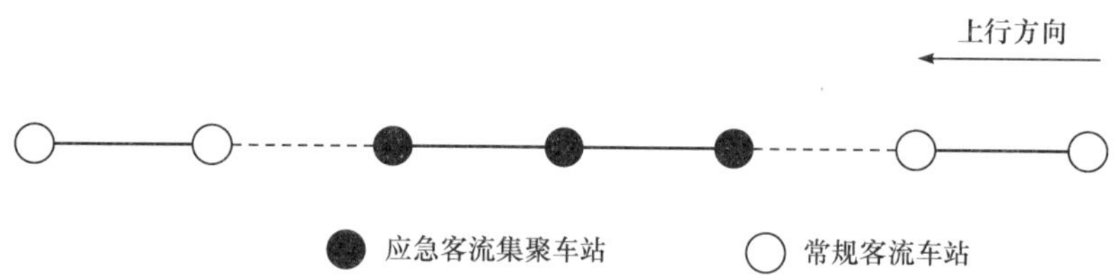

图 7-36　连续多个车站大量客流集散

(b) 当运营的线路中突发紧急事件，在列车运行区段执行非正常交路时也可能会形成应急客流的情况。

③ 运营线路中多个不连续的车站客流集散量大。

运营线路中多个不连续的车站出现客流量增加的现象，如图 7-37 所示。该客流状态源自城市内多个地区同时开展活动，如国庆长假期间文体活动频繁再加上商业区的客流量大，使得每个活动区域内车站的客流量短时间内增长。这种情况下可根据应急客流集聚车站和正常客流量车站的客运需求，合理地调整列车的停站方案，加快客流爆满站点乘客的输送。

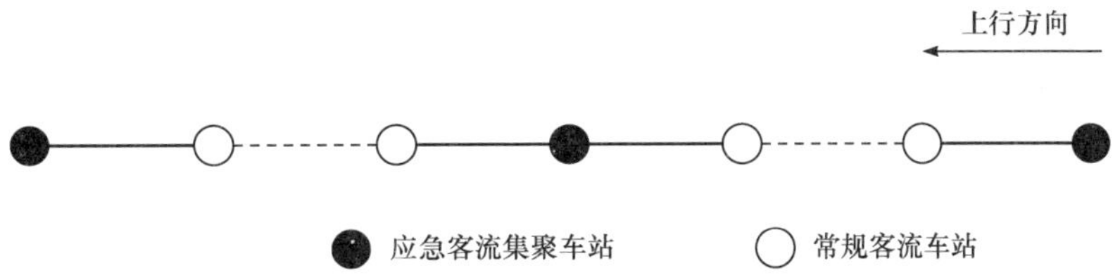

图 7-37　多个不连续车站大量客流集散

④ 运营线路中大多数车站客流集散量大。

全线运营线路中大多数车站客流量上升，这种情况主要是因为比较特殊的时间和影响因素，当遇到台风、暴雪等极端恶劣天气时，路面交通出行受阻使得更多的乘客选择受影响较小的轨道交通出行，这种情况下容易出现全线客流上升。

(2) 按轨道交通应急客流来源分类。

出现在车站的应急客流有很多种类，不同种类对车站造成的影响也不同，所以按轨道交通车站突发应急客流的来源进行如下分类。

① 轨道交通系统外的大客流。

短时间内大量客流进入轨道交通车站乘车，应急客流来源于轨道系统外部，应该通过增加车站的运输能力，减少旅客在车站停留的时间，来制定客流运输组织方案。

② 轨道交通系统内的大客流。

此时的应急运输组织方案的制定应尽可能让到达乘客出站，减少车站内客流量和乘客在站候车时间。

(3) 按突发大客流在城市轨道交通状态持续情况分类。

除以上两种分类外，轨道交通系统中应急客流的持续状况也直接影响系统运营组织方法的制定。按客流状态持续情况可将应急客流分为以下两类。

① 临时性应急客流。

临时性应急客流一般是发生紧急事件对轨道交通系统形成的影响。该客流相对于轨道交通常规客流具有偶然性，可通过调整运营组织等方法来合理地疏导。

② 规律性应急客流。

规律性应急客流也称作常发性大客流，这种客流情形通过调整运营组织手段来解决效果并不理想。应该对运营系统进行技术改造优化来应对，通过增加系统运能、协调调配其他轨道线路运能或者组织乘客错峰出行等。

2. 应急客流特征分析

轨道交通应急客流主要出现在大型活动会场、博物馆、商场超市等邻近的大型轨道交通枢纽。通过分析能够提前对应急客流产生时间进行预警，并且通过预测客流量和客流影响范围制定合理的运营组织方案对客流进行疏导。其变化主要体现在时间和空间分布两个方面。

1) 应急客流的时间分布特征

应急客流的产生时间通常具有不确定性，随着具体的事件发生而变化。其主要分为两种类型。

(1) 全峰型。

节假日期间的旅游景点地区和大型活动举办地附近的车站会有大量的游客，同时城市商业繁华地区和火车站附近也会保持较高客流量，客流分布一直保持较高峰值，且分布相对均匀。因而容易在日常客流量的基础上产生应急客流。车站客流日小时分布曲线如图 7-38 所示。

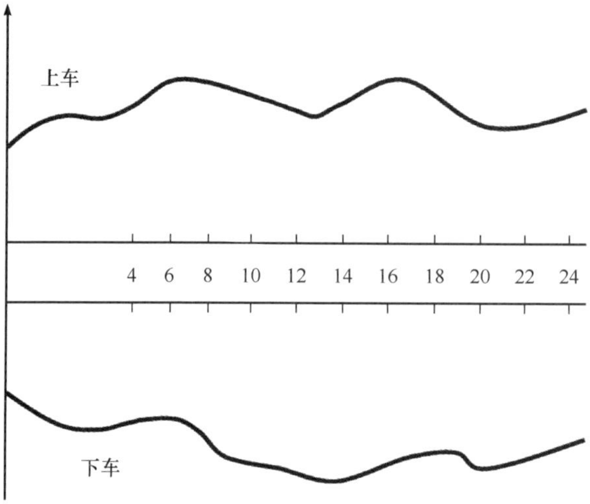

图 7-38　全峰型车站客流日小时分布曲线

(2) 突峰型。

在举办大型活动地点附近的车站，在开始和结束的时间段里，会有一段客流高峰。车站客流日小时分布曲线如图 7-39 所示。

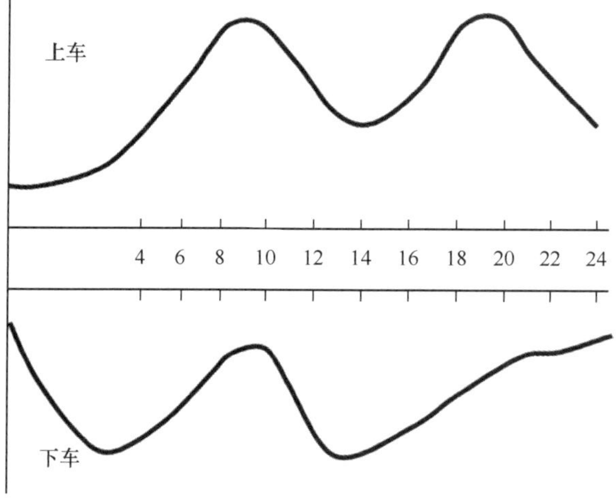

图 7-39　突峰型车站客流日小时分布曲线

车站客流的日分布情况可以用单向分时客流不均衡系数 α_1 来表示。通过式(7-38)计算。

$$\alpha_1=\frac{P_{\max}}{P_{平均}} \tag{7-38}$$

式中，α_1 为单向分时客流不均衡系数；$P_{\max}$ 为产生应急客流时，单向分时最大断面客流量(人/h)；$P_{平均}$ 为单向分时平均断面客流量(人/h)。

其中，α_1 的取值范围为 $\alpha_1 \in [1,+\infty)$。当 α_1 越接近 1 时，表明突发大客流的客流时间分布越趋于均衡；而当 $\alpha_1 \geqslant 2$ 时，则表明客流在时间上分布较集中，即客流在高峰小时内聚集程度越高。这时可考虑采用高低密度行车方式或通过分时段开行大小编组列车来缓解。

2) 应急客流的空间分布特征

突发应急客流通常产生在相应的车站及换乘站，而在不相关的车站，其客流增加量有限，从而导致车站空间分布不均衡。空间分布不均衡主要表现在以下方面。

(1) 上下行方向客流的不均衡。

因为线路上客流流向不同，所以上下行方向的最大断面客流量通常是不相等的。当举办活动引起车站突发应急客流时，其客流来源分散但出行目的较一致，就会使一个方向上的客流量远超另一个方向上的客流量。这种差异通常用上下行方向客流不均衡系数表示，计算公式如下：

$$\alpha_2=\frac{\max\{A_{\max}^{上},A_{\max}^{下}\}}{\dfrac{A_{\max}^{上}+A_{\max}^{下}}{2}} \tag{7-39}$$

式中，α_2 为上行、下行方向客流的不均衡系数；$A_{\max}^{上}$、$A_{\max}^{下}$ 为分别为上行、下行最大断面客流量(人/*h*)。

其中，α_2 的取值范围为 $\alpha_2 \in [1,+\infty)$。当 $\alpha_2=1$ 时，则表明上下行方向最大断面客流量均衡。而 α_2 越大，则表明越不均衡。

(2) 各个断面客流的不均衡。

在节假日或举办大型活动期间，一些车站会涌现大量旅客乘降，使得沿线相关车站客流量增大。乘降人数的不同会导致线路单向断面客流不均衡的现象发生。当突发应急客流出现在线路中间车站时，会使地铁中间车站及附近车站的断面值最高，则断面客流量分布呈现凸起型，如图 7-40 所示。当突发大客流出现在线路两端的车站时，则断面客流量分布呈现阶梯型，如图 7-41 所示。

不均衡的程度可以用断面客流不均衡系数 α_3 表示：

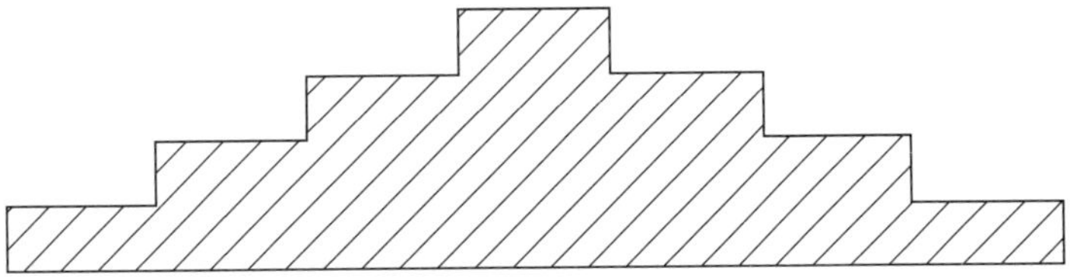

图 7-40　凸起型断面客流分布

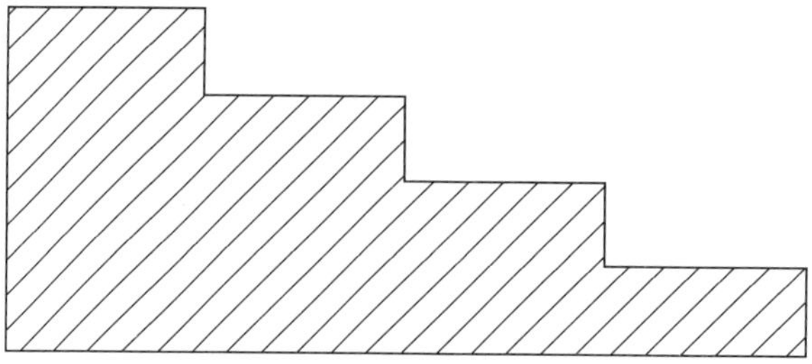

图 7-41　阶梯型断面客流分布

$$\alpha_3=\frac{nA_{\max}}{\sum_{i}^{n}A_i} \tag{7-40}$$

式中，α_3 为单向断面客流的不均衡系数；n 为轨道交通所设区间断面数量(个)；$A_{\max}$ 为单向最大断面客流量(人/h)；A_i 为单向断面车站客流量(人/h)。

据定义可知，α_3 的取值范围为 $\alpha_3\in[1,+\infty)$。当 α_3 越趋近 1 时，单向断面客流量越均衡。而当 $\alpha_3 \geqslant 1.5$ 时，则表明线路上单向断面客流量分布不均衡程度较大。此时，可考虑加开区段列车，即采用特殊交路的方式。

(3) OD 客流分布特征。

对站间 OD 客流分析的重点是各个客流区段内的到发客流与不同客流区段间到发客流的分布特征。当突发应急客流发生时，可能会在线路上连续的几个站点发生突发应急客流；也可能只有单一事发车站，但客流量过大占用了列车运能，影响了后续车站的正常运营，导致积压客流；或是事发车站运输了大量旅客，导致事发车站的临近站点下车客流突增，造成临近车站突发大客流。其中，若线路上连续若干个站点突发应急客流，则可将这些连续的站点划分为一个客流区段，定为区段 B，相邻两端为区段 A 和区段 C。并假设区段 A 内的车站为 1～a，区段 B 内的车站为 a+1～b，区段 C 内的车站为 b+1～c，如图 7-42 所示。

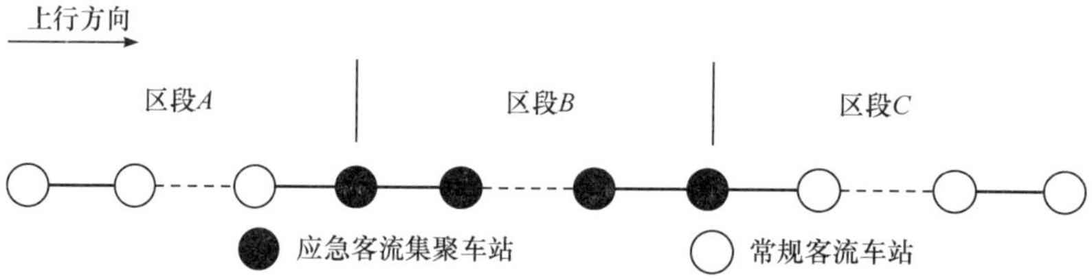

图 7-42　应急客流与常规客流的区段划分

区段 B 内各站间到发客流占全线到发客流的百分比 φ_1 为

$$\varphi_1=\frac{\sum_{i=a+1}^{b}\sum_{j=a+1}^{b}A_{ij}}{\sum_{i=1}^{c}\sum_{j=1}^{c}A_{ij}} \tag{7-41}$$

式中，A_{ij} 为车站 i 到车站 j 的客流量。

区段 C 内各站间到发客流占全线到发客流的百分比 φ_2 为

$$\varphi_2 = \frac{\sum_{i=b+1}^{c}\sum_{j=b+1}^{c} A_{ij}}{\sum_{i=1}^{c}\sum_{j=1}^{c} A_{ij}} \tag{7-42}$$

区段 A 内各站间到发客流占全线到发客流的百分比 φ_3 为

$$\varphi_3 = \frac{\sum_{i=1}^{a}\sum_{j=1}^{a} A_{ij}}{\sum_{i=1}^{c}\sum_{j=1}^{c} A_{ij}} \tag{7-43}$$

区段 B 内各站到区段 A 内各站的客流占全线到发客流的百分比 φ_4 为

$$\varphi_4 = \frac{\sum_{i=a+1}^{b}\sum_{j=1}^{a} A_{ij}}{\sum_{i=1}^{c}\sum_{j=1}^{c} A_{ij}} \tag{7-44}$$

区段 B 内各站到区段 C 内各站的客流占全线到发客流的百分比 φ_5 为

$$\varphi_5 = \frac{\sum_{i=a+1}^{b}\sum_{j=b+1}^{c} A_{ij}}{\sum_{i=1}^{c}\sum_{j=1}^{c} A_{ij}} \tag{7-45}$$

对比各值的大小可得出：若 φ_1、φ_4、φ_5 的值比较接近，则说明这条线路上的应急客流去向分散；若 φ_1 比 φ_2 、φ_3 大很多，且 φ_4 、φ_5 的值较小，则表明这条线路上的应急客流去向集中。若 $\varphi_4 < \varphi_5$ ，则这条线路上去往下行方向的客流居多；若 $\varphi_4 > \varphi_5$ 则表明上行的客流量比下行客流量大。

3. 应急客流对轨道交通运营系统产生的影响

轨道交通运输最重要的就是安全输送旅客到达目的地，车站出现应急客流，是对车站运营组织的巨大考验，其影响主要体现在打破车站正常运营作业，使得运输工作繁重且降低了服务水平，最重要的是会产生安全方面的风险。

1) 会对旅客流线产生影响

旅客流线是车站布置给旅客自然行走的轨迹，是乘客在站内行走的线路。应急客流会干扰旅客流线，乘客的行动会变得无序。如果不能在短时间内加快输送旅客，旅客集中情况会扩散，直接影响站厅内设施设备的通过能力，最终站内会处于拥挤状态，存在很大的安全隐患。

2) 会对车站服务水平产生影响

轨道交通车站服务水平主要包括车站内站务人员服务水平、车站内旅客流线畅通程度以及轨道交通系统设施是否保持正常运行等。车站服务水平的下降会对乘客安全造成潜在危险，例如，在主要通道的出入口附近、垂直移动设备附近、站台上旅客密度过高的地方，都很容易引发事故。

3) 会对列车运输组织产生影响

当车站产生应急客流时，站台上停留的旅客密度会上升，旅客的乘降时间延长，容易会导致列车延误，从而影响整个运输系统的平稳。此外，还会产生其他后续影响。如在事发车站输送了大量旅客至后续车站，造成应急客流产生了传递效应。前方载有应急客流的列车延误，导致本站的站台客流密度进一步增高，当达到最大饱和值时，需要工作人员组织引导旅客去到非候车区等候。

7.4.3　协同疏运模型

区域轨道交通交通系统涵盖多种轨道交通制式，多制式间通过枢纽站点衔接形成了共同服务城市群区域客流出行的区域多制式轨道交通网络。客流在各种轨道交通制式间的出行换乘使得各轨道交通子系统间产生复杂的竞合关系。当区域轨道交通系统遭遇突发事件，产生应急客流时，客流影响将可能由单一的应急站点向局部传播，甚至进一步扩散至路网全局，对区域出行造成严重影响。本节结合前面章节中提出的区域轨道应急联动流程及现行的轨道交通应急运输组织方法，形成突发应急事件下的多制式轨道交通协同应急运输组织体系。

按照区域轨道交通系统应急联动的执行流程，多制式轨道交通协同应急运输组织方法内容可分为三个阶段，见表 7-24。

基于上述区域多制式轨道交通方式间的协同应急运输组织方法，本节将针对区域轨道交通系统中的城市轨道交通和城际干线铁路子系统，以城市轨道交通线路遭遇突发事件时引入城际线路、实现对应急客流的协同疏运为研究背景，构建区域轨道交通应急客流协同疏运模型和方法。

表 7-24　多制式轨道交通协同应急运输组织方法体系

应急等级	典型应急场景	场景特征	运输组织方法	调整优化内容
单一线路应急	某条轨道交通线路上的一个或部分站点产生突发事件	站点能力受影响，线路能力尚存	采取客流控制(限流)引导策略；跳停受影响车站更改停站时间	调整车站服务能力、线路列车开行方案、停站方案
单一轨道制式应急	某条轨道交通线路车站或线路能力产生突发事件	站点能力及线路能力均受影响，效率低下，甚至中断运营	调整该轨道制式其他线路的开行方案；也可将中断线路上的列车改由其他平行线路运行	协调多条线路列车开行方案、线路行车计划
轨道制式协同应急	突发事件致单一轨道制式局部中断进一步向全局蔓延	单一轨道制式通过自身内部联动调整不能恢复正常状态	以其他轨道交通制式分担受影响客流；枢纽换乘多种轨道制式形成接续出行路径；设备及技术完善的前提下跨线开行应急班列	协调多制式多线路行车计划、开行方案

应急客流协同疏运方法，包括线路关系识别、疏运需求判定和开行方案协同优化三

个阶段，其中线路关系识别指针对城际干线铁路引入城市内部，与城市轨道交通在枢纽站点中产生相交的情况，将城际干线铁路与城轨线路的位置关系划分为不连续站点相交和连续站点相交，进而判断线路之间可行的协同运输模式；疏运需求判定指对城市轨道交通产生应急客流的规模、时空分布特征及当前轨道交通线路与应急客流间的匹配关系进行分析；开行方案协同优化阶段是将应急线路及区域应急客流在区段-时段上的分布特征即疏运需求作为输入，建立疏运线路上各区段-时段的供需匹配关系，构建以供需关系协调度最优为目标和加开城际短路列车成本最小的开行方案协同优化模型，最后求解得到当前城市轨道交通能力现状及城际线路运营实际下，能够充分满足应急客流疏运目标的城轨列车、城际列车开行方案以及其组合关系。

1. 线路关系识别

区域轨道交通系统多种轨道交通方式服务范围涵盖城市中心至城市近郊、城市近郊至城市远郊、城市之间的区域，多种轨道交通制式之间在服务范围、服务对象及功能定位上也存在一定程度的重合，城际、干线铁路在引入城市内部后与地铁、市域铁路等城市市域轨道交通制式的开行区域存在重叠，如图 7-43 所示。

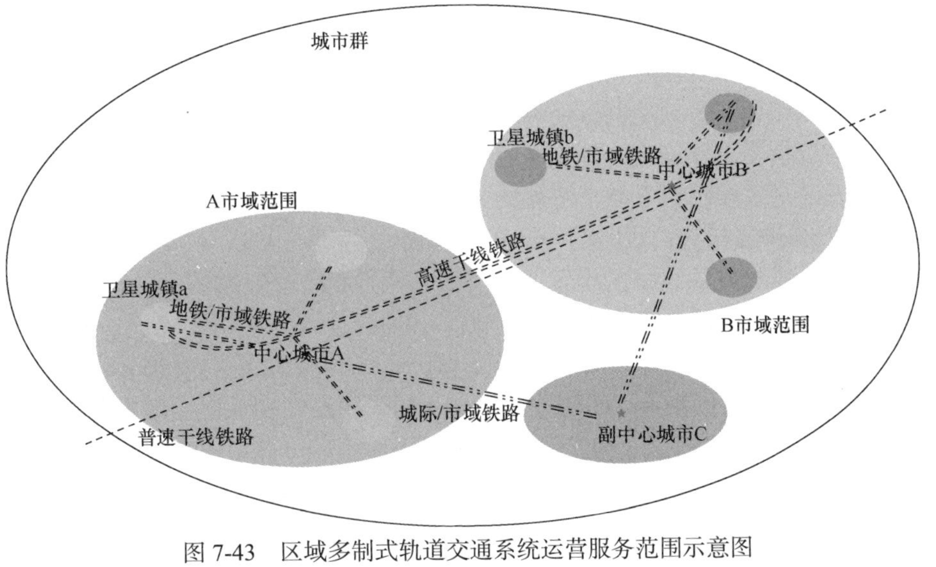

图 7-43　区域多制式轨道交通系统运营服务范围示意图

1) 城际干线铁路与城轨线路位置关系分析

线路关系如图 7-44 所示，城际干线铁路与城轨线路的位置关系可划分为不连续站点相交和连续站点相交。

(1) 不连续站点相交即城际干线铁路与城市轨道交通线路在城市内部 $n(n\geqslant 1)$个车站枢纽可实现换乘，依据换乘站点的数量可分为 1 个站点相交、2 个站点相交和多个站点相交，其中当 $n>1$ 时，各换乘站点间在城市轨道交通线路上不相邻。

(2) 连续站点相交：城际干线铁路与城市轨道交通线路在城市内部 $n(n\geqslant 2)$个车站枢纽可实现换乘，各换乘站点间在城市轨道交通上相邻，即线路间存在平行区段。依据存在平行区段的数量可分为 1 段相交和多段相交。

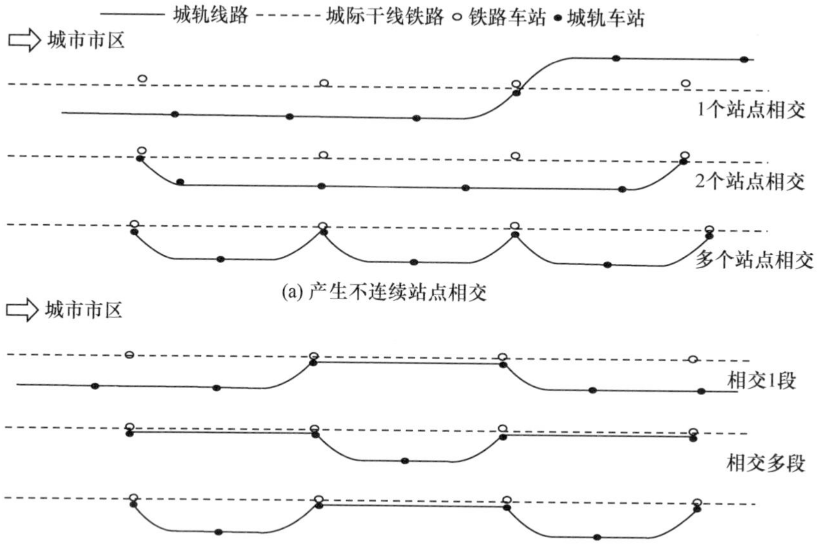

(a) 产生不连续站点相交

(b) 产生连续站点相交(平行区段)

图 7-44　城际干线铁路引入城市内部后与城轨线路位置关系

一般而言，交通线路间的竞合关系受线路间位置关系的直接影响。不连续站点相交线路间通常存在较大的合作协调关系，客流可通过换乘枢纽在两条线路间实现接续出行。连续站点相交线路即平行线路间同时存在竞争和合作关系，在平行区段，客流对不同线路及列车间的选择受不同交通方式服务特性和客流自身选择偏好的影响，不同线路及交通方式可实现平行区段出行方向上客流的分流及协作运输。

2) 城际干线铁路与城轨线路的协同运输模式

依据城际干线与城轨线路的位置关系类型，两种轨道交通制式间的协同运输模式可分为接续换乘和平行线路分流两种组织方式。

(1) 接续换乘：不连续站点相交条件下，城际干线与城轨线路间协同运输模式主要为枢纽内的列车接续和客流换乘，即两种轨道交通制式线路间相互桥接形成换乘出行路径，客流可通过在不同方式和列车间的换乘，实现在两种轨道交通制式覆盖区域的接续出行。

(2) 平行线路分流：连续站点相交条件下，城际干线与城轨线路间协同运输模式主要为多种轨道交通制式开行列车共同服务平行区段内的客流出行，即两种轨道交通制式线路间构成平行路径，客流可依据自身偏好和现实情况选择不同制式列车完成平行区段内的出行并进而完成整个城市内部的出行过程。

结合上述两种情况，当城际干线铁路与城市轨道交通线路间存在 1 个以上相交站点时，即可通过协调两种轨道交通制式实现对服务区域内客流的协同服务。将车站枢纽内的换乘过程进行微观描述，即可将接续换乘模式看作平行线路分流的特殊情况。

2. 疏运需求判断

考虑当前我国部分城市运营实际，城际、市域铁路列车发展趋于公交化，固有的长大交路列车与城市内外出行的客流分布情况不能充分匹配，存在一定程度的运能浪费。城市轨道交通系统突发应急事件下，通过在城际干线铁路城市内部区段组织开行一定比例的短交路列车在应急时段内形成公交化运营，实现对相交城市轨道交通线路的有效支撑。

疏运需求判定将基于对突发事件下城市轨道交通列车的开行数据、应急时段产生客流规模及其时空分布特征的分析，其中应急客流规模及其时空分布特征反映的是突发事件下的客流疏运需求，城市轨道交通列车开行数据反映的是突发事件下城市轨道尚存的运输能力，即当前的运输供给水平。在这一阶段实现对应急区域应急时段内疏运需求和当前供给能力的比较关系初步判定，作为开行城际短交路列车的依据，即疏运模型建立的基础。

1) 城轨列车开行数据

运营时段内，城市轨道交通在既有运行交路上开行一定频率的列车，对轨道交通沿线各车站、区间提供持续稳定的运输能力。突发事件下，城市轨道交通运营受影响，将产生运输能力的折损。

将获取应急时段内城市轨道交通列车的开行数据，包括城市轨道交通列车开行时段 t、城市轨道交通列车开行时段集合 T、轨道交通运营时段城轨列车的开行频率 f 等，以此对当前城市轨道交通线路的运输能力情况，即当前应急状况进行基本把握。

城市轨道交通列车开行时段 t，是指为便于对城市轨道交通线路列车开行及客流数据统计分析，采取均匀划分的方法将城市轨道交通整个运营时段划分为若干运行时间段。根据运营实际，我国当前城市轨道交通全天运营时间一般不少于 15h，大部分城市运营时段为 6:00～24:00，全天运营时间接近 18h，日常运营统计中将运营时间按每个统计时段 60min 划分进行列车及客流数据的统计分析。城市轨道交通通常趋于公交化运营，因此单位统计时段内运行的城轨列车数量一定，即城市轨道交通列车开行频率稳定。

2) 应急客流数量(规模)及其时空分布特征

应急时段产生的客流数量(规模)及其时空分布特征将直观反映客流疏运需求，作为疏运模型构建和求解的输入数据，采取划分运行区间及运营时段的方法刻画应急客流在时间和空间上的二维分布特征，包括如下步骤。

步骤 1：根据突发事件实际情况，确定受影响城市轨道交通线路，预测应急状态持续时间，一般情况下，为确保应急事件下客流有效疏运，取城市轨道交通整个运营时段 T。

步骤 2：依据受影响城市轨道交通线路上站点将线路划分为 K–1 区间，将应急时段 T 划分为 M 个时段，分别统计各区间 $e(i,j)$ 的客流量 q_{ij}^t，形成突发事件下受影响轨道交通线路的客流时空分布特征。

步骤 3：计算突发事件下受影响的应急客流规模为

$$Q=\sum_{t\in T}^{M}\sum_{e\in E}^{K-1}q_e^t \tag{7-46}$$

式中，q_e^t 为 t 时段内区间 e 的客流量 q_{ij}^t。

3) 疏运需求判定过程

疏运需求判定将基于城市轨道交通当前运营数据及产生应急客流的规模、时空分布特征，分析当前城市轨道交通线路运输供给能力与应急客流疏运需求间的匹配关系，作为城际铁路开行短交路列车的依据和疏运模型构建及求解的输入数据。

疏运需求判定包括如下步骤。

步骤 1：依据突发事件态势分析，预测城市轨道交通运能折损率η，确定城轨运能不足的时段-区间。

步骤 2：将城市轨道交通运能不足的时段确定为突发事件下需要加开城际列车参与应急客流疏运的时段T'。

步骤 3：形成突发事件时，城市轨道交通应急客流疏运方案为：城市轨道交通尚存运能与加开城际列车共同参与应急客流疏运。

3. 疏运模型

1) 模型构建思路

综合考虑城市轨道交通线路在突发事件下的客流分布及波动特性、突发事件的持续时段、两种轨道交通方式的车底运用成本等，以城际干线城市内部区段开行的短交路列车与城市轨道交通应急状况下的运力共同完成客流疏运，同时以时段-区间列车运能供求关系协调度最高及疏运列车开行成本最低为目标，以线路通过能力、列车开行限制、应急状态下的满载率安全阈值等为约束条件，构建两种轨道交通方式开行方案协同优化的协同疏运模型，基本思路如下。

(1) 依据突发事件下的应急客流时空分布特征划分客流时段，按时段统计城市轨道交通线路上的区间客流分布特征。

(2) 依据突发事件态势分析，确定城市轨道交通运能折损率及城轨运能不足的时段-区间。

(3) 依据城际干线铁路城市内部区段与城市轨道交通线路位置相交关系，确定城际铁路短交路列车备选交路集合。

(4) 构造各时段-区间的城际列车和城轨列车运输能力与应急客流运输需求的关系式。

(5) 构造轨道交通运营全时段的运能供需关系式，作为城际列车支撑城轨列车疏运应急客流的协同度函数。

(6) 基于模型目标及变量约束条件，求解城际列车及城轨列车开行方案及指标。

2) 建模思想及条件假设

城际干线铁路在城市内部与城市轨道交通线路的位置关系如图 7-45 所示，存在若干相交区段。城市轨道交通线路遭遇突发事件，线路能力受影响，不能满足该路径上的客流出行需求。基于区域轨道交通协同应急思想，在城际干线铁路的城市内部区段上行线路与下行线路成对开行公交化运营的短交路列车，并采用相适应的停站方案；交路方案基于城际干线与城市轨道交通线路的相交站点分布情况，在外侧相交区段S^0至S^k内选取车站作为交路起止点；停站方案基于应急客流在轨道交通线路方向上的空间及 OD 分布特征设置。城际线路上的折返站都具备一定的折返能力；模型只考虑单一方向客流疏运，同一交路上下行列车公交化开行频率相等；列车乘客量不能超过列车的最大安全满载率；列车编组数量固定。城市轨道交通列车在应急状态下的开行方案及运输能力已知(林立等，2019，陈胜波等，2013)。

3) 变量与参数

模型相关的变量与参数定义见表 7-25。

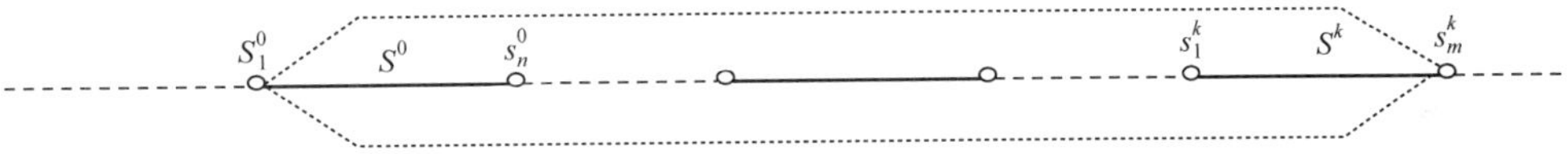

图 7-45　城际干线铁路的城市内部区段

表 7-25　协同疏运模型变量参数定义

变量/参数	定义
S^0	城际干线铁路在城市一端与城轨线路相交区段的站点集
S^k	城际干线铁路在城市另一端与城轨线路相交区段的站点集
S'	城际干线铁路在城市内部区段的其他站点集
S	城际干线铁路的城市内部区段站点集 $S=\{1,2,3,\cdots,K\}, S^0, S^k, S' \subseteq S$
E	城际干线铁路的城市内部站间区间集， $E=\{e(i,j) \mid i,j \in S\}$
U	城际干线铁路 $U=(S,E)$
R	城际干线短交路列车备选交路集合 $R=\{r(s,d) \mid s \in S^0, d \in S^k\}$
l_r	备选交路的周转距离
t_r	表示备选交路的周转时间
t	轨道交通列车开行时段
T	城市轨道交通列车开行时段集合， $t \in T$
M	城市轨道交通列车开行时段划分数
T'	城际列车公交化开行时段集合， $T' \subseteq T$
η	突发事件下，城市轨道交通运能效率折损比例
q_{ij}^t	轨道交通运营时段 t 内区间 $e(i,j)$ 的断面客流量
f_{rt}	轨道交通运营时段 t 内交路 r 城际列车的开行频率
f	轨道交通运营时段城轨列车的开行频率，即每小时发车量
x_{rt}	0-1 变量， $x_{rt}=1$ 表示 t 时段备选交路 r 确定为列车运行交路
y_{ert}	变量， $y_{ert}=1$ 表示 t 时段交路 r 通过区间 e
c、c^*	城际及城轨每列车公里费用
c_v、c_v^*	城际及城轨每车辆公里费用
b、b^*	城际列车及城轨列车车辆编组辆数
q、q^*	城际列车及城轨列车车辆定员人数
δ_{et}	t 时段区间 e 列车的满载率
$\delta_{\max}$	列车满载率的安全上限
$\overline{f}_e$	t 时段区间 e 的通过能力
$h_{\min}$	最小列车追踪间隔时间
v_e	区间的最大运行速度
l_e	区间长度

4) 目标函数

根据参数定义，可得到以下公式。

(1) 某站间区间 t 时段内的城际列车运输能力：

$$C = bq\sum_{r\in R} f_{rt} y_{ert} x_{rt} \tag{7-47}$$

(2) 某站间区间 t 时段内的城轨列车运输能力：

$$C^* = \eta b^* q^* f \tag{7-48}$$

(3) 某站间区间全时段内的轨道交通列车运输能力供需协调关系式：

$$\frac{1}{M}\left[\sum_{t\in T}^{M}\left(1-\frac{q_e^t}{bq\sum_{r\in R} f_{rt} y_{ert} x_{rt} + \eta b^* q^* f}\right)^2\right] \tag{7-49}$$

(4) 某时段内，各站间区间的轨道交通列车运输能力供需协调关系式：

$$\frac{1}{K-1}\left[\sum_{e}^{E}\left(1-\frac{q_e^t}{bq\sum_{r\in R} f_{rt} y_{ert} x_{rt} + \eta b^* q^* f}\right)^2\right] \tag{7-50}$$

综合上述分析，模型的优化目标如下。

(1) 充分适应应急客流的时间分布特征，即时段列车运能供求关系协调度最高：

$$F_1 = \min\frac{1}{K-1}\sum_{e\in E}^{K-1}\left[1-\frac{1}{M}\sum_{t\in T}^{M}\left(1-\frac{q_e^t}{bq\sum_{r\in R} f_{rt} y_{ert} x_{rt} + \eta b^* q^* f}\right)^2\right]^2 \tag{7-51}$$

(2) 充分适应应急客流的空间分布特征，即区间列车运能供求关系协调度最高：

$$F_2 = \min\frac{1}{M}\sum_{t\in T}^{M}\left[1-\frac{1}{K-1}\sum_{e}^{E}\left(1-\frac{q_e^t}{bq\sum_{r\in R} f_{rt} y_{ert} x_{rt} + \eta b^* q^* f}\right)^2\right]^2 \tag{7-52}$$

(3) 加开城际公交化列车系统成本最低：

$$F_3 = \min\sum_{t\in T'}\sum_{r\in R}(c+bc_v) f_{rt} l_r x_{rt} \tag{7-53}$$

式中，目标 1、2 均为协调度指标，无量纲，采取对两协调度指标求几何平均值的方法保证疏运过程客流时间与空间分布相适应。目标 F_3 为带量纲的目标值，采取“均值法”将其无量纲化。令

$$bq\sum_{t\in T'}\sum_{r\in R} f_{rt} y_{ert} x_{rt} = \eta b^* q^* f' \tag{7-54}$$

则

$$\overline{F}_3 = \sum_{e\in E}(c^* + b^* c_v^*) f' l_e \tag{7-55}$$

$$F_3' = \frac{\left|F_3 - \bar{F}_3\right|}{\bar{F}_3} \tag{7-56}$$

模型总目标为

$$\min F = \sqrt{F_1 \cdot F_2} - \frac{\left|F_3 - \bar{F}_3\right|}{\bar{F}_3}$$

$$= \sqrt{\left[\frac{1}{K-1}\sum_{e\in E}^{K-1}\left[1-\frac{1}{M}\sum_{t\in T}^{M}\left(1-\frac{q_e^t}{bq\sum_{r\in R} f_{rt}y_{ert}x_{rt}+\eta b^* q^* f}\right)^2\right]^2 \times \frac{1}{M}\sum_{t\in T}^{M}\left[1-\frac{1}{K-1}\sum_{e}^{E}\left(1-\frac{q_e^t}{bq\sum_{r\in R} f_{rt}y_{ert}x_{rt}+\eta b^* q^* f}\right)^2\right]^2\right]}$$

$$- \frac{\left|\left[\sum_{t\in T'}\sum_{r\in R}(c+bc_v)f_{rt}l_r x_{rt}\right]-\left[\sum_{e\in E}(c^*+b^*c_v^*)f l_e\right]\right|}{\sum_{e\in E}(c^*+b^*c_v^*)f l_e} \tag{7-57}$$

5) 约束条件

(1) 线路通过能力约束：城际干线铁路开行短交路列车，其线路通过能力由各区间通过能力确定。

$$\sum_{r\in R} f_{rt}y_{ert}x_{rt} \leqslant \bar{f}_e \tag{7-58}$$

$$\bar{f}_e = \min(3600/h_{\min}, 3600v_e/l_e) \tag{7-59}$$

(2) 应急状态下，至少开行一组短交路列车，保证各时段内每个区间都有列车通过，协助城市轨道交通线路疏运应急客流。

$$\sum_{r\in R} y_{ert}x_{rt} \geqslant 1 \tag{7-60}$$

(3) 只在备选交路集上开行短交路城际列车，未选作备选交路集说明该站点不具备与轨道交通方式形成协同运输的位置关系，表示在 t 时段若区间 e 上有交路通过，则该备选交路必被选为列车运行交路。

$$y_{ert} - x_{rt} \leqslant 0 \tag{7-61}$$

(4) 若备选交路 r 在 t 时段不被确定为运营交路，则该交路在 t 时段上不开行列车，其中 H 是一个很大的数。

$$f_{rt} \leqslant Hx_{rt} \tag{7-62}$$

(5) 应急客流疏运应关注客流运输过程中的乘客满意度及其安全程度，采用满载率作为衡量指标。

$$\delta_{et} \leqslant \delta_{\max} \tag{7-63}$$

6) 求解算法

建立的列车开行方案模型属于较复杂的多目标混合整数规划模型，为了增加算法适用性，采用遗传算法进行求解。由于模型包含众多目标函数和约束条件，根据各目标的重要程度引入不同的权重因子 ω_i 构造适应度函数，将多目标函数转为单目标函数，通过罚函数，将有约束问题转为无约束问题。这样可得到较为理想的适应度函数。由于这里的多目标函数均已统一为无量纲数值，此处也可简单化处理，三个目标函数权重取为 1∶1∶1，即直接以总目标函数作为适应度函数。求解过程如下。

步骤 1：客流时段-站点 OD 数据分析，参数初始化。

步骤 2：随机生成开行方案集的初始种群。文中交路相关的变量 x_{rt}、y_{ert} 可直接用二进制编码，开行频率 f_{rt} 用相应的二进制变量进行编码。

步骤 3：城际短交路列车开行方案优化模型的求解。

(1) 根据客流时段-区间客流数据及线路位置关系生成相应的交路集合和开行方案，并计算得出目标值。

(2) 根据适应度函数计算种群个体的适应度，记录当前最优个体。

(3) 采用“比例选择”策略进行选择。假设种群规模为 popsize，那么个体 i 被选中的概率为

$$P_k = z_k \left(\sum_{j=1}^{\text{popsize}} z_j \right)^{-1} \tag{7-64}$$

利用交叉、变异等操作生成下一代开行方案新个体。以交叉概率 P_c 交换两条染色体部分基因，构造下一代两条新的染色体。若染色体可行则替换父代，否则重复交叉至可行为止；以概率 P_m 变异染色体基因串。

步骤 4：重复步骤 3 的操作，直至满足最大迭代次数或最大停滞迭代次数。

步骤 5：输出最优个体。即列车交路方案及开行频率所组成的最优开行方案。

遗传算法大致过程如图 7-46 所示。

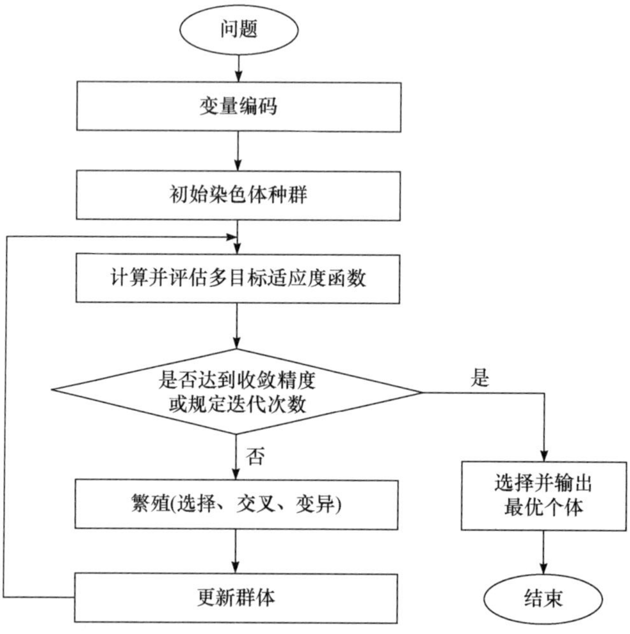

图 7-46　遗传算法流程图

7) 算例分析

算例基于实际运营线路基础数据设计，对 RC 客运专线和 C 市轨道交通 1 号线在产生应急客流状况下的开行方案进行协同优化。

两条轨道交通线路位置关系如图 7-47 所示。RC 高速铁路全线设 12 座车站，当前运行城际客运专线，上行方向城际列车开行区段东起 C 市，贯穿 C 市中心城区与近郊区域，西至 R 市 z 站，图中标出 C 市域内车站 a、b、c、d、e、f。C 市轨道交通 1 号线自东向西共设 23 座车站，图中标出具备换乘功能的站点。

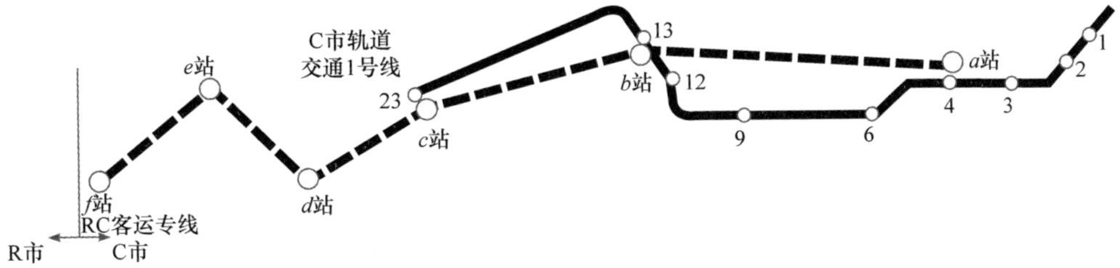

图 7-47　RC 客运专线与 C 市轨道交通 1 号线位置关系

(1) 线路位置关系及协同运输模式分析。

线路位置关系上，RC 客运专线与 C 市轨道交通 1 号线在运行方向上存在部分平行区段，客运专线线路分别在 a、b、c 站与城市轨道交通线路 4、13、23 站可实现客流换乘，即线路间存在多个站点“相交”，可采取“平行线路分流”的协同运输模式，当 C 市轨道交通 1 号线遇突发事件无法满足应急客流运输需求时，可利用 RC 客运专线上当前开行的城际列车或加开部分城际列车实现对客流的协同疏运。备选短交路见表 7-26。

表 7-26　RC 客运专线城际列车运行交路

交路		运行区段
计划加开	r_1	a-b-c
	r_2	a-b
	r_3	b-c
当前开行	r_4	a-c-…-z
	r_5	b-c-…-z

(2) 疏运需求判定分析。

算例城市轨道交通线路含 23 个车站，其中换乘站均具备折返能力，运营时间为 6:00～24:00，客流数据按 60min 为统计时段统计 12 月 31 日线路 22 个站间区间客流量，如图 7-48 所示。

各站间区间运行时间均为 120s，最大发车间隔为 3min。为简化算例，城市轨道交通列车开行频率 f 取定值 30。列车采用 B 型车 6 辆编组，最大载客量达 1800 人。

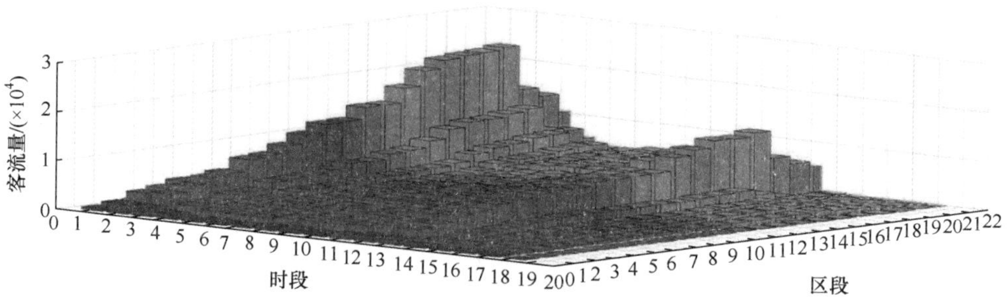

图 7-48　C 市轨道交通 1 号线区段-时段客流分布图

分析客流数据可见，C 市轨道交通 1 号线客流存在明显的早晚出行客流高峰，7:00～10:00，16:00～19:00 为客流出行高峰，且客流在上行方向上 4～23 车站间具有明显聚集特征。突发事件下，城市轨道交通运输能力将进一步折损，假设疫情期间轨道交通采取限流措施，控制车辆限载人数，按防疫措施执行人均间隔至少 1m，则城市轨道交通站立标准将由 6 人/m^2 降为 1 人/m^2，列车运输能力折损率达到 83.3%。由此，时间及空间上的高峰分布均出现轨道交通运力不足的现象，为实现 4～23 车站区间的客流疏运，采取在 RC 客运专线上开行短交路城际列车参与客流疏运。

(3) 算例求解。

城市轨道交通每列车公里费用取 60 元/km，每车辆公里费用取 10 元/km；城际铁路每列车公里费用取 70 元/km，每车辆公里费用取 6 元/km。城际列车满载率安全上限取 85%，采取 8 或 16 辆编组，定员 560(1120)人，最小列车追踪间隔时间取 5min，城际列车的区间最大运行速度取 300km/h，各区间长度见表 7-27。

表 7-27　区间长度

a-b	*b-c*
10km	24km

本算例共包含 198 个 0-1 变量。由于问题规模较小，采用 MATLAB 编程实现算法进行求解，迭代 162 次之后适应度函数趋于稳定且达到最小，此时目标函数值为 0.388，目标函数 1 的值为 0.532，目标函数 2 的值为 0.539，目标函数 3 的值为 0.147，疏运成本为 157692 元，迭代过程如图 7-49 所示，模型求解的疏运方案见表 7-28。

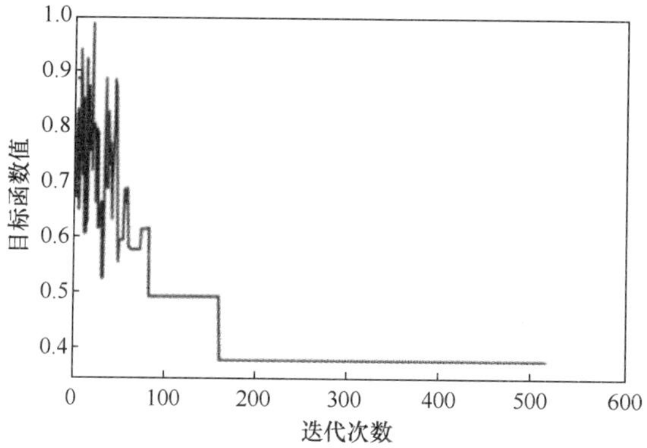

图 7-49　迭代过程

表 7-28　城际短交路列车开行方案

时段	交路方案	开行频次/列	编组方案/辆	成本/元
7:00～8:00	*a-b*	2	8	3360
	b-c	6	16	23904
8:00～9:00	*a-b-c*	8	16	45152
	b-c	4	16	15936
9:00～10:00	*b-c*	5	16	19920
10:00～11:00	*b-c*	2	8	5664
16:00～17:00	*b-c*	1	8	2832
17:00～18:00	*b-c*	6	8	16992
18:00～19:00	*a-b-c*	1	8	4012
	b-c	5	16	19920
合计	—	40	—	157692

通过分析算例结果可见，高峰时段加开城际短交路列车的频次较大，且由于区间通过能力限制，大编组短交路的开行方案较小编组长交路的开行方案更优，同时 16 辆编组城际列车与城市轨道交通列车运量相当，也更能适应城市轨道交通客流出行。经过城际短交路列车分流后的轨道交通 1 号线客流分布对比情况如图 7-50 所示，城市轨道交通 1 号线在高峰时段及重点区段的运输压力均得到较大程度的缓解。综合以上分析，突发事件下，在 RC 客运专线上开行短交路城际列车参与 C 市轨道交通 1 号线应急客流疏运的疏运方案具有一定实用价值。

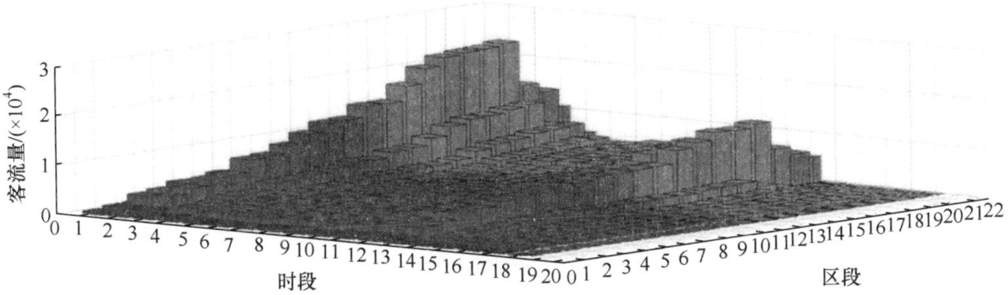

(a) 城际列车参与疏运前轨道交通1号线时段-区段客流分布图

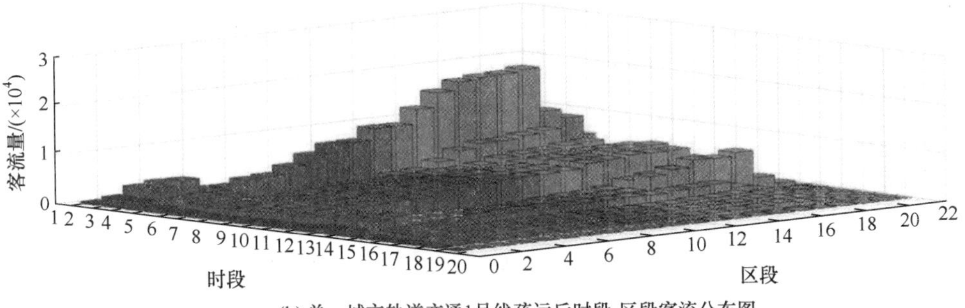

(b) 单一城市轨道交通1号线疏运后时段-区段客流分布图

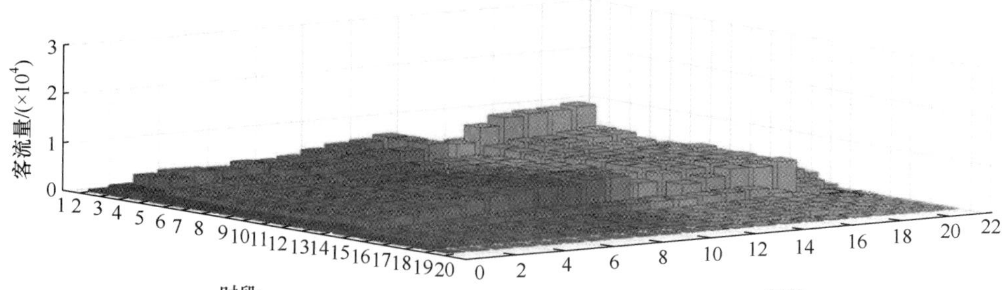

(c) 城际列车参与疏运后轨道交通1号线时段-区段客流分布图

图 7-50　城际列车参与疏运前后轨道交通 1 号线时段-区段客流分布图

7.4.4　协同疏运工作组织策略

基于模型的求解形成城市轨道交通列车与城际短交路列车共同服务应急时段客流出行的疏运方案，作为突发事件下客流出行的选择方案。同时，通过分析疏运工作过程中的影响因素提出应急客流疏运工作组织策略，形成对旅客出行前、出行中等阶段的引导，实现对城轨列车和城际列车运能的高效、合理、充分利用。

1. 应急客流疏运工作影响因素

应急客流疏运工作除满足实现客流出行目的的要求之外，更应当注重应急状态下客流疏运过程中的疏运效率、安全性等目标。疏运工作过程中乘客自身及其群体行为、车站环境等因素均会对疏运工作产生影响。

1) 乘客因素

应急客流疏运组织效率主要受到乘客自身的生理、心理特征影响，同时乘客自身的出行特征与车站内部基础设施特征等也会通过群体行为决策而影响整体疏运效率。由于不同方面的生理特征差异，乘客会在步速率行为方式体现不同的行为特征，从而通过乘客结构组成影响疏运组织效率。其中，生理特征包括年龄、性别、文化与种族差异、身体状况等。

突发事件下，乘客在复杂的车站环境下，判断能力会急速降低，部分出口或通道容易被忽视或无法有效利用；个人负面情绪的传播与积累容易对群体造成不良影响，干扰应急疏运组织的正常实施。

乘客在出行时，其行程特征的不同会对乘客的运动有较为明显的影响。影响乘客运动特性的出行特征主要包括出行目的、行李、行程等。

2) 车站环境因素

发生突发事件时，乘客行为因其在车站中所处的位置不同而出现差异。车站内基础设施、车站内不同的设备装置会对乘客步行速度产生不同的影响。如在闸机处乘客速度受检票闸机反应效率与乘客熟悉度的影响，在突发事件发生时，出入口对客流的合理分担决定着疏导效率，闸机开启方向往往影响车站客流的疏运能力，楼梯及通道设计的合理性和协调性直接关系到应急疏运工作的组织效率。乘客对环境熟悉程度会影响乘客的行为决策与心理状态。环境熟悉程度较低的乘客往往更加注意指示标志，或趋向于跟随其他乘客的行为，速度更加缓慢且不稳定。

3) 乘客群体行为因素

总体来说，客流应急疏导组织过程中的典型客流行为主要是乘客竞争行为，在突发事件应急时段，竞争效应会被放大，往往加剧乘客阻塞，反而加大乘客出行时间降低出行体验。应急状况下，由于乘客缺乏应急疏导组织的演练，且对车站环境与设施并不熟悉，如果车站内缺乏信息引导，往往造成从众聚集现象的发生。排队行为可以加快整体撤离效率，避免乘客间挤压引发的危险，是高效率的群体行为。

因此，为确保应急客流组织的效果，需要保证站内所有设施具有充分的客流应急疏导组织能力。并且考虑到突发事件的紧急性，整个应急客流组织过程需要在短时间内完成。

2. 应急客流引导策略

策略的提出是对模型的补充和完善，是基于协同疏运模型求解多制式轨道交通开行方案组合后提出的引导客流在应急状态下有效选择疏运方式的工作组织策略。

1) 应急客流客票区分策略

客票区分组织策略是在客流出行过程的最初始阶段对客流进行疏运方式的选择引导。结合城轨列车及城际列车的运能比例，形成在各时段内相应列车的相应票额数量方案，同时对照城轨列车票价提出城际疏运列车票价的合理制定建议。

城市轨道交通线路由于受突发事件影响，运输能力发生折损，实际运输能力较日常运营低，因此城市轨道交通运营单位可减少相应线路、相应时段、相应车次的客票数量。具体措施如下：

(1) 依据协同疏运方案，划分城市轨道交通列车和城际短交路列车发售票额，明确两种列车服务时段、区段及客流量分配。

(2) 以客流统计时段为基准，缩减受影响线路及车站的售票量。

(3) 采取票务协同模式，在应急时段内城市轨道交通售票窗口及系统引入城际列车车票信息，建议和引导客流在日常的出行流程中接收城际列车班次信息。

(4) 城际短交路列车公交化运行，相应时段内票价及乘车模式均向城市轨道交通运营模式转换，票价的制定应与城市轨道交通票价接近，必要时制定相应鼓励及补贴机制。

2) 应急状况下的车站客流引导策略

在客票区分组织的基础上，考虑疏运工作的影响因素，重点关注突发事件下城际列车参与城市轨道交通客流疏运的实际场景，分析乘客在车站内的活动过程，提出客流引导策略。包括对车站内各环节的客流流线，工作人员引导组织方式等方面的优化。

(1) 车站限流策略。

突发事件下，城市轨道交通运输能力折损，车站必将出现乘客滞留现象。外部客流的持续涌入将加剧应急状况，诱发事故。车站进站限流是应急客流疏运的重要环节，基于城际列车协同疏运方案及票量分配，综合枢纽车站入口应采取较大程度的限流措施，在限制城市轨道交通进站人数的同时放缓进站速度，另外对进站口客流给予相应的乘车指示，引导客流选择枢纽内参与疏运的城际短交路列车。

(2) 车站引导措施。

突发事件下，应急客流组成复杂，对于运输部门采取的应急方案的接收能力各不相同。因此，除了传统的车站引导标识设置，应急客流疏运工作组织过程中可加大对传统媒体及新媒体的运用，广播、显示屏等引导设备可持续播报应急时段内的车次信息以及相应的备选方案，必要时与通信公司、公众平台等达成合作，在应急时段发布相应受影响车次及替补方案信息，保障受影响客流在出行前及出行过程中的信息接收。

(3) 城际短交路列车公交化运营管理策略。

面向应急客流疏运公交化运营的城际短交路列车，除了在购票环节与城市轨道交通相协调外，乘客出行过程和运输服务环节的公交化也是必要的转换。乘客在综合枢纽内选择城际短交路列车作为城市轨道交通出行的替代方式，便捷度是影响乘客选择的重要因素，应急时段内，铁路系统与城市轨道交通系统间应具备必要的互通机制，并且应以城市轨道交通为参照，尽可能在应急时段实现两种轨道交通方式的高度协同。安检环节的互信、乘车凭证的互认以及换乘通道的互联是当前综合换乘枢纽的发展趋势，也是应急协同运输最有时间意义的突破点。

7.5　区域轨道交通枢纽换乘优化方法

区域轨道交通枢纽是多制式轨道交通以及接驳道路交通的汇合点，多种交通制式的集聚使得枢纽成为客流集散换乘的重要场所。枢纽既是乘客出行链中的关键环节，也是区域轨道交通路网的重要节点，其运转情况不但决定乘客出行的效率与质量，也影响城市群全路网的流动性。

目前，区域轨道交通枢纽衔接的各交通制式间缺乏联动，枢纽的场站设施未能配合各制式间的换乘客流，是制约枢纽高效运转的重要因素。从运输组织的角度构建满足空间上、时间上、功能上协同统筹的服务体系，是枢纽提升运输能力与服务质量的关键。

理论意义上，本节系统地建立区域轨道交通协同服务体系框架，其中构建考虑等待时间最短与波动最小的多目标协同优化模型，并完善枢纽流线优化模型；现实意义上，本节构建的协同服务体系以缩短乘客换乘的等待时间、走行时间为落脚点，充分发挥多制式间信息相通、管理联动，有效提升枢纽的运转能力与服务质量。

7.5.1　国内外研究现状

近年来，不少学者在枢纽规划领域做了大量研究，试图从枢纽的各个方面来优化整个枢纽的运营服务水平。相较于国外，由于国内轨道交通发展迅猛，多制式轨道交通在枢纽内汇集，枢纽复杂度较高，在建设时协调方面考虑得还不够完善，部分学者通过借鉴国内外优秀的实践经验，从枢纽内乘客需求和设施设备能力的匹配、枢纽内多种交通制式间的运营统一上进行研究，主要相关研究内容包括以下四个方面。

1. 换乘时间协同方面

交通枢纽的功能定位使多种交通制式在该处汇集，换乘客流类别多而复杂。为促进枢纽内换乘衔接的协调性，国内外学者做了诸多研究，通过分析多种交通制式换乘协调机理，从交通方式之间衔接的角度出发，探讨交通运营协调的方案。

主要研究成果包括：梁英慧(2009)通过研究枢纽的运营需求，构建枢纽内多种交通方式的匹配协调模型，得到枢纽换乘协调方案。蔡肇萍(2019)在分析乘客换乘机理的基础上，考虑枢纽内换乘客流的时空分布特征，以列车发车时刻为决策变量，构建了以最小化全线等待时间为目标的列车时刻表优化模型。Muller(1995)通过研究换乘乘客到达目的站台的时间分布特征，发现乘客到达目的站台的时间点在一定变动范围之内时，才能得到最合适的换乘时间。张宇石等(2009)基于城市轨道交通与常规公交，构建以枢纽总成本费用最小为目标函数的换乘协调模型，确定了不同类型换乘站的换乘费用计算方法。乔俊(2019)等从乘客换乘满意度和列车到发均衡性的角度，研究了大型客运枢纽站内的列车接续问题，取得了一定的效果。何宇强(2006)从列车运营方成本和旅客换乘便捷性的角度，构建了双层规划模型，该模型以旅客最小出行费用和列车开行成本最小为目标函数，从系统最优的角度对车站内的客运组织进行了优化。陈星(2019)以城市轨道交通网络拓扑结构为基础，构建时空序服务网络来描述乘客出行路径的选择行为，以乘客换乘衔接等待时间最小为目标函数，构建混合整数线性规划模型，为车站内换乘协调优化提供解决方案。史丰收等(2019)分析了线网上客流分布特点，以不同线路间列车衔接时刻点为优化决策变量，重点考虑换乘衔接需求，建立了基于整个网络换乘等待时间最小化的衔接优化模型，并以广州地铁线网为例进行了实际应用。Tian 和 Niu(2019)针对基于网络和面向协同的列车运行问题，提出了一种基于非规则平行线的双目标整数规划模型，该模型最大限度地提高了列车的连接数，减少了一天的总换乘等待时间，该成果还研究了时间表、转移方案和连接数之间的相互关系，通过对两个目标的连续优化，得到优化后的列车开行方案。Niu 等(2018)提出了一种求解对称性破缺的拉格朗日分解方法，来解决轨道交通调度中协调分配及路由决策问题。Cacchiani 和 Toth(2012)主要研究了名义和稳健两种形式的列车时刻表问题：一个是考虑在一个循环内(或定期)安排的列车按给定的时间段运行(如每小时)；另一个是考虑一个更拥挤的网络，只有一个可以执行非循环的时刻表，对这两个列车时刻表的协同问题进行了研究。Seneviratne 和 Morrall(1985)基于换乘服务水平，考虑枢纽设施建设、维护及运行的总成本，以及乘客的期望值，得到各种条件下的乘客最优占有空间。

2. 流线布局协同方面

枢纽内流线协同是提升乘客换乘体验的重要方面。通过对枢纽内流线方案优化，使多制式间换乘流线冲突降低，乘客走行更顺畅，减少了乘客的换乘时间。在这一方面，国内外诸多学者进行了研究，主要是通过构建换乘流线的费用函数来达到流线优化的目的，相关研究成果如下。

漆凯(2012)在分析了流线优化同枢纽等级、设施布局的关系基础之上，将枢纽内流线的广义费用分为路段和节点两部分，考虑乘客在换乘过程中对拥挤和服务水平的心理状态，构建了基于 BPR 路阻函数的路段广义费用函数，抽象化枢纽节点，构建了基于 Webster 模型的枢纽节点广义费用函数，将枢纽内的流线优化问题转化为单路径容量限制的系统最优流量分配模型，构造了以最小化系统广义费用为目标的旅客流线优化模型，并设计案例进行分析。Zhu 等(2014)提出了一种优化客运流线的模型，以促进枢纽管理的组织化，其将乘客分为熟悉型和不熟悉型两类，分析了这两种路径选择行为的差异，利用图论方法对枢纽网络进行抽象化处理，以系统成本为优化目标，建立了客流优化设计模型，并通过算例验证了模型的有效性。高晶鑫(2009)梳理了流线类别及流线瓶颈产生的原因，考虑流线协调性，提出了枢纽设施空间布局优化方案，阐述了流线与枢纽内设施的内在联系和相互影响机制。

O'kelly(2010)等提出了优化枢纽内部不同流线之间的换乘现象分析模型，阐述了该分析模型的变化机理，构建了优化枢纽内空间设施布局的原始优化模型。胡春平等(2014)分析乘客路径选择行为，结合枢纽网络的特有属性，构建枢纽优化模型，从枢纽管理者的角度出发，通过调整枢纽通道的分配方案，降低系统费用。Saffarzadeh 和 Braaksma(2000)、Lemer 和 Andrew(1992)、Odoni 和 Neufville(1992)等以枢纽中乘客换乘走行距离最小为目标，进行了一系列机场换乘枢纽最佳几何形状的研究，轨道交通枢纽亦可借鉴其相关思想和方法。Daamen 等(2005)通过追踪两个荷兰火车站的乘客从出发地到目的地的路线选择数据，重点研究了步行线路等级变化对客运线路选择行为的影响，结果表明桥接水平变化的方式(坡道、楼梯、自动扶梯)对一条路线对旅行者的吸引力有显著不同的影响。

7.5.2　区域轨道交通枢纽换乘时间协同

由协同理论分析可知，协同需要各个子系统间相互协调、紧密关联。换乘时间协同，要通过调整各交通制式的运营组织方案，使轨道交通枢纽在减少换乘等待时间的同时可提供稳定的换乘服务，保证枢纽内轨道交通换乘衔接的顺畅性。

本节将区域轨道交通分为两类：一类为固定客票型的轨道交通，如高铁、城际、普铁等，这里称为跨城市轨道交通；另一类是随机客票型的轨道交通，如城市轨道交通、部分市域铁路，这里称为通勤式轨道交通。由于跨城市轨道交通的到发时刻受整个路网调度计划的限制，本节以通勤式轨道交通发车时刻为决策变量，研究跨城市轨道交通与通勤式轨道交通的换乘衔接问题。

1. 区域轨道交通枢纽换乘过程分析

乘客从跨城市轨道交通列车下车后即进入区域轨道交通枢纽进行换乘，经过一段时间的走行，乘客到达通勤式轨道交通站台，随后需在站台等待接续列车到达，乘客在枢纽间的换乘过程如图 7-51 所示。

图中，t_i^{a} 表示跨城市轨道交通列车到达时刻加上乘客最小走行时间，$f(t)$ 表示换乘乘客走行时间概率分布函数，t_j^{d} 表示通勤式轨道交通车辆到达时刻，则两个时刻之间到达换乘站台的乘客数量可用积分表示，即图中的阴影部分面积。

1) 换乘时间

区域轨道交通枢纽中乘客的换乘时间主要包括走行时间与等待时间。走行时间为乘客从跨城市轨道交通下车走行经过通道、闸机、扶梯到通勤式轨道交通等候区的时间，等待时间为乘客到达通勤式轨道交通等候区至通勤式轨道交通发车的时间。

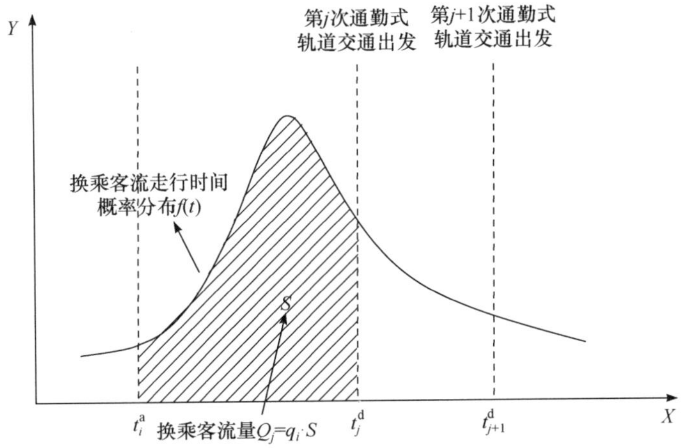

图 7-51　枢纽内换乘过程示意图

乘客走行时间 T_z 的分布特征一般可用正态分布拟合，设乘客换乘走行时间 T_z 服从正态分布，记为 $T_z \sim N(\mu,\sigma^2)$，则 T_z 的分布函数为

$$f(x)=\frac{1}{\sqrt{2\pi\sigma}}\times\exp\left[-\frac{(x-\mu)^2}{2\sigma^2}\right] \tag{7-65}$$

式中，μ 为服从正态分布的随机变量均值；σ 为此随机变量的标准差。

乘客换乘总时间为走行时间 $T_{\rm z}$ 与换乘等待时间 $T_{\rm d}$ 之和，即

$$T=T_{\rm z}+T_{\rm d} \tag{7-66}$$

2) 换乘等待人数

换乘等待人数是上一列跨城市轨道交通列车离开到下一列列车到达之间换乘等待的人数总和，根据图 7-51，针对不同时段内的换乘等待人数可表示为总换乘人数 q_i 与阴影面积的乘积。

跨城市轨道交通到达至第 j 次通勤式轨道交通出发等待人数为

$$Q_j^i=q_i\int_{t_i^{\rm a}}^{t_j^{\rm d}} f(t){\rm d}t \tag{7-67}$$

跨城市轨道交通到达至第 $j+1$ 次通勤式轨道交通出发等待人数为

$$Q_{j+1}^i=q_i\int_{t_j^{\rm d}}^{t_{j+1}^{\rm d}} f(t){\rm d}t \tag{7-68}$$

2. 换乘时间协同优化模型构建

1) 问题分析

跨城市轨道交通与通勤式轨道交通衔接问题的研究，以通勤式轨道交通的发车时刻为决策变量，主要研究换乘等待时间与换乘客运量两个问题。

一方面，跨城市轨道交通包含多种制式，旅行速度有较大差距，乘坐不同制式轨道交通的旅客对换乘时效性的要求有较大差别，因此在等待时间最小的基础上，引入不同

制式时效权重的概念，针对性地优化换乘旅客的等待时间。

另一方面，客运量往往能满足针对整个周期的匹配要求，但忽视了局部时间段运量不匹配的问题，即跨城市轨道交通换乘通勤式轨道交通的短时大客流会对通勤式轨道交通系统造成拥挤，因此也要同时考虑通勤式轨道交通列车接运乘客数量的均衡程度。

综合上述两个方面，本节考虑构建以最小换乘等待时间和运量均衡为目标的换乘协同优化模型，通过优化通勤式轨道交通的发车时刻，使枢纽内换乘乘客等待时间减少的同时，保证每辆通勤式轨道交通列车接运乘客的数量相对均衡。

2) 模型假设

为了使模型更方便地描述换乘过程及求解，本节对模型做如下假设。

(1) 换乘客流正常情况下换乘，不存在逗留等情况。

(2) 通勤式轨道交通能一次运载站台上所有换乘等待的乘客。

(3) 跨城市轨道交通到达时刻已知且准确，通勤式轨道交通发车时间呈周期性，发车时间准确。

3) 模型建立

模型以总换乘成本最小为第一目标函数，该函数值为各制式换乘时间与时效重要度的乘积；以通勤列车运量波动最小为第二目标函数，该函数值为通勤列车输送跨城市轨道交通客流的方差。采用线性加权的方式将多目标函数整合成单目标函数，作为协同优化模型的最终目标函数。

根据以上分析，将总换乘时间表示为

$$T=\sum_{i=0}^{n}\sum_{j=0}^{m}\int_{t_i^{\mathrm{a}}}^{t_j^{\mathrm{d}}+jt_{\mathrm{g}}}(t_j^{\mathrm{d}}+jt_{\mathrm{g}}-t)f(t)\mathrm{d}tq_i\theta_{ij} \tag{7-69}$$

式中，m 表示衔接的通勤式轨道交通车辆数；n 表示跨城市轨道交通到达数量；t_{g} 表示通勤式轨道交通发车间隔；θ_{ij} 表示决策变量，若为 1 即表示第 i 列跨城市轨道交通与第 j 列通勤式轨道交通能衔接上，否则未衔接。

设置换乘时效重要度为 I_{k}，不同制式对于等待时间的时效要求不同，在考虑乘客换乘时间最短的基础上，设置不同的时效权重，优先满足对时间敏感性更高的乘客需求，本节考虑将各制式设计速度的比值作为时效重要度，则总换乘成本为

$$Z_1=T\cdot I_{\mathrm{k}} \tag{7-70}$$

构建第一目标函数值如下所示：

$$Z_1=\min\sum_{i=0}^{n}\sum_{j=0}^{m}\int_{t_i^{\mathrm{a}}}^{t_j^{\mathrm{d}}+jt_{\mathrm{g}}}(t_j^{\mathrm{d}}+jt_{\mathrm{g}}-t)f(t)\mathrm{d}tq_i\theta_{ij}I_{\mathrm{k}} \tag{7-71}$$

此时，约束条件为

$$\theta_{ij}=\begin{cases}1, & t_i^{\mathrm{a}}+t_{\mathrm{z}}\leqslant t_j^{\mathrm{d}}\\ 0, & t_i^{\mathrm{a}}+t_{\mathrm{z}}>t_j^{\mathrm{d}}\end{cases} \tag{7-72}$$

$$t_j^{\mathrm{d}} + t_{\mathrm{g}} = t_{j+1}^{\mathrm{d}} \tag{7-73}$$

式中，$i = 0,1,2,3,\cdots,n$，$j = 0,1,2,3,\cdots,m$。

约束条件(7-72)表示到达跨城市轨道交通 i 和出发通勤式轨道交通 j 能否衔接，$\theta_{ij} = 1$ 表示可以衔接，$\theta_{ij} = 0$ 表示没有衔接，其中可以衔接的条件是通勤式轨道交通 j 的发车时刻应不小于跨城市轨道交通 i 到达的时间加上乘客的最短走行时间，否则为不衔接；约束条件(7-73)表示通勤式轨道交通 j 的发车间隔满足要求。

第二目标函数使通勤式轨道交通运量波动最小，以通勤列车输送跨城市轨道交通客流的方差表示，构建第二目标函数如下：

$$Z_1 = \min D\left(q_i \int_{t_i^{\mathrm{a}}}^{t_0^{\mathrm{d}}} f(t)\mathrm{d}t, \cdots, q_i \int_{t_{j-1}^{\mathrm{d}}}^{t_j^{\mathrm{d}}} f(t)\mathrm{d}t \right) \tag{7-74}$$

式中，$i = 0,1,2,3,\cdots,n$，$j = 0,1,2,3,\cdots,m$。

由于多目标函数不能同时得到满足，对问题本身而言，难以得到一个较优解。因此采用线性加权的方法简化多目标函数以求解，构建如下函数：

$$\min Z(x) = \sum_{i=1}^{h} \omega_i Z_i(x) \tag{7-75}$$

对于本问题，单一目标函数形式为

$$\min Z(x) = \omega_1 Z_1(x) + \omega_2 Z_2(x) \tag{7-76}$$

式中，ω_1、ω_2 分别为目标 1 与目标 2 的权重，满足

$$\omega_1 + \omega_2 = 1,\ \omega_1 \geqslant 0,\ \omega_2 \geqslant 0 \tag{7-77}$$

则目标函数转化为单目标函数如下：

$$Z = \min\left\{ \omega_1 \sum_{i=0}^{n} \sum_{j=0}^{m} \int_{t_i^{\mathrm{a}}}^{t_j^{\mathrm{d}} + jt_{\mathrm{g}}} (t_j^{\mathrm{d}} + jt_{\mathrm{g}} - t) f(t)\mathrm{d}t q_i \theta_{ij} I_{\mathrm{k}} + \omega_2 D\left(q_i \int_{t_i^{\mathrm{a}}}^{t_0^{\mathrm{d}}} f(t)\mathrm{d}t, \cdots, q_i \int_{t_{j-1}^{\mathrm{d}}}^{t_j^{\mathrm{d}}} f(t)\mathrm{d}t \right) \right\} \tag{7-78}$$

3. 换乘时间协同案例分析

以成都东站为例，研究成都东站通勤式轨道交通与跨城市轨道交通的换乘过程，将模型代入实例验证其可行性。

1) 数据拟合及参数确定

本节所用数据集为 2017 年 7 月 30 日一天成都东站城市轨道交通闸机的刷卡数据。换乘客流在时间上具有分布不均衡特性，且平峰时段的客流受到的干扰较小，因此选取 14:00～16:00 的客流平峰时段对枢纽的换乘时间协同进行分析。通过对该数据进行处理，得到 9655 条其他交通方式换乘城市轨道交通的刷卡数据。乘客换乘时间还受枢纽车站的设施服务水平的影响，为降低该部分的影响，仅考虑乘客走行时间之间的差异性，因此以减去最小走行时间后的值作为走行时间分布拟合的基础，最小走行时间的计算公式如

下所示：

$$T_t = \sum_{i=1}^{n} \frac{s_i}{v_i} \tag{7-79}$$

式中，s_i 为某一段路程距离；v_i 为某段路程自由通行条件下的乘客最大步行速度。

结合成都东站实际情况，根据东站换乘距离及楼扶梯情况，可得最小换乘时间约为 5min。

跨城市轨道交通到达时刻与通勤式轨道交通发车时刻见表 7-29 和表 7-30。

表 7-29　成都东站铁路跨城市轨道交通到达时刻表

序号	跨城市轨道交通到达成都东站时刻	序号	跨城市轨道交通到达成都东站时刻
1	14:10	6	15:18
2	14:21	7	15:33
3	14:21	8	15:40
4	14:53	9	15:45
5	14:56		

表 7-30　成都东站通勤式轨道交通发车时刻表

序号	通勤式轨道交通发车时刻(龙泉驿—犀浦)	通勤式轨道交通发车时刻(犀浦—龙泉驿)	序号	通勤式轨道交通发车时刻(龙泉驿—犀浦)	通勤式轨道交通发车时刻(犀浦—龙泉驿)
1	2:05	2:02	13	3:05	3:02
2	2:10	2:07	14	3:10	3:07
3	2:15	2:12	15	3:15	3:12
4	2:20	2:17	16	3:20	3:17
5	2:25	2:22	17	3:25	3:22
6	2:30	2:27	18	3:30	3:27
7	2:35	2:32	19	3:35	3:32
8	2:40	2:37	20	3:40	3:37
9	2:45	2:42	21	3:45	3:42
10	2:50	2:47	22	3:50	3:47
11	2:55	2:52	23	3:55	3:52
12	3:00	2:57	24	4:00	3:57

(1) 乘客换乘走行时间分布。

乘客走行时间 T_z 的分布特征用正态分布拟合，记为 $T_z \sim N(\sigma,\mu^2)$，则 T_z 的分布函数为

$$f(x) = \frac{1}{\sqrt{2\pi\sigma}} \times \exp\left[-\frac{(x-\mu)^2}{2\sigma^2}\right] \tag{7-80}$$

式中，μ 为服从正态分布的随机变量均值；σ 为此随机变量的标准差。

数据拟合结果如图 7-52 所示。

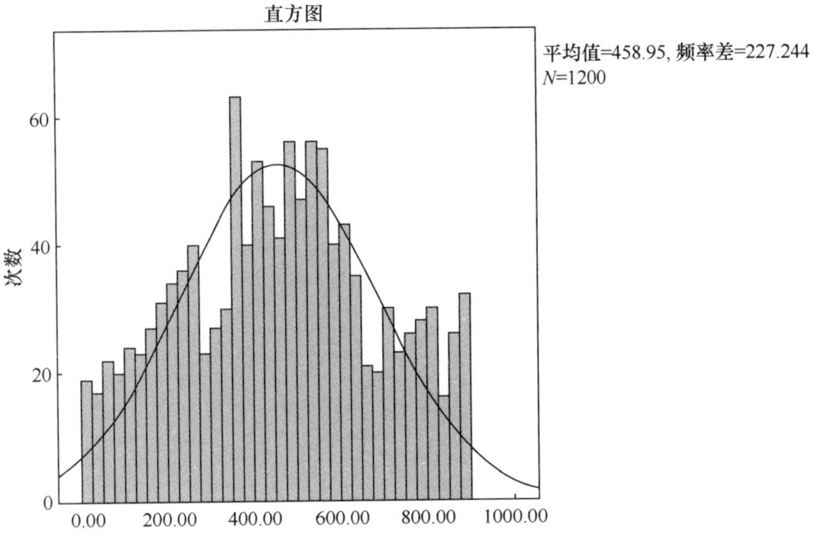

图 7-52　乘客换乘走行时间分布

拟合函数为

$$f(t)=\frac{1}{\sqrt{2\pi\times15.07}}\times\exp\left[-\frac{(x-458.95)^2}{2\times15.07^2}\right] \tag{7-81}$$

(2) 换乘客流量。

采用 14:00～16:00 所有的乘客刷卡数据，结合铁路的到达车次分析可知，各跨城市轨道交通到达的频次较集中，跨城市轨道交通的乘客还未完全换乘离开，下一批换乘乘客已到达。可将此情况视为多个走行分布的叠加，即每一时刻的换乘人数是多个跨城市轨道交通换乘人数的叠加。对换乘客流量进行数据拟合，前往犀浦方向的客流数据拟合结果为 6 个正态分布的叠加，前往龙泉驿方向的客流数据拟合结果为 5 个正态分布的叠加。

拟合函数分别为

$$f_1(x)=a_{11}\times\exp\left[-\frac{(x-b_{11})^2}{c_{11}}\right]+\cdots+a_{16}\times\exp\left[-\frac{(x-b_{16})^2}{c_{16}}\right] \tag{7-82}$$

$$f_2(x)=a_{21}\times\exp\left[-\frac{(x-b_{21})^2}{c_{21}}\right]+\cdots+a_{25}\times\exp\left[-\frac{(x-b_{25})^2}{c_{25}}\right] \tag{7-83}$$

式中，各参数的取值为

$$\begin{bmatrix}a_{1j}\\b_{1j}\\c_{1j}\end{bmatrix}=\begin{bmatrix}304.9 & 261.6 & 357.3 & 258.4 & 340.2 & 315.8\\64.35 & 33.05 & 117.6 & 48.36 & 21.95 & 81.5\\4.413 & 4.587 & 13.4 & 8.135 & 22.81 & 21.89\end{bmatrix} \tag{7-84}$$

$$\begin{bmatrix} a_{2j} \\ b_{2j} \\ c_{2j} \end{bmatrix} = \begin{bmatrix} 53.02 & 58.11 & 47.19 & 29.99 & 34.29 \\ 64.72 & 25.79 & 49.01 & 113.3 & 92.99 \\ 4.356 & 14.63 & 6.695 & 7.78 & 25.2 \end{bmatrix} \tag{7-85}$$

拟合结果如图 7-53、图 7-54 所示。

拟合决定系数(R^2)分别为 0.9885 和 0.8274，可见具有一定拟合意义。将跨城市轨道交通到达时刻加载到客流到达拟合图上，结果如图 7-55 所示。由图分析可知，该拟合结果可以较好地符合实际情况。

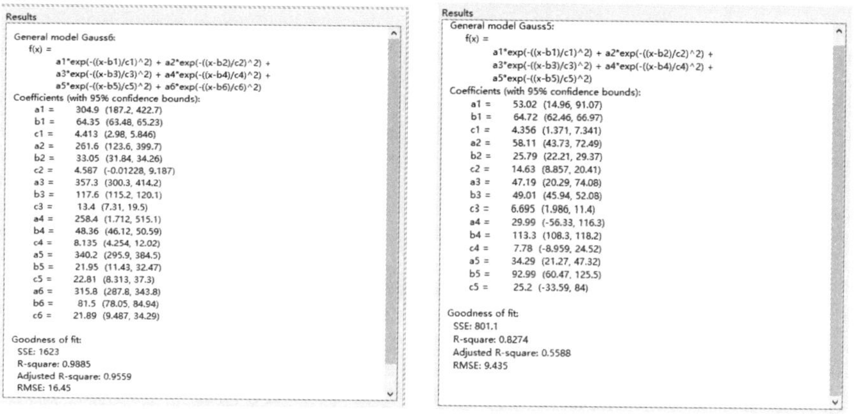

(a) 犀浦方向　　　　(b) 龙泉驿方向

图 7-53　客流拟合函数参数

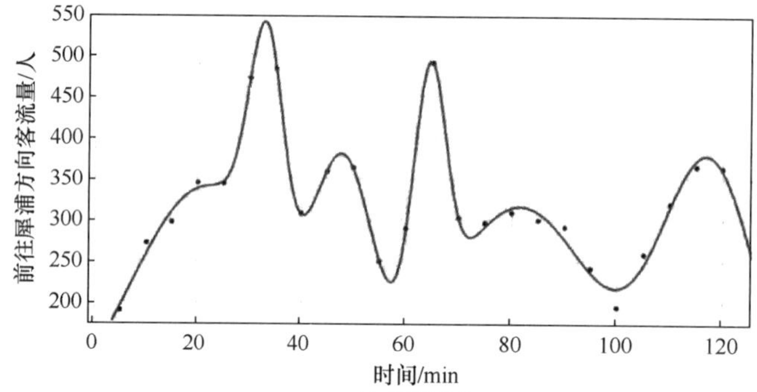

(a) 犀浦方向

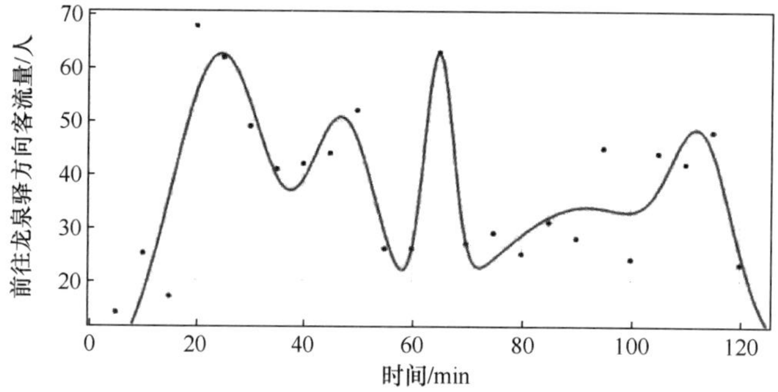

(b) 龙泉驿方向

图 7-54　客流量拟合函数示意图

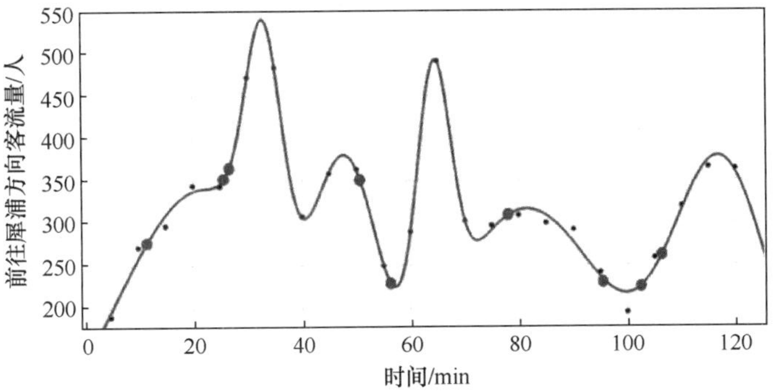

(a) 犀浦方向

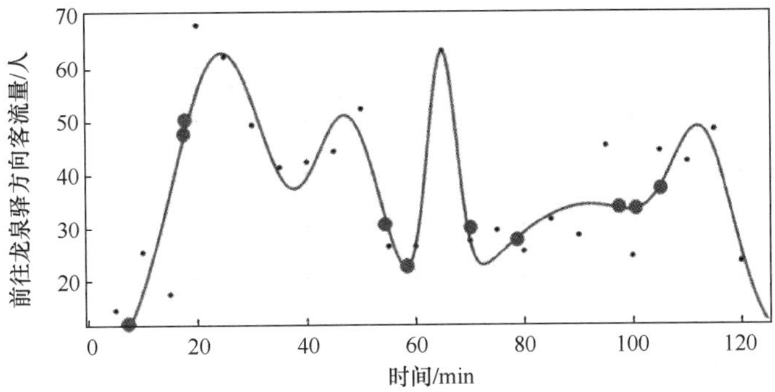

(b) 龙泉驿方向

图 7-55　跨城市轨道交通到达时刻与客流到达拟合图

(3) 时效重要度确定。

本节将各制式设计速度的比值作为时效重要度的取值，各制式换乘客流量占比及时效重要度取值见表 7-31。

表 7-31　时效重要度取值表

轨道交通方式	设计速度/(km/h)	时效重要度	换乘流量占比
普铁	120	0.19	0.37
高铁	300	0.48	0.49
城际铁路	200	0.32	0.14

2) 模型应用及求解结果

根据构建的模型，以换乘等待时间最小为目标，利用 MATLAB 软件进行求解。

首先进行目标函数一的计算，输入拟合后的走行时间及客流量分布数据，可得到 14:00～16:00 犀浦方向等待时间为 324.5h，龙泉驿方向等待时间为 38.5h，优化后，乘客等待时间变化如图 7-56 所示。从图中易得知，犀浦方向发车时刻在 14:00:10 时及龙泉驿方向的发车时刻在 14:00:30 时，乘客的总等待时间最短，最短等待时间分别为 301.4h 和 34.8h，乘客等待时间优化分别提升 7.1%和 9.6%。

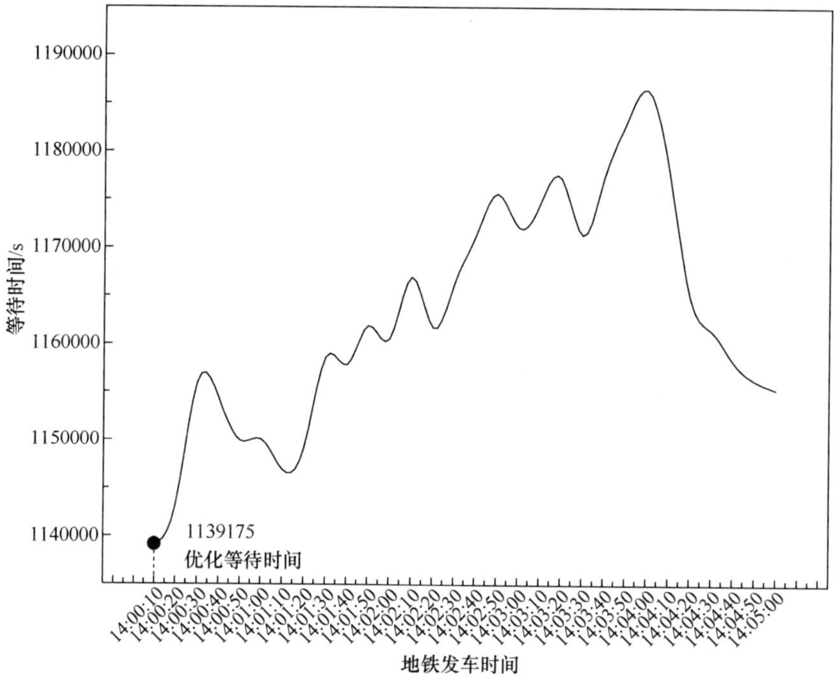

(a) 犀浦方向

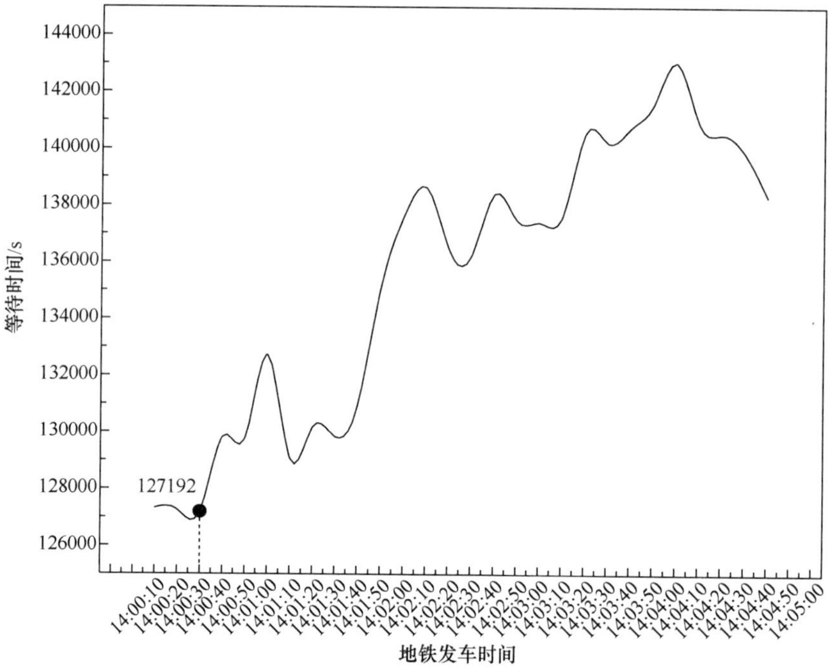

(b) 龙泉驿方向

图 7-56　乘客最小等待时间成本变化示意图

同时考虑目标函数二，考虑各衔接的通勤式列车运载乘客数量的波动情况，龙泉驿方向运量波动较小，犀浦方向运量波动值较大，同时发现各列车辆的波动值随着发车时间的改变呈脉冲性。波动情况如图 7-57 所示。

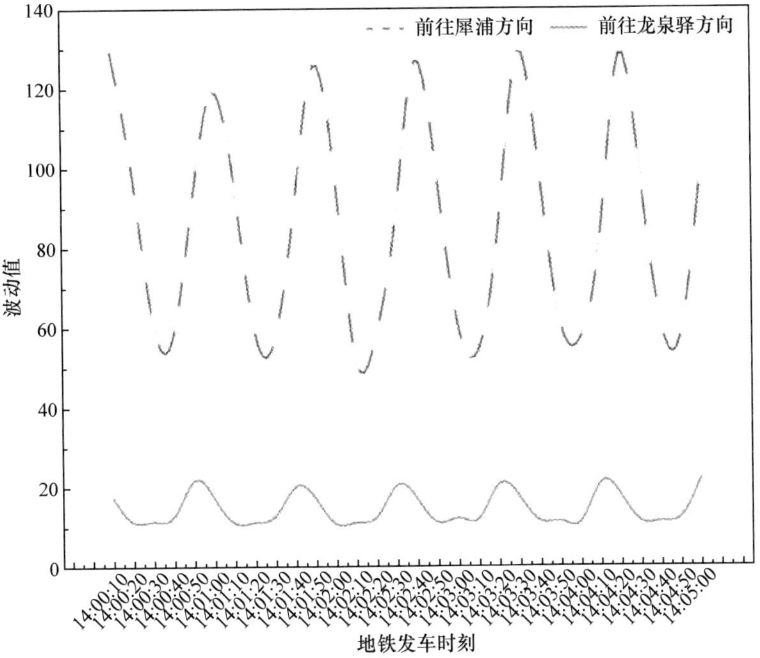

图 7-57　通勤式轨道交通运量波动示意图

将目标一函数与目标二函数同时考虑，对线性加权法中权重取值的灵敏度进行分析，依次增加 ω_1 权重的取值，此时，ω_2 权重的取值跟着变化，即 $\omega_2 = 1 - \omega_1$，计算此时的目标函数值并求解最小目标函数值所对应的发车时刻，求解结果如图 7-58 所示。

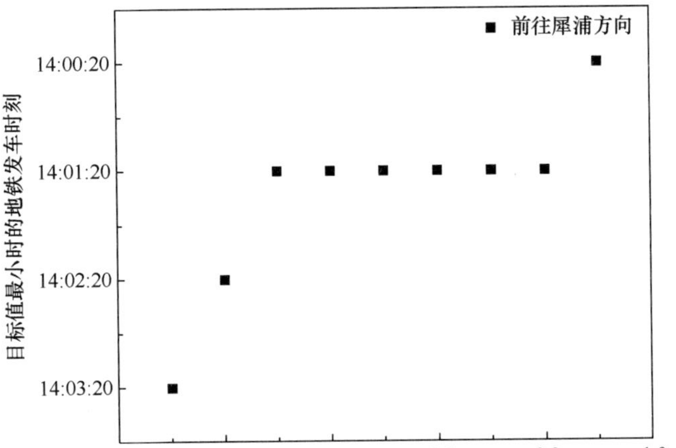

图 7-58　权重变化的灵敏度分析图

对图 7-58 分析发现，当 ω_1 权重在[0.3,0.8]区间，即 ω_2 在[0.2,0.7]区间变化时，最优发车时刻均为同一值。若在这个范围内赋予权重值 $[\omega_1, \omega_2] = [0.5, 0.5]$，得到总目标函数值如图 7-59 所示。

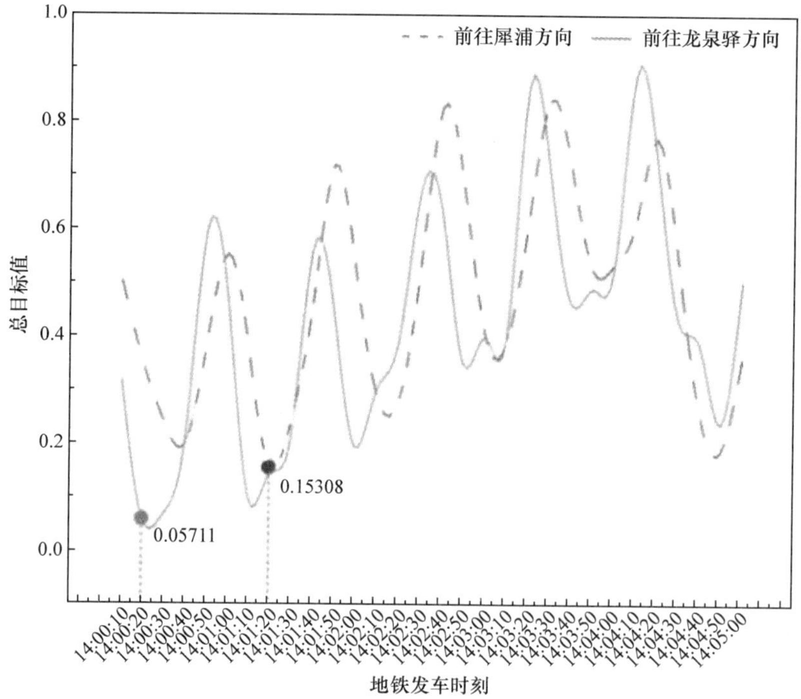

图 7-59　协调优化模型总目标函数值变化示意图

由结果分析发现，前往犀浦方向的通勤式轨道交通发车时间在 14:01:20 时，总目标函数值最小，前往龙泉驿方向的通勤式轨道交通发车时间在 14:00:20 时，总目标函数值最小，该种情况下，可分别减少 6.2%和 8.4%(上下行方向)乘客的换乘等待成本。

7.5.3　区域轨道交通枢纽空间流线协同

空间流线协同，其目标是使区域轨道交通枢纽中的行人流线顺畅、减少流线距离，使乘客能够迅速、顺利地进行换乘活动或到达目的地。以下从枢纽内流线功能属性、流线互相干扰的类型等方面分析了流线的内在特性，建立量化流线协同程度的指标，进而提出了优化流线设计、实现了流线协同的方式方法。

1. 流线概念及优化原则

1) 流线定义及特点

在区域轨道交通枢纽中，人流、车流、物流所产生的流动过程和流动路线统称为流线。流线依照主体不同可以分成乘客流线、车辆流线、货物流线；同时，依据流线的方向及功能还可以分为进站流线、出站流线及换乘流线。这里主要对乘客流线中的换乘流线进行优化分析。

区域轨道交通枢纽中流线主要具有以下特点：

(1) 客流量大、客流分布不均衡。区域轨道交通枢纽是多种交通方式客流集散的场所，其客流量一般较大，且客流量随着时间推移和空间的不同不断变化，客流量时空分布不均衡。

(2) 多样性。区域轨道交通枢纽是多功能、多层次的复杂系统，其中多种交通设施形式、不同方向客流均在该系统中运转和集散，多种流线在一个空间设施内共存，流线方向多样化。

(3) 相互联系、相互制约性。枢纽内集成的多股流线易在同一设施点聚集，若区域轨道交通枢纽中换乘流线缺乏协同考虑，则容易导致枢纽内流线交织，乘客换乘效率低下，甚至造成枢纽内局部区域拥挤、停滞，影响其他流线的正常运转。

2) 流线优化原则

根据协同机理，子系统间的差异性是绝对存在的，一个子系统目标的完美实现往往与其他子系统的目标存在冲突。需要权衡各个子系统对于各自目标的损失程度，以在绝对的差异中追求相对的协同。枢纽中流线的冲突是必然存在的，需要权衡不同情况下的冲突程度，以满足总体上的冲突最小。区域轨道交通枢纽内流线协同优化原则如下所示。

(1) 流线之间尽量减少冲突与干扰。对空间流线优化时，应尽量将各条流线区分开，如进站客流、出站客流、换乘客流之间尽可能互不干扰，车流、人流、货流之间尽可能互不干扰。

(2) 尽量缩短乘客换乘距离，避免流线迂回。由于乘客换乘距离影响乘客在枢纽内的交通效率，同时也会增加乘客在枢纽内的时间，给枢纽运转增加压力，因此尽量缩短乘客换乘距离，提高枢纽换乘效率。

(3) 流线设计优化应该与枢纽周边交通环境相协调。对于到达和出发客流，要尽量减少对枢纽周边路网的交通压力。要根据枢纽自身特点以及周边交通网络实际，综合考虑各种客流的出入口、停车位置以及流线流向等，保证乘客迅速、安全集散。

(4) 流线应满足各种特殊人群的需要。流线应考虑残障人士的出行或消防、应急的需要，保证各类出行安全畅通。

2. 区域轨道交通枢纽流线类别

枢纽内的流线交错复杂，对流线进行归类有助于流线优化并进一步分析。主要分为以下类别。

(1) 区域轨道交通内部换乘。

轨道交通之间的换乘主要包括以下三种方式。

① 站厅换乘：两种交通方式之间通过不同的站厅换乘，换乘客流出站后到达换乘站厅，进而到达目的站台。

② 站台换乘：两种交通方式之间通过不同的站台换乘，乘客出站台后到达另一站台，或者出站后经过站内的同一个站厅到达目的站台。

③ 通道换乘：两种交通方式通过换乘通道换乘，乘客在出站台后，通过换乘通道直达目的站台。

区域轨道交通内部换乘方式示意图如图 7-60 所示。

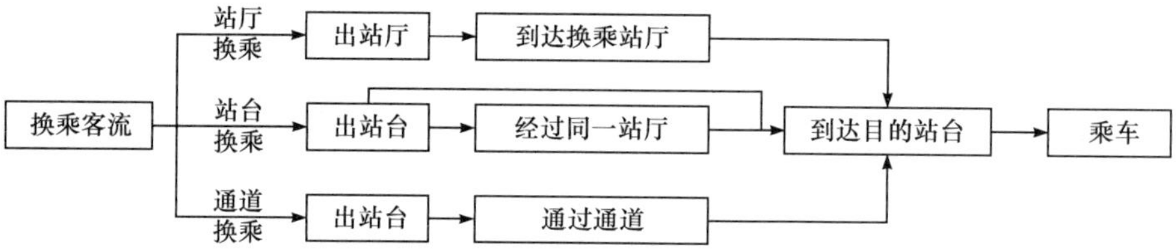

图 7-60 区域轨道交通内部换乘示意图

(2) 轨道交通与其他城市公共交通换乘。

包括铁路与常规公交车、出租车、小汽车、长途汽车换乘，城市轨道交通与常规公交车、出租车、小汽车、长途汽车的换乘，如图 7-61 所示。

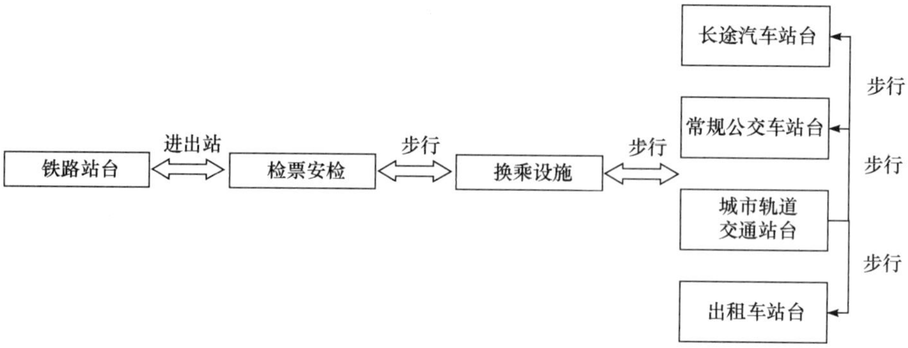

图 7-61 轨道交通与其他城市公共交通换乘示意图

3. 区域轨道交通枢纽流线优化模型

1) 模型假设

为了模型更方便地描述换乘过程及求解，对流线优化模型进行如下假设：

(1) 乘客按给定的流线行走换乘，不存在绕路、逗留、跨越障碍物等情况。

(2) 各流线上的客流量已知，且在流线优化过程中，客流量的大小不随时间变化。

(3) 枢纽内的空间布局和功能规划已确定，流线优化不可更改设施设备布局。

(4) 流线设计符合相关规范。

2) 空间流线协同优化模型建立

流线优化主要是对枢纽内的流线方案进行调整，使各流线之间冲突减少或消除，减少乘客的换乘距离和换乘时间。本节主要从流线级别、流线阻碍系数、流线距离三个方面制定流线优化模型进行求解。

(1) 流线级别。

区域轨道交通枢纽中，不同的流线由于衔接的交通方式不一样，在枢纽中发挥的作用也不一样，在流线优化时应有所侧重。按照换乘过程的难易程度及换乘客流量的大小来定义流线级别。

流线间的差异一方面与换乘流线的类别相关，另一方面与流线上的换乘客流量相关，为量化这种流线间的差异，采用式(7-86)来衡量各流线的级别：

$$I_i = \lambda Q_i / \max_{\forall i} Q_i \tag{7-86}$$

式中，I_i 为枢纽中第 i 条流线的级别；Q_i 为枢纽中第 i 条流线的流量，单位为人 · 次/h，λ 表示换乘流线的类别。

一般情况下，采用通道换乘的流线，受通道空间限制，在通道中换乘时受到其他流线的干扰较大，因此在流线优化中应优先考虑，站厅换乘的流线次之，而站台换乘的流线换乘流程简单，流线距离小，流线相对独立，受其他流线干扰较小，最后考虑。各类别流线的 λ 取值如式(7-87)所示：

$$\lambda=\begin{cases}1, & \text{站台换乘}\\ 2, & \text{站厅换乘}\\ 3, & \text{通道换乘}\end{cases} \tag{7-87}$$

(2) 流线阻碍系数。

在枢纽流线中，流线之间出现冲突时，主要存在以下情况：A 平行汇合、B 斜向汇合、C 垂直汇合、D 同向交叉、E 垂直交叉、F 平行交织、G 反向汇合、H 斜反向汇合、I 斜反向交叉(李方豫，2008)。流线冲突示意图如图 7-62 所示。

根据流线冲突时的类型不同，定义不同的冲突级别，A 和 B 汇合时干扰较少，冲突级别为 1；C 和 F 汇合时冲突级别为 2；D 和 G 汇合时冲突级别为 3；E、H 和 I 汇合时，互相干扰最大，冲突级别为 4(丰伟，2010)。

在枢纽中，流线交叉会引起乘客换乘受阻，交叉点拥挤，交叉流线客流量较大时，还会引起枢纽内局部拥堵，乘客滞留，因此 E、H 和 I 冲突最为严重，在枢纽内流线组织中，应尽量避免交叉现象产生。

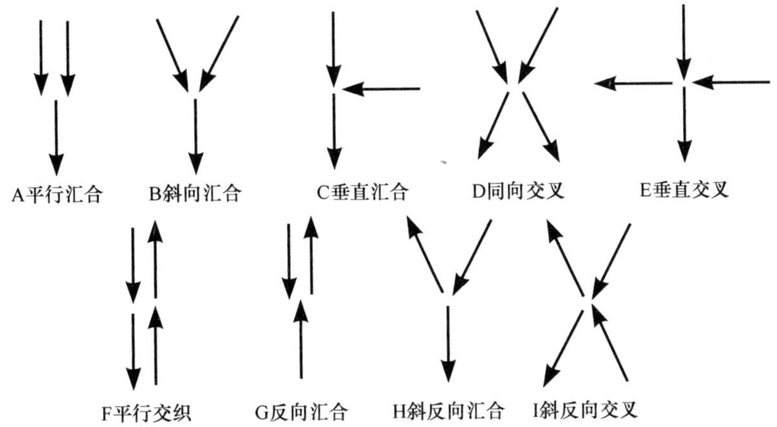

图 7-62 流线冲突示意图

在轨道交通枢纽中难免会出现流线交织、局部拥堵等现象，设流线在自由流下的流线阻碍系数为 1，则增加拥堵点或节点时，流线阻碍系数将增加，阻碍系数如下所示：

$$\eta_i=\begin{cases}1, & \text{无冲突点时}\\ 1+\ln\left(\mathrm{BN}_i+\sum\limits_{j=1}^{n}\mathrm{CR}_k\mathrm{CN}_{ijk}\right), & \text{有冲突点时}\end{cases} \tag{7-88}$$

式中，BN_i 为枢纽中第 i 条流线的瓶颈数，瓶颈是最影响流线流畅程度的节点，如安检设备、楼扶梯设施、进出口等；CR_k 为枢纽中第 k 型冲突的冲突级别；CN_{ijk} 为枢纽中第 i 条流线和第 j 条流线冲突级别为 k 型的冲突点数。

(3) 流线距离分析。

流线距离是流线从换乘起点至换乘终点的距离，一般包括走行路段距离和楼扶梯设施距离。流线距离如式(7-89)所示。

$$L_i = l_{di} + l_{ti} \tag{7-89}$$

式中，L_i 为流线 i 的距离长度；l_{di} 为流线 i 中走行路段的距离；l_{ti} 为流线 i 中楼扶梯设施的距离。

综上分析，以换乘流线的总费用最小为目标函数，建立流线优化模型如下：

$$\min C = \sum_{i=1}^{n} I_i \eta_i L_i \tag{7-90}$$

式中，C 为所有流线的换乘费用；I_i 为枢纽中第 i 条流线的流线级别；η_i 为枢纽中第 i 条流线的阻碍系数；L_i 为枢纽中第 i 条流线的距离。

该模型以换乘流线的总费用最小为目标函数，优先满足流线级别高的流线需求，降低其受其他流线干扰的程度，减少其换乘流线距离。计算每种可行流线方案组合下 C 值的大小，选取 C 值最小的方案为流线的最优化方案。

4. 空间流线协同算例分析

以某区域轨道交通枢纽为例进行分析，该枢纽站包含国铁、城轨、常规公交车、出租车、私家车等多种交通方式。枢纽内流线包括有进站流线、出站流线及换乘流线，换乘流线是枢纽内的主要流线。该枢纽内换乘流线如图 7-63 所示。

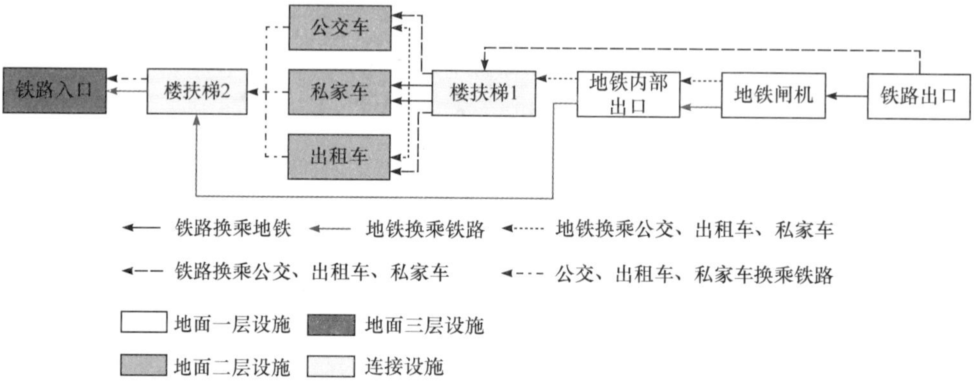

图 7-63　枢纽内换乘流线示意图

将当前流线方案代入模型进行分析，此时共有 12 个瓶颈，20 个冲突点。瓶颈主要表现在地铁内部出口以及楼扶梯设施上。各流线相关信息见表 7-32，枢纽中各流线冲突情况见表 7-33。

表 7-32　各类流线相关信息

流线编号	换乘流线	流线级别	瓶颈个数	流线距离
1	铁路换地铁	2	1	50
2	铁路换常规公交	2	2	120
3	铁路换出租车	2	2	140
4	铁路换私家车	2	2	140
5	地铁换乘铁路	3	2	300
6	公交换乘铁路	2	1	230
7	出租车换乘铁路	2	1	240
8	私家车换乘铁路	2	1	240

表 7-33　各流线冲突情况

流线编号 i-j	冲突度	冲突点数	流线编号 i-j	冲突度	冲突点数
1-2	0	0	3-5	1	1
1-3	0	0	3-6	2	1
1-4	0	0	3-7	2	1
1-5	2	1	3-8	2	1
1-6	0	0	4-5	1	1
1-7	0	0	4-6	2	1
1-8	0	0	4-7	2	1
2-3	2	1	4-8	2	1
2-4	2	1	5-6	1	1
2-5	1	1	5-7	1	1
2-6	2	1	5-8	1	1
2-7	2	0	6-7	1	1
2-8	2	0	6-8	1	1
3-4	2	1	7-8	1	1

根据表中结果可知，该方案流线没有严重的冲突，所有流线均是平行汇合型、斜向汇合型、垂直汇合型及平行交织型，各流线之间冲突点数较少，主要表现为楼扶梯及地铁内部出口、闸机等设施前的冲突。

此时各流线的阻碍系数和换乘成本见表 7-34。

表 7-34　换乘流线阻碍系数及换乘成本表

流线编号	换乘流线	流线阻碍系数	换乘成本
1	铁路换地铁	2.10	524.65
2	铁路换常规公交	3.20	1108.60

续表

流线编号	换乘流线	流线阻碍系数	换乘成本
3	铁路换出租车	3.30	895.22
4	铁路换私家车	3.08	412.43
5	地铁换乘铁路	3.30	3350.11
6	公交换乘铁路	3.08	2124.81
7	出租车换乘铁路	2.79	1340.04
8	私家车换乘铁路	2.79	670.02
合计			10425.88

为对流线方案进一步进行优化，将各种流线方案代入模型计算，计算得到目标函数值最小时的流线优化方案如下：将地铁换乘铁路流线与铁路换乘公交、私家车、出租车流线分隔开，由闸机出口直接通往铁路入口楼扶梯 2，具体可采取流线引导、分隔带分隔、闸机出口外置等措施。

此时，地铁换乘铁路的瓶颈数减少 1 个，该瓶颈在地铁换乘铁路时的楼扶梯 2 处，主要受楼扶梯的通行能力及高峰客流数量限制，原先在地铁内部出口处的瓶颈消除；同时，由于地铁换乘铁路的流线不再与其他流线共用地铁内部出口，其原先与铁路换乘常规公交车、铁路换乘出租车、铁路换乘私家车流线的斜向汇合型冲突消除。

综合可知，通过对枢纽内流线方案的优化，各流线及流线之间的瓶颈数减少 1 个，冲突点数减少 3 个，此时换乘流线费用的目标函数值为 9706.49，费用降低 6.9%。

7.6 区域轨道交通运力调配优化方法

7.6.1 区域轨道交通运力资源调配研究现状

国内外相关文献研究表明，目前关于运力资源的调配主要集中在单一制式轨道交通，在调配方法中可分为：①通过调整运力资源的数量实现运力资源和运输需求的匹配；②运用运输组织的手段，通过改变列车停站方案、列车运行计划、列车时刻表的方法，在运力资源数量不变的前提下，优化运力资源的时空分布实现运力资源与运输需求相匹配。

1. 单制式运能调配

Yan(2019)等通过价格变动调整高铁列车座席资源能力分配，考虑不同等级座席的数量配备，建立了不同开行方案下高速列车座席资源分配和票价率的协同优化模型。

Ivan(2017)等构建客运质量服务评价体系，通过该评价体系确定在不同运输服务需求情况下的最佳机车车辆及司机的合理配置，为客运公司的运力资源配置提供指导。

Pedro(2015)等考虑在多制式联运过程中对运输车辆及标准化集装箱两种运输资源的

优化使用方案，通过协同物流在不同运营商之间共享运输设备，或通过返回过程中避免返空情况的发生提高运输资源的使用效率。

Bowers 等(2012)研究苏格兰地区临时医疗代理点医疗运输设备的资源配置问题，基于历史患者的就诊时间及就诊地点数据，考虑患者的预约就诊服务，通过生成合理的运送路径，最大化救护车辆的实际载客量，合理安排处于城市不同区域医疗代理点的运输设备配置数量及相应线路安排。

Dauzère-Pérès 等(2015)针对铁路运输资源中机车调用和司机调度这两个问题，通过耦合约束将这两部分联系起来，进一步构建了一种拉格朗日启发式算法，在列车时刻表固定的基础上，综合优化机车和司机的调度。

Wang 等(2016)考虑标准化货物运输网络中具有离散随机需求和离散随机资源容量的资源分配问题，考虑在运输资源有限的前提下，如何对运输资源进行分配以实现对货运网络中随机货源进行合理的运输。

Weglarz 等(2009)考虑了具有多站点可再生资源和运输网络的资源受限项目调度问题，提出了完成运输服务的可行资源分配应满足的条件，以及寻找所有可行资源分配的算法。

张憬(2003)从货源分布和机车、车辆数量的匹配、各种到达方向的制约、机车交路选择、列车编组的选择等多方面对货运运输资源进行合理配置，以此为基础实现运输组织效益最大化管理。

李芳芳(2015)探讨了网络运力中断、网络运力紧缺、网络运力浪费三种情况下的多枢纽轮辐式、环绕式枢纽、多闭合环绕式三种网络结构下的调配问题。

包云等(2009)选取人口和经济两方面因素进行分析，引入洛伦兹曲线和基尼系数对全路的运力资源配置进行评价，引导生产力设施设备配置，使得全路的运力资源向更均衡的方向发展。

李波和陈金山(2014)以农村山区客运运力不均衡的现状为切入点，分析得出其客运运力需求与供给存在的三种不均衡模式。根据三种不均衡模式的特点建立三类基本车辆调度方案，通过调整客运车辆的运营线路及车辆数实现运力的均衡配置。

金磊(2018)分析“互联网+”背景下旅游客运呈现出的新特征，提出依据前期数据采集和处理，对旅游客流的时空特性进行分析，并进一步依据具体的客流时空特性得出班线车辆运行路径配置的方法。

孔娟娟(2016)在考虑乘客出行时间和运营成本的基础上考虑的道路拥堵状态和车型对运力调配的影响，通过在不同交通时段配置不同容量的车型实现运力资源的合理安排，避免运能的虚糜。

申炎炎(2019)通过对各个方向及不同种类的客流进行预测得到目标年的客运需求，依据预测得到的客流量计算得出相应年份的车站需要配置的运力资源数量，得出所需数量后对列车的到发线运用等进行优化调整。

许振东(2019)根据区域多制式轨道交通点、线系统的特点与运能匹配机理，构建了区域轨道交通点、线系统运能匹配的 DEA 评价模型。

Ebben 等(2005)考虑在包含装载、运输、卸载全流程环节中涉及的多个资源瓶颈处产生的能力限制，构建多资源能力约束的动态车辆调度模型，并提出了一种启发式算法。

Zitrický 等(2017)基于对跨境车站的运输流程分析，设计了铁路运营商与基础设施管理者之间的通用通信流程，并通过对列车运行路径的优化，提升铁路运输资源的运输效率。

Kendra 等(2012)通过改变一些基本的基础设施和运行参数，如轨道的最小曲线半径、轨道数量或车站到发线有效长，来最小化旅行时间和提升轨道的通过能力，进而提升运输能力以适应增长的货运需求。

2. 运行计划调整

刘佩等(2017)提出基于列车运行时空路径的高峰小时运力资源配置模型，考虑在不同车站间隔时间下，改变列车的停站时间、增加高峰小时列车的开行数量以满足乘客的出行需求。

汪波等(2011)考虑运营企业的列车运行成本、乘客换乘等待时间费用等具体需求，结合客流变化的不确定性，建立运力配置优化机会约束模型，选择“独立运行”、“同网同间隔”和“周期化运行”三种运营模式中最合适的运营方案。

厉立和汪波(2013)考虑客流的波动性和不确定性带来的断面客流量变化，运用统计学中的方法计算得出城市轨道交通最大断面客流量变化，依据该变化制定城轨列车运力配置方法，对现有列车运行计划进行调整。

房霄虹等(2014)在考虑网络中各独立线路列车的客流需求的基础上，兼顾网络节点上换乘客流带来线路间的相互影响，对城轨网络中各条线路列车发车间隔进行优化配置，在满足运输需求的基础上最小化运营成本。

王龙等(2016)为避免铁路网中能力不足的瓶颈区段发生车流拥堵，通过对车流运输时间的测算，对瓶颈区段的能力紧张情况进行预测，构建瓶颈区段运力资源优化分配的多目标规划模型，合理分配车站作业能力，优先提供给经济效益强、货物优先级高的列车。

张铁岩(2013)分析开行多交路列车对客流空间及时间波动条件下的适应性，建立客流波动条件下的城市轨道交通大小交路开行方案优化模型，通过大小交路列车的开行实现对运力资源的调整。

徐瑞华等(2017)研究了两种不同的运营故障情况，一种是短时间的列车延误造成列车行车间隔增加，另一种是运营中断或长期延误，针对第一种情况，采用相交线路调整停站时间保证旅客的衔接；针对第二种情况选择其他线路(路径)进行乘客的疏解。

海晓伟(2014)从固定设施、客运专线运输组织相关资源、旅客列车开行方案三方面来研究客运专线运力资源优化配置问题，重点对客运专线运力资源的开行时刻合理性及开行方案进行优化，实现运力资源的合理配置。

林立等(2019)考虑城际客流到站后与城市轨道交通的运能匹配情况，以乘客总广义出行费用最小和铁路运输效益最大为目标，建立考虑区域协调性的城际列车开行方案的优化模型，确定城际列车的开行方案。

周文梁等(2020)结合弹性客流在出行网络上的路径选择，从候选列车集中选择开行列车，并优化其停站方案与始发时刻。

苏焕银等(2016)以列车运行时间与旅客出行时间加权和为优化目标，构建了时变需求下高铁列车开行方案优化的博弈模型。利用删除列车、添加列车、拼接列车、调整列车始发时间等方法对开行方案进行优化。

张新(2019)提出灵活停站模式和灵活列车备选集概念，以最小化周期时间、最小化新增停站次数和最小化列车总旅行时间为目标函数，构建基于灵活列车备选集的网络化列车开行方案优化的线性整数规划模型。

3. 时刻表优化调整

Boris 等(2011)提出一种全局网络流分解的方法，以此为基础通过考虑既有的连续多日时刻表安排，构建新的时刻表，以此来提高每日时刻表之间的相似性，从而改善以往每日车辆资源调度差异性过大的情况。

李洁(2014)建立了基于换乘协调的城市轨道交通运力资源配置数学模型，通过制定各条城轨线路的交路形式和列车开行时刻，综合优化运力资源，并提出首班车及末班车衔接优化的原则及方法。

李思杰等(2017b)分析了列车到发时刻、列车疏解能力、候车客流人数、最大聚集人数的计算方法，通过调整首班车的发车时间以及行车间隔，构建运力协调模型，实现换乘站留乘人数的降低以及运力协调度的平衡。

Wu 等(2015)提出了一种时刻表同步优化模型，通过调整地铁网络中各个方向的发车时间、运行时间、停留时间和发车间隔等列车运力资源时间要素来优化乘客的等待时间，同时开发了一种二元变量替换方法来处理模型中的二元变量，利用遗传算法进行求解。

Kang 等(2016)研究了城市轨道交通首班车时刻表的优化问题，提出一个混合整数规划模型，用于最小化列车到达时间差和未能成功乘车的数量，提出城市轨道交通首班车运力时间分配方案。

Niu 和 Zhou(2013)研究在城市轨道交通高峰期时段，乘客出现滞留情况下的城市轨道交通时刻表优化模型，从而降低高峰期乘客的候车总时间。

Wang 等(2016)构建事件驱动模型，包括出发事件、到达事件、旅客到达率变化事件三种事件类型，通过调整列车在区间的运行时间及停站时间最小化网络中乘客的出行时间。

王睿(2019)通过调整地铁首班车发车时间以及发车时间间隔的大小，以铁路换乘地铁和地铁内部换乘的总换乘等待时间为优化目标，提出区域轨道交通网络运能匹配优化方法。

7.6.2　区域轨道交通运力资源调配模型

各类轨道交通方式分别有属于自身系统的运力资源种类，与轨道交通运输能力相关的所有资源均可称为运力资源，通常区域轨道交通运力资源包括人员、场站、资金、技术、设施设备等。依据运力资源的属性可进一步分为静态运力资源及动态运力资源，而运力资源通常在数量及时空特性上影响运输能力。静态运力资源在一定时期内通常是固定不变的，包括轨道、道岔、站台等一系列静态运力资源；动态资源包括机车、车辆等，用来实现乘客和货物位移的运力资源。对运力资源调配而言，无论是静态还是动态都表现在资源的物理形式上，实际上运力资源调配的最终结果是对系统运输服务能力的调整，使其适应实际的客货流需求，为保证运营管理部门的经济效益，实现有效且合理的运力资源调配方案，考虑通过运输组织方法对运力资源进行调整，实质上是通过各类运输计划，包括开行方案制定、运行计划制定、运行图铺画等，实现运输服务能力调整。

结合干线轨道交通“朝发夕至”，城市轨道交通“公交化”运营的特点，将区域轨道交通运力资源调配分为区域干线轨道交通运力资源调配和城市轨道交通运力资源调配两个部分，依据图 7-64 所展示的流程构建区域运力资源调配优化模型，实现对区域多制式轨道交通运力资源的合理调配。

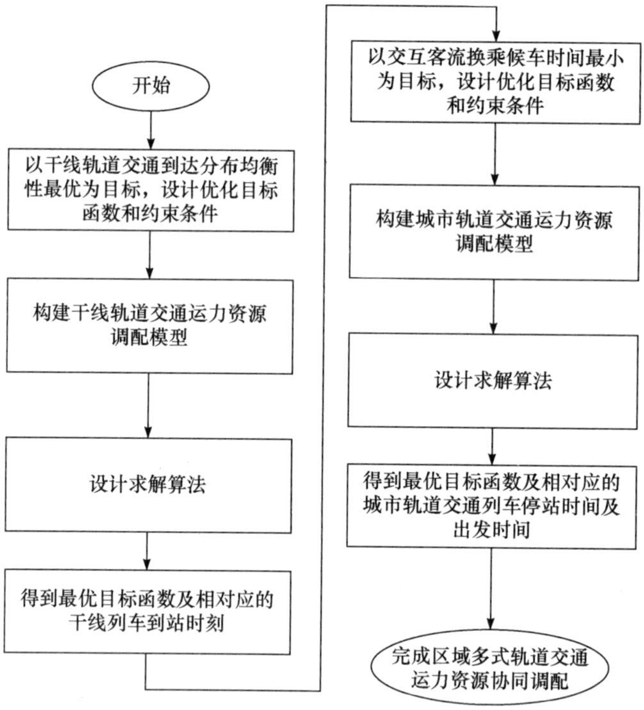

图 7-64　区域多制式轨道交通运力资源调配流程

1. 模型假设

为简化问题，对本模型做出如下假设：

(1) 干线轨道交通乘客换乘至城市轨道交通过程服从正态分布。

(2) 城市轨道交通在服务乘客时遵从先到先服务的原则。

(3) 所有列车的在站、到达、出发的开关门时间，乘客的上下车时间均忽略不计。

(4) 考虑乘客换乘能力不足情况下的留乘情况，留乘的乘客至多留乘至下一趟列车，不出现二次留乘的情况。

(5) 研究时段内各方式轨道交通开行列数是一定的，优化前后研究时段内的列车开行数不发生变化。

(6) 将研究时段内的时间离散化处理，所有的活动事件，如列车到发，乘客的上下车均发生在单位时间间隔末。

(7) 每列干线轨道交通列车上的乘客按照固定的换乘比例选择城市轨道交通。

(8) 城市轨道交通列车的追踪间隔最小可调整至现有时刻表中的最短追踪间隔，相应的追踪间隔缩短时间可以增加至列车停站时间中。

(9) 不同等级干线列车在车站的到发线作业时间标准参照文献(吕颖等，2014)中的相关数据。

(10) 研究时段范围内所有城市轨道交通列车提供的换乘能力相同。

2. 变量与参数

i 为列车编号。

$A_i^{t_j}$ 为 t_j 时段内 i 列车乘客中到达站台的数量。

T_k 为第 k 个研究范围时段。

t_s 为划分 T_k 时段的单位时间。

j 为根据 t_s 划分 T_k 得到的单位时段数量。

$\bar{A}_{T_k}$ 为 T 时段内到达站台乘客的平均数量。

$D(A_{T_k})$ 为 T 时段内乘客到达站台时间分布标准差。

$M_i^{t_j}$ 为第 i 列车在 t_j 时刻占用到发线情况。

t_i^{rarr} 为第 i 列列车的到达时间。

t_i^{rdep} 为第 i 列列车的出发时间。

$N_{\text{aft}}^{T_k}$ 为调整后 T_k 时段内到达列车数。

$M_{\text{free}}^{t_j}$ 为 t_j 时刻车站空闲到发线数量。

$N_{\text{C}}^{T_k}$ 为依据换乘能力计算得到的 T_k 时段干线列车到达数量。

$N_{\text{bef}}^{T_k}$ 为现阶段 T_k 时段内干线列车到达数量。

$N_{\text{adj}}^{T_k}$ 为 T_k 时段内干线列车调整数量。

R_{i,T_k}^{line} 为 T_k 时段 i 列车所在运行线路的通过能力现状。

R_{i,T_k} 为 T_k 时段 i 列车运行占用的通过能力。

$R_{i,T_k}^{\max}$ 为 T_k 时段 i 列车所在运行线路的最大通过能力。

Q_n^{rem} 为未能乘坐上第 n 列车的乘客数量。

q_{t_j} 为 t_j 时段内到达站台的乘客数量。

t_n^{mdep} 为第 n 列城市轨道交通列车的出发时间。

M_{T_k} 为研究时段内开行城市轨道交通列车总数。

$I_{\min}$ 为城轨列车最小发车间隔。

$I_{\max}$ 为城轨列车最大发车间隔。

h_{df} 为城轨列车的最小到发间隔时间。

t_n^{marr} 为第 n 列城市轨道交通列车的到站时间。

t_n^{mst} 为第 n 列城市轨道交通列车的停站时间。

Δt^{mst} 为城市轨道交通列车的停站时间最大可调整幅度。

3. 区域干线轨道交通运力资源调配模型

区域干线轨道交通的集中到达易造成客流在短时间内大规模生成，而与干线轨道交通在枢纽车站相衔接的城市轨道交通因其公交化开行特点，在运营时段内呈现出相对较为均衡的运能分布，为使干线轨道交通与城市轨道交通运力在总体规模上达到相对匹配，考虑通过调整干线轨道交通列车在车站的到达时间，对运力资源进行调整，构建的区域干线轨道交通运力资源调配模型如下。

1) 目标函数

为降低干线列车集中到达带来的脉冲性大客流，考虑以干线轨道交通到达分布均衡性最优为目标，对干线列车的运力资源进行调配，通过干线轨道交通到站换乘乘客的到站时间分布标准差最小对均衡性进行描述，目标函数为

$$\min D(A_{T_k})=\sqrt{\frac{\sum_{i=1}^{N_{\text{aft}}^{T_k}}\sum_{j=0}^{T_k/t_s}\left(A_i^{t_j}-\overline{A_{T_k}}\right)^2}{(T_k/t_s)-1}} \tag{7-91}$$

2) 约束条件

(1) 布尔变量约束(0-1 约束)。

通过二进制方法表示某一列车在车站内的某一时段是否占用到发线。

$$M_i^{t_j}=\begin{cases}1, & t_i^{\text{rarr}}\leqslant t_j\leqslant t_i^{\text{rdep}}\\ 0, & t_i^{\text{rarr}}\geqslant t_j \text{或} t_i^{\text{rdep}}\leqslant t_j\end{cases} \tag{7-92}$$

(2) 车站到发线的容量约束。

考虑到车站除办理到达列车作业外，还需要办理出发、通过等车站列车作业，这些作业均会占用发线能力，构建车站到发线容量约束以限制到达列车的调整时间。

$$\sum_{i=1}^{N_{\text{aft}}^{T_k}}M_i^{t_j}\leqslant M_{\text{free}}^{t_j} \tag{7-93}$$

(3) 到达列车调整数量约束。

考虑不同时段内城市轨道交通提供给干线轨道交通的换乘能力是有限制的，构建到达列车调整数量约束限制调整后各时段的到达列车数量。

$$N_{\text{bef}}^{T_k}+N_{\text{adj}}^{T_k}\leqslant N_{\text{C}}^{T_k} \tag{7-94}$$

(4) 线路通过能力约束。

考虑到调整列车到达时间会对线路上其他列车的运行造成影响，为将该影响最小化构建线路通过能力约束，使列车到达时刻的调整不影响其他线路的正常运行。

$$R_{i,T_k}^{\text{line}} + R_{i,T_k} \leqslant R_{i,T_k}^{\max} \tag{7-95}$$

4. 区域城市轨道交通运力资源调配模型

在实现干线轨道交通与城市轨道交通运能总体相对匹配的前提下，考虑城市轨道交通对干线客流的疏解过程，分析交互客流在不同交通方式之间的转移关系及其在转移过程中的特点及需求。以交互乘客的换乘时间最小为优化目标，构建城市轨道交通运力资源调配模型对城市轨道交通列车时刻表进行调整，从而达到区域轨道交通运力资源在时间上的协同。具体模型如下：

1) 目标函数

目标函数定义为城市轨道交通交互客流换乘候车时间最小，目标函数为

$$\min T_{\text{trans}} = \sum_{k}^{M_{T_k}} \sum_{j}^{(t_n^{\text{mdep}} - t_{n-1}^{\text{mdep}})/t_s} q_{t_j}(t_n^{\text{mdep}} - t_j) + \sum_{k}^{M_{T_k}} Q_n^{\text{rem}}(t_n^{\text{mdep}} - t_{n-1}^{\text{mdep}}) \tag{7-96}$$

2) 约束条件

(1) 追踪间隔约束。

为保证城市轨道交通列车的安全运行，避免出现后车在运行区间内追上前车发生事故，构建追踪间隔约束。

$$I_{\min} \leqslant t_n^{\text{mdep}} - t_{n-1}^{\text{mdep}} \leqslant I_{\max} \tag{7-97}$$

(2) 到发间隔约束。

为保证列车在车站接发列车的安全，满足列车车站作业的要求，构建列车到发间隔约束。

$$t_n^{\text{marr}} - t_{n-1}^{\text{mdep}} \geqslant h_{\text{df}} \tag{7-98}$$

(3) 停站时间约束。

考虑列车在车站的停站时间有限制，既要满足乘客的乘降过程，又不能影响后续列车的运行，构建列车停站时间约束限制列车在车站的停站调整时间。

$$t_n^{\text{mst}} - \Delta t^{\text{mst}} \leqslant t_n^{\text{mst}} \leqslant t_n^{\text{mst}} + \Delta t^{\text{mst}} \tag{7-99}$$

7.6.3　求解算法

遗传算法在求解大规模的非线性问题上非常有优势，也因此在优化领域和运输系统中得到广泛应用，本节提出的模型为非线性模型，因此选用遗传算法进行求解，充分利用遗传算法在非线性问题上全局搜索的优势，使得在实际案例中有更好的应用效果。本研究采用的遗传算法的逻辑框架如图 7-65 所示。

1. 编码与初始化

遗传算法本身并不能直接处理真实世界多种多样的问题，而是需要通过某种机制将问题解空间的表达方式转化为计算机可以识别且操作的代码，这一转换过程称为编码。在研究中，干线轨道交通的列车到达时间与城市轨道交通列车出发时间及停站时间向量

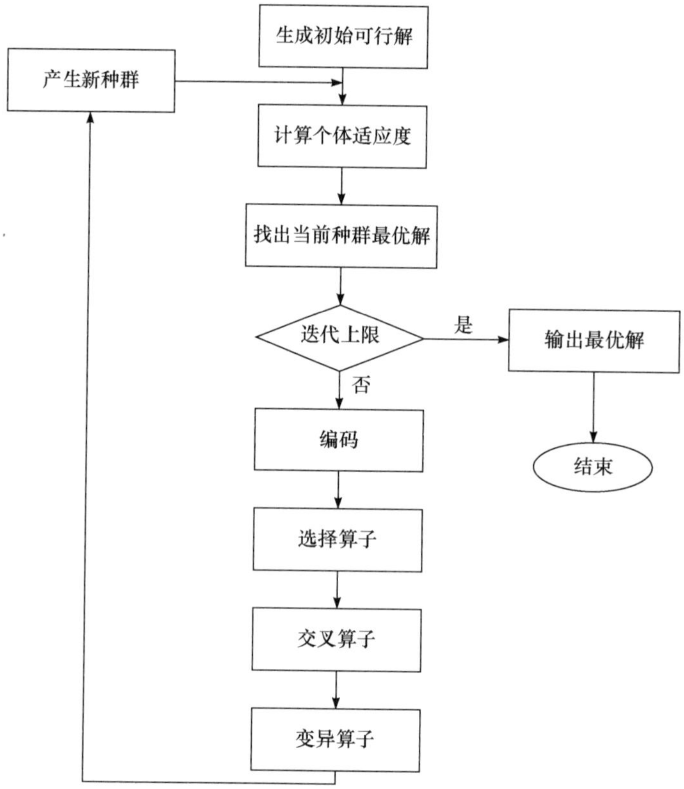

图 7-65　双层遗传算法逻辑框架

t_i^{rarr}、t_n^{marr}、t_n^{mst} 代表模型的解，可用遗传算法中的染色体表示，那么染色体向量上的每个决策变量可以与染色体上的基因一一对应。因此，在本问题中一个染色体上的基因数应该等于研究时段内开行总的干线列车车次数和总的城市轨道交通列车车次数。

在建立了决策变量和基因的对应关系后，需要进一步将决策变量的取值范围和精度体现在编码方式中，为此采用常见的二进制编码建立决策变量和 0-1 序列间的映射关系。

当问题通过编码翻译成计算机所能识别的程序语言后，即可开始算法的迭代寻优过程。在本算法中，迭代伊始的初始种群是随机产生的，随机生成总量为 pop_size 的可行的染色体来构成一个种群。其中，pop_size 指种群中个体的数量。在此之后，便开始以适应度为评价标准的迭代寻优过程。

2. 适应度计算

遗传算法的核心是以个体适应度的大小来评价个体的优劣程度，从而决定其遗传概率的大小，其中用于计算适应度的公式称为适应度函数。本研究以最小化干线轨道交通均方差和最小化交互客流换乘等待时间为两阶段的优化目标，生成的解对应的目标函数值越小，适应度越高。因此，采用目标函数倒数形式作为适应度函数符合本研究和遗传算法的需要，适应度函数如下所示。

$$f_1 = \frac{1}{D(A_{T_k})} \tag{7-100}$$

$$f_2 = \frac{1}{T_{\text{trans}}} \tag{7-101}$$

式中，f_1、f_2分别表示在干线轨道交通运力资源调整阶段和城市轨道交通运力资源调整阶段个体的适应度值。

由上式可知，个体的适应度是基于其对应解的目标函数值。因此，计算目标函数的值是评价个体适应度的前提。

3. 遗传算子

由上一代种群到新一代种群的形成需要经历优胜劣汰的过程，这是遗传算法的核心思想。这一过程在选择、交叉和变异等遗传算子中得以充分体现。

1) 选择算子

在每一代中，当代种群中都会有一部分个体被挑选出来，用以产生新种群。个体的挑选是基于适应度来进行的，适应度更高的个体更容易被挑选出来。本研究中的遗传算法采用轮盘赌来挑选染色体用以产生新种群。

在轮盘赌机制中，适应度函数可以计算出每一个可能的解或者个体的适应度值。每个个体的适应度水平与其被选中的概率息息相关。如果 f_j 为个体 j 的适应度值，那么其被选中的概率 q_j 的计算公式如下：

$$q_j = \frac{f_j}{\sum_{m=1}^{\text{pop\_size}} f_m} \tag{7-102}$$

具体来说，采用轮盘赌法的选择算子选择过程如下。

第一步：设置一个参数 j=1 。

第二步：在 0-1 的范围内生成一个随机数 r_j 。

第三步：如果随机数 $r_j \in \left[\sum_{m=1}^{j-1} q_m, \sum_{m=1}^{j} q_m\right]$，那么染色体 j 即被选中进入新一代种群中。

第四步：判断参数 j 是否超出种群规模 pop_size。若未超出，在 j 值上加 1 后返回第二步；若超出，则结束循环。

经过上述步骤之后，亲代中适应度较高的个体大概率被选中，在 j 值上加 1 继续参与后续交叉变异过程。

2) 交叉算子

交叉算子是遗传算法中产生新解的重要过程，它是以某一概率相互交换某两个个体之间的部分染色体片段。在这一环节，发生交叉的概率为 pc，那么总量为 pc×pop_size 的染色体会被挑选出来用于进行交叉过程。被挑选出的染色体随机配对，再随机选择交叉点位置，配对的染色体在交叉点处交换各自的一部分基因以形成子代，过程如图 7-66 所示。

由图 7-66 可知，交叉发生后，每条染色体上的 0-1 序列都发生了变化，即产生了新的解。此时，判断新产生的解是否满足模型的约束，若为可行解，则完成交叉并继续后续操作；若为不可行解，则重新交叉。

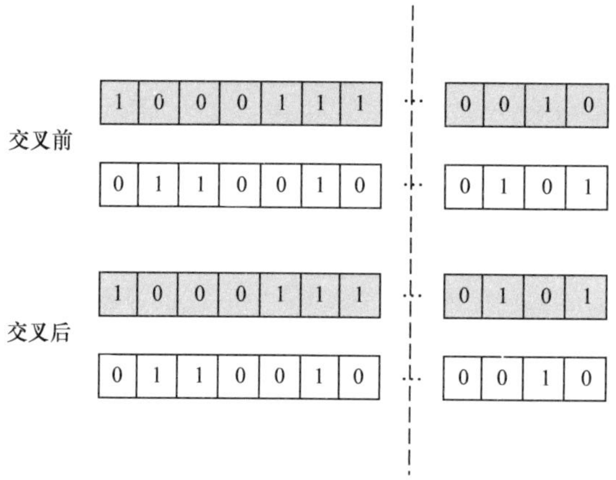

图 7-66　单点交叉过程

3) 变异算子

变异是指对染色体上基因序列中任意一个二进制位都有一定概率改变其原来的值方法，也是产生新个体(解)的重要过程。进行变异的染色体是在种群中随机挑选的，发生变异的位置也是随机产生的，变异概率为 pm。

对于本节的二进制编码方式，变异过程的一个常用方法就是在 0-1 之间生成一个随机数，这个随机数决定了被挑选出来的染色体是否发生变异。具体来说，如果随机数小于 pm，则被选中的染色体会发生变异，反之则不变异。在判断发生变异的情形下，会在选中的染色体上随机选择一个位置，将 1 变成 0 或者将 0 变成 1，形成变异染色体，变异机制如图 7-67 所示。

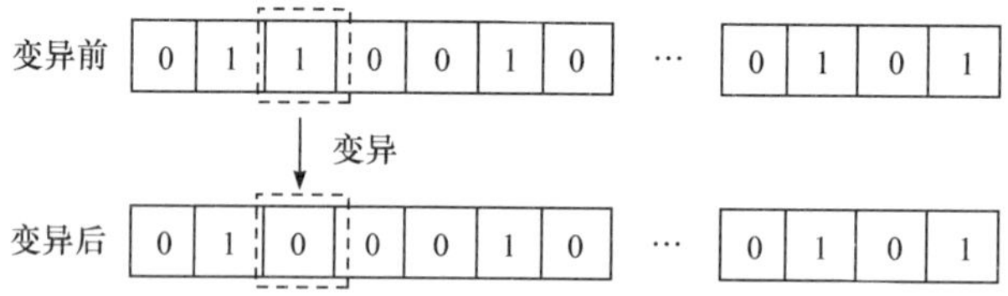

图 7-67　变异过程

最后，同交叉一样，对变异染色体的可行性进行判断。通过可行性判断的染色体将构成新一代的种群进入下一轮的迭代循环，直至满足终止条件。

4. 终止条件

遗传过程反复进行，随着迭代次数的增加，种群中会不断出现拥有更高适应度的个体。当算法产生的解能够满足对问题结果的需求时，即可停止迭代过程，将迭代结束为止最优的解输出。而判断迭代是否终止的准则即为终止条件。本算法采用最大迭代代数作为终止条件。即如果迭代次数达到了事先设定的最大代数，则算法终止并输出已寻得的最优解。

7.6.4　案例分析

本章选取重庆北站及其衔接的重庆轨道交通 10 号线的实际数据为基础进行案例分析，对区域多制式轨道交通运力资源调配模型及算法的有效性进行验证。

1. 基本情况介绍

重庆北站，位于我国重庆市渝北区，是中国铁路成都局集团有限公司管辖的铁路车站。重庆北站占地面积 93.33 万 m^2。其北广场建筑总面积 25.55 万 m^2，站房面积为 11 万 m^2，地面广场 11.9 万 m^2；南广场站房面积 16121m^2；共计 14 个站台、29 条股道，可同时容纳 25000 人候车。重庆轨道交通 10 号线在重庆北站南北广场下方进行衔接，乘客可实现站内换乘。

重庆轨道交通 10 号线起于南岸区兰花路，止于渝北区王家庄。线路连接了南岸区、渝中区、江北区、渝北区等四个行政区，途经重庆北站南广场和北广场、江北国际机场 T2 和 T3 航站楼等重要交通枢纽和市政设施，全线一期工程(鲤鱼池至王家庄段)线路长 34.3km，设车站 19 座，其中 10 个换乘站。

2. 数据准备

基础数据的准备工作主要从构建的区域多制式轨道交通运力资源调配模型中的两个阶段进行，即干线轨道交通运力资源调配主要考虑客流的双向特征，对交互的换乘客流与列车提供的换乘能力进行计算推导；而城市轨道交通运力资源调配更侧重于在干线轨道交通运力资源调配完成后获得交互乘客的整体客流分布，对客流分布进行颗粒度细化，以此为依据进行城市轨道交通运力资源调整。

研究选取城市轨道交通运营时段为研究时段，具体时间为(5:44～23:15)，在研究时段范围内重庆北站共有 112 列始发列车、126 列通过列车、111 列到达列车，10 号线单一运行方向在研究时段内共有 110 趟车次。目前，重庆轨道交通 10 号线的最小行车间隔为 6min，采用固定 6B 编组，定员为 1560 人。现阶段运力匹配情况如图 7-68 所示，从图中可以看出，5:44～12:44 城轨提供的换乘能力高于干线轨道交通换乘客流数量，12:44～23:44 时段内除 16:44～17:44 和 19:44～20:44 两个时段外，城轨提供的换乘能力均不能满足干线轨道交通换乘乘客的需求，需要进行运力资源的优化调整。

结合运营实际，设定列车的最高满载率为 120%。模型中其余参数设置见表 7-35，遗传算法参数设置见表 7-36。

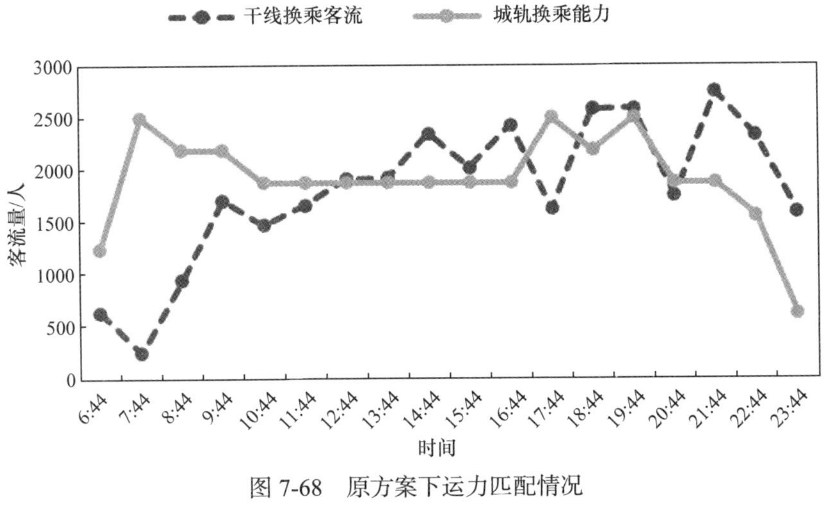

图 7-68　原方案下运力匹配情况

表 7-35　模型相关参数设置

符号	α	t_{avg} /min	t_s /s	Δt^{mst} /min	M	I_{min} /min	I_{max} /min
取值	0.15	10	15	1	29	6	25

表 7-36　算法控制参数设定

符号	含义	参数取值
pop_size	种群规模	20
gen	遗传代数	100
pc	交叉概率	0.9
pm	变异概率	0.01

3. 优化结果分析

1) 重庆北站干线列车运力资源调配阶段

依据遗传算法的流程首先对干线轨道交通运力资源调配模型进行求解，存在调入列车时段的优化迭代过程如图 7-69 所示。根据结果可知，共有 17 列列车需要调整，调整前后的到达时间见表 7-37。

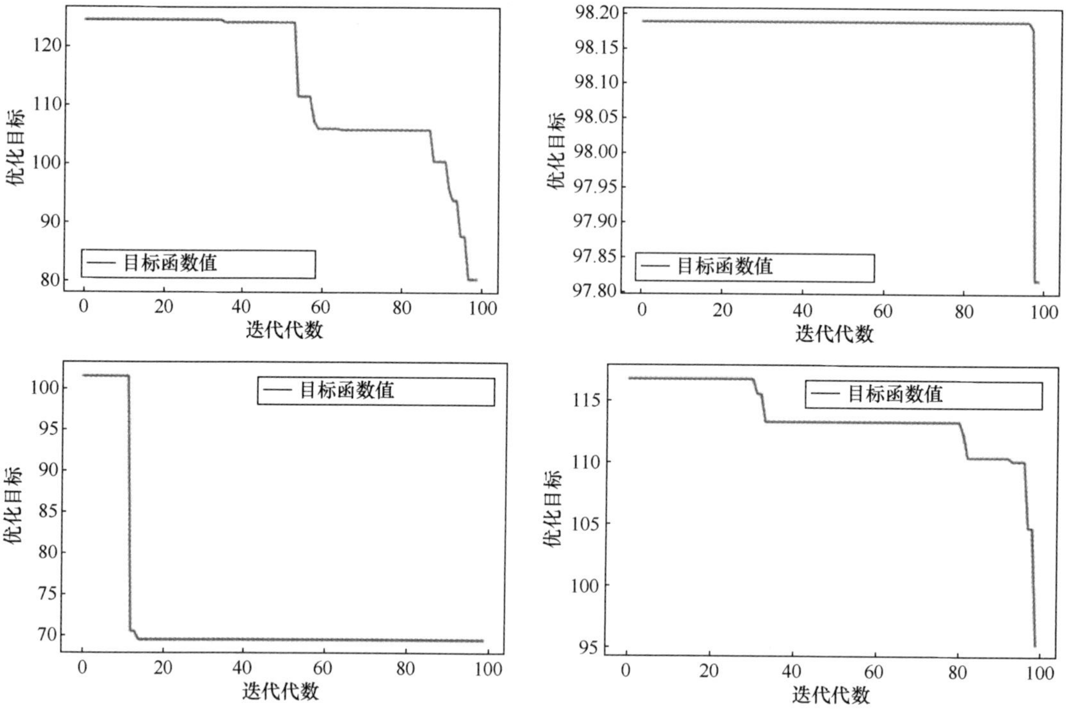

图 7-69　干线轨道交通运力调配模型遗传迭代图

表 7-37　调整列车调整前后的到达时间

车次	始发站	终点站	调整后到达时间	调整前到达时间
G8511	成都东	重庆北	6:46:00	16:12:00
C6409	万州北	重庆北	6:53:00	12:48:00
G8706	万州北	成都东	7:01:00	14:31:00
D6117	丰都	重庆北	7:08:00	16:00:00
D6153	重庆西	重庆北	7:21:00	12:32:00
G8713	成都东	万州北	7:23:00	16:26:00
D6155	重庆西	重庆北	7:30:00	13:49:00
D6157	重庆西	重庆北	7:34:00	15:18:00
D6133	长寿北	重庆北	8:07:00	18:30:00
D6185	万州北	重庆西	8:21:00	21:13:00
G8513	成都东	重庆北	8:30:00	18:02:00
C5846	阆中	重庆北	8:45:00	20:53:00
C6429	万州北	重庆北	9:57:00	21:33:00
C6431	万州北	重庆北	10:29:00	21:42:00
G8521	成都东	重庆北	11:27:00	22:23:00
C6433	万州北	重庆北	17:02:00	23:13:00
C6003	成都东	重庆北	17:33:00	23:26:00

表 7-38 列举出各时段均衡性的优化对比。从表中可以看出，与调整前相比，到达乘客的分布均衡性由 142.73 改善至 121.02，优化幅度为 15.80%，换乘乘客的到站分布更为均衡，有利于充分发挥城市轨道交通公交化开行的优势，能够避免干线轨道交通集中到达以致城市轨道交通无法及时疏散的情况发生。

表 7-38　调整前后各时段干线列车到达均衡性变化

时段	调整后均衡性	调整前均衡性	变化量	变化率/%
5:44～6:44	71.64	71.64	0.00	0.00
6:44～7:44	93.97	106.79	−12.82	−12.00
7:44～8:44	72.32	72.32	0.00	0.00
8:44～9:44	92.11	91.53	0.58	0.63
9:44～10:44	92.67	89.00	3.67	4.12
10:44～11:44	135.25	138.99	−3.74	−2.69
11:44～12:44	144.18	139.44	4.74	3.40
12:44～13:44	121.73	166.75	−45.02	−27.00
13:44～14:44	175.87	173.55	2.32	1.34
14:44～15:44	125.93	172.48	−46.55	−26.99

续表

时段	调整后均衡性	调整前均衡性	变化量	变化率/%
15:44～16:44	110.29	131.05	−20.75	−15.84
16:44～17:44	99.17	95.62	3.55	3.71
17:44～18:44	105.61	183.63	−78.02	−42.49
18:44～19:44	100.88	120.54	−19.66	−16.31
19:44～20:44	158.73	158.73	0.00	0.00
20:44～21:44	99.09	148.89	−49.79	−33.45
21:44～22:44	128.33	119.93	8.40	7.00
22:44～23:44	250.57	406.20	−155.63	−38.31
平均值	121.02	142.73	−22.71	−15.80

2) 重庆轨道交通 10 号线运力资源调配阶段

将重庆北站到达干线列车的运力资源的优化结果作为重庆轨道交通 10 号线运力资源调配的输入数据，利用优化后的干线列车到达时刻，结合换乘概率、乘客换乘走行时间等基本参数计算得出换乘客流分布，对重庆轨道交通 10 号线的运力资源进行调配。利用遗传算法求得调整前后 10 号线在重庆北站北广场的到发时间见表 7-39，迭代过程如图 7-70 所示。

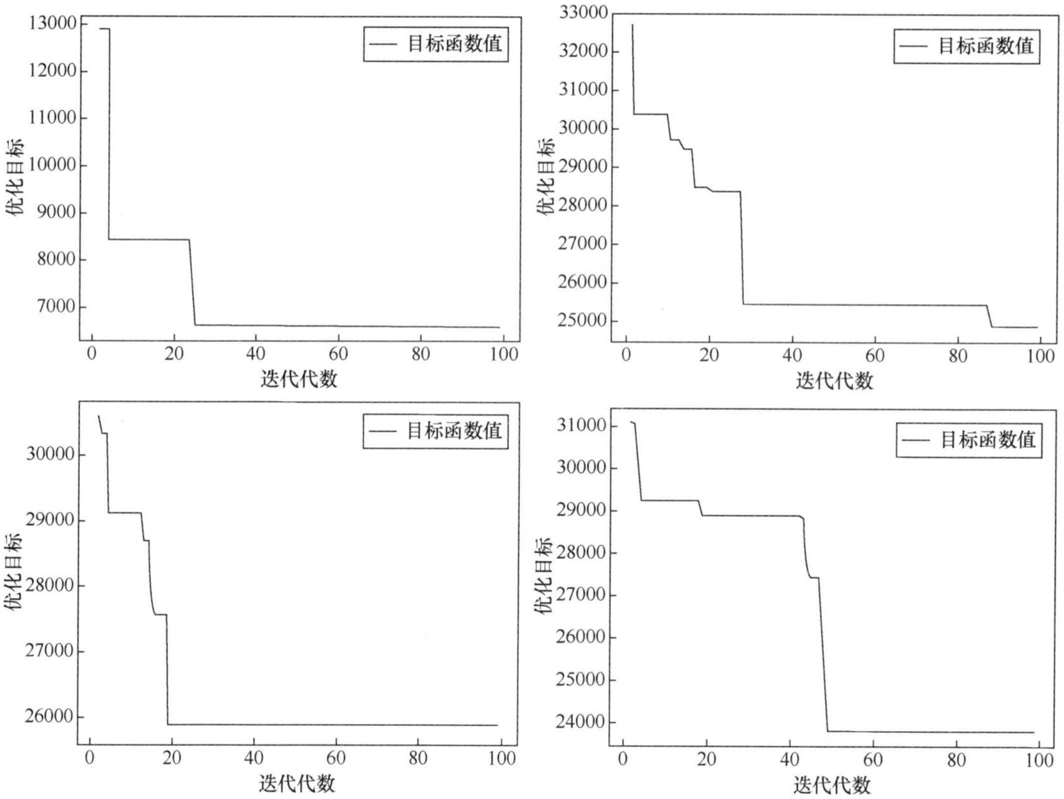

图 7-70　城市轨道交通运力调配模型遗传迭代图

表 7-39　调整前后重庆轨道交通 10 号线到发时刻

车次号	调整前到发时间		调整后到发时间	
	到	发	到	发
10102806	5:44:10	5:44:10	5:49:45	5:51:45
10102800	6:02:10	6:03:10	6:04:30	6:06:30
10102001	6:08:15	6:08:15	6:11:30	6:13:30
10102002	6:33:45	6:34:45	6:28:45	6:30:45
10102003	6:45:10	6:46:10	6:47:30	6:49:30
10102004	6:54:05	6:55:05	6:54:30	6:56:30
10102005	7:04:20	7:05:20	7:01:45	7:03:45
10102006	7:13:15	7:14:15	7:09:00	7:11:00
10102007	7:24:10	7:25:10	7:16:30	7:18:30
10102008	7:34:15	7:35:15	7:24:15	7:26:15
10102009	7:42:10	7:43:10	7:31:30	7:33:30
10102010	7:50:15	7:51:15	7:39:30	7:41:30
10102011	7:58:10	7:59:10	7:45:00	7:47:00
10102012	8:06:15	8:07:15	7:56:30	7:58:30
10102013	8:14:15	8:15:15	8:03:30	8:05:30
10102014	8:22:15	8:23:15	8:10:30	8:12:30
10102015	8:30:15	8:31:15	8:17:30	8:19:30
10102016	8:38:15	8:39:15	8:32:15	8:34:15
10102017	8:46:15	8:47:15	8:39:15	8:41:15
10102018	8:54:15	8:55:15	8:46:30	8:48:30
10102019	9:02:15	9:03:15	8:54:30	8:56:30
10102020	9:10:15	9:11:15	9:04:45	9:06:45
10102021	9:18:15	9:19:15	9:11:45	9:13:45
10102022	9:25:35	9:26:35	9:23:00	9:25:00
10102023	9:34:25	9:35:25	9:32:45	9:34:45
10102024	9:42:25	9:43:25	9:41:45	9:43:45
10102025	9:51:25	9:52:25	9:52:45	9:54:45
10102026	10:01:15	10:02:15	09:59:45	10:01:45
10102027	10:11:15	10:12:15	10:06:45	10:08:45
10102028	10:21:15	10:22:15	10:22:30	10:24:30
10102029	10:31:15	10:32:15	10:29:30	10:31:30
10102030	10:41:15	10:42:15	10:38:00	10:40:00
10102031	10:51:15	10:52:15	10:53:30	10:55:30
10102032	11:01:15	11:02:15	11:02:45	11:04:45
10102033	11:11:15	11:12:15	11:10:45	11:12:45
10102034	11:21:15	11:22:15	11:17:45	11:19:45
10102035	11:31:15	11:32:15	11:29:00	11:31:00
10102036	11:41:15	11:42:15	11:36:00	11:38:00

续表

车次号	调整前到发时间		调整后到发时间	
	到	发	到	发
10102037	11:51:15	11:52:15	11:44:30	11:46:30
10102038	12:01:15	12:02:15	11:59:15	12:01:15
10102039	12:11:15	12:12:15	12:06:15	12:08:15
10102040	12:21:15	12:22:15	12:13:45	12:15:45
10102041	12:31:15	12:32:15	12:30:15	12:32:15
10102042	12:41:15	12:42:15	12:37:15	12:39:15
10102043	12:51:15	12:52:15	12:45:45	12:47:45
10102044	13:01:15	13:02:15	12:57:45	12:59:45
10102045	13:11:15	13:12:15	13:08:45	13:10:45
10102046	13:21:15	13:22:15	13:15:45	13:17:45
10102047	13:31:15	13:32:15	13:22:45	13:24:45
10102048	13:41:15	13:42:15	13:41:45	13:43:45
10102049	13:51:15	13:52:15	13:49:00	13:51:00
10102050	14:01:15	14:02:15	13:56:00	13:58:00
10102051	14:11:15	14:12:15	14:09:00	14:11:00
10102052	14:21:15	14:22:15	14:16:00	14:18:00
10102053	14:31:15	14:32:15	14:24:00	14:26:00
10102054	14:41:15	14:42:15	14:36:45	14:38:45
10102055	14:51:15	14:52:15	14:45:45	14:47:45
10102056	15:01:15	15:02:15	14:54:15	14:56:15
10102057	15:11:15	15:12:15	15:02:00	15:04:00
10102058	15:21:15	15:22:15	15:10:00	15:12:00
10102059	15:31:15	15:32:15	15:23:30	15:25:30
10102060	15:41:15	15:42:15	15:30:30	15:32:30
10102061	15:51:15	15:52:15	15:48:00	15:50:00
10102062	16:01:15	16:02:15	15:59:30	16:01:30
10102063	16:11:15	16:12:15	16:07:30	16:09:30
10102064	16:21:15	16:22:15	16:17:15	16:19:15
10102065	16:31:15	16:32:15	16:29:30	16:31:30
10102066	16:40:15	16:41:15	16:40:15	16:42:15
10102067	16:48:15	16:49:15	16:48:15	16:50:15
10102068	16:56:15	16:57:15	16:55:15	16:57:15
10102069	17:04:15	17:05:15	17:02:15	17:04:15
10102070	17:12:15	17:13:15	17:09:15	17:11:15
10102071	17:20:15	17:21:15	17:16:15	17:18:15
10102072	17:28:15	17:29:15	17:23:15	17:25:15
10102073	17:36:15	17:37:15	17:34:00	17:36:00
10102074	17:44:15	17:45:15	17:40:30	17:42:30

续表

车次号	调整前到发时间		调整后到发时间	
	到	发	到	发
10102075	17:52:15	17:53:15	17:47:30	17:49:30
10102076	18:00:15	18:01:15	17:54:30	17:56:30
10102077	18:08:15	18:09:15	18:01:30	18:03:30
10102078	18:16:15	18:17:15	18:10:15	18:12:15
10102079	18:24:15	18:25:15	18:24:45	18:26:45
10102080	18:32:15	18:33:15	18:31:45	18:33:45
10102081	18:40:15	18:41:15	18:38:45	18:40:45
10102082	18:48:15	18:49:15	18:46:15	18:48:15
10102083	18:56:15	18:57:15	18:53:15	18:55:15
10102084	19:04:15	19:05:15	19:01:15	19:03:15
10102085	19:12:15	19:13:15	19:11:00	19:13:00
10102086	19:20:15	19:21:15	19:18:00	19:20:00
10102087	19:28:15	19:29:15	19:25:15	19:27:15
10102088	19:36:15	19:37:15	19:32:30	19:34:30
10102089	19:44:15	19:45:15	19:39:00	19:41:00
10102090	19:53:15	19:54:15	19:46:15	19:48:15
10102091	20:00:55	20:01:55	20:04:45	20:06:45
10102092	20:09:25	20:10:25	20:15:15	20:17:15
10102093	20:19:25	20:20:25	20:22:15	20:24:15
10102094	20:29:25	20:30:25	20:30:00	20:32:00
10102095	20:39:25	20:40:25	20:40:45	20:42:45
10102096	20:49:25	20:50:25	20:48:15	20:50:15
10102097	20:59:25	21:00:25	20:58:45	21:00:45
10102098	21:09:25	21:10:25	21:10:30	21:12:30
10102099	21:19:45	21:20:45	21:24:00	21:26:00
10102100	21:29:25	21:30:25	21:33:15	21:35:15
10102101	21:39:25	21:40:25	21:40:45	21:42:45
10102102	21:50:15	21:51:15	21:53:30	21:55:30
10102103	22:01:15	22:02:15	22:01:30	22:03:30
10102104	22:13:15	22:14:15	22:20:30	22:22:30
10102105	22:28:15	22:29:15	22:28:00	22:30:00
10102106	22:43:15	22:44:15	22:36:00	22:38:00
10102107	22:58:15	22:59:15	22:56:00	22:58:00
10102108	23:13:15	23:14:15	23:03:00	23:05:00

调整干线和城轨运力后的运力匹配情况如图 7-71 所示。从图中可以看出，相比于运力调配前，除 22:44～23:44 时段因为处于城轨末班车时段安排车次较少，无法提供充足的换乘能力外，其余时段城轨的换乘能力基本上满足干线列车换乘乘客的需求。对比 10

号线在重庆北站调整前后的两种到发时间安排，根据计算可知，调整前乘客在重庆北站换乘地铁 10 号线的总候车时间为 21966h，调整后的乘客总候车时间为 19381h，总共节省 2615h，乘客换乘候车时间优化 11.88%；按照现有重庆北站到达列车计划及重庆城市轨道交通 10 号线运行时刻表运营，共有 10092 人因在重庆北站的运力资源不协调而出现留乘行为，需要等待下一趟地铁列车，若按优化后重庆北站干线列车到达时刻及 10 号线时刻表运营，则只会有 6000 人留乘，改善了 40.5%换乘乘客的出行过程。

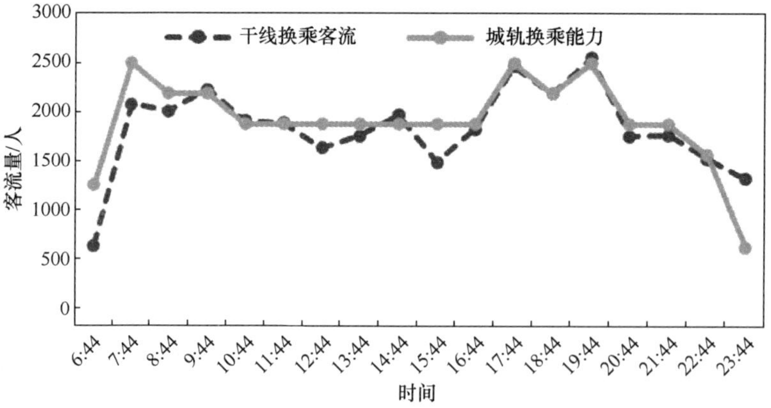

图 7-71　调整干线和城轨运力资源后的运力匹配情况

第 8 章　区域轨道交通多制式列车运行图编制系统

8.1　系统总体设计

区域轨道交通多制式列车运行图编制系统实现了高速铁路、城际铁路、市郊铁路、城市轨道交通等多制式的轨道交通列车运行图一体化协同编制，为区域轨道交通实现全网一张图提供了技术支持。系统总体结构如图 8-1 所示。

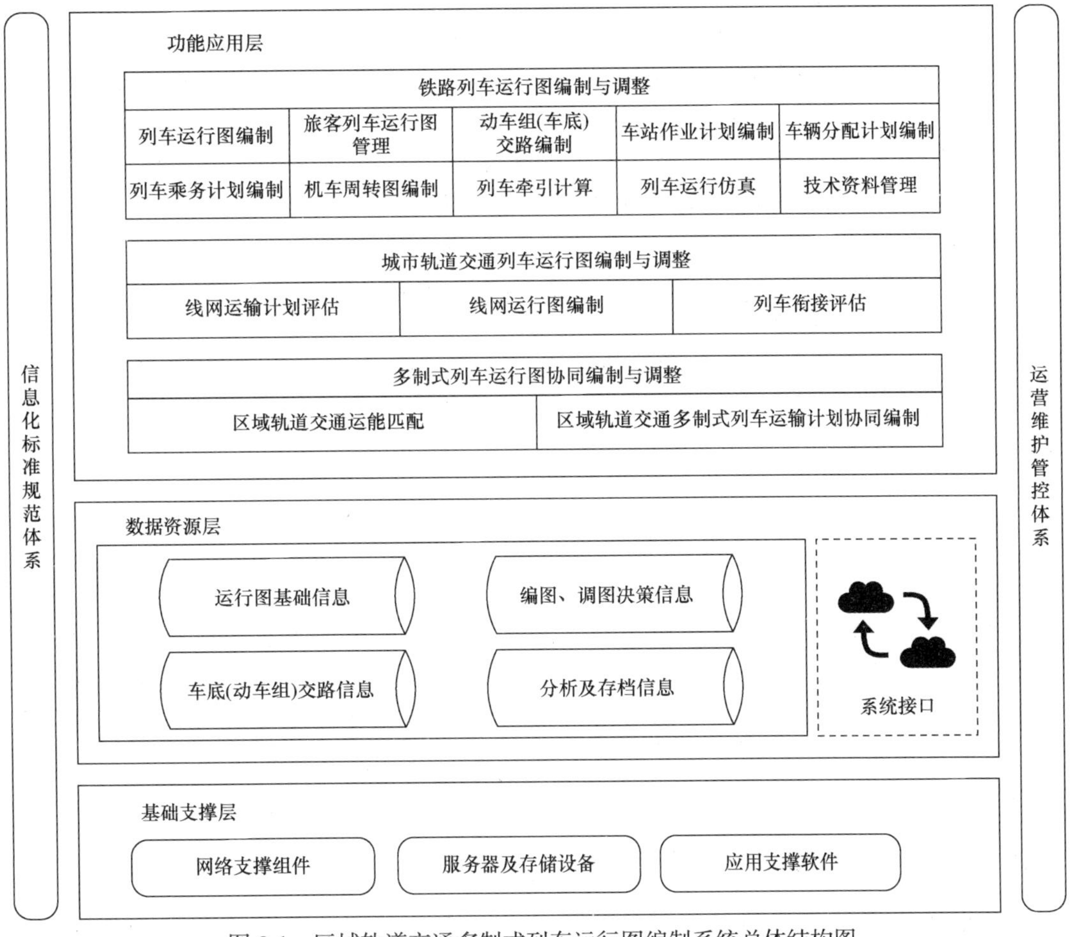

图 8-1　区域轨道交通多制式列车运行图编制系统总体结构图

(1) 基础支撑层：由网络支撑组件、服务器及存储设备、应用支撑软件三部分组成，为系统提供必要的软硬件基础环境。具体设施包括超高清小间距显示大屏、一体化交互控制台，支持超高清、无形变、无限分辨率的大屏图像输出，具备单点主控、集群联动的一体化操作模式，通过统一的控制终端，轻松对多屏显示内容集中控制，如主题切换、分析态切换、可视化对象浏览、点选、筛选、圈选、运行图平移放缩等功能。

(2) 数据资源层：包括运行图基础信息，编图、调图决策信息，车底(动车组)交路信息，分析及存档信息等数据，具体如下。

① 运行图基础信息，包括路网信息、轨道交通技术设备信息等。

② 编图、调图决策信息，包括运行图需求信息(区域轨道交通多制式列车开行数量、开行区段、开行特征，设备施工、检修、维修需求等)、运行图编制决策依据信息(运行图技术参数等)。

③ 车底(动车组)交路信息，包括车底(动车组)类型、席别、运行速度、检修标准、运用方式、编组长度等数据。

④ 分析及存档信息，运行图决策结果信息(列车时刻表、指标及评价等)，主要包括列车时刻表等存档信息，以及在此基础上产生的相应的数量、质量指标信息。

(3) 功能应用层：系统功能应用层分为铁路列车运行图编制与调整、城市轨道交通列车运行图编制与调整和多制式列车运行图协同编制与调整三大功能模块。

① 铁路列车运行图编制与调整模块业务涵盖列车运行图编制、旅客列车运行图管理、动车组(车底)交路编制、车站作业计划编制、车辆分配计划编制、列车乘务计划编制、机车周转图编制、列车牵引计算、列车运行仿真和技术资料管理。

② 城市轨道交通列车运行图编制与调整模块业务涵盖线网运输计划评估、线网运行图编制和列车衔接评估。

③ 多制式列车运行图协同编制与调整模块为不同运营主体的用户提供协同化编制列车运行图的条件，包含区域轨道交通运能匹配与区域轨道交通多制式列车运输计划协同编制两大业务。

8.2　系 统 功 能

区域轨道交通多制式列车运行图编制系统支持高速铁路、城际铁路、市郊铁路、城市轨道交通等多运营主体一体化编制多制式的轨道交通列车运行图，并基于协同编制功能自动调整轨道交通各制式列车运行图。从而提高区域网络运行图衔接协调性，保障多制式轨道交通首末班车合理接续；并实现在临时大客流、设备故障等应急状态下，轨道交通各制式协同编制列车运行计划，提高区域轨道交通应急响应效率。

8.2.1　铁路列车运行图编制与调整功能

系统能够自动或辅助编制与调整列车运行图及其相关作业计划，在编制过程的各环节提供丰富的人机交互手段，并提供计划校验、审批、下达、报表生成、图形绘制、指标统计等功能，具备较高的智能辅助决策水平，保证计划的可行性和合理性。系统实现的主要功能结构如图 8-2 所示。

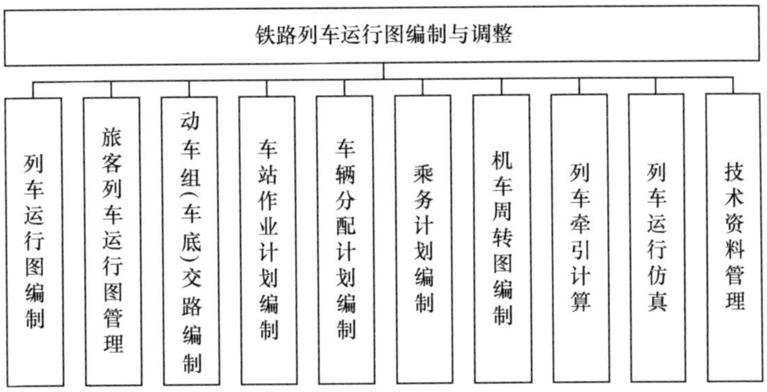

图 8-2　铁路列车运行图编制与调整功能结构图

为实现铁路列车运行图编制与调整系统各种计划的业务需求，对系统的各子系统进行划分，并对其应具备的功能进行详细设计。其中，列车运行图编制子系统提供列车运行计划数据管理功能，列车运行计划编制、调整、统计、输出功能以及列车运行图审批、申请、发布的功能；旅客列车运行图管理子系统提供客图管理、指标统计、开行方案等相关功能；动车组(车底)交路编制子系统包含动车组交路自动编制及调整等功能；车站作业计划编制子系统提供基础数据管理、日计划编制及调整功能；车辆分配计划编制子系统功能主要包含数据管理，车辆分配计划的编制、显示、指标统计及输出功能；乘务计划编制子系统主要提供乘务计划自动编制、人机交互调整以及指标统计评价等功能；机车周转图编制子系统能实现依据周转图的参数设置以及列车运行图数据，自动编制机车周转图，并提供机交线的调整手段，统计机车周转图指标的功能；列车牵引计算子系统提供自动牵引计算及辅助计算功能；列车运行仿真子系统可生成电子车站地图，实现列车运行的仿真；技术资料管理子系统的主要功能是对编制列车运行图所需要的来自铁路车、机、工、电、辆等各级业务部门的技术数据进行收集、整理、维护和输出。

8.2.2　城市轨道交通列车运行图编制与调整功能

城市轨道交通列车运行图编制与调整功能的主要业务为城市轨道交通列车运行图的编制、调整及方案评估，主要包括线网运输计划评估、线网运行图编制和列车衔接评估等三大功能，如图 8-3 所示。

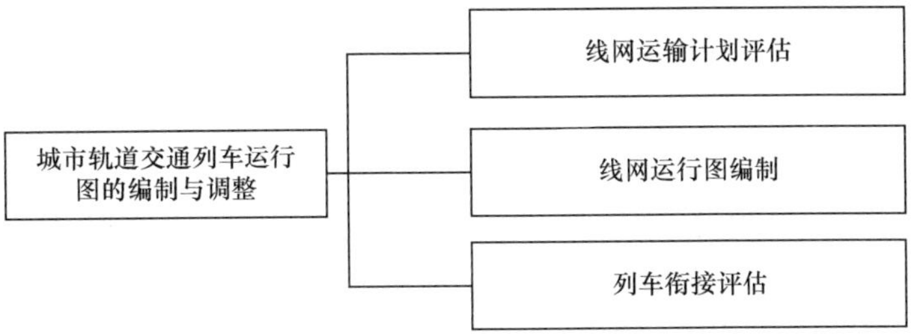

图 8-3　城市轨道交通列车运行图编制与调整功能结构图

1. 线网运输计划评估

线网运输计划评估总共包含客流分析、列车开行方案、运行图技术指标和运量运力匹配性指标四个功能版块。

(1) 系统提供客流分析功能，能够实现客流数据的动态更新、历史数据的导入及客流数据的显示。

(2) 系统提供城市轨道交通列车开行方案查询功能。

(3) 系统提供运行图技术指标统计与评估功能，可对总技术指标、车底运用指标、交路方案指标、行车间隔指标、首末班车时刻等指标进行自动计算与评估，若有指标出现异常，评估结果会给出相应的建议说明。

(4) 系统提供运量运力匹配性指标统计与评估功能。针对导入客流数据中不同线路，自动计算高峰平均满载率、平峰平均满载率、全日平均满载率(含不同线路柱状图显示)、最大断面满载率、满载率高于100%的时间比、工作日早高峰最大满载率、工作日晚高峰最大满载率、工作日平峰最大满载率、长期满载和超载区间等运量运力匹配性指标。若出现满载率严重偏大、偏大、偏小等情况，系统会根据计算结果在评估结果中给出说明和提示。

2. 线网运行图编制

线网运行图编制功能主要包括数据管理、编图、绘图输出、时刻表输出、运行仿真等功能。

(1) 系统提供数据管理功能，用于查询和管理列车运行图编制所需的数据。

(2) 系统提供城市轨道交通列车运行图编图功能，主要包括系统功能、视图、参数设置、图形操作、列车调整等功能。

(3) 系统提供绘图输出功能，主要包括文件输出和打印输出。

(4) 系统提供时刻表输出功能，提供时刻表输出参数设置操作，并以Excel格式输出文件。

(5) 系统提供运行仿真功能，可对车站和列车运行进行仿真。

3. 列车衔接评估

列车衔接评估是评估线网各线路列车运行衔接情况的重要方法，并为乘客查询提供路径查询、检索和路径可达性服务的支持。由于线网中客流量大、流向复杂，时空分布不均衡，不同线路、时段的列车开行交路、间隔也不相同。因此，需借助该功能对乘客在车站的集聚情况、区间运力运量匹配情况、换乘站各方向列车的衔接情况进行展示。

主要功能包括系统首末车衔接查询展示、常规时间衔接查询展示、换乘服务水平查询、行车间隔查询、路径信息查询及数据管理功能。可提供对线网衔接情况的全面查询分析，为列车运行图的评估、运力运量匹配分析、乘客查询服务提供支持。

1) 首末班车衔接方案

系统将自动计算选中路网中线路可行的首末班车方案，显示在界面上。内容包括换乘站、源线路名称和行别、目的线路名称和行别、衔接列车、到达时刻、出发时刻、是否衔接、等待时间和评估结果。

针对不同的衔接情况系统会显示不同的提示说明。

2) 线路换乘衔接方案

系统将自动计算指定日期、线路和换乘站可行的换乘方案，显示在界面上。

针对不同的衔接情况系统会显示不同的提示说明。

3) 换乘等待时间查询

提供首班车换乘候车时间、末班车换乘候车时间、高峰期平均等待时间、平峰期换乘平均等待时间等相关信息。具体信息包括枢纽名、车站名、线路名、方向、换出车站名、换乘线路名、换乘方向、换乘等待时间。

对不同的换乘等待时间情况有说明提示。

4) 行程规划

在选定始发线路和车站，目的线路和车站，指定行程时间，乘车方案(少换乘、最快、普通)的条件下，系统可自动搜索出符合查询设置要求的可行线路，显示在列表中。包括在始发线路上乘坐的车站、换乘站，在换乘站的换乘时间、等待时间，运行时分、行程车次。

5) 输出和结果查看

该功能可以将查询的结果以 Excel 文件的形式保存到指定的输出目录。

6) 查询及调整未换乘衔接列车

该功能可以分方向分时段地查询各个换乘方向到开间隔最小但不能衔接换乘的列车，并指出原因。在选定列车后，还可以进行运行线的平移，以对换乘方案进行调整。

7) 查询及调整换乘方案

该功能可以查询显示指定换乘方向、时段列车换乘的基本情况，包括最小、最大、平均接续时间，以及选中方向列车换乘的详细情况，支持通过整体平移选中方向运行线、平移选中列车运行线进行换乘方案的调整。

8.2.3　多制式列车运行图协同编制与调整功能

多制式列车运输图协同编制与调整功能的主要业务为区域多制式轨道交通的运能匹配与运输计划协同编制，系统实现的主要功能结构如图 8-4 所示。

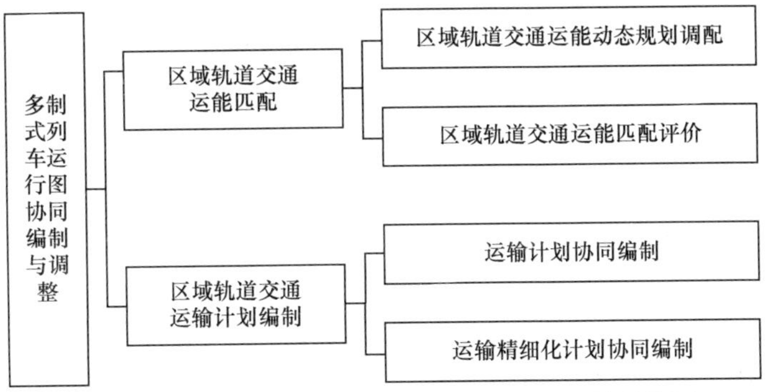

图 8-4　多制式列车运行图协同编制与调整功能结构图

1. 运输计划协同编制功能实现

1) 多制式运营主体群体一体化协同编制区域轨道交通运行图

多制式轨道交通运输计划一体化协同编制是指明确铁路、市域及城轨各运输方式功能定位，统筹规划各方式分担客流，在符合有效承载力、实现运能匹配的前提下协同编制各方式的运输计划，如图 8-5 所示。

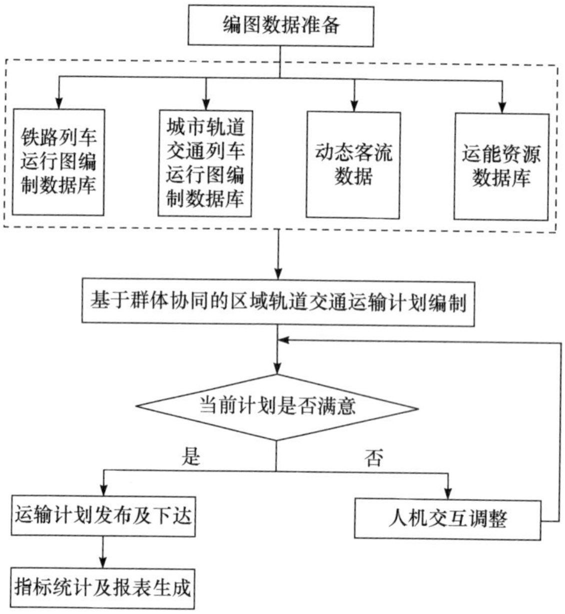

图 8-5　多制式轨道交通运输计划一体化协同编制流程图

在计划协同编制子系统中，以有效实现客流的“集-疏-运”为目标，结合承载力评估子系统提供的评估结果、运能匹配子系统提供的运能匹配结果进行一体化协同编制铁路、市域轨道交通、城市轨道交通的开行方案、运行图；在各运输方式子系统中，进一步优化编制各方式对应的车底交路计划、车底运用计划、车站技术作业计划等相关计划。

2) 多制式轨道交通运输计划协同调整

多制式轨道交通运输计划协同调整采取“主辅协同调整”模式，该模式是指以铁路运输计划为主，市域轨道交通、城市轨道交通运输计划为辅。铁路运输计划制定并下达后，市域轨道交通、城市轨道交通在换乘衔接站、运营网络层编制相应计划以配合铁路预测客流的集散、确保车站及线路有效承载及运能的合理运用，并支持应急状态下多制式列车运行图的系统调整，如图 8-6 所示。

在突发事件下，各运营主体根据设施设备故障情况、临时大客流的时空分布特点及集散趋势等特性，针对设备故障、大客流对车站及关联线路的影响，多运营主体交互式协同调整列车运行图；或基于协同编制功能由系统自动调整轨道交通各制式列车运行图，发布至铁路、市域铁路、城市轨道交通运营主体并由各运营主体校核。

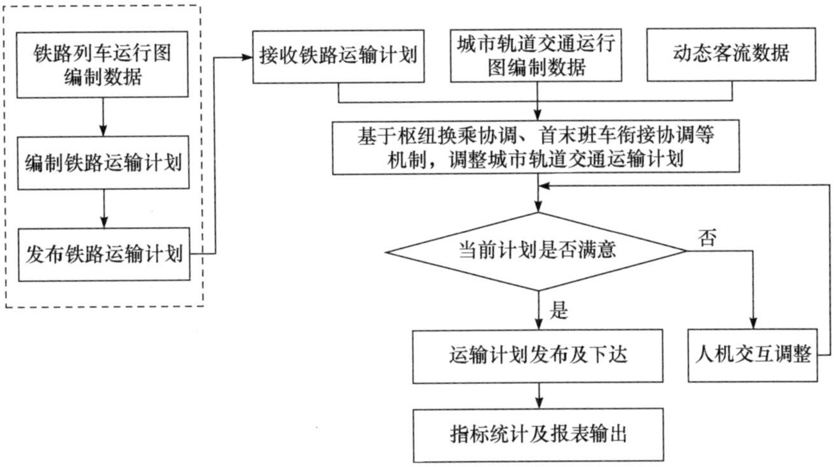

图 8-6　多制式轨道交通运输计划同调整流程图

由铁路子系统完成包括列车开行方案、列车运行图、车底交路计划、车站作业计划等在内的铁路运输计划的编制及下达、发布；市域轨道交通子系统、城市轨道交通子系统以有效及时集散铁路客流为目标，分别编制其运输计划并通过协同编制子系统交互协调。

2. 区域轨道交通运能匹配评价

系统依靠承载力子系统及运输计划编制子系统所提供的数据，从多制式区域轨道交通运能匹配及路网总体运输能力最大化目标出发，对区域轨道交通的运能进行运能匹配度评价，然后根据运能匹配评价的结果，对区域轨道交通的运能进行动态调配，并将满足特定匹配度要求的运能调配方案输出给运输计划编制子系统。具体功能实现如下：

(1) 接入承载力系统数据，利用“运能规划功能”可以初步得到一个枢纽与路网所需的设施设备数量与分布的数值范围，并传输给“运输计划协同编制子系统”。

(2) 接收“运输计划编制子系统”的运输计划，对枢纽内与路网的运能匹配程度进行评价。

(3) 根据评价结果所呈现的瓶颈等问题，调用“运能调配”功能模块优化枢纽内与路网内的设施设备拓扑分布结构与数量、等级，将优化后的方案传输给“运输计划协同编制子系统”作为计划优化的依据。

区域轨道交通运能匹配子系统主要由运能匹配评价以及区域轨道交通运能规划及动态调配两部分功能组成。区域轨道交通运能匹配子系统各部分的内容与各指标的对应情况如图 8-7 所示。

(1) 系统提供的区域轨道交通运能匹配评价功能是为了根据对多制式的路网结构耦合关系、重点枢纽的换乘衔接及客流特性的分析，对现有的设施设备、线网结构及运输组织方法所能提供的运输能力与客流需求之间的适应性进行评价，从而找出区域轨道交通系统中在枢纽、线路或区间运能紧张及虚糜的地方。

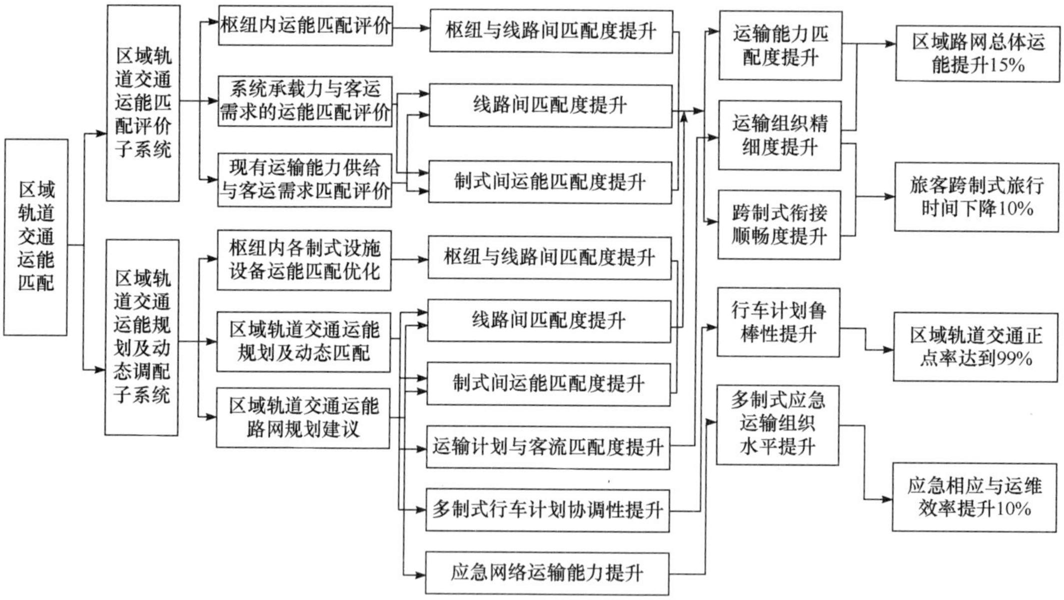

图 8-7　运能匹配子系统指标分解图

该功能可以实现分析枢纽内设施设备能力的利用效率，分析当前运能供给和系统承载力同客流需求的匹配程度，具体包括以下内容。

① 枢纽内各制式设施设备运能匹配评价。

运能匹配度计算：系统根据承载力系统得出的枢纽内换乘通道、安检设施、售票窗口、楼梯、扶梯等设施设备承载力以及运输计划编制系统所提供的各时段运输需求数量及各制式客流特征并结合枢纽内各制式之间或同一制式间不同线路特定的流线组织方案，依据系统内提供的算法库，得到枢纽内各设施设备及枢纽的运能匹配程度。

运能匹配计算结果显示：用户可自由选择以 BIM 图或流线图展示枢纽内的运能匹配结果。

(a) 以 BIM 图的形式展示枢纽内各设施设备的运能匹配情况，并以颜色区分运能紧张或虚糜的设施设备。

(b) 以流线图展示运能匹配结果时，可选择展示特定流线的运能匹配结果，并以颜色区分运能紧张或虚糜的部分。

运能利用率指标统计：统计枢纽内各设施设备的能力利用效率、负荷率、平均每天的负荷时间等其他自定义指标，提供相关报表的输出。

② 现有运输能力供给与客运需求匹配评价。

供需总量匹配度评价：系统在综合考虑区域轨道交通运输计划编制系统实际所提供的运输供给量的利用状态与运输需求的基础上，建立合适的指标体系，对计算得出的实际所提供的运输供给量的利用状态与运输需求得到的满足状态进行评价，生成评价结果报告。

供需结构匹配度评价：根据区域轨道交通运输计划编制系统所制定的区域轨道交通运输计划中各线路、枢纽等在各方向上的运输供给能力，建立合适的指标及算法，可得到区域范围内各线路、各区段、各枢纽的运输供给能力与客运需求的匹配程度，系统对其进行评价，生成评价结果报告。

区域评价范围的选取：提供勾选或输入制定的线路、区间及枢纽功能，使用户能够根据需要进行实际运输供给与运输需求匹配度评价的区域路网范围的选择。

供需匹配指标统计：自动计算并统计实际运输供给与运输需求总量匹配、结构匹配评价结果中的各种指标，包括实际运输供给的利用效率，各线路、各枢纽、各区段实际运输供给的利用效率，各线路、各枢纽、各区段负荷率、每天的负荷时间等其他自定义指标，提供相关报表输出。

③ 系统承载力与客运需求的运能匹配评价。

供需总量匹配度评价：根据承载力系统所提供的多制式路网系统的承载力，区域路网在运输能力供给最大的组织方案下，各线路设立合适的指标体系，计算出枢纽(点)与区域的系统运输能力供给状态和需求程度的匹配状态。对系统承载力的利用状态与预测的运输需求得到的满足状态进行评价，生成评价结果报告。

供需结构匹配度评价：根据承载力系统所分析的区域轨道交通路网中各线路、各区段、各枢纽在各方向上的承载能力，建立合适的指标及算法，求解得到区域范围内各线路、各区段、各枢纽的承载力与客运需求的匹配程度。对区域范围内各线路、各区段、各枢纽的承载力与客运需求的匹配程度进行评价，生成评价结果报告。

区域评价范围的选取：提供勾选或输入制定的线路、区间及枢纽功能，用户可自行确定承载力与运输需求匹配度评价的区域路网范围。

供需匹配指标统计：系统统计自动计算得到的承载力与运输需求总量匹配、结构匹配评价结果中的各种指标，包括路网承载力利用效率，线路、枢纽、区段承载力利用效率，线路、枢纽、区段负荷率等其他自定义指标，提供相关报表输出。

④ 评价结果对比。

系统支持用户调用枢纽内运能匹配度评价数据库、承载力与运输需求匹配度评价数据库、实际运输能力供给与运输需求匹配度评价数据库，实现对比与比较多个不同线路、枢纽、区间、路网范围的运能匹配程度结果，或同一线路、枢纽、区间、路网范围在多个不同状态下的运能匹配程度结果，并生成相应的评价结果报告。

(2) 该部分系统功能主要解决区域轨道交通运能匹配评价子系统中显示的问题。对于重点车站及枢纽，给出该车站的流线组织方案及接入该枢纽的轨道交通方式的开行方案建议；根据输入给定区域多制式轨道路网的相关技术数据(包括路网结构数据和运输需求数据)，从运输组织角度给出运能动态规划与调配方案；同时，针对不能通过运输组织方法解决的问题(如车站、线路负荷过重等)，给出改扩建或简化路网、减少或增加新设备的参考意见，以期提升区域多制式轨道交通路网的运能匹配度。

系统提供的区域轨道交通运能动态规划及运能调配功能，可用于对枢纽内和整个区域轨道交通的运能进行动态规划及调配，并提出区域轨道交通运能路网规划建议方案，具体包括以下内容。

① 枢纽内运能动态规划及运能调配。

枢纽内运能资料管理：管理和维护不同时段枢纽内设施设备的分布状态以及车站内的人员配属等资料数据。

枢纽内各制式设施设备衔接优化：根据承载力系统得出的枢纽内换乘通道、安检设施、售票窗口、楼梯、扶梯等枢纽接入各类轨道交通制式所需要的设施设备的承载力，以及各种制式之间或同制式之间的耦合模式需求，设计相应的算法库，优化枢纽内各类设施设备的分布状态和人员配属，生成能保证枢纽内供给的运能能够满足各制式轨道交通之间需求的枢纽运能规划方案。

方案评价及分析：将衔接优化后枢纽作业方案代入枢纽内运能匹配评价系统得到评价结果，统计动态规划后方案与原始方案各指标，进行方案对比分析。

枢纽内运能调配：生成需要增加或删除设备的种类与数量的运能调配方案。

② 区域轨道交通运能动态规划及运能调配。

区域轨道交通运能资料管理：存储和管理区域内固定设备的数量、位置与移动设备供给方式的资料信息。

区域轨道交通运能规划：根据承载力系统得出的枢纽内换乘通道、安检设施、售票窗口、楼梯、扶梯等设施设备承载力以及运输计划编制系统所提供的各时段运输需求及各制式分配比例，以运输供给与运输需求匹配度最大为目标，利用相应的算法库，确定区域内固定设备的数量、位置与移动设备的供给方式、人员配置等。依据区域轨道交通运能动态使用信息，对确定的区域内固定设备的数量、位置与移动设备的供给方式进行优化，生成区域轨道交通运能规划方案。

方案分析：将在特定旅客时效性与经济性参数下得到的区域轨道交通运能动态规划与运能调配的方案代入实际运输能力供给与客运需求能力匹配评价系统。得到评价结果，然后对比动态规划后方案与原始方案的各统计指标。通过指标分析动态规划后的方案与原始方案的差别与改善。

区域轨道交通运能调配：根据实际运输能力供给与客运需求能力匹配评价结果，判断需要增加运输资源利用率还是增加运输资源，用户对不同特性的客流设置不同的旅客时效性与经济性等运输服务质量参数，可设计相应的算法库，优化不同特性客流的列车数量、在多层路网内各制式列车交路方式、每列车的路径选择，各线路上的列车开行方案等，生成运能调整方案。

③ 区域轨道交通运能路网规划建议方案。

路网动态规划：系统提供用户手动设置相应的运输资源富余参数的功能，根据系统承载力与客运需求的运能匹配评价结果，判定是需要增加路网运输资源利用率还是增加路网运输资源，利用相应的算法库，确定应当增加或削减运输资源供给的线路、枢纽、区段，需要新增线路的社区及新增线路的能力大小与等级等，生成运能调整方案。

方案分析：将在特定旅客时效性与经济性参数下得到的区域轨道路网动态规划方案代入系统承载力与客运需求的运能匹配评价系统得到评价结果，然后对比动态规划后的路网方案与原始路网的各统计指标。统计动态规划后的路网方案与原始路网方案的指标，输出方案分析结果。

3. 区域轨道交通运输计划协同编制子系统

针对多模式、多运营主体运输计划协同编制需求采用一体化设计，通过归纳抽取区域轨道交通多制式运输计划编制和优化要素的表达方法，将各制式运输计划编制要素归并在一起，形成系统完整、统一的约束要素集，构建集城市轨道交通、市域铁路、普速铁路、城际铁路、高速铁路等多制式于一体的运输方案编制系统，支持各线路列车运行计划、车底运用计划、车站股道运用计划等统一编制，满足区域轨道交通运输方案精细化的要求。系统可实现面向不同运营阶段、运营场景以及异常情况下的运输要求，适应平日运行计划、节假日运行计划和应急预案运行计划等的协同编制。

(1) 系统提供运输计划协同编制功能。系统结合多制式轨道交通运输计划特点，吸取区域范围内多制式轨道交通运输计划编制要素，调动各运营主体对运输计划的编制及管理。根据不同运输场景下相应一体化协同、点线协同、基于动态客流协同三类层次，以客流"集-疏-运"为主要目标，采用协同优化理论方法实现编制协同情况下城市轨道交通、市域轨道交通以及铁路的列车开行方案、运行图，生成多制式区域轨道交通列车开行方案、区域轨道交通网络列车运行图、换乘枢纽站衔接方案，具体包括以下内容。

区域多制式轨道交通列车开行方案协同编制(图 8-8)：结合基于运能匹配的行车计划建议，明确多制式轨道交通换乘节点的运输协作分工，确定不同制式的轨道交通列车运行区段、列车种类、经由路径，生成各制式轨道交通列车开行对数以及列车合理始发及终到时刻，生成区域范围内铁路列车开行方案、城轨列车开行方案、市域列车开行方案，形成多制式轨道交通列车开行方案，并由各运营主体分别校核。

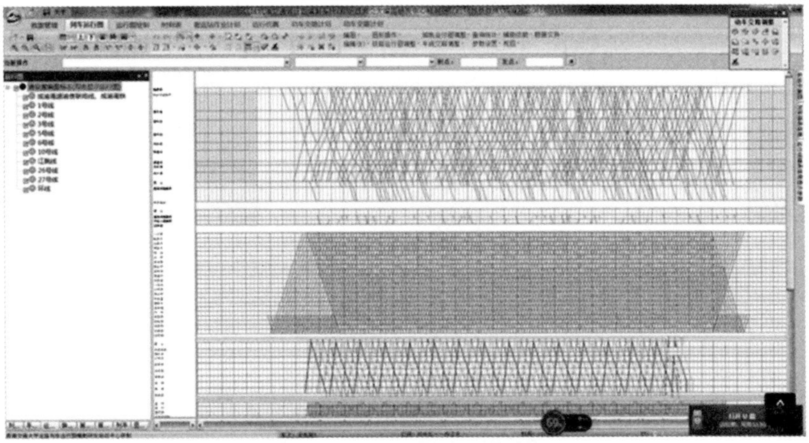

图 8-8　多制式列车开行方案协同编制示意图

运输计划一体化协同编制：在明确铁路、市域及城轨各运输方式功能定位，统筹规划各方式分担客流的基础上，在符合有效承载力、实现运能匹配的前提下协同编制各方式的运输计划，并在运输计划编制的基础上进行运能动态调配。

运输计划点线协同编制：铁路制定运输计划并下达；市域铁路、城市轨道交通接收铁路运输计划；依据铁路运输计划，结合换乘枢纽站承载力、多制式轨道交通运能匹配及客流分担量，市域铁路、城市轨道交通在换乘衔接站、运营网络层编制关联线路列车运行图和相应运输计划以确保车站及线路有效承载及运能的合理运用。

多运营主体应急状态下运输计划协同调整(图 8-9)：出现设备故障、临时大客流等突发事件时，平台发出预警信号，并将包括时间、地点、客流量等信息发送至系统用户，并监控客流变化情况；支持智能化筛选查看事件发生地周边监控视频、警力资源，方便指挥人员进行判定和分析，分析研判该突发事件的性质、走势、可能出现的风险；提供多制式轨道交通运输方式协同应急窗口，供各运输方式应急联动，共同编制应对大客流的交互式协调计划。

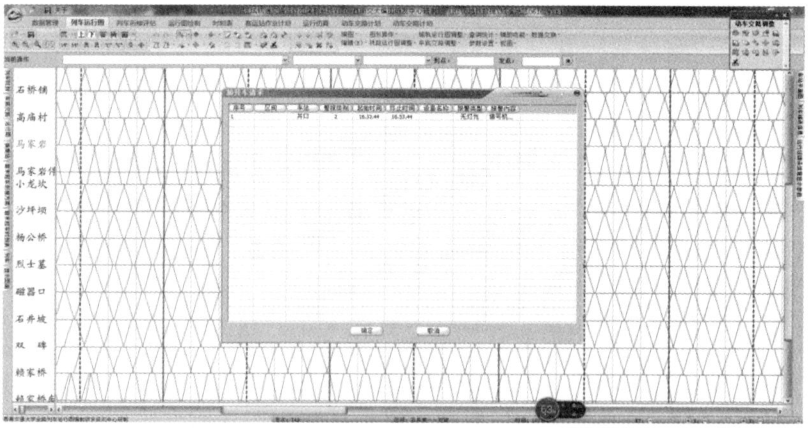

图 8-9　多运营主体应急状态下运输计划协同调整示意图

换乘枢纽站衔接方案生成(图 8-10)：根据区域轨道交通网络运行图编制结果，自动生成不同轨道交通制式间在换乘枢纽站的衔接方案。具体包括各制式列车在换乘枢纽站的到达车次及到达时刻、出发车次及出发时刻，各车次可衔接的其他轨道交通列车车次及相应到发时刻；同一制式内两线或多线交汇换乘站的到达车次及到达时刻、出发车次及出发时刻，不同运营线路间开行的各车次可便捷换乘衔接的其他线路列车车次及到发时刻，以及其他相关信息。

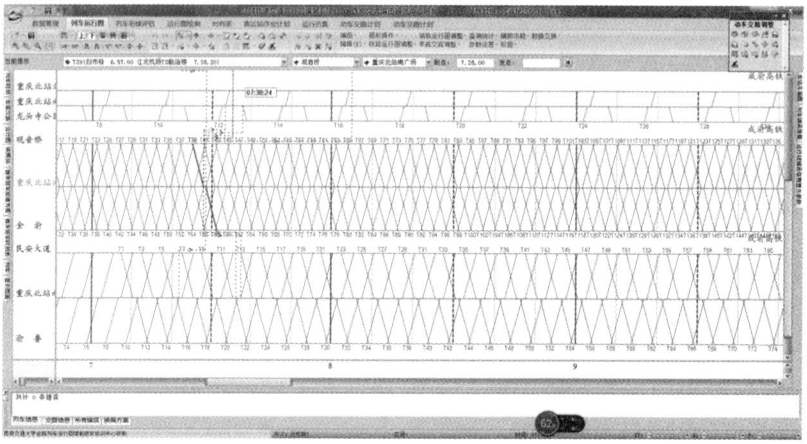

图 8-10　换乘枢纽站衔接方案生成示意图

网络首末班车衔接方案生成(图 8-11)：各运营主体自动生成不同线路首末班车衔接方案。包括列车车次、运行方向、经由各站的到发时刻，所衔接其他线路的列车车次、运行方向、经由车站的到发时刻等。

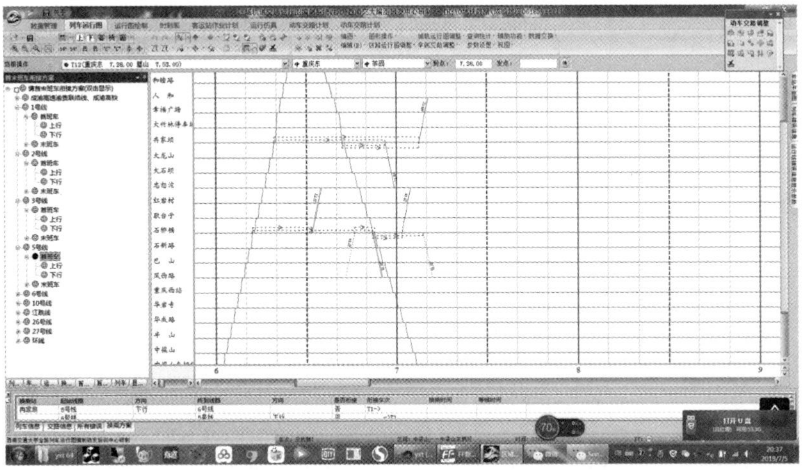

图 8-11　网络首末班车衔接方案生成示意图

(2) 系统提供运输计划精细化编制功能。系统可根据不同运营主体需求及运输组织特点，基于有效承载力评估、运能匹配结果，使得各运营主体实现独立编制相应轨道交通制式的列车开行方案、运行图、车底运用计划、车站技术作业计划，同时可实现列车牵引计算及运行仿真。该功能能够让各运营主体结合自身运输组织特点，实现单一运输方式内的运输计划精细化，以充分调用运输资源、提高运输效率、增强运输计划的可执行性。具体包括以下内容。

列车开行方案编制：列车运行区段、列车种类、路径、开行对数及车底运用计划等。

机车周转图编制：提供较好的人机交互手段以实现机车周转图的调整，自动统计机车运用技术指标。

车底运用计划编制：结合列车运行图编制合理的动车组车底交路计划或城市轨道交通车底交路计划，可根据需求对车底交路计划进行人工调整。

车站技术作业计划编制：根据基础数据自动编制车站作业计划，决策管理人员通过人机交互手段对计划进行调整，调整结果检测无误后上报与下达。

列车牵引计算：结合机车车辆各种专门试验和实际运用经验所积累的资料、不同运营列车参数，完成机车牵引力、列车阻力和列车制动力的计算，机车牵引的列车重量和运行速度的计算，站间运行时间的计算，列车制动条件及其结果的计算，机车的能源消耗量计算等问题。

列车运行计划仿真：根据编制的多制式列车运行图，按照时间顺序对多制式列车区间运行、进出车站、乘客乘降及疏解进行仿真，评价多制式列车运行计划与客流、承载力、运能间的匹配关系，可视化呈现多制式轨道交通运输场景、客流集散及疏解场景。

列车运行图编制：在各运营主体规定各车次列车占用区间的程序，列车在每个车站的到达和出发(或通过)时刻，列车在区间的运行时间，列车在车站的停站时间等的基础上，系统可实现不同种类列车运行图的自动编制与人工调整，并根据不同运营主体用户需求生成相应的列车时刻表。

参考文献

艾毅, 李宗平, 2017. 基于区间模糊数的换乘耐受性研究. 东南大学学报(自然科学版), 47(6): 1253-1262.

白广争, 郭进, 石红国, 等, 2016. 网络化城市轨道交通时刻表换乘协调优化研究. 铁道学报, 38(6): 1-7.

白丽, 2017. 城市轨道交通常态与非常态短期客流预测方法研究. 交通运输系统工程与信息, 17(1): 127-135.

白荣, 2009. 地铁备用列车在运行调整中的开行时机. 铁道运输与经济, 31(4): 71-72.

柏喜红, 2015. 换乘优惠对城市居民出行选择行为影响研究. 北京: 北京交通大学硕士学位论文.

包维民, 闫海峰, 张强锋, 等, 2016. 中国高速区域轨道交通运输组织模式研究. 交通运输工程与信息学报, 14(3): 13-18.

包云, 刘军, 李婷, 2012. 中国铁路旅客列车服务网络性质研究. 铁道学报, 34(12): 8-15.

包云, 杨肇夏, 李海鹰, 等, 2009. 基于基尼系数的铁路运力资源配置均衡性研究. 物流技术, 28(3): 66-69.

毕艳祥, 蒋顺章, 2013. 城市轨道交通车站站台空间服务水平指标体系探讨. 城市轨道交通研究, 16(10): 7-10.

毕艳祥, 刘加华, 江志彬, 2006. 市域快速轨道交通线不同编组列车混合运行影响分析. 城市轨道交通研究, (12): 54-57.

蔡昌俊, 姚恩建, 张永生, 等, 2015. 基于 AFC 数据的城轨站间客流量分布预测. 中国铁道科学, 36(1): 126-132.

蔡肇萍, 2019. 基于铁路客运枢纽衔接的城市轨道交通列车时刻表协调优化研究. 北京: 北京交通大学硕士学位论文.

曹守华, 袁振洲, 张驰清, 等, 2009. 基于乘客感知的城市轨道交通通道服务水平划分. 交通运输系统工程与信息, 9(2): 99-104.

曹玮, 2013. 城市轨道交通与接运公交换乘模型优化研究. 西安: 长安大学硕士学位论文.

曹志超, 袁振洲, 李得伟, 等, 2017. 城市轨道交通列车运行图鲁棒性优化模型. 中国铁道科学, 38(3): 130-136.

常建鹏, 陈振颂, 周国华, 等, 2016. 基于前景理论的铁路应急预案多指标风险评估研究. 铁道学报, 38(2): 7-18.

畅明肖, 赵阿群, 吕禄明, 2017. 基于复杂网络的轨道交通网络结构特性研究. 计算机系统应用, 26(2): 254-259.

陈伯阳, 四兵锋, 蒋明清, 等, 2015. 基于时刻表的城市地铁客流均衡分配模型及方法. 中国科学(技术科学), 45(12): 1269-1278.

陈春安, 荣建, 李伴儒, 等, 2017. 基于系统动力学的枢纽换乘系统运能匹配研究//2017 中国城市交通规划年会, 上海.

陈慧, 2008. 客运专线跨线运输衔接相关问题研究. 北京: 北京交通大学硕士学位论文.

陈建宇, 2014. 基于 Anylogic 的成都北站铁路客流换乘城市轨道交通仿真研究. 成都: 西南交通大学硕士学位论文.

陈俊励, 马云龙, 朱楠, 2011. 基于巢式 Logit 模型的公交出行方式选择行为研究. 交通运输系统工程与信息, 11(A01): 120-125.

陈林, 2013. 基于 Logit 模型的成渝通道交通选择行为研究. 成都: 西南交通大学硕士学位论文.

陈胜波, 何世伟, 何必胜, 2013. 客流波动条件下城市轨道交通列车开行方案研究. 城市轨道交通研究,

16(10): 53-58.
陈涛, 2017. 不确定条件下城市轨道交通客流动态分配研究. 太原: 中北大学硕士学位论文.
陈万鑫, 2013. 城市道路瓶颈交叉口识别及解决方案研究. 长春: 吉林大学硕士学位论文.
陈伟, 李宗平, 2021. 交通枢纽换乘系统有效承载力仿真研究. 计算机仿真, 38(3): 46-50, 107.
陈伟, 李宗平, 余大本, 等, 2020. 基于耐受性的城市轨道交通车厢立席密度研究. 交通运输系统工程与信息, 20(2): 225-230, 243.
陈晓竹, 2013. 高速铁路点线能力协调仿真分析. 成都: 西南交通大学硕士学位论文.
陈星, 2019. 网络化动态客流导向下城市轨道交通运行计划协同编制方法研究. 北京: 北京交通大学博士学位论文.
陈艳艳, 王东柱, 2009. 基于可靠性分析的公交出行路径启发式搜索算法. 交通运输系统工程与信息, 9(3): 98-102.
陈阳, 2017. 基于复杂换乘的城市轨道交通客流分配. 成都: 西南交通大学硕士学位论文.
陈垚, 2018. 基于网络可达性的城市轨道交通末班车时刻表协调优化研究. 北京: 北京交通大学博士学位论文.
陈垚, 柏赟, 冯旭杰, 等, 2017. 基于换乘站停站时间延长的城市轨道交通末班车时刻表优化. 交通运输系统工程与信息, 17(6): 228-234.
陈钰, 2017. 城市轨道交通大客流应急控制策略研究. 成都: 西南交通大学硕士学位论文.
程光权, 陆永中, 张明星, 等, 2017. 复杂网络节点重要度评估及网络脆弱性分析. 国防科技大学学报, 39(1): 120-127.
程婕, 彭其渊, 赵军, 2013. 城市轨道交通列车交路优化模型. 西南交通大学学报, 48(6): 1116-1121.
程明君, 2009. 带多重交通网络的联盟运输调度问题蚁群算法研究. 广州: 广东工业大学硕士学位论文.
邓瑞, 2012. 城市区域路网交通瓶颈识别与预测. 成都: 西南交通大学硕士学位论文.
邓绍蔚, 2016. 高铁快运服务网络设计研究. 成都: 西南交通大学硕士学位论文.
邓延伟, 2010. 基于评价指标体系的客运专线客流节点聚类分析. 铁道运输与经济, 32(5): 21-24.
董佳宁, 倪少权, 陈钉均, 2020. 基于改进 TOPSIS 法的城轨列车运行图应急调整决策研究. 中国铁路, (1): 65-72.
董升伟, 2013. 基于改进 BP 神经网络的轨道交通短时客流预测方法研究. 北京: 北京交通大学硕士学位论文.
杜文举, 李引珍, 安新磊, 等, 2016. 一类新的双层耦合公交网络模型. 交通运输系统工程与信息, 16(4): 131-138.
段力伟, 文超, 彭其渊, 2012. 突发大客流在城市轨道交通网络中的传播机理. 铁道运输与经济, 34(8): 79-84.
方琪根, 王铁城, 张鑫, 等, 2005. 既有区域轨道交通参与城市交通运营的研究. 铁道科学与工程学报, (1): 85-89.
房霄虹, 2011. 城市轨道交通网络化运输组织协调理论及方法研究. 北京: 北京交通大学博士学位论文.
房霄虹, 冯爱军, 马安泉, 2014. 城市轨道交通网络运力配置优化研究. 市政技术, 32(6): 59-62.
丰伟, 2010. 城市对外交通综合换乘枢纽系统关键问题理论研究. 成都: 西南交通大学博士学位论文.
冯春, 朱倩, 于宝, 2018. 城市轨道交通网络鲁棒性仿真. 计算机仿真, 35(10): 182-186, 461.
付婷, 2014. 城市轨道交通车站集散能力瓶颈识别. 北京: 北京交通大学硕士学位论文.
高鸿业, 2004. 西方经济学. 4 版. 北京: 中国人民大学出版社.
高晶鑫, 2009. 基于流线分析的客运枢纽内部设施布置优化研究. 长春: 吉林大学硕士学位论文.
高梦起, 李德华, 张军, 等, 2011. 基于可靠度的区域公路网瓶颈路段识别研究. 交通运输工程与信息学报, 9(3): 53-58.
高强周, 2008. 城市轨道交通列车运行图设计实现与评价. 北京: 北京交通大学硕士学位论文.

高洋, 李丽香, 彭海朋, 等, 2008. 多重边融合复杂动态网络的自适应同步. 物理学报, 57(4): 2081-2091.
高自友, 赵小梅, 黄海军, 等, 2006. 复杂网络理论与城市交通系统复杂性问题的相关研究. 交通运输系统工程与信息, 6(3): 41-47.
耿杰, 马一博, 2016. 城市轨道交通运营应急管理指挥系统. 中国铁路, (1): 91-94.
龚勃文, 2007. 交通方式划分的非集计模型及应用研究. 长春: 吉林大学硕士学位论文.
郭富娥, 1992. 论利用电子计算机编制列车运行图. 铁道运输与经济, (1): 35-38.
郭富娥, 柳进, 杨旭辉, 等, 2000. 高速线与既有线列车运行图衔接问题的研究. 中国铁路, (7): 25-27.
郭建媛, 贾利民, 秦勇, 2015. 运行计划约束下的动态可达性分析与计算. 交通运输系统工程与信息, 15(1): 118-122.
过秀成, 吕慎, 2000. 基于合作竞争类 OD 联合方式划分轨道客流分配模型研究. 中国公路学报, 13(4): 91-94.
海晓伟, 2014. 客运专线运力资源优化配置研究. 北京: 北京交通大学博士学位论文.
何邦模, 1986. 改进运输组织工作大幅度提高区域轨道交通运输能力. 铁道运输与经济, (8): 9-15.
何邦模, 1993. 我国高速区域轨道交通的运输组织问题. 中国区域轨道交通, (3): 19-38.
何世伟, 宋瑞, 戴新鎏, 等, 2003. 路网运输能力及计算方法的研究. 铁道学报, 25(2): 5-9.
何宇强, 张好智, 毛保华, 等, 2006. 客运专线旅客列车开行方案的多目标双层规划模型. 铁道学报, 28(5): 6-10.
贺东, 朱健梅, 2012. 一体化客运轨道交通运输体系构建模式. 西南交通大学学报, 47(2): 279-284.
贺玉姣, 2018. 高铁地铁枢纽换乘客流的控制——以成都东站高铁换乘地铁为例. 成都: 西南交通大学硕士学位论文.
洪玲, 高佳, 徐瑞华, 2011. 城市轨道交通网络突发事件影响客流量的计算. 同济大学学报(自然科学版), 39(10): 1485-1489.
胡春平, 毛保华, 朱宇婷, 等, 2014. 一种交通枢纽流线优化设计的方法. 交通运输系统工程与信息, 14(2): 158-161.
胡华, 刘志钢, 朱海燕, 2013. 城市轨道交通突发事件下的公共汽车应急调配方法. 城市轨道交通研究, 16(12): 67-73.
胡明伟, 史其信, 2009. 城市轨道交通车站客流组织的仿真和评价. 交通信息与安全, 27(3): 39-42.
胡倩芸, 柏赟, 曹耘文, 等, 2016. 铁路枢纽站地铁列车运行图的衔接优化. 铁道科学与工程学报, 13(12): 2503-2507.
胡清梅, 2011. 轨道交通车站客流承载能力的评估与仿真研究. 北京: 北京交通大学博士学位论文.
胡清梅, 方卫宁, 李广燕, 等, 2008. 公共建筑环境下行人行为特性及拥挤机理研究综述. 中国安全科学学报, 2008(8): 68-73.
胡帅, 2014. 基于仿真的城市轨道交通路网运输能力计算方法研究. 北京: 北京交通大学硕士学位论文.
胡婷婷, 2017. 现代有轨电车与常规公交线路协调方法研究. 南京: 东南大学硕士学位论文.
胡永恺, 2017. 基于手机信令的轨道交通乘客出行行为分析方法研究. 南京: 东南大学博士学位论文.
皇妍妍, 2011. 基于网络的城市轨道交通运输能力瓶颈问题研究. 北京: 北京交通大学硕士学位论文.
黄建祥, 2018. 高速铁路与城市轨道交通换乘系统研究. 河南科技, (32): 86-88.
黄民, 薛秀懿, 刘卫华, 1990. 始发直达列车开行方案的优化. 中国铁道科学, 11(2): 99-106.
黄仁全, 李为民, 董雯, 等, 2012. 不同攻击策略下作战体系网络抗毁性研究. 复杂系统与复杂性科学, 9(3): 62-69.
惠国保, 2017. 一种基于深度学习的多源异构数据融合方法. 现代导航, 8(3): 218-223.
戢晓峰, 2009. 基于粗糙集的路网瓶颈路段识别方法. 公路交通科技, 26(9): 120-124.
江志彬, 费翔, 滕靖, 2011. 常规道路公交与网络化运营的城市轨道交通协作模式. 城市轨道交通研究, 14(12): 15-17.

姜革锋, 2010. 区域综合交通运输一体化运作机制与效率评价研究——以内蒙古为例. 北京: 北京交通大学博士学位论文.
姜昊, 2019. 基于多品类货物时间价值的中欧班列服务网络设计. 北京: 北京交通大学硕士学位论文.
蒋洁滢, 2019. 区域轨道交通综合运能匹配评价方法研究. 中国铁路, (9): 90-94.
蒋琦, 2016. 城市轨道交通运行图优化策略的研究. 铁路通信信号工程技术, 13(2): 59-63.
蒋肖, 2016. 基于混沌理论和数据融合的短时交通流预测. 重庆: 重庆邮电大学硕士学位论文.
蒋宗礼, 2001. 人工神经网络导论. 北京: 高等教育出版社.
金磊, 2018. 基于“互联网+”的道路旅游客运运力配置研究. 重庆: 重庆交通大学硕士学位论文.
晋建志, 2014. 复杂网络基于节点重要性的社团探测及社团演化模型研究. 武汉: 华中师范大学博士学位论文.
巨玉祥, 李文霞, 李卓, 等, 2020. 基于客流加载的城市轨道交通网络关键点分析. 交通科技与经济, 22(2): 26-31, 47.
康柳江, 2016. 城市轨道交通末班列车运行计划协同组织优化. 北京: 北京交通大学博士学位论文.
孔娟娟, 2016. 城市公交线路运力配置优化方法研究. 杭州: 浙江工业大学硕士学位论文.
寇春歌, 何世伟, 何必胜, 2014. 城市轨道交通运能瓶颈识别方法研究. 交通信息与安全, 32(2): 120-126.
李冰玉, 秦孝敏, 2016. 城市轨道交通网络大客流拥堵传播机理研究. 中国安全科学学报, 26(1): 162-168.
李波, 陈金山, 2014. 西部山区农村片区客运运力调度研究. 道路交通与安全, 14(5): 56-60.
李存军, 杨儒贵, 张家树, 2003. 基于小波分析的交通流量预测方法. 计算机应用, 61(12): 393-407.
李得伟, 2007. 城市轨道交通枢纽乘客集散模型及微观仿真理论. 北京: 北京交通大学博士学位论文.
李方豫, 2008. 换乘枢纽人流流动分析[J]. 铁道勘测与设计, 000(006):43-45.
李芳芳, 2015. 区域快递企业运输网络运力调配问题研究. 大连: 大连海事大学硕士学位论文.
李锋, 徐瑞华, 周峰, 2009. 区域轨道交通网络化运营条件下的应急管理体系研究//全国博士生学术论坛——交通运输工程学科, 上海.
李国杰, 程学旗, 2012. 大数据研究: 未来科技及经济社会发展的重大战略领域——大数据的研究现状与科学思考. 中国科学院院刊, 27(6): 647-657.
李慧, 2018. 大连地铁西安路站应急疏散仿真及优化. 大连: 大连交通大学硕士学位论文.
李洁, 2014. 基于换乘协调的城市轨道交通运力资源配置研究. 北京: 北京交通大学硕士学位论文.
李金华, 2020. 中国十大城市群的现实格局与未来发展路径. 中南财经政法大学学报, 243(6): 48-57.
李凌燕, 2015. 城市轨道交通网络突发大客流传播机理及组织优化. 成都: 西南交通大学硕士学位论文.
李梅, 李静, 魏子健, 等, 2018. 基于深度学习长短期记忆网络结构的地铁站短时客流量预测. 城市轨道交通研究, 21(11): 42-46, 77.
李朴, 2012. 城市轨道交通运营网络客流分布特性及客流拥堵传播规律研究. 北京: 北京交通大学硕士学位论文.
李茜, 2017. 城市轨道交通客流时空分布特性及线路运能与客流匹配方法研究. 北京: 北京交通大学硕士学位论文.
李淑萍, 2012. 长春市二环路交通瓶颈识别及改扩建方案研究. 长春: 吉林大学硕士学位论文.
李树鹏, 2018. 城市轨道交通突发大客流运营组织研究. 兰州: 兰州交通大学硕士学位论文.
李思杰, 徐瑞华, 江志彬, 2017a. 城市轨道交通列车运行图能力与客流需求匹配度的评价方法. 中国铁道科学, 38(3): 137-144.
李思杰, 徐瑞华, 杨儒冬, 2017b. 基于运力协调的城市轨道交通网络列车运行计划优化. 东南大学学报(自然科学版), 47(5): 1048-1054.
李婷婷, 宋瑞, 何世伟, 2014. 综合客运枢纽行人集散设施瓶颈识别方法. 交通信息与安全, 32(4): 31-35.
李文新, 彭其渊, 李登辉, 等, 2019. 城市综合客运枢纽旅客换乘仿真研究. 计算机仿真, 36(6): 160-165.
李晓峰, 2017. 基于数据挖掘的城市轨道交通车站突发客流预测研究. 北京: 北京交通大学硕士学位论文.
李晓玉, 2015. 城市轨道交通突发中断事件时客流疏运公交联动研究. 长春: 吉林大学硕士学位论文.
李星, 2018. 融合天气因素的短时交通流深度预测算法. 西安: 长安大学博士学位论文.
李兴华, 2016. 考虑运能匹配度约束的运能协调优化模型. 黑龙江交通科技, 39(4): 136-138.
李子木, 2016. 城市轨道交通网络发展演化的复杂性研究. 南京: 东南大学博士学位论文.
厉立, 汪波, 2013. 城轨交通断面客流与运力配置适用性研究. 现代城市轨道交通, (4): 60-64.
梁英慧, 张喜, 2009. 铁路大型综合交通客运站接运能力协调配置方案研究. 铁路计算机应用, 18(9): 11-15.
林立, 孟学雷, 宋仲仲, 2019. 考虑区域协调性的城际列车开行方案优化. 计算机应用, 39(2): 598-603.
林涛, 2002. 地铁枢纽交通衔接研究. 上海: 同济大学硕士学位论文.
林园, 2019. 基于服务网络的中欧班列开行方案优化研究. 北京: 北京交通大学硕士学位论文.
凌巧, 2013. 城市轨道交通突发客流运输组织方法研究. 成都: 西南交通大学硕士学位论文.
刘冰, 2017. 城市轨道交通线网运能与运量匹配研究. 天津建设科技, 27(3): 77-80.
刘博, 2017. 城市轨道列车运行中断下公交应急联动线网方案研究. 北京: 北京交通大学硕士学位论文.
刘芳林, 2015. 运营中断对城市轨道交通网络的影响及应急策略研究. 北京: 北京交通大学硕士学位论文.
刘光武, 2009. 城市轨道交通应急平台建设研究. 都市快轨交通, 22(1): 12-15.
刘建国, 任卓明, 郭强, 等, 2013. 复杂网络中节点重要性排序的研究进展. 物理学报, 62(17): 9-18.
刘剑锋, 四兵锋, 刘新华, 等, 2011. 基于乘客类别的城市轨道交通流量分配模型研究. 物流技术, 30(23): 101-103, 107.
刘江, 2015. 基于分层着色 Petri 网的 Web 服务组合性能分析. 南昌: 江西师范大学硕士学位论文.
刘杰, 何世伟, 宋瑞, 等, 2011. 基于运输方式备选集的多式联运动态路径优化研究. 铁道学报, 33(10): 1-6.
刘杰, 彭其渊, 殷勇, 2018. 基于分形理论的城市轨道交通与城市协调性分析. 系统工程, 36(10): 118-124.
刘俊, 2018. 高速铁路路网瓶颈区段识别方法研究. 铁道运输与经济, 40(8): 1-5.
刘坤, 2014. 铁路行包快运服务网络规划及设计研究. 兰州: 兰州交通大学硕士学位论文.
刘梦琪, 瞿何舟, 2018. 基于轨道交通与常规公交组合的出行路径选择研究. 交通运输工程与信息学报, 16(4): 63-68.
刘敏, 2018. 铁路客运专线列车运行图调整优化方法研究. 铁道运输与经济, 40(10): 13-20.
刘佩, 韩宝明, 王松涛, 等, 2017. 高速铁路高峰小时运力资源优化配置研究. 交通运输系统工程与信息, 17(5): 200-206.
刘鹏, 2010. 区域轨道交通与区域经济发展关系的思考. 铁道运输与经济, 32(10): 11-14.
刘庆法, 陈红, 周继彪, 等, 2014. 基于复杂网络理论的高速公路网抗毁性研究. 公路, 59(6): 214-219.
刘莎莎, 姚恩建, 李斌斌, 等, 2018. 基于行为分析的突发事件下城轨站间客流分布预测. 铁道学报, 40(9): 22-29.
刘铁民, 2011. 突发事件应急响应规范化势在必行——“7・23”甬温线特大铁路交通事故应急响应反思. 中国安全生产科学技术, 7(9): 5-10.
刘伟, 华雯婷, 2010. 基于均衡原理的单向交通瓶颈路段诊断法. 公路交通科技. 27(5): 117-120.
刘卫松, 2018. 基于时空网络的城市轨道交通客流分配研究. 成都: 西南交通大学硕士学位论文.
刘祥喜, 2012. 突发大客流城市轨道交通列车停站方案优化研究. 北京: 北京交通大学硕士学位论文.
刘小霞, 2011. 城市轨道交通网络突发客流传播影响分析. 北京: 北京交通大学硕士学位论文.
刘新华, 四兵锋, 刘剑锋, 等, 2013. 基于时刻表的地铁时空扩展网络构建方法研究. 交通运输系统工程与信息, 13(5): 179-184.
刘振华, 2017. 铁路运输与城市轨道交通的换乘研究. 智能城市, 3(2): 123.
刘志刚, 2009. 城市公共交通区域运营调度系统协同优化问题研究. 北京: 北京交通大学博士学位论文.

楼世博, 孙章, 陈华成, 1983. 模糊数学. 北京: 科学出版社.
楼小明, 李宗平, 2011. 基于超级网络配流的区域高速铁路客流分担率研究. 大连交通大学学报, 32(5): 7-8.
陆化普, 1998. 交通规划理论与方法. 北京: 清华大学出版社.
罗钦, 徐瑞华, 江志彬, 等, 2010. 基于运行图的轨道交通网络动态可达性研究. 同济大学学报(自然科学版), 38(1): 72-75.
罗小强, 2005. 城市轨道交通客流预测分析. 西安: 长安大学硕士学位论文.
罗小强, 2010. 城市轨道交通线网布局规划理论与方法研究. 西安: 长安大学博士学位论文.
罗艺, 钱大琳, 2015. 公交-地铁复合网络构建及网络特性分析. 交通运输系统工程与信息, 15(5): 39-44.
吕颖, 马驷, 王琳, 2014. 关于高速铁路车站到发线运用优化研究. 铁道运输与经济, 36(8): 26-31.
马保仁, 2007. 城际客运铁路运输组织探讨. 铁道运输与经济, 29(3): 21-22.
马丹, 2017. 基于复杂网络的轨道交通网络节点重要度评价. 交通科技与经济, 19(2): 44-49.
马芳, 2013. 城市轨道交通客流分配研究. 成都: 西南交通大学硕士学位论文.
马骏瑶, 2015. 单线双向运行在地铁行车组织中的应用. 技术探讨, 5(26): 12-13.
马鸣谷, 2015. 基于 SP 调查的新建停车换乘对游客出行方式选择的影响分析. 重庆: 重庆交通大学硕士学位论文.
马天山, 曹玮, 乔新宇, 2013. 城市轨道交通与接运公交换乘优化模型. 长安大学学报(自然科学版), 33(4): 80-85.
马毅林, 温慧敏, 刘剑锋, 等, 2013. 城市轨道交通环线客流特征分析及启示. 城市交通, 11(6): 49-56, 27.
毛保华, 2011. 城市轨道交通规划与设计. 北京: 人民交通出版社.
毛静, 2012. 城市轨道交通客流短期预测方法及实证研究. 北京: 北京交通大学硕士学位论文.
孟艳红, 2019. 社交网络用户影响力分析及信息传播建模. 西安: 西安电子科技大学博士学位论文.
明玮, 2015. 城市轨道交通网络重点车站辨识及连通可靠性分析. 北京: 北京交通大学硕士学位论文.
南天伟, 2015. 铁路综合客运枢纽衔接方式运营匹配性评价及优化. 北京: 北京交通大学硕士学位论文.
聂冲, 贾生华, 2005. 离散选择模型的基本原理及其发展演进评介. 数量经济技术经济研究, 22(11): 151-159.
聂婷婷, 郑维清, 孙杨, 等, 2019. 综合客运枢纽旅客换乘服务水平评价方法. 交通运输研究, 5(6): 43-49.
宁丽巧, 赵鹏, 徐文恺, 等, 2016. 城市轨道交通末班车时段时刻表协同优化研究. 交通运输系统工程与信息, 16(6): 108-114.
牛学勤, 王炜, 2002. 基于最短路搜索的多路径公交客流分配模型研究. 东南大学学报(自然科学版), 32(6): 917-919.
欧阳展, 2008. 大型综合客运枢纽交通协调模型与评价方法的研究. 北京: 北京交通大学硕士学位论文.
彭耿, 刘芳, 2014. 武陵山片区区域经济协同度的评价研究. 经济地理, 34(10): 39-45.
彭文爱, 2013. 城市轨道交通运营突发事件客流疏散研究. 南京: 南京理工大学硕士学位论文.
漆凯, 2012. 城市客运枢纽站旅客流线优化研究. 北京: 北京交通大学博士学位论文.
乔俊, 孟学雷, 王东先, 等, 2019. 基于换乘导向的大型客运枢纽高铁列车接续优化. 计算机应用, 39(9): 2757-2764.
秦国斌, 2012. 区域城际铁路综合枢纽布局一体化与运能协调研究. 长沙: 中南大学硕士学位论文.
仇智勇, 2004. 铁路客运专线的客运量预测. 铁道运输与经济, 26(4): 47-49.
曲迎春, 徐仲之, 龚航, 等, 2016. 城市轨道交通网络脆弱性分析. 铁道科学与工程学报, 13(11): 2276-2283.
全永燊, 刘剑锋, 2017. 区域轨道交通规划若干问题与思考. 城市交通, 15(1): 12-19.
冉晓夕, 2014. 突发大客流城市轨道交通运营组织研究. 成都: 西南交通大学硕士学位论文.
任美君, 2019. 城市轨道交通换乘站换乘设施服务水平研究. 苏州: 苏州科技大学硕士学位论文.
任晓龙, 吕琳媛, 2014. 网络重要节点排序方法综述. 科学通报, 59(13): 1175-1197.
任卓明, 2013. 复杂网络中的节点重要性度量研究. 上海: 上海理工大学硕士学位论文.

荣利利, 靳文舟, 黄一峰, 等, 2008. 城市轨道交通运营综合评价体系研究. 城市轨道交通研究, 11(11): 47-49, 64.
桑珩, 2018. 轨道交通大客流协同疏运组织研究. 长春: 吉林大学硕士学位论文.
单征, 宋瑞, 李婷婷, 等, 2014. 城市轨道交通车站集散能力瓶颈识别方法研究. 交通信息与安全. 32(1): 117-121.
申炎炎, 2019. 郑州东站旅客列车开行方案优化研究. 北京: 中国铁道科学研究院硕士学位论文.
申永生, 2012. 综合运输体系下货运服务网络设计优化问题的研究. 北京: 北京交通大学博士学位论文.
沈花玉, 王兆霞, 高成耀, 等, 2008. BP 神经网络隐含层单元数的确定. 天津理工大学学报, 24(5): 13-15.
沈景炎, 2001. 乘客动态分布与站台宽度的研究. 城市轨道交通研究, 4(1): 21-25.
沈犁, 2017. 城市公共交通复合系统协调性研究. 成都: 西南交通大学博士学位论文.
沈犁, 张殿业, 向阳, 等, 2018. 城市地铁-公交复合网络抗毁性与级联失效仿真. 西南交通大学学报, 53(1): 156-163, 196.
沈睿, 刘军, 季常煦, 2006. 货物运输服务网络设计频度模型的研究. 北京交通大学学报, 30(6): 36-40.
沈世伟, 许君臣, 代树林, 等, 2013. 基于熵值赋权法的节理岩体隧道爆破质量可拓学评价. 土木工程学报, 46(12): 118-126.
石俊刚, 周峰, 朱炜, 等, 2015. 基于 AFC 数据的城轨乘客出行路径选择比例估计方法. 东南大学学报(自然科学版), 45(1): 184-188.
时颢, 2000. 我国高速铁路列车运行图采用模式的分析. 铁道学报, 22(1): 92-97.
史丰收, 黄俊, 邓连波, 等, 2019. 基于动态优化的城轨网络列车运行计划换乘衔接研究. 铁路计算机应用, 28(7): 66-70.
史建港, 2007. 大型活动行人交通特性研究. 北京: 北京工业大学博士学位论文.
司徒炳强, 2011. 公交网络时刻表编制的理论建模及可靠性控制方法研究. 广州: 华南理工大学博士学位论文.
四兵锋, 赵小梅, 高自友, 2004. 综合运输体系下的客运流量分离模型及算法研究. 铁道学报, 26(6): 14-19.
四兵锋, 毛保华, 刘智丽, 2007. 无缝换乘条件下城市轨道交通网络客流分配模型及算法. 铁道学报, (6): 12-18.
四兵锋, 杨小宝, 高亮, 等, 2010. 基于出行需求的城市多模式交通配流模型. 中国公路学报, 23(6): 85-91.
宋青青, 孙海燕, 2019. 基于铁路客运枢纽的旅客城市交通换乘行为特征分析——以烟台总站为例. 鲁东大学学报(自然科学版), 35(4): 365-371.
苏彩艳, 2012. 基于运行时间可靠性的公交线网协同调度问题研究. 长沙: 中南大学硕士学位论文.
苏焕银, 史峰, 邓连波, 等, 2016. 面向时变需求的高速铁路列车开行方案优化方法. 交通运输系统工程与信息, 16(5): 110-116, 135.
隋晓波. 2008. 城市轨道交通换乘站设施协调研究. 北京: 北京交通大学硕士学位论文.
孙朝苑, 2004. 客运专线对沿线城市铁路客运量分流问题的研究. 铁道经济研究, (3): 44-46.
孙剑, 张娟, 2013. 城市快速路瓶颈交通流失效生存分析. 同济大学学报(自然科学版), 41(4): 530-535.
孙全欣, 2007. 铁路客运专线运输组织理论与方法研究. 北京: 北京交通大学博士学位论文.
孙言涵. 2016. 大都市区公共交通可达性及模型研究. 西安: 长安大学硕士学位论文.
孙彦辉, 2017. 城市轨道交通换乘研究. 山西建筑, 43(5): 9-10.
孙焰, 施其洲, 赵源, 等, 2004. 城市轨道交通列车开行方案的确定. 同济大学学报(自然科学版), 32(8): 1005-1008, 1014.
孙杨, 宋瑞, 何世伟, 2011. 弹性需求下的接运公交网络设计. 吉林大学学报(工学版), 41(2): 349-354.
谭跃进, 吴俊, 邓宏钟, 2006. 复杂网络中节点重要度评估的节点收缩方法. 系统工程理论与实践,

26(11): 79-83, 102.
唐国议, 2018. 城市轨道交通末班车时段可达性计算及优化方法研究. 北京: 北京交通大学硕士学位论文.
唐巧梅, 2013. 城市轨道交通大客流运营组织方法研究. 成都: 西南交通大学硕士学位论文.
唐子涵, 2010. 综合客运枢纽站流线组织与分析. 成都: 西南交通大学硕士学位论文.
陶思宇, 2012. 客运专线网络旅客列车开行方案优化设计与调整研究. 成都: 西南交通大学博士学位论文.
陶思宇, 余潇, 薛锋, 等, 2019. 轨道交通快线与国铁的衔接模式选取研究. 综合运输, 41(4): 54-58.
滕靖, 徐瑞华, 2010. 城市轨道交通突发事件下公交应急联动策略. 铁道学报, 32(5): 13-17.
田婉琪, 2018. 城市轨道交通运力运量综合匹配评估研究. 北京: 北京交通大学硕士学位论文.
佟璐, 聂磊, 郭忠, 2014. 列车时空服务网络客流分配方法研究. 交通运输系统工程与信息, 14(5): 140-146, 153.
童晓进, 2014. 武广铁路运输通道客流时空分布特征研究. 长沙: 中南大学硕士学位论文.
汪波, 2014. 城市轨道交通网络末班车衔接优化研究//中国智能交通协会. 2014 第九届中国智能交通年会大会论文集, 北京: 电子工业出版社.
汪波, 韩宝明, 牛丰, 等, 2011. 城市轨道交通网络运力优化配置研究. 铁道学报, 33(12): 9-14.
汪勤政, 四兵锋, 2017. 换乘约束下城市多方式交通分配模型与算法. 交通运输系统工程与信息, 17(4): 159-165, 181.
汪瑞琪, 张缨, 2017. 城市轨道交通车站内客流集散瓶颈识别及排序方法. 交通信息与安全, 35(1): 71-79, 91.
王保华, 何世伟, 宋瑞, 等, 2009. 快捷货运动态服务网络设计优化模型及其算法. 铁道学报, 31(5): 17-22.
王海啸, 2017. 地铁服务能力瓶颈区段客流特性分析及调控策略研究. 南京: 东南大学硕士学位论文.
王宏刚, 2011. 复线列车运行调度的层次 Petri 模型及仿真. 系统仿真学报, 23(12): 2793-2798, 2804.
王久亮, 2011. 城市轨道交通车站设施设备服务水平分级与能力计算方法研究. 北京: 北京交通大学硕士学位论文.
王军强, 康永, 陈剑, 等, 2013. 作业车间瓶颈簇识别方法. 计算机集成制造系统, 19(3): 540-551.
王龙, 林柏梁, 马建军, 等, 2016. 铁路网瓶颈区段动态车流推算及运力资源分配优化方法. 中国铁道科学, 37(3): 116-123.
王睿, 2019. 区域轨道交通枢纽运能匹配方法研究. 成都: 西南交通大学硕士学位论文.
王睿, 马驷, 2020. 区域轨道交通网络运能匹配方法研究. 交通运输工程与信息学报, 18(2): 103-110.
王涛, 宋锴, 2019. 铁路运输增量通道能力瓶颈识别与实践. 铁道运输与经济, 41(S1): 26-32.
王伟, 许心越, 2015. 基于动态服务网络的铁路紧急输送计划编制模型和算法. 数学的实践与认识, 45(7): 71-78.
王伟, 刘军, 李海鹰, 2009. 具有时效性的铁路快捷货物运输服务设计. 物流技术, 28(2): 103-105, 119.
王伟, 刘军, 蒋熙, 等, 2010. 中国铁路网的拓扑特性. 北京交通大学学报, 34(3): 148-152.
王伟涛, 2014. 城市轨道交通车站行人设施服务水平及通行能力研究. 北京: 北京交通大学硕士学位论文.
王玮, 2019. 城市轨道交通换乘优化研究. 黑龙江交通科技, 42(12): 160, 163.
王文宪, 潘金山, 吕红霞, 等, 2017. 基于旅客类别的列车服务网络客流分配. 中南大学学报(自然科学版), 48(8): 2245-2250.
王晓亚, 翁国阳, 2015. 知识密集型产业协同度及影响因素研究. 中国科技论坛, (11): 47-53.
王兴川, 姚恩建, 刘莎莎, 2018. 基于 AFC 数据的大型活动期间城市轨道交通客流预测. 北京交通大学学报, 42(1): 87-93.

王艺儒, 2018. 成都市市域铁路与城市轨道交通换乘衔接研究. 成都: 西南交通大学硕士学位论文.
王莹, 王豹, 2018. 成网条件下城市轨道交通瓶颈识别方法研究. 综合运输, 40(12): 65-71.
王莹, 韩宝明, 张琦, 等, 2017. 基于复杂网络的高速铁路运输服务网络重构模型. 交通运输系统工程与信息, 17(1): 136-142.
王占中, 任园园, 2011. 基于协同理论的公路运输与国民经济适应性. 吉林大学学报(工学版), 41(S1): 101-105.
王正武, 况爱武, 王贺杰, 2012. 考虑级联失效的交通网络节点重要度测算. 公路交通科技, 29(5): 96-101, 120.
王智鹏, 2016. 城市轨道交通网络瓶颈识别与能力加强研究. 成都: 西南交通大学博士学位论文.
卫振林, 甘杨杰, 赵鹏, 2015. 城市复合交通网络的若干特性研究. 交通运输系统工程与信息, 15(1): 106-111.
魏博, 张德明, 李铮, 2013. 运行图调整在地铁行车组织中的应用. 铁道通信信号, 49(S1): 71-74.
温芳, 柏赟, 李宁海, 等, 2019. 考虑线网可达性的城市轨道交通末班车时刻表优化. 铁道科学与工程学报, 16(6): 1569-1576.
温念慈, 倪少权, 陈钉均, 等, 2017. 城市轨道交通突发大客流协同应急决策研究. 中国安全生产科学技术, 13(7): 48-54.
翁涅元, 单杏花, 2016. 基于出行时段的高速铁路列车配流方法. 铁道运输与经济, 38(9): 6-14.
吴丽娟, 2016. 基于 AFC 数据的城市轨道交通网络乘客出行路径匹配及突发事件影响研究. 北京: 北京交通大学硕士学位论文.
吴奇兵. 2015. 城市轨道交通车厢合理立席密度的研究. 北京: 北京交通大学博士学位论文.
吴倩, 2007. 城市轨道交通客流预测模型研究. 成都: 西南交通大学硕士学位论文.
吴庆民, 1989. 闽浙赣省会城市圈客车开行方案选择. 铁道运输与经济, (6): 20-21.
吴文征, 2005. 交通运输供给与需求均衡的理论研究与实证分析. 西安: 长安大学硕士学位论文.
吴洋, 冯琳, 2017. 运能不匹配的城市轨道交通换乘方案研究. 城市交通, 15(6): 80-84.
吴影辉, 朱一帆, 纪莹, 2017. 公交网络时刻表再协同设计的多目标优化模型. 运筹与管理, 26(11): 42-48, 64.
吴哲辉, 2006. 重点大学计算机教材——Petri 网导论. 北京: 机械工业出版社.
伍拾煤, 2014. 密集城镇群多层级轨道交通客流预测模型研究. 哈尔滨: 哈尔滨工业大学博士学位论文.
武旭, 胡思继, 崔艳萍, 等, 2005. 高速铁路安全保障信息系统的研究. 中国安全科学学报, 15(4): 80-83.
肖冠宇, 2013a. 基于突发中断条件的城市轨道交通应急客流疏运研究. 成都: 西南交通大学硕士学位论文.
肖冠宇, 2013b. 突发中断条件下轨道交通客流疏运路径集模型. 铁道运营技术, 19(4): 10-12.
解慧, 2013. 城市轨道交通车站疏散能力瓶颈识别及仿真研究. 北京: 北京交通大学硕士学位论文.
解晓灵, 2015. 同站台换乘轨道交通站台客流承载能力仿真优化. 北京: 北京交通大学博士学位论文.
辛宁, 2018. 乘客行为对北京地铁大客流组织优化的影响研究. 北京: 北京交通大学硕士学位论文.
邢文训, 2005. 现代优化计算方法. 2 版. 北京: 清华大学出版社.
熊杰, 关伟, 孙宇星, 2013. 基于 Kalman 滤波的地铁换乘客流预测. 北京交通大学学报, 37(3): 112-116, 121.
须田竟, 1989. 东海道新干线. 东京: 大正出版株式会社.
徐凤, 朱金福, 杨文东, 2013. 高铁-民航复合网络的构建及网络拓扑特性分析. 复杂系统与复杂性科学, 10(3): 1-11.
徐瑞华, 李璇, 2012. 城市轨道交通网络末班车衔接方案的综合优化. 同济大学学报(自然科学版), 40(10): 1510-1516.
徐瑞华, 江志彬, 朱效洁, 等, 2005. 城市轨道交通列车运行图计算机编制的关键问题研究. 城市轨道交通研究, 8(5): 44-48.

徐瑞华, 刘峰博, 范围, 2017. 基于换乘运力协调的地铁列车运行调整策略. 交通运输系统工程与信息, 17(6): 164-170.

徐瑞华, 张铭, 江志彬, 2008. 基于线网运营协调的城市轨道交通首末班列车发车时间域研究. 铁道学报, 30(2): 7-11.

徐瑞华, 罗钦, 高鹏, 2009. 基于多路径的城市轨道交通网络客流分布模型及算法研究. 铁道学报, 31(2): 110-114.

徐文恺, 赵鹏, 宁丽巧, 等, 2018. 基于随机延误情景的城轨网络末班车时刻表调整模型. 铁道学报, 40(8): 28-33.

徐正和, 2004. 长江三角洲区域轨道交通的探讨. 现代城市轨道交通, (4): 1-5.

许振东, 2019. 区域轨道交通运能匹配机理及评价方法研究. 成都: 西南交通大学硕士学位论文.

薛锋, 何传磊, 黄倩, 2019. 成都地铁网络的关键节点识别方法及性能分析. 中国安全科学学报, 29(1): 93-99.

杨东赤, 2013. 基于时刻表的轨道交通配流问题研究. 北京: 北京交通大学硕士学位论文.

杨东赤, 任华玲, 四兵锋, 等, 2015. 基于时刻表的轨道交通网络动态配流模型研究. 系统工程理论与实践, 35(5): 1214-1223.

杨柳燕, 2016. 兰新高铁与既有线不同时期客流合理分工方案. 兰州: 兰州交通大学硕士学位论文.

杨敏, 陈学武, 王炜, 等, 2008. 通勤出行简单链和复杂链的选择行为研究. 武汉理工大学学报(交通科学与工程版), 32(2): 191-194.

杨洋, 2015. 成网条件下基于客流径路的铁路客流分配方法研究. 成都: 西南交通大学硕士学位论文.

杨忠振, 陆婧, 2012. 轴-辐式机场长途巴士线网运营时刻表优化设计. 系统工程理论与实践, 32(9): 2050-2056.

姚恩建, 刘文婷, 刘莎莎, 等, 2018. 基于动态可达性的城轨末班车时刻表优化. 华南理工大学学报(自然科学版), 46(1): 58-65.

姚金变, 2010. 基于区域理论的京沪高速铁路开行方案研究. 北京: 北京交通大学硕士学位论文.

叶青, 2012. 基于复杂网络理论的轨道交通网络脆弱性分析. 中国安全科学学报, 22(2): 122-126.

叶耀华, 蒋怡乐, 王律, 2003. 一种省际邮件转运网络设计的模型与算法. 复旦学报(自然科学版), (5): 680-684, 173.

叶玉玲, 韩明初, 陈俊晶, 2018. 基于出行链的城际旅客出行方式选择行为. 同济大学学报(自然科学版), 46(9): 1234-1240.

殷勇, 刘杰, 2017. 铁路网络的抗毁性分析研究. 综合运输, 39(4): 55-59, 63.

尹冰艳, 刘卫红, 2018. 我国高速铁路应急救援机制的完善. 中国安全科学学报, 28(s2): 180-184.

尹浩东, 2017. 运营中断条件下城市轨道交通乘客出行行为建模与客流诱导优化研究. 北京: 北京交通大学博士学位论文.

于宝, 冯春, 朱倩, 等, 2017. 中国高速铁路网络脆弱性分析. 中国安全科学学报, 27(9): 110-115.

于鸿飞, 2015. 城轨路网客流非均衡随机动态分配及其在运营中断时的应用研究. 北京: 北京交通大学硕士学位论文.

于慧东, 2012. 综合交通枢纽中高速铁路和城市轨道交通的换乘研究. 成都: 西南交通大学硕士学位论文.

于晓桦, 晏克非, 牟振华, 等, 2018. 基于多级网络的多模式交通配流研究. 交通信息与安全, 36(1): 103-110, 128.

于莹莹, 陈燕, 李桃迎, 2014. 改进的遗传算法求解旅行商问题. 控制与决策, 29(8): 1483-1488.

余兴, 2001. 城市轨道交通与国有铁路的衔接方式. 城市轨道交通研究, 4(2): 5-7, 11.

禹丹丹, 韩宝明, 董宝田, 等, 2015. 基于换乘协同的轨道交通网列车时刻表优化模型. 中国铁道科学, 36(4): 129-135.

袁崇义, 2013. Petri 网应用. 北京: 科学出版社.
岳昊, 2009. 基于混合 Petri 网的城市道路交通网络建模与仿真. 青岛: 山东科技大学博士学位论文.
曾璐, 刘军, 秦勇, 2017. 中断条件下的城市轨道交通客流动态分配模型及其应用(英文). 东南大学学报(英文版), 33(1): 115-122.
曾璐, 刘军, 秦勇, 等, 2019. 基于 AFC 数据的突发事件下城市轨道交通乘客路径决策研究. 铁道学报, 41(8): 9-18.
曾鹦, 2014. 考虑乘客选择行为的城市公交客流分配及系统演化. 成都: 西南交通大学博士学位论文.
翟向荣, 2012. 城市轨道交通车站设备通行能力匹配性研究. 北京: 北京交通大学硕士学位论文.
张炳江, 2014. 层次分析法及其应用案例. 北京: 电子工业出版社.
张海丽, 2011. 城市轨道交通车站乘客通行服务水平的仿真评价研究. 北京: 北京交通大学硕士学位论文.
张红斌, 2013. 客运专线网络承载能力及其可靠性研究. 北京: 北京交通大学博士学位论文.
张晋, 2014. 城市轨道交通线网结构特性研究. 北京: 北京交通大学博士学位论文.
张晋, 梁青槐, 贺晓彤, 2013. 北京市地铁网络拓扑结构复杂性研究. 北京交通大学学报, 37(6): 78-84.
张憬, 2003. 铁路货运企业运力资源配置与效益最大化管理初探. 铁道经济研究, (5): 4-6.
张兰霞, 秦勇, 王莉, 2016. 高速铁路加权复杂网络特性分析. 铁道科学与工程学报, 13(2): 201-209.
张亮, 吕利民, 叶红霞, 等, 2017. 基于多路径的城市轨道交通网络末班车动态可达性研究. 城市轨道交通研究, 20(1): 48-54;
张玲, 1982. 复线自动闭塞区段上旅客列车扣除系数的研究. 铁道学报, (4): 59-67.
张玲, 1985. 关于计算区域轨道交通区间通过能力的图解法. 铁道学报, (2): 70-78.
张璐, 2016. 基于动态客流的城市轨道交通网络列车时刻表优化研究. 北京: 北京交通大学硕士学位论文.
张梦然, 2019. 都市圈背景下的多层次轨道交通一体化研究//中国城市科学研究会. 济南第六届智慧城市与轨道交通国际学术峰会论文集, 北京: 中国城市出版社.
张鹏, 2019. 考虑晚间高速铁路列车晚点的城市轨道交通延时加开列车时刻表编制模型与算法. 北京: 北京交通大学硕士学位论文.
张鹏浩, 2018. 接驳高铁站的区域灵活型公交调度模型研究. 北京: 北京交通大学硕士学位论文.
张生瑞, 邵春福, 2007. 交通运输系统协调发展理论与模型研究. 数学的实践与认识, 37(6): 1-6.
张石石, 向红艳, 2011. 城市交通拥堵分析与诊断. 交通标准化, (12): 157-160.
张述能, 2013. 铁水联运港站集装箱运输组织研究. 成都: 西南交通大学硕士学位论文.
张思佳, 贾顺平, 王瑜琼, 等, 2018. 考虑地铁站点多方式接驳范围的接运网络配流模型. 交通运输系统工程与信息, 18(5): 38-45.
张铁岩, 2013. 客流波动条件下城市轨道交通运力资源配置研究. 北京: 北京交通大学硕士学位论文.
张晓利, 陆化普, 2009. 非参数回归方法在短时交通流预测中的应用. 清华大学学报(自然科学版), 49(9): 1471-1475.
张新, 2014. 城市轨道交通末班车的动态最优可达路径研究. 北京: 北京交通大学硕士学位论文.
张新, 2019. 基于能力利用的高速铁路周期模式列车开行方案优化理论与方法. 北京: 北京交通大学博士学位论文.
张星臣, 1995. 铁路运营线路能力储备问题的研究. 北京: 北京交通大学博士学位论文.
张燚, 王传生, 2019. 危化品 RTS 可靠性的系统动力学仿真分析. 计算机仿真, 36(10): 142-147, 328.
张一梅, 2009. 基于路网的城市轨道交通系统运输能力研究. 北京: 北京交通大学硕士学位论文.
张艺凡, 陈文瑛, 2015. 地铁运营突发事件应急响应模式的马尔科夫链分析. 中国安全科学学报, 25(2): 165-170.
张宇石, 陈旭梅, 于雷, 等, 2009. 基于换乘站点的轨道交通与常规公交运营协调模型研究. 铁道学报,

31(3): 11-19.
张钰梅, 2015. 城市轨道交通路网客流拥挤传播特性及疏解策略研究. 北京: 北京交通大学硕士学位论文.
张蛰, 2017. 城市轨道交通车站客流集散优化控制研究. 北京: 北京交通大学博士学位论文.
赵宝新, 2020. 基于多源数据融合的城市交通拥堵扩散的研究及其应用. 深圳: 中国科学院大学(中国科学院深圳先进技术研究院)博士学位论文.
赵德, 2016. 多方式公共交通资源耦合效能评价. 南京: 东南大学博士学位论文.
赵航, 何世伟, 宋瑞, 2009. 城市公交服务网络能力计算研究. 交通运输系统工程与信息, 9(1): 80-86.
赵华, 2014. 客运专线列车运行网络配流方法研究. 成都: 西南交通大学硕士学位论文.
赵伟, 何红生, 林中材, 等, 2006. 中国铁路客运网网络性质的研究. 物理学报, 55(8): 3906-3911.
赵长江, 李群仁, 2007. 我国铁路快速客运网规划调整研究. 铁道运输与经济, 29(12): 1-5
郑锂, 宋瑞, 何世伟, 等, 2009. 城市轨道交通跨站停车方案优化模型及算法. 铁道学报, 31(6): 1-8.
中华人民共和国国家发展和改革委员会, 2020. 关于印发 2020 年新型城镇化建设和城乡融合发展重点任务的通知.
中华人民共和国交通运输部, 2016. JT/T 1065—2016 综合客运枢纽术语. 北京: 人民交通出版社.
周海平, 2009. 复杂网络的演化模型及传播动力学研究. 贵阳: 贵州大学博士学位论文.
周豪, 四兵锋, 汪勤政, 2018. 考虑距离因素的多方式交通超级网络均衡配流模型及算法. 山东科学, 31(3): 66-75.
周望亮, 2011. 城际轨道交通客流分配模型及应用研究. 成都: 西南交通大学硕士学位论文.
周玮腾, 2016. 拥塞条件下的城市轨道交通网络流量分配演化建模及疏导策略研究. 北京: 北京交通大学博士学位论文.
周文梁, 刘晓航, 姜敏, 等, 2020. 基于候选列车集与弹性需求的城际铁路列车开行方案优化. 铁道学报, 42(3): 1-10.
周妍, 2008. 网络化城市轨道交通行车组织相关问题研究. 北京: 北京交通大学硕士学位论文.
周艳芳, 周磊山, 乐逸祥, 2010. 城市轨道交通客流高峰传播影响研究. 综合运输, 32(6): 67-70.
周艳芳, 周磊山, 乐逸祥. 2011. 城市轨道网络换乘站列车衔接同步协调优化研究. 铁道学报, 33(3): 9-16.
朱婕, 2014. 城市轨道交通路网局部中断条件下的客流分配方法研究. 北京: 北京交通大学硕士学位论文.
朱炜, 2013. 轨道交通车站大客流事件的形成、传播及对策. 城市交通, 11(3): 55-61.
宗俊雅, 2010. 基于列车正点可靠性的客运专线通过能力计算研究. 成都: 西南交通大学硕士学位论文.
邹晖, 2009. 铁路客运综合交通枢纽能力研究. 北京: 北京交通大学硕士学位论文.
左大杰, 2010. 铁路快速客运网络旅客列车开行方案优化研究. 成都: 西南交通大学博士学位论文.
左静, 帅斌, 何凯妮, 等, 2017. 基于改进熵权聚类 SVD 的铁路应急救援辅助决策方法. 铁道学报, 39(8): 18-26.
AGACHA S, KENETSU U, WILLIAM H K L, 2010. Stochastic multi-modal transport network under demand uncertainties and adverse weather condition. Transportation research part C: Emerging technologies, 19(2): 338-350.
AHMED R R, VVEINHARDT J, AHMAD N, et al, 2017. Karachi inter-bank offered rate (KIBOR) forecasting: Box-jenkins (ARIMA) testing approach. E+M Economics and management, 20(2): 188-198.
AJZEN I, 1991. The theory of planned behavior. Organizational behavior and human decision processes, 50(2): 179-211.
ALEXANDER L, JIANG S, MURGA M, et al, 2015. Origin-destination trips by purpose and time of day inferred from mobile phone data. Transportation research part C: Emerging technologies, 58(9): 240-250.
AMARAL L A N, SCALA A, BARThELEMY M, et al, 2000. Classes of small-world networks. Proceedings of the national academy of sciences of the United States of America, 97(21): 11149-11152.
AMIT I, GOLDFARB D, 1971. The timetable problem for railways. Developments in operations research, 2:

379-387.

AN K, LO H K, 2014. Ferry service network design with stochastic demand under user equilibrium flows. Transportation research part B: Methodological, 66(8): 70-89.

AN X L, ZHANG L, LI Y Z, et al, 2014. Synchronization analysis of complex networks with multi-weights and its application in public traffic network. Physica A: Statistical mechanics and its applications, 412: 149-156.

ANDERSEN J, CRAINIC T G, CHRISTIANSEN M, 2009. Service network design with management and coordination of multiple fleets. European journal of operational research, 193(2): 377-389.

ASSIS W O, MILANI B E A, 2004. Generation of optimal schedules for metro lines using model predictive control. Automatica, 40(8): 1397-1404.

BARNHART C, KRISHNAN N, KIM D, et al, 2002. Network design for express shipment delivery. Computational optimization and applications, 21(3): 239-262.

BELL D, 1984. Multimodal terminals - an approach to modal cooperation (Canadian transport). ITE journal, 54(10): 27-28.

BOARD T, 2013. Transit capacity and quality of service manual. Third edition. Washington D C: The National Academies Press.

BORIS A, BASTIAN A, NATALIA K, 2011. Approaches for increasing the similarity of resource schedules in public transport. Procedia-Social and behavioral sciences, 20: 836-845.

BOUMAN P, SCHMIDT M, KROON L, et al, 2013. Passenger route choice in case of disruptions//The 16th International IEEE Conference on Intelligent Transportation Systems, The Hague.

BOWERS J, LYONS B, MOULD G, 2012. Developing a resource allocation model for the Scottish patient transport service. Operations research for health care, 1(4): 84-94.

CACCHIANI V, TOTH P, 2012. Nominal and robust train timetabling problems. European journal of operational research, 219(3): 727-737.

CAMPISI T, CANALE A, TESORIERE G, 2017. Study of emergency setting for urban facility using microsimulation tool//Proceedings of the International Conference of Computational Methods in Sciences and Engineering 2017 (ICCMSE-2017) Thessaloniki.

CANCA D, BARRENA E, DE-LOS-SANTOS A, et al, 2016. Setting lines frequency and capacity in dense railway rapid transit networks with simultaneous passenger assignment. Transportation research part B: Methodological, 93: 251-267.

CANOS J H, de ZULUETA F D, 2004. Using hypermedia to improve safety in underground metropolitan transportation. Multimedia tools and application, 22(1): 75-87.

CASCETTA E, 2001. Transportation systems engineering theory and methods. Dordrecht: Kluwer academic publishers.

CHANG D J, 2003. Extending transportation system capacity flexibility model. Philadelphia: Philadelphia University of Pennsylvania.

CHEN A, YANG H, LO H K, 2002. Capacity reliability of a road network: An assessment methodology and numerical results. Transportation research part B: Methodological, 36(3): 225-252.

CHEN C, BIANL, MA J T, 2014. From traces to trajectories: How well can we guess activity locations from mobile phone traces?Transportation research part C: emerging technologies, 46(9): 326-337.

CHEN Y, MAO B H, BAI Y, et al, 2019. Timetable synchronization of last trains for urban rail networks with maximum accessibility. Transportation research part C: Emerging technologies, (99): 110-129.

CHO D J, 2002. Three papers on measuring the reliability and flexibility of transportation system capacity. Philadelphia: University of Pennsylvania.

CODINA E, MARÍN A, LÓPEZ F, 2013. A model for setting services on auxiliary bus lines under congestion.

TOP, 21(1): 48-83.

CONNER M, WARREN R, CLOSE S, et al, 1999. Alcohol consumption and the theory of planned behavior: An examination of the cognitive mediation of past behaviorid. Journal of applied social psychology, 29(8): 1676-1704.

COOKE K L, HALSEY E, 1966. The shortest route through a network with time-dependent internodal transit times. Journal of mathematical analysis and applications, 14(3): 493-498.

CORDEAU J F, TOTH P, VIGO D, 1998. A Survey of optimization models for train routing and scheduling. Transportation science, 32(4): 380-404.

CRAINIC T G, 2000. Service network design in freight transportation. European journal of operational research, 122(2): 272-288.

CRAINIC T G, ROUSSEAU J M, 1986. Multicommodity, multimode freight transportation: A general modeling and algorithmic framework for the service network design problem. Transportation research part B: Methodological, 20(3): 225-242.

CURY J, GOMIDE F, MENDES M, 1980. A methodology for generation of optimal schedules for an underground railway system. IEEE transactions on automatic control, 25(2): 217-222.

DAAMEN W, PIET H L, BOVY, et al, 2005. Influence of Changes in Level on Passenger Route Choice in Railway Stations. Transportation research record, 1930(1): 12-20.

DAI K, WANG X F, LI X, 2008. Two novel methods to enhance network synchronizability. Communications in theoretical physics, 49(4): 1064-1068.

DALY P N, MCGRATH F, ANNESLEY T J, 1991. Pedestrian speed/flow relationships for underground stations. Traffic engineering and control, 32(2): 75-78.

DASARATHY, B V, 1997. Sensor fusion potential exploitation-innovative architectures and illustrative applications. Proceedings of the IEEE, 85(1): 24-38.

DAUZÈRE-PÉRÈS S, DE ALMEIDA D, GUYON O, et al, 2015. A Lagrangian heuristic framework for a real-life integrated planning problem of railway transportation resources. Transportation research part B: Methodological, 74: 138-150.

DAVIS D G, BRAAKSMA J P, 1987. Level-of-services standards for platooning pedestrains in transportation terminals. ITE journal, 57(4): 31-35.

DEMIR E, BURGHOLZER W, HRUŠOVSKÝ M, et al, 2016. A green intermodal service network design problem with travel time uncertainty. Transportation research part B: Methodological, 93(7): 789-807.

DIAL R B, 1971. A probabilistic multipath traffic assignment model which obviates path enumeration. Transportation research, 5(2): 83-111.

EBBEN M, HEIJDEN M, HARTEN A V, 2005. Dynamic transport scheduling under multiple resource constraints. European journal of operational research, 167(2): 320-335.

FARVOLDEN J M, POWELL W B, 1994. Subgradient methods for the service network design problem. Transportation science, 28(3): 256-272.

FURATADO P, FRAYRET J M, 2015. Proposal sustainability assessment of resource sharing in intermodal freight transport with agent-based simulation. IFAC-PapersOnLine, 48(3): 436-441.

GAO Z Y, SUN H J, SHAN L L, 2004. A continuous equilibrium network design model and algorithm for transit systems. Transportation research part B: Methodological, 38(3): 235-250.

GLUMOV I, YAKUBOVSKIY Y, 2017. Model of requirements to a resource providing system to maintain buses and train drivers in the motor transport companies engaged in passenger transportation. Transportation research procedia, 20: 219-224.

GOTTMANN J, 1957. Megalopolis: Or the urbanization of the northeastern seaboard. Economic Geography,

33(3): 189-200.

GOVERDE R M P, 2010. A delay propagation algorithm for large-scale railway traffic networks. Transportation research part C: Emerging technologies, 18(3): 269-287.

GUO Z, WILSON N H M, 2011. Assessing the cost of transfer inconvenience in public transport systems: A case study of the london underground. Transportation research part A: Policy and practice, 45(2): 91-104.

HAAR S, THEISSING S, 2015. A hybrid-dynamical model for passenger-flow in transportation systems. IFAC-papers on line, 48(27): 236-241.

HAGHANI A E, 1989. Formulation and solution of a combined train routing and makeup, and empty car distribution model. Transportation research part B: Methodological, 23(6): 433-452.

HAMDOUCH Y, LAWPHONGPANICH S, 2008. Schedule-based transit assignment model with travel strategies and capacity constraints. Transportation research part B: Methodological, 42(7-8): 663-684.

HAMDOUCH Y, HO H W, SUMALEE A, et al, 2011. Schedule-based transit assignment model with vehicle capacity and seat availability. Transportation research part B: Methodological, 45(10): 1805-1830.

HAMDOUCH Y, SZETO W Y, JIANG Y, 2014. A new schedule-based transit assignment model with travel strategies and supply uncertainties. Transportation research part B: Methodological, 67: 35-67.

HARRIS N G, 1989. Capacity restraint simulation in a public transport environment. Traffic engineering and control, 30(6): 312-315.

HELBING D, 2004. Collective phenomena and states in traffic and self-driven many-particle systems. Computational materials science, 30(1-2): 180-187.

HELBING D, FARKAS I, VICSEK T, 2000. Simulating dynamical features of escape panic. Nature, 407(6803): 487-490.

HO H W, WONG S C, LOO B P Y, 2006. Combined distribution and assignment model for a continuum traffic equilibrium problem with multiple user classes. Transportation research part B: Methodological, 40(8): 633-650.

HOLMBERG K, HELLSTRAND J, 1998. Solving the uncapacitated network design problem by a Lagrangean heuristic and branch-and-bound. Operations research, 46(2): 247-259.

HOOGENDOORN S P, BOVY P, 2001. Gas-kinetic modeling and simulation of pedestrain flows//The 80th Transportation Research Board Annual Meeting, Washington DC.

HSU C I, CHUNG W M, 1997. A model for market share distribution between high-speed and conventional rail services in a transportation corridor. Annals of regional science, 31(2): 121-153.

HURDLE V F, 1973. Minimum cost locations for parallel public transit lines. Transportation science, 7(4): 340-350.

IBARRA-ROJAS O J, RIOS-SOLIS Y A, 2012. Sychronization of bus timetabling. Transportation research part B: Methodological, 46(5): 599-614.

IVAN G, YURIY Y, 2017. Model of requirements to a resource providing system to maintain buses and train drivers in the motor transport companies engaged in passenger transportation. Transportation Research Procedia, 20: 219 - 224.

JIANG X, BAO Y, 2010. ADAI based method for rail traffic passenger flow assignment and simulation evaluation//Artificial Intelligence and Computational Intelligence(AICI), International Conference, Sanya.

JIN J G, TANG L C, SUN L, et al, 2014. Enhancing metro network resilience via localized integration with bus services. Transportation research part E: Logistics and transportation review, 63: 17-30.

JOVANOVIĆ D, HARKER P T, 1991. Tactical scheduling of rail operations: The SCAN I system. Transportation science, 25(1): 46-64.

KANG L, ZHU X, SUN H, et al, 2016. Modeling the first train timetabling problem with minimal missed trains and synchronization time differences in subway networks. Transportation research part B: Methodological,

93: 17-36.

KENDRA M, BABIN M, BARTA D, 2012. Changes of the infrastructure and operation parameters of a railway line and their impact to the track capacity and the volume of transported goods. Procedia - Social and behavioral sciences, 48: 743-752.

KEPAPTSOGLOU K, KARLAFTIS M G, 2009. The bus bridging problem in metro operations: Conceptual framework, models and algorithms. Public transport, 1(4): 275-297.

KIEU L M, BHASKAR A, CHUNG E, 2015. A modified density-based scanning algorithm with noise for spatial travel pattern analysis from smart card AFC data. Transportation research part C, 58: 193-207.

KIM D, BARNHART C, WARE K, et al, 1999. Multimodal express package delivery: A service network design application. Transportation science, 33(4): 391-407.

LAI M F, LO H K, 2004. Ferry service network design: Optimal fleet size, routing, and scheduling. Transportation research part A: Policy and practice, 38(4): 305-328.

LAM W H K, GAO Z Y, CHAN K S, et al, 1999. A stochastic user equilibrium assignment model for congested transit networks. Transportation research part B: Methodological, 33(5): 351-368.

LAM W H K, MORRALL J F, HO H, 2002. Pedestrain flow characteristics in Hong Kong//15th International Symposium on Transportation and Traffic Theory, Sydney.

LÄMMER S, GEHLSEN B, HELBING D, 2006. Scaling laws in the spatial structure of urban road networks. Physica A: Statistical mechanics and its applications, 363(1): 89-95.

LEE K K T, SCHONFELD P, 1991. Optimal slack time for timed transfers at a transit terminal. Journal of advanced transportation, 25(3): 281-308.

LEE Y, CHEN C Y, 2009. A heuristic for the train pathing and timetabling problem. Transportation research part B: Methodological, 43(8-9): 837-851.

LEMER, ANDREW C, 1992. Measuring performance of airport passenger terminals. Transportation Research Part A: Policy and Practice, 26(1): 37-45.

LI B X, KRUSHINSKY D, REIJERS H A, et al, 2014. The share-a-ride problem: People and parcels sharing taxis. European journal of operational research, 238(1): 31-40.

LI H Q, LIU J F, 2012. Research on heterogeneous data exchange based on XML. Physics procedia, 25: 1382-1387.

LI Y J, FANG Y, 2013. Emergency scheduling model of urban rail transit based on genetic algorithm. Applied mechanics and materials, 397-400: 2511-2516.

LIU J, ZHANG X X, 2014. Data integration in fuzzy XML documents. Information sciences, 280: 82-97.

LIU R M, LI S K, YANG L X, 2020. Collaborative optimization for metro train scheduling and train connections combined with passenger flow control strategy. Omega, 90: 101990.

LIU Y, LIU Z Y, JIA R, 2019. DeepPF: A deep learning based architecture for metro passenger flow prediction. Transportation research part C: Emerging technologies, 101: 18-34.

LO H K, AN K, LIN W H, 2013. Ferry service network design under demand uncertainty. Transportation research part E: Logistics and transportation review, 59(11): 48-70.

MAHMOUDI M, ZHOU X, 2016. Finding optimal solutions for vehicle routing problem with pickup and delivery services with time windows: A dynamic programming approach based on state-space-time network representations. Transportation research part B: Methodological, 89: 19-42.

MARIANOV V, FIGUERA D S D L, REVELLE C, 1999. Location of hubs in a competitive environment. European journal of operational research, 114(2): 363-371.

MAXWELL R R, 1989. Time-transfer simulation model. Mathematics and computers in simulation, 31(2): 66-69.

MELONI S, ARENAS A, MORENO Y, 2009. Traffic-driven epidemic spreading in finite-size scale-free networks. Proceedings of the National Academy of Sciences of the United States of America, 106(40):

16897-16902.

MENG Q, WANG S A, 2011. Liner shipping service network design with empty container repositioning. Transportation research part E: Logistics and transportation review, 47(5): 695-708.

MIKA M, WALIGÓRA G, WEGLARZ J, 2009. Project scheduling problem with multiple modes, multisite renewable resources and transportation network. IFAC proceedings volumes, 42(13): 224-227.

MOLLER-PEDERSEN J, 1999. Assignment model for timetable-based systems. Transportation planning methods//Proceedings of seminar F, European transport conference, Cambridge, UK.

MORLOK E K, CHANG D J, 2004. Measuring capacity flexibility of a transportation system. Transportation research part A: Policy and practice, 38(6): 405-420.

MULLER P K, 1995. Optimized transfer opportunities in public transport. Transportation science, 29(1): 101-105.

NGUYEN S, PALLOTTINO S, MALUCELLI F, 2001. A modeling framework for passenger assignment on a transport network with timetables. Transportation science, 35(3): 238-249.

NIELSEN O A, 2000. A stochastic transit assignment model considering differences in passengers utility functions. Transportation research part B: Methodological, 34(5): 377-402.

NIELSEN O A, FREDERIKSEN R D, 2006. Optimisation of timetable-based, stochastic transit assignment models based on MSA. Annals of operations research, 144(1): 263-285.

NIU H, ZHOU X, 2013. Optimizing urban rail timetable under time-dependent demand and oversaturated conditions. Transportation research part C: Emerging technologies, 36: 212-230.

NIU H, ZHOU X S, TIAN X P, 2018. Coordinating assignment and routing decisions in transit vehicle schedules: A variable-splitting Lagrangian decomposition approach for solution symmetry breaking. Transportation research part B: Methodological, 107: 70-101.

NUZZOLO A, RUSSO F, CRISALLI U, 2001. A doubly dynamic schedule-based assignment model for transit networks. Transportation science, 35(3): 268-285.

NUZZOLO A, CRISALLI U, 2009. The schedule-based modeling of transportation systems: Recent developments. Computer science interfaces series, 46: 1-26.

NUZZOLO A, CRISALLI U, ROSATI L, 2012. A schedule-based assignment model with explicit capacity constraints for congested transit networks. Transportation research part C: Emerging technologies, 20(1): 16-33.

ODONI A R, NEUFVILLE R D, 1992. Passenger terminal design. Transportation research part A: Policy and Practice, 26(1): 27-35.

O'KELLY M E, 2010. Routing traffic at hub facilities. Networks and spatial economics, 10(2): 173-191.

OKUTANI I, STEPHANEDES Y J, 1984. Dynamic prediction of traffic volume through Kalman filtering theory. Transportation research part B: Methodological, 18(1): 1-11.

PEDRO F, FRAYRET J M, 2015. Proposal sustainability assessment of resource sharing in intermodal freight transport with agent-based simulation. IFAC Papers On Line, 48(3): 436-441.

POON M H, TONG C O, WONG S C, 2004a. Validation of a schedule-based capacity restraint transit assignment model for a large-scale network. Journal of advanced transportation, 38(1): 5-26.

POON M H, WONG S C, TONG C O, 2004b. A dynamic schedule-based model for congested transit networks. Transportation research part B: Methodological, 38(4): 343-368.

QUESADA PÉREZ J M, LANGE J C, TANCREZ J S, 2018. A multi-hub express shipment service network design model with flexible hub assignment. Transportation research part E: Logistics and transportation review, 120: 116-131.

RAVEAU S, MUÑOZ J C, DE GRANGE L, 2011. A topological route choice model for metro. Transportation research part A: Policy and practice, 45(2): 138-147.

ROJAS M B R, SADEGHVAZIRI E, JIN X, 2016. Comprehensive review of travel behavior and mobility pattern studies that used mobile phone data. Transportation research record journal of the transportation research board, 2563(1): 71-79.

ROOS J, GAVIN G, BONNEVAY S, 2017. A dynamic Bayesian network approach to forecast short-term urban rail passenger flows with incomplete data. Transportation research procedia, 26: 53-61.

ROTHENBÄCHER A K, DREXL M, IRNICH S, 2016. Branch and price and cut for a service network design and hub location problem. European journal of operational research, 255(3): 935-947.

ROY T J, 1983. Cross decomposition for mixed integer programming. Mathematical programming, 25(1): 46-63.

SAFFARZADEH M, BRAAKSMA J, 2000. Optimum design and operation of airport passenger terminal buildings. Transportation research record journal of the transportation research board, 1703: 72-82.

SCHMÖCKER J D, BELL M G H, KURAUCHI F, 2008. A quasi-dynamic capacity constrained frequency-based transit assignment model. Transportation research part B: Methodological, 42(10): 925-945.

SCHMÖCKER J D, FONZONE A, SHIMAMOTO H, et al., 2011. Frequency-based transit assignment considering seat capacities. Transportation research part B: Methodological 45(2): 392-408.

SENEVIRATNE P N, MORRALL J F, 1985. Level of service on pedestrian facilities Transportation quarterly, 39(1): 109-123.

SERAFINI P, UKOVICH W, 1989. A mathematical model for periodic scheduling problems. SIAM journal on discrete mathematics, 2(4): 550-581.

SETTI J R, HUTCHINSON B G, 1994. Passenger-terminal simulation model. Journal of transportation engineering, 120(4): 517-535.

SHRIVASTAVA P, O'MAHONY M, 2006. A model for development of optimized feeder routes and coordinated schedules—a genetic algorithms approach. Transport policy, 13(5): 413-425.

SILVA R, KANG S M, AIRODI E M, 2015. Predicting traffic volumes and estimating the effects of shocks in massive transportation systems. Proceedings of the national academy of sciences of the United States of America, 112(18):5643-5648.

STUART K R, MEDNICK M, BOCKMAN J, 2000. Structural equation model of customer satisfaction for the New York City subway system. Transportation research record: Journal of the transportation research board, 1735(1): 133-137.

SUN H J, WU J J, MA D, et al., 2014. Spatial distribution complexities of traffic congestion and bottlenecks in different network topologies. Applied mathematical modelling, 38(2): 496-505.

SUN L J, LU Y, JIN J G, et al., 2015. An integrated Bayesian approach for passenger flow assignment in metro networks. Transportation research part C: Emerging technologies, 52: 116-131.

TAKAKUWA S, OYAMA T, 2003. Simulation analysis of international-departure passenger flows in an airport terminal//Proceedings of the 2003 Winter Simulation Conference, New Orleans, 2: 1627- 1634.

TIAN X, NIU H, 2019. A bi-objective model with sequential search algorithm for optimizing network-wide train timetables. Computers & industrial engineering, 127: 1259-1272.

TONG C O, WONG S C, POON M H, et al., 2001. A schedule-based dynamic transit network model-recent advances and prospective future research. Journal of advanced transportation, 35(2): 175-195.

TONG L, ZHOU X S, MILLER H J, 2015. Transportation network design for maximizing space-time accessibility. Transportation research part B: Methodological, 81(2): 555-576.

TRAIN K E, 2003. Discrete choice methods with simulation. Cambridge: Cambridge University Press.

TSUCHIYA R, SUGIYAMA Y, YAMAUCHI K, et al., 2006. Route-choice support system for passengers in the face of unexpected disturbance of train operations//Computers in Railways X//The Tenth International Conference, Prague.

VLAHOGIANNI E I, KARLAFTIS M G, GOLIAS J C, 2005. Optimized and meta-optimized neural networks for short-term traffic flow prediction: A genetic approach. Transportation research part C: Emerging technologies, 13(3): 211-234.

VON FERBER C, HOLOVATCH T, HOLOVATCH Y, et al, 2009. Public transport networks: Empirical analysis and modeling. The European physical journal B, 68(2): 261-275.

WANG X, 2016. Optimal allocation of limited and random network resources to discrete stochastic demands for standardized cargo transportation networks. Transportation research part B: Methodological, 91: 310-331.

WANG D Z W, LO H K, 2008. Multi-fleet ferry service network design with passenger preferences for differential services. Transportation research part B: Methodological, 42(9): 798-822.

WANG J E, JIN F J, MO H H, et al, 2009. Spatiotemporal evolution of China's railway network in the 20th century: An accessibility approach. Transportation research part A: Policy and practice, 43(8): 765-778.

WANG L, DAI H P, SUN Y X, 2007. Synchronization criteria for a generalized complex delayed dynamical network model. Physica A: Statistical mechanics and its applications, 383(2): 703-713.

WANG S, YANG Y, HU X L, et al, 2016. Solving the k-shortest paths problem in timetable-based public transportation systems. Journal of intelligent transportation systems, 20(5): 413-427.

WANG X F, CHEN G, 2002a. Pinning control of scale-free dynamical networks. Physica A: Statistical mechanics and its applications, 310(3-4): 521-531.

WANG X F, CHEN G, 2002b. Synchronization in scale-free dynamical networks: Robustness and fragility. IEEE transactions on circuits and systems I: Fundamental theory and applications, 49(1): 54-62.

WANG X F, CHEN G, 2002c. Synchronization in small-world dynamical networks. International journal of bifurcation and chaos, 12(1): 187-192.

WANG Z J, QI M Y, 2019. Service network design considering multiple types of services. Transportation research part E: Logistics and transportation review, 126: 1-14.

WARDROP J G, 1952. Some theoretical aspects of road traffic research. Proceedings of the institution of civil engineers-part II, 1(3): 325-362.

WELCH G, BISHOP G, 1995. An introduction to the Kalman Filter. North Carolina: University of North Carolina at Chapel Hill.

WONG R C W, YUEN T W Y, FUNG K W, et al, 2008. Optimizing timetable synchronization for rail mass transit. Transportation science, 42(1): 57-69.

WONG S C, YANG H, 1997. Reserve capacity of a signal-controlled road network. Transportation research part B: Methodological, 31(5): 397-402.

WRIGHT C, ROBERG-ORENSTEIN P, 1999. Simple models for traffic jams and congestion control. Proceedings of the institution of civil engineers-transport, 135(3): 123-130.

WU J J, GAO Z Y, SUN H J, 2004. Simulation of traffic congestion with SIR model. Modern physics letters B, 18(30): 1537-1542.

WU J, LIU M, SUN H, et al, 2015. Equity-based timetable synchronization optimization in urban subway network. Transportation research part C: Emerging technologies, 51: 1-18.

XIA J, FENG Y, LIU L N, et al, 2018. An information fusion model of innovation alliances based on the bayesian network. Tsinghua science and technology, 23(3): 347-356.

XIE L P, LI H Y, XU X Y, 2018. Research on the route choice behavior of subway passengers based on AFC data//Letture Notes in Electrical Engineering. Singapore: Springer, 769-777.

XIONG J, GUAN W, SONG L Y, et al, 2013. Optimal routing design of a community shuttle for metro stations. Journal of transportation engineering, 139(12): 1211-1223.

XU D G, SU Z F, 2009. Synchronization criterions and pinning control of general complex networks with time delay. Applied mathematics and computation, 215(4): 1593-1608.

XU X Y, XIE L P, LI H Y, et al, 2018. Learning the route choice behavior of subway passengers from AFC data. Expert systems with applications, 95: 324-332.

XU Y, GAO Z, XIAO B, et al, 2014. Key nodes evaluation with multi-criteria in complex networks based on AHP analysis//The 5th IEEE international conference on broadband network and multimedia technology, Guilin: 105-109.

YAGHINI M, SARMADI M, NIKOO N, et al, 2014. Capacity consumption analysis using heuristic solution method for under construction railway routes. Networks and spatial economics, 14(3-4): 317-333.

YAN Z Y, XJ LI, HAN B M, 2019. Collaborative optimisation of resource capacity allocation and fare rate for high-speed railway passenger transport. Journal of rail transport planning & management, 10: 23-33.

YAO X M, HAN B M, YU D D, et al, 2017. Simulation-based dynamic passenger flow assignment modelling for a schedule-based transit network. Discrete dynamics in nature and society: 2890814.

ZHANG Y R, ZHANG Y L, HAGHANI A, 2014. A hybrid short-term traffic flow forecasting method based on spectral analysis and statistical volatility model. Transportation research part C: Emerging technologies, 43(1): 65-78.

ZHAO H F, JIANG J, XU R Y, et al, 2014. SIRS model of passengers'panic propagation under self-organization circumstance in the subway emergency. Mathematical problems in engineering, (5): 1-12.

ZHENG W Z, LEE D H, SHI Q X,. 2006. Short-term freeway traffic flow prediction: Bayesian combined neural network approach. Journal of transportation engineering, 132(2): 114-121.

ZHOU W L, DENG L B, XIE M Q, et al, 2013. Coordination optimization of the first and last trains' departure time on urban rail transit network. Advances in mechanical engineering, 5(3): 1-12.

ZHU Y, HU C, XU D, et al, 2014. Research on optimization for passenger streamline of hubs. Procedia-social and behavioral sciences, 138: 776-782.

ZOGRAFOS K G, ANDROUTSOPOULOS K N, 2008. Algorithms for itinerary planning in multimodal transportion networks. IEEE transaction on intelligent transportation systems, 9(1): 175-184.

ZITRICKÝ V, ČERNÁ L, ABRAMOVIČ B, 2017. The proposal for the allocation of capacity for international railway transport. Procedia engineering, 192: 994-999.